5

中国管理会计

China Management Accounting Review

《中国管理会计》五周年文选集

（上卷）

中国总会计师协会 编

中国财经出版传媒集团
经济科学出版社
Economic Science Press

图书在版编目（CIP）数据

《中国管理会计》五周年文选集. 上卷/中国总会计师协会编.
—北京：经济科学出版社，2022.8
ISBN 978-7-5218-3963-0

Ⅰ.①中… Ⅱ.①中… Ⅲ.①管理会计-文集 Ⅳ.①F234.3-53

中国版本图书馆CIP数据核字（2022）第156348号

责任编辑：于 源 李 林
责任校对：隗立娜 杨 海
装帧设计：陈宇琰
责任印制：范 艳

《中国管理会计》五周年文选集（上卷）
ZHONGGUO GUANLI KUAIJI WUZHOUNIAN WENXUANJI (SHANGJUAN)

中国总会计师协会 编
经济科学出版社出版、发行 新华书店经销
社址：北京市海淀区阜成路甲28号 邮编：100142
财经分社电话：010-88191415 发行部电话：010-88191522
网址：www.esp.com.cn
电子邮箱：esp@esp.com.cn
天猫网店：经济科学出版社旗舰店
网址：http://jjkxcbs.tmall.com
北京鑫海金澳胶印有限公司印装
889×1194 16开 33.75印张 660 000字
2022年8月第1版 2022年8月第1次印刷
ISBN 978-7-5218-3963-0 定价：198.00元（上下卷）

编委会

出版说明

《中国管理会计》于2017年7月30日发布创刊号，迄今满五周年。早在期刊面世前，编委会就办一份什么内容、什么风格的专业期刊这一关键问题，进行了认真讨论，最后达成共识：《中国管理会计》的办刊定位，是坚持理论联系实践，实践上升理论的原则，以企事业单位、机构的治理层和管理层，以及院校学者为主要读者，成为业界管理实践方法举措的交流平台，也作为专家学者思想火花的交锋平台。

时至今日，《中国管理会计》中文刊已发行20期，英文刊面世晚两年，共发行6期。来自国内、国际学术界和实务界的专家学者，所撰写的两百多篇文章，以及专业界、学术界相关动态信息，在本刊发表发布，得到国内外广大作者读者的关注、支持、引用和应用。

时值《中国管理会计》创刊五周年，编委会从历年刊登文章中，遴选出43篇文章予以集结出版，并以此为基础，经过专家评委几轮讨论，评选出11篇优秀文章。

中国总会计师协会组织《中国管理会计》办刊五周年活动，编委会遴选本文集出版，目的在于对期刊进行阶段性总结，对标国际一流水平期刊，夯实进一步前进和上升的基础。同时，为推动中国管理会计实践发展和理论研究，尽期刊的一分力量。

《中国管理会计》编委会

2022年8月

《中国管理会计》发刊词

楼继伟
全国社会保障基金理事会理事长、党组成员
财政部原部长

《中国管理会计》在社会各界的大力支持关怀下，承载着中国2000万会计人员的追逐与豪情，怀揣着中华文化全面复兴的伟大梦想，今天面世了。

中国近四十年的改革开放，在实现自身经济高速增长的同时，许多制度设计和创新也丰富了人类的知识与实践。中国奇迹的背后，蕴藏着丰富的中华民族智慧，包括会计制度的发展和改进，这正是世界瞩目中国、中国对世界充满魅力的根本所在。在传统的计划经济体制下，企业会计只是以事后真实记录、报账为主要特征的财务会计，属于国民经济统计体系，为执行指令性计划服务。在向市场经济转轨过程中，如何建立符合中国国情且不断与国际会计准则接轨的会计制度，是保证转轨成功的重要制度前提之一。中国改革开放以建设社会主义市场经济为主要目标，企业成为自主经营的市场主体，面对市场风险日趋复杂的现实，建立管理会计理念和制度是一项基础性保障。市场经济制度的建设包括公平竞争、信用保障、完善法制等基本方面，其间不仅需要财务会计有效作用，更赖于管理会计在增加企业创造价值能力方面大展宏图。改革开放以来，我国企业在管理会计提升作用空间、拓展功能边界、精细化管理诸方面，锐意创新，大胆探索，为经济健康快速发展提供了有力保障。从量本利分析，到推行管理十八法，以及内部经济核算和厂内银行，及至满负荷工作法、承包经营责任制和成本否决，中国企业在管理会计方面紧随国际步伐的同时，做出了诸多具有中国制度与文化特色、真正体现中国智慧的管理会计创造，而将行政事业单位列入管理会计则会更具有中国特色。在中国国际话语权和影响力日益增强提高的现实背景下，我们需要认真总结以往的中国管理会计经验教训，充分运用中华民族的传统智慧，剖析来自实践的各种案例，提炼具有中国创新的元素和理论与技术，讲出一个个生动的中国故事，以此带动整个中国社会文明进步的同时也积极影响世界发展。《中国管理会计》的创刊，搭建了中国管理会计界贡献聪明才智的舞台，为中国管理会计大展身手从而走向世界开通了捷径。

中国覆盖全国的铁路、机场、公路、电网、医院、学校、水利、通信等设施，以及各种公共自然资源，形成了规模巨大的公共资源体系，如何有效建设、维护和运行，在体现社会公平正义的同时，带来更多的社会福利，带给全国人民尽可能多的社会福祉，这需要尽快提高中国公共管理与社会治理的能力与水平，而实现这一目标的前提，是如何适应中国宏观管理的这种特殊需要，建立完善的公共管理会计制度。这方面，西方没有现成的做法可供我们直接借鉴，需要我们充分发挥“传统文化与现实制度优势”实现创新突破。微观层面，各经营主体面临复杂多变的环境，风险识别、评估、防范，从而拥有持续创造价值的能力，需要我们建立基于“战略、风险、估值、管控、绩效”一体化的企业管理会计，积极利用“虚拟现实”“区块链”等信息化前沿技术，夯实社会信用基础，提高市场运行效率。对此，中国会计界重任在肩。《中国管理会计》正是为中华文化全面复兴组成部分的中国管理会计制度的建设与完善，提供包括顶层设计、制度建设、系统框架、难点突破、技术创造、经验分享、成败案例、国际前沿等诸方面的交流平台，从而对中国管理会计学术与实务发挥引领作用，成为国际上考察中国管理会计发展状况的主要窗口。

人类进入21世纪，经济政治与科技以前所未有的格局和方式发生剧烈变化，整个社会发展面临着空前的挑战。以“移动支付、大数据、云计算、物联网、人工智能”为主要内容的信息技术，日益广泛深入地影响了社会经济管理与治理的各个层面以及人类生活的方方面面，作为与生俱来以提供经济管理与治理信息为使命的会计，赢得了革命性的创新发展机遇。集成场景、实时互动、共享信息，从而不断提高并实现持续创造价值能力，已成为现代会计重塑自我的基本框架，这方面实现浴火重生完全寄望于管理会计的脱胎换骨。中国作为文明古国，如何重现经济大国与强国雄姿并发挥独一无二的文化与制度优势，必须在以信息技术革命为核心的新世界格局形成过程中，披荆斩棘，作出特有的贡献。而管理会计制度的再造，无疑是中国对新世界格局作出贡献的一个重要领域。《中国管理会计》的问世，适逢其时，正是为中国在世界范围内新型管理会计制度建设中发挥积极作用，提供了一个探索、争鸣、交流的园地。

“长风破浪会有时，直挂云帆济沧海”。《中国管理会计》正是怀抱着为世界贡献中国会计智慧的远大理想孕育诞生。我相信编委会将怀着强烈而神圣的职业使命感，去组织好每一期的内容和文章，从而赢得国内外广大读者的信心和信任。

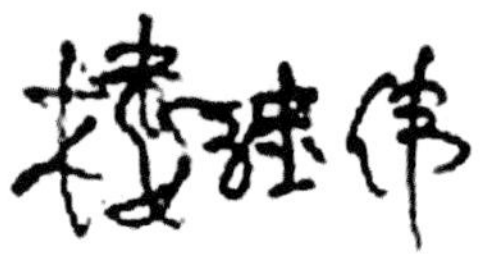

以《中国管理会计》推进中国特色的管理会计建设

刘红薇
中国总会计师协会会长
《中国管理会计》编委会主任

许定波
中欧国际工商学院教授
《中国管理会计》编委会执行主任

会计信息是现代经济运行和企业管理的基础。会计信息可分为两大类：第一类是服务于企业外部投资者和资本市场的财务会计，第二类是为企业投资、协调、控制、业绩评价和激励等战略决策服务的管理会计。各国监管机构为财务会计信息披露设立了《财务会计准则》和监管制度，但是管理会计的发展则主要依赖于企业的实践与创新，以及学术界和专业机构的总结、研究与推广。

自改革开放特别是市场经济体制建立以来，我国会计工作紧紧围绕服务经济和财政工作大局，会计改革与发展取得了显著成绩：会计准则、内控规范、会计信息化等会计标准体系基本建成，并得到持续平稳和有效地实施；会计人才队伍建设取得显著成效；注册会计师行业蓬勃发展；具有中国特色的财务会计理论体系初步形成。目前的企业会计准则体系包括1项基本准则与42项具体会计准则以及应用指南和12项会计准则解释，2011年10月18日，财政部又发布了《小企业会计准则》。可以说我国现行的财务会计准则体系基本上反映了我国企业当前绝大部分的经济业务活动和行业特点，能够满足上市公司对外披露财务信息的要求，同时也实现了与国际财务报告体系（International Financial Reporting System，IFRS）的全面趋同。

财政部、国资委、中国总会计师协会、中国会计学会和许多企业在近些年已开始大力推动管理会计的发展。2014 年 1 月 29 日，财政部发布了《财政部关于全面推进管理会计体系建设的指导意见（征求意见稿）》，力求从做好顶层设计入手，指导和推动管理会计改革与发展各项工作的全面系统开展，以充分发挥会计在促进经济社会发展中的重要作用。在吸收借鉴各方意见的基础上，2014 年 10 月 27 日，财政部正式发布了《财政部关于全面推进管理会计体系建设的指导意见》，致力于全面推进管理会计体系建设。2016 年 6 月，财政部发布了《管理会计基本指引》，在管理会计指引体系中起统领作用，为制定应用指引和建设案例库奠定了基础。管理会计指引体系包括基本指引、应用指引和案例库，用以指导管理会计实践。在此背景下，国家新闻出版广电总局于2017年1月批准出版由财政部主管、中国总会计师协会和经济科学出版社主办的《中国管理会计》期刊。《中国管理会计》杂志的创刊发行可以说是代表中国企业财务管理的重心开始从财务会计转向管理会计的标志性事件，管理会计发展的春天已经到来。

我国企业20世纪50年代开始实施的班组核算、经济活动分析和资金成本归口分级管理等管理实践可以说是管理控制系统的雏形和具有中国特色的责任会计。1978年以来，中国经历了从计划经济向社会主义市场经济的转型，中国经济的发展取得了举世瞩目的成就，改革开放对中国的管理会计实务发展提出了迫切的需求，也为中国特色管理会计体系的建立提供了充分的空间。借鉴西方现代管理会计理论和西方企业的实践经验，中国的管理会计经过30多年的发展，已经初步建立起具有中国特色的理论体系。1981年我国开始在公交企业推行经济责任制，1986年发展为所有国有企业的承包责任制。20世纪80年代，以邯钢为典型代表的钢铁行业在我国率先实施了本土化的目标成本管理方法。与此同时，成本性态分析、盈亏临界点与“本量利”依存关系、经营决策经济效益的分析评价等理论与分析方法都被逐渐纳入到中国企业的管理会计实践中。1992年党的十四大确定了建立社会主义市场经济的目标，1993年我国颁布了《公司法》，股份制改革成为国有企业改革的方向，越来越多的国有企业实行了股份制改造，并开始在资本市场公开发行股票上市。中国的企业开始从注重规模的扩张日益转向强调效益，1993年上海的宝钢集团开始进行全面预算管理的探索，1996年1月，国务院在推广邯钢经验的3号文件中指出，“有效推进企业经营机制和增长方式由粗放经营向集约经营的转变，是邯钢管理经验的成效所在”。在过去十来年，以中国工商银行、海尔集团和中国兵器装备集团为代表的一批中国企业在管理机制设计方面有许多创新，并针对国有企业和社会公共管理的特殊需求在管理会计应用方面也作了许多积极的探索，取得了有国际影响的成绩，中国的管理会计实践在一些领域已经处于国际领先地位。但是我们也必须看到，与许多国际优秀企业相比，我国管理会计整体发展水平还相对滞后，而且许多中国商学院的管理会计研究与教学也处于相对落后的水平。因此，我们迫切需要继续深化会计改革，切实加强管理会计的实践与理论研究。

管理会计的目的是价值创造。经济学家约瑟夫•熊彼特认为价值创造来源于三大生产要素：第一是以土地为代表的自然资源；第二是劳动；第三是一种特殊的劳动，他称之为创新型的企业家。在一个市场经济里，生产要素的分配主要依靠资本。给定一个社会有限的自然资源，价值创造的增长主要依靠人，依靠劳动生产率的提升。在过去三十余年里，管理会计的创新也是以人为核心，重点体现在决策权力的分配，业绩评价体系和激励机制的设立。在财务会计的核算体系中，员工的影响主要表现在相关的费用支出和现金流量的流出中；与之相对照，在现代管理会计体系下，人力资本被视为一个企业最为核心的资产，机会成本是战略决策最重要的成本。经济附加值这些管理会计概念和工具明确地考虑了资本和资源的机会成本，对控制我国许多企业的投资冲动，提高效率、创造价值具有战略意义。

管理会计的主要特点是创新。管理会计的实践和理论研究在过去三十余年取得了飞速的发展。传统的管理会计多以产品成本分析为起点，通过预算、成本差异分析来提高运营效率，以决策成本、相关成本为短期决策工具，以资本预算辅助企业进行长期投资决策。平衡计分卡的出现引导企业关注财务指标和非财务指标、短期指标和长期指标以及客观指标和主观指标的平衡。现代信息技术的广泛应用极大地改变了管理会计，企业内外部交易的边际成本大幅下降，甚至趋近于零；大数据分析使管理信息变得可追溯，决策分析更加整体化和实时化。管理会计从以资本为核心转变成以人力资本为核心，跨组织的协调与沟通也成为一个新的发展方向。许多企业组织还在试行微型化、去中心化的投资决策、绩效考核与激励机制。本期刊登的海尔集团通过管理会计的创新驱动产业战略转型就是一个很好的例子。

管理会计的核心是相关性，要求我们结合以机制设计理论和现代信息经济学为代表的管理会计基础理论和企业管理会计的实践；要求不断收集、研究和总结企业管理会计实践的创新；要求我们在介绍和推广世界各国管理会计的先进理论与实践经验的同时，总结与提炼中国企业管理会计的实践经验，形成有中国特色的管理会计理论和一大批优秀案例。《中国管理会计》邀请了几十位国内外的优秀学者和杰出的企业界实务专家组成杂志编委会，鼓励学者和企业界专家合作，在本刊物上发表既有理论创新，又能影响企业管理会计实践的高质量研究成果。

国际学术界、企业界和行业学会以及政府相关部门越来越重视管理会计的研究与推广。随着财务会计自动化程度的快速提升，越来越高比例的财务人员在从事管理会计工作，这些变化也推进了全球管理会计研究的发展。我们希望《中国管理会计》能够起到连接中国与世界管理会计研究与实践的桥梁作用。我们将通过定期出版英文专辑的方式向全球介绍和推广中国管理会计的理论和实践创新，我们也将在刊物上介绍国际管理会计的发展。我们很高兴在创刊号上发表著名管理会计大师罗伯特•卡普兰教授特别为本刊撰写的文章。

我们相信并期待，在各级政府部门和社会各界人士的支持下，《中国管理会计》作为一个学术、实践交流平台，必将在整合学术界和企业界资源、促进中国管理会计理论与实务的健康发展、提高政府和企业决策效率、推动中国经济稳定增长、推进中国与世界其他国家和地区之间管理会计经验的交流等方面作出重要贡献。

CONTENTS 目录

上卷 |

优秀文章

入选文章

下卷 |

入选文章

5 优秀文章

管理会计在中国的发展机遇

罗伯特·卡普兰 哈佛商学院 / 文
陈磊 北京大学 / 译

很高兴有机会在《中国管理会计》的创刊号中发表我个人对管理会计面临的挑战和发展机会的一些观点。这篇评论只反映我个人过去和现在所重点关注的研究话题，而并不是一篇关于管理会计理论和实践发展的全面性回顾。我将先从“五大挑战”谈起，然后将这些挑战与我在过去35年里开发和实践的解决方案联系起来。

挑战之一　财务会计忽视了无形资产

正如我以前哈佛商学院的同事阿尔弗雷德·钱德勒（Alfred Chandler）教授在他的不朽著作《有形之手》（*The Visible Hand*）和《规模与范围》（*Scale and Scope*）两本书中所记述的那样，工业时代（1800~1970 年）的公司通过投资和管理实物资产与金融资产获得成功。管理会计工具建立在财务会计报表信息的基础上；而财务会计报表的列示包括了存货、土地、建筑物和设备等实物资产，以及现金、应收账款和有价证券等金融资产。基于财务会计报表的业绩评价指标，如营业利润、资产回报率、投资回报率、经济增加值等是衡量公司如何通过管理其实物资产和金融资产来为股东带来财务回报。

然而，在过去的 50 年中，竞争优势的来源已经从有形的实物资产和金融资产转变为公司管理的“无形资产”，包括员工、创新、质量、客户关系和品牌。这就是为什么公司的市净率（股票市值与净资产账面值的比率）可以达到 4~5 倍。举个例子，印度 IT 服务公司 Infosys 在 2016 年末的资产负债表上拥有约 90 亿美元的股东权益（其中大部分对应的是现金），但其市值约为 400 亿美元。类似的高市净率现在也出现在美国和中国的一些最有价值的公司，例如谷歌、Facebook 和阿里巴巴。管理会计师面临的挑战是要记住一个科学与管理的基本原则：“如果你无法衡量，你就无法理解和管理。”显然，由于公司的价值来自于金融和实物资产以外的因素，管理会计师应当学会如何量化这些价值创造的新来源。

挑战之二　公司不能成功地执行战略

当今所有的公司都在做战略规划。但大多数公司未能实现战略规划中确定的目标。发表于《哈佛商业评论》的一项研究报告提到“平均而言，公司只能实现其战略规划中所设定的财务业绩目标的 60%……超过三分之一的受访高管认为这个数字还达不到 50%”。Bossidy 和 Charan 在其关于战略执行的书中写道：“在大多数情况下——约 70% 的情况下——真正的问题不是糟糕的策略，而是糟糕的执行。”摩根大通首席执行官杰米·戴蒙（Jamie Dimon）也曾表示：“我宁愿要一个执行出色的平庸策略，也不愿要一个执行糟糕的美好战略。”

我和大卫·诺顿（David Norton）在20年前的研究揭示了战略执行的四个障碍：

（1）沟通：一般情况下，只有 5% 的员工能说清楚公司的战略是什么。虽然高管有决策权来选择战略，但战略必须通过员工来执行和落地。如果员工不了解公司战略，就无法参与执行。

（2）激励：75% 的经理都有与短期财务业绩挂钩的激励计划，而不是基于战略目标。当管理层的激励与战略目标的实现无法协调一致时，公司将专注于提升短期财务业绩，而不是培育有助于实现 5 年战略规划目标所需的组织能力。

（3）资源：60% 的企业不把预算与战略联系起来。战略执行通常需要新的能力和新的行动方案。如果不能为战略的启动和执行提供资源支撑，那么任何新的战略几乎肯定会失败。

发表于《中国管理会计》2017年第1期，总第1期。

（4）监控：85%的管理团队平均每个月花不到一个小时讨论战略；50%的管理团队不花任何时间监控和引导战略的执行。没有任何战略能够完美运行，尤其是在当今这样动态的、充满变数和竞争日趋激烈的商业环境中。如果管理者不花时间来评估战略进展，进而顺应变化和弥补缺陷，那么战略计划很快就会过时并且毫无用处。

管理会计应该在克服以上这些缺点和障碍并有效执行战略方面发挥作用。

挑战之三　当产品、服务和客户的数量激增时，传统的成本会计变得无效

公司初期的业务专注于有限的产品线、地理销售区域和目标客户群。随着时间的推移，成功的公司会扩展业务的规模和范围。他们增加新产品系列，提供扩展性服务，销售给新的客户群，并拓展到新的地理区域。这些业务的扩张在短期看起来很好，但是企业也需要更多的资源来应对其运营业务的日益复杂。正如汤姆·约翰逊（Tom Johnson）和我30年前在《相关性的丧失：管理会计的兴衰》（*Relevance Lost:The Rise and Fall of Management Accounting*）那本书中所记载的那样，传统的成本会计系统无法适应公司业务的日渐多样化。其后果是管理者只得到失真的盈亏信号。公司缺乏关于产品线、细分市场和地理区域盈利情况的准确信息。因此，他们对如何采取行动降低成本和恢复盈利缺乏洞察力。我们的研究表明，一家公司中盈利水平最高的20%的产品和客户产生的利润不是80%，而通常是150%~300%。也就是说，那些最不赚钱的产品和客户导致了50%~200%的利润流失。通常而言，亏损最大的客户往往来自于业务量最多的那一批，小客户无论如何不会产生巨额的损失。

挑战之四　管理控制系统对战略风险的关注不足

几乎所有的公司都在风险管理系统上投入不够。这个问题在2007~2009年全球金融危机中随着大型重要银行的破产而凸显。事后的分析显示，这些银行的管理者要么使用了错误的风险指标，要么对其使用和依赖的风险指标有非常糟糕的理解。他们将风险管理仅视为合规性问题，而没有当作需要高管和董事会密切关注的战略问题。

并非仅有金融机构对风险管理做得不好。英国石油公司在墨西哥湾的爆炸事件可以归咎于有效风险管理政策的缺失，这最终造成了生命和财产的损失、公司声誉的严重受损、环境污染，以及超过500亿美元的直接财务损失。美国波音公司在对其新型787梦幻客机风险管理方面的失误导致了长达3年的延误交货、销售收入的损失、供应商的破产，以及至少100亿美元的额外开发成本。德国大众汽车公司由于允许工程师安装软件试图规避污染测试监管，最终导致了大量的产品召回和超过100亿美元的额外直接费用。天津瑞海国际公司的化学品仓库爆炸事件导致了超过150人死亡、700多人受伤的重大损失。所有这些灾难（还有许多我没点名列出的）其实都是可以避免的。这些事件的发生反映出公司对风险管理的关注不足。

挑战之五　尽管经济快速增长，但贫困和不平等现象仍普遍存在

美国、欧洲和中国以及其他亚洲国家的跨国公司在过去的50年中帮助世界创造了非凡的经济增长。然而，这种增长并没有惠及所有民众。在发达经济体中，一小部分人群从近年的快速增长中获得了大多数的好处，并且这一受益人群的比例还在不断缩小。同样，尽管经济增长提高了非洲、亚洲和拉丁美洲很多国家的日常生活水平，但在正式纳入统计的经济之外，仍有几亿人处于极度贫困之中。这种状况在农村人口众多的国家尤其突出。尽管这不是管理会计所通常关注的问题，但我现在相信管理会计可以在减少经济不平等和减轻系统性贫困方面发挥关键作用。

毫无疑问，以上的讨论为我们提出了非常具有挑战性的研究计划。那管理会计应当如何应对这五大问题呢？

挑战之一：财务会计忽视了无形资产

解决方案　引入平衡计分卡和战略地图

大卫·诺顿和我开发的平衡计分卡为如何描述价值创造战略提供了一个新的分析框架。它将无形资产和有形资产联系起来。虽然并没有试图对一个组织的无形资产进行“货币化的估值”，但平衡计分卡以非货币单位来衡量这些资产。平衡计分卡描述了无形资产如何被激活，并与有形资产相结合，实现差异化的客户价值主张和卓越的财务成果。

平衡计分卡提供了用于组织战略目标的分析框架。图1展示了其所依赖的四个维度:

（1）财务维度：从股东视角得出的兼顾增长、盈利和风险的战略。

（2）客户维度：从客户视角得出的创造价值与差异化的战略。

（3）内部流程维度：为客户和股东创造

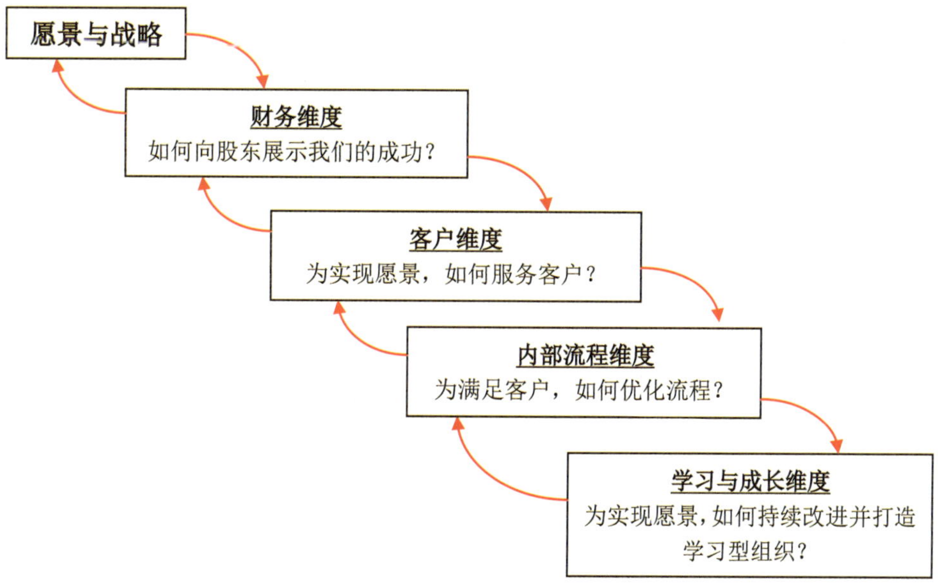

愿景与战略
财务维度
如何向股东展示我们的成功?
客户维度
为实现愿景，如何服务客户?
内部流程维度
为满足客户，如何优化流程?
学习与成长维度
为实现愿景，如何持续改进并打造学习型组织?

图1 平衡计分卡定义公司战略中的因果关系

价值的各项业务活动的战略重点。

（4）学习与成长维度：为营造支持组织变革、创新和成长所需的组织氛围而应当考虑的战略重点。

在提出平衡计分卡的概念并帮助多家公司实践了计分卡模型若干年之后，我们发现构建平衡计分卡的过程体现了某种共通的模式。我们将这个新模式称之为“战略地图”，也就是一个用于描述战略的综合性逻辑架构。如图2所示，战略地图明确界定组织成功的关键要素及其与组织战略的联结。

财务目标：以成长和生产力为导向，实现股东价值的提升。

客户目标：包括有助于企业实现利润增长的市场份额、目标客户的获取、维持和满意度。这些目标反映了组织向目标客户提供的价值主张，这将增加他们的购买行为，提升公司的利润空间。

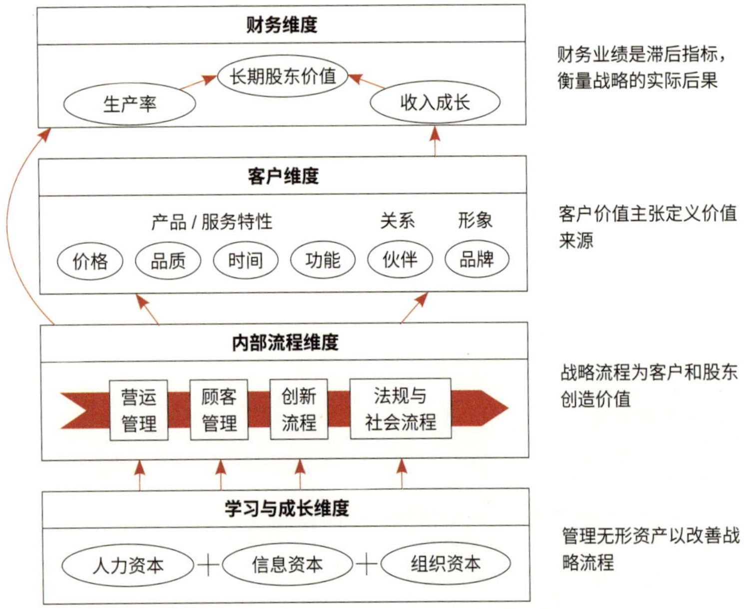

图2 战略地图描述企业如何为股东和客户创造价值

内部流程目标：提供产品和服务的核心业务流程相关的创新和运营卓越等目标。这些流程应与价值主张相匹配。

学习与成长目标：对员工、系统和组织文化进行的投资，以实现和维持企业成长。

一个组织应该自上而下来构建战略地图，也就是说，先确定目的地，然后再规划达到目的地的路线。公司高管应当首先思考其使命：公司为何存在，核心价值是什么以及公司的信念如何。然后据此开发出战略愿景——公司希望如何发展？进而以愿景为导向清晰设定公司的整体目标，例如成为行业领先者等。战略地图可以帮助明确到达目的地的最优路径。

财务维度

营利性企业的目标是显著提高股东价值。公司通过两种基本方式创造价值——收入增长和生产率提高。收入增长战略通常包含两个部分:一是通过扩大来自新市场、新产品和新客户的收入规模；二是通过强化与现有客户的关系而增加对现有客户的销售，包括交叉销售多种产品和服务以及提供完整的解决方案。生产率战略也包含两个部分:一是通过降低直接和间接费用来改善成本结构；二是通过减少营运资本和固定资本更加有效地利用资产。

客户维度

任何企业战略的核心都涉及客户价值主张，也就是定义公司所提供的独特产品组合、价格、服务、关系和形象。它明确了企业如何以有别于竞争对手的方式来吸引、维护和强化与目标客户的关系。价值主张是至关重要的，因为它帮助企业组织将其内部流程与客户价值创造的提升联系起来。

具体而言，那些追求低成本战略的公司需要在价格的竞争性（低价）、产品质量、品类、交货时间和准时交货方面表现出色。而以客户解决方案为导向的企业必须重视客户关系的质量，包括优质服务以及解决方案的完整性和定制化程度。采取产品领先战略的公司必须专注于其产品和服务的功能、特性与性能。

客户维度也影响了差异化价值主张的预期效果，包括目标客户市场占有率、目标客户的成交单份额、细分市场目标客户的获取与维护，以及客户盈利能力等方面。

内部流程维度

当一家组织对其客户和财务维度有了清晰描述之后，它就可以决定以何种方式实现差异化的客户价值主张和财务目标的效率提升。内部流程维度涵盖这些关键的组织活动，包括以下四种代表性流程：

（1）运营管理流程：改善供应链管理、生产和服务交付流程、资产使用和资源产能管理；

（2）客户管理流程：扩展和深化与现有客户的关系；

（3）创新流程：开发新产品和服务，开拓新市场和客户细分群；

（4）监管与社区流程：为企业经营区域内的民众提供更好的环境绩效和社会绩效。

学习与成长维度

战略地图的最后一个方面是学习与成长维度，这是任何一项战略的基础。在这个维度中，管理者需要明确战略所需的员工胜任力和技能，技术以及公司文化。这些目标使公司能够将其人力资源和信息技术与满足战略需要的关键内部业务流程、差异化的价值主张和客户关系相匹配。完成学习与成长维度后，公司就搭建了把4个主要维度都联结为一体的完整战略地图。

战略地图和平衡计分卡帮助管理者衡量和管理核心的组织能力，进而提升绩效，让处于激烈市场竞争中的企业创造出差异化和可持续性的竞争优势。

挑战之二：公司不能成功地执行战略

解决方案 在战略执行体系中应用战略地图与平衡计分卡

当我和大卫·诺顿开始帮助公司设计平衡计分卡时，一些公司高管让我们意识到平衡计分卡的功能远远不限于作为改进版的业绩评价系统。时任FMC公司主席的拉里·布雷迪（Larry Brady)曾说道：

不要把计分卡仅仅看作是具有数量庞大的测度指标和昂贵信息系统的新型业绩衡量系统。不要忘记计分卡的本质——对重点的聚焦、简单明了的架构和清晰的愿景。公司真正收益之处来源于让计分卡成为公司管理和运营的基础。它应该成为管理的核心，而不仅仅是衡量的核心。它应成为贯彻和聚焦战略的杠杆，最终突破性地推动业务进展。

布雷迪和其他平衡计分卡的早期实践者们（例如在Mobil US,Cigna Property and Casualty和Chemical Retail Bank等公司）采纳并使用了计分卡来描述他们公司的战

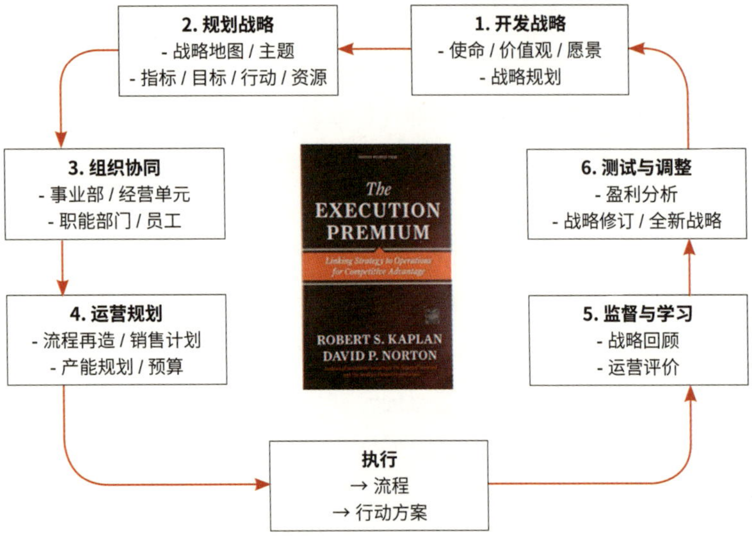

图3 卡普兰-诺顿战略执行的六阶段闭环管理系统

略，并以此设计和实施了新的战略管理体系。他们的经验帮助我们构想出一个通用型的战略管理体系的架构(Kaplan and Norton, 1996a, 1996b)。

在之后的 10 年里，我们不断学习和改进如何将战略地图和平衡计分卡作为全方位和整合性的管理系统，将战略规划与运营层面的执行以及反馈和学习联系起来。在我们的第五本关于平衡计分卡的书《平衡计分卡战略实践》(*The Execution Premium*) 中描述了新的战略执行系统。如图 3 所示，该系统包括有六个核心阶段。

第一阶段为开发战略，采用由 Michael Porter、Clay Christensen、Chan Kim 和 Rene Mauborgne 等多位战略管理学者以及麦肯锡 (McKinsey)、波士顿咨询集团 (Boston Consulting) 和贝恩咨询 (Bain Consulting) 等战略咨询公司的常用工具来开发战略。在第二阶段为采用战略地图和平衡计分卡等工具规划战略。用战略主题将企业战略地图的各项目标进行组织，并确定行动方案和责任体系，使用因果关系模型设定目标并评估战略。完成总体战略地图和平衡计分卡后，就可以进入第三阶段——组织协同，也就是通过计分卡的逐层分解将所有的组织单元与公司整体战略相匹配，然后再进一步通过正式的组织沟通将员工的个人目标和激励与企业的战略目标相连。第四阶段为运营规划，采用质量与流程管理、流程再造、过程仪表板、滚动预测、作业成本法、产能规划和动态预算等工具进行运营层面的管理。在战略和运营规划实施之后，企业进入的下一个阶段为监督与学习，目的是通过定期的(通常是按月) 战略评议会议发现问题、障碍和挑战，这个过程将业务运营与战略信息整合到周密安排的管理层会议议程中。最后，第六阶段为测试与调整，管理者根据内部运营数据以及外部环境和竞争数据来评价和调整战略，并启动战略管理和执行的下一轮整合式循环。我以上的描述只是以高度概括的方式总结了如何设计和实施复杂的新管理系统。我向感兴趣的读者推荐《平衡计分卡战略实践》这本书，书中详细介绍了这六个阶段的具体细节。我认为合理运用战略执行系统可以解决前面提到的妨碍战略有效实施的四个因素：沟通、协调、资源配置与定期复查。

挑战之三：当产品、服务和客户的数量激增时，传统的成本会计变得无效

解决方案 **引入作业成本法，特别是估时作业成本法**

传统的标准成本核算系统存在的问题

（主要在于间接费用的不准确分摊）已经可以通过使用作业成本法（ABC）来解决。这一管理会计方面的创新把企业的间接费用和支持费用（这是我个人更喜欢的称谓，对应于其他人所说的“制造费用”）根据各成本对象的资源消耗程度分配到产品、服务和客户。当罗宾·库珀（Robin Cooper）和我最初提出作业成本法时，我们参考了部分企业的管理实践经验。这些实践步骤对员工进行深入的访谈，了解他们在生产准备、订单处理与材料接收、响应客户需求和新产品设计等活动上花费的时间。但是这样的访谈和调查工作在拥有数以千计的产品和客户的大型企业中变得不切实际。2000 年初，我和哈佛商学院的一位校友史蒂夫·安德森（Steve Anderson）开发了一种更简单、更有效的方式来实施作业成本法。我们称之为“估时作业成本法”（Time Driven Activity Based Costing，或 TDABC）。我们在《哈佛商业评论》发表了一篇文章并写了一本书来介绍这种新方法。TDABC 将成本核算简化为仅需要估计两个参数：一是每项资源（人、设备、设施等）单位时间（以分钟计算）的成本，即“产能成本率”；二是每项资源为生产某种产品或提供某项服务、服务一位客户所需的时间，即“资源时间”。将单位时间的成本乘以需要的时间，再累积到生产和服务提供所涉及的所有作业活动，就可以很容易估算出全部的资源成本。

TDABC是一个概念上的突破，它使拥有大量产品、客户和交易的公司也能准确地计算每项产品、客户和交易层面的成本。公司由此可以通过非常详细和透明的方式了解盈亏的具体原因。这些信息有助于管理者采取各种针对性的措施来降低成本和提高利润，包括改进高成本流程的效率，重新设计产品和服务以简化流程和降低成本，通过菜单式定价、最低定量或定制服务等方式调整客户关系。将TDABC应用到正在不断扩大规模和业务范围的中国企业中会使这些企业远比现在更有效率和更具盈利能力。

这里要提到一个让我高兴的小插曲：2010 年哈佛战略系的同事迈克·波特（Michael Porter）教授打电话来说，他为医疗保健业提出了一个全新而有效的框架，他将其称为“基于价值的医疗供给实践”。其目标是以更低的成本来为病人提供更好的服务（以病人享受的医疗条件来度量）。迈克还告诉我，与他合作的医疗机构使用的成本核算方法在他看来都不太合理。他的观点其实是正确的，因为现有的医疗成本核算方法都没有遵循成本会计中的正确原则。我当时告诉他 TDABC 应该在医疗保健领域大有用武之地，但之前没有任何医院管理者或医生有意愿尝试。迈克说他认识一些医院和医生会有兴趣进行试点，并问我是否愿意在这个问题上进行合作。我欣然接受了这一提议，从此开始了我们俩非常富有成效的合作研究。我们在 2011 年 9 月的《哈佛商业评论》中一篇题为“如何解决医疗保健业的成本危机”的文章中介绍了我们工作的进展和成果。此外，我们一直持续地与许多美国和全球的医院系统开展合作，倡导推广准确的成本与效益评价方法。这对中国的管理会计从业人员来说也是一个很好的机会，会有助于中国的医疗保健体系更加高效。这将会是一项非常令人兴奋和回报丰厚的工作。

挑战之四：管理控制系统对战略风险的关注不足

解决方案　引入风险管理系统来管理战略和外部风险

风险管理在很大程度上一直被管理会计行业所忽视。然而，这也为管理会计师提供了另一个为中国经济作出贡献的巨大机会。

首先，我认为有必要区分三类风险。可预防的风险来源于员工非授权、不道德、不恰当，甚至是非法的行为。一般来说，管理层知道哪些员工行为是需要避免的(即“已知的已知”)，而且有特定的管理工具来预防此类事件发生。在理想状态下，公司希望通过内部控制、责任划分、内部审计等常规方法将可预防风险的概率降到零。这都是合规和风险管理专业人士所熟知的。更有趣且具有挑战性的风险出现在另外两个类别中，经常被风险管理专业人士所忽略。

战略风险是所有组织内固有的，因为所有战略都涉及为获得高回报而引入新的风险点。例如，一些公司从事具有天然危险的业务，包括采矿、化工、石油和天然气勘探等。另外，一些诸如高科技、制药、医疗器械和航空航天公司进行高投入和高风险的研究和开发项目。管理者在理论上是可以识别战略风险事件(即“已知的未知”)，并且可以影响其发生的概率和后果。尽管管理者有能力降低战略风险的发生概率及其后果，但他们无法完全排除此类风险发生的概率。一些与战略具有内在关系的剩余风险总会存在。风险管理的功能是利用研讨会和管理流程来识别这些风险，评估潜在影响，并确保管理层能通过风控投资和主动监测来控制最主要的风险点。

我把第三类风险称之为外部风险，它来源于公司以外的事件，与战略无关也不受公司的直接影响或控制。管理者无法估计外部风险的概率，甚至在许多情况下，他们没有意识到该风险的存在(即“未知的未知”)以及它可能危及公司的战略和生存。管理外部风险需要一个“风险预想”（risk envisionment）的过程，在此过程中，管理者较少地依赖于定量的风险管理，更多地依赖于他们的经验、直觉和想象力，从而为未来的场景和战略不确定性创建新的心理模型。一旦预想到外部风险，经理们就可以集思广益来讨论如何增强组织适应力以应对最坏的情况。

简而言之，首先，管理者希望也通常能够消除可预防风险。其次，管理者可以采取措施降低战略风险发生的可能性。如果战略风险发生，管理层也能以符合经济效益的方式来减轻其潜在的负面影响。最后，管理者可以通过调整战略和采取行动来应对外部风险所可能带来的恶果。这种多维式风险管理的效力来源于应对不同风险类别的各种管理过程、组织单元和行动方案。例如，内部审计尽管对于管理可预防风险是强大而有效的，但对于管理战略风险和外部风险则可能是无用的；相反，适用于管理战略风险和外部风险的解决方案不一定对管理可预防风险有效果。不同的组织必须根据其面临的风险类别的特征和可控性来设计安排其风险管理过程。我已和安娜特·麦克斯教授（Anette Mikes）合作完成了这项工作，我们发表了几篇文章详细介绍了我们提出的框架，可以参见“管理风险：一个新的框架”[《哈佛商业评论》(2012 年 6 月，第 48~60 页)] 以及“风险管理——启示之手”[《应用公司财务杂志》(*Journal of Applied Corporate Finance*, 2016 年冬季，第 28 卷，第 1 期，第 8~18 页)]。

挑战之五：尽管经济快速增长，但贫困和不平等现象仍普遍存在

解决方案　为包容性增长创建新的生态系统

我目前的研究计划是一项宏大的尝试：采用战略地图与平衡计分卡来帮助公司实现共享价值和包容性增长战略。企业追求利润最大化的行为一直受到批评，人们认为这导致了对持续贫困和不平等的忽视。一些有影响力的国际机构，如 20 国集团、世界银行和国际货币基金组织都主张私营部门应当关注包容性增长，也就是为社会各阶层都带来利益的经济增长模式。作为回应，公司试图将其传统的企业社会责任 (CSR) 活动升级为价值共享和可持续性战略，其目的是在确保良好的经济回报的同时能够提高低收入阶层和贫困社区人口的生活质量。

但是这种新战略的设计和实现都是复杂的。某一家公司也许会通过建立一个新的仓库，选择当地的经销商，或者建立一所新的学校或培训中心等方式来谋求实现包容性增长战略，但此类“单点解决方案”无法解决低效供应链和高失业率等问题。一个持续性的、可扩展的解决方案需要公司在其经营和销售的社区内建立一个全新的生态系统。公司必须与当地居民、政府、其他当地企业、服务提供商、非政府组织和外部投资者之间建立新的关系和联盟。

搭建这样一个生态系统绝非易事。简单地推动现有企业间的合作并不是解决问题之道。据估计，超过50%的合资企业和战略联盟未能达到预期的协同效应。实施包容性增长战略的复杂性要远远高于在传统的私营部门间建立战略伙伴关系。实现新生态系统要求以往不相关的、来自多个部门的主体——企业、非政府组织和公众——来参与合作。由于这些参与方对其自身部门以外其他主体的态度和动机持有相当程度的不信任，他们之间通常很难进行富有成效的合作。

这意味着新生态系统的创建需要构建一个能够协调新战略以及各方利益的机制，这正与战略地图与平衡计分卡在公司内部所起到的协调作用完全相同。正如Kaplan、Norton和Rugelsjoen在《哈佛商业评论》

2010年1月号的文章“使用战略地图管理战略联盟”所阐述的那样，一个共建的战略地图能帮助战略合作伙伴围绕他们共同的战略目标进行合作。我们经常观察到这种由不同主体共建的战略和指标体系可以打破现有的壁垒。一位公司CEO曾提到：“平衡计分卡为我们提供了关于战略方向和意图的通用语言。我们可以制定和沟通战略，并让每个人都明白。广泛的参与使计分卡非常容易被接受。”

我们可以合理推断，在这样一个新生态系统里，潜在的合作伙伴会一起努力建立一个为实现包容性增长服务的战略地图。这一过程将有助于建立互信，达成共识和理解，从而实现共创的新战略。完成战略地图的构建之后，该生态系统的参与者可以设计包含特定财务和非财务绩效指标的平衡计分卡。该计分卡将会量化参与方所能获得的实际利益——对参与企业和种子期及后续投资者的财务回报，以及为当地居民所带来的可量化的社会福利。这种共享计分卡应该能够帮助遏制大公司利用其权势追求短期目标的动机，设定可衡量的目标和结果指标也将有助于为生态系统的成长筹措资金。

除了有助于为包容性增长战略建立共识之外，平衡计分卡指标还能为生态系统的构建提供业绩问责机制以及夯实其治理的基础。监控和治理可通过定期的战略评议会来实现；评议会让所有参与者对业绩进行评估，找出业绩表现不佳的根本原因，制订行动计划来弥补和纠正不足之处，以适应不断变化的环境。这样的战略评议会能使每家参与机构协调一致，努力协作，实现其共同目标。

总结

我衷心希望前面谈到的五大挑战和解决方案能展示管理会计在中国发展的巨大机遇。我认为管理会计实践可以也应该为推动中国经济发展而助力。同时它也应该能有助于所有人生活水平和生活质量的提高。我期待《中国管理会计》以促进管理知识和实践的创新与传播为使命，实现远大的社会目标。祝你们好运！

中国发电企业如何导入LCOE成本管理模型

杨　亚　中国三峡集团公司党组成员、总会计师

平准化度电成本（LCOE）作为一种管理工具，是对不同地区、不同资源禀赋、不同技术的度电成本作对比演化。在企业层面，LCOE为投资决策提供依据，是将成本控制前置化、全程化的目标成本管理工具。在宏观层面，LCOE为政府能源监管、行业政策激励提供参考，对能源技术发展的趋势进行量化分析。从能源结构看，强大、现代、可持续的电力系统必须是低成本可再生能源与基础常规能源的结合，二者并非互相排斥、互相取代，而是共生共荣、多能互补，通过多样化的发电技术组合提供高效、经济、安全、环保、稳定的能源供应服务，均衡电源结构才是最优、最终选择。从能源成本看，电价的降低不取决于政府、用户的主观意志，受不同资源禀赋、能源技术影响的电力系统总成本才是电价降低的决定因素和市场选择。

发表于《中国管理会计》2017年第2期，总第2期。

电能的生产有不同的技术选择、不同的环境影响、不同的成本结构，最后决定了不同国家 / 地区电力用户需要支付的最终电价水平。每个国家 / 地区的能源政策实质是在不同资源禀赋的基础上，在环境影响、供应安全、不同技术的成本竞争力之间的选择。有一种管理工具可以将不同地区、不同能源资源、不同技术发电的综合成本同台比较，从时间数轴上分析演进变化趋势，这种管理分析工具就是平准化度电成本（Levelized Cost of Energy，以下简称“LCOE”）。

一、平准化度电成本（LCOE）的核算原理

平准化度电成本的概念最早由美国国家可再生能源实验室（NREL）于1995 年提出，作为一种核算工具，主要用于对比评估不同发电技术的平均发电成本。在实际运用中，LCOE在欧美已有系统理论研究和丰富实践论证，比如国际投行Lazard自2005年起发布LCOE年度分析报告，目前已经更新到第10版（2016年12月）；彭博新能源财经（BNEF）定期更新国家（地区）不同发电技术的LCOE基准值；国际大型能源集团如西班牙Iberdrola电力、德国E.ON电力、葡萄牙EDP电力公司等都在定期跟踪不同发电技术的LCOE变化，为分析行业发展趋势提供参考。

$$\text{平均化度电成本} = \frac{\sum_t^n(\text{资本性支出}_t + \text{运维成本}_t)/(1+R)^t}{\sum_t^n \text{年发电量}_t/(1+R)^t}$$

LCOE公式

LCOE的核算原理是将项目全生命周期的总成本（资本性支出CAPEX+运维成本OPEX）除以生命周期总发电量，按照一定的折现率R（通常按财务上的加权平均资本成本WACC取值）折算出单位电量的综合成本，用于对具体项目或不同发电技术的经济性予以评估。

公式的主要边界条件包括项目造价（CAPEX）、运维成本（OPEX）、折现率R（通常以加权平均资本成本WACC取值）、装机容量、年发电小时等，如进一步细分还包括资本成本、燃料价格、税费、容量系数等因素。

图1是国际投行Lazard展示的LCOE计算模型，从财务原理上彰显了以下四个方面的特点：

（1）反映了产业投资者期望得到的回报率。通过该模型的计算公式可知，其假设的前提是如果要折算出合理的 LCOE，那么在该 LCOE 的水平下股权投资人的 IRR 应当至少覆盖权益性资本成本。

（2）说明 LCOE 是一种以项目全生命周期为视角、具有前瞻性的成本管理模型。LCOE 的计算不是基于当前实际成本测算，而是基于未来预期的成本估算；不是静态的成本测算，而是基于动态分析的成本折算；不是对未来成本开支规模的简单加成，而是嵌入 WACC 这个综合了项目系统性与非系统性风险的报酬率作为折现率；不仅综合考虑财务成本的全部要素，也统筹考虑机会成本要素。

（3）LCOE 以项目的经济评价为基础，既可以对具体项目的经济性进行评价，也可以对不同国家（地区）、不同发电技术的度电成本测算分析，将不同地区、不同能源资

年数	0	1	2	3	4	5
装机容量（MW）——A		100	100	100	100	100
容量系数（%）——B（利用小时数）		38%	38%	38%	38%	38%
总发电量（'000MWh）——C=A×B		329	329	329	329	329
平准化度电成本（$/MWh）——D		$61.75	$61.75	$61.75	$61.75	$61.75
总收入——E=C×D		$20.3	$20.3	$20.3	$20.3	$20.3
总燃料成本——F		$0.0	$0.0	$0.0	$0.0	$0.0
总运维成本——G		4.0	4.1	4.2	4.3	4.4
总运营成本——H=F+G		$4.0	$4.1	$4.2	$4.3	$4.4
——						
EBITDA——I=E-H		$16.3	$16.2	$16.1	$16	$15.9
未偿还债务（初期）——J		$102.2	$100.0	$97.8	$95.4	$92.9
债务利息支出——K		(8.2)	(8.0)	(7.8)	(7.6)	(7.4)
债务本金偿还——L		(2.0)	(2.2)	(2.4)	(2.5)	(2.8)
本息总和——M=K+L		($10.2)	($10.2)	($10.2)	($10.2)	($10.2)
——						
EBITDA——I		$16.3	$16.2	$16.1	$16	$15.9
折旧（加速折旧法）——N		(34.0)	(54.4)	(32.6)	(19.6)	(19.6)
利息支出——K		(8.2)	(8.0)	(7.8)	(7.6)	(7.4)
应税所得——O=I+N+K		($25.9)	($46.2)	($24.4)	($11.2)	($11.1)
纳税额——P=O×税率		$10.4	$18.5	$9.7	$4.5	$4.4
税后股权现金流——Q=I+M+P	($68)	$16.5	$24.5	$15.7	$10.3	$10.2
股权投资人IRR	12.0%					

关键数据假设	
装机容量（MW）	100
容量系数	38%
燃料成本（$/MMbtu）	0
热耗率（btu/kwh）	0
固定运维成本（$/Kw-year）	$40
可变运维成本（$/Mwh）	0
运维成本增长率	2.25%
资本结构	
债权资本比重	60%
债权利率成本	8%
权益性资本比重	40%
权益性资本成本	12%
税务及税收激励	
综合税率	40%
经济周期	20年
加速折旧年限	5年
资本支出	
EPC成本（$/kw）	$1100
业主其他成本	$600
输送成本（$/kw）	0
总的资金成本（$/kw）	$1700

图1 LCOE模型计算示例（Lazard）

注：LAZARD: "LEVELIZED COST OF ENERGY ANALYSIS-VERSION 10.0"，2016年12月（以美国陆上风电为例——允许加速折旧、生产税收抵免PTC）。

源、不同技术发电的综合成本同台比较，从时间数轴上分析演进变化趋势。由于LCOE公式考虑了项目造价（CAPEX）、运维成本（OPEX）、加权平均资本成本WACC、资本成本、燃料成本、税费、容量系数等多项因素，通过对诸多因素进行敏感性分析，为项目多情景下决策提供支持，实质上是一种新型的成本管理分析工具。

（4）该模型中的一些参数取值同时反映了美国利用税收工具对可再生能源予以补贴：一是加速折旧政策，该政策允许风电项目的资产折旧年限缩短至竣工后的5～6年，使得发电商在项目初期所需缴纳的所得税大幅降低，相当于在项目初期提供无息贷款（税盾）；二是通过税收抵免政策，主要是生产税抵扣（Production Tax Credit，以下简称PTC）和投资税收抵免（Investment Tax Credit，以下简称ITC），两者二选一。根据PTC税盾，发电商享受10年内每发一度风电可以获得2.3美分的税收抵免优惠（该优惠幅度延续至2016年底，2017年起逐年递减并于2020年结束）；根据ITC政策，投资可再生能源的企业可享受相当于总投资额30%的税收抵免额度直至2019年（从2020年抵扣额度开始递减，到2022年降低至10%）；三是税收抵免额度可以通过市场交易，形成专业的税务投资人，这种对新能源的市场补贴机制比政府直接补贴电价的效率更高，效果更好。

二、LCOE在分析能源技术发展趋势中的应用

通过彭博2017年上半年LCOE报告、

Lazard 2016年度报告以及葡电等国际大型能源公司的数据分析，在不考虑潜在社会因素及外部环境（如分布式发电技术的社会成本、传统发电技术的环境影响）的情况下，一些可再生能源技术（如风电、光伏电站规模）与传统发电技术（煤电、核电、天然气发电）相比已经具备成本竞争力。但可再生能源技术与传统发电技术的关系不是互相排斥、互相取代，而是共生共荣、多能互补，在可预见的未来，快速发展的经济将需要多样化的发电技术组合来满足负荷需求，提供高效、经济、安全的能源供应服务。

（一）LCOE模型显示部分可再生能源已经具备成本竞争力

根据彭博新能源财经对全球发电技术的LCOE对比，风电、光伏的度电成本相比传统发电技术已具备成本优势，如图2所示。

在未补贴的情况下，得益于系统组件（如光伏板、逆变器、风机等）成本的大幅降低，以及在效率及其他方面的大幅提升，导致风电和光伏比传统发电技术具备成本竞争力，在过去的七年里，陆上风电LCOE下降了66%，地面大规模光伏电站的LCOE下降了85%。

2017年上半年，全球范围内新建的光伏项目LCOE比2016年下降30%，彭博关于定轴光伏的全球基准LCOE从2016年下半年的100美元/毫瓦时下降到86美元/毫瓦时（降幅15%），单轴跟踪型光伏的基准LCOE降

单位：美元/MWh

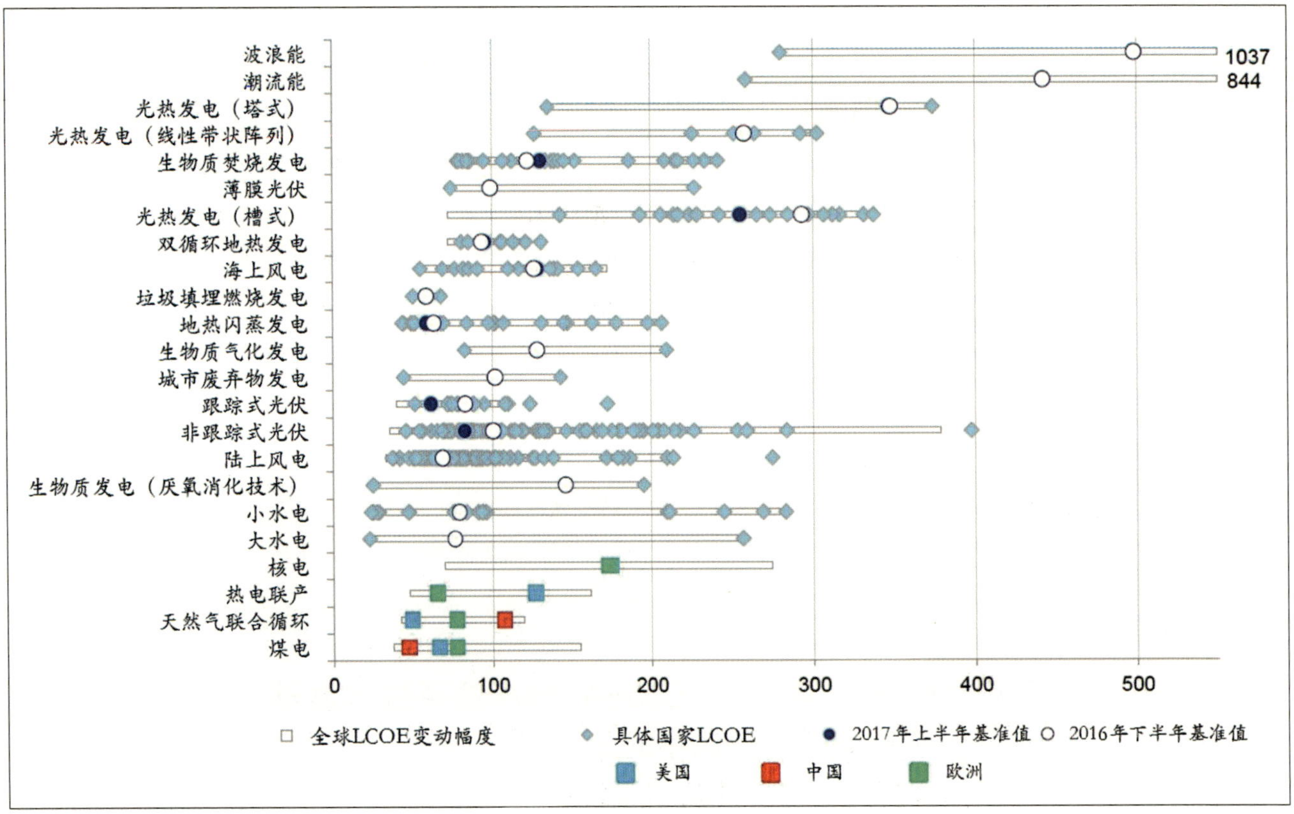

图2 全球发电技术LCOE

注：截至2017年上半年。

至56美元/毫瓦时（降幅33%），这是跟踪型光伏的LCOE第一次低于陆上风电，表明光伏发电正逐步增加其吸引力及竞争力，成为具有较高竞争力的能源技术。根据彭博的预测，得益于技术进步、风机成本下降、融资成本降低、规模开发等因素，到2040年，光伏的全球基准LCOE将下降66%，陆上风电将下降48%，如图3所示。

海上风电也呈现LCOE大幅降低的趋势，以海上风电最为领先的欧洲为例，2017年4月最新一轮德国海上风电项目竞标出现了零补贴电价，标志着随着这一批中标项目的投产，德国将于2023年前后进入海上风电平价上网的新时期。德国和荷兰、丹麦的项目竞标已将未来海上风电的LCOE降至50欧元/毫瓦时以下，这意味着某些在2021～2025年期间并网的项目比目前开工建设的平均价格降低了66%。

值得注意的是，尽管所有形式的光伏和风电成本都大幅下降，但这些技术的成本降低幅度已经开始趋于相对缓和，例如2017年上半年陆上风电和海上风电的LCOE在67美元/毫瓦时到124美元/毫瓦时的范围

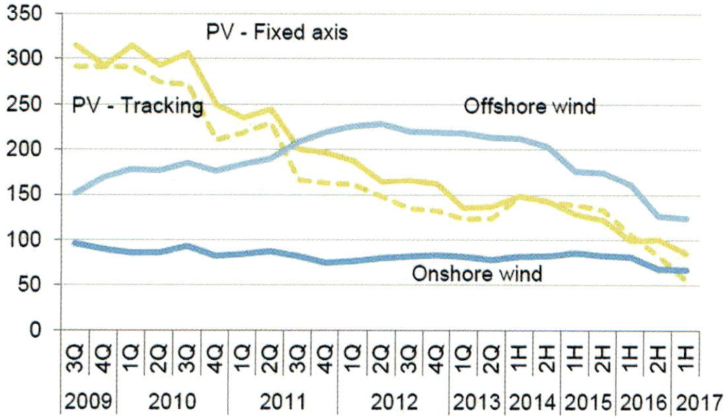

图3 光伏与风电LCOE发展对比

相对平缓、小幅波动，潜在地反映了在各种补贴降低之前，行业投资者关心的重点已转移到开发、建设和调试项目，而不是在技术研发和制造效率上继续投资。同时，一些行业领先者开始发展风电和光伏＋额外的储能设备，以改善间歇发电技术目前尚未满足的容量因素和电网需求，如图4所示。

（二）影响可再生能源LCOE的因素分析（以陆上风电为例）

根据LCOE公式，影响因素包括项目造价（以下简称CAPEX）、运维成本（以下

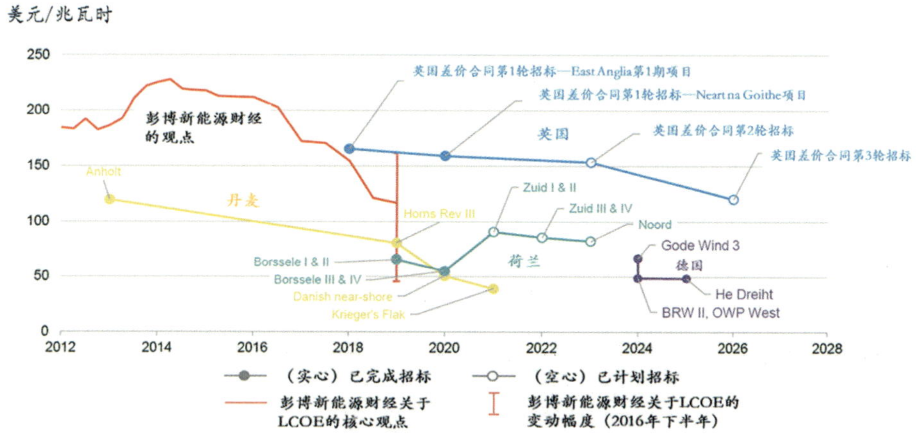

图4 欧洲海上风电项目运营年的预估LCOE

表1 陆上风电LCOE相关参数

方案	国家	LCOE ($/MWh)	容量系数 (%)	资本性支出 ($m/MW)	固定运维成本 ($/MW/Yr)	可变运维成本 ($/MWh)	长期贷款 (%Debt)	长期贷款息差 (bps)	长期贷款期限 (年)	股本收益率 (%)
低值	美国	33	48%	1.46	30,000	0.00	70%	185	25	9%
基准值	加权平均	68	30%	1.47	20,845	5.23	75%	480	15	10%
高值	日本	217	22%	3.23	88,696	5.70	70%	217	16	9%

简称OPEX）、加权平均资本成本WACC、资本成本、燃料成本、税费、容量系数等多项因素。下面以陆上风电为例分析各因素对LCOE的影响，如表1所示。

彭博最新数据显示，2017年上半年全球陆上风电的基准LCOE为67美元/毫瓦时，比2016年下半年下降1%，其中日本的陆上风电下降幅度最大（比2016年底下降20%），但是它的平均LCOE仍为全球最高，达到144美元/毫瓦时，主要是前期开发和建设期过长、市场规模小、劳动力昂贵等原因。

CAPEX因素：基于风机设备的成本下降、产业链成熟、经验逐步积累，陆上风电的装机规模每翻一倍，CAPEX将下降9%；到2040年陆上风电LCOE预计能下降35%～60%。

容量系数（可利用小时数）：由于技术的进步和更为智能化的风机发电、运维管理，促使项目的容量系数不断提高，增加了项目发电量。根据彭博对中国陆上风电的统计数据，到2040年平均容量系数将从2017年的25%提升到40%～50%。

燃料价格因素：燃料价格的波动会大幅影响传统发电技术的平准化度电成本，但对可再生能源技术影响较小，例如对光伏、风电的影响几乎为零，如图5、图6所示。

资本成本因素：资本成本对可再生能源技术具有重要影响，它在本质上反映了产业投资者期望的回报率IRRE与债权融资成本。

尽管目前一些可再生能源技术的资本成本比传统发电技术要高，但由于许多替代能源技术的成本下降，同时中长期来看传统技术的燃料成本具有不确定性，因此可再生能源正在努力缩小在电力成本方面与传统能

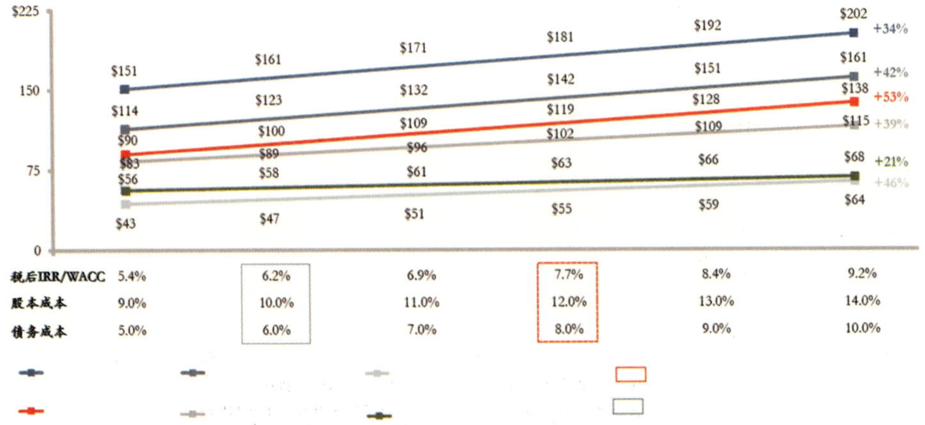

图5 LCOE对资本成本变化的敏感性分析

源先前较大的差距。

（三）LCOE 的应用对能源结构选择、能源成本控制的启示

1. 均衡的电源结构才是强大、可靠的电力系统的最优选择

如上文分析，可再生能源成本在过去几年快速下降，未来不断优化的技术经济性和持续增长的竞争力将推动新能源产业蓬勃发展。但有两大问题值得注意：一是近年来可再生能源 LCOE 的大幅下降主要得益于政府补贴和相关融资工具，以及由此产生的制造和安装的规模经济。这种政策驱动成本降低在欧美国家普遍存在，在我国也尤为明显。尽管许多补贴政策已经获得延期，但在中后期它们终将被逐步降低并终止，此时行业参与者将面临的一个关键性问题是：在未来没有补贴的情况下，这些可再生能源技术是否可以继续降低成本并实现持续推广。这是一个不可回避的问题！二是虽然一些可再生能源技术在某些条件下（例如一流的风能资源、太阳能资源）已经实现了名义上的“平价上网”，但上述情况并未考虑潜在的社会、环境等外部因素（例如分布式发电的社会成本，常规能源的环境影响等）以及接入电网、电源可靠性的相关因素。因此，强大、现代和可持续的电力系统必须是低成本可再生能源与基础常规能源的结合，二者不是互相排斥、互相取代的关系，而是共生共荣、多能互补。通过多样化的发电技术组合提供

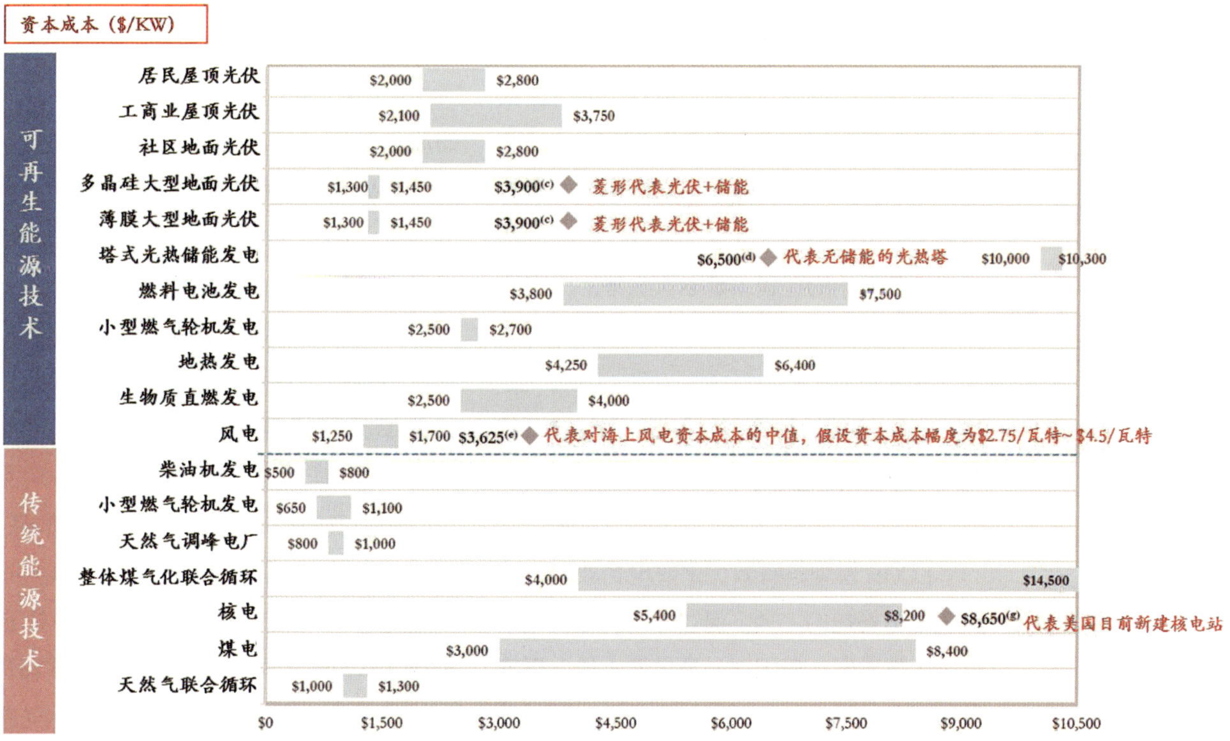

图6 发电技术资本成本对比

资料来源：LAZARD: "LEVELIZED COST OF ENERGY ANALYSIS-VERSION 10.0"，2016年12月。

高效、经济、安全的能源供应服务，均衡电源结构才是最优、最终选择，如图6所示。

2. 电力系统总成本是电价水平的决定因素

LCOE工具的指导意义在于：对发电商而言，项目的度电成本如果高于市场上网电价，则意味着项目经济性较差，发电即面临亏损，如果低于上网电价，则项目有利可图，值得继续推进；对政府而言，一种能源技术的LCOE比市场加权平均上网电价高，要促进该技术发展政府必须制定补贴、扶持政策才能吸引社会资本参与，如果低于上网电价，说明技术已日益成熟，具备市场竞争力。能源技术的基准LCOE反映了其成熟程度和市场竞争力，对应电力系统的成本水平，也间接决定终端用户的生活成本。降低电价、减少生活成本是电力用户的美好期许，也是能源技术进步的体现。但能源规划开发的导向、电价升降的决策既不取决于政府的主观意志，也不取决于用户的期待，而是取决于不同资源禀赋、不同能源技术所共同影响的电力系统（发电、输电、配电）总成本，总成本的控制才是电价水平的决定因素和市场选择。

三、我国发电企业应用LCOE模型的要点和策略

LCOE模型是有效优化发电企业项目决策和成本管控的工具，但在国内发电企业中尚未大量实践，原因之一是模型中成本要素的取值和关键参数的缺失。理清成本要素和基本参数对应用LCOE模型至关重要。

（一）结合国内能源项目开发实际情况，梳理LCOE模型的成本要素及基本参数

成本要素不仅取决于项目自身特性和企业管理水平，也取决于社会管理、税收制度、融资环境、能源技术成熟度的差异，例如在海上风电项目开发中，在融资成本方面：欧洲目前能以2%以内的利率锁定长期融资成本，而我国则需要5%以上的利率才能实现长期固定利率融资；在运维费用方面：通过对德国Meerwind、英国Moray、法国TRE海上风电场运维费用分析，年运维费用约占海上风电场投资的2.5%左右，但由于国内与国外风机厂商质保期内的运维费用计列方式、维修工人工资、维修船舶费用差别较大，国内运维费用的预估还未有较固定、合理的取值。因此，国内发电企业在引入LCOE模型时，也需要对相关成本要素进行适当的“中国化”改造。

以国内海上风电为例对LCOE公式中的成本要素进行梳理，其中项目的资本性支出CAPEX通常包括建筑工程费（风机基础、海上升压站、陆上集控中心等建筑物的土建费用）、设备采购及安装费（风电机组和塔筒、海底电缆、海上升压站设备、主变压器等电气设备的设备费及安装费）和其他费用。运营成本OPEX包括人工成本、运行期贷款利息、修理零部件购置费用、备品备件购置费用、主要材料消耗费、检修维修设备使用费或租赁费用等。除了CAPEX、OPEX的取值外，折现率R也是重要参数，在模型中通常选用加权平均资本成本WACC指标。WACC是指企业以各种资本在企业全部资本中所占的比重为权数，对各种资金的资本成本加权平均计算出来

表2 彭博模型中全球发电技术基准LCOE的边界条件

发电技术	资本性支出（$m/MW）			容量系数（%）			固定运维成本 ($/MW/yr)	债务比例 (%)	债务成本 (bps to LIBOR)	基准 LCOE ($/MWh)
	低值	基准值	高值	低值	基准值	高值				
大水电	1.05	2.50	4.12	25%	50%	75%	31,000	70%	363	76
小水电	1.17	2.90	3.59	23%	48%	60%	23,517	68%	660	80
生物质发电（厌氧消化技术）	3.20	4.07	4.93	90%	90%	90%	-	70%	320	146
陆上风电	0.97	1.47	3.23	18%	30%	57%	20,845	73%	474	67
非跟踪式光伏	0.76	1.03	4.14	10%	17%	26%	13,484	72%	460	86
跟踪式光伏	1.04	1.20	1.78	14%	25%	34%	18,306	72%	280	56
城市废弃物发电	3.66	5.05	6.45	80%	80%	80%	245,000	70%	320	102
生物质气化发电	2.98	4.50	7.69	80%	80%	80%	70,000	75%	320	128
地热闪蒸发电	2.62	3.33	7.79	50%	83%	92%	71,866	61%	405	58
垃圾填埋燃烧发电	1.57	2.01	2.51	90%	90%	90%	112,226	65%	416	57
海上风电	1.62	4.11	5.46	33%	46%	48%	96,932	70%	232	124
双循环地热发电	3.63	3.96	6.05	72%	81%	91%	43,614	61%	523	96
光热发电（槽式）	4.50	7.04	8.06	34%	39%	79%	80,269	75%	257	255
薄膜光伏	1.34	1.39	1.61	12%	17%	23%	36,000	70%	250	99
生物质焚烧发电	1.60	3.47	8.81	40%	81%	90%	225,342	69%	486	130
光热发电（塔式）	5.42	7.90	11.96	38%	49%	60%	70,000	75%	250	258
光热发电（线性带状阵列）	1.64	5.55	9.66	21%	27%	43%	53,345	65%	435	347
潮流能	6.73	9.28	13.00	25%	35%	45%	130,000	0%	500	442
波浪能	5.48	8.78	16.05	25%	30%	35%	150,000	0%	500	499

注： Bloomberg New Energy Finance: "1H 2017 Global LCOE Update"，2017年4月21日。

的资本总成本，企业可利用该指标为基础制定项目的目标收益率，建立投资评价指标体系。WACC 指标在国际能源公司中应用广泛，国内企业中如三峡集团、华润集团等也已引入该指标作为投资决策的约束性参数。具体计算公式为 WACC 项目 = 权益资本成本 Re × 权益占总资产比重 E/A + 债务资本成本 Rd ×（1- 所得税税率 t）× 债务占总资产比重 D/A。其中“权益资本成本”要通过无风险利率、市场风险系数、行业风险调整系数、风险溢价、国家风险调整系数等因素予以调整，从而充分反映不同国家、不同行业、不同市场的风险特点。

以彭博模型中的海上风电项目为例（见表 2），单位千瓦造价 (CAPEX) 约为 10000 ～ 35000 元人民币（美元兑人民币按 6.5 折算），彭博模型取值约为 27000 元 / 千瓦，容量系数为 33% ～ 48%，运维成本（OPEX）约为 630 元 / 千瓦 / 年，项目寿命周期按 25 年计算，资本金、债务按照 30% ：70% 配比，债务成本为 LIBOR+230BP。通过上述假设条件算出全

表3 国内不同发电技术的单位千瓦参数

<table>
<tr><th colspan="3">电源种类</th><th>单位千瓦造价 CAPEX（元/kW）</th><th>单位千瓦运营成本 OPEX（元/kWh）</th><th>运营成本构成</th><th>建设周期（年）</th><th>资产折旧年限（年）</th><th>市场融资成本（元/kW）</th></tr>
<tr><td rowspan="4">火电</td><td rowspan="3">燃煤</td><td>亚临界</td><td>4,323</td><td rowspan="3">0.15-0.25</td><td rowspan="4">水费、材料费、检修费、人工等</td><td rowspan="4">2-3</td><td rowspan="4">30</td><td rowspan="4">41</td></tr>
<tr><td>超临界</td><td>3,657</td></tr>
<tr><td>超超临界</td><td>3,202</td></tr>
<tr><td colspan="2">燃气</td><td>2,955</td><td>0.22</td></tr>
<tr><td colspan="3">水电</td><td>11,193</td><td>0.08-0.12</td><td>水资源费、库区管理基金、人工等</td><td>5-10</td><td>45-55</td><td>29</td></tr>
<tr><td colspan="3">核电</td><td>12,175</td><td>0.17</td><td>水费、材料费、检修费、人工等</td><td>5-7</td><td>20-25</td><td>292</td></tr>
<tr><td rowspan="2">风电</td><td colspan="2">海上</td><td>14,000-18,000</td><td>0.25</td><td rowspan="2">风机机械损耗、设备检修、故障维护、人工等</td><td>3-4</td><td>20</td><td>260</td></tr>
<tr><td colspan="2">陆上</td><td>7,000-9,000</td><td>0.10</td><td>2-3</td><td>20</td><td>213</td></tr>
<tr><td colspan="3">光伏发电</td><td>8,657</td><td>0.07</td><td>维护维修费、保险费、人工等</td><td>0.5</td><td>15-25</td><td>贷款利率8%-12%</td></tr>
</table>

注：长江证券研究所电力与公共事业行业研究团队 9 月 8 日统计数据。

球海上风电的基准 LCOE 为 0.8 元 / 千瓦时。表 3 是国内研究机构提出的我国不同发电技术的相关成本参数。

以某个海上风电项目为例，装机容量20万千瓦，利用小时数2464小时，项目生命周期为25年，假设折现率按WACC值6.5%计取，建设投资 CAPEX为30亿元，运营成本OPEX（年运维费用按建设投资的2.5%计取，生命周期末拆除费按建设投资的3%计取）现值为13亿元，生命周期总成本为43亿元，25年的总发电量折现为60.7亿度电，通过以上参数算出该项目平准化度电成本为0.71元/千瓦时，加上17%增值税（即征即退50%），度电含税成本为0.77元/千瓦时，由于上网电价（含税）为0.85元/千瓦时，高于度电成本，项目有一定的盈利空间。

（二）将LCOE工具导入电力企业全周期、前置性的项目决策与成本管控体系

LCOE模型在具体项目层面，通过度电成本衡量项目的经济性，实质是对目标成本管理的应用工具，体现企业价值创造的关键因素之一——全过程、前置性的成本管理。在目标成本管理中，度电成本不再是项目建设、运营的结果，而是在最初的勘测、设计过程中就以低于上网电价的度电成本为目标和开端着手控制成本，确保项目有利可图。

根据 LCOE 模型，降低度电成本、提高项目经济性的措施就是“少花钱”（减少 CAPEX 和 OPEX，控制成本），“多发电”（增加总发电量）。由于发电行业是资本高度密集型产业，在成本控制方面，在建工程投资造价 CAPEX 决定了项目投产运行期的折旧，占成本的主要部分，比如水电的发电成本中折旧占比约 55%，这部分成本在工程建设阶段就已确定，因此发电环节生产成本控制的关键是工程造价控制，运营环节的 OPEX 控制要前置到建设环节的 CAPEX 控制，对水电前期规划及勘测设计环节严格把关；在发电量方面，由于发电资产固定成本比重大，经营杠杆效应明显，以 5 万千瓦风电为例，发电成本中的固定成本占发电成本的 84%，发电量增减 10%，息税前利润增减 20%，税后利润增减 38%，因此发电量也是一个重要、敏感的参数。

因此，测算 LCOE 应当作为发电企业项目投资及成本管控中的重要管理工具，在投资决策中，项目的 LCOE 要低于上网电价；在成本管控中，应当将投资成本控制“前置”，融资成本通过合理的融资结构和良好的资信等级予以优化，运营成本要突出管控重点，用科学的预算管理实现项目的目标成本控制。国内发电企业应当尽快引入 LCOE 模型，全方位嵌入这种国际上盛行的全周期、前置化的成本管理工具。

参考文献：

[1] Lazard：“Levelized Cost of Energy Analysis-version 10.0”，2016 年 12 月。
[2] Bloomberg New Energy Finance: “1H 2017 Global LCOE Update”，2017 年 4 月 21 日。
[3] EDP:“ Developing EDP's 2020 Strategic Plan”，2016 年 3 月 4 日。
[4] EDP: “Edp Capital Markets Day 2016”，2016 年 5 月。
[5] 蔡浩、朱焜秋、吴熙：《基于平准化电力成本和现值法的风电系统技术经济分析》，载于《江苏大学学报》2016 年 7 月。
[6] 张全斌：《运用度电成本理论剖析光电项目投资机遇》，载于《浙江电力》2017 年第 36 卷第 4 期。

绩效考核标准的选择

——相对或绝对指标？

黄钰昌　陆怡　中欧国际工商学院

【摘要】如何设计适当的绩效考核机制，从而更客观、准确地衡量企业的整体业绩和员工的表现与付出，是企业管理中的重要问题。本文从考核标准的精确度要求出发，阐述了不同类型指标的选择和适用范围，并结合中外企业绩效考核设计的诸多管理实践经验，详细分析了绝对绩效考核的潜在问题以及过度使用强制排比和末位淘汰可能带来的弊端，最后探讨了相对绩效考核设计时需考量的要素，以企业战略为导向，确保考核体系的公平透明和一致性，以达到有效激励员工的效果。

【关键词】考核标准　精确度　绝对指标　相对指标

发表于《中国管理会计》2018年第3期，总第5期。

绩效考核标准(Performance Standards)选择的三个维度

通常在设计绩效考核机制时，为了增强考核激励的有效性，我们必须考虑三个维度：

(1) 考核指标的选择——用什么指标来评比；

(2) 相关考核方法的制定——如何评比；

(3) 比较对象的选择——与谁比较。

“用什么指标来评比”指的是考核指标的选择。譬如，我们应当使用净资产收益率（ROA）还是资产回报率（ROE）来考核管理层的资金使用和管理效率？应当使用定性指标还是定量指标？“如何评比”指的是考核期限和指标权重的选择。譬如，使用多长期限的考核指标？使用滚动指标还是当期指标？各个不同指标间如何加权？定性指标与定量指标之间的权重应当如何？等等。“与谁比较”指的是考核评比对象的选择。一般我们可以与事先设定的预算目标相比，或者与同侪进行对比。前者指的是绝对指标，后者指的是相对指标。

理论上，绩效考核标准这三个维度的选择都要确保考核指标整体的精确度，考核指标要能够恰当地反映管理层及员工真正的能力或努力程度（Banker and Datar,1989；Bushman and Indjejikian,1993；许定波和鄂丽丽，2018）。

考核指标的精确度

激励理论的基本原则告诉我们：激励越强，考核指标的精确度就要求越高，噪音才越小。从实务角度看，考核指标的精确度应当以该指标能否真实地反映出员工实际的努力程度或投入付出来决定。由于信息的不对称，员工真正的投入与努力程度往往是看不见摸不着的，而绩效/结果都是看得到的。绩效/结果就是我们选择的指标，这些指标都可以契约化地加入员工的考核设计和绩效合同(Performance Contract)中。一般而言，指标的精确度受到下列因素的影响：

用什么指标来评比

考核指标根据类型和特征可分为定量指标和定性指标。定量指标是指可被直观、精确地衡量的指标，如净利率、净利润增长率、预算数额、销售额、销售增长率、单位成本、市场份额等硬指标，精确性相对较高。定量指标又可以分为财务指标与非财务指标两大类：财务指标包括会计、金融市场的指标；非财务指标包括可以计量的环保、品质、客户满意度、企业战略等指标。定性指标是指无法被精确衡量、主观成分较高的指标，如员工的工作态度、积极性与主动性、专业能力、职业操守等，考核定性指标时，受到考核主管个人的主观偏好、情绪、偏见的影响较大，甚至受政治操控的空间也更大，因此噪音也相对较大。

从另一个角度来分析，考核指标可以分为投入指标、过程指标和结果指标。投入指标主要考核管理者或员工的专业能力、技术或经验。员工的学位、资历状况，在品牌管理或专业知识方面的培训，如对风控审计人员进行定期的专业知识考评，对质量管理人员的专业训练等，都是投入指标。过程指标主要考核员工是否按照事先设定的流程、规章制度来执行业务。考核“守卫型”的岗位即风控或财务人员、安全质保人员、重要核心设施的操作员等时，选择合适的过程指标是非常重要的，因为这类专业人员的表现与能力往往关系到企业整体运营风险，他们必须严格遵守事先设定的管理流程与规章制度。结果指标也就是我们所说的业绩指标，这里不再详细展开说明。

如何评比

如何评比涉及考核期限长短和指标权重的选择。譬如我们应当使用三年指标还是多年指标？使用滚动指标还是当期指标？如何将不同维度的指标加总起来，即指标权重怎样设计？不同层级的管理团队指标的权重选择应当如何设置？如何匹配定量与定性指标？级别越高，是否定量指标占比越高？

与谁比较

按比较对象的不同，绩效考核的方式可分为绝对绩效考核和相对绩效考核两大类。绝对绩效考核，考核指标通常为事先设定的固定值，例如是否达到某一营业指标或成本目标，是否符合预设的预算要求？绝对绩效考核业绩评价取决于员工个人 / 公司的表现，并非与其他员工 / 同行企业来进行对比。相对绩效考核，业绩评价取决于员工 / 同行企业之间的相互比较或排名，往往是根据整体上的名次（如前十位）、百分比（如属于前 30%），或根据整体水准做参照（如高于行业平均水平）来决定考核结果。企业常用的“强制排比”(Forced Rating/Forced Ranking) 和“末位淘汰”制度均属于相对绩效考核范畴。这种同侪对比的考核方式往往能够消除外部经济环境和政策法规的变化对个人或企业业绩的影响，使得整体考评的结果具有更高的精准性和合理性（Gibbons and Murphy，1990；张锡惠、史琳娜和王萍，2017）。

考核指标的精准度决定激励机制的有效度。激励经济理论中最核心的“最大信息原则”(Informativeness Principle) 告诉我们：指标越精准，激励的效果越强。同时，也要考虑指标的相关度 (Relevancy)（Banker and Datar,1989；Bushman and Indjejikian,1993；许定波和鄂丽丽，2018）。指标的选择必须与管理层预期达到的战略方向或者个人能力高度相关。但相关度高的指标不代表精确度高；同理，精确度高的指标，相关度也未必高。

我们以案例来进一步说明考核指标精确度的问题。埃克森美孚(Exxon Mobil)公司2005年净利润高达361.3亿美元，创美国公司最高年利润纪录。然而，与公司高管的巨额奖金相比，股东获利并不乐观。人们不禁对埃克森美孚使用的高管薪酬与绩效挂钩的激励机制产生质疑。公司利润的大幅上升究竟是运气还是高管的能力使然？我们再看雪佛龙(Chevron)石油公司的息税前利润和国际每桶原油油价的走势（见图1），二者几乎完全一致，这表明石油企业的利润很大程度上受到油价波动的影响。

再来看另一组统计数据，图2是1977～1994年石油价格的波幅与石油行业整体的业绩表现：左图代表调整通货膨胀

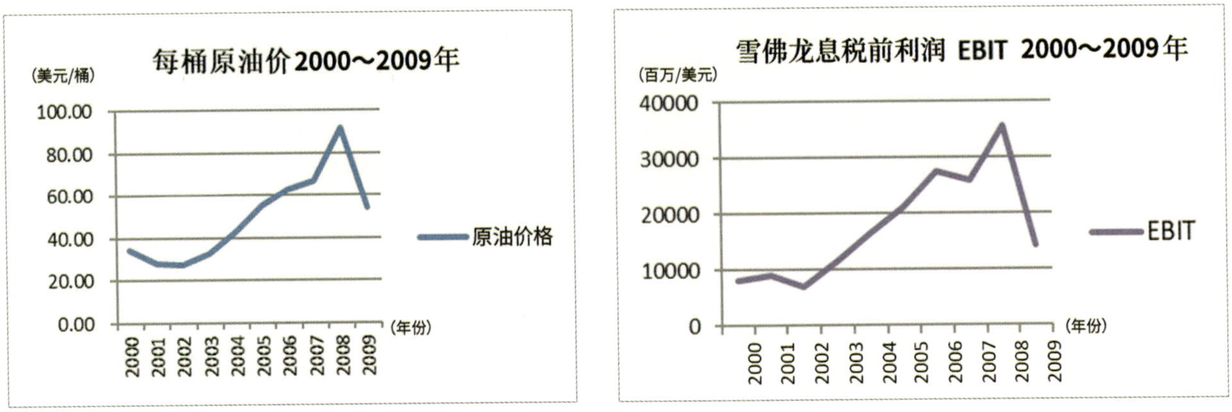

图1 国际原油每桶油价和雪佛龙(Chevron)石油公司的息税前利润的对比

资料来源：雅虎财经。

后每桶原油价格的波动，右图代表对应石油产业加总会计盈余指数的变化。可以观察到，第一次石油危机（1980年）以后，油价与石油产业会计盈余的走势变化几乎完全同步，二者间的相关系数非常高。

根据激励理论，强激励的前提条件是确保指标的高精确度。高精确度的指标指的是业绩指标必须能够反映出经理人员真正的能力或投入的努力程度。合理完善的薪酬考核体系应当能够精确地排除运气的干扰。如果石油企业利润起伏和油价波幅的相关系数接近80%，那么任何以利润为基准的业绩考核指标(KPI)都存在运气的成分。考核的结果中若运气成分占比非常高，则违反了激励机制设计的“信息最大原则”，其指标的精确度势必让人怀疑。

类似的情况也发生在台湾的钢铁行业。2005年台湾中钢董事长业绩分红的股票市值折合人民币1000万元。从表面上看，“赚钱多分红多”似乎合乎逻辑，但是赚钱多与管理层的能力和努力付出的关联度高低才是问题的核心所在。我们再做一个简单的数据分析，图3是取自美联储数据库的铁矿石价格指数与冷轧产品价格指数（1982年6月～2017年6月），显然，二者的关联度非常高，经过简单计算，我们可

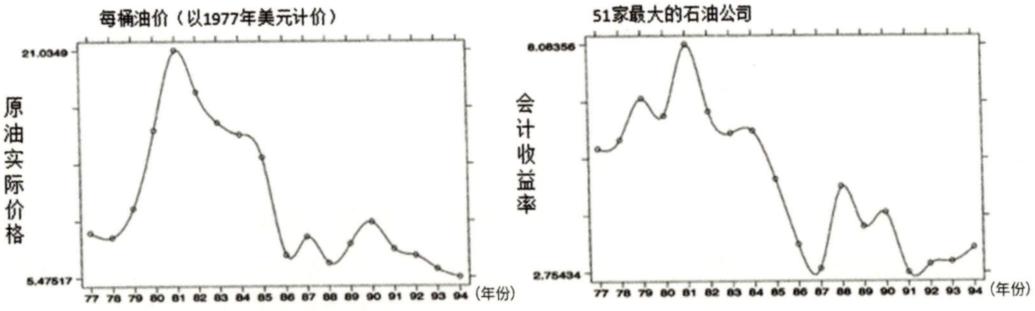

国际原油每桶实际价格　　石油行业平均收益率

图2 石油价格的波幅及石油行业整体的业绩表现

资料来源：Bertrand M. and Mullainathan S., Are CEOS Rewarded for Luck? The Ones without Principals Are, *The Quarterly Journal of Economics*, Vol. 116, No. 3. (Aug., 2001), pp. 901-932.

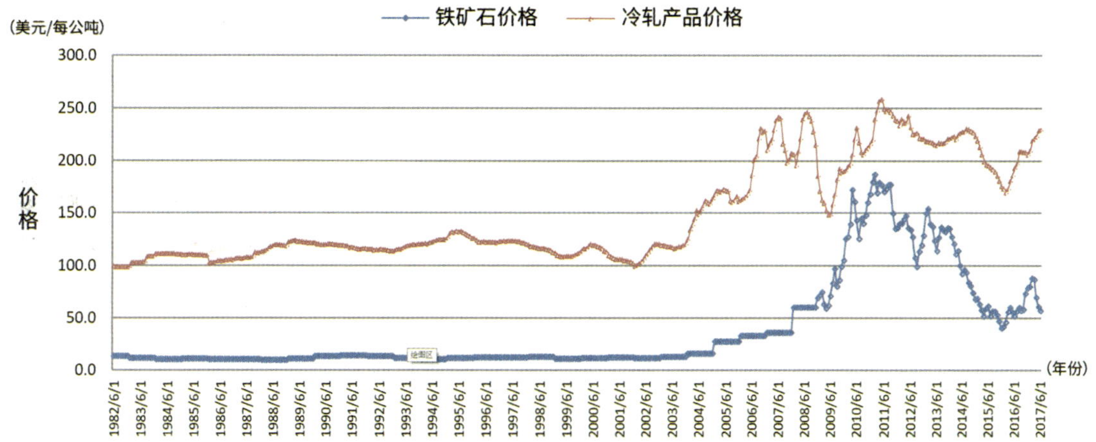

图3 铁矿石价格指数与冷轧产品价格指数的相关性

资料来源：https://fred.stlouisfed.org/series/PIORECRUSDM.

以得出二者统计上的相关系数达83.6%，表明钢铁行业的利润和铁矿石的价格之间存在非常高的关联度。

综上，我们在考核绩效指标精确度时，需要思考：

(1) 在钢铁、石油和天然气等行业，企业利润通常受到原材料价格波动的较大影响，以公司净利润作为高管绩效的考核指标，是否精确和合理？

(2) 如果一个行业的利润率受到政府政策变化影响较大，仅以利润或销售相关的业绩指标来考评高管业绩是否合理？

(3) 哪些行业在设计绩效考核指标时，排除运气成分的影响对业绩考核至关重要？

(4) 公司高管是否应对不可控因素，譬如市场、政治因素负最终的责任？

总之，企业在设计激励机制与业绩考核体系时，一项重要的考虑是如何尽可能地排除运气的干扰，这涉及绩效考核指标的选择与设计问题。考核标准的选择与设计大致可以分为两大类：绝对指标和相对指标。绝对指标的设计要求企业管理层的业绩必须与年初或季初所设定的预算或目标业绩指标相比较，一般要求业绩要高于年初或季初设定的目标值。相对指标的设计要求将管理层的业绩与同侪、竞争对手或相似部门、产品、区域的业绩来比较，最终的考核结果取决于比较排名。

绝对绩效考核的潜在问题：趋中现象

绝对绩效考核一般按照事先预设的目标来评价，考核指标可能是定性指标（领导力、团队精神、客户满意度等）或定量指标（销售额、部门净利、生产成本等）。但是，当考核指标的客观性不够强、标准的定义不够详尽、评分档次划分不够合理时，考核的结果往往是大部分员工的绩效得分集中在“中间档 / 良好”区间，这就是所谓的趋中现象，也就是“通通有奖”。趋中现象会导致考核体系完全没有激励效果，无法分辨出被考核

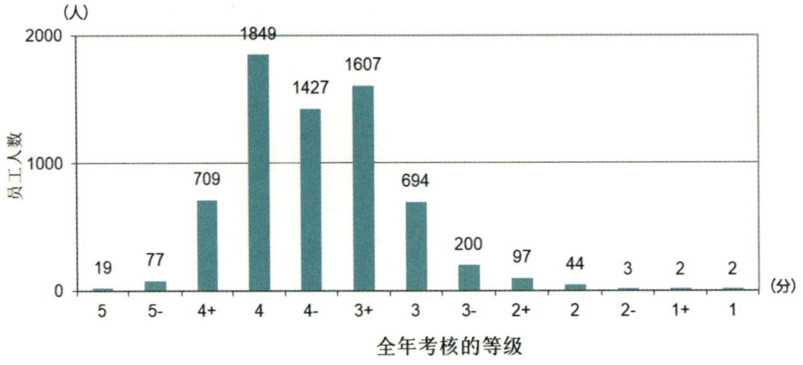

图4 默克药厂员工考评分数分布
资料来源：Murphy,K.J. September 1990. Merck & Co., Inc.(A) & (B), Harvard Business Case (9-491-005 & 006), pp. 1–6.

者的优劣。

造成趋中现象最主要的原因是没有人愿意当坏人。对于给下级打分的经理人员来说，除非考核体系强制规定拉开差距，他们往往倾向于给员工“中庸 / 还行”的评价，否则经理人员的人情世故成本（得罪下属或同事的成本）将会很高。当考核指标中定性指标过多或考核指标项过多时（一般建议控制在 15 项以内），趋中现象更易发生。趋中现象会使整个考核流于形式，系统的公平性受到质疑，进而影响企业文化，形成一团和气的“大锅饭”氛围。长此以往，劣币驱逐良币，有能力的员工因无法被区隔出来只能另寻机会，人才不断外流，导致组织能力下降。

我们来考察一个无法淘汰低绩效员工的考核制度。20 世纪 90 年代，美国默克药厂（Merck）为吸引最优秀的员工，支付了高于市场平均水平的工资，底薪也高于行业中 80% 的企业。默克药厂规定员工的考核档次共分 5 档，最低分 1 分，最高分 5 分。其全年实际考核结果如图 4 所示（北美约有 7000 员工）：员工考核得分在 4 档的约占 60%，得分在 3 档的约占 37%，得分在 1 档的约占 0.12%，得分在 5 档的约占 1.32%。换言之，超过 90% 的员工年度考核得分集中在 4 分或 3 分的区间内——完全印证了趋中现象。

试想，这些员工拿到考核结果后，被评价为 4+ 或 4 分的优秀人才，很可能因为没获得 5 分好评而略感不公，他们具备足够的能力另谋高就。同时，因为没有公平有效的淘汰机制，那些低绩效员工（1 ～ 2 分）本来就缺乏竞争力难以跳槽，就会继续在组织内部低效工作。可想而知，最终是杰出的员工没被认可，低效的员工又无法被淘汰。如此考核逐年下来，员工的素质、企业整体的实力都将下滑。

为避免上述问题，建议在设计绝对指标的考核体系时注意以下几点：建立严密、客观的指标体系，明确考核的标准细则；主要KPI必须是客观的硬指标，消除舞弊的空间；若需要软指标，必须尽可能量化或有详尽的设计，尽可能降低主管在考核员工时需要付出的个人成本。

相对绩效考核与强制排比

为应对绝对考核产生的趋中现象导致无法有效淘汰低效员工的问题，一些企业在过去十几年间采取了相对绩效考核甚至是较为激进的强制排比，强制排比往往和末位淘汰同时执行。

强制排比要求部门主管必须将员工业绩根据预先设定的考评指标归入几个档次（通常设计 3 ～ 5 个档次）。不同档次员工占比是事先设定的。员工被考评为最低档次通常进入观察或试用期。在一定的期限内（例如六个月内）无法显著改善其表现的员工将会被辞退。因此，强制排比又称为末位淘汰制(Ranked and Fired)。其中，最有名的案例就是 GE 的“活力曲线”（见图 5）。GE 的强制排比制规定经理人员必须评出处于末位 10% 的下属员工，而经理人员往往将弱势或将要离职、甚至已过世的员工包括在末位 10% 中。

中国也有许多著名的企业应用案例，例如，海尔集团将员工分为优秀员工、合格员工、试用员工三类，员工的工作表现会得到及时的评价，不符合要求的员工被降为试用员工，退到单位内部劳务市场培训，内部待岗。2009 年，海尔集团有 6 位副总裁由于没有完成年初既定业绩目标而被免职。此外，华为的末位淘汰制也是使用相对绩效评价的典范。当然，企业中也不乏失败的应用案例。微软的高管曾制定了“员工大排名”(Stack Ranking) 的绩效管理制度，规定每个业务部门必须按照一定的比例将员工表现划分为不同等级。员工需要击败同事才能够得到提拔、奖金或是保住工作，这种

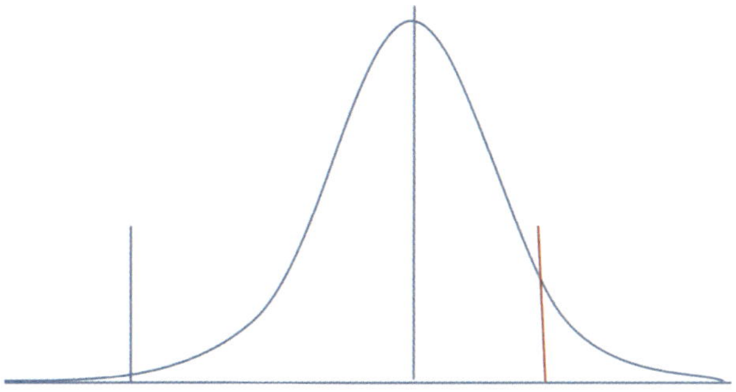

图5 GE 的活力曲线——末位强制淘汰

绩效管理制度造成微软的技术创新能力和市场开拓能力大大降低，甚至造成了微软“失落的十年”。我们的实证研究发现，在美国有超过 35% 以上的企业使用相对绩效(Relative Performance Evaluation，RPE,) 来考核它的 CEO（见表 1）。

表1 使用相对业绩评价考核CEO绩效的美国企业数量

年份	被调查的企业总数	是否使用RPE的数量及占比	
		是	否
2006 ～ 2008	435	162(37.2%)	273(62.8%)
2009 ～ 2013	1007	422(41.9%)	585(58.1%)
2006 ～ 2013	1442	584(40.5%)	858(59.5%)

资料来源：Gao, Zhan and Hwang, Yuhchang and Wu, Wan-Ting, 2017. Contractual Features of CEO Performance -Vested Equity Compensation. *Journal of Contemporary Accounting and Economics*.

强制排比的潜在问题

我们进一步探讨推行强制排比产生的潜在问题及其背后的原因。

1. 员工感受的负面影响——公平性和员工心理

咨询公司Hay Group的一份员工满意度调查报告发现，企业内表现越优异的员工

往往挫折感越大，因为他们认为自己是最容易被忽视的一个群体。这项针对335家企业员工的问卷调查发现，32%的员工认为公司纵容绩效差的员工的主要原因是绩效评估系统设计不当且执行时常流于形式。绝大多数经理人员不愿当坏人得罪下属，绩效评分体系日渐失去其应有作用，最终导致优秀人才外流和低效冗员的产生。

我们来分析一下强制排比中不同评级员工的感受：被评为A等的员工大多是非常优秀的人才，但在评比的过程中，他们的上司常常需要费尽心力来替他们争取，这种必须搞政治斗争才获得的荣誉往往让接受者有莫大的挫折感，因此他们虽然拿到A，可是实质上却是B等的感受。这也解释了当企业使用相对绩效考核时，有相当一部分绩优员工选择离职的原因。而被评为B等的员工，则会担心下一轮次拿到C。一般来说，被评为B等的员工经常占员工总数的半数以上，也就是企业大多数员工的绩效水平仅仅是符合标准或乏善可陈，所以激励鼓舞这些员工的士气、提升凝聚力和向心力是企业的一大要务。对于只拿到C等的员工来说，他们往往认为评估不公平，认为自己的贡献和能力都应该属于A等。

另一个问题是歧视。强制排比容易造成种族、性别或年龄上的歧视。在美国的案例中每年有固定百分比的员工被淘汰掉，年纪较大的员工和女性员工占比较高。没有经过仔细规划就执行的强制排比往往会使弱势群体成为受害者。在美国有不少企业如福特、固特异等公司（见表2），因使用强制排比淘汰而被员工告到法庭，最终在实行一段时间后废止了这种做法。企业在设计考核体系时，应当谨慎考虑这些问题。

2. 对组织学习及创新的负面影响——加强内部竞争、阻碍交流与创新

我们认为特殊知识的标准化，可以解决信息不对称的问题。但在企业实操中，每个员工均处于对自身利益的保护本能之中，可能会试图隐瞒自身所积累的专业技术、特殊知识或能力，而这些往往对生产效率的提高或价值创造有极大的贡献。员工会顾虑到一旦这些独有的信息、资源、技能被转移提炼成为共享的标准化知识，他们借此拥有的特殊优势和地位很可能受到威胁，失去协商的筹码。因此，当员工的奖金报酬按照业绩

表2 强制排比的法律后果

品牌	采用强制排比的时间	业绩分布百分比	诉讼案件	最终结果
福特	1999 年	A= 最好 10% B= 中等 80% C= 最差 10%	2002 年 3 月 14 日，两件 1050 万美元的集体诉讼结案	2001 年 4 月 29 日废止强制排比评价系统
固特异		A= 最好 10% B= 中等 80% C= 最差 10%		2002 年废止强制排比评价系统
通用电气	20 世纪 80 年代	A= 最好 20% B= 中等 70% C= 最差 10%		

资料来源：Osborne, T.and McCann,L.A. 2004. Forced Ranking and Age-Related Employment Discrimination, *Human Rights*, 31 (2) : 6-10.

水平来支付，而业绩评估又取决于相对排名时，内部竞争会加剧，员工间交流知识技术的意愿会大大地降低。使用强制排比会产生更糟糕的后果，当员工在同一领域内互相竞争，并且知道末位人员将被淘汰时，恐惧可能使员工做出自私行为，这会破坏员工间信息共享、互相学习的良性循环，形成不健康的竞争环境，不利于形成团队合力。

在倡导组织扁平化的今天，组织形态更多是基于项目制的团队，以知识能力为主导，工作任务弹性化自主化，对于员工来说不再是“岗位要求我做什么”，而是“我的能力经验下能够做什么”，此时需要员工进行跨团队跨部门的密切合作、信息交换和不断学习，这恰恰是使用相对绩效考核无法实现的。因此，一旦企业决定要使用相对绩效考核或强制排比时，适用的任务应该是更趋向个人化“单兵作战”、不需要过多依赖团队合作、不需要员工间进行大量互相学习和信息交换的任务。相反，假如工作任务需要大量的跨部门合作与学习，那么实行相对绩效考核或强制排比显然弊大于利。此时，为了鼓励交流，激励设计的主要特征建议是：①个人激励配合团队激励；②非短期、非即时的激励给付；③能够保障员工长期福利（可思考“步兵型”岗位相应的激励）。

3．政治游戏的影响
——扭曲行为及组织氛围的负面影响

在推行强制排比的企业中，经理人员为了完成排名淘汰的指标又尽可能不得罪下属，对于业绩最差者的席位往往做出如下几种取巧安排：

(1) 对于业绩不佳需要解聘的员工，往往在年中不会立刻将其解聘而会拖延到年底排名时归入淘汰类；若表现不佳的员工超出规定名额，会将其保留到下一年度再进行排名淘汰。

(2) 将年度中自愿离职、退休甚至意外死亡的员工归入淘汰类。

(3) 优先考虑将新进的员工放入淘汰名单。

(4) 组织架构变动后，将临时监管的某些非嫡系员工进行淘汰。

(5) 为了能够满足指标规定份额，可能进行绩效造假。

(6) 对于绩优的名额实行“轮流作东”，今年你排为最优明年轮到他人。

这些扭曲的行为，很可能会遮掩了某些真正应该被淘汰的员工，给组织氛围和公平性带来负面的影响。从机制设计上来说，除可量化的客观业绩数字、业务领导评价打分之外，建议加入第三方的核查和申诉环节，如人力资源部门 / 人力资源业务合作伙伴应该有权责对于此类排名的真实性进行复审，以防止业务领导单方面拥有排名评价的操纵空间。考核排名无论是用于挂钩激励、晋升淘汰还是反馈提升，都不应该是为了考核而考核、为了排名而排名，都应该回归到设计的初衷，更真实地展现业务的本质，更有效地激励引导员工。

为何使用相对绩效考核？

简言之，企业使用相对绩效考核或强制排比主要目的是希望通过员工之间相对的比较来剔除外在的不确定性尤其是运气因素对业绩衡量的影响。

何时应使用相对绩效考核?

上例中当所有员工的任务非常相似时，个体间仍存在特定的差异，经济理论中我们称之为内部个体的不确定性 (Individual Uncertainty)，也就是影响特定个体的干扰因素。譬如，手动操作的误差、各人身体状况的影响、不同部门管理程序的区别、主管风格的差异、对考核执行力的不同、对指标的“解释”宽严不一等。当销售人员所辖的销售区域大致相同，所卖的产品也非常相似时，员工之间的业绩差异不外乎是个人能力、努力程度、个体的不确定性或噪音以及外在环境变化的影响。此时外在环境的变化对行业内所有企业、部门或员工的影响是共同的，在经济理论中，我们称之为外部共同的不确定性 (Common Uncertainty)，包括外部经济起伏，原油价格的变化，政府法规政策的突发性巨大调整、变动或整体行业形势变化等经济因素。

当内部个体的不确定性能够被控制和调整到比较一致的水平时，员工业绩差异则大部分可归咎于外在的不确定性。相对绩效考核可以将外在环境变化的因素消除，能更真实地反映出员工业绩的优劣。一个企业考核体系的质量决定了“各自不确定”噪音的大小。考核指标定义不够清晰、标准不一致、定性指标占比过高、指标朝令夕改等都会加大“各自不确定”的噪音。

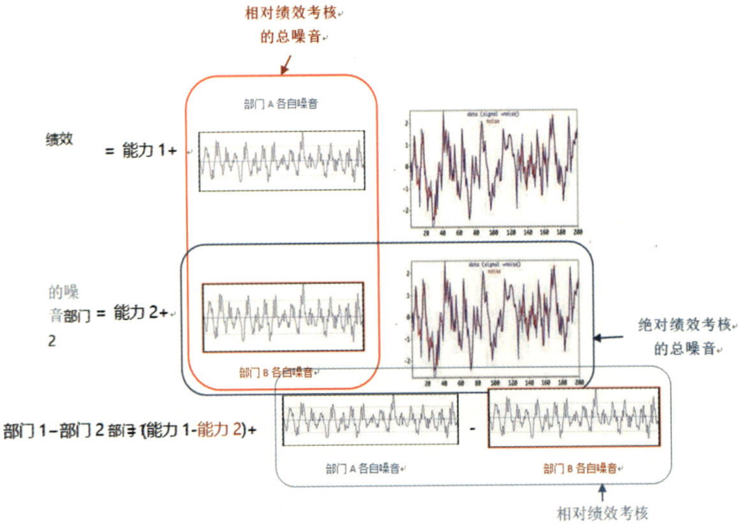

图6 部门之间相对业绩评价

需要注意的是，在相对绩效考核之下，我们也会把他人的各自不确定的噪音带到考核噪音里面。从图6中，我们可以清晰地看出，相对绩效考核的主要目的就是将外部噪音过滤掉。所以，当外部共同的不确定性远远超过内部个体的不确定性时，相对绩效考核更为适用。当外部噪音越大，外部因素对绩效的干扰越强时，使用相对绩效考核的有效性就越高。从绩效考评机制设计的重点来看，使用相对绩效考核时机制设计的重点应当在如何尽量压低内部各自的不确定性噪音，毕竟企业无法控制外部环境因素，但是可以优化内部考核体系。

我们来看附录中宝钢股份2014年股权激励方案的设计。宝钢股份的绩效指标结合了绝对指标和相对指标，除了第三个条件是国资委要求达成的EVA属于绝对指标外，更具挑战性的是董事会给高管设定的两大指标：宝钢的平均利润总额指标（获利能力）需要对标国内同行，超过国内前八大钢企平均利润额的2.5～3.0倍（且倍数按年递增）；同时还要在吨钢经营利润上战胜国际竞争对手，即吨钢获利能力必须在世界六大钢企中排名前三位，这完全符合宝钢“成为全球最具竞争力钢企”的战略目标。就股权激励实行后宝钢股份的业绩来看，该考核机制非常有效。值得一提的是，宝钢以吨钢利润排名作为核心指标，排除了市场上原材料价格特别是铁矿石价格波动对利润的影响。

相对绩效考核制度设计上的考量

就相对绩效考核制度的设计而言，我们要确保考核制度的完整性和有效性，必须明确什么样的产品、作业流程、企业竞争策略、劳动力市场特征与相对绩效指标是相匹配的，即相对绩效考核制度设计需要考量哪些因素。

要点 1:

消除内部系统性的噪音

实行相对绩效考核的首要条件是要在制度设计上避免不必要的个体不确定性，下列注意事项非常重要：

考核对象的均质性：上文已述及，进行相对排名的基础是评比对象的水平相对一致，此时用相对排名就可以消除外部较大的噪音。我们在设计考核方式之初就应该考量排比对象（同一部门的不同员工之间/不同部门之间）的水准是否较为一致。如均质性较差，就不适合进行强制排比，比如：产品多样化、区域化严重；不同员工的岗位职责、工作性质差距较大；不同类型的部门之间（前后台）工作性质差异较大等。当这些不具有可比性时，使用强制排比会有较大的潜在问题。

考核群体的数量级：参与评比的部门人数应达到一定规模，建议至少30人以上。从统计学角度看，样本过小会造成波动和噪音过大，而大样本亦可避免勾结舞弊。对员工较少的部门使用强制排比，不仅让经理人员为难，也会过激地淘汰了不该淘汰的人员（可能A部门排名最末的员工还好于B部门的平均水平）。

考核机制的清晰度：首先，绩效指标的定义、计算方法、释义说明都必须非常清晰，必须要有客观、严谨、明确的标准来考核下属，尽量不要留有模棱两可的地带或可操作空间，让员工产生“暗箱操作”的怀疑。其次，尽量避免使用定性指标或软指标；权重占20%以上的考核项，一定要放硬指标（激励越强，指标越硬；层级越高，指标越硬）。若实在无法避免就需要尽可能地把定性指标量化，如客户满意度可以用投诉电话的数量来衡量。同时还要注意，尽量不要留有太多主观的评价标准，如简单制定“以直系领导的打分为准”，即便由上级评分也应该列出具体的评分要求作为指导和参考。

考核人员的专业性：除了掌握完整的评估过程和标准，考核人员应经过适当的专业训练，学会如何观察、分析、记录打分，以得到充分、全方位的信息；或者可以由不同专项/不同考核领域组成的考核委员会来评审得出各项得分，以降低领导主观打分造成的偏见和噪音。

要点2:

控制绩效档次

企业若采用相对绩效考核，尤其在强制排比的情况下，绩效档次划分不要过细，

以分3～5档为宜。

分档越细指标越难定：从考核体系设计的角度来看，建立明确的考核指标和分档标准，是进行相对排比最重要的前提条件，能够避免考核执行人员的个人偏好及主观判断的影响，增强考核的公平度和可信度。但档次分得越细，层级间的差异就会越发不清晰，指标的设定也会越困难。

档次越多争议越大：对执行考核的经理人员而言，档次分得越细，区分员工绩效档次的难度也越大，尤其是存在需主观判断的定性指标时。相对地，被考核员工中，不满意绩效得分的员工数量也因层级细分而增加，见表3。如果档次分为7类，一定有6类员工不满意（B-G档员工，可能占90%）；如果分3大类，那么只有2类人不满意（B档和C档员工，可能占70%）。档次分得越细，经理人员的管理和打分人情成本越高。

表3 两种层级划分：7大类还是3大类比较合宜

A	非常杰出	A	优秀
B	杰出		
C	超出预定目标		
D	圆满达成预定指标	B	达到企业预期指标
E	尚可	C	有待改进
F	有待改进		
G	远远低于预定指标		

实际操作上的建议：在打分时，可以用三层较粗略的分级；在绩效沟通反馈时，可以告知员工属于档次内的细分排名水平，如B档员工（B+/B-），以作为口头表扬和警示勉励的依据。

要点3：
关注考核体系的公平、透明和一致性

企业内部实施绩效考核体系时，会出现人为造成的个体不确定性的影响。关注考核体系的公平、透明和一致性非常重要（张锡惠、史琳娜和王萍，2017）。

公平性：制度的公平性在相对绩效考核中非常重要，主观认知（而非客观）的公平乃是公平的关键，而程序上的公平(Procedure Equity) 才能带来认知上的公平 (Perceive Equity)。当绩效指标大多需要主观性判断时，主管往往有较大的自由度和空间来评比其属下。此时，个人偏好、喜好或私人关系容易介入评比的过程，影响评比的公平性。一般而言，对程序上公平的主观认知主要受到下列因素影响：是否选择了有效的绩效衡量指标？指标的定义是否详尽？指标的使用保持了一致性还是经常更改？

一致性：考核指标必须保持一致，不可随意变更，否则会徒增不确定性，也会影响公平性。即使有不可抗力因素的影响，如外部经营环境发生重大变化或企业生产技术发生重大改变等，管理层也应该向员工进行详细的说明并进行公示。

透明性：在绩效考核的闭环管理中，很重要的一环就是在年初启动绩效考核时就将考核标准、计算方法和操作流程公示告知所有员工。

实际操作的建议：原则上考核流程每个环节都应该公平透明，每个人应当可以知晓自己和其他同事的得分。在实操上，企业通常是根据客观的考核标准打分，但不少还是会经过直系/跨级领导的微调。这种微调往往用于弥补现有考核体系的不足。有时候有些特殊情况没有被考虑到，客观的考核体系无法真实地反映员工的贡献度。比如，微调可能考虑到员工短期投入而长期结果还未展现的苦劳，或是某些战略性的补位和支持无法被考核体系认可，这种微调就是“硬指标+软处理”的模式。建议在竞争性较强的岗位（如销售类），考核得分和排名可以公示，以促进同侪间的良性竞争；但年终奖则需保密，以避免引起不必要的猜忌。

要点4：

注意强制排比下的辅助系统

有效沟通：如前文所述，保持透明度是强制排比有效实施的重要基础。企业应该事前就“游戏规则”包括评比标准、考核流程等与员工进行充分的沟通，作出明确的解释，在整个考核实施过程中也应不断与员工保持密切的沟通，以促进组织内形成高效沟通、反馈改进的风气。甚至应该设计并真正去执行考核申诉的环节，逐步营造公开诚信与适度竞争并举的企业文化。

360°全方位评估：为增强制度的公平性及可信度，许多企业在执行相对绩效考核时已经加入了360°行为考核，这样，员工的考评并非仅由直属上司一人决定“生死”，所有其他与该员工有工作合作和互动的人员，包括下属、平级同事甚至客户、供应商都可以对其表现给予评价，这样做能在很大程度上改善制度的公平性问题，但这种全方位的评估需要借助于线上系统，涉及人员较广且操作成本较高，需要根据企业自身情况来实施。还有一点相当重要，在实施强制排比的绩效评估会议上，经理人员必须有足够的“客观证据”，使其能在所有人面前保荐自己的下属。譬如，英特尔的强制排比制度和360°评估是同时运作的，在一定程度上能确保在绩效考核过程中有足够客观和公平的评价，也能避免某些强势经理或整体业绩较好的部门经理替其下属争夺所有绩优的名额，让弱势经理的下属全军覆没。

管理的重点：前已述及，强制排比下管理的重点应放在考评处于中间层级的员工上，让他们知道自己的处境。经理人员应该通过全面的绩效反馈给予他们明确的指引，来改进以后的表现。

绩效辅导：在绩效沟通中，经理人员既要真诚地告诉员工哪些地方做得好，也要及时、具体地给出建设性意见。任何只有评价结果但未给出明确的、有针对性的建议的绩效沟通都是毫无意义的。在绩效辅导过程中，经理应当跟下属一起讨论，用积极的态度、开放式的问题来启发引导，注意聆听和换位思考，帮助员工梳理并找到改善的路径，制订行动计划。

要点5：

避免遏制创新动力

这一点我们在上文强制排比的潜在问题中已经详细展开，此处不再赘述。

要点6：

谨记“过犹不及”

如果企业决定实行强制排比，谨记最多不应超过三年时间。强制排比的主要目的在于淘汰固定百分比的末位员工，一般而言，开始的一两年比较容易达成目标，但连续执行三年之后，每年再要筛选淘汰固定百分比的相对低绩效员工则不是一件容易的事。经过三年时间，不合格员工基本已被淘汰完毕，超过三年容易造成过度淘汰，引起员工间的猜忌。况且不同部门的业绩有好有坏，不同年度也不相同，要求业绩较好的部门每年淘汰和业绩较差的部门相同百分比的员工显然不公平。假如强制排比的目的在于激励业绩，维持制度的公平性是必要的前提要件，各部门淘汰百分比应依据部门业绩加以适当调整。

结语

管理会计常说“你测度什么你就得到什么”，一套好的考核指标体系可以恰当地反映出管理层和员工真正的能力或努力程度，进而影响到公司整体绩效的改进和战略目标的实现。机制影响行为，绩效考核机制作为企业管理的重要手段，在指标的选择和设计上应当始终以企业战略为导向，有效激发员工潜能，尽可能真实、准确地还原业务的本质，公正地衡量员工的付出与成绩，同时辅以内控监管、文化沟通等手段，真正助力企业未来发展！

附录：

宝钢股份2014年的股权激励计划（解锁条件）：

（1）年度利润总额达到同期国内对标钢铁企业平均利润总额的2.8倍。

(2)且吨钢经营利润位列境外对标钢铁企业前三名。

(3)完成国务院国资委下达宝钢集团分解至宝钢股份的EVA考核目标：

a．营业总收入较授予目标值同比增长率3%，达到1866亿元；

b．且不低于同期国内同行业A股上市公司营业总收入增长率的加权平均值；

c．EOS（EBITDA/营业总收入）不低于10%；且不低于同期国内同行业A股上市公司EOS的75分位值。

“国内对标钢铁企业”：指的是2013年度营业收入排名前8名的国内同行业A股上市公司（不含宝钢股份），分别是：河北钢铁（000709.SZ）、太钢不锈（000825.SZ）、武钢股份（600005.SH）、鞍钢股份（000898.SZ）、马钢股份（600808.SH）、山东钢铁（600022.SH）、酒钢宏兴（600307.SH）、华菱钢铁（000932.SZ）。“境外对标钢铁企业”指韩国浦项钢铁公司（Pohang Iron and Steel Corporation, POSCO，证券代码“005490.KS”）、日本新日铁住金株式会社（Nippon Steel & Sumitomo

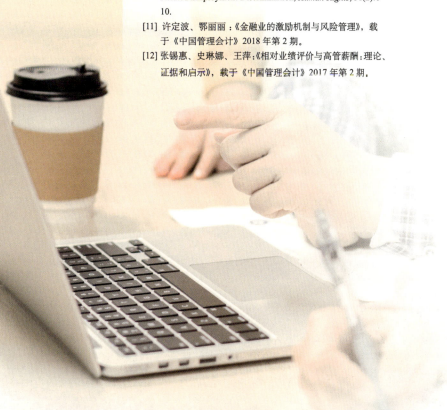

Metal Corporation，NSSMC，证券代码“5401.JP”）、日本钢铁工程控股公司（JFE Holdings, Inc., JFE，证券代码“5401.JP”）、美国钢铁公司（United States Steel Corporation，USS，证券代码“X.US”）、阿塞洛米塔尔钢铁集团（ArcelorMittal,S.A.，ArcelorMittal，证券代码“MT.US”）和台湾中国钢铁股份有限公司（China Steel Corporation, CSC, 证券代码“2002.TT”）等六家企业。

参考文献：

[1] Banker,S. and Datar, S. 1989. Sensitivity, Precision, and Linear Aggregation of Signals for Performance Evaluation, *Journal of Accounting Research* 27:21-39.

[2] Bertrand M. and Mullainathan S., Aug., 2001. Are CEOS Rewarded for Luck? The Ones without Principals Are, *The Quarterly Journal of Economics*, Vol. 116, No. 3: 901-932.

[3] Bushman,R. and Indjejikian, R. 1993. Accounting Income, Stock Price, and Managerial Compensation, *Journal of Accounting and Economics* 16:3-23.

[4] Don Clark. Intel Clones Its Past Factories, Right Down to Paint on Walls, Wall Street Journal, October 28, 2002.

[5] Gao, Zhan and Hwang, Yuhchang and Wu, Wan-Ting. July 31, 2017.Contractual Features of CEO Performance-Vested Equity Compensation. *Journal of Contemporary Accounting and Economics*, Forthcoming. SSRN: https://ssrn.com/.abstract=1896289 or http://dx.doi.org/10.2139/ssrn.1896289

[6] Gibbons, R. and Murphy, K. J. 1990. Relative Performance Evaluation for Chief Executive Officers. *Industrial and Labor Relations Review* 43(3): 30-51.

[7] 梁振鹏：《透视海尔末位淘汰制》，载于《第一财经日报》，2009 年 2 月 3 日，http://finance.sina.com.cn/roll/20090203/02035807397.shtml.

[8] 《名利场》：微软“失落的十年”，腾讯科技，2012 年 7 月 15 日，http://tech.qq.com/a/20120715/000007.htm.

[9] Morgenson G. Feb 5, 2006. Rising Prices Lift All Bonuses, *The New York Times*,.https://www.nytimes.com/2006/02/05/business/rising-prices-lift-all-bonuses.html.

[10] Osborne, T.and McCann,L.A. 2004. Forced Ranking and Age-Related Employment Discrimination, *Human Rights*, 31(2):6-10.

[11] 许定波、鄂丽丽：《金融业的激励机制与风险管理》，载于《中国管理会计》2018 年第 2 期。

[12] 张锡惠、史琳娜、王萍：《相对业绩评价与高管薪酬：理论、证据和启示》，载于《中国管理会计》2017 年第 2 期。

互联网平台商业模式对企业绩效管理的影响研究
——基于腾讯的案例分析

刘运国 中山大学新华学院/中山大学现代会计与财务研究中心
曾昭坤 广东行政职业学院
刘芷蕙 中山大学管理学院

【摘要】本文以腾讯为例，分析了企业商业模式对企业绩效考核的影响。从市场定位、系统经营和盈利模式三方面总结概括了腾讯的商业模式，并探究了企业商业模式对企业绩效考核体系设计的影响及对企业经营发展的作用。本文研究发现，腾讯现有的商业模式可归纳为网络平台（流量＋游戏）商业模式，注重用户体验和提供相应增值服务是腾讯现有商业模式的两大主要特点。基于这一商业模式，腾讯建立了结果导向型的 KPI 考核模式和全面认可激励机制。这有助于加速企业产品迭代升级、拓宽企业业务范围、提高企业的盈利能力。本文丰富了互联网商业模式下企业绩效管理的相关文献，也为互联网企业绩效考核体系的建立提供了重要参考。

【关键词】网络平台 商业模式 绩效管理 腾讯

一、引言

互联网时代的到来改变了企业的商业模式。如何建立符合企业自身发展的商业模式及与之相应的绩效考核方式是学术界和实务界共同关注的热点话题。本文以互联网巨头腾讯为例，在分析总结腾讯商业模式的基础上探究了企业商业模式对企业绩效管理的影响及对企业经营发展的作用。本文研究发现，腾讯现有的商业模式可归纳为互联网平台（流量+游戏）商业模式，注重用户体验和提供相应增值服务是腾讯现有商业模式的两大主要特点。基于网络平台（流量+游戏）的商业模式，腾讯建立了以用户体验为中心的结果导向型KPI考核模式和全面认可激励机制。而这种绩效评估方法和激励机制的建立有利于企业加速产品更新和迭代升级、拓展业务范围，提升企业核心竞争力。

二、腾讯简介

腾讯于1998年11月成立于深圳市南山区，是一家以互联网为基础的科技与文化公司。2004年6月，腾讯在香港联交所正式挂牌，成为第一家在香港上市的中国互联网公司，股票代码为00700。经过多年的发展，腾讯已发展成为全球知名的互联网巨头企业，业务范围涵盖社交和通信服务QQ及微信（WeChat）、社交网络平台QQ空间、腾讯游戏旗下QQ游戏平台、门户网站腾讯网、腾讯新闻客户端和网络视频服务腾讯视频等。从1998年创建至今，腾讯已历经20个春秋。在20年的发展史中，腾讯经历了三个重要的转折点。第一个转折点发生在腾讯建立初期。1999年腾讯推出了自己的社交通讯软件QQ，并展开了与外国社交软件MSN的竞争。凭借着本土化信息优势和对产品社交功能的不断强化，QQ最终击败MSN成为我国具有垄断性质的社交通信软件。而腾讯也通过QQ积累了广泛的用户基础。第二个转折点始于腾讯和奇虎360的用户争夺大战（3Q大战）。尽管3Q大战最终以腾讯胜利告终，但这一事件给腾讯的企业形象造成了极大负面影响。3Q大战促使腾讯转变自身发展战略，即由原来的封闭式发展转为开放式平台发展，并加强了与第三方的业务拓展合作。互联网技术的迅猛发展使腾讯迎来了企业发展的第三个转折点。2011年，腾讯推出了即时通信上产品微信（WeChat）。微信的推出迅速获得了用户的广泛支持，为腾讯赢得了巨大的行业竞争优势。

经过20年的发展变化，腾讯已经形成了包括社交、娱乐、金融、资讯、人工智能、平台等在内的7大业务体系，其具体业务分类见表1。

表1 腾讯业务体系分类

业务分类	具体产品/服务
社交	QQ、微信、QQ空间、腾讯微博
金融	财付通、微信支付、QQ钱包、腾讯理财通、腾讯微黄金、腾讯大金融安全
娱乐	腾讯游戏、腾讯影业、腾讯动漫、腾讯电竞、阅文集团（腾讯文学）、QQ音乐、腾讯视频、企鹅影视、腾讯体育、企鹅电竞、NOW直播、兴趣部落、腾讯课堂、企业FM
资讯	腾讯网、腾讯新闻、天天快报
工具	应用宝、QQ浏览器、腾讯手机管家、腾讯电脑管家、腾讯地图、QQ邮箱、自选股、天天P图

发表于《中国管理会计》2018年第4期，总第6期。

续表

业务分类	具体产品/服务
平 台	开放平台、腾讯云
人工智能	腾讯 AI Lab、优图实验室

资料来源：作者根据腾讯官网资料整理。

三、腾讯商业模式分析

西方学者从不同角度对商业模式的定义进行了研究。例如，Timmers（1998）的研究认为，商业模式是一个涵盖多方面内容的复合概念，具体包括以下三方面内容：一是关于产品、服务和信息流的体系结构；二是关于商业活动参与者的潜在利益描述；三是有关收入来源的描述。Linder 和 Cantrell（2000）研究发现，商业模式是组织价值创造的核心逻辑。Petrovic、Kittl 和 Teksten（2001）认为商业模式是商业系统价值创造的逻辑。近年来，我国学者对商业模式的研究也取得了丰硕的成果。譬如，荆林波（2001）研究表明商业模式是指企业从事某一领域经营的市场定位和盈利目标，以及为了满足目标顾客主体需要所采取的一系列的、整体的战略组合。张敬伟等（2010）从市场定位、盈利模式和系统经营三方面总结概括了商业模式。魏炜等（2012）则将商业模式定义为利益相关者的交易结构。本文采用张敬伟等（2010）的定义，从市场定位、系统经营和盈利模式三方面对腾讯的商业模式进行了分析总结。

（一）市场定位分析

商业模式中的“市场定位”分析主要回答企业“做什么”的问题，即企业提供什么样的产品和服务？具体为哪一类顾客提供这类产品和服务？那么，腾讯是做什么的呢？通过对腾讯的年度财务报告分析可知，即时社交平台与数字内容是腾讯的两大核心业务。一方面，腾讯通过微信和QQ等社交平台实现人与人、服务与设备的智慧对接；另一方面，腾讯通过腾讯网络等媒介为用户提供新闻、视频、音乐、游戏、文学等数字内容产品及相关服务。此外，腾讯还通过移动支付等技术支持，推动智慧交通、智慧零售和智慧城市等领域的发展。

（二）系统经营分析

商业模式中的“系统经营”分析主要回答了企业“怎么做”的问题，即企业如何经营，企业的经营能力怎样？梅特卡夫定律中的“网络效应”认为，网络经济的一个显著特点是增加一个用户的边际成本极低，几乎为零。只要增加用户的边际成本小于边际收入，用户的增加就会为企业带来几何级的利润增长。网络平台的价值取决于用户的多少。

本文利用管理会计中的本量利分析思想对梅特卡夫定律的“网络效应”在腾讯等互联网企业的应用进行简单分析阐述。由本量利模型分析可知，当企业的业务量达到企业的盈亏平衡点后，企业的固定成本即可得到全部补偿。企业业务量超过盈亏平衡点以后，业务收入则只需要补偿其相对应的单位变动成本。对腾讯这样的互联网平台企业而言，网络平台构建支出是企业项目运营的主要支出，并应按照成本性态分析归类为项目运营的固定成本。网络平台构架的过程也是企业获得客户基础的过程。互联网企业的客户流量在一定程度上代表企业的业务量。由本量利模型分析可知，当企业的业务量达到盈亏平衡点后，企业的网络平台构建支出就能相应地得到补偿。而这对腾讯等坐拥海量客户基础的互联网企业而言并非难事。此外，由于网络支付的及时性和低成本性，互联网企业所负担的单位变动成本极低，几乎可以忽略不计。因而，在企业业务量超过盈亏平衡点后，业务量增加所带来的企业收入的增加将几乎全部可以转化为企业的利润，并为企业带来丰厚的现金流回报。

由前述分析可知，获得广泛、稳定的用户基础是腾讯等互联网企业经营发展的关键。腾讯的经营模式很好地体现了这一点。腾讯的经营模式可以概括为吸引、留住客户和培养用户消费习惯两方面。QQ和微信是腾讯旗下两款即时通讯社交软件。其中，QQ可以在陌生人之间建立通讯联系，属于弱关系连接；微信的通信关系则是基于熟人关系，属于强关系连接。腾讯通过构建强关系沟通平台（微信）和弱关系沟通平台（QQ）以满足用户不同社交需求的方式，吸引了大量用户。对于习惯使用微信或QQ的用户而言，转移使用其他社交平台要付出巨大的转移成本（维持已有社交关系的成本）。因而，腾讯可以通过培养用户使用习惯的方式留住客户，从而获得广泛、稳定的客户基础。

除了采取措施吸引、留住客户外，腾讯也积极布局，培养用户的消费习惯。除社交产品以外，腾讯还提供了金融、娱乐、资讯、工具、平台、人工智能六大业务分类产品。以社交网络平台为连接中心，用户只需要登录自身的QQ账户或微信账户，就可以便捷地获得相应业务产品的服务。这种“一站式”在线服务不仅提高了用户的账户活跃度，而且增加了用户黏性。

（三）盈利模式分析

商业模式中的“盈利模式”分析，主要回答企业“怎么赚钱”的问题，即企业通过什么方式获得利润。获取流量优势，并发展出与之相对应的获利模式是互联网企业赚取利润的主要方式。在对以往经验教训总结分析的基础上，腾讯提出了“为用户打造一站式在线生活、娱乐服务”的盈利模式。

通过对2014～2017年腾讯年度财务报告的分析可知，腾讯的营业收入可分为网络广告、增值服务和其他三大类。其中，增值服务包括网络游戏收入和社交网络收入等，其他收入则包括支付服务和云服务等。由图1可知，增值服务为腾讯收入的主要来源，约占集团总收入的60%～70%。其他收入增长较快，由2014年的10%左右增长至2017年的18%。

单位：百万元

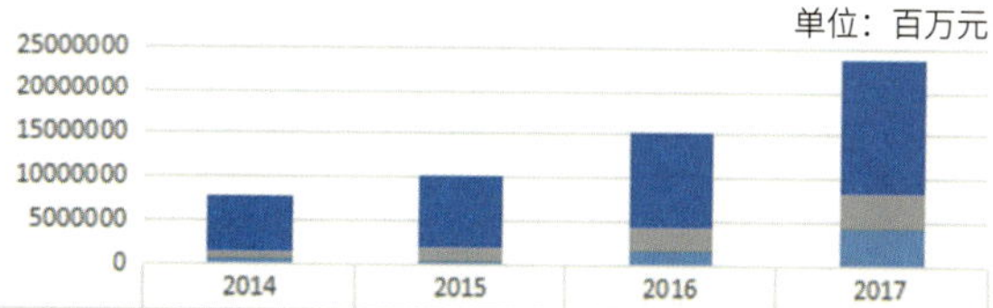

	2014	2015	2016	2017
增值服务	6331000	8066900	10781000	15398300
网络广告	830800	1746800	2697000	4043900
其他	731400	472600	1715800	4333800

■其他 ■网络广告 ■增值服务

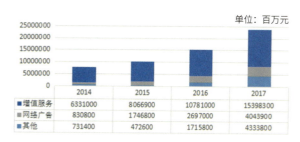

图1 腾讯2014～2017年营业收入构成情况

资料来源：作者根据腾讯2014～2017年年度财务报告整理。

通过对腾讯的营业收入构成进行分析可知，腾讯的客户主要包括对腾讯旗下社交、金融、娱乐等分类产品有需求的产品用户、利用腾讯流量优势进行广告投放的广告用户和对腾讯有技术服务需求的企业客户三类。针对不同类型的客户，腾讯采取了不同类型的营销手段。

尽管产品用户不直接为企业贡献利润，却是企业获得其他用户类型的基础。因而，针对产品用户，腾讯采取了增强用户体验，提高用户满意度的经营策略。这不仅有助于腾讯扩大用户基础，增强用户黏度，而且有助于部分产品用户进一步向付费用户演化。广告客户的需求是将广告信息有效传递给受众目标。而这离不开庞大的产品用户基础。一方面，庞大的产品用户基础为腾讯提供了多样化的广告投放渠道；另一方面，庞大的产品用户基础有助于腾讯更好地利用大数据、人工智能等技术手段进行数据分析，增强广告投放的精准度。利用企业旗下的开放平台和云服务为客户提供技术支持和问题解决方案是腾讯吸引企业客户的主要手段。广泛的产品用户基础既为腾讯的开放平台提供了流量支持，吸引企业客户使用开放平台，也为腾讯提供了种类丰富的数据样本，为腾讯的云服务分析提供了数据支持。

综上所述，腾讯的市场定位可概括为提供社交服务和数字内容的连接平台；系统经营可归纳为以免费即时通讯工具为入口为用户提供“一站式”在线生活、娱乐服务；盈利模式则可总结为通过挖掘用户需求提供针对性的产品和服务，引导客户由产品客户向付费客户转变，同时利用产品客户基础，吸引广告客户和企业客户。由此，我们可以将腾讯现有的商业模式归纳定位为：网络平台（流量+游戏）商业模式。

四、腾讯绩效考核模式

关注用户体验并提供相应的增值服务是腾讯的核心经营理念。这一理念同样体现在腾讯的绩效管理上。通过员工访谈及对腾讯的公开资料进行归纳分析可知，腾讯“关注用户体验”绩效管理实践体现在围绕用户体验设计的结果导向型KPI考核评估以及全面认可激励机制两方面。

（一）围绕用户体验设计的结果导向型KPI考核评估

在详细介绍腾讯的KPI考核模式之前，我们有必要了解腾讯的人员组织结构。腾讯由七个事业部组成。根据不同的产品和服务需求，每个事业部下辖不同的大项目组。每个大项目组根据不同的用户需求又分为不同的小项目组。各个事业部在负责各自对应的产品和服务的同时，也会根据用户需求组成不同的临时项目组，如新年期间的微信红包项目团队。综上，腾讯由数个固定或临时的小项目组构成。腾讯对员工的绩效评估与考核也是以项目组为单位的。

不同于传统企业以盈利指标衡量员工绩效，腾讯主要通过“用户体验”指标评价项目组团队绩效和员工绩效。在这里，“用户体验”即指产品在最终用户那里的口碑、成长性以及影响力等。为更好、更精确地衡量

“用户体验”，腾讯设计了顾客满意度模型。顾客满意度模型由顾客期望和感知绩效两个维度构成，具体表现为顾客对产品的抱怨情况以及顾客对产品的忠诚度两方面（见图2）。为精准量化顾客满意度模型，在用户忠诚度维度上，腾讯设计了诸如产品注册用户数、用户活跃度、付费用户转化率等共性量化指标。此外，鉴于不同互联网产品间差异度较大，腾讯也为旗下每一款产品设计了不同的量化指标，构建了各自的满意度衡量框架（见图3）。

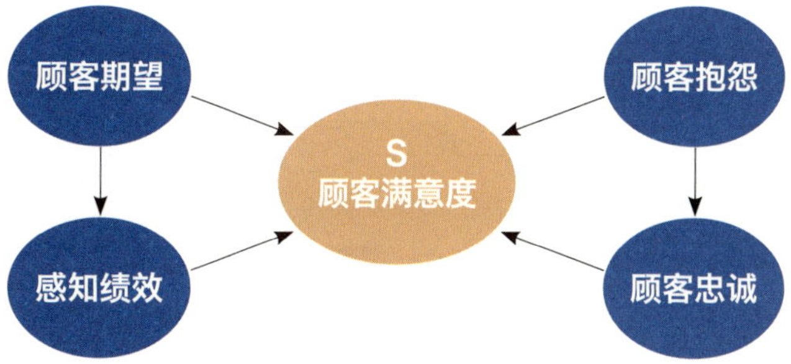

图2 腾讯总体顾客满意度模型

资料来源：作者根据腾讯用户研究与体验设计部《在你身边，为你设计》（电子工业出版社2017年版）绘制。

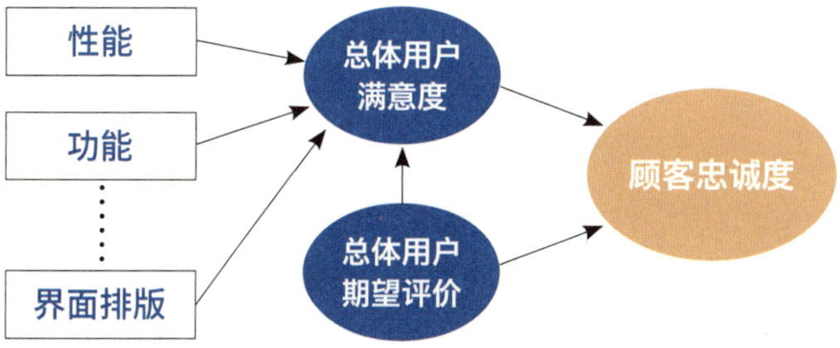

图3 腾讯旗下某产品满意度框架

资料来源：作者根据腾讯用户研究与体验设计部《在你身边，为你设计》（电子工业出版社2017年版）绘制。

综上，腾讯的顾客满意度模型可用以下两个函数关系表示：一是$S=f(E,P)$。其中，S表示顾客满意度，E表示顾客期望，P表示感知绩效。二是$F=f(v,a,m,\cdots,k)$。其中，F代表顾客忠诚度，v表示产品注册用户数，a表示用户活跃度，m表示付费用户转化率，k表示产品自身的特性。

（二）全面认可激励机制

1. 物质激励计划

恰当的绩效考核机制加之完善的绩效激励机制是促使员工目标与企业目标相一致的关键。为此，除设计围绕用户体验设计的结果导向型KPI考核体系外，腾讯还建立了涵盖物质报酬与精神报酬两方面的全面认可激励机制。

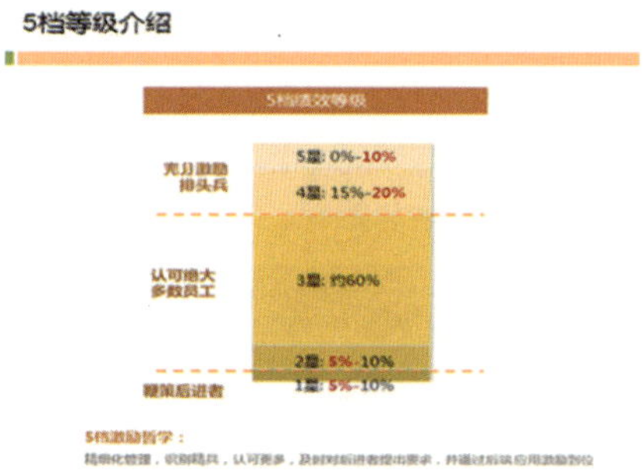

图4 腾讯绩效考核等级

资料来源：作者根据腾讯相关资料整理。

由图4可知，腾讯的员工绩效考评分为鞭策后进者、认可绝大多数员工及充分激励排头兵，具体分为5个等级。根据不同的员工绩效考评等级，腾讯设计了不同的包括物质激励与精神激励两方面在内的全面激励体系（如图5所示）。其中，物质报酬包括薪酬、股份酬金和安居计划三部分。薪酬又包括年度调薪、绩效奖金和特别奖金。安居计划则为员工提供50万元住房贷款，帮助员工缓解首付压力。

图5 腾讯员工全面激励体系

资料来源：作者根据腾讯相关资料整理。

表 2 腾讯高级管理人员薪酬构成　　　　单位：千元

项目	2017年		2016年		2015年	
	金额	比例(%)	金额	比例(%)	金额	比例(%)
薪金、花红、福利及津贴	285322	19.54	227989	22.67	165607	23.59
退休计划供款	891	0.06	826	0.08	699	0.1
股份计划开支	1174316	80.40	776788	77.25	535733	76.31
合计	1460529	100	1005603	100	702039	100

资料来源：作者根据腾讯 2015 ～ 2017 年年度财务报告整理。

表 3 腾讯普通员工薪酬构成　　　　单位：百万元

项目	2017年		2016年		2015年	
	金额	比例(%)	金额	比例(%)	金额	比例(%)
工资、薪金及花红	24194	69.39	15626	66.68	13377	72.41
退休计划供款	1934	5.55	1426	6.09	1112	6.02
股份酬金开支	6253	17.93	4455	19.01	2841	15.38
福利、医疗及其他开支	2400	6.88	1841	7.86	1076	5.82
培训开支	85	0.25	85	0.36	69	0.37
合计	34866	100	23433	100	18475	100

资料来源：作者根据腾讯 2015 ～ 2017 年年度财务报告整理。

物质报酬中最具吸引力的是对员工的股权激励，而这又分为对高级管理人员的股权激励与对普通员工的股权激励两部分。由表2可知，腾讯支付给高级管理人员的薪酬中股权激励占比在76%～80%浮动。股份酬金是高管人员薪酬支付的主要项目。除实施高管股权激励外，腾讯也通过实施“购股权计划”对员工实施股权激励。由表3可知，员工股权激励约占员工总薪酬支出的15%～19%，仅次于工资、薪金及花红支出。通过股权激励，腾讯将企业绩效与员工绩效连接在一起，激励员工更好地执行“注重用户体验”的经营理念，实现企业价值最大化。

2. 精神激励计划

腾讯同样注重对员工的精神激励。腾讯的精神激励计划包括荣誉认可和职位晋升两方面。在荣誉认可方面，集团设立了腾讯微创新奖，分月度和年度对员工进行奖励。集团内的员工自行申报项目，并由公司投票产生月度和年度的微创新奖。腾讯微创新奖强调“注重用户体验”的经营理念。这促使员工关注用户意见反馈，更好地促进企业产品的迭代升级。此外，有些荣誉奖项不仅有助于团队成员获得丰厚物质报酬，而且有助于团队成员的职位晋升。例如，公司最高荣誉奖项，年度“名品堂”和“创始人”奖。以腾讯旗下的手游产品“王者荣耀”为例：2015 年 8 月，腾讯推出了新款手机游戏“王者荣耀”。“王者荣耀”上线之初的情况并不如预期。项目团队因而根据各项公测指标对游戏进行了多次迭代升级。两个月后，游戏的新进、留存、付费等关键指标均有所改善。

"王者荣耀"项目团队因此获得2015年度公司业务级突破奖。2016年,"王者荣耀"风靡整个手游市场,为腾讯集聚了庞大的用户基础和巨额的经济利润。根据伽马数据发布的《2016年中国电竞产业报告》,"王者荣耀"2016年全年收入为68亿元,占移动电竞市场份额的39.7%。截至2016年底,"王者荣耀"的日活跃用户已超过5000万,最高月流水达30亿元。"王者荣耀"因而获得腾讯2016年度"名品堂"奖项,项目团队也获得了高达1亿元的现金奖励。2017年,"王者荣耀"项目团队获得了腾讯用于表彰充分体现公司创始人精神和对公司发展具有里程碑意义的腾讯"创始人奖"。"名品堂"奖和"创始人"奖的获得不仅给团队成员带来了巨大的荣誉,而且为团队成员的晋升积累了资本。

综上,腾讯的全面认可激励机制始终贯彻集团"注重用户体验"的经营理念。这有助于提高各个项目组成员对产品用户体验的重视,激发员工对产品微创新的热情,提升产品质量,增强用户黏性。此外,腾讯的全面认可激励机制将企业利益与员工利益相挂钩,提高了员工的工作积极性,提升了企业价值。

五、商业模式对企业绩效管理的影响分析

商业模式影响企业的绩效管理方式。腾讯网络平台(流量+游戏)商业模式影响集团对绩效评估方法和绩效激励方式的选择。

(一)对绩效评估方法的影响分析

腾讯网络平台(流量+游戏)商业模式的关键在于获得庞大的产品用户基础,并在引导产品用户向付费用户转化的同时利用产品用户基础吸引广告用户和企业用户。此类商业模式的成功运作离不开对用户体验的关注。注重用户体验既有利于腾讯获得新增产品用户,也有助于留住现有产品用户。庞大、活跃的产品用户基础为吸引广告用户、企业用户提供了可能性。因此,区别于传统企业以盈利指标为核心的绩效评估方法,腾讯的绩效评估侧重于对用户体验感的关注。为此,集团设计了围绕用户体验感的结果导向型KPI考核制度,并建立了顾客满意度模型对用户体验进行量化衡量。

(二)对激励机制的影响分析

由前述分析可知,"注重用户体验"是腾讯网络平台(流量+游戏)商业模式成功运行的关键所在。因而,如何促使企业员工认同并践行企业"注重用户体验"的经营理念是腾讯激励机制设计需要考虑的首要因素。为此,腾讯采取了重视股权激励的物质激励体系。通过股权激励,集团可以更好地将员工利益与企业中长期利益相联系,激发员工注重用户产品体验感,进而增强用户粘性、提升企业价值。

此外,腾讯也通过颁布腾讯微创新奖、年度"名品堂"等奖项对员工进行精神激励。此类荣誉奖项同样贯彻企业"注重用户体验"的经营理念,强调员工对用户产品反馈的重视,激发员工对产品的持续创新和迭代升级。

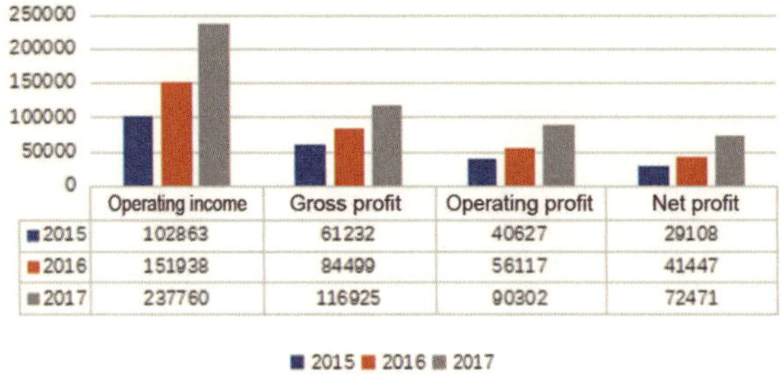

	Operating income	Gross profit	Operating profit	Net profit
2015	102863	61232	40627	29108
2016	151938	84499	56117	41447
2017	237760	116925	90302	72471

图6 2015～2017年腾讯营业收入、毛利、经营盈利和净利润统计（百万元）
资料来源：作者根据腾讯 2015 ～ 2017 年年度财务报告绘制。

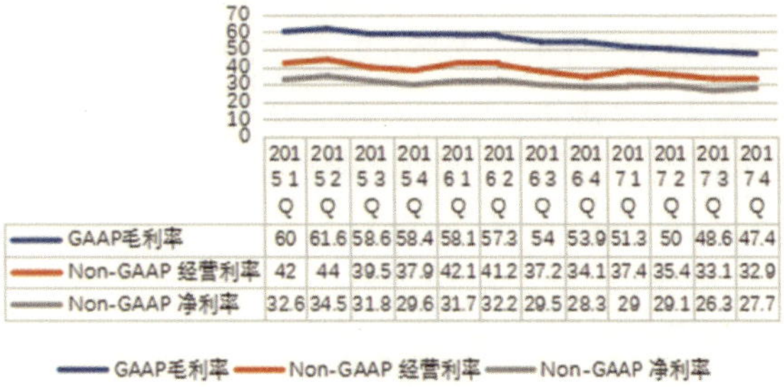

	2015 1Q	2015 2Q	2015 3Q	2015 4Q	2016 1Q	2016 2Q	2016 3Q	2016 4Q	2017 1Q	2017 2Q	2017 3Q	2017 4Q
GAAP毛利率	60	61.6	58.6	58.4	58.1	57.3	54	53.9	51.3	50	48.6	47.4
Non-GAAP 经营利率	42	44	39.5	37.9	42.1	41.2	37.2	34.1	37.4	35.4	33.1	32.9
Non-GAAP 净利率	32.6	34.5	31.8	29.6	31.7	32.2	29.5	28.3	29	29.1	26.3	27.7

图7 2015～2017年腾讯季度毛利率、净利率和经营利率统计（%）
资料来源：作者根据腾讯官方网站信息披露绘制。

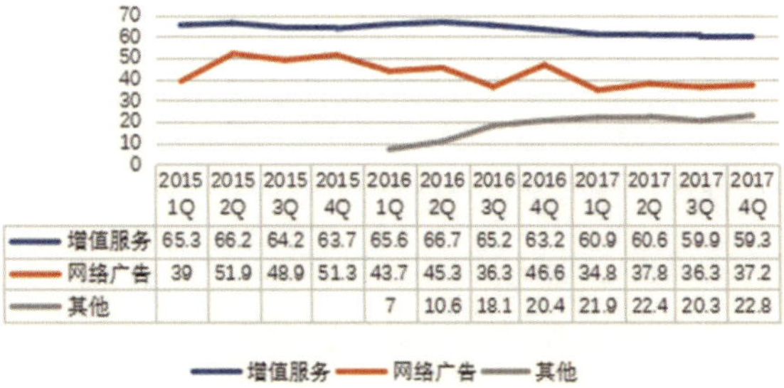

	2015 1Q	2015 2Q	2015 3Q	2015 4Q	2016 1Q	2016 2Q	2016 3Q	2016 4Q	2017 1Q	2017 2Q	2017 3Q	2017 4Q
增值服务	65.3	66.2	64.2	63.7	65.6	66.7	65.2	63.2	60.9	60.6	59.9	59.3
网络广告	39	51.9	48.9	51.3	43.7	45.3	36.3	46.6	34.8	37.8	36.3	37.2
其他					7	10.6	18.1	20.4	21.9	22.4	20.3	22.8

图8 2015～2017年腾讯增值服务、网络广告和其他季度毛利率统计（%）
资料来源：作者根据腾讯官方网站信息披露绘制。

六、腾讯绩效管理体系对企业绩效的影响分析

基于网络平台（流量+游戏）的商业模式，腾讯建立了围绕用户体验的结果导向型KPI考核模式和涵盖物质激励与精神激励两方面的全面认可激励机制。这一绩效评估方法和激励机制的建立有助于企业扩大业务范围、提升企业竞争力。

（一）拓宽企业业务范围、加速产品更新升级

当前，互联网行业的竞争日趋激烈。这不仅要求企业对市场情况做出快速反应，根据行业环境变化、技术变化和用户需求变化及时对现有产品进行更新升级，抢占市场先机；而且要求企业不断拓宽现有业务领域，进行产品的多元化布局。腾讯以用户体验为核心的绩效管理模式就能很好地服务于企业这一战略目标。以用户体验为核心，腾讯为旗下每一款产品建立了顾客满意度模型。海量用户反馈信息的收集、分析有助于企业更好了解产品运营情况和用户使用偏好，有针对性地实现产品性能的改进与更新迭代。此外，注重用户体验的绩效激励机制使企业利益与员工利益相挂钩，激发员工的创造力和工作热情。这既有助于对现有产品的开发改进，也有助于企业拓展新的业务领域。在这一绩效管理模式的刺激下，腾讯的业务范围已涵盖社交、金融、娱乐、资讯、人工智能等七个领域，实现了产品的全方位、多元化布局。在产品创新上，零售、生活服务、政务服务等微信小程序的开发和《王者荣

耀》《绝地求生》等游戏的推出均深受市场好评，获得了广泛的用户基础。

（二）提升企业核心竞争力

腾讯围绕用户体验的结果导向型KPI考核模式注重的是结果的实现，而非过程。只要员工能提高用户的产品体验感，就能获得相应的物质或精神奖励。腾讯结果导向型的绩效考核模式不关注实现过程和实现方式。这一弹性考核模式有利于激发员工的创造力和工作热情，进而提高企业竞争力。

由图 6 可知，2015～2017 年腾讯的营业收入、毛利、经营盈利和净利润各项绝对指标均实现了快速增长。由图 7、图 8 可知，2015～2017 年腾讯无论是毛利率、经营利率等企业总体盈利指标还是增值服务、网络广告毛利率等各个分部盈利指标均表现良好。结果导向型 KPI 考核模式加大了考核弹性，提高了员工工作绩效，提升了企业的核心竞争力。

七、结论

本文以腾讯为例，探究了企业商业模式对企业绩效管理的影响。本文首先从市场定位、系统经营和盈利模式三方面分析总结了腾讯的商业模式，并将其归纳为网络平台（流量+游戏）的商业模式。其次，本文研究发现，基于网络平台（流量+游戏）的商业模式，腾讯建立了围绕用户体验的结果导向型KPI考核模式和涵盖物质激励与精神激励两方面的全面认可激励机制。最后，本文探讨了上述绩效管理模式对企业经营发展的影响。研究发现，腾讯的这一绩效管理模式加速了企业产品的更新升级、拓宽了企业的业务范围、提高了企业的核心竞争力。本文丰富了商业模式对企业绩效管理的相关文献，对“互联网+”时代下互联网企业绩效管理体系的设计具有一定参考意义。

参考文献：

[1] 张敬伟、王迎军：《基于价值三角形逻辑的商业模式概念模型研究》，载于《外国经济与管理》2010 年第 6 期。

[2] 王琴：《基于价值网络重构的企业商业模式创新》，载于《中国工业经济》2011 年第 1 期。

[3] 魏炜、朱武祥、林桂平：《基于利益相关者交易结构的商业模式理论》，载于《管理世界》2012 年第 12 期。

[4] 荆林波：《对新经济相关问题的研究》，载于《世界经济与政治》2001 年第 5 期。

[5] 艾永亮、刘官华、梁璐：《腾讯之道》，机械工业出版社 2016 年版。

[6] 吴晓波：《腾讯传（1998-2016）》，浙江大学出版社 2017 年版。

[7] 腾讯用户研究与体验设计部：《在你身边，为你设计》，电子工业出版社 2017 年版。

[8] Timmers.1998. Business Models for Electronic Markets. *Electronic Markets* 8(2): 3-8.

[9] Linder,J., and S.Cantrell. 2000. *Changing Business Models: Surveying the Landscape*. Accenture Institute for Strategic Change.

[10] Petrovic,O., Kittl，C.and Teksten，R. D. 2001. *Developing Business Models for Ebusiness*. Vienna: International Conference on Electronic Commerce.

本文感谢国家自然科学基金项目（项目号：71572197，71872187，71790603）和财政部“全国会计领军人才培养工程”特殊支持计划课题研究项目“中国企业海外并购中的财务与会计问题研究”的支持！

企业主观业绩评价的理论主张与实施要领*

张守文 首都经济贸易大学会计学院
汤谷良 对外经济贸易大学商学院

【摘要】本文从主观业绩评价理论和相关文献梳理入手，结合委托代理理论和组织心理学理论，试图阐明主观业绩评价对于提高薪酬契约有效性是十分必要的。在此基础之上，本文提出了良好主观业绩指标应具备指标敏感性、制度一致性等特征，并指出了企业在实施主观业绩评价时应注意的七则要领和相关实施建议。

【关键词】主观业绩评价 委托代理理论 组织心理学 实施要领

* 本文受到首都经济贸易大学新入职青年教师科研启动基金项目的资助。

一、引言

在管理会计系统中，主观业绩评价（subjective performance evaluation, SPE）是相对于客观业绩评价（objective performance evaluation, OPE）提出的概念，客观业绩评价一般是评价者基于定量的业绩指标、评价标准，或者固定的计算公式与固化的流程，依据客观数据对被评价者进行业绩评价的方法。主观业绩评价则完全依靠评价者自身的主观判断，也包括与被评价者沟通与讨论后，对被评价者提出评价结论的业绩评价方法。比如对被评价者“德、能、勤、纪”的评价，包括但不限于被评价者的正直品德、激情与热情、团队精神、决策技能、表达沟通、制度设计、协调执行、企业文化认同等，这些评价均属于主观评价。美国一些公司常把追求完善、视质量为生命、自信、全球化概念等价值观具体纳入经理人的考核体系(Fast and Berg, 1975; Baker et al.,1994) 。

相对于客观评价，主观评价的显著特征是难以准确量化，也难以被第三方验证与复核 (Murphy and Oyer, 2003; Gibbs et al.,2004;高晨，2008；高晨和汤谷良，2009)，因此主观业绩评价内在的可操纵性是其“与生俱来”的缺点(Ittner et al., 2003; Moers, 2005; Van der Stede et al., 2006)。以往研究表明，由于存在系统性测量误差，主观业绩评价结果往往被认为是不准确的、有偏差的（Ahn et al., 2010; Bol, 2011）。而且，由于主观业绩评价的标准具有不确定性，这也成为对主观业绩评价有效性的另一种质疑(Bol, 2008)。

然而，一些学者的研究发现，由于客观业绩评价指标本身存在诸多缺陷，对客观业绩指标进行主观调整可以一定程度上弥补客观指标存在的不敏感性、指标噪声较大等问题（Bol, 2008; Rajan and Reichelstein, 2006; Höppe and Moers, 2011; Woods, 2012; Dai et al., 2018）。并且，在实践中，主观业绩评价指标也被企业广泛应用，这与主观业绩评价产生的积极后果是密不可分的。比如一些研究发现，基于主观业绩评价的激励对于员工薪酬满意度、生产效率和企业盈利均有正面效应（Gibbs et al., 2004）。主观业绩评价可以被用来降低被评价者的风险，同时改善公司业绩评价系统的激励机制 (Baker et al., 1994; Bushman et al., 1996; Hayes and Schaefer, 2000)。主观业绩评价理论上的各种矛盾性、实操上的必要性与挑战性，成为写作本文的基本动机。

因此，本文以国内外文献分析为基础，从委托代理理论入手，以组织心理学理论为支撑，试图阐明主观业绩评价对于提高委托人与代理人之间薪酬契约有效性是十分必要的。同时，本文也提出良好主观业绩评价指标应具备指标敏感性、制度一致性、判断准确性、内容完整性和结果稳定性等特征。最后，在具体实施主观业绩评价时，主观业绩指标的选取，权重、评价标准与评价结果计量的设置，评价双方的沟通与协商，评价结果的透明性，以及主观业绩评价结果的运用均会影响主观业绩评价实施的效果，这也是本文识别出的主观业绩评价的实施难点与要点所在。针对主观业绩评价实施的七大要点，本文也分别给予了可能的实操建议。

发表于《中国管理会计》2019年第4期，总第10期。

此外，在进行相关文献回顾时，本文也发现国内针对主观业绩评价的研究存在“断层”现象。因此，本文在总结国内外文献研究的基础上，对主观业绩评价的理论与实施提出些许主张，希望能够唤起国内学者对主观业绩评价研究的再次关注与研究热情。

二、主观业绩评价的理论基础

（一）委托代理理论的相关假设过于简单化和理想化

1. 完全基于客观业绩指标的薪酬激励契约

首先，由于代理人的工作具有复杂的特性，我们无法用全面的、确切的指标衡量代理人所有的努力与对组织目标的贡献 (Hopwood,1972; Holmstrom and Milgrom, 1991;Meyer, 2002)。在现实中，这就表现为薪酬契约中已设定的客观业绩指标往往不能完全代表代理人的努力和贡献。而代理人也会更有目的性地关注薪酬契约中设定的业绩指标，甚至不惜牺牲其他利益来提高这些业绩指标的表现 (Baker et al., 1994; Milgrom and Roberts, 1992; Prendergast, 1999; Baker, 2000)。同时，客观业绩指标还可能会受到不可控因素的影响，从而增大业绩评价过程中的噪声，降低业绩评价系统的有效性 (Bol, 2008)。因此，为弥补客观业绩指标的不足，主观业绩指标需要加入委托人与代理人之间的激励契约中 (MacLeod and Parent, 1999; Golman and Bhatia, 2012)。

其次，根据委托代理理论，理论上委托人与代理人之间存在最佳激励契约（optimal incentive contracts）。最佳激励契约成立的前提是需要具有能够全面衡量代理人行为的方法。基于前面的讨论，为了能够尽可能完整地、全面地衡量代理人的努力与贡献，最佳激励契约的实现需要客观与主观业绩指标相互补充。

因此，委托代理理论中完全基于客观指标的薪酬激励契约过于理想化。无论是从理论还是实操的角度，有效的薪酬激励契约，或者说有效的业绩评价系统，均需要主观业绩评价作为补充。

2. 理性代理人假设（rational agent）

理性代理人的假设忽略了人的动机的复杂性。业绩评价系统被粗略地认为对所有人的动机产生同样的影响，从而或多或少地影响人们工作的努力程度。然而，人的动机在水平和类型两个层次上均会不同，即不同的人会受到不同因素的影响，受到影响的水平也不尽相同 (Ryan and Deci, 2000a; Ryan and Deci, 2000b)。社会心理学、教育学、经济学和管理学等学科的研究也表明，不同动机的水平和类型与人们工作努力程度存在复杂的关系 (Deci, 1971; Vallerand and Reid, 1984; Frey, 1997; Deci et al., 1999; Deci and Ryan, 2000; James, 2005; Minbaeva, 2008; Weibel et al., 2010)。因此，在实践中，理性代理人的假设过于简单，我们需要分析委托人和代理人双方的心理特性，从而观察其对业绩评价结果和未来业绩的影响。

那么这就要求，首先，业绩评价系统需要能够反映委托人和代理人双方心理特性的主观业绩评价指标；其次，对主观业绩评价指标的分析需要关注委托人和代理人双方的心理特性，例如委托人进行主观业绩评价存在偏差（bias）、偏好主义（favoritism）、溢出效应（spillover effect）等心理特征表现，以及代理人的讨好行为（influence activity）、感知的公平感（perceived fairness）等行为和心理特性表现。

下面以代理人在业绩评价过程中感知的公平感为例进行说明。根据代理理论，增强薪酬业绩敏感性可以激励员工更加努力提高业绩，从而增加薪酬 (Holmstrom, 1979; Shavell, 1979)。而当业绩可以受到主观因素的影响时，代理人有动机，也有机会去干扰业绩评价以及薪酬业绩之间的敏感性 (Prendergast, 1999)。因此，从委托代理理论的角度出发，主观业绩评价本身存在的"可操纵性"会降低基于业绩的薪酬契约的激励作用。

而与委托代理理论的角度恰恰相反，行为理论的相关研究表明，员工不仅关心自己薪酬的绝对收入，他们也关心与其他员工薪酬之间的相对差异。也就是说，如果员工认为自己获得的业绩评价不公平，这将会降低员工的工作满意度和积极性、工作业绩等 (Akerlof and Yellen, 1988; Blinder and Choi, 1990; Colquitt et al., 2001; Rupp et al., 2014)。如果对业绩指标的主观调整能够提升代理人的公平感，这将有助于提高委托人和代理人之间薪酬契约的有效性。

因此，委托代理理论中基于理性代理人的假设过于简单化。无论是从理论还是实操的角度，有效的薪酬激励契约，或者说有效的业绩评价系统，既需要主观业绩评价作为补充，也需要其他社会学、心理学、行为学等理论的进一步支持。

（二）来自组织心理学理论的支持

人的动机的复杂性增加了主观业绩评价的难度和业绩评价结果的多样性。评价者和被评价者双方在业绩评价的过程中具有不同的心理特征，这也导致了双方在业绩评价过程中会采取不同的行为，从而导致了不同的业绩评价结果。

1. 评价者的心理特征表现

（1）偏差（bias）。

在主观业绩评价中，评价者往往会出现不同种类的谬误，或是偏差 (bias)。根据不同的划分方式，评价者在业绩评价过程中产生的偏差也有不同的表现形式。如根据偏差产生的原因，可以将评价者的偏差划分为由于业绩评价信息不完备造成的认知偏差 (cognitive bias)，以及由于社会、组织环境以及上下级之间的关系造成的社会偏差 (society bias)（高晨，2008）。

根据评价偏差产生的不同业绩评价后果，业绩评价的偏差还可以划分为中心性偏差 (centrality bias) 与宽容性偏差 (leniency bias) 两种形式 (Prendergast, 1999; Moers, 2005; Bol, 2011; Frederiksen et al., 2017)。中心性偏差是指评价者具有压低业绩评价差异的倾向，也就是说，那些低于（高于）平均业绩水平的员工却收到了比业绩水平对应的更高（更低）的回报 (Motowidlo and Borman, 1977, Bol et al., 2016)。而宽容性偏差是指相较于真实的业绩水平，管理者更愿意给予更高业绩评价的倾向 (Saal and Landy, 1977)。Moers(2005) 的研究表明，当企业采用主观业绩指标评价绩效时，管理者会更加宽容，并且会降低下属间的评价差异。

导致主观业绩评价产生偏差的影响因素

众多。从管理者角度而言，他们想要减少业绩评价过程中时间和努力投入的动机，避免与员工产生对抗，减少对人际关系的损害，减少批评，管理者的个人偏好等因素，都会对管理者业绩评价行为产生影响 (Harris 1994)，从而导致他们采取有偏差的主观业绩评价。例如，当管理者更加在乎下属的幸福感，或者避免由于负面评价带来的相关成本时，他们可能会采取更加宽容的评价 (Kampkötter and Sliwka, 2016; Frederiksen et al., 2017)。Bol(2011) 的研究也证实，越高的信息收集成本和越强的管理者与下属的关系均会正向影响偏差的产生。

以管理者的个人偏好(personal preference)为例，当管理者根据自己的个人偏好对某些下属表现出偏爱时，就会产生偏好主义（favoritism）(Prendergast and Topel, 1996)。根据管理者的动机不同，偏好主义可能会产生正向或者负向的经济后果。如果管理者通过自己的权利获取更加完整的信息，并依此调整业绩评价结果，可能会对员工的积极性等产生正面的影响；但如果管理者仅仅是通过个人权利获取私人利益或满足感，这种偏差可能会对业绩评价系统的可信度和公平性产生消极的影响(Du et al.,2012)。Bol(2011)的研究证实，中心性偏差对未来业绩提升会产生负面影响，但宽容性偏差却能够通过提高员工感知的公平性，提高员工积极性，从而增强企业未来业绩。

（2）溢出效应（spillover effect）。

根据心理学和组织行为学的理论，个人的主观判断会不恰当地受到其他不相关信息的影响(Nisbett et al., 1981; Bond et al., 2007)。这种影响可能会限制主观业绩指标对提高业绩评价系统整体信息性的补充作用。Bol 和 Smith(2011)的研究发现，当一项任务的客观指标业绩相对较高（较低）时，管理者对另一项任务的主观评价会显著更高（更低）。也就是说，一项任务的客观评价会对另一项任务的主观评价产生溢出效应。并且，溢出效应的差异受到客观指标可控性的影响。当不可控因素降低客观指标的业绩时（如运气不好），管理者会调高主观业绩评价，但当不可控因素提升客观指标的业绩时（如运气很好），管理者则不会进行主观调整。

Woods(2012)的研究分析了业绩评价系统变更后，先前的主观业绩评价对后续客观指标评价的影响。研究结论发现，不论是出于和以往业绩保持一致的目的，还是出于弥补客观指标不足的目的，管理者均会对当年尤其不好的客观指标业绩进行向上的主观调整。Du 等(2018)的文章也有类似结论。类似溢出效应的一系列文章为主观业绩评价能够弥补客观业绩指标不足，从而提高员工努力程度提供了经验性证据支持(Kunz, 2015)。然而，也有文章发现相反的结论，认为主观业绩评价会产生更糟糕的影响(Ahn et al., 2010)。

因此，通过组织心理学对评价者不同心理特征表现讨论的支持，主观业绩评价能够进一步完善业绩评价系统，有助于评价者更全面地、完整地考察被评价者的努力与贡献程度。同时，评价者可以通过主观调整，更好地使业绩评价系统考虑与满足评价双方的心理感受与需求，从而提高薪酬契约的有效性。

2. 被评价者的心理特性表现

（1）人的动机（motivation）。

如前所述，社会心理学等学科的研究表明，不同动机的水平和类型与人们工作努力程度存在复杂的关系。自决理论（self-determination theory)将人的动机按照因果关系分为自主性动机(autonomous motivation)与控制性动机(controlled motivation)，按照动机的工具性分为内在动机(intrinsic motivation)与外在动机(extrinsic motivation)(Deci and Ryan, 2000)。其中，自主性动机是指源于被评价者自身的动机，而控制性动机是由被评价者本身之外的因素引起的。内在动机源于人对某项任务本身的享受，也就是说，具有内在动力的人从事某项任务是因为他或她喜欢这样做。内在动机本身就体现了自主性。外在动机则需要一些有形的或者口头的奖励才能形成(Gagné and Deci, 2005)。根据自决理论，外在动机又有四种不同类型。

参照自决理论对动机的分类，以往文献分别研究被评价者不同动机类型对主观业绩评价的影响(Deci and Ryan, 2000; Kunz,2015)。如Kunz 和 Linder (2012)的研究表明，来自同级或上级的认可与赞扬有助于激发内在动机的产生。同时，货币性激励会激发人们的外在动机和工作努力程度，但却一定程度上损害了内在动机。尽管货币激励的整体效应依然为正，但货币激励对内在动机与努力程度的负向作用却不能忽视，这种现象被称作动机挤出效应(motivation crowding-out)。

（2）感知的公平性（perceived fairness）。

由于主观业绩指标的评价很大程度上依赖于管理者的个人观察与决策，因此主观业绩被扭曲的概率可能会较大(Prendergast

and Topel, 1993;Moers, 2005)。此外，由于主观业绩的测量缺乏正式定义的目标和客观度量标准，因此这很可能会损害下属对目标清晰度和绩效评估标准的理解(Van Rinsum and Verbeeten, 2012; Marginson et al., 2014)。业绩评价失真和目标清晰度低下会破坏下属对管理者的信任，并降低下属对公平性的认知(Baker et al., 1994; Hartmann and Slapnicar, 2009)。在组织公平理论中，公平认知有两种重要的形式，分别是分配公平和过程公平。分配公平是针对已知结果的判断，而过程公平强调的是确定结果过程中的判断(Greenberg, 1987)。

为了判断分配结果的公平性，被评价者需要将自己的投入产出与参照标准进行比较，参照标准可能是被评价者先前的经验、期望值，或者是他人的投入产出结果(Goodman, 1974; Greenberg et al., 2007)。为了判断业绩评价的过程是否公平，被评价者往往会参照一些规范性原则，这些原则包括自己是否能在评价过程中表达自己的观点，评价过程针对不同时间和不同个体是否具有一致性、是否能够避免遭受偏见、管理者在评价过程中是否能够使用准确的信息、业绩评价标准的科学性，以及对业绩评价结果提出上诉的可能性等(Folger et al., 1992; Colquitt, 2001)。

在设计业绩评价系统时，过程公平和分配公平已被证实是有益于与工作相关的行为和态度的重要因素(Colquitt et al., 2001; Cugueró-Escofet and Rosanas, 2013)。公平感的提升可以缓解与工作相关的紧张关系，增加对组织目标的贡献，改善个人行为和绩效，增加正式业绩评估中的人际信任度等(Wentzel, 2002; Lau and Tan, 2006; Burney et al., 2009; Hartmann and Slapnicar, 2009)。但Voußem 等(2016)的研究也指出，当主观指标权重较低时，主观性的提升有助于提升员工感知的公平感，但当主观指标权重较高时，主观性会降低公平感的认知，即主观性与公平认知之间呈“倒U型”关系。

因此，通过运用组织心理学对被评价者不同心理特征表现进行深层的讨论，我们能够更进一步地了解在主观业绩评价过程中被评价者的心理诉求，以及不同形式的激励会产生怎样差异性的业绩评价后果。通过对被评价者心理特征的分析，主观业绩评价的运用可以实现被评价者对评价结果影响的向上通道，更好地使业绩评价系统考虑与满足被评价者的心理感受与需求，提高业绩评价系统的信息性，促进薪酬契约有效地发挥作用。

三、有效的主观业绩评价指标应具备的特性

当业绩指标对被评价者的行为不敏感，与组织目标不一致，指标噪声大、不完整、容易被操纵时，这样的主观业绩指标是无效的(Banker and Datar, 1989; Holmstrom, 1979; Holmstrom and Milgrom, 1991; Baker et al., 1994; Feltham and Xie, 1994; Datar et al., 2001)。因此，有效的主观业绩指标应至少具有以下特性(Wood, 2012):

(一) 指标的敏感性

当被评价者的行为对一项业绩指标能够

产生很大的预期影响时，这项业绩指标是具有敏感性的(Banker and Datar, 1989)。完全基于客观指标的薪酬契约存在不完整、噪声大等缺陷。主观业绩评价指标作为业绩评价系统的有效补充，需要能够敏感地反映被评价者的努力程度，提高业绩评价系统的信息性。同时，由于客观业绩指标可能会受到不可控因素的影响，增大业绩评价过程中的噪声，降低业绩评价系统的有效性(Bol, 2008)。敏感的主观业绩指标的使用可以辅助降低客观指标，甚至降低整个业绩评价系统中的不可控因素的噪声影响，提高业绩评价系统的有效性。

（二）制度的一致性

一项有效的主观业绩评价指标应与组织目标，或与委托人目标保持一致性。同时，被评价者的行为应该能够同时增加业绩指标得分与委托人的利益 (Feltham and Xie, 1994)。也就是说，当被评价者能够实现业绩目标要求时，业绩指标得分也应该有相应的反映。如果一项主观业绩指标的目标并不能与委托人利益相一致，那这项主观业绩评价值指标不能满足一致性，更不能满足有效性，反而会降低薪酬契约的激励作用。当一项主观业绩指标的实施能够提升企业效益，但主观业绩指标的得分本身并没有相应的变化时，那这项主观业绩指标同样是不一致、无效的，因为它没有能够反映被评价者的努力程度和目标贡献。

（三）判断的准确性

当一项业绩指标受到不可控因素的影响越小，则这项指标代表的准确性越高，噪声越小。客观业绩指标正是存在噪声大的问题，因此需要管理者通过主观调整来纠正不可控因素或者环境因素对指标噪声的影响，从而使其能更加准确地反映管理绩效，并改善激励合同。

然而，主观业绩评价的特性是难以准确量化，也难以被第三方验证。主观业绩评价内在的可操纵性是其“与生俱来”的缺点，因此主观业绩评价结果往往被认为是不准确的、有偏差的。所以，就主观业绩指标本身而言，要求其像客观指标一样能够有固定的衡量和评价标准是困难的。如果一项主观业绩指标能够提高业绩评价系统整体的准确性，一定程度上克服客观指标中的噪声影响，那么我们认为这样的主观业绩评价指标是能够提供准确性的。

（四）内容的完整性

完整性代表着一项指标可以测量被评价者努力程度和业绩贡献的全面程度。业绩指标的不完整性将会扭曲被评价者的努力程度和工作方向。比如，如果业绩指标仅能够衡量被评价者某些方面的绩效，那么被评价者会有动机、有目的性地仅仅关注薪酬契约中设定的业绩指标，甚至不惜牺牲其他利益来提高这些业绩指标的表现。

因此，一个有效的业绩评价系统需要同时具备多种绩效指标来评估管理工作(Kaplan and Norton, 1996; 2001; Lipe and Salterio, 2000)。一项有效的主观业绩评价指标会帮助丰富业绩评价系统的完整性，尽可能全面地衡量被评价者的努力程度和业绩贡献，提高业绩评价系统信息的有效性和全面性。

（五）结果的稳定性 / 难以被操纵性

主观业绩指标的可信度相对于客观业绩指标而言较低，这一定程度上是因为主观业绩指标更容易被操纵，客观表现为指标的不稳定性。尤其是当实际业绩并非很好时，管理者出于私利，可以利用权力故意调高主观业绩评价结果(Baker, 1990; Baker et al., 1994)。主观业绩指标的不稳定也源于其缺乏客观的度量标准，这一特性将可能损害下属对目标和绩效评估标准的理解，降低业绩评价系统的有效性。因此，一项好的主观业绩评价指标应该保持一定的稳定性，或者说难以避免被评价者出于自身的私利故意进行主观调整。

主观业绩评价指标的特性并非是完全独立的，而是相互联系的。例如，只有当主观业绩指标与组织的目标保持一致时，指标的敏感性才是相关的、成立的。同样，当主观业绩指标增强了业绩评价系统的完整性时，才能够为一致性提供正确的激励动机。

四、主观业绩评价的实施要领

依据以上的理论分析，针对实操的合理性与有效性，本文认为实施主观业绩评价要注意以下要点：

（一）依据企业战略、组织体系与企业文化特征，恰当选取主观业绩评价指标及其体系

根据本文前述对代理理论和组织心理学的讨论，一份有效的薪酬合约需要尽可能全面地衡量被评价者的努力和贡献程度，这就需要客观业绩指标和主观业绩指标的相互补充。那么，如何选择主观业绩评价指标，或者说如何建立有效的主观业绩评价指标体系，尽管目前学术界和业界并没有完全达成共识的标准答案，但是仍有些原则和要求可以明确：

一是必须明确的“底线”要求，包括遵守法律、合规经营、不说假话、安全生产等。这是无论公司处于何种发展阶段，实施何种经营战略，采取何种股权结构，都必须遵守的基本底线和原则，这也是保障公司能够持续经营的前提。

二是根据企业组织体系与文化特征，明确提出鼓励性的评价指标，如勤勉尽责、为人踏实、团队沟通、行动学习、合作协同等。以国有企业与民营企业为例，由于两者股权性质的不同，相比于民企，国企更加注重服从国家战略，强调企业的社会贡献。因此，国有企业在设置主观业绩评价指标时，更适合强调与政治素养、事业心、责任感相关的主观评价指标。而相比之下，民营企业更注重强调经营效率与文化理念，因此，民营企业更适合设置与经营业务相关的，提升沟通、协作文化的主观评价指标。同时，主观业绩指标设定应尽量以正面、积极、鼓励性的词汇进行描述，突出主观业绩评价的正面积极引导作用，避免过多采用负面词汇的扣分设置方法。

三是主观业绩评价的要点也要聚焦评价要点与要求，不要太多，面面俱到。比如当企业处于不同发展阶段时，企业战略会有所差异。处于财务困境期的企业更加注重业绩提升，主观业绩指标也要强调业绩

提升的评价要点，遵从企业战略导向。此时，如果主观业绩评价过多地注重创新行为、员工个性发展等方面，使得员工的精力和努力方向被分散，反而不利于企业脱离困境。同理，当企业进入快速调整与提升期，企业战略与业绩评价应更加注重内部控制与风险控制。而当企业处于稳步发展阶段，业绩评价系统需要纳入创新与改革举措、管理状况综合评价等主观指标。因此，企业在选取主观业绩评价指标、建立主观业绩评价系统时，应充分考虑自身的企业战略、组织体系与企业文化等特征因素。

（二）谨慎设置与调整主观业绩评价的权重

首先，一个有效的业绩评价系统需要客观业绩指标与主观业绩指标共同发挥作用。然而，在一份有效的薪酬契约中，客观业绩指标与主观业绩指标各应该选取多少权重，是至关重要的。这里的“权重”有两层含义：一是企业选取与设置的每个主观评价指标的权重；二是主观评价指标与客观评价指标之间的评价权重安排。这是主观业绩评价权重设置的第一重难点。

其次，当企业面临新旧业绩指标体系转换时，以往研究表明，管理者会采取更加宽容的主观业绩调整，尤其是当新的业绩指标，或者客观业绩指标表现不好时(Woods,2012; Du et al.,2018)。那么，在现实实践中，管理者需要在多大程度上对主观业绩指标权重进行调节，这个答案并没有定论。管理者如何进行主观调整，多大程度上调节主观权重，会如何影响被评价者的公平性和努力动机，又如何能实现评价者自身的成本效益最大化，这是主观业绩评价权重设置的第二重难点。

根据以往经验，在业绩评价系统中，客观指标依然占有明显较高的比重，主观指标的权重相对较低。根据Gibbs 等(2004)以及高晨和汤谷良(2009)的研究结论，国外企业主观指标一般占20%～30%的权重，而国内企业主观指标普遍低于20%。这一结果与主观业绩评价的可靠性有密切关联。因此，当企业进行主观业绩指标的权重安排或权重调整时，应保持谨慎性，尤其是在企业对主观业绩考核结果的公正性没有充分把握的情况下，更应该循序渐进、持续地改进主观业绩评价系统，并慎重地把评价结果与薪酬等激励措施联系起来。

（三）明确主观业绩评价的参照标准

对客观业绩指标进行主观调整可以在一定程度上弥补客观指标存在的不敏感性、指标噪声较大等问题（Bol, 2008; Woods, 2012）。然而，主观业绩评价内在的可操纵性是其“与生俱来”的缺点(Ittner et al., 2003; Moers, 2005)。以往研究表明，由于存在系统性测量误差，主观业绩评价结果往往被认为是不准确的、有偏差的(Bol, 2011)。而且，由于主观业绩的测量缺乏正式定义的目标和客观度量标准，因此这很可能会损害下属对目标和绩效评估标准的理解(Marginson et al., 2014)。这也成为主观业绩评价有效性的另一种质疑。

因此，在实践中，主观业绩评价指标设置完成后，管理者将会面临主观业绩指标的评价标准应该怎么确定，以及不同评价等级怎么设置等难题。换言之，主观业绩评价的参照标准模糊性将是影响其有效性发挥的重要因素。在制定主观指标的评价标准时，企业首先要对主观指标进行清晰定义，明确主观评价目标和内容；其次，将主观指标进行降维，也就是把每一个抽象的主观行为要求分解成4～5个一般行为项目，使得主观指标可理解、可执行；最后，为每项一般行为设定打分标准与细则。打分标准可以参考企业当前的战略要求、同行业中标杆企业现状，以及企业未来的调整目标。当然，企业可以聘请专业咨询机构帮助其设计与改进主观业绩评价指标及标准。

（四）主观业绩评价结果的计量

以往研究表明，管理者在进行主观业绩指标打分时，会存在压缩被评价者业绩结果差异的倾向，即中心性偏差(Motowidlo and Borman, 1977, Bol et al., 2016）。这常表现为管理者的主观评价打分过高，被评价者之间的得分基本一致，差距很小（高晨和汤谷良，2009）。为避免主观业绩评价结果过于集中的问题，本文建议主观业绩指标的结果计量不能笼统设置为“合格与不合格”，而应该设置分段评价。比如当某一主观指标满分为100分时，可以按照满足指标考核的程度分别设置100～85分、84～70分、69～60分、60分以下几个指标段，将主观业绩指标评价进一步分散到各个指标段中，增加评价打分差异。当然，公司还可以进一步要求主观评价结果的分散程度或者“强制排名”。

过于集中的主观评价结果除了评价结果计量设置的问题外，还可能源于主观评价依据的缺乏。当管理者缺乏具体打分依据时，管理者的评价偏差与员工的讨好行为将很大程度上影响评价结果的趋同性。因此，针对评价依据缺乏导致评价结果趋同的问题，本文建议可以根据主观业绩指标的评价内容进行日常记录，尤其是当影响主观评价的重大事项发生时，应进行详细重点的记录。对主观评价内容进行日常记录可以降低主观评价的信息搜寻成本和评价偏差，使主观评价“有据可依”，减少评价结果的趋同性。

当然，在强调公司文化与制度威慑力的企业中，还可以设置“一票否决制”。比如当企业发生安全生产事故，被评价者违反法律法规、说假话做假账、设立小金库、辱骂客户与同事等情况时，可以对主观业绩评价进行“一票否决”。

（五）重视主观业绩评价过程中评价双方的沟通与协商

我们假设管理者为企业已经设置了合理的业绩评价系统，并且选取了有效的评价标准，当管理者真正实施主观业绩评价时，由评价者的心理特征带来的偏差、偏好主义、溢出效应等表现，以及来自被评价者的公平诉求、讨好行为、动机等因素均会影响主观业绩评价指标实施的质量。比如以往研究表明，管理者在执行主观业绩评价时会发生溢出效应，也即受到之前业绩的影响和无关客观指标的影响(Bol and Smith, 2011)。这说明，即使在主观业绩指标的评价标准能够合理设置的前提下，管理者也要考虑在执行过程中其可能受到心理因素的干扰，从而对业绩评价产生不同的后果。因此，在实践中，管理者如何既克服偏差、偏好主义、溢出效应等问题，同时又考虑被评价者的动机和心理诉求，这将是对评价者能力、态度和心理认知的巨大考验。

所以，在进行主观业绩评价时，一方面，本文建议企业针对主观业绩评价内容应加强日常记录，使得主观业绩评价“有据可依”；另一方面，评价者还要重视与被评价者进行过程沟通与协商。因为被评价者能否在评价过程中表达自己的观点将影响其对过程公平的认知(Folger et al., 1992; Colquitt, 2001)。通过评价双方的沟通与协商，评价者将尽可能地了解被评价者的真实行为，提高对被评价者认知的全面性，增强主观评价的客观公正性，从而减少在主观评价中对被评价者不当态度、心理认知偏差等的负面影响。

（六）增强主观评价结果的透明性

业绩评价失真和清晰度低下会破坏下属对管理者的信任，并降低下属对公平性的认知(Baker et al., 1994; Hartmann and Slapnicar, 2009)，对员工工作满意度和工作绩效等带来负面影响。因此，本文建议主观评价结果需要在企业内部适当地公开，切忌“暗箱操作”。增强主观评价结果的透明度，有利于夯实企业透明的文化氛围，也可以以此督促评价者的评价合理性与公平性，减少主观评价过程中心理偏差带来的不良影响。

此外，对业绩评价结果提出上诉的可能性也将影响被评价者对过程公平的认知(Folger et al., 1992; Colquitt, 2001)。因此，本文建议企业还可以为员工设置评价反馈与诉求的相关通道，一方面可以通过听取被评价者的反馈与诉求，增强评价双方的沟通程度；另一方面也有助于提高主观业绩评价结果的公平性，增进业绩评价系统的有效性。

（七）主观业绩评价结果的运用

根据高晨和汤谷良（2009）的案例研究，中国企业对主观业绩评价的结果运用方式与程度主要包括以下几种情形：（1）主观业绩评价的结果直接关乎被评价者的聘任、晋级、职位变动等，但是不影响被评价者的薪酬奖励；（2）主观业绩评价结果与被评价者的年度奖金和晋级挂钩，但与升职关系不大；（3）主观业绩评价结果不单独运用，只是用于修正客观评价指标的结果，与绩效工资间接相关；（4）主观业绩评价结果与绩效工资和升职都直接相关。

薪酬契约中的业绩指标对员工的行为和努力方向具有指引作用(Baker et al., 1994; Milgrom and Roberts, 1992; Prendergast, 1999; Baker, 2000)。根据代理理论，增强薪酬业绩敏感性可以激励员工更加努力地提高业绩，从而增加薪酬(Holmstrom, 1979; Shavell, 1979)。因此，不同的主观业绩评价结果的运用方式和程度，对被评价者的行为导向作用也会不同。所以，要想使主观业绩评价系统能够发挥管理者的预期作用：首先，评价者要了解被评价者的真正需求和动机，这就需要评价双方进行多次沟通与协商；其次，将被评价者的真正需求和动机与主观业绩评价结果紧密联系起来。比如说，相比于职位的晋级，企业最基层的员工可能更加注重年度奖金等薪酬奖励，而管理岗位的员工可能相比之下更加看重职位的晋级与变动。如果管理层想要考察与提升不同岗位员工的素养，那么就要将主观业绩指标的考核结果与被评价者的真实需求联系起来。也就是说，如果想提升基层员工的合作观念，那就要将“合作观念”这一主观指标的考核结果与薪酬奖励正向联系起来。同理，如果企业更加注重管理岗位员工的责任感，那就要将与“责任感”相关的主观指标考核结果和职位晋升正向关联起来。

总之，一个有效的主观业绩评价系统的落地实施，需要注意主观业绩指标的选取，权重、评价标准与评价结果计量的设置，评价双方的沟通与协商，评价结果的透明性，以及主观业绩评价结果的运用等，这是主观业绩评价的实施难点和要点所在。

五、研究结论与局限性

主观业绩评价实际上已经普遍存在于企业的业绩评价实践中。通过对一系列的相关研究的回顾，我们可以看到主观业绩评价能够提高被评价者的积极性、满意度和工作努力程度，降低被评价者的薪酬风险，同时也能够帮助企业提升未来绩效，提高薪酬契约的有效性。

本文从委托代理理论入手，阐明了经典委托代理理论中假设过于简单化和理想化的不足，而主观业绩评价的引入可以在一定程度上弥补这些不足，提高委托人和代理人之间薪酬契约的激励有效性。同时，为了更好地分析主观业绩评价指标在理论和实践中的影响与作用，本文以组织心理学理论为支持，分别阐述了评价者在业绩评价过程中的心理特征（即偏差和溢出效应），以及被评价者在业绩评价过程中的心理特征（即动机和公平性感知）的具体内容，以及它们的影响因素与经济后果。结合主观业绩指标在业绩评价系统中应该发挥的作用，本文提出了良好主观业绩评价指标应至少具备指标敏感性、制度一致性、判断准确性、内容完整性和结果稳定性等特征。

最后，在具体实施主观业绩评价时，主观业绩指标的选取，权重、评价标准与评价结果计量的设置，评价双方的沟通与协商，评价结果的透明性，以及主观业绩评价结果的运用均会影响主观业绩评价实施的效果，这也是本文识别出的主观业绩评价的实施难点和要点所在。针对以上主观业绩评价实施的七大要点，本文分别给出了相应的实施建议。在选取主观业绩评价指标及其体系时，企业应结合其企业战略、组织体系与企业文化等特征，同时谨慎地设置与调整主观业绩评价的权重，尤其当主观业绩评价与薪酬激励密切相关时。主观业绩评价有效地落地离不开明确的主观业绩评价标准和合理的主观业绩评价结果计量方法。根据主观业绩指标的评价内容进行日常记录、设置分段评价结果、聘请专业咨询机构等都是可能的解决之道。此外，在实施主观业绩评价的过程中，企业需要重视评价双方的沟通与协商，增强主观评价结果的透明性，这将有助于提高主观业绩评价结果的公平性，增进业绩评价系统的有效性。通过评价双方的有效沟通，企业管理者需要了解被评价者的真正需求，并与主观业绩评价结果紧密联系起来。

当然，本文也存在一些局限性，比如未能尽可能全面地识别与总结评价者与被评价者的心理特征。同时，本文帮助识别主观业绩评价的实施难点和要点，并尝试性地提出了相应的实操建议。然而，这些建议并不一定适合所有企业，不同企业应根据自身特点进行相应取舍与调整。以上局限也是本文未来进一步修改与完善的方向。

参考文献：

[1] 高晨：《主观业绩评价：述评与启示》，载于《会计研究》2008 年第 4 期。

[2] 高晨、汤谷良：《主观业绩评价、高管激励与制度效果——基于我国企业高管评价的多案例研究》，载于《中国工业经济》2009 年第 4 期。

[3] Banker R D, Datar S M. Sensitivity, Precision, and Linear Aggregation of Signals for Performance Evaluation[J]. *Journal of Accounting Research*, 1989, 27(1):21-39.

[4] Bol J C. The determinants and performance effects of managers' performance evaluation biases[J]. *The Accounting Review*, 2011, 86(5):1549-1575.

[5] Bol J C, Smith S D. Spillover Effects in Subjective Performance Evaluation:, Bias and the Asymmetric Influence of Controllability[J]. *The Accounting Review*, 2009, 86(4):1213-1230.

[6] Du F, Erkens D H, Young S M, Tang G. How Adopting New Performance Measures Affects Subjective Performance Evaluations: Evidence from EVA Adoption by Chinese State-Owned Enterprises[J]. *The Accounting Review*, 2018,93(1):161-185.

[7] Du F, Tang G, Young S M. Influence Activities and Favoritism in Subjective Performance Evaluation: Evidence from Chinese State-Owned Enterprises[J]. *The Accounting Review*, 2012, 87(5):1555-1588.

[8] Gibbs M, Merchant K A, Stede W A V D, Vargus M E. Determinants and Effects of Subjectivity in Incentives[J]. *The Accounting Review*, 2002, 79(2):409-436.

[9] Ittner C D, Larcker D F, Meyer M W . Subjectivity and the Weighting of Performance Measures: Evidence from a Balanced Scorecard[J]. *The Accounting Review*, 2003, 78(3):725-758.

[10] Kunz J, Linder S. Organizational Control and Work Effort – Another Look at the Interplay of Rewards and Motivation[J]. *European Accounting Review*,2012,21(3):591-621.

[11] Kunz J, Objectivity and Subjectivity in Performance Evaluation and Autonomous Motivation: An Exploratory Study[J]. *Management Accounting Research*,2015(27):27-56.

[12] Lipe M G, Salterio S E. The Balanced Scorecard: Judgmental Effects of Common and Unique Performance Measures[J]. *The Accounting Review*, 2000, 75(3):283-298.

[13] Moers F. Discretion and Bias in Performance Evaluation: the Impact of Diversity and Subjectivity[J]. *Accounting Organizations and Society*, 2005, 30(1):67-80.

[14] Rajan M V, Reichelstein S. Objective Versus Subjective Indicators of Managerial Performance[J]. *The Accounting Review*, 2009, 84(1):209-237.

[15] Stede W A V D, Chow C W, Lin T W. Strategy, Choice of Performance Measures, and Performance[J]. *Behavioral Research in Accounting*, 2011, 18(1):185-205.

[16] Trapp I, Trapp R. The Psychological Effects of Centrality Bias: an Experimental Analysis[J]. *Journal of Business Economics*, 2019, 89(2):155-189.

[17] Voußem L, Kramer S, Schäffe U. Fairness Perceptions of Annual Bonus Payments: The Effects of Subjective Performance Measures and the Achievement of Bonus Targets[J]. *Management Accounting Research*, 2016,30:32-46.

[18] Woods A. Subjective Adjustments to Objective Performance Measures: The Influence of Prior Performance[J]. *Accounting, Organizations and Society*, 2012, 37(6):403-425.

未来已来

从海尔生物看新型组织价值创造与衡量

谭丽霞 海尔集团

【摘要】海尔生物是海尔集团“人单合一”模式下探索物联网生态品牌战略转型的一个典型缩影，案例背后是“人单合一”思想的深入践行与创新。以血液网为例，海尔生物通过商业模式转型、价值衡量体系转型、组织与平台转型，以员工为中心进行自组织自增值，以共赢增值表作为衡量企业内部的工具，创造了新型的多维价值创造模式，将管理会计的作用发挥得淋漓尽致。作为德鲁克管理理念的卓越实践者，海尔创建了人单合一的商业模式，创造了共赢增值的价值衡量工具，构筑了开放的生态平台，使员工在为用户创造价值的同时实现了个人价值，同时实现了自组织、自驱动、自增值、自迭代。未来，海尔人将持续践行“人单合一”的思想，持续创新，为用户创造满意、为员工提供平台、为社会创造价值。

【关键词】价值创造与衡量 人单合一 共赢增值

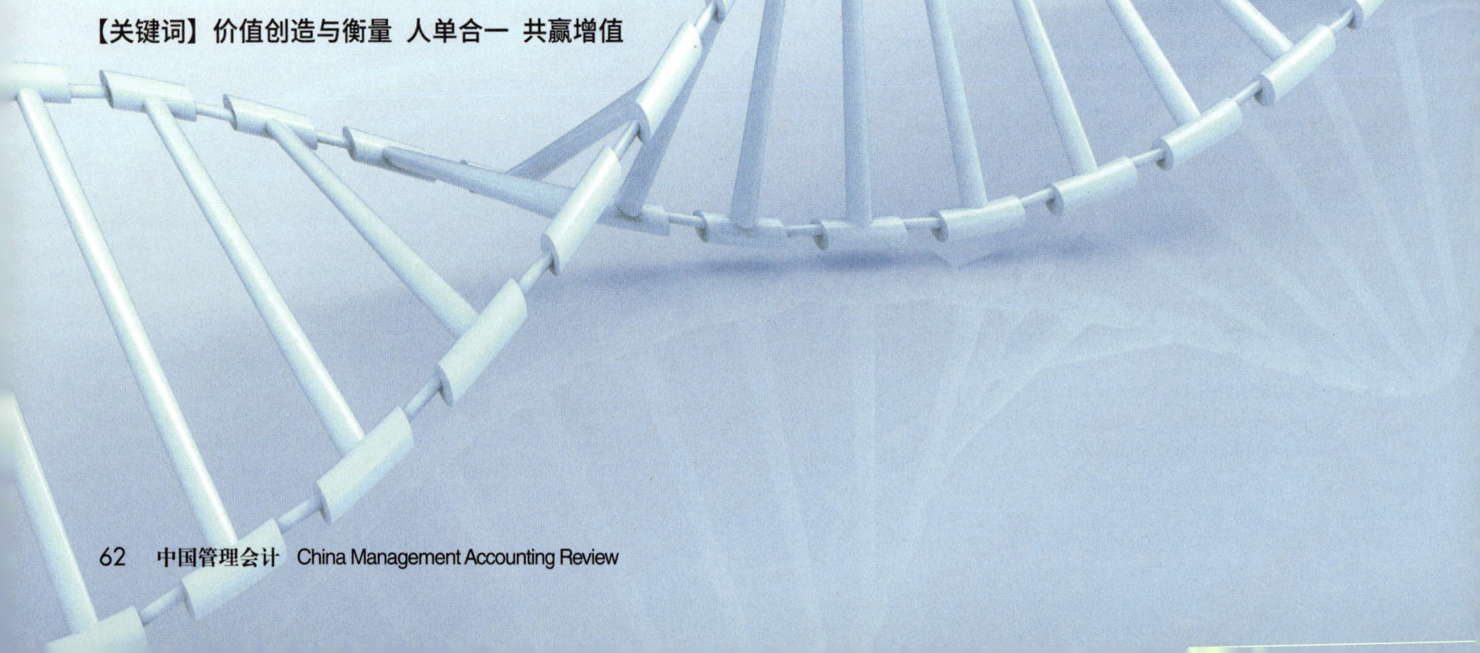

一、未曾止步的变革与转型

海尔集团自1984年成立发展至今，已由濒临破产的小厂发展成为连续10年蝉联全球大型家用电器第一品牌[①]，2019年海尔作为全球首个“物联网生态品牌”荣登BrandZ™全球最具价值品牌100强。35年来，海尔的变革与转型从未止步，海尔已由只提供产品的产品品牌成功转型成物联网生态品牌。海尔物联网生态平台战略转型的核心理念是从用户使用场景中的痛点或需求点切入，通过与用户持续交互，形成基于用户最佳体验下的物联网场景综合解决方案并实现了持续迭代升级。

海尔生物是海尔集团“人单合一”模式下探索物联网生态品牌战略转型的一个典型缩影。海尔生物始于生物医疗领域超低温存储设备的研发、生产和销售，是国内生物医疗领域超低温存储设备行业的创领者。在集团物联网转型战略下，海尔生物通过对生物低温储存市场这一垂直赛道痛点的深入挖掘，聚焦用户使用的场景，融合生物科技和物联网科技，形成血液网、疫苗网、样本网等多个物联网生态场景综合解决方案。作为青岛市首家科创板上市公司，实现了从产品到方案再到生态的演进，为“健康中国”做出了海尔贡献。

以血液网为例，海尔生物正是基于用血供需、用血安全、用血及时性等用户需求，不断探索迭代，由销售血液存储设备转型为提供物联网血液综合管理方案。我们看到：企业由封闭边界转向开放生态（攸关方共创共享），企业的组织由串联驱动转向链群自组织网络，价值的衡量由原来的KPI转向共赢增值表。本文将以海尔生物的血液网模式为例，介绍新型组织价值创造与衡量。

二、血液网——从血管到血管的监管

作为医疗领域超低温存储设备行业的创领者，海尔生物秉承以用户为中心的理念，早在2016年，海尔生物就开始了对以用户为中心的物联网场景综合解决方案的探索，通过与用户的持续交互，从用户需求中探寻转型之路。

聚焦用户使用场景，海尔生物发现传统血液单项集中管理模式存在诸多痛点。血液的来源依靠血站采集后集中供应；医院等临床用血机构用血时，需要根据经验预测，向血站进行申请。根据国家临床输血技术规范，由于输血科发出的血液脱离有效监管，所以血液一旦发出不得退回。这导致在实际临床输血治疗中，未使用的围术期备血只能销毁或者给病人过量输注。据统计，目前中国的献血率仅为11‰左右，尽管呈连年递增趋势，但是远低于世界高收入国家的45.4‰，仍然处于世界卫生组织认为的10‰~30‰献血率的较低水平。近年来，全国手术量年均增长18.6%，用血量年均增长12%，而血液采集总量年均增长仅7.7%，远远低于用血量和手术量增长速度。因此，血液的管理和使用中存在着血液资源急缺与浪费现象并存的问题。

针对这一问题，海尔生物的血联网链群通过与血站用户、医院用户的持续交互，

发表于《中国管理会计》2019年第4期，总第10期。

① 来源：世界权威市场调查机构欧睿国际。

借助科技的手段，经过8次方案大型迭代和几十余次方案小型迭代，最终建成物联网血液综合管理方案，颠覆了传统单向的集中式实物流转的管理血液模式，升级为双向交互的分布式血液数据共享新模式，实现了从血管到血管的智慧化管理。

1．商业模式转型

海尔生物智慧血液管理方案，可以从采血端开始，为每袋血液赋予唯一的“身份信息”，包括血型、日期、温度等信息，中心血站通过应用自动化冷库、物联网血液存储冰箱、物联网转运箱、冷链监控云平台，实现血液从采集、运输、制备、检验、存储到配送的全过程实时冷链及定位管理；通过血液管理平台实时监控各用血单位的血液使用、库存情况，满足区域性用血及时调配，提高血液管理的效率。

在用血端，提供基于AIoT的智慧血液解决方案，将血液资源管理从只能存放于输血科，发展为分散存放于手术室、急诊室等临床用血点。对于输血科，实现了对全院血液存储和使用的实时监管，同时又能及时、精准地满足终端用血的需求；对于手术室等用血部门实现血液的随取随用；整个体系实现了信息的零距离、用血零等待、血液零浪费。

从样板点看该模式实现了多方共赢。对于中心血站来说，实现了实时盘点、实时库存和全市血液资源共享调配的智能化管理。对医院来说，如图 1 所示，青岛大学附属医院（以下简称“青医附院”）江苏路院区的血液不合格率从 15.6% 下降到 1.2%，血液浪费率从 30% 下降至几乎为 0，方案试运行半年时间，为医院节约血液近 70000 毫升；在血液供应不变的情况下，每月可多做 200 台手术。对于患者来说，术中取血时间从 20 分钟下降至 1 分钟，且用血按需付费，降低了费用。对于海尔生物来说，则实现业务模式的转型，从传统卖硬件产品的模式转型为提供智能血液生态综合解决方案；实现价值链的延展和提升，将以前的手术室、急诊室等非用户转化为用户，网器销售收入成倍增加。除此之外，海尔生物还挖掘了物联网转运箱销售收入、软件销售收入、软件持续运维收入、RFID 标签资源等多个增值点。海尔生物事前聚焦用户使用场景和痛点，通过持续地与用户交互，开放链接各方资源一起进行方案的共创，并持续地迭代。在共创的过程中，既满足了用户的需求，又为攸关方创造了价值增值。

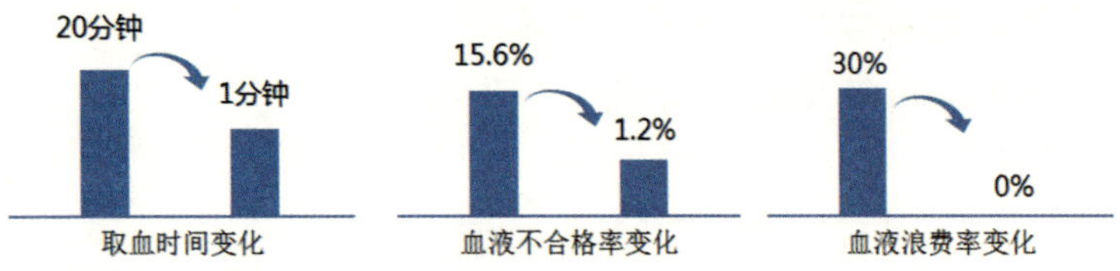

图1 海尔血液网成效（以青医附院江苏路院区为例）

在海尔生物医疗的“血液网”模式下，通过物联网技术的运用和产业链资源的链接，促使医院、医生、血液等多方的有机数据链接，搭建了全球首个血液共享生态品牌，不但颠覆了传统产业格局，也从社会层面化解了当下的“血荒”等问题，让企业价值的提升扩展为社会价值的增益，而社会价值的增益则能进一步巩固和延长了企业价值提升的周期和安全边际。

2．价值衡量体系转型

血液网是聚焦用户场景，不断发现其痛

点，进而不断满足需求并迭代升级的新型商业模式。在这种模式中，用户是基础，用户需求是核心，而传统报表并未体现用户这一要素。另外，满足用户需求需引入其他资源方以构筑生态，这也使得平台的边界外化，平台价值体现各方是否实现共赢，而资源方和平台价值要素也未体现在传统报表中。最后，血液网是否从传统电器销售模式转型成提供综合解决方案模式，也并不能从传统报表中得知。由此可见，随着商业模式的变化，价值衡量模式亟须从衡量制造产品的价值增值结果转变为衡量生态平台的价值增值过程与结果。

海尔共赢增值表很好地解决了上述问题，它既体现用户、资源方和价值，又驱动业务团队持续转型。以血液网共赢增值表为例，其秉承从因到果的设计逻辑，从驱动因素（用户、资源）延伸到创值效果（平台价值、收入、成本、边际收益），是与新型商业模式相适应的价值衡量体系（见表1）。

表1 血液网共赢增值表

项目	
1. 用户资源	聚焦用户需求，用户零距离参与设计、交互
—交易用户	
—终身用户	
2. 资源方	生态平台吸引资源方基于用户体验持续迭代共创
—交互资源方	
—活跃资源方	
3. 生态价值总量	各攸关方共创共享实现的生态圈价值总量 =Σ 用户数 × 单用户价值
4. 价值共享	各攸关方各自分享的价值
—链群分享	链群实现的共创共享收益
—攸关方分享	各攸关方聚焦用户体验迭代的共创的价值分享

附：作为生态经营者的血液网链群的价值分享主要包括：
(1) 收入：
① 硬件收入：销售电器实现的收入；
① 生态收入：提供综合智慧血液管理方案实现的收入。
(2) 成本：硬件及生态对应的成本。
(3) 生态边际收益：生态资源越多，边际收益应递增。

如表1所示，共赢增值表以用户为先，中心血站、医院和各科室均是血液网的用户。这体现出血液网的核心是聚焦用户需求和痛点，通过持续交互提供解决方案，持续满足用户需求，提升用户黏度进而形成终身用户。其中，交易用户是指购买过血液网低温存储柜的用户；终身用户是指使用血液网综合解决方案的用户。用户是血液网链群持续产生价值的来源，终身用户数量可以更加直接地衡量血液网链群是否由电器销售转型为血液网综合解决方案的提供者；终身用户是否持续增加可用于验证用户对血液网的认可及终端触点网络建设的速度。企业从硬件制造商转型为提供综合解决方案服务商，为了更好地满足用户需求，需要开放地引入更多的资源方进行共创，例如RFID标签生产商、转运箱生产商等，通过各方共创持续满足用户的多样化的需求。因此，资源方也是验证平台吸引力的一个重要因素，其可细分为交互资源方和活跃资源方两类。明确用户和资源方后，共赢增值表开始衡量生态平台价值总量。当企业从一个封闭的组织转型为一个开放的、共创共赢的平台，平台价值开始延展，既包括链群自身的价值，又包括共创资源方获得的增值价值。进一步地，分传统和生态两类分别衡量链群收入、成本、边际收益，以综合评价血液网的转型进程。

如美国管理会计师协会（IMA）所述，海尔共赢增值表和传统损益表之间存在明显区别。传统损益表以企业为中心，记录成本费用的流程是封闭的（一次性销售交易），不支持用户与生产商之间的任何持续关系。与之相反，共赢增值表以用户为中心，其理念是拥有多个价值创造来源，不仅包括海尔产品，还包括生态系统（来自其他服务提供商）和用户自身。

3．组织与平台转型

围绕用户最佳体验，用户是海尔生态系统永恒的土地，转型、革新、进化，一切都是为了深耕用户，创造美好生活。其背后是基于链群合约下的自驱组织体系。如图2所示，每一个创业主体都是一个基于链群合约下的链群组织，链群组织由创单链群和体验链群组成。创单链群主要是用户最佳体验的产品、服务和方案的提交和创建，体验链群主要聚焦用户最佳体验的交互和迭代。创单链群和体验链群基于同一场景中用户的需求共创共享、共赢进化。

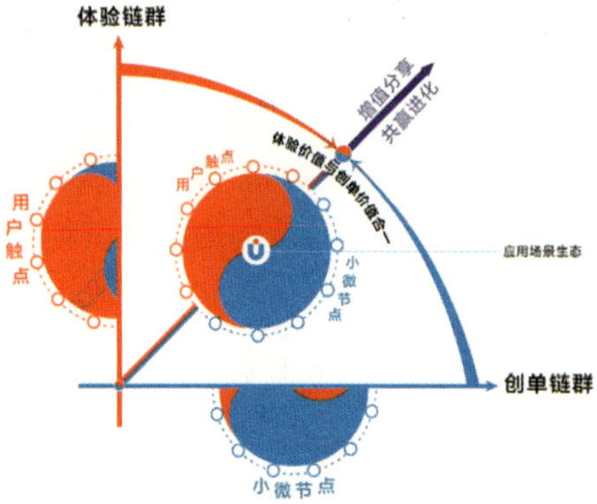

图2 血液网链群组织结构图

表2 链群节点职责分解表

链群	各节点	同一目标	同一薪源	单（即职责）
体验链群	市场节点	聚焦血液网综合解决方案的第一竞争力目标	节点各成员的薪酬来源于链群创造的用户价值	同一对赌竞争力目标
	服务节点			用户口碑及服务效率的提升
	方案节点			产品或方案的即时交付
	营销节点			品牌影响力提升
创单链群	企划节点			用户需求下的方案持续迭代
	开发节点			产品或方案的即时创建
	采购节点			成本增值贡献，成本持续优化
	生产节点			对赌交付体验提升（成本、质量、交付期）
	质量节点			用户满意度提升，质量成本下降

围绕用户需求和整体目标，创单链群和体验链群携预案进行抢单，锁定市场竞争力目标互相对赌和自驱，形成链群合约下目标引领的自驱体系。如表2所示，链群内部各节点职责明确、互相倒逼，自驱锁定市场第一竞争力、用户第一联想度的爆款。在血液网中，链群各节点不全都是内部员工，例如，医院输血科负责人对血液网场景中的痛点和需求有着深刻理解，因此海尔把其引入链群并作为重要的企划节点和开发节点。而在血液网样板复制的过程中，输血科负责人作为用户，又被引入为营销节点，因此海尔的链群组织既是无边界的，也是灵活的。

链群组织的发展需要很好的“营商环境”做支撑，组织转型倒逼平台转型。链群的目标是满足用户需求，对各中台部门来说，链群就是其用户，海尔中台部门的目标即是满足链群组织的需求。人力部门和财务部门作为典型的中台部门，在适应、支持、推动组织转型过程中不断科技化和智能化，从而进一步完善了自驱体系：

（1）增值分享的自驱体系：增值分享是自驱动的动力，链群是非线性的自治组织，所有人都是同一目标、同一薪源，互相咬合，每个人的“利己”都是为了创造爆款和增值，产生的增值则在“链群”中自动分享。血液网以行业 1.5~2 倍的高分享为驱动明确高增值目标，各节点携方案抢入高增值目标，通过链群事前对赌契约，各个节点根据链群的整体目标从各自节点的单承接的角度抢入链群，对赌可量化的目标、达成的时间和承接人。例如，血液网整体目标为增长2倍时，市场节点的目标为收入增长2倍，这一节点目标将进一步在全国27个区域中进行分解承接，各区域管家提出预案和具体实现路径；生产节点的目标为产品按单生产和保证质量；服务节点的目标为货物按时配送、优化安装服务体验等。每个节点价值贡献权重在链群内部进行事前公议，事中按月考核，完成目标即可按贡献参与增值分享，未完成目标的节点则有可能在过程中被否决，由此实现链群的自组织和自驱动。可见，增值分享机制实现了公司目标、链群目标、个人目标的统一，使得链群不断主动挖掘新的用户需求和增值点，也不断自发寻求链群组织的最优解。

为支持链群的增值分享，海尔人力部门从传统“定岗定责招人”的职能部门转变为支持链群自组织的平台，从固定岗位工资及薪酬的职能部门转变为事前明确链群合约的平台，并以高分享机制驱动链群动态追求最优组合。目前，海尔正在探索链群智能合约，计划将原来的对赌契约签订、预案落实和预案完成后的增值分享，都通过线上系统完成，对赌的目标事前明确且具有引领性，各利益攸关方通过人单合一智能合约抢高单、抢分享，抢出爆款。海尔的链群智能合约运用技术实现去中心化，其自动执行特性避免了人为干扰，主要有三大特性：自驱动而非他驱动；自组织而非他组织；智能合约样板的创建和复制，通过增值分享形成开放生态。

（2）显关差的自驱体系：为了支持链群组织的发展，海尔财务管理平台搭建了即时显示体系，将“事后算账”变为“事前算赢”，以战略实现路径和人的行为为切入点，显示造成链群目标与市场机会的差因，以平台、链群为维度进行日报显示。建立的日报表体系打破了传统以法人为主体的报表模式，将链群运营过程中的各节点进行全流程展示，实现从销售、制造、物流、售后、研发、营销全流程各节点的预实差显示，通过借助信息化的工具实现该报表每日8点准时通过信息化平台展示。在血液网链群中，可以显示采购节点的材料毛利率、生产节点的产品不合格率、服务节点的用户满意度等数据，从而及时显示各节点预实差，从而倒逼内部节点优化和淘汰。目前，日报体系涵盖了海尔生态圈中的所有链群，为链群和平台提供即时的动态经营数据，随时帮助链群即时获取各节点在实际执行中的预实差，以数据驱动链群及各节点即时发现问题并即时动态调整。

血液网链群组织转型与平台转型相辅相成，共同推动血液网的实践不断丰富和迭代，为海尔生物这个物联网生物科技生态品牌增添了新内涵。

三、结论与启示

血液网的案例是海尔集团转型与变革的一个缩影，案例背后是海尔管理思想的不断升级。

1．商业模式：以用户为中心，生态取代行业

商业模式，顾名思义，就是企业盈利的方式，商业模式是决定企业盈利能力

的关键所在。海尔从用户的需求与行业的痛点出发，深入场景具体分析，使血液网成功地从经营冷柜转为经营血液智能安全解决方案，实现了华丽转型；同样地，疫苗网从疫苗柜到智能疫苗安全方案、样本网成为首个生物制剂样本储存解决方案，从根本上实现了价值链的全覆盖。英国供应链管理专家马丁·克里斯托弗（Martin Christopher）早在1992年就指出：21世纪的竞争不再是企业和企业之间的竞争，而是供应链和供应链之间的竞争。海尔正是通过价值链的拓展，一方面扩大了用户的范围，提升了用户黏性，从单一维度的盈利点扩展成多维的盈利网，为用户提供了整套的解决方案，阐释了满足用户需求是质量的真正内涵、提高用户体验是服务的终极目标。另一方面，打破了企业和行业的边界，实现了盈利模式在企业间的贯通，供应链的各方共创共赢，生态取代了行业，创造了新型的多维价值创造模式。

2. 价值衡量：以共赢增值为中心，业财融合

共赢增值表是海尔管理用的报表，与其说共赢增值表是海尔内部价值衡量的工具，不如说它是描绘了物联生态平台价值创造过程和结果的“一棵大树”，是海尔员工行为的“一面镜子”。共赢增值表按照用户、资源方、生态平台价值总量、收入、成本、边际收益六大项的顺序予以列示。一方面，用户和资源方是价值产生的源泉，可以说是物联生态平台这棵大树的树根和树干，生态平台价值总量、收入、成本、边际收益是价值创造的财务结果，可以说是大树的果实。共赢增值表既衡量了价值创造的过程，又衡量了价值创造的结果，将“资源创造价值”的重要过程体现于报表中。另一方面，它是员工行为的动态财务镜像，成为海尔员工自驱动的动力，员工通过这面镜子直面行为、过程带来的财务结果，从而引导员工主动追求创造价值的过程，提高价值创造的能力。

我们通过共赢增值表进一步发现：第一，对于传统财务会计不能全面衡量的资源，共赢增值表用财务的语言予以表述，对用户、资源、生态利润以及场景平台的整体价值予以计量，提高了会计信息质量的相关性和可靠性，会计作为人造系统功能日趋完整，进而达到管理和控制经济活动的过程和结果的目的。第二，财务对业务的支持不仅限于对财务结果的衡量，还可以说财务是业务的动力，业务与财务互相融合，相辅相成创造价值。第三，管理会计以为管理者提供决策有用的信息为导向，在企业的实践中，将为管理者和员工提供更加有用的信息，让员工通过报表找到价值创造的驱动力，并实时提供相关信息。在海尔，管理会计的作用被发挥得淋漓尽致，管理会计的角色日趋重要。

3. 新型组织：以员工为中心，自组织自增值

海尔链群合约下的链群组织，以每一个创业主体为单位，由创单链群和体验链群组成，紧紧围绕创造用户的最佳体验而产生，是人单合一实现的关键环节，颠覆了传统组织的界定与职能。从管理学的角度看，所谓组织（organization），是指这样一

个社会实体，它具有明确的目标导向和精心设计的结构与有意识协调的活动系统，同时又同外部环境保持密切的联系。组织架构成为现代企业实现战略、打造精益的业务流程的核心环节，承上启下地成为完成企业价值目标的具体载体。组织的重要作用不言而喻，企业不断进行业务流程再造，人们认同组织以及组织变化以适应战略的重要性，传统组织是被精心设计的，但是只有员工主动加入组织，员工才能主动创造价值，这是根源所在。组织不应该是被固化的，或者不应该被动改变。传统组织是被动组织，新型组织是自组织，组织应该由赋予职能变智能、变赋能。海尔不断打开企业边界，让组织成为自组织。

人力资源管理部门的核心职能是进行人力资源的配置与激励，传统的绩效评价手段从目标管理、标杆管理到关键绩效指标再到平衡计分卡，在评价的广度和深度上不断拓展，却始终没有走出事后评价、员工被动接受评价的阴影。海尔的链群组织和共赢增值表的配合实现了自组织下的自驱动，使得人力资源管理部门成为组织的孵化基地，人力资源管理部门通过确定机制的方式，使员工灵活地集结成自组织，组织通过“抢入”与“对赌”实现了人力资源、物质资源、社会资源的最优配置。员工拥有决策权、用人权和分配权，员工是企业真正的主人。链群中的成员，无论是谁，都可以共同创造生态价值，并从生态收入中获益。

与此同时，财务部门通过自动化核算体系，实时的显关差自驱体系，主动协助链群及时改进和优化业务方向，事前规避风险。中台通过不断科技化与智能化的手段，间接实现价值增值的重要作用。可以说，链群组织的出现、共赢增值表的使用与对赌机制的设定，使组织自驱动、自迭代、自增值。这样的组织是真正的增才组织，它因善变的用户而来，配合随机应变的组织才能不拘一格降人才。

海尔生物医疗的案例只是海尔思想的一隅，是人单合一思想的深入践行与创新。2019年，海尔荣获首届彼得·德鲁克中国管理奖，海尔一直是德鲁克管理理念的卓越实践者，创建人单合一的商业模式，创造共赢增值的价值衡量工具，构筑开放的生态平台，使员工在为用户创造价值的同时实现了个人价值，实现了自组织、自驱动、自增值、自迭代。未来已来，海尔人将持续践行人单合一的思想，持续创新，为用户创造满意、为员工提供平台、为社会创造价值。

目标成本管理在航空发动机产业链上的应用与创新

徐英鹏 中国航发商用航空发动机有限责任公司
潘　飞 上海财经大学
王烁华 中国航发商用航空发动机有限责任公司

【摘要】航空发动机是国之重器，是装备制造业的尖端。发展民用航空发动机产业对于增强我国经济和国防实力、提升综合国力具有重大意义。中国航发商用航空发动机有限责任公司（以下简称“中国航发商发”）作为处于我国民用大涵道比涡扇航空发动机产业核心地位的主制造商，按照“小核心、大协作，开放式、专业化”的原则，积极整合行业资源，引领并推动整个行业的发展。在成本管理方面，分析借鉴行业内领先的经验，转变国内传统成本管控方式，创新性地从整个产业链的视角，从产品全寿命周期的角度系统性地开展产品成本管控。发挥主制造商的牵头、抓总作用，将产品目标成本层层分解到整个产业链的各个环节。并借鉴国外经验，结合国内实际情况推进产品管控，逐步提高产品成本管理水平，提升我国民用航空发动机产业链的整体竞争力。

发表于《中国管理会计》2020年第2期，总第12期。

【关键词】目标成本管理 产品全寿命周期成本管理 航空发动机 产业链成本管理

一、引言

企业的竞争力，不仅来源于其自身产品的优异特性，优于竞争对手的成本管理能力也是企业竞争力的重要组成部分。企业成本管理理念，随着科技的进步和生产力的不断提高，也从传统的仅关注生产制造环节的成本管控发展到从企业战略角度出发，更加关注整个产业链成本的产品全寿命周期成本管理的现代成本管理理念的转变。

航空发动机作为一种高度复杂、精密的工业产品，其研制和生产需要应用现代工业中材料、工艺、制造等领域几乎所有的高精尖技术，代表了高端制造业的最高成就，因此被称为现代工业“皇冠上的明珠”。现代航空发动机行业，聚焦了众多企业、研究机构以及其他服务机构，共同协作来推动产业的不断发展。航空发动机整机制造商通过“主制造商—供应商”模式建立的供应链体系，是整个产业链的主体。航空发动机产业具有制造业内最长的产业链，整机制造企业不可能依靠自身来覆盖整个产业链，必须通过社会化分工合作来开展生产制造。目前，航空发动机行业的供应链可以分为四级，自上而下依次为：发动机整机制造商，单元体/系统集成供应商，组件及零部件制造供应商，原材料供应商。行业内有限的几个发动机制造商如美国的通用电气公司（以下简称“GE”)和普惠公司、英国的R&R等，处于产业链的最上端，控制着发动机核心技术，主要负责产品研发和总装集成、销售及服务等环节。产业链中的其他供应商则根据整机制造商的需求来有限地参与相关的产品研发，更多地负责按照制造商的需求来生产制造发动机整机所需的零部件，处于从属地位。

中国航发商发成立于2019年，目标是成为国际大涵道比涡扇航空发动机主制造商之一。中国航发作为民用航空发动机市场的新参与者，承担着发展中国民用航空发动机产业的重任，面临着国际先进航空发动机制造商的激烈竞争。要想成为航空发动机产业链成功的主导者，中国航发商发就必须努力提高自身的技术能力，整合产业链上的所有资源，加快先进产品的研发。同时，还必须按照现代成本管理理念，从产品全寿命周期的角度出发，认真分析、准确把握客户对产品成本的需求，运用目标成本管理方法，发挥主制造商的产业牵引作用，带动和促进产业链中其他企业参与产品的成本管控，来实现整个产业链成本的降低，从而提高产品竞争力，为客户创造价值，促进企业自身及整个产业链的发展。

二、基本理论与文献研究

自20世纪初泰罗提出科学管理的思想以来，以标准成本管理为核心的成本管理理念发生了巨大的变化，并由此产生了各种新型的理论。

（一）基本理论

1. 目标成本管理

目标成本法是一种以市场为导向，以顾客需求为目标，在产品规划、设计阶段就着手努力，运用价值工程，进行功能成本分析，达到不断降低成本，增强竞争能力的一种成本管理方法（骆铭民，1998）。这种管理方法以竞争性的市场价格和企业设定的目标利润倒推出产品的目标成本，其计算公式为：

目标成本=目标市场价格－目标利润

其中市场价格以及目标利润都是在企业充分考虑市场竞争情况以及自身竞争力在制定了合理的企业战略之后才能确定的，所以目标成本管理实际上是基于企业战略发展的全面的成本管理系统。

运用目标成本法进行成本管理，企业需要事先设定产品的目标成本进行管理，这样可以确保产品在整个生产制造乃至后期的使用、维修等成本都不超过限定的数额，能够切实提高整个企业成本管理的效率。这样的成本管理思路，促使企业从设计阶段就要开始进行成本的管控，从产品源头抓起，能够有助于减少后期产品重新设计或者更改设计而造成的成本浪费。

2. 产品全寿命周期成本管理

20世纪50年代，美国国防部在一份报告中指出：美国国防预算中用于维修的费用占到经费预算的25%以上，并且指出只有把全部寿命周期内的费用压缩到最低才是产品研制的核心；并要求在装备采购过程中，必须从装备的整个寿命周期来对其成本进行评价，并将全寿命周期成本最低作为采购的目标。20世纪80年代，全寿命周期成本的概念在美国国内以及国际上都得到广泛推崇，并逐渐由军事领域向民用领域拓展。

全寿命周期成本（life cycle cost, LCC）主张以产品的整个寿命周期为时间跨度计量和分析产品的成本，即从产品的设计开发到最后的报废回收，这其中包含了产品的设计成本、采购成本、制造成本、销售成本、使用成本、维修成本以及废弃处置成本等（陈晓川和方明伦，2002）。对于单位价值高、使用寿命周期长的产品，如国防武器装备、民用航空器等，用户在采购产品时会对产品的购置成本和后期的使用、维护维修成本进行综合评估，以获得最大的价值。因此企业在产品开发过程中，要将产品成本管理的视角从企业自身的研发、制造阶段向产品整个生命周期各个阶段延伸，通过在设计阶段运用限价设计等方法来综合平衡产品的LCC。

3. 限价设计

限价设计，又叫按费用设计（design to cost, DTC）是由美国国防部部长帕卡德于20世纪70年代初提出的，目的是控制当时出现的武器系统研制采办费用快速增长和严重超概算的现象。限价设计指出应将费用与性能、进度视为同等重要的设计参数，通过对费用指标的量化和跟踪来控制装备全寿命周期费用（赵国铭和刘祥静，2012）。

限价设计与目标成本管理有异曲同工之处，都强调目标的设立，并在成本目标或者费用目标的限制下，进行产品的生产管理或者设计工作。当设计产品的估算成本超过目标成本，就应重新审视设计并推翻重来，最终达到产品的成本符合目标成本的要求。在限价设计的具体应用中，需要强调产品的目标价格论证，并从技术和组织的角度管理设计阶段，它是站在产品的全寿命周期成本基础上，对产品的全部价值链内的成本进行核算。实施限价设计也是一个跨学科的工作，它涉及多个领域，所以在企业具体实施中，需要配备跨职能的专业项目团队进行管理。

美国国防部自从提出限价设计以及全寿命周期成本的管理理念之后，军工产品的前期生产制造费用以及后期的维修保障费用逐渐得到控制，由过去的“干了再算”的费用失控的局面进入到今天“算了再干”的科学轨道（包赈民和李广峰，2017）。

（二）国外文献综述

成本管理就是运用管理学的理论和方法，对企业资源的耗费和使用进行预算和控制的理论、程序和方法的总称（杜勇等，2003）。随着科学进步和社会生产力的不断提高，成本管理这一门学科也在不停地发展和完善。在生产力水平不高，产品品种相对匮乏的时期，企业面临的问题主要是如何提高生产效率，提高产品产量。此阶段产品成本管理还主要停留在如何准确核算产品成本层面。比如伴随着美国工程师泰罗（1911）提出的“计件工资和标准化工作原理”而诞生了“标准成本理论”。随着生产力的提高，企业之间的竞争加剧，降低产品成本以获得竞争优势成为企业关注的重点。在此期间，美国通用电气公司工程师麦尔斯（1947）提出了“价值工程”(value engineering, VE)的概念，将产品的功能与成本相联系，通过实现产品性能和成本的平衡来提高产品的“价值”，以增强产品的竞争力。第二次世界大战之后，世界经济迅猛发展，企业在市场竞争中逐步认识到成本是企业竞争力的重要组成部分之一，因此逐渐将成本管理同企业战略管理相结合，形成了“目标成本管理”“产品全寿命周期成本管理”等理论，进一步推动了成本管理思想的发展。

目标成本管理最早产生于美国，后来传入了日本、西欧等地，并得到了广泛应用。20世纪90年代，日本学术界以及实业界对目标成本的运用，增强了目标成本管理的战略意义。日本企业所运用的“成本企划”要求企业站在企业管理源头进行产品全寿命周期的成本分析，通过设定目标成本以减少产品不必要的成本浪费，并强调成本企划的运用应从设计阶段开始。日本学界认为成本企划应该从管理工程学的技术层面去把握成本信息，在目标成本管理的运用中提出可以与价值工程相结合，达到控制成本的目的，田中雅康（1992）也因此提出了“成本工程”概念。

随着成本管理理念的发展，各种不同成本管理的思想在战略成本管理思想的影响下走向了融合。例如学者Ansari和Ben（1996）提出将目标成本控制与整个供应链管理相整合，提出了应用目标成本法不应简单粗暴地把成本压力转嫁给市场，而是要与供应链的上下游生产企业合作，使整条供应链中的企业都可以实现利益最大化。

（三）国内文献综述

国内学者在国外研究的基础上，结合我国企业的特点和实际经验，在成本管理领域不断总结出具有中国特色的新的研究成果。

陈胜群（1997）详细介绍了日本的成本企划方法，分析了此种方法在理论以及实践中的内在逻辑，并大力推荐国内实务界及学界关注此种方法。孙菊生、曹玉珊（2000）结合鞍钢的成本管理经验，认为目标成本管理背后所反映的应该是战略成本管理思想，企业进行目标成本管理的核心问题是如何设计和传递各种成本压力。之后，大部分学者主要通过案例研究，介绍目标成本管理在我国不同行业之间的具体运用情况，行业涉及工程建筑、传统制造、服务业、医院、教育等，通过介绍目标成本管理在不同行业运用的成功经验，推广目标成本管理在企业中的运用。

20世纪末，国内的学者也开始研究不同成本管理方式融合的新问题。陈志祥、马士华等学者（1999）将供应链成本与目标成本相结合，分析供应链的目标成本的确定方法，并尝试提出供应链成本控制策略。田志学、李军等学者（2001）通过分析目标成本管理以及作业成本管理的内在逻辑，找出两种共性，尝试从理论上建立目标成本管理与作业成本管理集成的成本管理体系，并探讨了实践的可能性。

三、中国航发商发产业链成本管理

（一）民用航空发动机产业发展现状

1. 市场主要参与者情况

航空发动机产业体现了一个国家的科技能力、经济实力、工业水平和国防实力。目前，世界上只有美国、俄罗斯、英国、法国、中国等少数几个国家能够独立研制高性能航空发动机。而民用大涵道比涡扇发动机，由于其对安全性、经济性、环保性近乎苛刻的高要求，导致目前能够完全独立开展高性能航空发动机研制的，只有美国的通用电气公司（General Electric，GE）、普拉特•惠特尼公司（Pratt & Whitney，P&W）和英国的罗尔斯•罗伊斯公司（Rolls Royce，R&R）三家公司。

现代民用航空发动机产业市场容量大、产业链条长，整个产业链上聚集了众多的企业和机构，主要有处于核心地位的发动机原始设备制造商 (Original Equipment Manufacturer, OEM)，如美国的 GE 和 P&W 公司、英国的 R&R 公司，以及它们之间通过风险和收益共享伙伴（risk and revenue sharing partner, RRSP）形式成立的利益共同体，如 CFMI 公司（SNECMA 与 GE 的合资公司）、IAE 公司（R&R 与 P&W 的合资公司）以及 EA 公司（GE 与 P&W 的合资公司），以及数量众多的发动机单元体 / 系统集成供应商，组件及零部件制造供应商，原材料供应商，如俄罗斯的土星公司和礼炮公司、法国的 SNECMA、美国的 Honeywell、德国的 MTU 、意大利的 AVIO 公司、日本的三菱重工和川崎重工、韩国的三星科技公司、中国航发集团等，它们构成了产业链的主体。除此之外，一些从事航空发动机相关基础技术和应用技术研究的高校、科研院所会根据产业发展趋势和发动机 OEM 的需求开展技术研发，来参与到产业链当中。在航空发动机销售环节，租赁公司、金融公司会通过提供专业化的金融服务，来促进市场发展。在售后服务环节，还有一批独立航空发动机的维修维护 (maintenance, repair and overhaul, MRO）企业参与航空发动机的维修维护业务（见图 1）。

航空发动机OEM依靠其在产业链中的核心地位，将业务聚焦在增值高的产品研发、总装集成和维护维修环节，而在生产制造环节主要生产部分附加值高的核心零部件，其他的则采取外包的形式解决。如 R&R 公司从 2004 年开始，逐步将70%的零部件制造外包，自己生产零部件的比例仅为30%。R&R公司认为，对发动机具有重要影响的核心零部件必须自行生产，非核心零部件如果有足够的竞争力也会自行生产，而竞争性不强的核心零部件生产必须受控，即在合作伙伴企业或合资企业中进行生产。不是核心零部件，竞争性又不高的零部件则完全可以进行外部采购。

欧美众多的高校和科研院所（如 NASA）根据自身定位，会按照国家科技发展规划开展基础技术研究，同时会与产业链上的企业合作，按照整机制造商产品研发需求，开展航空发动机应用技术研究，以支撑整个行业技术的进步。

航空发动机投入运营后，只要维修得当，可以稳定运行10多年。航空发动机在翼运行期间的维修维护支出构成了一个巨大的维修维护市场。发动机OEM依靠其全面的技术能力提供全面的技术支持服务，占据了大部分的维修市场份额。而一些独立的MRO则通过灵活性、定制化、个性化的服务，通过差异化竞争在市场中获得一席之地。

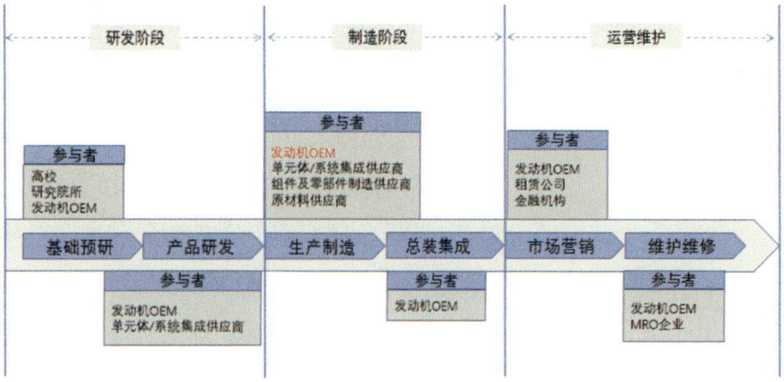

图1 民用航空发动机产业链

2. 国内产业发展情况

我国的航空发动机产业，自新中国成立以来经过70多年的发展，走过了一条维护修理、测绘仿制、引进吸收到自主研发的漫长道路，目前已经形成了比较完备的军用航空发动机研制、生产、销售、维修的产业链，能够为国防建设提供较高水平的军用航空发动机产品。但同国际上领先的美欧国家相比，我们生产的航空发动机在性能、质量和服务上还有较大差距，特别是在民用航空发动机产品方面，差距更加巨大，尤其在大型客机的大涵道比涡扇发动机的研发更是空白。在民用航空发动机领域，我国到现在为止，还没有大型商用航空发动机的完整研制经历，整个产业链还不够完整。

中国航发商发作为我国大型客机发动机制造商，处于民用航空发动机产业链的核心，担负着牵引民用航空发动机产业链发展的重任。国内航空发动机研发、制造资源，主要集中在中国航发集团之内，且主要以从事军品研发制造为主，也参与了一些国外民用航空发动机零部件的转包生产业务。近几年随着民营资本在航空航天领域投资的增加，在“长三角”地区也出现了一批具有一定航空发动机零部件生产制造能力的民营企业，它们利用灵活的机制，引进国际知名专家队伍，定制国际先进的专业化设备，参与到多项航空发动机和燃气轮机的科研生产任务中，对我国民用航空发动机产业链是一个很大的补充和壮大。

除了传统的北京航空航天大学、南京航空航天大学和西北工业大学三家以航空航天学科见长的高校外，近几年，上海交通大学、复旦大学、同济大学、哈尔滨工业大学等高校也纷纷加强了航空发动机相关学科的建设，形成了一定的技术研发能力。

（二）中国航发商发产业链建设现状

1. 产业链建设情况

中国航发商发自成立以来，就以发展我国民用航空发动机产业为己任，通过产品的研制来引领产业链上众多企业、机构共同参与民用航空发动机的研发和生产制造，不断提高我国航空发动机相关技术水平，促进我国民用航空发动机产业链的发展。

在航空发动机基础技术和应用技术研究方面，中国航发商发以设立在企业研发中心的中国航空研究院上海分院为核心，搭建协同创新平台，形成了一个以企业为主导，高校、科研机构广泛参与的民用航空发动机技术开放性研究平台。中国航发商发以产品研制相关技术为牵引，聚焦民用航空发动机产业链上的创新需求，同国内外高校、科研机构建立联合创新中心（Union Innovation Center, UIC）和联合实验室（Joint Laboratories, JL），共同开展产业链上的共性技术、核心技术攻关。目前，已经同国内外高校、研究机构成立了14个UIC，5个JL，开展了广泛的合作，有力地促进了相关技术的进步。

在学习借鉴国外先进航空发动机企业管理经验的基础上，中国航发商发确定了“两头在内、中间在外、关键在手”的运营模式，同其他航空发动机OEM一样，将业务重心放在产品研发、总装集成和维修维护业务上。发挥主制造商的核心作用，以开展的产品研制项目为牵引，吸引航空发动机产业链的众多参与者围绕产品研制的需要来开展工作。按照“小核心、大协作，开放式、专业化”的原则，积极同全球厂商开展合作，并通过产品研制过程的积累和尝试，建立起一个涉及业务包括设计、试制、试验和咨询服务，包含400多家国内外供应商的合格供应商队伍。中国航发商发的供应商主要以国内企业为主，并且主要集中在中国航发集团内。通过多年的合作，众多供应商在中国航发商发产品研制项目的带动牵引下，加大了民用航空发动机相关技术的研发投入，逐步建立起符合民用航空发动机及生产制造的技术、管理体系，能力和水平均有了很大的提高，有力地促进了中国航发商发产品的研制进程。近几年，在中国航发商发的供应商队伍中，民营企业的比例正逐步提高，增强了我国民用航空发动机产业链的总体能力。

由于中国航发商发的产品尚未完成研制，距离投入市场还有一段时间，因此在航空发动机维修维护方面的布局尚未开展。中国航发商发在公司内部成立了市场客服中心，结合产品研制的进度，正在开展航空发动机售后服务体系建设的策划工作，将结合产品研制进度来启动售后服务体系的建设。

2. 产业链成本管理现状

在航空发动机产业链中，处于核心地位的整机OEM对整个产业链的技术、进度、质量等管理具有牵头抓总的作用，成本管理也是如此。中国航发商发作为产业链中处于主导地位的主制造商，在推动产品研制的过程中，就积极研究并推进产品目标成本管理，从产品全寿命周期的角度，来对整个产业链的成本开展管控，以提升产品的竞争力。

从航空发动机的全寿命周期角度，可以将其划分为产品研发（可进一步分解为预先研究阶段和型号研制阶段）、生产制造、运营维护三个大的阶段。根据相关研究，产品研发、生产制造和使用维修阶段的成本，占整个航空发动机全寿命周期成本的比例分别为10%、40%和50%(刘大响和陈光，2003；李文铨，2002)。各个阶段的成本可以按照成本构成项目或费用类型进行进一步的分解，构成了航空发动机全寿命周期的成本构成比例（见表1）。

在产品研制初期，中国航发商发通过市场分析、研究，按照目标成本确定原则以产品市场价格倒推，确定了产品的目标成本。根据以上航空发动机全寿命周期成本构成分解表，自上而下对产品目标成本进行分解，并根据公司实际情况进行了适当的修正，形成了各个阶段成本控制的目标。

表1 航空发动机产品成本构成分解表

全寿命周期阶段	各阶段成本构成	目标成本占比（%）	全寿命周期成本占比（%）
研发阶段 10%	应用基础	4	0.4
	先进部件	26	2.6
	技术验证机	10	1
	工程发展	10	1
	型号验证机	50	5
制造阶段 40%	原材料费用	50	20
	劳动力费用	25	10
	其他	25	10
维护阶段 50%	发动机管理	3	1.5
	外场更换周转件	9	4.5
	备用发动机	5	2.5
	航线维修	10	5
	发动机修理	22	11
	零备件航材	51	25.5

按照目标成本管理的理论和方法，对航空发动机生产制造成本目标进行层层分解，形成了整机、模块、系统、零件四个层级的成本目标。通过将目标成本作为设计参数落实到产品设计需求来约束设计人员开展限价设计，从设计阶段就对产品成本进行综合管控。目前已经完成了产品整机目标成本的测算和在构成产品的12个成本控制单元之间的目标成本分解。结合产品研制进度，完成了风扇增压级、燃烧室、高压涡轮和控制系统等单元体目标成本分解到最底层零件的工作。开展设计方案成本评估，确定成本改善方向，推进以降低成本为目标的设计优化工作。

由于中国航发商发也采用了将生产制造环节外包的模式，因此限价设计确定的设计方案能否在制造过程中实现，就需要供应商的参与。目前这项工作开展得还不够深入，对供应商只提出了相应的成本要求，但还没有采取有效措施来指导和督促供应商更好地开展成本管控工作。

到目前为止，中国航发商发产品研制工作尚未完成，当前的主要任务还集中在技术攻关方面，产品售后服务体系刚刚启动建设，产品的营销策略正在研究之中，因此在售后服务成本控制方面，开展的工作还不多。中国航发商发于2019年正式组建了市场客服中心，开展了产品市场分析、客户调研以及产品营销模式和售后服务体系的建设工作。按照目前确定的策略，在公司产品刚刚进入国内市场，直到产品性能和服务得到客户的认可，成功进入国际市场前，都需要公司自己来组织和运营客户服务及维修维护体系，因此当前的主要任务还是对营销模式和售后服务体系的研究，为公司后续客服体系的建设做好准备。

（三）面临的问题

中国航发商发经过十几年的发展，无论是在技术能力上还是在管理水平上，都有了长足的进步，但同动辄需要30年左右时间来完成的先进航空发动机研发周期相比，当前在发展过程中还面临诸多的问题，特别是在产业链成本管理方面，归纳起来主要有以下几个方面：

1. 产业链体系合作方面

中国航发商发在基础预研和应用技术研究方面，通过搭建中国航空研究院上海分院这个平台，取得了良好的效果。但当前公司合作的高校、科研机构还主要集中在国内，14个UIC、5个JL中，只有一个是同国外高校建立的，同国外高校和科研机构的合作开展得还不够深入。

中国航发商发的供应链体系虽然建立起来了，但还存在着流程、标准、方法不健全，供应商能力不均衡的问题。供应链中的400多家供应商，普遍还存在着技术能力，特别是一些航空发动机特种工艺方面的能力不足的问题，能够承担航空发动机关键零部件制造和承担关键工序生产的供应商还较少，还不能完全满足产品生产制造的需要。中国航发商发对供应商的管理能力不足，公司的技术、质量要求还不能全面贯彻到供应商处，对供应商在技术和管理方面的指导和帮助不够。供应商对当前中国航发商发在供应链管理上推行的“主制造商—供应商”管理模式理解不到位，缺乏配合主制造商开展产品适航取证的意识和能力。中国航发商发同众多供应商之间的合作共赢机制尚未建立起来，供应商还没有建立起同中国航发商发同发展、同成长的信心。

2. 产业链全球化进程影响因素

现代航空发动机产业具有国际化的特征，为了实现价值最大化，产品在全球化的市场范围内销售，整个产业链也随着全球化的发展延伸到全世界。中国航发商发的目标也是要打造一个全球化、开放的产业链。秉承合作共赢的态度推进同世界航空发动机产业链内的企业和机构的合作。按照“开放式、专业化”的原则打造全球供应链体系，通过全球化来获得供应链的安全和产品成本的降低。但是由于航空发动机技术具有军民两用的特征，西方国家对航空发动机核心技术采取了严格的管控措施，因此中国航发商发目前还无法像GE、R&R一样在全球范围内开展最广泛的合作，目前的供应链还主要以国内供应商为主，国外的供应商也主要集中在零部件和原材料采购等较低层次的合作。在基础技术和应用技术研究方面，同国外机构的合作也很有限。

另外，最近几年全球化的发展也遇到了阻碍，英国的脱欧以及美国特朗普当选总统后主导的贸易保护主义等事件，都加剧了市场变化，给中国航发商发全球化产业链布局增加了困难。特别是新冠肺炎疫情的暴发，促使世界各国对全球化的供应链建设展开了反思，将供应链本土化以增加安全弹性必然是各企业今后的现实选择。

3. 产业链开展成本管理的能力

中国航发商发作为航空发动机主制造商，已经展开了从产品全寿命周期的角度采取目标成本管理理论组织推进产品成本管控工作。但由于中国航发商发当前在研的发动机是公司研制的第一款发动机，对于航空发动机整体成本管控工作的经验和能力还不足，特别是引导整个产业链开展成本管理，将成本管理目标有效传递给供应商并指导他们开展成本管控的能力尚有欠缺。

中国航发商发的产品尚未进入市场，市场前景尚不明朗，这也影响了产业链中各类企业跟随中国航发商发来加强投入、开展攻关、推进产品研发的意愿，开展成本管理的积极性和主动性不够。

四、中国航发商发产业链成本分析

（一）产业链体系合作分析

现代先进航空发动机，运用了大量的新材料、新技术、新工艺，因此发动机OEM必须在基础学科和应用技术方面具有一定的积累，才能推进产品的研发和改进。在这方面，政府起到了很大的推动作用，如美国政府就投入巨额资金实施IHPTET(综合高性能涡轮发动机计划)、VAATE(先进涡轮发动机计划)，欧洲也开展了类似的ACME(军用发动机先进技术综合验证计划)和AMET(军用发动机技术计划)，来提高本国航空发动机基础技术，促进本国航空发动机产业的发展。

我国在基础预研方面的投入同西方国家相比差距较大，虽然组织开展了一些技术提升计划，但效果还不够明显。因此，中国航发商发在推进产品研制时，就需要引领国内高校和研究机构按照研制需求来开展急需的技术研究。中国航发商发在同国内高校、研究院所的合作中，取得了很好的效果，推动了相关技术的提高，部分应用技术解决了产品研制中的瓶颈，促进了产品研制进展。但在同国外的高校、科研机构的合作方面还不够深入，目前同国外高校建立了一个UIC，同西方国家的高校和研究机构也有过接触，但总体进展不大。

在同他们开展合作时，还是要秉承开放、合作的态度，认真分析其所在国的法律法规，以及知识产权等的规定，在合法合规的基础上开展合作。虽然有些西方国家对我们采取出口限制或利用知识产权等设置障碍，但只要加强对相关政策的研究，将合作需求更多地立足于基础科学范畴，还是能够寻找到双方的合作空间的。

中国航发商发的供应链上已经聚集了一定数量的供应商，同供应商之间按照国际通行的“主制造商—供应商”模式，按照市场化的规则来开展合作。但由于部分供应商，特别是具有较强能力的单元体/系统集成供应商，主要集中在中国航发集团内部，还存在着长期从事军品研发生产的思维惯性、管理惯性，对于中国航发商发市场化运作的模式很不适应。因此，中国航发商发应认真研究国外供应商通常采用的RRSP模式，结合国内的实际情况和供应商的特点，通过建立战略供应商、优选供应商体系，研究建立一套行政管理和市场化运行相结合的，符合当前实际情况的共担风险、共享收益的合作方式。

对于产业链中逐渐增多的民营供应商，因其市场化意识普遍较高，因此可以采取市场化的原则来推动双方的合作，从产品研制和产业发展的需求来引导他们的投资和技术发展方向，以满足产品研制的需要，推动航空发动机产业的发展。

对于中国航发商发自身来讲，也需要加强供应链管理的能力。要研究探索建立“设计—制造”高度集成、高效协同的一体化平台，对于已建立产业联盟的战略级供应商，可以加强两者间的相互合作，让供应商在产品设计阶段就参与进来，将两者之间的合作从采购阶段向前移至产品设计阶段，向后延伸到备品备件的销售。这样可以将两者之间的合作从产品制造层次提升至产品全寿命周期管理层次。

由于民用航空发动机单位价值高、使用寿命长，其出售以后的维修维护收入，能为制造商提供长期的高额收入。据统计，航空发动机维修维护服务收入，已经占到了GE公司、R&R公司营业收入的50%以上，并且这个比例还在不断提升。因此，中国航发商发在现阶段就应该开展售后服务模式的研究，规划好维修维护策略，来抓牢售后服务市场，增加企业整体的效益。

（二）产业链全球化进程影响因素

民用航空发动机全球化的特征体现在全球化的市场、全球化的客户和全球化的供应商。GE、R&R等都通过建立覆盖全球的供应链体系来降低采购成本，提高供应链的弹性，开拓其他国家市场等。过去几十年全球化的快速发展，也促进了他们产业链全球扩张的步伐，为其提高产品竞争力、巩固市场垄断地位提供了很大的助力。

中国航发商发作为民用航空发动机市场的参与者和竞争者，产业链全球布局工作刚刚展开，虽然目前供应链中国际化的供应商还不多，但从长远发展来讲，必须按照国际市场发展规律，来建设全球化的供应链体系。

中国作为世界上最大的制造业大国，一直以来都在积极地参与到国际航空发动机产业链之中。GE 航空的一位高管在接受访谈中讲到，一台发动机不在中国做的东西太有限了，80% ~ 90% 都在中国做。除了有限的几个零部件如高压涡轮叶片等受到出口限制不能在中国制造外，其他的均在中国生产。中国航发集团就是航空发动机国际产业链的参与者，其下属的多家单位参与了GE、R&R 等公司多个产品型号的转包生产，通过转包生产在一定程度上促进了这些企业对民用航空发动机市场化运作的理解，提升了其生产制造能力和水平。因此中国航发商发在搭建自身的供应链体系时，可以充分利用好 GE、R&R 等企业在中国已经布局的供应商，利用他们前期同其他发动机 OEM 合作而形成的能力，来促进自身发动机相关技术的进步和能力的提升。

中国航发商发也要积极地走出去，积极推动在全球市场布局的供应链体系。在对外开展合作的时候，要特别关注知识产权的管理。其他国家对航空发动机技术的管控，除了出口许可限制外，知识产权是另一项重要的武器。如果不对各个相关国家知识产权保护政策进行研究，就有可能对国际合作产生重大不利影响。

一方面，全球化供应链体系，能带来产品质量、成本方面的改善，但也存在着一定的风险。比如2020年初一场突如其来的新冠肺炎疫情，就重创了全球供应链体系，促使大家对全球化供应链进行反思，考虑如何提高供应链的弹性，提高供应链的安全性。另一方面，中国航发商发由于前期同国外合作的程度还不深，在此次新冠肺炎疫情中虽然没有受到很大的影响，但也要关注未来可能发生的公共卫生事件给企业运营带来的不利影响，合理规划国内、国外供应链布局，来提高供应链的安全与弹性。

虽然航空发动机产业存在特殊性，但在建立有效的风险防控措施的前提下，产业链建设的全球化推进仍是非常重要的，全球化产业链建设依然是实现全产业链成本最优的必要条件。

（三）产业链开展成本管理的能力

通过对航空发动机产品全寿命周期成本分析，我们可以发现，各阶段成本发生在产业链中不同的参与者之处，但这些成本都和产品设计具有很强的关联性。根据R&R公司的一项研究表明，虽然航空发动机在研制阶段的支出只占了全寿命周期

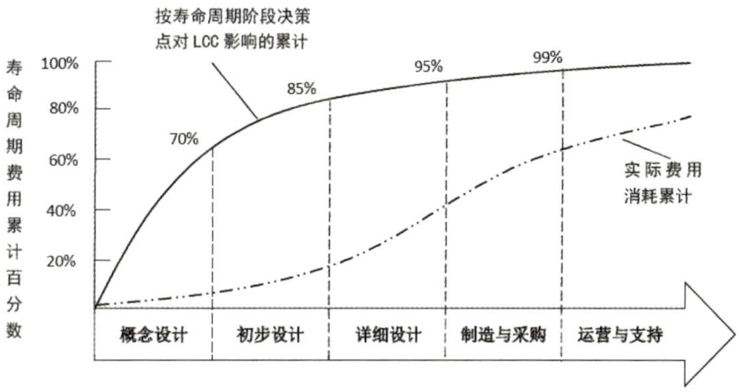

图2 产品全寿命周期成本各阶段成本占比

成本的5%～10%，但却决定了总成本的80%～90%。因此要实现对产业链成本的有效管理，首先要加强产品设计阶段的成本控制（见图2）。

中国航发商发在开展产品研制中，已经设立了全寿命周期成本管理的理念，在产品研制初期就将成本控制关口前移，按照目标成本管理理论，在设计阶段开展限价设计工作。

开展限价设计工作首先要确定产品成本目标。中国航发商发在开展市场调研分析的基础上，已经确定了产品的目标售价，并按照目标成本管理的思路倒推出了产品整机目标成本。但由于确定目标成本时，对客户的走访调研和市场分析工作还不够充分，对用户对发动机在成本方面的需求获取不够详细、全面，还没有从产品全寿命周期角度来确定目标售价，因此目标成本的合理性还不够，还需要结合销售策略和售后服务模式的建立，从产品全寿命周期的角度来对目标成本进行更新迭代，提高其合理性和准确性。

整机目标成本确定了，需要将其层层分解到构成发动机的各个零部件中，以指导具体零部件的限价设计工作。当前中国航发商发已经初步完成了目标成本的分解工作，并将其作为设计输入要素落实到产品开发需求中。限价设计的目标是否能够实现，还需要在供应商的生产制造过程进行检验。因此需要将目标成本清晰地传递到供应商处。

当前中国航发商发同供应商主要通过合同的形式来传达成本的要求，对供应商的成本管理不够。由于自身在工程制造技术能力方面的欠缺，还不能像GE、R&R一样能够对供应商的生产管理、质量管理和成本管理等进行详细的指导，来帮助供应商提升能力，有效控制成本。中国航发商发需要逐步建立起这方面的能力，同时，也要加强对生产制造降低成本的研究，制定生产制造成本控制措施指引，来指导供应商开展成本管理工作。另外，还可以推动供应商加强对作业成本法的应用，通过对生产过程中的作业活动进行追踪，计量作业的成本，评价作业业绩和资源的利用情况，来提高对生产制造成本的核算和管理。

通过建设全球化的供应商体系，设置供应商相互竞争来降低成本的游戏规则，是发动机OEM提高供应链安全、稳定，控制成本的常规做法。中国航发商发在建立自身产业链时，也要采用这个策略来建设自身的供应链。

在产业链的售后服务环节，占最大成本比例的销售备品备件的成本同生产制造紧密相关，也依赖于生产制造环节成本管控的效果。而其他的如租赁备发、发动机管理等服务项目的支出，则需要根据中国航发商发对于售后服务模式的制定来综合考虑，并加以控制。

五、结论

美国工程院院士艾伦·艾伯斯坦在一次访谈中讲道："对于制造发动机来说，最大的挑战并不在于你能不能制造出一台航空发动机，而是你能否以客户愿意支付的价格造出来。"由此可见，产品成功只是企业获得成功的第一步，要想实现最终的成功，还需要加强成本管控，使企业在商业上获得成功。

中国航发商发作为中国民用航空发动机产业链的核心，肩负着引领产业链中的参与者不断提高技术、管理水平，增强整个产业链成本管控能力，以提升产品竞争力，在同其他发动机OEM的竞争中取得胜利的使命。

由于当前所处的产品研发阶段，中国民用航空发动机产业链中的参与者主要是中国航发商发和作为其供应商的众多生产制造企业，因此当前的重要工作是如何增强自身能力，来引领供应链中众多供应商加大对技术、管理的投入，不断提升整个产业链的整体水平。

在产品控制方面，中国航发商发按照产品全寿命周期的理念在推进目标成本管理，希望在设计阶段将目标成本层层传递到整个产业链中的各个参与者，通过市场的手段来推动目标成本的实现。因此需加强整个供应链的管理，引导和帮助供应商在技术水平、工艺能力、生产组织、管理水平方面不断提高。通过编制成本控制实施指引，来指导供应商梳理成本改善的方向。推进作业成本法在供应商成本管理方面的应用，通过梳理成本动因，以及成本同成本动因之间的联系，来提高供应商开展成本改善工作的效率和效果。

另外，还需要在坚持建立全球化的供应链体系的基础上，关注外部市场环境的变化对产业链的影响。2020年初一场突如其来的新冠肺炎疫情，对世界经济生活造成了巨大的影响，加剧了“去全球化”趋势的发展，引发了企业对如何加强供应链管理来有效应对突发事件对自身运营影响的深刻思考。中国航发商发在建设自身供应链体系的时候，也必须考虑这些新的变化，在短期内需要更多地从供应链安全的角度而非经济性的角度来推进供应链体系的建设。

参考文献：

[1] 骆铭民：《目标成本法的理论与实践》，载于《对外经贸财会》1998 年第 9 期。

[2] 王泽宇、艾俊强：《航空装备全寿命周期费用多路径管控策略研究》，载于《航空工程进展》2019 年第 10 期。

[3] 包赈民、李广峰：《武器装备的寿命周期费用思想》，载于《装备制造技术》2017 年第 3 期。

[4] 杜勇、郑弘怿、杜军：《成本管理理论的发展与研究趋势》，载于《武汉科技大学学报（社会科学版）》2003 年第 3 期。

[5] 陈胜群：《论日本成本管理的代表模式——成本企画》，载于《会计研究》1997 年第 4 期。

[6] 田中雅康：《成本企画の实施方法》，载于《工业工程评论》1992 年 5 月版。

[7] 孙菊生、曹玉珊：《目标成本规划解析——兼议邯钢经验与目标成本规划的区别》，载于《会计研究》2000 年第 5 期。

[8] 陈志祥、马士华、陈荣秋、王一凡：《供应链管理与基于活动的成本控制策略》，载于《工业工程与管理》1999 年第 5 期。

[9] 田志学、李军、谭金安：《目标成本管理和作业成本管理集成的成本管理体系结构建立》，载于《航空学报》2001 年第 4 期。

[10] Ansari, et al. 1996. Target Costing — The Next Frontier in Strategic Cost Management. Homewood.

[11] 李文铨：《发动机制造商另辟商机谈航空发动机售后服务和热端部件的典型维修技术》，载于《国际航空》2002 年第 4 期。

[12] 刘大响、陈光：《航空发动机——飞机的心脏》，航空工业出版社 2003 年版。

我国上市公司股权激励中的业绩评价

——基于沪深300公司的分析

洪剑峭 陈诗婷 复旦大学管理学院会计系

发表于《中国管理会计》2020年第2期，总第12期。

【摘要】本文以 2006～2018 年 142 家沪深 300 公司提出的 235 份股权激励计划为对象，手工统计其业绩评价体系的相关特征，并从时间和行业两个维度，描述分析股权激励中业绩评价系统特征的时间演变和行业分布。研究发现：(1) 我国上市公司股权激励中的业绩指标主要采用财务类指标，尤其是会计指标，仅 3.9% 的公司同时采用了公司市值指标；(2) 公司主要采用两个财务指标考核体系，但近几年来，单一指标的考核体系比例大幅提升；(3) 最为常用的三个业绩指标是利润指标（78.9%）、资产收益率（55.9%）和营业收入（32.8%），进一步分析发现，资产收益指标仅作为补充指标出现，而收入指标越来越受重视，特别是近几年近 50% 样本公司在考核体系中纳入了收入指标，且收入作为单一指标的业绩考核体系比例明显上升；(4) 我国大部分股权激励的业绩考核条件仍是采取一步式的门槛限制形式，但近年来业绩考核条件的设定有复杂化趋向；(5) 相对业绩评价机制并没有得到广泛应用，股权激励是否应用相对业绩评价在不同股权性质的企业之间存在明显差异；(6) 上述业绩评价系统特征存在不同行业间的差异。基于以上特征描述，本文尝试给出解释并提出可能的研究方向。本文结论有助于认识理解我国政策背景下股权激励实践和业绩评价机制的发展现状，并对股权激励实践中如何优化业绩考核体系有一定的启示作用。

【关键词】股权激励 业绩评价 业绩考核指标 业绩考核条件

一、引言

作为公司治理的重要机制，股权激励旨在通过经理人与股东之间的利益协同与风险共担，缓解代理冲突，降低代理成本，进而提升企业业绩及公司价值。然而，部分管理者凭借其高管权力干涉股权激励方案的设计与执行，使得股权激励成为实施机会主义行为的载体，股权激励被扭曲为公司管理层牟取暴利的寻租工具和市场买单的管理层盛宴（宫玉松，2012）。在此背景下，完善股权激励业绩考核体系，科学设置业绩指标和水平显得尤为重要，合理地设计绩效考核指标体系有助于约束高管自利行为，更好地保护投资者利益（吴育辉和吴世农，2010）。

为了促进上市公司建立健全激励与约束机制，2005年底，证监会发布了《上市公司股权激励管理办法（试行）》，规定了上市公司实施股权激励计划的基本要求、实施程序和信息披露等内容。此后，证监会又陆续发布了3个股权激励相关事项备忘录，对相关规则进行调整和完善，以适应市场发展的需要，并于2016年出台《上市公司股权激励管理办法》，逐步形成公司自主决定的、市场约束有效的上市公司股权激励制度。这些政策要求上市公司实施股权激励时建立完善的业绩考核体系和考核办法，切实将股权的授予、行使与激励对象业绩考核结果紧密挂钩；相关绩效考核指标应当客观公开、清晰透明，符合公司的实际情况，有利于促进公司竞争力的提升；业绩目标的设定应具有前瞻性和挑战性，并切实以业绩考核指标完成情况作为股权激励实施的条件。

近年来，我国上市公司实施股权激励的积极性不断提高。股权激励在促进利益协同、调动高管及核心员工积极性、稳定员工队伍、完善公司治理等方面发挥了积极作用，但也在实践中暴露出现行股权激励制度的不足。为了揭示我国上市公司股权激励中的业绩评价现状，本文选择沪深300指数成分股作为代表，在初步了解实施股权激励公司特征的基础之上，详细地统计分析股权激励方案中的业绩考核条件，并与美国上市公司股权激励的业绩评价情况进行比较，给予了一定程度的评价与解释。针对2006～2018年142家沪深300公司提出的235份股权激励计划，我们从业绩评价指标的选择和业绩考核条件的设定两方面进行描述性统计，并从时间和行业两个维度，描述分析股权激励中业绩评价系统特征的时间演变和行业分布。研究发现，首先，对于业绩指标数量，我国上市公司股权激励主要采用基于两个财务指标的业绩考核体系，而近几年来，单一指标的考核体系比例大幅提升。其次，对于业绩指标类别，业绩考核主要采用财务类指标，尤其是会计指标；最为常用的三个业绩指标是利润指标、资产收益率和营业收入，其中，资产收益指标仅作为补充指标出现，而近年来收入指标越来越受到重视。再次，关于业绩考核条件，目前我国大部分股权激励的业绩考核条件仍是采取一步式的门槛限制形式，但近年来业绩考核条件的设定趋向复杂化。另外，上市公司的股权激励实践并没有广泛应用相对业绩评价，且股权激励是否采用相对业绩评价在不同股权性质的企业之间存在明显差异。最后，本文以山西汾酒为例，讨论了其股权激励计划的业绩考核体系，验证了上述诸多描述性特征，从而加深了对股权激励企业实务中的业绩评价机制的理解。

以往多数文献旨在研究股权激励的动机与影响因素，以及股权激励的经济后果（吕长江等，2011；肖星和陈婵，2013），甚少有文献细致地描述分析股权激励方案中的绩效考核条件。而绩效考核条件是体现股权激励契约合理性的关键要素，诸多学者认为较为严格的绩效条件是保证股权激励契约真正起到长期激励效果的必要条件（徐宁和徐向艺，2010；谢德仁和陈运森，2010；陈文强，2018）。本文通过观察我国上市公司股权激励方案中的业绩考核体系，深入了解我国政策背景下股权激励实践和业绩评价机制的发展现状，并对股权激励实践中如何优化业绩考核体系，充分发挥股权激励的有效性具有启示意义。

二、我国上市公司实施股权激励的概况

自2006年起，我国上市公司股权激励正式进入有法可依的实质性操作阶段。截至2018年底，我国上市公司共推出了2242份股权激励方案。本文选择沪深300指数成分股作为代表，详细地分析这些公司股权激励方案中的业绩考核条件。在样本确

表1 沪深300公司实施股权激励的基本情况

Panel A：股权激励的年度分布

年度	公布的新方案份数	实施中的方案份数	公布新方案的公司个数		实施股权激励的公司个数		公司总数
			NO.	%	NO.	%	NO.
2006	11	4	11	3.7	4	1.3	300
2007	6	8	6	2.0	8	2.7	300
2008	18	12	17	5.7	11	3.7	300
2009	3	12	3	1.0	11	3.7	298
2010	7	18	7	2.3	17	5.7	300
2011	16	29	16	5.3	26	8.7	300
2012	12	37	10	3.3	32	10.7	300
2013	17	48	13	4.3	41	13.7	300
2014	33	69	28	9.3	55	18.3	300
2015	14	59	13	4.3	45	15.0	300
2016	34	84	30	10.0	60	20.0	300
2017	26	88	20	6.7	57	19.0	300
2018	38	105	29	9.7	61	20.3	300
合计	**235**	**573**	**203**	**5.2**	**428**	**11.0**	**3898**

注：实施中的股权激励方案是指方案处于有效期，通常为股东大会审议通过方案或激励工具授予之日起，截至全部解锁 / 行权或回购；期间激励计划提前终止则视为方案终止。

Panel B：实施股权激励的行业分布——公司一年层面

行业名称（行业代码）	实施股权激励样本	未实施股权激励样本	合计	实施比例
	NO.	NO.	NO.	%
机械设备仪表业（C7）	60	455	515	11.7
金融保险业（I）	1	468	469	0.2
金属、非金属业（C6）	33	390	423	7.8
信息技术业（G）	91	307	398	22.9
采掘业（B）	2	290	292	0.7
交通运输、仓储业（F）	9	244	253	3.6
房地产业（J）	63	179	242	26.0
医药、生物业（C8）	34	204	238	14.3
电力煤气水生产供应业（D）	1	192	193	0.5
食品饮料业（C0）	28	150	178	15.7
石油化工塑胶塑料业（C4）	25	144	169	14.8
批发和零售贸易业（H）	20	128	148	13.5
建筑业（E）	16	108	124	12.9
社会服务业（K）	19	70	89	21.3
传播文化产业（L）	1	52	53	1.9
农林牧渔业（A）	5	29	34	14.7
纺织服装皮毛业（C1）	2	30	32	6.3
综合类（M）	6	15	21	28.6
造纸印刷业（C3）	4	11	15	26.7
电子业（C5）	6	1	7	85.7
木材家具业（C2）	2	3	5	40.0
合计	**428**	**3470**	**3898**	**11.0**

注：行业按照证监会 2001 年颁布的分类标准（除了制造业按照二级明细划分为小类之外，其他行业以大类划分），下同。

Panel C：实施股权激励的行业分布——公司层面

行业名称（行业代码）	实施过股权激励的公司	从未实施股权激励的公司	合计	实施比例
	NO.	NO.	NO.	%
机械设备仪表业（C7）	17	81	98	17.3
信息技术业（G）	25	68	93	26.9
金属、非金属业（C6）	8	65	73	11.0
金融保险业（I）	1	66	67	1.5
交通运输、仓储业（F）	3	46	49	6.1
房地产业（J）	13	31	44	29.5
石油化工塑胶塑料业（C4）	5	38	43	11.6
医药、生物业（C8）	11	32	43	25.6
采掘业（B）	1	39	40	2.5
电力煤气水生产供应业（D）	1	37	38	2.6
食品饮料业（C0）	8	21	29	27.6
批发和零售贸易业（H）	7	19	26	26.9
社会服务业（K）	8	15	23	34.8
建筑业（E）	5	12	17	29.4
传播文化产业（L）	1	15	16	6.3
纺织服装皮毛业（C1）	2	6	8	25.0
农林牧渔业（A）	2	4	6	33.3
造纸印刷业（C3）	1	4	5	20.0
木材家具业（C2）	1	2	3	33.3
综合类（M）	1	2	3	33.3
电子业（C5）	2	0	2	100.0
合计	**123**	**603**	**726**	**16.9**

注：2006～2018 年 HS300 指数名单共涉及 726 家上市公司，其中 142 家 HS300 公司公布了 235 份股权激励方案，但由于部分方案未经实施即终止了，实际实施了股权激励的公司有 123 家。此处比较的是样本期间内曾实施过股权激励的公司与从未实施股权激励的公司的行业分布情况。

定过程中，针对某公司某期的股权激励计划，若因后续调整存在多个草案修订稿，以最后一次修订的草案为准，最终得到样本——142家沪深300公司提出的235份股权激励计划。

在具体分析我国股权激励的业绩评价情况之前，我们初步了解了实施股权激励公司的基本特征。经统计，2006～2018年沪深300指数名单共涉及726家上市公司，沪深300样本总数为3898个公司——年观测值。其中，实施股权激励计划的样本占比约11%；这意味着，平均每年有33家沪深300公司在实施股权激励；而公布新方案的样本占比约5.2%，即平均每年有近16家公司提出了新的股权激励计划。表1为沪深300公司实施股权激励计划的基本情况统计。一方面，从Panel A实施股权激励的年度分布可知，样本公司中实施股权激励的比例明显提高，近三年实施股权激励的公司比例维持在20%左右；而公布新股权激励方案的公司数目也呈波动性上升趋势，这说明近年来我国上市公司实施股权激励的积极性不断提高。另一方面，Panel B按照行业中沪深300样本总数倒序排列，展示了样本实施股权激励的行业分布情况。可以发现，实施股权激励的样本数量排名前三的行业分别是信息技术业（91个）、房地产业（63个）和机械设备仪表业（60个）；其中，房地产业和信息技术业实施股权激励的比例分别达到26%和22.9%，而机械设备仪表业由于本身样本总数较多，实施股权激励占比仅有11.7%。另外，未实施股权激励的样本则集中于金融保险业、采掘业、电力煤气水生产供应业，这些行业实施股权激励的比例均低于1%。以上结果说明，处于成长性较高或竞争较激烈行业的公司更可能实施股权激励，而垄断性较强的管制行业则更不会实施股权激励。表1的Panel C也从公司层面统计数据，进一步验证了上述结论。

为了进一步刻画实施股权激励公司的特点，我们根据是否实施股权激励计划将沪深300样本分为两组，比较股权性质、历史业绩、公司规模等主要研究变量在两组间的差异。样本期间内，实施股权激励的样本有428个，未实施股权激励的样本有3470个。研究变量的名称及定义如表2所示，变量取值均为实施股权激励的当年水平。表3的Panel A结果显示，实施股权激励的样本更可能为非国有企业，其会计业绩较佳。而对于市场业绩，实施股权激励样本的股价收益率和股价波动性均相对较低。同时，实施股权激励的样本财务杠杆较低、成长性水平较高。以总资产水平衡量公司规模时，组间差异不够显著；但实施股权激励样本的总收入水平和市值显著较高。总的来说，以上结果与以往文献结论是一致的（吕长江等，2011）。

在428个实施股权激励的样本中，有202个样本实施股票期权激励计划，206个实施限制性股票激励计划，其余20个的激励标的为股票增值权。如表3的Panel B结果所示，与限制性股票激励相比，实施股票股权激励的公司更可能是国企、其会计业绩较差、财务杠杆较高、成长性水平较低。而对于市场业绩，股价收益率和股价波动性在两组样本间无显著差异；以总资产水平和收入水平衡量公司规模时，也未发现显著差异，但实施限制性股票激励的样本具有显著较高的市值。

三、股权激励中的业绩评价

上市公司实施股权激励，其授予和行使（指股票期权和股票增值权的行权或限制性股票的解锁）环节均应设置相应的业绩目标。235 份股权激励计划均明确定义了其授予条件和行使条件。对于授予条件，仅有58 份计划（24.7%）设置了业绩评价指标，其余计划只是要求公司及激励对象未发生特定情形即可授予；而对于行使条件，所有

表2 变量名称及定义

变量名称	变量定义
SOE	是否为国有企业，国有企业取值为 1，非国有企业取值为 0
Roa	总资产收益率 = 净利润 / 年末总资产
Roe	净资产收益率 = 净利润 / 年末净资产
Roa_adj	公司总资产收益率减去行业总资产收益率的中位数
Roe_adj	公司净资产收益率减去行业净资产收益率的中位数
Ret	考虑现金红利再投资的年个股回报率
Volatility	股价波动性，实施股权激励当年股票月收益率的标准差
Size	公司规模，总资产的自然对数
lnRev	公司营业收入的自然对数
lnMV	公司市值的自然对数
Lev	财务杠杆，总负债与总资产之比
MB	市值与账面价值之比

表3 分组样本对比

Panel A：实施股权激励与未实施股权激励

研究变量	实施股权激励样本		未实施股权激励样本		均值差异	中位数差异
	均值	中位数	均值	中位数		
SOE	0.355	0	0.740	1	-0.385***	-1***
Roa	0.069	0.056	0.052	0.040	0.017***	0.016***
Roe	0.134	0.136	0.111	0.109	0.023***	0.027***
Roa adj	0.032	0.019	0.016	0.006	0.016***	0.013***
Roe adj	0.061	0.059	0.032	0.025	0.029***	0.034***
Ret	0.185	0.016	0.324	0.023	-0.139***	-0.007
Volatility	0.116	0.105	0.129	0.118	-0.013***	-0.013***
Size	24.14	24.00	24.15	23.77	-0.010	0.230*
lnRev	23.59	23.56	23.22	23.07	0.370***	0.490***
lnMV	24.34	24.26	24.02	23.95	0.320***	0.310***
Lev	0.517	0.534	0.550	0.560	-0.033***	-0.026**
MB	3.641	2.876	3.070	2.179	0.571***	0.697***

注：*、**、*** 分别表示 10%、5% 和 1% 的显著性水平。

Panel B：股票期权与限制性股票

研究变量	股票期权		限制性股票		均值差异	中位数差异
	均值	中位数	均值	中位数		
SOE	0.376	0	0.282	0	0.094**	0**
Roa	0.061	0.052	0.081	0.065	-0.02***	-0.013***
Roe	0.123	0.13	0.15	0.143	-0.027**	-0.013**
Roa adj	0.026	0.017	0.04	0.024	-0.014**	-0.007**
Roe adj	0.051	0.054	0.076	0.064	-0.025*	-0.01*
Ret	0.189	0.013	0.164	0.023	0.025	-0.01
Volatility	0.117	0.11	0.113	0.102	0.004	0.008
Size	24.17	24	24.01	23.79	0.16	0.21
lnRev	23.58	23.42	23.49	23.43	0.09	-0.01
lnMV	24.21	24.17	24.47	24.38	-0.26***	-0.21***
Lev	0.542	0.594	0.479	0.489	0.063***	0.105***
MB	3.195	2.476	4.228	3.305	-1.033***	-0.829***

注：*、**、*** 分别表示 10%、5% 和 1% 的显著性水平。

计划均涉及具体的业绩考核条件。

考虑到授予条件多数并未涉及业绩评价，即使有涉及，其业绩评价指标与行使条件基本一致，所以我们在后续讨论中仅针对股权激励计划中的行使条件统计业绩评价情况。同时，对于同一天同一公司发布的两份股权激励方案，通常只是激励标的不同，所涉及的业绩指标是一致的，这种情况下我们将两份方案合并处理，只考虑为一份。另外，删除极个别缺失的方案，如：招商银行2007年公布的股票增值权激励计划。以上样本处理后，最终我们得到204份股权激励计划。接下来，我们对股权激励计划中的业绩条件做出了描述性统计，并与美国上市公司股权激励的业绩评价情况进行比较，且给予了一定程度的评价与解释。

（一）业绩评价指标的选择

根据信息含量原则（Holmstrom，1979），若业绩指标能够提供与代理人努力程度相关的增量信息，则应考虑将其纳入企业业绩评价体系。但是，公司在选择业绩评价指标时，需进行成本收益分析，一方面，加入新的业绩指标具有信息价值，有助于提高激励契约的有效性，另一方面，新业绩指标的加入使得业绩考核机制复杂化，甚至会在业绩评价过程中引入额外的噪音。所以，业绩评价应结合公司战略和内外部环境，综合考虑业绩指标包含的信息含量、噪音大小、指标衡量成本及可获得性等诸多因素，选择适合本企业的业绩评价指标类型，构建最优的绩效考核机制。

1. 业绩指标数量

实务工作中不可能将所有具有信息含量的指标加入绩效考核量表，企业业绩评价采用的业绩指标数量是有限的。如表4所示，我国上市公司股权激励的业绩考核条件最多涉及四个业绩指标，204份股权激励计划中有158份（77.5%）仅采用了一个或两个业绩指标。整体而言，业绩指标数量的均值一直保持在两个左右，且近几年来采用单一指标的考核体系比例大幅提升。类似地，根据Gao 等 （2017）的统计结果，2006～2013年美国标准普尔500指数（S&P 500 Index）工业企业向CEO提供业绩相关股权薪酬的计划共1442份，其中，一半的样本（51.9%）仅使用了单独一个业绩指标，37.7%使用了两个业绩指标。相似的结果说明，国内外的股权激励计划均倾向于采用较少的业绩指标进行绩效考核。

2. 业绩指标类别

我国股权激励计划的业绩评价指标以财务指标尤其是会计指标为主，且具有一定程度上的多元性。根据2016年颁布的《上市公司股权激励管理办法》的政策导向，样本中有198份计划（97.1%）选取了净利润增长率、主营业务收入增长率等能够反映公司盈利能力和市场价值的成长性指标，有120份计划（58.8%）选取了资产收益率、每股收益、每股分红、经济增加值等反映股东回报和公司价值创造的综合性指标。这也说明了我国上市公司推行股权激励计划，旨在通过激励高管来提高公司业绩水平，最终实现股东财富的增长和公司价值的提升这一目标。

（1）会计指标与市场指标。

公司业绩通常用股票回报或会计回报来衡量；然而我国资本市场不及西方成熟，股市波动较大，若以市场指标作为主要业绩考核指标，其噪声过大，不能够恰当地反映高管努力程度，因而多数公司的薪酬方案主要

表4 业绩指标数量

年度	指标数量				合计	均值	单一指标比例
	1个	2个	3个	4个			
2006	0	9	2	0	11	2.18	0.0
2007	2	2	1	0	5	1.80	40.0
2008	1	13	3	0	17	2.12	5.9
2009	0	3	0	0	3	2.00	0.0
2010	0	5	2	0	7	2.29	0.0
2011	0	13	3	0	16	2.19	0.0
2012	1	7	2	0	10	2.10	10.0
2013	2	8	3	0	13	2.08	15.4
2014	4	16	6	2	28	2.21	14.3
2015	6	4	3	0	13	1.77	46.2
2016	17	4	6	3	30	1.83	56.7
2017	13	6	2	0	21	1.48	61.9
2018	15	7	6	2	30	1.83	50.0
合计	61	97	39	7	204	1.96	29.9

依赖于会计业绩指标进行业绩评价。对于这204份股权激励计划，所有计划的业绩考核条件均涉及会计指标，而业绩条件涉及市场指标（股价、市值）的仅有8份（3.9%），如：东软集团的限制性股票激励计划中要求"2015～2017年度平均市值较2014年增长率分别不低于10%、20%、30%"。

与我国现状相比，美国在业绩评价机制中采用市场指标这一现象较为普遍。根据Gao等（2017）的统计结果，2006～2013年约40%的业绩相关股权薪酬计划涉及股价或股票收益率等市场业绩指标。不过，Bettis等（2018）研究1998～2012年美国公司股权激励发展趋势，发现会计指标已经在一定程度上逐步取代了市场指标的地位。

（2）财务指标与非财务指标。

非财务指标是能够反映企业长远发展的关键成功因素，作为未来财务业绩的推进器，对财务指标进行有效补充（王化成、刘俊勇，2004）。但是，我国非财务绩效考核的实践面临诸多问题和挑战，如：考核指标选择缺乏可执行的理论指引，非财务指标质量的决定因素不明且难以准确地度量（张川等，2012）。因此，我国高管薪酬激励契约中并未广泛使用非财务指标。样本公司的204份股权激励计划中，仅有2份计划提及使用非财务指标，较为典型的是，东方明珠（600637）在2016年限制性股票激励计划中提出，业绩考核条件除了选取营业收入增长率、每股收益作为经济效益指标外，还应纳入政治导向、受众反应、社会影响等社会效益指标。基于公司宣传文化的属性，东方明珠纳入这些非财务指标，具有前瞻性和价值相关性，与企业的长远发展紧密相关。

相较我国，美国使用综合业绩评价体系的历史更为悠久，但Gao等（2017）的研究结果显示，美国公司纳入非财务指标的股权激励计划比重也较低，1442份计划中仅有76份（5.3%）采用了顾客满意度、企业创新、安全管理、市场份额等作为业绩考核指标的一部分。

（3）业绩指标的具体分布。

如表5的Panel A所示，我国股权激励计划涉及的业绩指标类别比较集中，排名前三的业绩指标分别是利润（78.9%）、资产收益率（55.9%）和营业收入（32.8%），其余业绩指标的使用率很低。最普遍的业绩指标搭配方式为"利润＋资产收益率"，共有87份（42.6%）股权激励计划采用以上两种指标共同作为业绩评价条件的基础。另外，公司根据自身情况，可设定适合于本公司的绩效考核指标。如复星药业的第二期限制性股票激励计划不仅基于净利润和营业收入进行业绩考核，更提出了"制药业务研发费用占制药业务销售收入比例不低于5.0%"的要求，以鼓励企业研发创新，提高核心竞争力。

公司股权激励计划中业绩指标类别的选择，与行业属性等公司特征具有一定的联系。如表5的Panel B所示，利润、营业收入、资产收益率三大业绩指标的使用比例在不同行业间存在明显差异。与营业收入相比，利润类指标的应用范围更为广泛，在机械设备仪表制造业、房地产业及医药生物制造业等行业，利润指标的使用比例远超过收入指标，这说明这类公司不仅仅是考虑业务规模的扩张和销售收入的

表 5 业绩指标类别

Panel A：指标种类统计概况

指标	类别	NO.	%
会计指标	利润	161	78.9
	营业收入	67	32.8
	资产收益率	114	55.9
	EPS	5	2.5
	现金分红	2	1.0
	EVA	16	7.8
	其他会计指标	19	9.3
市场指标	股价、市值	8	3.9
其他财务指标		2	1.0
非财务指标		2	1.0

注:“利润”指与利润直接相关的指标，主要为净利润及净利润增长率，还包括利润总额、税息折旧及摊销前利润 EBITDA 等。“营业收入”指与收入直接相关的指标，主要为营业收入及营业收入增长率，还包括特定业务或板块的销售收入等。“资产收益率”主要为净资产收益率 ROE,还包括 EOE（EBITDA/ 加权平均股东权益）等特殊定义方式。“其他会计指标”有总资产周转率（2 份）、主营业务收入占营业收入的比例（7 份）、营业利润占利润总额比重（3 份）、国有资本保值率（1 份）等其他会计指标。

Panel B：主要业绩指标的行业分布

行业名称（行业代码）	利润		收入		资产收益率		合计	
	NO.	%	NO.	%	NO.	%	NO.	%
信息技术业（G）	30	60.0	22	44.0	23	46.0	50	100.0
机械设备仪表业（C7）	27	81.8	6	18.2	20	60.6	33	100.0
房地产业（J）	22	100.0	3	13.6	18	81.8	22	100.0
医药、生物业（C8）	13	92.9	4	28.6	6	42.9	14	100.0
金属、非金属业（C6）	9	69.2	5	38.5	9	69.2	13	100.0
食品饮料业（C0）	9	75.0	8	66.7	6	50.0	12	100.0
社会服务业（K）	11	91.7	3	25.0	1	8.3	12	100.0
建筑业（E）	11	100.0	1	9.1	9	81.8	11	100.0
石油化工塑胶塑料业（C4）	7	77.8	3	33.3	7	77.8	9	100.0
批发和零售贸易业（H）	9	100.0	4	44.4	1	11.1	9	100.0
交通运输、仓储业（F）	3	75.0	1	25.0	3	75.0	4	100.0
电子业（C5）	0	0.0	3	100.0	2	66.7	3	100.0
农林牧渔业（A）	2	100.0	0	0.0	2	100.0	2	100.0
采掘业（B）	2	100.0	1	50.0	1	50.0	2	100.0
纺织服装皮毛业（C1）	2	100.0	0	0.0	2	100.0	2	100.0
造纸印刷业（C3）	2	100.0	1	50.0	1	50.0	2	100.0
木材家具业（C2）	1	100.0	1	100.0	0	0.0	1	100.0
电力煤气水生产供应业（D）	0	0.0	1	100.0	1	100.0	1	100.0
金融保险业（I）	0	0.0	0	0.0	1	100.0	1	100.0
综合类（M）	1	100.0	0	0.0	1	100.0	1	100.0
合计	**161**	**78.9**	**67**	**32.8**	**114**	**55.9**	**204**	**100.0**

Panel C：主要业绩指标的年度分布

年度	利润		收入		资产收益率		合计	
	NO.	%	NO.	%	NO.	%	NO.	%
2006	10	90.9	2	18.2	10	90.9	11	100.0
2007	2	40.0	2	40.0	4	80.0	5	100.0
2008	14	82.4	3	17.6	15	88.2	17	100.0
2009	3	100.0	0	0.0	3	100.0	3	100.0
2010	7	100.0	3	42.9	5	71.4	7	100.0
2011	14	87.5	2	12.5	15	93.8	16	100.0
2012	6	60.0	5	50.0	8	80.0	10	100.0
2013	12	92.3	3	23.1	10	76.9	13	100.0
2014	26	92.9	13	46.4	15	53.6	28	100.0
2015	10	76.9	4	30.8	5	38.5	13	100.0
2016	25	83.3	5	16.7	10	33.3	30	100.0
2017	13	61.9	11	52.4	3	14.3	21	100.0
2018	19	63.3	14	46.7	11	36.7	30	100.0
合计	161	78.9	67	32.8	114	55.9	204	100.0

Panel D：单一业绩指标的年度分布

年度	利润		收入		资产收益率		合计	
	NO.	%	NO.	%	NO.	%	NO.	%
2007	0	0.0	0	0.0	2	100.0	2	100.0
2008	1	100.0	0	0.0	0	0.0	1	100.0
2012	1	100.0	0	0.0	0	0.0	1	100.0
2013	2	100.0	0	0.0	0	0.0	2	100.0
2014	4	100.0	0	0.0	0	0.0	4	100.0
2015	5	83.3	1	16.7	0	0.0	6	100.0
2016	16	94.1	1	5.9	0	0.0	17	100.0
2017	6	46.2	7	53.8	0	0.0	13	100.0
2018	9	60.0	5	33.3	1	6.7	15	100.0
合计	44	72.1	14	23.0	3	4.9	61	100.0

提高，更注重的是企业成本控制和盈利能力；而诸多信息技术业的公司会采用收入指标，这可能因为这类企业为了鼓励研发和促进长期发展，对短期利润的看重程度较低，更关注的是占领市场和企业未来成长。另外，资产收益率能够在一定程度上反映对股东的回报，因而是利润和收入指标的有力补充。

另外，表5的Panel C列示了主要业绩指标的年度分布情况，而图1则相应地展示了它们随时间变化的趋势，我们发现2006～2018年三大业绩指标的使用率有所波动；整体而言，资产收益率的使用比例呈下降趋势，利润指标的使用比例居高不下，收入指标的使用率明显较低，但呈波动性上升趋势，近几年来利润指标和收入指标的使用率差距逐步缩小。同时，表5的Panel D报告了61个单一指标考核体系所使用的业绩指标的年度分布情况，近几年来，收入作为单一指标的业绩考核体系比例明显上升，利润作为单一指标考核体系的比例有所下降，而长期以来基本没有公司在业绩考核中仅仅考虑资产收益指标。

以上结果表明，我国股权激励计划涉及的业绩指标并非“一枝独秀”，近年来收入指标越来越受到重视，且公司会根据实际需求选择合适的指标进行业绩评价，不同类型指标的应用呈均衡发展趋势。

（二）业绩考核条件的设定

1. 生效条件复杂化

依据我国《上市公司股权激励管理办法》，绩效考核指标应当包括公司业绩指标和激励对象个人绩效指标。多数股权激励方案提出，激励对象只有在规定的考核年度内，在满足公司业绩考核要求的同时，个人绩效考核达到合格水平，才可解除限售或行权。另外，少数公司还对独立业务单元、板块/子公司层面设置了业绩考核要求。

Bettis等（2018）研究发现，传统的基于时间生效的股权激励计划逐步被复杂的基于业绩生效的计划所替代。早期美国的股权激励计划往往设置了一步式的门槛限制，即达到绩效考核要求的业绩水平后，限制性股票可全部解锁或股票期权可全部行权，若未达到业绩门槛要求，则全部回购注销。近十年来，业绩考核条件的设定趋向复杂化，诸多股权激励方案的激励标的生效比例取决于具体的绩效评价结果或考核指标完成率。

不论对于公司层面的绩效考核还是激励对象个人的绩效考核，目前我国大部分股权激励的业绩考核条件仍是采取一步式的门槛限制形式。本文统计结果显示，在204份股权激励计划中，仅有3家样本公司提出的3份计划（1.5%）在设定公司业绩考核条件时，根据考核指标完成率来确定可行权数量或解锁数量。以2013年以岭药业公布的限制性股票激励计划为例，考核期间，根据每个考核年度的净利润指标的完成率，确定激励对象在解锁期可解锁的限制性股票数量。这种方式设定了门槛值和上限值，并且在此区间内，生效比例与业绩水平呈线性关系。具体计算方法如表6所示。

对于个人绩效考核层面，传统的门槛限制形式是指激励对象上一年度绩效考核为合格及以上即可解锁或行权，否则由公司统一注销。如表7所示，近年来，我

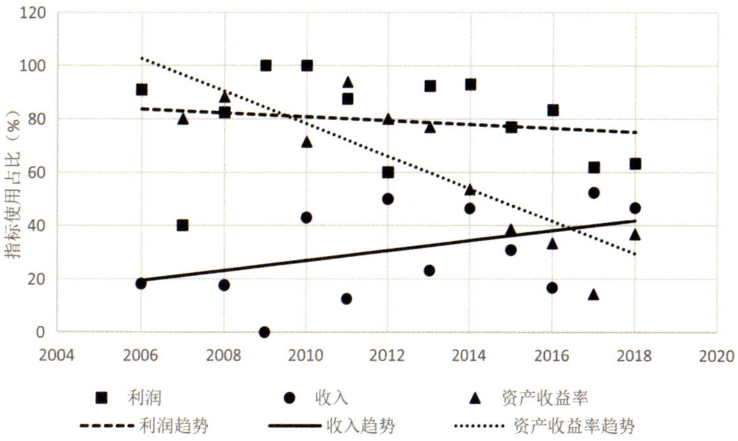

图1 主要业绩指标年度分布的时间趋势

表6 具体计算方法

考核期	2014年	2015年	2016年
净利润增长率（各考核年度以2012年净利润指标为考核基数）			
预设最大值（A）	113%	161%	222%
预设及格值（B）	85%	127%	180%
实际可解锁数量 = 各期可解锁数量 × 考核期考核指标完成率			
考核指标完成率	当 X ≥ A	100%	
	当 A>X ≥ B	80%+(X-B)/(A-B)×20%	
	当 X<B	0%	

国越来越多的股权激励计划设定了更复杂的个人业绩条件，本文样本中有65份计划（31.9%）提出股权激励实际生效比例根据激励对象个人业绩完成率确定。以中国联通在2018年发布的限制性股票激励计划为例，依据激励对象所在单位的经营业绩和激励对象的价值贡献确定解锁当年的业绩贡献匹配档次，并据此差异化确定当期解锁比例。具体地，业绩贡献匹配档次划分为A、B、C、D、E五个等级，依次对应的解锁比例为100%、75%、50%、25%、0。以上结果意味着，对比传统“一刀切”的门槛式设定，我国企业开始更细致地考虑如何设定业绩考核条件，根据激励对象的努力程度和贡献大小确定具体的报酬水平，以更好地发挥股权激励效果，而且能够在一定程度上限制高管为了“过线”而操纵业绩的机会主义行为。

表7 复杂生效条件计划的年度分布

年度	复杂的个人业绩考核条件		合计
	NO.	%	NO.
2006	0	0.0	11
2007	0	0.0	5
2008	1	5.9	17
2009	0	0.0	3
2010	0	0.0	7
2011	1	6.3	16
2012	3	30.0	10
2013	2	15.4	13
2014	9	32.1	28
2015	5	38.5	13
2016	14	46.7	30
2017	11	52.4	21
2018	19	63.3	30
合计	65	31.9	204

2. 相对业绩评价（RPE）

公司绩效考核不仅可以依据本公司业绩（绝对业绩评价APE），还可以引入其他可比公司的业绩作为参照，以此对经理人进行奖惩激励（相对业绩评价RPE）。在委托代理理论下，Holmstrom（1982）给出了相对业绩评价的信息作用解释：企业在对经理人的激励契约中考虑参照企业的业绩，可以帮助剔除企业业绩中的共同风险因素，在实现有效激励的同时降低代理成本。在政策导向方面，相对业绩评价机制在我国股权激励实践中也备受重视和提倡：《上市公司股权激励管理办法》提及“上市公司可以同行业可比公司相关指标作为公司业绩指标对照依据，选取的对照公司不少于3 家”；证监会上市公司监管部发布的《股权激励有关备忘录1号》也鼓励公司同时采用行业比较指标，如公司业绩指标不低于同行业平均水平。

（1）股权激励中的RPE 应用概况。

我国上市公司股权激励实践中，并没有广泛应用相对业绩评价。如表8的Panel A所示，仅有26.5%的股权激励计划在业绩考核条件中涉及RPE；142家提出股权激励计划的公司中，有44家（31.0%）公司在激励计划中考虑了RPE（其中有6家公司在多次提出计划时均考虑了RPE），其余98家（69.0%）公司均没有在计划中考虑RPE。

与中国相比，英美上市公司在推行股权激励时采用RPE更为普遍。Gao等（2017）、Bettis等（2018）的统计结果均显示，美国约40%的股权激励计划涉及RPE。Carter等（2009）以英国FTSE350公司作为样本，研究发现42.5%的计划采用RPE作为绩效考核条件；另外，RPE的使用比例与激励标的类型有关，限制性股票激励比股票期权激励更可能会采用RPE（73.5%和27.3%）。而表8的Panel B显示，本文统计结果并未发现RPE的使用与激励标的物类型有明显关系。

表8 相对业绩评价的应用概况

Panel A: RPE 的使用

	NO.	%
RPE 计划	54	26.5
非 RPE 计划	150	73.5
合计	**204**	**100.0**

注：RPE 计划指行权（解锁）条件涉及 RPE。

	全 RPE	部分 RPE	无 RPE	合计
仅提出 1 次计划的公司：	34	0	66	100
提出多次计划的公司：				
2 次	4	3	24	31
3 次	1	1	4	6
4 次	1	0	0	1
5 次	0	0	4	4
合计	**40**	**4**	**98**	**142**

注：全 RPE 即公司公布的每一份股权激励计划均涉及 RPE，无 RPE 即公司公布的每一份股权激励计划均不涉及 RPE，部分 RPE 即公司公布的股权激励计划部分涉及 RPE。

Panel B: RPE 的使用与激励标的物

	股票期权		限制性股票		股票增值权	
	NO.	%	NO.	%	NO.	%
RPE 计划	26	22.0	25	23.6	5	45.5
非 RPE 计划	92	78.0	81	76.4	6	54.5
合计	118	100.0	106	100.0	11	100.0

（2）股权激励 RPE 的行业分布。

上市公司实施股权激励的业绩考核条件是否涉及 RPE，需根据企业所处行业的特点及成长规律等实际情况具体分析。由表 9 可知，股权激励计划主要集中于信息技术业、机械设备仪表业、房地产业，其次是医药生物、金属非金属等行业。其中，近半（46.2%）的金属非金属行业公司在股权激励中使用 RPE，房地产业、机械设备仪表业涉及 RPE 计划的比例分别为 31.8% 和 30.3%，均高于全行业整体水平 26.5%。而信息技术业 80% 的计划不涉及 RPE，医药生物行业的计划均未涉及 RPE。以上两行业不选择使用 RPE 可能是因为这类公司往往是成长性公司或者企业特质性较强，难以找到具有可比性的参照企业，而参照企业数量较少使得参照业绩在衡量共同的外部冲击时显得信息缺乏（Albuquerque, 2013）。另外，在激励契约中考虑参照业绩能够过滤共同风险，但同时也会引入参照企业的异质性风险（Wu，2013）；考虑到成长性公司的特定风险较高，使用 RPE 反而可能使得经理人承担更多的额外风险，降低了激励效率，所以这类企业倾向于不使用 RPE。

（3）股权激励 RPE 的股权性质分布。

股权激励是否应用 RPE 在不同股权性质的企业之间存在明显的差异，且这一现象具有政策导向性。财政部在 2008 年 10 月发布《关于规范国有控股上市公司实施股权激励制度有关问题的通知》（以下简称《通知》），该文件明确提出国有上市公司实施股权激励，其授予和行使环节均应考虑应用 RPE，其中“上市公司授予激励对象股权时的业绩目标水平，应不低于公司近 3 年平均业绩水平及同行业平均业绩（或对标企业 50 分位值）水平”，“上市公司激励对象行使权利时的业绩目标水平，应结合上市公司所处行业特点和自身战略发展定位，在授予时的业绩水平基础上有所提高，并不得低于公司同行业平均业绩（或对标企业 75 分位值）水平”。

表10结果显示，我国涉及RPE的股权激励计划基本都是由国有企业（94.4%）提出的。国企推行的65份股权激励计划中有51

表9 股权激励计划的行业分布

行业名称（行业代码）	RPE计划	非RPE计划	合计	RPE计划占比
	NO.	NO.	NO.	%
信息技术业（G）	10	40	50	20.0
机械设备仪表业（C7）	10	23	33	30.3
房地产业（J）	7	15	22	31.8
医药、生物业（C8）	0	14	14	0
金属、非金属业（C6）	6	7	13	46.2
食品饮料业（C0）	5	7	12	41.7
社会服务业（K）	1	11	12	8.3
建筑业（E）	4	7	11	36.4
石油化工塑胶塑料业（C4）	3	6	9	33.3
批发和零售贸易业（H）	0	9	9	0
交通运输、仓储业（F）	3	1	4	75.0
电子业（C5）	0	3	3	0.0
农林牧渔业（A）	1	1	2	50.0
采掘业（B）	2	0	2	100.0
纺织服装皮毛业（C1）	0	2	2	0
造纸印刷业（C3）	0	2	2	0
木材家具业（C2）	0	1	1	0
电力煤气水生产供应业（D）	1	0	1	100.0
金融保险业（I）	1	0	1	100.0
综合类（M）	0	1	1	0
合计	**54**	**150**	**204**	**26.5**

表10 股权激励计划在不同股权性质企业中的分布

	RPE计划		非RPE计划		合计	
	NO.	%	NO.	%	NO.	%
非国企	3	2.2	136	97.8	139	100.0
地方国企	12	66.7	6	33.3	18	100.0
央企	39	83.0	8	17.0	47	100.0

份（78.5%）涉及RPE；另外，提出股权激励计划的国企共有51家，其中有41家的计划均涉及RPE。对统计结果进一步分析发现，国企14份未涉及RPE的股权激励计划主要集中于《通知》发布之前（11份），仅有3份计划发布于2009年之后，且它们源自的公司现无实际控制人，股权性质比较模糊①。而样本中非国企的股权激励计划涉及RPE的仅有3家公司②，这3家公司有的曾经具有国资背景，有的颁布的激励计划因国内外经济形势和证券市场发生重大变化，计划未实施而终止。这一结果意味着，我国国有企业为了响应政策要求，在股权激励实施中采用RPE，而非国企由于无政策约束更倾向于不使用RPE。

3. 股权激励业绩考核的实例——山西汾酒

最后本文以山西汾酒为例，进一步讨论了我国上市公司股权激励的业绩评价体系相关特征。作为山西国企混改的“领头羊”，汾酒集团自2017年以来相继签署经营目标责任书，引入华润作为战略投资者，并于2018年底公布限制性股票激励计划，以进一步完善公司治理结构，健全长期激励约束机制，激发中高层员工的经营活力和工作热情。该股权激励计划的激励对象包括公司中高级管理人员及核心骨干人员，业绩考核体系分为公司业绩考核和激励对象个人考核两个层面。股权激励授予的限制性股票分三期解锁，只有当限售期满且业绩考核达标时，方可解除限售，否则由公司回购处理。

关于公司层面的业绩考核，股权激励方案中涉及的业绩指标包括净资产收益率、营业收入增长率、主营业务收入占营业总

① 3份未涉及RPE的计划源自以下国企：万科A（地方国资控股，现无实际控制人）、中集集团（央企国资控股，实际控制人原为国资委，现无实际控制人）、东软集团（现无实际控制人）。

② 计划涉及RPE的非国企包括以下三个：中联重科（现无实际控制人，但2013年以前实际控制人一直为湖南省国资委）、美好置业（实际控制人为个人；该计划于2008年提出，鉴于证券市场发生重大变化，计划未实施而终止）、方大炭素（实际控制人为个人，但2005年以前为甘肃省国资委；该计划于2009年提出，后因国内外经济形势和证券市场发生了重大变化，计划未实施而终止）。

收入的比重三项指标。具体而言，限制性股票的解锁条件要求：对于2019～2021年三个考核年度，净资产收益率均不低于22%；以2017年为基数，营业收入增长率不低于90%、120%、150%；主营业务收入占营业收入的比例均不低于90%。与此同时，山西汾酒还在业绩评价体系中加入了RPE机制，要求净资产收益率、营业收入增长率指标不得低于同行业对标企业75分位值水平（授予条件中则要求50分位值水平）。由此可见，山西汾酒在制订股权激励计划时，响应了财政部2008年《通知》的政策导向，将绝对业绩评价与相对业绩评价相结合，以期构建更为客观可控的业绩评价体系和长效激励机制。

另外，该公司在实施股权激励时列出了具体的对标企业名单，这对我们深入了解企业实务中的相对业绩评价有一定启示作用。山西汾酒依据申银万国行业分类标准，选取同属于“饮料制造”行业且主营类型相近的A股上市公司作为对标样本，包括泸州老窖、贵州茅台、五粮液等共计20家公司。其中，16家对标企业的主营产品为白酒，另有3家主营黄酒，1家主营其他酒类。若在年度考核过程中，对标企业主营业务出现重大变化，与公司的产品和业务不具有相关性，则由公司董事会根据股东大会授权剔除或更换相关样本。由此可知，山西汾酒在实施相对业绩评价时，十分看重对标企业与本公司的产品业务相似性，而不是直接以同行业上市公司的平均水平作为对标标准。

关于激励对象个人层面的业绩考核，山西汾酒亦没有采取“一刀切”的门槛式设定，而是根据激励对象的具体绩效评价等级确定考核当年度的解除限售比例。具体地，该公司将绩效评价结果划分为四个等级，若考评结果为“优秀”或“较优秀”，解除限售系数为1；若考评结果为“称职”，解除限售系数为0.8；若考评结果为“待改进”，解除限售系数则为0。这一形式更为细化地考核了激励对象的努力程度和贡献大小，有利于充分调动激励对象的积极性、创造性，更好地发挥股权激励效果。

四、结论

随着股权激励制度的完善和规范化，我国上市公司实施股权激励的积极性不断提高。股权激励能够在促进利益协同、调动高管及核心员工积极性、稳定员工队伍、完善公司治理等方面发挥积极效果；而股权激励方案的业绩评价机制合理与否直接影响着股权激励契约的有效性。为了揭示我国上市公司股权激励中的业绩评价现状，本文针对2006～2018年142家沪深300公司提出的235份股权激励计划，从业绩评价指标的选择和业绩考核条件的设定两方面进行统计分析，并给予了相关评价和解释。

本文的研究发现主要包括以下方面：(1) 我国上市公司的股权激励主要采用财务类指标，尤其是会计指标，仅3.9%的公司同时采用了公司市值指标；(2) 公司主要采用基于两个财务指标的考核体系，而近几年来，单一指标的考核体系比例大幅提升；(3) 最为常用的三个业绩指标是利润指标(78.9%)、资产收益率(55.9%)和营业收入（32.8%），进一步分析发现，资产收益指标仅作为补充指标出现，而收入指标越来越受重视，特别是近几年近半的样本公司在考核体系中纳入了收入指标，且收入作为单一指标的业绩考核体系比例明显上升；（4）目前我国大部分股权激励的业绩考核条件仍是采取一步式的门槛限制形式，但近年来业绩考核条件的设定趋向复杂化；（5）相对业绩评价机制并没有得到广泛应用，股权激励是否应用相对业绩评价在不同股权性质的企业之间存在明显差异；（6）上述业绩评价系统特征存在不同行业间的差异。

本文结论有助于认识理解我国政策背景下股权激励实践和业绩评价机制的发展现状，并对股权激励实践中如何优化业绩考核体系有一定的启示作用。另外，基于本文研究结果，我们尝试提出未来可能的研究方向，以下研究问题仍需进一步加以探讨：（1）上市公司在股权激励方案的设计过程中如何选择业绩考核指标？具体指标类别及搭配方式的选择是基于最优契约观还是管理者权力观？相应地，不同的选择动机如何影响股权激励的经济后果？（2）部分公司根据企业所处行业特点和自身战略发展定位，确定业绩目标水平和业绩考核条件的具体形式。随着业绩评价机制复杂化的发展，可以选择典型企业进行案例分析，比较分析不同绩效考核形式的激励效果。（3）国有企业为了响应政策要求，在股权激励实施中普遍采用相对业绩评价，那么相对业绩评价在国企中的应用是否发挥了实质性作用，还是仅仅“走形式”的行为？实证研究可以将显性的股权激励RPE与隐性的货币薪酬RPE相结合，讨论RPE的影响因素、参照企业选择以及经济后果。

参考文献：

[1] 陈文强：《股权激励、契约异质性与企业绩效的动态增长》，载于《经济管理》2018 年第 5 期。
[2] 宫玉松：《上市公司股权激励问题探析》，载于《经济理论与经济管理》2012 年第 11 期。
[3] 吕长江、严明珠、郑慧莲、许静静：《为什么上市公司选择股权激励计划？》，载于《会计研究》2011 年第 1 期。
[4] 王化成、刘俊勇：《企业业绩评价模式研究——兼论中国企业业绩评价模式选择》，载于《管理世界》2004 年第 4 期。
[5] 吴育辉、吴世农：《企业高管自利行为及其影响因素研究——基于我国上市公司股权激励草案的证据》，载于《管理世界》2010 年第 5 期。
[6] 肖星、陈婵：《激励水平、约束机制与上市公司股权激励计划》，载于《南开管理评论》2013 年第 1 期。
[7] 谢德仁、陈运森：《业绩型股权激励、行权业绩条件与股东财富增长》，载于《金融研究》2010 年第 12 期。
[8] 徐向艺、徐宁：《金字塔结构下股权激励的双重效应研究——来自我国上市公司的经验证据》，载于《经济管理》2010 年第 9 期。
[9] 张川、杨玉龙、高苗苗：《中国企业非财务绩效考核的实践问题和研究挑战——基于文献研究的探讨》，载于《会计研究》2012 年第 12 期。
[10] Albuquerque, A.M. Do Growth-Option Firms Use Less Relative Performance Evaluation? *The Accounting Review*, 2013, 89 (1): 27-60.
[11] Bettis, J. C., J. Bizjak, J. L. Coles, and S. Kalpathy. Performance-vesting Provisions in Executive Compensation. *Journal of Accounting and Economics*, 2018, 66(1): 194-221.
[12] Carter, M.E., Ittner, C.D., Zechman, S.L.C. Explicit Relative Performance Evaluation in Performance-vested Equity Grants. *Review of Accounting Studies,* 2009, 14 (2): 269-306.
[13] Gao, Z., Y. Hwang, and W. Wu. Contractual Features of CEO Performance-vested Equity Compensation. *Journal of Contemporary Accounting & Economics*, 2017, 13(3): 282-303.
[14] Holmstrom, B. Moral Hazard and Observability. *The Bell Journal of Economics*, 1979, 10(1): 74-91.
[15] Holmstrom, B. Moral Hazard in Teams. *The Bell Journal of Economics*, 1982, 13(2): 324-340.
[16] Wu, M. G. H. *Common vs. Firm-Specific Risks in Relative Performance Evaluation*. SSRN Working Paper, 2013.

从艺术舞台到专业管理舞台

黄宣德　许定波

黄宣德
京东集团 CFO

许定波
中欧国际工商学院法国依视路会计学教席教授

2020年8月21日，《中国管理会计》杂志编委会执行主任许定波教授与京东集团首席财务官（CFO）黄宣德先生通过网络视频进行了一场对话，下面是访谈内容。

发表于《中国管理会计》2020年第3期，总第13期。

许定波：《中国管理会计》杂志从本期开始新增一个栏目“对话CFO”，我们非常高兴邀请你作为第一位访谈嘉宾，非常感谢你参加我们今天的访谈。今天的访谈有点意思的是咱们俩是以双重身份参与，一个是我作为杂志的编委会执行主任，你作为杂志编委；另一个身份就是你作为京东集团即将退休的CFO，而我作为京东集团董事会的独立董事。京东现在是在全球财富500强排名102位的企业，影响力非常大。最近的收入、利润增长也都很不错，股价也从两年前每股不到20美元涨到现在每股70多美元。你任职京东CFO 7年，我想和你谈一下你在京东的工作，但也希望不局限在京东。你过去的人生经历也非常有传奇色彩，从芭蕾舞艺术家到国际四大会计师事务所担任审计师，再到海外投行工作，中间还担任过上市公司的CFO和首席运营官（COO），最后又到一家总部在国内的跨国公司担任CFO。想请你先介绍一下自己过去的经历。

黄宣德：网上有一些我的背景经历，其实在过去11年我没有再接受过采访，我的早年经历更多是当时那个时代的产物，而不是经过规划的人生选择。我是1965年出生的，到我读小学的时候“文革”刚刚结束。那个年代的职业规划很有限。我小时候数学很好，是学校、学区各种比赛的第一名。当时第一年恢复报考重点中学，我就考上了上海市重点中学——南洋模范中学。当时读书还不错，去学舞蹈完全是阴差阳错。我是在放学的路上遇到了招生组的人，问了我很多问题，要不要学舞蹈、要不要去北京等，我都没有兴趣，我小时候对艺术其实是无感的，文工团招生组留了联系方式，我父母很感兴趣。因为时代原因，家里条件其实很清苦，一共5个孩子，我最小。家里觉得这是国家级的招生，而且去北京，我就能独立生活了，可以减轻家里的经济负担，就这样13岁来了北京。3年后我们那个文工团解散了，我们学员队又辗转加入了广州一家专业歌舞团,并被送到广东舞蹈学校又学了3年。虽然我在学校成绩一直很好，也是学生会主席，但后来参加表演的时候我意识到舞蹈并不适合我，准备离开，团长让我留下来做管理。所以我的舞蹈生涯一共13年，前面6年是训练，演员做了3年，后面4年做管理，管整个舞蹈队，应该是当时全国专业文工团里最年轻的舞蹈队长，这段经历让我早年就有了一些管理的经验，对后期的发展还是很有影响的。我在广州做管理的同时考取了中山大学夜大英语系，一周三天晚上加周末上课。当时就打算将来要改行，后来考托福出国了。

许定波：早年舞蹈的这段经历对你做CFO有什么影响?

黄宣德：实际上回头看也没有直接的影响。这段早年的经历对我的人生来说其实是很大的挫折。我当时练习非常刻苦、非常努力，我觉得要干一行爱一行，一定要做到最好。结果尽管我的技术能力很不错，但艺术更需要表现力，需要完全不同的天赋。这段挫折后来让我成了一个富有同情心的管理者。我觉得在管理层无论职位多高，这种同情心、同理心都是非常重要的。

许定波： 这个不容易。我之所以问这个问题是因为在西方国家，比如美国，叫会计师为“Bean Counters”（数豆子的人），意即非常枯燥。我们很难把这个形象和艺术家联系在一起。所以我个人觉得很有意思，想问一下这个问题。

黄宣德： 学舞蹈的确教会了我懂得欣赏和鉴赏艺术，这对我的人生有非常重要的影响，让一个“数豆子人”的生活更加丰富。

许定波： 后面就转行到美国去了？

黄宣德： 对，1992 年通过玛莎格雷厄姆当代舞蹈学校（Martha Graham School）到的美国，而后转学到了巴鲁克学院（Baruch College）学习本科。因为我从小数学就很好，逻辑思维能力很强，巴鲁克学院的会计专业非常有名，于是就学了会计。那个时候有一种多年没有读够书的感觉，学习非常努力。刚开始上课时什么都听不懂，我就把每节课都录下来，当时还在勤工俭学，边打工边学习，去打工的路上也在听上课的录音。到毕业时全校 1300 多个学生，我的累计成绩（GPA）是第一名，在毕业典礼上做了毕业演讲。毕业后就去了四大会计师事务所之一的毕马威（KPMG）工作。当时发现很多同事并不是很喜欢这份工作，我却乐在其中，因为我没有简单地照着书本和公司的培训去做审计，当时公司正鼓励审计要从更加战略的角度去评估风险，所以我做了很多行业和战略研究，获得了客户的好评，合伙人也很欣赏我。

许定波： 因为你是个非传统的审计师，所以更愿意从事非审计服务。

黄宣德： 对，当时公司鼓励从风险的角度进行审计，我当时是在金融服务团队，审计的是银行，我就对整个银行业做了研究，对这家银行在资产管理等方面的风险做了各种分析。美国的很多银行已经存续几十年了，很稳定，日常审计的价值非常小。我当时做的这些自上而下的分析，也符合了当时的审计趋势，做了一些能给客户带来价值的工作，从风险控制的角度进行审计，而不是去审核那些数字，其实我不喜欢做“数豆子”的账房先生。

许定波： 你在“四大”待了几年？

黄宣德： 从我毕业入职到我读工商管理硕士（MBA）离开不到四年。我在三年半的时候被破格提升为经理，公司觉得我做的事情还挺不一样的。回头看应该有个人成熟度的因素，当时我比一起加入工作的同班审计师大了八九岁，加上对工作的一些独到思考和方法，得到了客户和合伙人的认可。带我的资深合伙人也知道我在申请 MBA，还给我写了推荐信，很幸运地被美国西北大学凯洛格商学院（Kellogg）录取。

回头看来，虽然早年的艺术生涯很不顺利，但我在美国的职业发展则基本按我规划的路径在演进。2002年从凯洛格毕业前拿到了好几家投行的录取信，最后选择了当时金融行业市值最高、商业银行与投行混业经营做得风生水起的花旗集团。当时也考虑过要不要去投行的香港分部，但是几家投行都建议我先在美国工作，掌握资本市场的最佳实践。但在投行工作期间我其实一直很想回国，所以当花旗在2004年拿到中国建设银行赴美上市项目时，我迫切地跟主管申请到了参与这个项目的机会，回到北京工作了四个月。在北京工作期间，我经校友介绍加入了一家早期电商公司担任CFO，就这样回国加入了创业公司的大潮，希望助力中国优秀公司的成长，并把它们带到美国的资本市场。回国初期加入的两家公司并不顺利，特别是第二家公司我只待了七个月，当时发现这家正在准备上市的公司财务数据有问题，就很快辞职了。

许定波： 所以我在京东当独立董事很信任的一点就是有你当CFO，我们对数字能够放心。

黄宣德： 其实这更取决于公司的文化和CEO的价值观。我之后加入了文思信息技术有限公司，是从事IT服务的创业公司。从上一家公司出来我有一些后怕，觉得不能再去一家马上启动上市的公司。文思那时候还比较小，我分析了公司的业务，和管理层聊得很好，投资人也很不错，文思并没有要马上上市，我心里比较踏实，也给了我机会深度参与公司的成长。这也是我当时回国的初衷，就是希望能够帮助建设和发展一家公司，而不只是去做上市，虽然那可能是我最擅长的一个领域。所以在文思我更多的工作是把这家公司做大做强，当时IT服务外包市场上有不少收购的机会，所以我主导了一系列收购交易，并在这个过程中发展出一套独有的交易模式。这个交易架构比常见的对赌模式更加复杂和严谨，对被收购方管理层未来三五年的业绩和共事承诺要求更高，并与交易价格和支付条款在逻辑上有机地结合。如果一家公司想马上套现，看到这个模式肯定就退缩了，但我不在乎，我不想要一个进来就套现，然后留下一个"昙花一现"甚至一堆"烂摊子"的公司。而那些认同我们长期发展理念的标的公司CEO看了这个交易结构，和我谈完就会说文思这个公司非常专业。有这么一个专业的交易架构，反而让他们对公司很有信心，愿意接受较低的收购价格来换取文思的股票，谋求共同的长期增长。

许定波： 我觉得这是一个非常有意思的话题。因为现在无论是在中国还是在西方国家，都很关注风险管理的问题，还有就是避免短期行为。你这个交易模式既解决了风险问题，又激励大家选择长期价值创造。你能否写一篇短文章，介绍一下你设计的这个模型，看看是不是可以在咱们杂志上刊登出来。

黄宣德： 这个或许可以考虑做个案例。红杉资本当时在我们的董事会上，曾把我们的交易结构拿给他们的投资组合公司做参考。但那个模型肯定不是万能的，只适合在某些行业的中小型收购交易上使用。当时因为这些交易的谈判，我和这些被收购公司的CEO建立了很强的信任关系，他们觉得这个公司想得很周密，考虑的都是长期的价值创造。虽然这些谈判很艰难，我也显得很苛刻，但最后他们拿着我们公司的股票却很放心，对我们后续做其他收购也放心。我们当时这一系列的收购大大促进了公司的高速成长，同时这个成长也是可持续的，因为这个交易架构的设计本身已经把后续的管理层激励锁定了好几年，我也就自然而然地承担了更多的管理职责，成为 COO 和联席总裁。公平和严谨的激励机制是公司管理的核心环节之一，而这些激励机制又与公正、严谨的财务考核密不可分。

许定波： 文思上市是你操盘的吗？你是什么时候加入文思的？

黄宣德： 对，我是 2006 年年中加入文思的，公司 2007 年底在纽交所上市，上市后的前三年业绩表现都非常好，每个季度都超出预期，一直到 2010 年在华尔街都有非常好的业绩和回报。2010 年一大批互联网企业兴起之后，IT 人才的薪资开始大幅上升，颠覆了 IT 服务外包行业的生意逻辑和根基。这让我意识到，如果一个行业没有天时地利，即使自己公司管理得再好，也是逆水行舟，非常艰难。到后来行业愈发衰退时，我推动了文思与行业里另一家头部企业的合并。我自己对大的并购交易一向是非常审慎的，因为从中外 M&A 案例看，大的并购往往损害股东的利益，但最后我自己推动了这个合并交易，因为看不到这个行业的出路。即使合并不能马上扭转乾坤，但通过扩大规模仍能改善一些运营效率。这也是为什么如果大家看表面现象，一个大的合并交易之后好像公司业绩更差了，但实际情况是合并之前下滑趋势已经在发生，只不过合并之后大家会更关注你，并且往往将本已存在的下滑趋势看作合并的结果。其实如果不做这个合并，这两家公司可能都会往下滑得更快。这是我在文思经历了整个行业周期后得到的一些经验和感悟。

许定波： 一个行业的发展，天时、地利、人和都很重要。

黄宣德： 对。当时觉得即使这个船要沉了，我也要守到最后一刻。所以这期间我完全没有看其他的机会。直到2013年，公司被黑石集团（Blackstone）私有化了，我才觉得我的一部分职责，至少面向资本市场的沟通不再需要了。也真的是机缘巧合，这个时候京东找到我，也是我在文思期间的一个部下，早年到了京东，知道京东一直在找CFO，就推荐给当时的CHO来联系我。回头看，也是缘分使然，我在2013年9月加入了京东。

许定波： 因为我也是京东的董事，对公司的一些情况也比较了解。我查到了一段董事长 2020 年 3 月在公司宣布你将退休的声明里说的话。他说，在你作为 CFO 的六年半（现在是 7 年了）时间里，公司的收入从 2013 年的 690 亿元人民币增加到 2019 年的 5770 亿元，他高度赞扬了你的几个特质，领导力、诚信、正直、公正、专业精神和专业能力。刚好 2019 年我们中国总会计师协会总结发布了一个 CFO 能力框架。你觉得作为一个 CFO 最重要的素质有哪些？除了董事长赞扬的这些特质外，还有没有其他的？

黄宣德： 作为一个 CFO，这些特质都是非常重要的，我很感谢董事长对我的肯定。我想补充的第一点是，CFO 对数字要高度敏感和敏锐，一定要懂财务。现在有一些上市公司，尤其是赴美上市的，可能出于对资本市场沟通的需要，会找非财务出身的 CFO，他们对财务的理解和有效管理往往是不够的。第二个就是诚信、正直、公正，这些其实是做所有管理工作的人都需要的，但是对 CFO 应该更重要。因为 CFO 最需要用数字说话，所以也更应该公平。最后从我个人的经验来讲，可能对高层管理者都很重要的，就是我前面提到的同情心。同情心关系到你如何与其他人相处，包括与 CEO 以及其他 CXO 如何建立很好的信任与合作关系，能够理解大家，站在对方的角度思考。

许定波：宣德，其实这是我今天和你交谈时感触很深的一点，你几次强调同情心，这点其实是在其他的CFO那里强调得不够的。你讲的诚信这一点是与资本市场建立信任，与上面的CEO、董事长建立信任，其实对CFO参与企业内部很多管理工作也会带来一种信心和信任，这点也是非常重要的。我很高兴你强调了诚信、公正、公平包括同情心这几点在CFO工作中的重要性。

让我们讨论另外一个问题。我在董事会里和你打了几年交道，我们知道关于季度会计报表、年度会计报表，尤其是当京东要做一些重要的决策，比如兼并收购、战略业务重组的时候，都是你代表公司与国际资本市场沟通。我觉得这也是中国的很多企业，尤其是规模没那么大的企业的CFO，无论是他们的关注点也好，还是能力也好，可能都是做得不够的地方。对上市企业，尤其是在海外上市的企业，怎样去和资本市场沟通，能不能把你的经验也分享一下。

黄宣德：这的确是海外上市公司 CFO 很重要的一个职能，就是面向股东的沟通。像您说的和股东建立良好的信任，这个信任首先是来自对公司财务报表的放心，这里有一部分来自你的沟通风格和原则。跟海外资本市场沟通，我自己比较坚持的原则是坏消息要尽可能透明地披露，好消息说七分就可以了，不要说得太满，投资人会很关注这个沟通风格。比如在文思出现大的挑战时，我都是第一时间把不好的消息先透明地告诉大家。虽然大家都很痛苦，股价会跌，但是至少公司是非常坦诚的。如果你关注一下美国一流大公司的 CFO，很重要的一个口碑就是保守，这跟 A 股好像不太一样，A 股市场往往因公司管理层“会讲故事”而受益，而我对“讲故事”这个概念非常反感。好的 CFO 用投资者的视角讲数字背后的逻辑和推演，绝对不是讲故事，并在这个过程中给市场建立一个稳健的印象，赢得大家对公司的信任。也就是说 CFO 需要懂得华尔街的思维逻辑，同时也需要深刻理解公司业务，这样才能把公司的业务和发展逻辑用华尔街的语言清晰地表达出来。

许定波：我相信所有上市公司的 CFO 对这个都非常感兴趣。因为我也在包括京东的一些公司担任董事，我坦率地讲，国内上市的公司在与投资者的沟通上还是有很多值得改进的地方。刚刚我们讲了对外的资本市场信息披露的问题，其实这和财务会计的一个原则——稳健和保守是一致的，也是西方普遍接受的。这就是为什么我觉得中国的CFO不要太多地“讲故事”，把故事让CEO去讲是可以的，CFO还是实在一点。我觉得我们要提倡和推广这种信息披露方式。

现在我们回到企业内部，我自己的一个感觉是和你一起开了这么多年的董事会，其实我们关注财务信息披露的时间可能不到30%，更多的时间我们讨论的是有关京东的投资和其他战略决策的问题，而且很多时候都是听你解答这些问题，当然董事长也回答。这也是我们现在在中国总会计师协会希望推动的事情，CFO不应该只是关心会计信息的披露，更加重要的是做好管理会计，帮助企业内部的战略决策。能否和我们分享一下你在这方面的理念和经验，尤其是在投资决策方面你的思路和方法。我希望通过你的分享能够帮助改变在中国的上市公司、非上市公司普遍存在的CFO不关心战略、不关心管理会计的问题。

黄宣德：我能想到的CFO最重要的战略职责之一是支持CEO一起推演和承担度量化的风险（take calculated risk）。有些企业的财务总监只关注风险控制和报表，但这不能给企业带来增值。因为企业要发展就必须要承担风险。冒险是CEO必须思考的问题，往往也是他的强项，CFO则需要努力去推演和量化这些风险，协助CEO完成这些冒险的决策。

许定波：也就是说你不仅要看到风险因素，这是风控部门关注的问题，你还要看到风险带来的收益。

黄宣德：对，就是推演投入和产出，但产出是未来的事情，所以这也需要CFO能够对业务有尽可能深入的理解，然后才能推演和量化出这些冒险可能带来的潜在回报。对外投资其实相对容易一点，就是你看到一个标的，放多少钱进去，对它的估值和战略协同进行尽可能量化的分析。我们现在要求不仅对投资标的本身的内部收益率（IRR）要做分析，还要量化它跟京东其他业务的协同效应，之后我们会对相关业务团队和投资团队跟踪考核。推演投入产出的范畴不仅包括投资，还包括内部所有的财务管理、资源分配，比如怎么去做预算，怎么给不同部门定增长和利润目标，这里的利润是部门的成熟业务利润减去新项目需要的投入。像京东这样的创新型企业，任何一个时点都有一些大的一级部门和多个二级、三级部门处在投入期，短期都在亏钱。这里面都需要计量风险评估。当然，在创业的早期，尤其当这个行业处在野蛮增长阶段，量化风险的可行性会弱一些。在京东和许多互联网公司发展的早期，更多时候是以创业者对风险和回报的直觉判断为主，现在回头看，京东的几个冒险决策是非常到位的。

许定波：早期更多的是判断而不是计算。

黄宣德：对，早期也计算不清楚，这是我在京东体会到的。但是当你的业务有了一定成熟度和可预测性的时候，财务的角色会在决策中变得非常重要。比如今天的京东零售集团已经进入了相对成熟的高增长期，这个时候的精细化管理就很重要。所以我觉得CFO的一个重要职责是通过风险的量化推演支持CEO去做各种风险决策。

许定波： 这个很好，与下面我要问到的一个问题有关。我接触的很多CFO，他们也想去做管理会计，也想在投资决策方面发挥更大的作用，但是他们最大的问题就是很难让他们自己参与CEO的决策。我们可以看到京东在过去几年从更多判断性的投资到现在的对风险和收益更量化的投资，CFO发挥的作用也越来越大。那么是什么因素导致这一转变？是董事长更加深刻地认识到CFO的价值，还是因为你证明了自己的能力他才开始重用你呢？

黄宣德： 这个还是跟公司的发展阶段有关系。我其实跟投资人也是这么讲的，在公司的野蛮增长期，也就是每年100%以上的增长阶段，很多风险是无法量化的，同时行业的高速增长也可以对冲掉很多风险。这个阶段公司创始人对行业的深刻理解、直觉判断以及公司的执行力是最重要的。

当然，即使是在野蛮增长期，宏观层面计量风险的作用没有那么大，但是在微观层面仍然有大量的工作可以做。京东的经营分析很有名，早期投资人可以每个月来旁听，给予了我们高度的评价。我们在早期微观上的财务管理一直非常重视，其实还是在做风险的量化，对业务层面的投入做大量的分析，然后督促业务去改善。所以CFO始终可以用数字和分析为CEO的决策提供输入和价值。

许定波： 所以企业在不同的阶段还是得用不同的方法？

黄宣德： 是的。但不管在哪个阶段CFO都应该尝试把风险量化推演出来，提供给CEO参考。当然这个推演过程也体现出CFO自己对行业的判断是否到位。

许定波： 这就是董事长讲的专业能力的问题。当然这也是我们现在在中国总会计师协会通过一系列的培训项目、教材，包括经验的分享，希望能够推动改进的。

我认识一些CFO后来做CEO和董事长。你自己除了做CFO外，也做过文思的COO和联席总裁。你觉得CFO转型成一个好的CEO最困难的是什么？有什么建议可以帮助他们做好这一转型？我想很多CFO现在也关心这个问题。

黄宣德： 一般CFO确实会偏向保守一点，因为他和CEO要互补，CEO要去冒险。从资本市场的角度，股东也希望看到CFO保守一点。所以如果一个CFO要成为CEO往往更可能发生在公司处于成熟期的时候，容易去承担度量化的风险的时候。因为公司越是成熟，它在管理上用数字来决策的因素就会越大一点，当然这也不是绝对的。另外就是在有些行业，CFO的风格和CEO应有的特质比较像，比如银行的CEO本身就需要有很高的风险意识。

许定波： 所以根据不同的行业、企业不同的发展阶段而不同，越是需要关注风险的企业CFO转型成CEO越容易。再就是比较稳定的企业、对未来的预期比较清晰的公司，CFO也相对容易转型为CEO，对吧？

黄宣德：对。当然也会有一些非典型的CFO本来就具备CEO的性格特质，这就是另外一回事了。

许定波：2020年初我们京东董事会就在讨论CFO的接班问题，3月正式宣布许冉接任你做CFO，但是到你真正退休是9月。中间有半年的时间。现在我们开董事会许冉也参加，越来越多的事是由她负责。我自己感觉京东对CFO继任的安排挺好的。关于继任方面，你有什么感想或者建议？

黄宣德：我个人认为大公司的CFO继任需要一年到一年半的准备时间。我们是一年半。我跟董事长沟通我的初步退休计划是在2019年3月。当时我说我们需要一年的准备期。所以到对外宣布的时候对许冉的培养已经有一年了。一开始她并不知道，但是我去海外做投资者路演都会带着她一起去，去年去了美国两次、欧洲一次，都是一起见投资人。当时她是京东零售的CFO，我鼓励她多发言，让投资人对她有所了解。另外，在内部管理职责上她也逐渐承担了更多的责任，所以到宣布之后的正式工作交接就非常顺畅了。

许定波：因为前一年我们作为董事都不认识她也没见过面，她也没有参加会议。最近这半年所有的会议她都来参加，很多展示是她来做，而且你也参加、指导。

黄宣德：是的。她在“四大”工作了20年，有很强的财务背景，而且她是“四大”里非常出色的合伙人，有很好的经营意识。她在“四大”就是被高层重点培养的，但她更有兴趣去参与企业的管理。她的悟性和情商都很高，是一个很好的接班人。

许定波：所以选一个合适的候选人很重要，培养很重要，一段时间的观察和磨炼也很重要。

黄宣德：是的。

许定波：我知道京东已经聘任你做集团的顾问，所以你实际上还是会继续参与京东的工作，只是没有像原来那么紧张。你现在才55岁，还很年轻，你对未来的事业有什么打算？咨询还是授课？我作为中欧国际工商学院的教授，对你后面的选择可能性也很感兴趣。

黄宣德：京东方面我会担任高级顾问，在人才培养和重大交易方面提供支持。过去在工作上极其专注，以后会花更多的时间给家庭，也会在自己感兴趣的领域进行新的探索。

许定波：好，我们就谈到这里。非常感谢你参加这次访谈，祝你从京东CFO岗位退休后有一个丰富多彩和开心的生活。

基于共享理念与业财融合的管理会计创新应用*

——中国铁塔的案例研究

韩慧博 对外经济贸易大学国际商学院
佟吉禄 中国铁塔股份有限公司
吕长江 复旦大学管理学院
卜照坤 中国铁塔股份有限公司

【摘要】在寻求企业转型升级与管理创新的过程中，如何将信息技术与企业业务特点有效结合推动管理会计的创新应用，是目前大型企业面临的现实挑战。作为一家重资产行业的公司，中国铁塔股份有限公司始终坚持共享理念，全面推行业财一体化建设，借助数字化运营手段将管理会计深度融入企业经营的全过程，积极推进管理平台化、经营数字化，取得了良好的实施效果。本文系统分析了中国铁塔股份有限公司基于共享理念和业财融合的管理会计创新应用，以期为推广我国管理会计创新理念提供借鉴。

【关键词】资源共享 业财融合 铁塔公司 管理会计

* 本文得到对外经济贸易大学中央高校基本科研业务费专项资金资助（20YQ16）。

发表于《中国管理会计》2020年第4期，总第14期。

一、引言

随着信息技术和互联网技术的飞速发展，新技术推动的管理数字化转型正迅速融入企业经营的全过程，推动企业业务与财务之间的数字化打通与连接。在业财融合不断深入的环境下，如何将企业的战略理念与数字化管理相衔接，推动管理会计更好地服务于企业价值创造是很多大型企业面临的现实问题。作为共享理念的探索者与践行者，中国铁塔股份有限公司在业财融合与管理会计创新方面进行了有益的尝试与探索。

中国铁塔股份有限公司（以下简称“中国铁塔”）成立于2014年7月，在此之前，中国移动、中国联通、中国电信三大运营商铁塔、机房及配套设施重复建设现象严重，“双塔并立”“多塔林立”现象随处可见，造成资源的巨大浪费。在4G移动通信快速发展的背景下，基于共享理念，中国铁塔于2015年在全面承接三家电信企业移动通信基础设施的基础上，开展独立运营，为三大电信运营商提供站址资源的建设、维护及相关的信息服务。在成立4年后，中国铁塔在2018年成功在香港主板上市，并成为2018年融资额最高的港股IPO，获得国际资本市场的充分认可。截至2019年末，中国铁塔设有31个省级分公司和381个地市级分公司，拥有199万座塔类站址，资产规模超过3300亿元，是全球规模最大的通信铁塔公司。

作为一家重资产行业的公司，专业化运营资产、集约化管理资源、低成本高效率发展成为公司生存和发展的根本问题。公司成立5年以来，中国铁塔始终坚持共享理念，全面推行业财一体化建设，借助数字化运营手段将管理会计深度融入企业经营的全过程，积极推进管理平台化、经营数字化，取得了良好的实施效果。笔者将系统介绍中国铁塔基于共享理念和业务融合的管理会计创新应用，以期为推广我国管理会计创新理念提供借鉴。

二、中国铁塔的共享理念与公司战略

（一）中国铁塔的共享理念

从字面理解，共享即共同拥有，一起享用。中国铁塔的发展模式具有典型的共享经济特征，铁塔类资产由原来三家电信企业各自拥有各自使用，变为一家拥有、多家使用，甚至被全社会使用。因此，共享是中国铁塔的“初心”，也是价值创造的源泉。从公司建立至今，中国铁塔从初期的塔类资源共享已经逐步扩展到行业资源共享、社会资源共享、能源共享、管理平台共享等多个维度，拓展了共享理念的范畴。

1. 行业资源共享

中国铁塔通过统筹原来三家电信企业的铁塔资源以及后续新建资源，由三家电信企业自建自用，变为共享使用。一方面，通过中国铁塔共享资源，有效降低了电信运营商的建设、维护、管理等成本，有利于统一建设规划，方便对接政府、社会及各业主。另一方面，塔类资源共享有利于推进网络质量的提升和服务质量的改善，使通信需求进一步得到满足。另外，资源共享有利于优化电信企业投资结构，加大新技术、新业务投资。在共享理念指引下，中国铁塔建设集中运营后端通信基础设施业务，与负责前端业务开发的电信企业不形成竞争关系。电信企业前端竞争，后端合作，各运营商在基础设施建设更公平、更低成本的基础上推动市场竞争，有利于促进形成理性的竞合关系。

2015年以来，新建铁塔共享水平从历史的14.3%大幅提升到73%，累计相当于减少基站建设超过67.7万座，节约行业投资1211亿元，节省土地3.4万亩。

2. 与社会资源的双向共享

一方面，公司的站址资源向社会其他领域开放，变通信塔为社会塔，利用公司分布于全国的站址资源为其他行业提供多样化的信息服务，如高铁高速监控、森林防火监控、土地资源监控、气象环境监控、卫星信号增强、渔业 / 海事监测、地震监测等。多用途共享在提高站址资源利用效率的同时增加了企业的经济效益。2019 年，跨行业租户数达到 17.6 万户，较上年增加 3.5 万户。另一方面，公司大量吸收社会资源用于满足网络通信覆盖的需求。公司充分利用灯杆、电杆、物业场所等社会资源 , 由“单点建塔”向“移动覆盖综合解决方案”转变，利用现有社会资源降低投资规模，节约资本支出。2019 年，公司统筹利用自有资源和社会资源，资本开支累计发生 271.23 亿元，资本开支占收入比由 2018 年的 36.9% 下降至 35.5%, 有效管控了投资规模和建设成本。目前，公司已经形成了铁塔基站向社会开放、社会资源为我共享的双向发展思路。

3. 能源共享

为保障全国站址的 24 小时全天候供电，中国铁塔建立了充足的电力能源保障体系。借助在能源储备方面的管理经验和技术优势，坚持共享协同，公司积极开展能源经营业务试点运营，初步形成了包括备电、发电、充电、换电在内的综合产品体系，培育了能源经营业务的发展能力。公司以基站电力保障能力和动力电池运营经验为基础，积极探索能源的社会化经营和服务。当企业客户出现正常断电或意外断电时，提供备用应急电源服务，还为公司及个人客户提供电池电力耗尽时的充电服务。2019 年，公司设立铁塔能源有限公司，将能源共享打造为公司战略发展的重要方向之一，积极布局前景广阔的社会能源保障服务市场。

2019 年，公司积极开展跨行业业务模式创新，在备电、发电、充电、换电及梯次电池利用等方面探索和布局能源的社会化经营和服务，跨行业及能源经营业务收入实现 20.80 亿元，比上年增长 70.2%。

4. 管理平台共享

中国铁塔由总部和 31 个省级分公司、381 个地市级分公司组成，但各省、地市公司经营模式基本相同，同质性较强。基于这种管理特点，中国铁塔构建了扁平化和集中化的一级架构管理体制，实行制度、规范、流程自上而下一体化管理。通过标准化、统一化的“互联网 +N”运营平台，实现数据在业务、财务系统间高效、准确的传输，形成信息化系统垂直穿透。这有助于形成透明、高效、固化的流程和作业体系，这也是实现业务系统驱动财务处理自动化的关键。

公司总部和省、市分公司通过统一的管理平台，让所有的资产资源实现数据化、IT化。实现管理资源共享、硬件资源共享、数据资源共享。应用系统采用云计算方式部署，实现快速支撑及扩容，节约成本。数据资源共享是通过公共数据库实现各系统数据源的统一，实现一点修改、全网更新。在一级架构互联网管理模式下，公司实行小总部大生产，组织架构高度扁平化，总部人员仅 100 人左右，绝大多数人员配置在业务一线，形成了集约、高效的运营架构。

（二）公司战略

在行业资源共享、社会资源共享、能源共享、管理平台共享的理念基础上，中国铁塔提出了深化以塔类、室分[①]等运营商业务为主体，拓展跨行业和能源经营“两翼”业务，将公司打造成为国际同行中最具潜力的成长型与价值创造型“两型”企业的战略目标。为深入推动“一体两翼”战略落地，锻造核心竞争能力，公司根据自身业务特点，打造数字化运营体系，结合管理会计的创新应用，培育多点支撑的业务增长格局，经营业绩稳健增长。

2019年，公司积极推进“一体两翼”战略布局，公司营业收入达到764.28亿元，比上年增长6.4%。业务收入持续稳健增长的同时，收入结构趋于多元化。非塔类业务收入占营业收入比重由上年的4.5%提升至6.6%。

三、管理会计创新应用

根植共享理念，中国铁塔结合自身资产高度分散、业务同质性高、商务模式重在共享的业务特点，依托业财融合，构建了基于铁塔公司自身特点的管理会计体系。

（一）服务于价值创造的管理会计整体架构

中国铁塔管理会计体系的整体架构可以

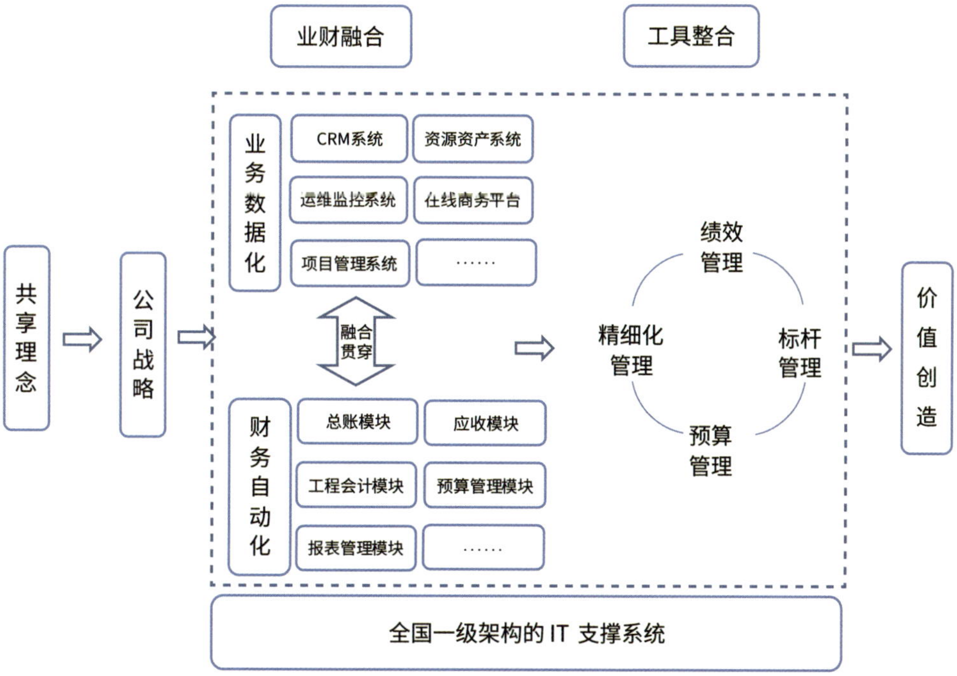

图1 中国铁塔的管理会计整体架构

① “室分”业务是指针对通信运营商的移动通信深入覆盖楼宇和隧道的需求，提供商务楼宇、大型场馆以及地铁隧道、高铁隧道和高速公路隧道的站址建设和通信维护业务。

概括为：基于共享理念，以公司战略为导向，依托业财融合和IT系统支撑，创新整合精细化管理、标杆管理、预算管理、绩效管理等管理会计工具，服务于公司价值创造的总体目标，如图1所示。

为落实公司“一体两翼”战略，打造高效率、低成本的竞争优势，中国铁塔依托于公司自主研发的IT管理信息系统，建立全国统一的一级管理平台，将业务数据化和财务自动化进行有效融合，建立业财融合的数字化管理环境，以“单站核算”为基础，将业务数据与财务数据在单站基础上进行统一精细化管理，实现精准造价管控、精准定位问题、精准分析原因、精准监控落实。以预算管理为决策工具，以标杆管理和战略导向的绩效考核制度为保障，整合精细化管理、标杆管理、预算管理、绩效管理等管理工具，构建服务于价值创造的管理会计整体架构。

（二）中国铁塔的业财融合

标准化的业务流程和规范的数据标准是推动公司业财融合的重要基础。中国铁塔从公司成立开始就着重推动这两项工作。一方面，公司统一梳理全部业务流程规范，从需求承接、订单签订、项目立项、项目施工、验收交付、客户起租、收入计量到运行维护全面实现流程标准化，这为数字化管理奠定了坚实基础。另一方面，建立了统一规范的财务管理制度和数据对接标准。按照自上而下实行全公司一套制度、一个流程、业务财务一体化的总体思路，构建具有共享、开放、互联等数字化特点的全公司一级架构信息系统支撑平台。

1. 业务数据化

（1）资产管理数字化。

资产管理数字化的基础是统一数据标准体系。为实现数据标准化管理，中国铁塔成立专门的数据管理中心，负责梳理组织架构、站址编码、项目编码、物资服务编码、供应商、业主、客户等关键主数据，借助主数据信息管理系统明确主数据入口，由主数据系统分发给各业务系统使用，确保数据标准化。以站址编码为例，站址编码用来标识每个铁塔站址的站址名称、站址类型、经度、纬度、所在地址等基本信息以及可以归集发生在该站址的所有事项，站址编码由公司公共数据库统一管理，做到一点管理、各系统同步使用，并贯穿公司全业务、全流程。除此以外，公司还建立了物资服务编码、项目编码、客户编码、供应商编码、业主编码等统一的数据标准和接入规则。在此基础上，公司搭建了资源资产一体化的资产资源管理系统，实现资产全生命周期管理。资源管理系统负责对企业的实物资源信息进行管理，资产价值的核算由财务系统中的资产管理模块负责，实物资源与账面资产实行一个入口、一套编码、一张标签、一个流程，一体化管理。通过该系统，从资产的形成（包括项目立项、项目设计、项目采购、项目建设、项目验收、项目决算）到资产的运营（包括资产维护、盘点、转让、置换、报废等）实现全过程的数字化资产管理。

（2）“互联网＋运维监控”平台实现运营维护智能化。

借助集中统一的运行维护监控平台，公司对遍布全国的铁塔设施动力设备和环境进行统一监控和监督维护，构建了“一级平

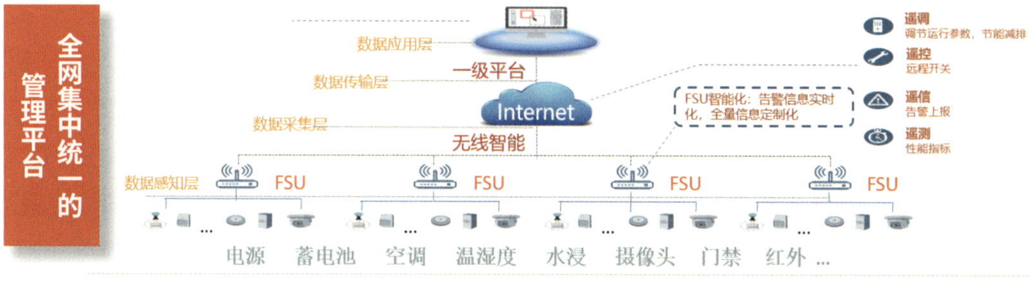

图2 运行维护监控平台

台、集中管理、属地维护”的运营维护体系，如图 2 所示。平台基于物联网架构，使用了创新的智能数据采集器 (FSU)，统一接口协议标准，采用移动互联网的接入方式，实现了快速、高效、低成本安装，同时能够对底层网元设备进行遥调、遥控、遥信、遥测等操作。公司总部和省、市分公司通过统一的管理平台实施运营，所有的资产资源实现数据化，全国塔站可集中可视、可管、可控。

通过运行维护监控平台，借助各类传感器可以实时对各站塔的运行情况进行集中监控。随时获悉基站的温度、基站的电力状况等基础信息，如果发现问题，平台会自动发出警报，进行故障的快速收集、分析和处理，警告由总部通过 App 直接派单至一线维护人员，维护人员据此上站，上站后发生的发电费用，通过与财务系统对接，实现该站址维护成本、修理成本和发电成本的自动归集（刘梅玲等，2018）。智能化的运营维护平台有效保证了公司高效、低成本地进行海量资产运营。

（3）采购管理平台化。

通过自主研发、自主运营中国铁塔“在线商务平台”，创新采购管理模式。该在线商务平台采用电商模式构建全国一级采购平台，将供应商各类运营物资、运营服务全部纳入电子交易系统，对铁塔、机柜、蓄电池等设备供应商施行统一认证和准入，利用电商模式形成全国统一市场。全国各地分公司的物质采购统一通过在线商务平台下单，公司总部对供应商进行统一认证、统一准入、统一价格、统一支付。采购管理平台化使得公司供应商集中度大幅提高，缩短了采购周期，大幅降低了采购成本。通过平台化采购，使得供应商生态链得以优化，实现了采购全过程数字化，支持各级采购人员高质量、高效率、低成本地开展阳光化采购。

2. 财务与业务的融合共享

考虑到公司资产量大且分散、人员少、业务同质化高等特点，中国铁塔通过业财融合，推动会计核算网络化、自动化，实现业务推送数据、损益自动核算，资产核算自动化，财务集中核算、集中管控的财务模式，将财务职能通过流程和系统渗透到业务管理领域，在规范中支撑业务发展，在服务中强化价值管理。

（1）收入与营业款核算自动化。公司通过客户关系管理系统（CRM 系统）与财务核算系统之间的数据对接共享，实现收入与营业款收回的自动核算。具体包括营业收入和营业款收回两个方面，对于收入确认核算自动化，主要的流程为：每月先由客户关系管理系统（CRM 系统）根据客户的起租计费方式预出账，经业务审核，财务审核无误后正式出账，然后将收入数据通过系统接口传送至财务核算系统的应收模块，财务核算系统根据核算规则将业务数据转换为核算凭证，自动生成各地市应收及收入凭证传至总账。

营业款收回核算的自动化流程主要包括：由 CRM 系统出具客户结算清单，经客户确认后，向客户开具发票并通知客户付款；通过资金系统查询确认客户回款，然后由资金系统先推送结算款至应收模块记入预收，再推送至 CRM 系统，由客户经理在 CRM 系统进行应收款项核销，CRM 系统再自动传送核销数据至财务核算系统的应收模块，由出纳在应收模块核销应收账款，生成收款核销凭证至总账。

（2）场地租金核算自动化。场地租金成本是公司的重要成本构成之一，其自动化核算，是通过合同系统、物业系统与财务系统的数据对接和推送实现的。场地租金成本原始信息统一来源于合同系统，由合同系统一点录入、一点修改。合同系统将场租信息推送至物业系统，物业系统根据合同信息自动生成场租成本卡片，同时，按月自动根据合同金额、合同期限生成月度场租金额，并准确匹配至站址和合同，自动推送至财务系统。付款由物业系统发起，经报账系统传递至资金系统一点支付，最终实现了从合同系统到物业系统再到财务系统“源头录入、自动传递、刚性管理”的自动核算机制，真正实现了场地租金业务的业财融合。

（3）资源资产一体化管理。通过资源资产一体化的资源资产管理系统，实物资源与账面资产实行一个入口、一套编码、一个流程的一体化管理。为确保数据源头一致，资源与资产数据统一由项目管理系统（PMS）一个入口生成。由资源系统管理和监控实物资产的各项流程，包括调拨、利旧、闲置、维修、盘点、转让、置换和报废等，在资源系统操作完成后，资产卡片自动更新状态、自动核算资产价值，全过程不需要财务人员干预，有效实现资源资产一体化管理。

（4）工程项目的自动核算。公司通过“互联网 + 模块化”方式进行工程建设项目的管理。模块化是为了实现物资和服务全部标准化，具体方式是将项目统一划分为塔桅、塔基等产品模块，并在各模块下给出各子模块的名称、工作内容、计量单位及基准价格等标准化格式和内容，据此开展线上采购等管理工作。结合“在线商务平台”进行统一采购，控制项目工程的采购质量和造价。两者相结合有助于提升对项目质量、进度、造价三大管理要素管理的能力。

通过“在线商务平台”，实现工程项目采购订单全部数字化，通过构建全系统统一的物资服务编码，实现全部物资和服务与账面资产的对应，在此基础上，统一工程项目核算、装配、转入固定资产等自动化规则，从而实现了全部工程项目自动核算。

（5）资产全生命周期管理。通过业务系统、财务系统与一级架构的运维监控平台相结合，对资产进行全生命周期管理，实现资源能力的可视化、运营维护的可管理、运营成本的可控制。从工程项目建设开始，通过模块化设计与在线商务平台的结合，实现资产从项目立项到项目决算的自动化核算。依靠资产资源系统的一体化设计，从资产形成到后期的资产运营全程一体化处理，充分提高资源全生命周期的管理能力，降低运营成本，为社会创造价值（见图3）。

（三）管理精益化——建立单站核算管理会计体系

为了准确反映各物理站址的成本和效益情况，公司通过业务系统与财务系统对接，将业务系统中的数据直接对应到每个单站，同时财务系统中以每个物理站址为核算对象，准确归集资产、收入、成本，全国数百万的站址对应着数百万张的损益表。以单站核算为基础的精益化管理结合公司运营监控平台，可以随时为管理层提供各站址的运营状态和损益情况。在单站核算的基础上，各层级责任主体都能够清晰地表现其业绩数据，实现“一个站址一张损益表、一个经营责任人一张损益表、一个经营主体一张损益表”。

以单站核算为基础的精益化管理，为公司的运营管理提供有力支撑。首先，单站核算有助于提升全面预算的精准管理水平。精益化的预算管理，可以帮助公司精准定位问题，及时发现数据异常，精准分析原因，找到提升单站收益和投资报酬率的方法，从而促进经济效益提升。其次，单站核算支撑过程管控，有助于定位问题督导改进。通过设立内部标杆，督促各分公司之间找差距、促改进。最后，单站核算支撑考核管理，便于落实经营主体责任。每个单站对应各分公司责任中心，可以清晰地反映各责任中心的业绩差异，有利于业绩考评。

公司坚持精益化管理，依托单站核算体系强化建设方案、平台采购、过程管控、成本对标评价等管控。通过单站核算对经营发展全面体检，精细化收入管理、收支配比、经济效益评价及全面运营、投资评价和预算管理。借助于透明、高效的互联网管理模式，精准集约使用成本，促进降本增效。

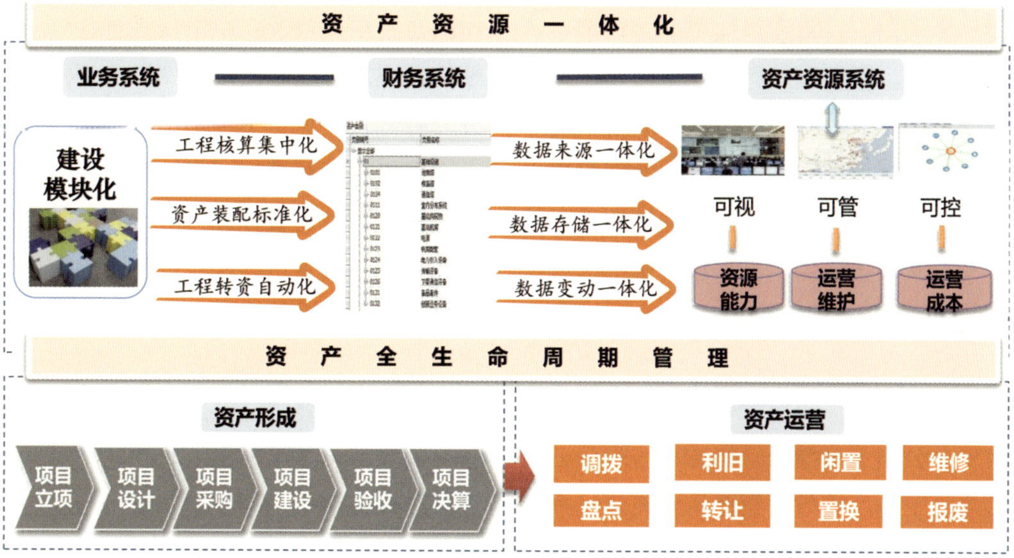

图3 资产全生命周期管理

（四）战略导向的绩效考核制度

为落实公司战略目标，中国铁塔对未来三年的发展规划为：确保营业收入增幅在国际同行中保持领先，利润增长明显超过收入增长，打造国际同行中最具潜力的成长型与价值创造型“两型企业”。2019 年，为承接公司战略目标规划，强化分公司自主经营能力，中国铁塔对省、市级分公司设置了统一的绩效考核制度，如表 1 所示。

表1 分公司绩效考核方法

考核类别	考核指标	分值
业务发展（50 分）	营业收入增长率（EBITDA 率、回款率）	50 分
经济效益（50 分）	资产报酬率（利润改善贡献率、利润完成差异率）	50 分
重大责任事项（扣分）	1. 综合服务能力	
	2. 内部控制规范	
	3. 安全生产	

在考核指标体系中，分为业务发展（以营业收入增长率衡量，并根据EBITDA率和回款率调整）、经济效益（以资产报酬率衡量，并根据利润改善贡献率、利润完成差异率调整）、重大责任事项（包括综合服务能力、内部控制规范和安全生产三个方面）三大类业绩指标。其中业务发展类指标与发展规划中的营业收入增幅要求相匹配，经济效益类指标与发展规划中的利润增长要求相匹配，重大责任事项类指标体现了公司的风险管理要求。

根据绩效考核得分以及各分公司之间的内部排名情况，决定绩效考核结果。通过将省分公司年度绩效考核结果与省分公司领导班子年度绩效薪酬挂钩，充分发挥绩效考核的“指挥棒”作用。同时，将绩效考核结果作为干部任免提拔的重要量化评价参考依据。通过加大年度绩效考核在省分公司工资总额增量中的挂钩比例，统一各分公司价值导向，进一步强化绩效导向的分配机制。

（五）预算管理与标杆管理的有效整合

铁塔公司的预算管理特点主要表现为：一是预算编制精细化，分区域、分产品、分客户、分增存量编制预算，以单站核算为基础，实现收入、投资、成本预算的精细化编制。二是预算编制目标自主确定。依靠业绩考核制度的引导和精细化单站核算，鼓励各分公司自行确定预算目标。在业绩考核制度中设置利润完成差异率调整指标，利润完成差异率指标=（本省2019年利润总额实际完成数÷2019年本省上报利润总额预算－1）×100%。如果利润完成差异率在正负10%以内，不扣分；超过以上标准的，视差异情况扣0.2～1分。这可以引导各分公司报出更准确的预算目标。三是预算管理与标杆管理相结合。根据各分公司的自主申报情况，中国铁塔对各分公司预算情况进行汇总反馈，试算考核指标得分。各分公司在自主申报预算目标的基础上，可以根据预算情况作出的试算考核得分与其他分公司进行标杆对比。借助内部标杆管理，各省市分公司可以明确与全国平均水平、全国先进水平之间的差距，并找到具体原因。为帮助各分公司进行横向对标，公司设置了详细的指标分解，为各分公司的决策提供细致、明确的指导。将标杆管理前置化到预算期之前，由各分公司自行对标先进、寻找差距，促进改善，并据以调整其预算目标，如图4所示。

四、启示

（一）结合公司的业务特点，以平台化管理提升管理会计整合效果

中国铁塔的业务特点是：资产高度分散、全国业务同质性高、商务模式重在共享、专业化运营资产，这些业务特点决定了公司必须以低成本、高效率的运营模式作为生存和发展的基石。

根据公司的业务特点，中国铁塔打造统一管理平台，将业务系统与财务系统融会贯通。通过全国统一的管理平台，总部能够及时了解全国各地的实时业务与财务情况，利用信息的实时传递，对发现的问题及时跟踪、督促改进。各分公司依托统一的管理平台能够及时对标查找问题、分析原因，从降低建设成本、促进资产延寿、优化运营成本等多维度提高经营管理水平，进而提高盈利能力。依托管理平台，总部协助各分公司主动适应变化，学会依托系统和数据管理好企业。依托管理平台进行的单站核算、资产全生命周期管理、预算管理等，有效提升了管理会计工具的应用效果，增强了公司创收盈利、提质增效的能力。可见，平台化管理模式有助于提高大型企业集团的信息透明度和决策效率，强化管理会计的实施效果。

（二）业财融合是创新管理会计的核心，要渗透于生产经营全过程

中国铁塔的管理会计创新是以业财融合为基础实现的，有效的业财融合细化了精细化管理的颗粒度，加强了预算管控的管理控制效果，提升了财务工作的效率，为更好地实施业绩管理提供了基础。中国铁塔通过打造业务财务融合的系统，将财务渗透到各个业务领域。收入、场租、电费、维护费、工程项目等业务明细同时作为财务明细账，业务人员在业务系统操作完毕，业务明细和财务明细数据自动同步生成，实现了真正的业务财务一体化和会计核算自动化。依托业财融合的系统支撑，中国铁塔用有限的人力支撑了海量的工作，极大提升了会计核算效率。总部财

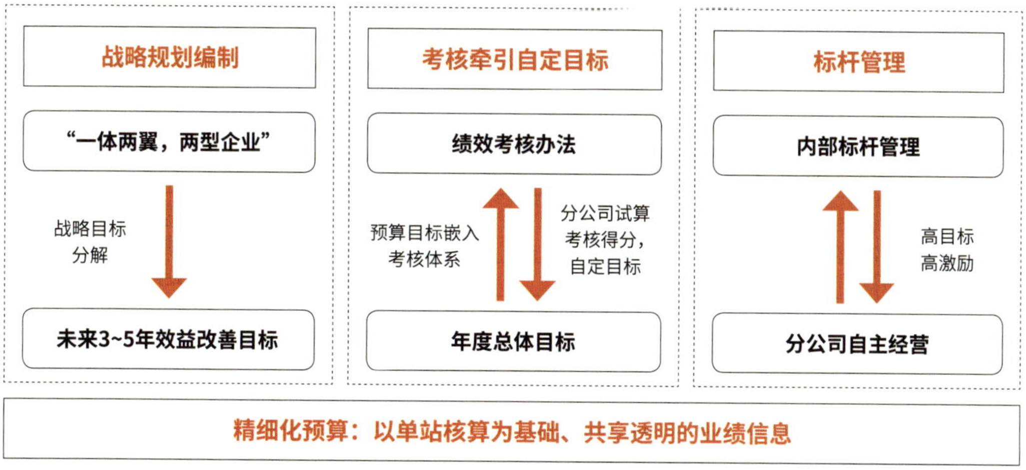

图4 中国铁塔的预算管控框架

务部以目前20名财务人员的配置，面向31个省、381个地市实施财务职能管理，提供集团一点出报表、总部集中支付、自动转资、自动核算，实现了全公司核算业务集中统一控制。

（三）业财融合需要以明确的公司战略为导向

业财融合是公司战略落地的客观需要。中国铁塔的业财融合为公司战略提供了更加高效、透明的管理环境，有效提升了管理会计工具整合的实施效果。另外，有明确的战略引导，才能更好地发挥业财融合的功效。中国铁塔的业财融合，基于共享的基因，服务于公司的成长与价值创造，彰显了中国铁塔专业化的运营能力，为其打造“低成本、高效率、优服务”的综合竞争力提供了有力支持。

（四）集中统一的 IT 支撑是基础

中国铁塔通过自身的IT团队在业务系统软件研发能力方面的优势，开发出适合铁塔公司运营特点的IT系统，为公司的数字化运营打下了坚实基础。公司IT建设坚持自主开发、统一平台、资源共享、业务主导、服务基层。自有人员掌握核心技能，部分代码开发测试可以采用劳务的方式解决。公司IT部门坚持服务基层的理念，既支撑整体管理，也针对基层实际使用的问题，既是总部的IT部门，也为省、市分公司提供IT服务。在系统设计理念上，IT系统设计坚持业务部门主导，结合一线实际进行流程设计，主导业务流程验证，这为公司的业财融合提供了坚实保障。

（五）不足之处与改善的方向

在业财融合的基础上，中国铁塔具备了强大的业务数据收集和加工能力，为管理会计功能的发挥提供了良好的信息支持，但是在如何有效挖掘公司积累的海量运营与财务数据潜力、提升大数据背后的决策价值方面还有很大的发展空间，包括利用大数据指导定价决策、投资前评估、业务预警、财务数据监控、成本动因分析等方面还需要进一步探索。接下来，公司将充分挖掘海量精细化站址数据资源的潜力，优化投资决策模型，制订有针对性的价值提升方案，推广成本管控的先进经验，进一步探索公司管理会计与大数据管理的交叉融合，实现公司智能化管理水平的跃升，积极推动数字化背景下我国管理会计体系的创新。

参考文献：

[1] 佟吉禄、高春雷、杨晓伟、王天鹏、卜照坤：《深化业财一体化建设 构建数字化运营体系——中国铁塔财务数字化建设和运营实践》，载于《中国企业改革发展优秀成果2019（第三届）上卷》2019 年 12 月。
[2] 刘梅玲、余坚、卜照坤、朱金波：《中国铁塔的数字化建设和运营之路》，载于《中国管理会计》2018 年第 3 期。
[3] 卜照坤：《中国铁塔基于绩效考核与评价引导的全面预算管理实践探讨》，载于《中国总会计师》2020 年第 1 期。
[4] 付建敏：《基于大数据的 TT 通信公司固定资产管理信息系统应用研究》，中国财政科学研究院硕士论文，2019 年。
[5] 汤谷良、夏怡斐：《企业“业财融合”的理论框架与实操要领》，载于《财务研究》2018 年第 2 期。
[6] 刘岳华、魏蓉、杨仁良、张根红、李圣、肖力：《企业财务业务一体化与财务管理职能转型——基于江苏省电力公司的调研分析》，载于《会计研究》2013 年第 10 期。

中国石油基于价值的战略管理会计创新实践

刘跃珍 中国石油天然气集团有限公司

张新民 对外经济贸易大学

【摘要】中国石油以基于价值管理（VBM）的战略管理会计理论框架为指导，以企业战略目标为核心，挖掘企业价值创造驱动因素，构建了“业财融合、全球共享、司库管理、资本运营、金融控股”五大平台，推动企业财务转型，实现企业价值创造，也为大中型企业集团完善管理会计体系提供相应的理论基础与经验借鉴。

【关键字】战略管理会计 企业价值 财务转型 中国石油

发表于《中国管理会计》2020年第4期，总第14期。

一、引言

中国石油天然气集团有限公司（以下简称“中国石油”）结合自身经营管理特点以及近年来加快推进高质量稳健发展的战略转型要求，遵循“战略引领、价值导向、业财协同、稳健发展、过程管控”的总体思路，坚持“运营”和“管控”并重，不断推进战略管理会计探索与创新，构建基于价值管理（value based management，VBM）的战略管理会计理论框架，并基于此搭建“业财融合平台”“全球共享平台”“司库管理平台”“资本运营平台”“金融控股平台”五大财务运营管控平台，推动企业财务管理转型。

二、构建VBM战略管理会计理论框架：理论与贡献

（一）VBM战略管理会计理论框架

VBM战略管理会计理论框架是企业管理会计活动以企业价值创造为目标，涵盖企业长远发展战略，同时尽可能地量化财务战略，将财务管理理念、财务管理方式、财务管理流程进行整体再造和有序梳理的逻辑体系。按照Ittner and Larker（2001）的思路，VBM战略管理会计需要包括如下要素：第一，明确企业价值创造目标；第二，明确企业战略与业务特点；第三，分析价值创造驱动因素；第四，基于企业价值创造驱动因素，重构企业财务管理活动。

中国石油作为特大型石油石化企业集团，是产、炼、运、销、储、贸一体化的综合性国际能源公司，在财务管理活动中具有很多独特性：第一，规模体量大。不仅总资产和营业收入体量大，而且涉及下属主体单位与用工人数巨大。第二，产业链条长。业务涵盖国内外石油天然气勘探开发、炼油化工、油气销售、管道运输、国际贸易、工程技术服务、工程建设、装备制造、金融服务、新能源开发等，覆盖油气上下游全产业链，融合产品市场和资本市场两大市场。第三，国际化程度高。一方面，建成五大海外油气合作区、三大油气运营中心和四大油气战略通道，对全球能源格局具有重要影响；另一方面，受国际油价变动、地缘政治等因素的影响较大。第四，社会责任重。承担保障国家能源安全、推动绿色发展等多重职责。

结合中国石油集团化经营的业务特点和战略发展目标，首先，需要明确战略财务以价值创造为核心，保障财务管理活动能够有效服务于集团战略目标实现；其次，中国石油在原有VBM管理会计理论框架仅注重产品市场的基础之上，创造性地将资本市场纳入VBM理论框架，由此确立企业价值创造驱动因素主要包括运营效率、风险控制、资本成本、资金配置与变革创新。结合产品市场与资本市场运营特点，重构业务财务、共享财务、司库财务、资本财务四大财务管理活动，服务于产品市场与资本市场价值创造；构建业财融合平台、全球共享平台、司库管理平台、资本运营平台、金融控股平台，为四大财务管理活动转型提供支撑保障，创新性地形成

VBM战略管理会计理论体系，如图1所示。

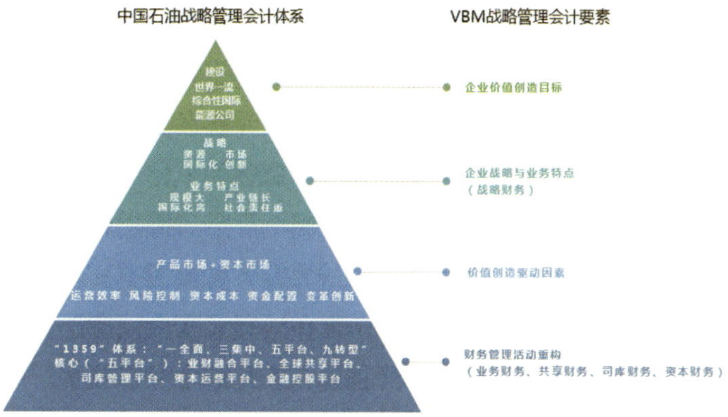

图1 中国石油VBM战略管理会计理论框架

中国石油根据上述VBM战略管理会计理论框架，在实践过程中设计“一全面、三集中、五平台、九转型”财务运营管控体系（简称“1359”财务运营管控体系），以集中统一管控为基础，发挥战略财务的引领作用，提升集团财务运营管控水平。其中，“一全面”表示全面预算管理；“三集中”表示会计核算集中、资金集中、债务集中；“五平台”指业财融合平台、全球共享平台、司库管理平台、资本运营平台和金融控股平台；“九转型”要求从决策执行向决策支撑转变，从价值核算向价值提升转变，从工业化思维向互联网思维转变，从集权管理向分级授权管理转变，从职能管理向一体化协同管理转变，从内部管理向内外联动管理转变，从传统会计思维向管理思维转变，从事后监督向源头治理转变，从单一专业知识结构向复合知识结构转变，如图2所示。

图2 中国石油“1359”财务运营管控体系

中国石油“1359”财务运营管控体系转型实践，以五大平台构建为核心和载体。其中，业财融合平台聚焦开源节流降本增效工程，基于价值链理论，旨在破解业务部门与财务部门之间的职能壁垒、认知偏差和行为冲突，以推进跨部门、跨业务的一体化协同。该平台探索形成了以压力测试和底线思维为特色的预期传导机制、以多维价值导向为特色的目标引领机制、以双轮驱动为特色的绩效激励机制、以行动计划为特色的目标执行机制和以业财协同为特色的价值创造机制，真正推进了各环节优化，促进了业务财务活动的有效开展。

全球共享平台则聚焦于流程再造和管理变革，基于价值链理论中的支持性活动部分，通过采用更为集约、高效的模式，探索以更低的成本、更好的服务实现共享财务，从而为公司创造更多价值。中国石油基于公共服务资源建设“大共享”的整体框架，以财务共享为管理变革先行者的推进策略，以价值创造为核心的财务共享服务体系，以智能化为主要特征和发力点的关键举措，以解决痛点难点问题为着力点的具体应用，将共享平台定位为集团财务管理的有机组成部分。

司库管理平台聚焦集团资金一体化运

营，依托信息系统，统一管控上市和未上市企业、能源主业和金融企业资金运行，统一管控资金流动性和投融资业务，统一管控资金风险。中国石油搭建的集团司库平台，充分体现了“司库”这一先进的资金管理模式组织专业化、资源集约化、手段信息化等特点，有效推动了中国石油资金管理由总量集中管理，向存量、流量的一体化、精细化、实时化运营管控转型升级。

资本运营平台和金融控股平台同作为资本财务活动的支撑基础，各有其突出的亮点。资本运营平台聚焦资产创效能力提升，推动财务管理向资本运营延伸；金融控股平台聚焦产业链价值提升，着力提高金融业务创效能力，从而有力支撑资本财务的构建。

（二）中国石油战略管理会计体系的贡献

中国石油战略管理会计体系是VBM战略管理会计理论框架的有益探索，其理论价值和实践意义主要体现在以下五个方面。

（1）以战略目标与价值创造为核心，创新探索战略管理会计理论体系与运营实践。中国石油管理会计实践基于企业战略目标，挖掘促进企业价值创新的驱动因素，创造性地将产品市场与资本市场加以有效融合，构建五大管理活动平台，形成VBM战略管理会计体系。

（2）业务财务建设为业财融合开辟了有效实施路径。业务财务建设通过健全和完善开源节流降本增效工程运行机制，搭建了各部门全流程参与的价值管理平台，为业财融合提供了坚实的载体，从而推动财务向业务领域和生产经营全过程深度延伸。

（3）共享财务建设为企业管理的共享化、智能化转型奠定了实践基础。共享财务的实践，为建设“共享中国石油”提供了理论依据与经验借鉴。通过资源整合，重塑业务流程，释放效率和效能，促进财务职能、人员技能结构的优化转型。

（4）司库财务建设为集约运营和风险管控提供了有效保障。司库财务建设将集团金融资源统一纳入司库管理平台，对集团的所有金融资源进行垂直管理，构建“全面、统一、集中、规范”的资金管理体系，实现集团资金管理专业化、信息化、一体化。

（5）资本财务建设为提升资本配置效率作出了重要创新。资本运营平台建设，通过推进战略资本运营，实施重大资产重组，创新金融工具应用，强化公司治理及市值和分红管理，推动财务向资本市场延伸，有效增强了财务的价值创造能力。金融控股平台建设，打造出具有能源产业特色的产业链金融，为金融业务服务实体经济树立了典范。

三、构建VBM战略管理会计的主要做法

（一）聚焦开源节流降本增效工程，打造业财融合平台

基于价值链理论，企业的价值创造是一系列业务活动的优化和组合，因而财务发挥价值创造作用必然要向业务领域延伸。公司自2014年起全面实施开源节流降本增效工程，统筹各部门、各业务，以及改革重组、投资建设、生产运行各项活动，搭建了齐抓共管、全员参与、业财融合的价值管理平台。

1. 以压力测试和底线思维为特色的预期传导机制

推进业财融合，首要任务是解决财务与业务部门思想认识不一致的问题，通过设定清晰、明确的经营目标，树立统一“价值观”，实现各部门、各业务及整体和局部在经营理念上的高度一致。

（1）开展压力测试，传导业绩预期。中国石油开源节流降本增效工程以压力测试为起点。所谓“压力测试”，就是建立油气全产业链效益分析模型，应用敏感性分析等管理会计工具，预测油价、汇率、市场供需等重大因素变化对产业链整体和局部效益的影响，推动各业务、各所属企业对外部环境变化的预期趋于一致，形成通过主观努力抵消客观因素不利影响的行动共识，以此为动力拓展开源节流降本增效空间。

（2）确立底线目标，倒逼业财协同。为把业绩预期转化为能够更清晰感知的量化目标，根据压力测试结果，将“油价 40 美元 / 桶集团整体不亏损、自由现金流长期为正”作为中国石油开源节流降本增效工程长期坚守的效益底线。底线目标，成为公司确定业绩改善目标的重要依据，体现了预测、预期、预防并重的价值管理理念。各部门、各业务共同遵守上述底线目标，进而倒逼投资规划、资金计划和生产运行安排等按照底线效益目标不断优化。

2. 以多维价值导向为特色的目标引领机制

开源节流降本增效工程与全面预算管理互为依托、相辅相成，如图 3 所示。传统预算侧重短期效益，对中长期可持续发展关注不够；主要管控成本、利润等效益指标，对资产质量和投资效果等效率指标关注度不高；主要以历史经验值为基础编制，难以基于价值链整体优化对局部业务进行超前、主动调整。开源节流降本增效工程基于产业链整体价值最大化，对各业务提升核心竞争力提出综合性改善要求，弥补了传统预算管理的不足。

（1）基于预算、高于预算。年度预算目标是各业务在现有运营水平上需要达到的绩效考核基本要求。开源节流降本增效目标是在现有水平基础上，经过主观努力后力争实现的奋斗目标，因而是比预算目标更高的综合性发展目标。

（2）多维价值目标导向。开源节流降本增效工程着眼于推动高质量发展，提升国际竞争力，创建世界一流示范企业；化解风险和挑战，实现稳健可持续发展；提高产业链核心竞争力，缩小与行业先进水平对标差距等多重发展目标要求，量化确定综合性奋斗目标，协调各业务发展的规模速度与质量效益，推动实现更高质量、更有效益、更有效率的发展，如图 4 所示。

（3）整体价值目标的协同。开源节流降本增效工程基于油气价值链整体价值提升，

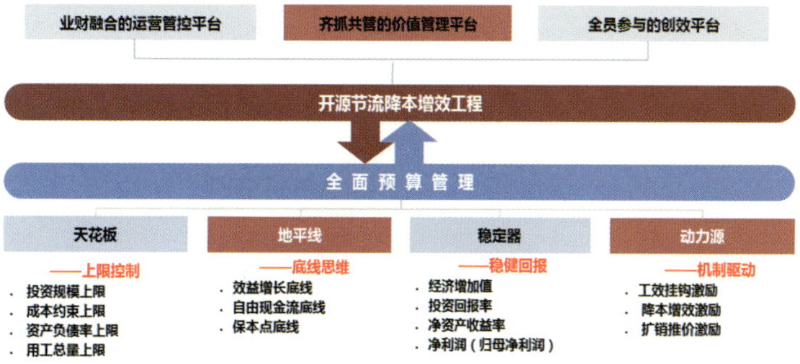

图3 开源节流降本增效工程与全面预算管理互为依托

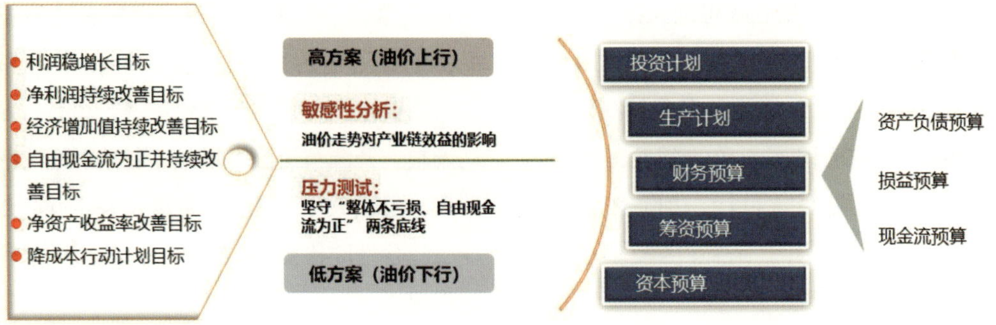

图4 开源节流降本增效工程的多维目标导向

对各业务提出优化目标。例如，根据国内上游业务控制投资降成本的考虑，对油服业务提出钻井价格三年降低15%的要求，倒逼其降低钻井成本等。

3. 以双轮驱动为特色的绩效激励机制

中国石油逐步形成了预算目标+开源节流降本增效奋斗目标“双轮”驱动的绩效管理机制。

（1）预算目标强约束严考核。年度预算目标是业绩考核的基本目标，在执行中强调其刚性，实行“总部—专业公司—地区公司”三级预算管理，逐级签订业绩合同，层层分解下达业绩目标。建立预算目标分档计分办法，根据预算目标同比改善幅度，区分盈利和扭亏性质，实行不同档次考核计分。实施预算考核调整事项清单制管理，公开透明考核。

（2）开源节流降本增效奋斗目标以正向激励为主。鉴于开源节流降本增效奋斗目标高于年度预算目标，因而在实施中以激励为主。健全配套奖励政策，对完成开源节流降本增效专项任务的企业给予业绩考核加分奖励。

（3）注重绩效考核导向的协调联动。基于产业链整体价值提升，局部业务为顾大局保整体，可能会使其自身利益受损。为协调这一矛盾，制订了关联业务联动考核机制。

4. 以行动计划为特色的目标执行机制

中国石油每年明确工作目标、主要措施和组织实施要求。同时，实施净利润提升、

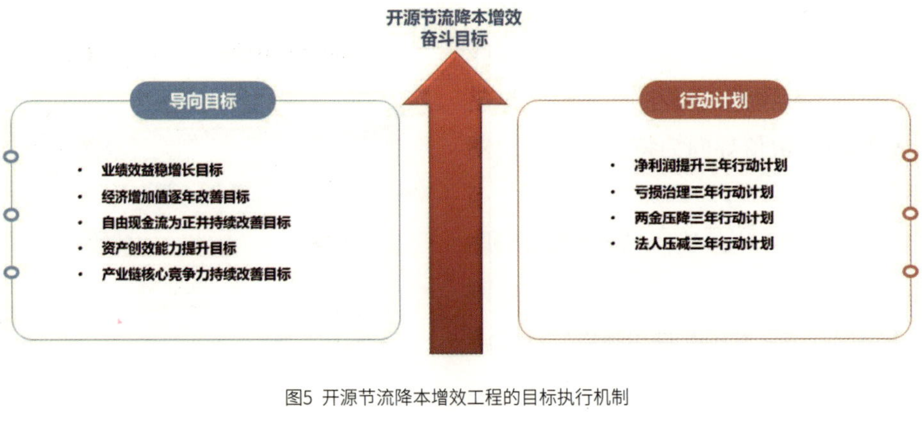

图5 开源节流降本增效工程的目标执行机制

亏损治理、“两金”（存货和应收账款资金占用）压降、法人压减4个三年行动计划，使开源节流降本增效工程既有底线目标，又有具体中长期行动计划，如图5所示。

4个三年行动计划分别明确了专项行动在未来三年中分年度的量化管控目标，逐级分解到各业务、重点管控环节和重点监控企业。以净利润提升三年行动计划为例，测算确定了各业务未来三年净利润、净资产收益率、归属母公司净利润改善、主要成本费用指标管控、投资收益增长、综合所得税税率降低等的具体目标。

5. 以业财融合为特色的价值创造机制

开源节流降本增效是一项系统工程。中国石油坚持“开源”与“节流”并重，从强改革、调结构、拓市场、建机制、谋创新、防风险，以及控投资、降成本、去产能、去库存、去杠杆、促瘦身等方面，执行“一揽子”开源节流降本增效措施，推动各部门、各业务、各企业发挥各自优势，共同推进企业价值提升，如图6所示。

（1）投资管控优化。按照开源节流降本增效工程“自由现金流为正”的底线要求，建立投资与油价和自由现金流联动机制。根

图6 开源节流降本增效工程主要措施

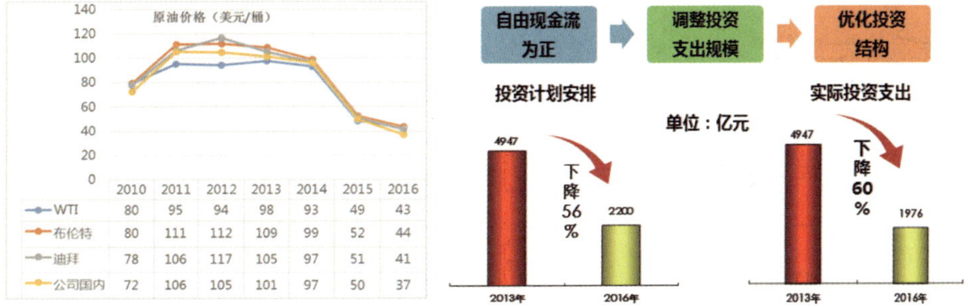

图7 投资与自由现金流和油价联动

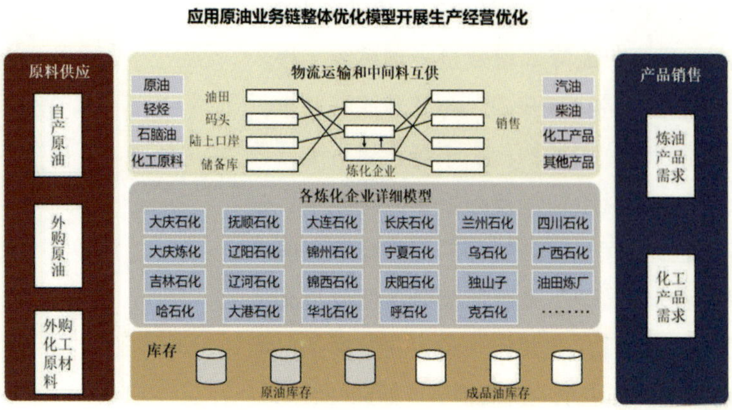

图8 原油业务链整体资源优化

据油价走势、效益预期和自由现金流状况，统筹安排投资计划，有效抵御了油价波动和市场风险，如图7所示。

（2）资源配置优化。中国石油所属企业围绕落实开源节流降本增效奋斗目标，强化油气产业链各环节的整体资源优化配置，最大限度挖掘产业链创效潜力。以原油资源优化为例，如图8所示，中国石油建立了原油业务链整体资源优化模型，开展生产经营计划优化分析，为优化原油资源配置、优化产品生产结构和销售结构、优化原料互供提供依据。

（3）生产运行优化。中国石油实施生产经营“一本账”管理，专业公司、地区公司的财务和生产部门密切配合，定期开展生产经营活动分析，精打细算，优化生产运行。以炼化业务为例，如图9所示，中国石油炼化企业建立基于生产计划与排程（advanced planning and scheduling，APS）的财务效益测算模型，将优化排产结果中的量、价数据，以及ERP中的库存数据、加工费等数据相结合，计划和财务部门、专业公司和地区公司基于一致的平台开展测算，实现了“优化—排产—测算—分析”的业务协同一体化。

（4）单元资产效益优化。中国石油各所属企业以重点项目、单个油气区块、单套炼化装置、单座加油站为效益评价单元，开展经济效益的精细化管控和项目全生命周期管理。

（5）市场化运行机制优化。把健全内部市场化运行机制作为开源节流降本增效的重要内容，重视发挥市场在资源配置中的决定性作用，逐步改变以传统行政指令为主的管控方式，更多地通过资金、价格等价值管

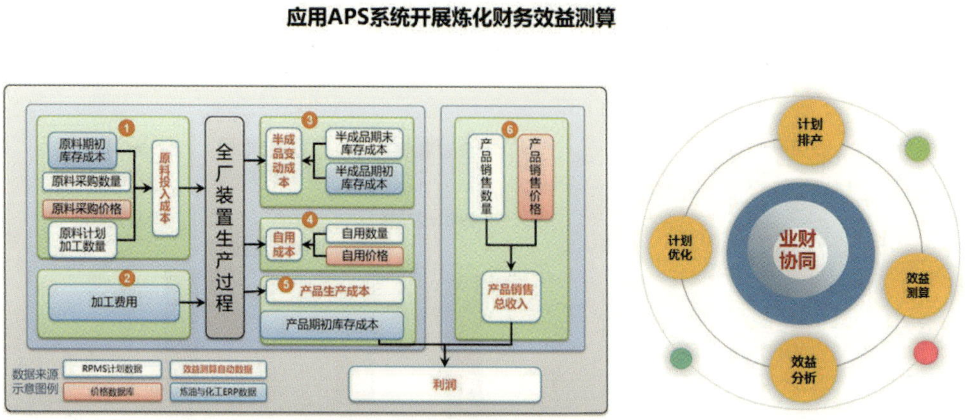

图9 炼化业务生产运行优化

理工具，传导市场信息，引导企业直面市场、优化运行。

（6）纳税和盈利结构优化。为贯彻落实开源节流降本增效工程的净利润，提升行动计划，中国石油开展降综合所得税税率专项工作。通过实施总部费用合理分摊，化解盈亏不平衡矛盾，降低企业所得税费用永久性差异和可转回可抵扣差异，规范税收政策利用等举措，优化盈利结构和纳税结构。

（二）聚焦流程再造和管理变革，打造全球共享平台

1. 基于公共服务资源“大共享”的整体框架

（1）一个平台，多路共享。中国石油共享建设明确了“一个平台，多路共享”，建设综合型共享服务体系的总体思路和框架。从集团价值链全过程出发，从全流程的视角对业务进行端到端的优化整合，推动公共资源整合运作及垂直管理与价值链协同，推动资源优化配置，提升整体运行效率和效益。

（2）统一规划，协同建设。中国石油对共享服务建设进行统一的顶层规划，内容包括战略定位、建设范围、运营模式、治理架构、组织机构、流程框架、系统架构、实施规划等。共享中心与各业务线共同制订统一的实施方案，包括实施步骤、标准和时间计划等，协同推进共享服务建设。

2. 以财务共享为管理变革先行者的推进策略

中国石油共享服务建设理论、方法和工具可以概括为5个阶段、3个层级、10个维度。搭建了全球商务服务（GBS）建设框架，如图10所示。

5个阶段。共享建设是一个长期、持续的过程，通常包括研究、设计、建设、运营、创新五大阶段。

3个层级。共享建设包括服务交付、价值、协调与控制三个层级。服务交付是共享建设的核心，共享的整个建设过程就是对服务交付能力的构建和持续提升；价值是共享建设的成果，而服务交付能力的持续提升是共享组织创造价值的基础；协调与控制是共享建设的保障，共享建设是持续的变革过程，需要通过有效的管理层支持、变革管理及项目管理，保障变革的顺

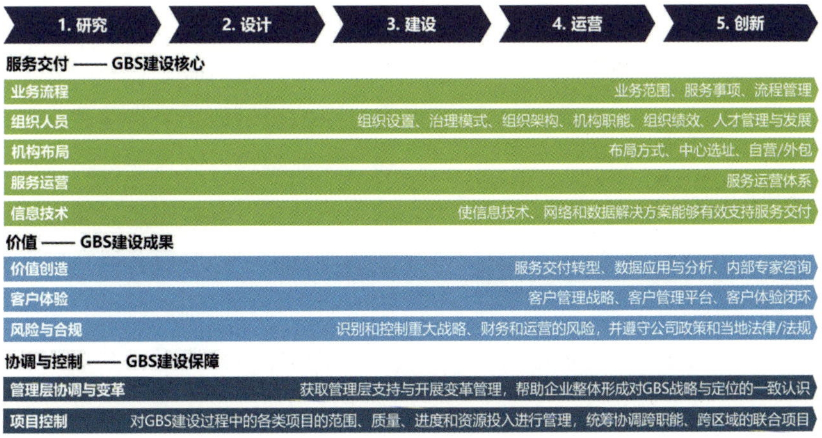

图10 共享服务建设框架

利实施。

10个维度。即服务交付层面的业务流程、组织人员、机构布局、服务运营及信息技术；价值层面的价值创造、客户体验及风险与合规；协调与控制层面的管理层协调与变革及项目控制。

财务共享作为建设综合型共享服务体系的先行者，探索形成的上述理论、方法和工具，为其他业务共享服务提供了理论依据和可复制、可推广的模板，充分证明了共享服务模式在中国石油的实践上可行，更加坚定了共享服务建设的信心和决心。

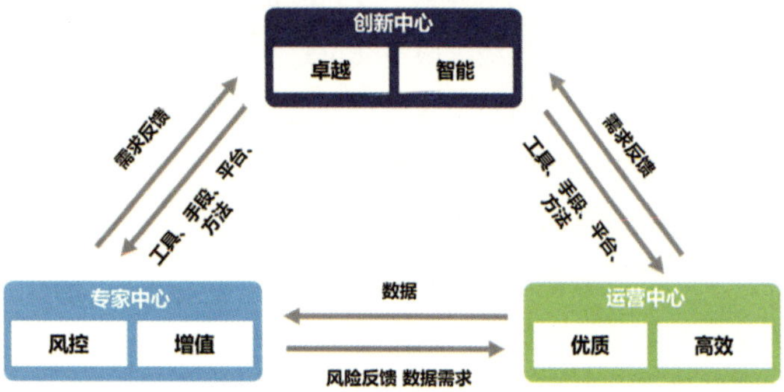

图11 共享服务功能定位

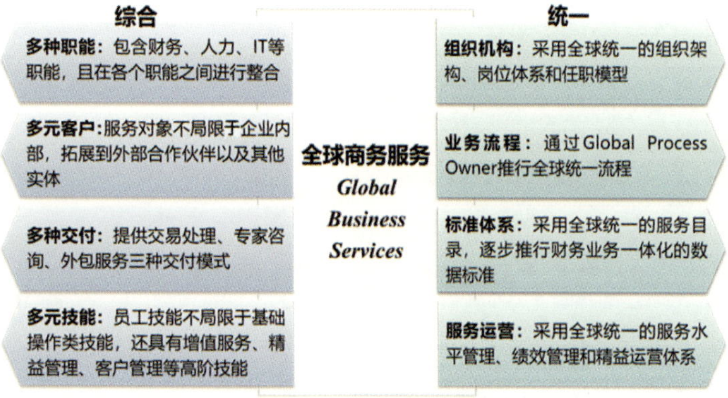

图12 共享服务运行模式

3. 以价值创造为核心的财务共享服务体系

中国石油共享服务建设按照国际先进共享服务标准优化业务流程、部门职责和组织机构。

（1）愿景使命和功能定位。中国石油以努力打造世界一流的智能型全球共享服务体系为愿景，以为公司、员工、合作伙伴提供优质高效服务，推动管理转型，为合规经营保驾护航，为公司创造价值为使命。明确了共享服务运营中心、专家中心、创新中心三大功能定位，如图 11 所示，是中国石油财务管理的有机组成部分。

（2）运行模式和组织布局。中国石油共享采用全球商务服务模式，具有“综合”和“统一”的特点，如图 12 所示。“综合”即多种职能、多元客户、多种交付和多元技能；“统一”即统一组织机构、业务流程、标准体系和服务运营。共享中心组织布局上采用“1+3+N”的区域布局，“1”为共享中心本部，是共享运营的管理机构；“3”为区域中心，负责具体共享运营工作；“N”为在企业相对集中地区设置的业务服务部。

（3）业务范围和发展规划。财务共享业务范围包括基本业务、专项业务、运营性业务和增值服务业务四大类。基本业务指采购至付款、销售至收款和总账至报表三大业务线；专项业务指流程整合形成的“一站式”专项服务，如商旅服务、发票服务、电子档案服务等；运营性业务指中国石油授权的银行账户、票据运作等业务；增值服务业务是将共享职能由后台支持延伸为数字化中枢，提供业务洞察、数据服务和专家咨询等。中国石油共享建设制定三步走建设发展规划，如图13所示。

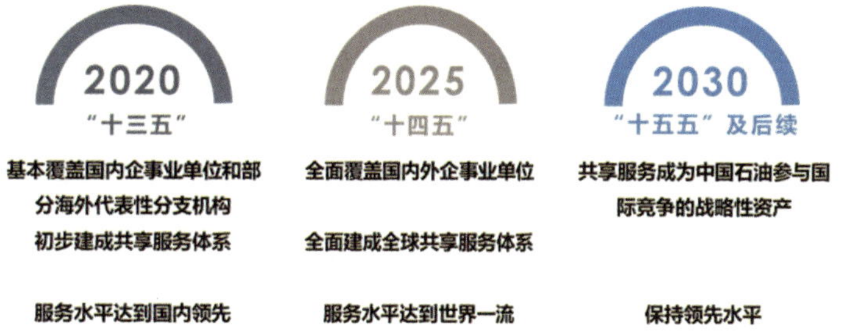

图13 共享服务发展规划

4. 以智能化为主要特征和发力点的关键举措

中国石油共享服务坚持智能化发展方向，积极创新应用智能化信息技术，代替人工执行重复性任务和流程，提升财务运行效率和效益。

（1）小铁人，大成效。中国石油基于多年来财务标准化和信息化基础，积极创新智能化信息技术，自主研发RPA流程自动化机器人，统一命名为“小铁人”，如图14所示。先后上线7类20款140多个“小铁人”机器人，模拟人工制证、审核、支付、查重、分拣、转换和归档7类工作，处理效率平均为人工的20倍，完成工作量占整体工作量的50%以上，自动化率处于同行业领先水平。

图14 RPA机器人

（2）智能化，大未来。中国石油在基于图像识别、知识图谱等人机交互智能化应用方面已经起步，正在研发智能填单相关功能，利用智能识别技术，识别多种票面信息，实现全票面信息自动识别，自动填单（见图15）。

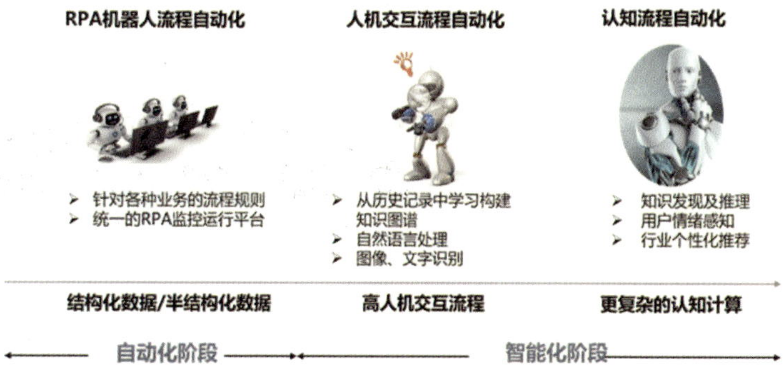

图15 共享服务智能化发展路径

5. 以解决痛点难点问题为着力点的具体应用

财务共享在推进的过程中，聚焦各级企业在管理运行实践中的痛点难点问题，重点攻关，着力突破，形成了按单位推广和按专项业务推广相结合的实施策略。

（1）推进会计档案电子化，解决会计档案保管难问题。作为首家通过国家试点验收的单位，中国石油电子会计档案的实施，解决了传统会计档案保管利用难的问题。

（2）推行商旅集中采购模式，为员工出

差提供“一站式”解决方案。通过整合内外部商旅管理资源，提供“一站式”商旅服务。

（3）推进增值税发票电子化，解决发票风险管控难问题。搭建进项税发票管理平台，应用影像识别技术获取发票关键信息，实现自动验真、查重和超期预警，有效减轻各级企业财务人员工作量，提高业务提报的准确性和合规性。

（三）聚焦集团资金一体化运营，打造司库管理平台

中国石油引入司库理念，推动资金管理向司库管理转型。司库管理平台建设作为司库财务的重要内容，有效对接风险控制、资本成本、资金配置等价值创造驱动因素，推动财务管理活动转型。

“司库”是大型跨国公司普遍采用的先进资金管理模式，具有组织专业化、资源集约化、手段信息化等特点。独立于会计、税务，对资金资源进行垂直管理，成员企业的全部资金资源由集团掌控，风险统一管理，资金统一运作，运用先进的信息技术，与外部金融市场信息和内部ERP系统实现无缝衔接。

1. 建设集团统一资金池和票据池，实施集约化、一体化运作

（1）境内人民币资金集中管理。统一上市与未上市企业账户模式，所属企业经集团总部批准后在签约银行开户，并将银行账户信息与会计科目建立对应关系，避免企业未经批准在签约银行以外机构开立账户，从前端控制资金收入与支出。依托财务公司、合作银行，搭建总分联动账户体系，主要依托财务公司进行集中结算，与合作银行建立信息系统对接关系，通过财企、银企直联方式，将资金实时归集到财务公司，形成集团统一资金池，有效提高资金归集效率，如图16所示。

（2）统一外汇资金池。在北京、香港、新加坡、迪拜组建四大外汇现金池，授权财务公司及其境外子公司，实现美元、欧元、英镑、港币、境外人民币集中。境内采用“先落地，后集中”模式，境外采用现金池收支两条线收付、财务公司账户直接收付等多种

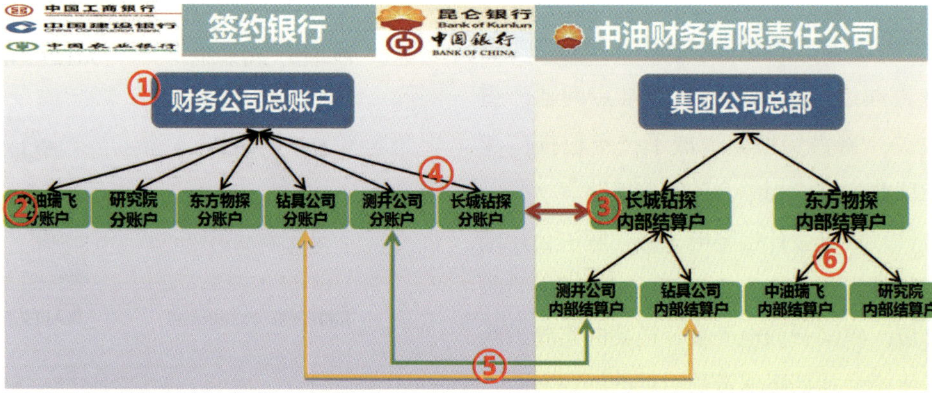

图16 统一境内人民币资金池

模式。

（3）统一票据池。通过银企互联，实现与金融机构、票交所互联互通，通过开展池内票据顺转、错配、融资、交易等业务，实现所属企业票据集中统筹。成员企业收到票据申请入池，总部审批背书集中到集团统一票据池。成员企业对外支付用票时，发起出池申请，总部审批后背书转让票据给成员企业完成对外支付。同时，内部金融机构利用池内剩余大额票据集中开展转贴现、再贴现等运营增值业务。

2. 资金紧平衡管理，创新计划管控模式

（1）建立“年预算、月计划、周控制、日安排”的运行机制。在有效平衡收支、确保进度匹配的基础上，从紧安排、从严控制资金使用。把付款流程的线上审批和支付流程适当分离，建立资金待付池，完成线上审批、具备付款条件的付款单统一存放在待付池中。周计划依据待付池中的付款申请单汇总形成，周计划额度需要在年、月计划额度范围之内，并逐级汇总审批，经总部批复后生效。周计划按周汇总，自动形成每日资金支付计划，并自动发送至银行设置支付额度。所有支出须经总部审批，杜绝计划外支出，确保资金支付安全受控，头寸备付科学合理，如图 17 所示。

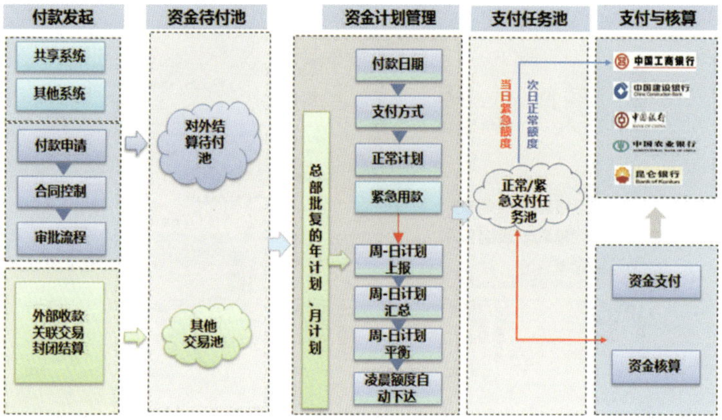

图17 资金计划管控

（2）关联交易及封闭结算。中国石油内部资金结算业务量巨大，年资金结算量的 80% 为内部各级成员企业间的资金结算，因此搭建集团内部结算平台意义重大。

内部结算平台统一结算流程，借助影像、电子签名、短信平台等手段，集团所属上市企业与未上市企业及其下属子企业内部交易实时结算，收款方提交收款信息，付款方进行交易确认。交易平台将数据发送至财务公司网上银行系统，办理结算业务。交易双方实时在线签认，签认的交易财务公司实时结算，实现了交易结算电子化，规避了结算风险，提高了结算效率。内部结算不涉及动用集团资金池资金，收付款双方签认后进行账务处理，节约了资金占用，如图 18 所示。

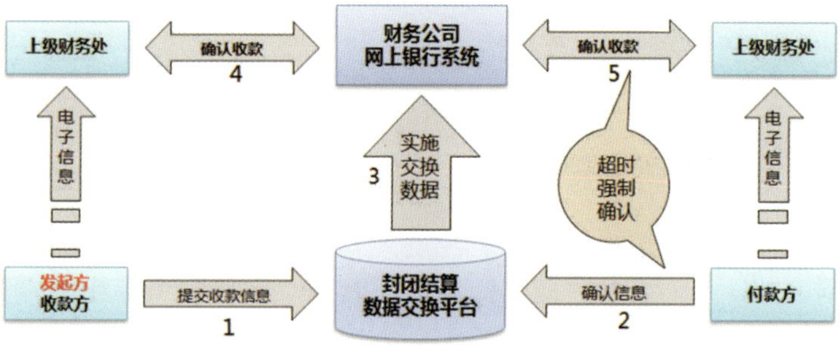

图18 关联交易、封闭结算

（3）收支全程管控。司库系统通过财企、银企直连平台与财务公司资金结算系统及签约银行信息系统进行对接，通过加密报文形式进行数据传输，实现总分联动签约、总分账户支付额度设置、电子回单、代发工资、

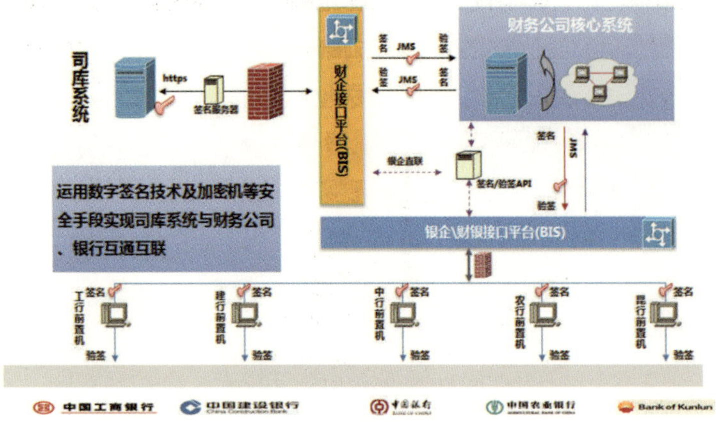

图19 资金收支管控

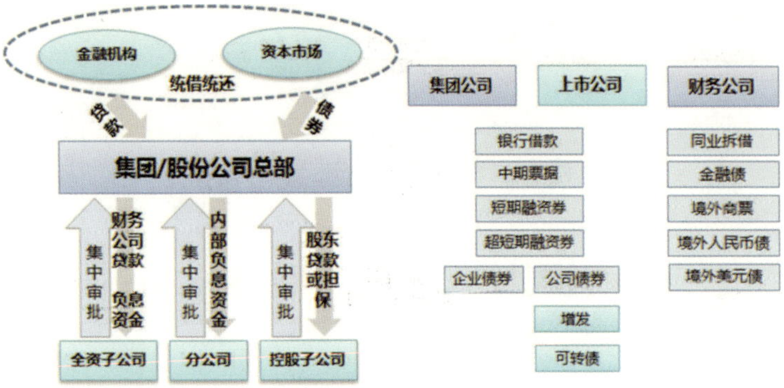

图20 境内债务集中管控

授信等。实现资金收支流程化、结算与核算一体化、现金流量等资金报表和资金分析报表自动化。实现集团总部及所属企业资金收支全程在线管控，提升资金安全及资金管控能力，如图19所示。

3. 深化债务集中管理，构建多元化融资渠道

（1）境内债务集中。根据集团年度资金预算，确定融资方案，由总部统借统还，统一筹融资，所属企事业单位未经批准不得外投、外借、外担保。充分利用集团公司、股份公司、财务公司三个融资平台进行多元化多渠道融资，融资方式主要有银行借款、短期融资券、金融债、企业债券、公司债券、可转债等，选择最优资金成本，择机操作，如图20所示。

（2）境外融资管理。集团统一组织、集中管理海外融资，按融资规划和年度计划实行总量控制，根据项目具体特点，充分利用国内外金融机构、国际债券市场等，设计和安排项目贷款金额、币种、利率、期限以及相应信用支持结构，如图21所示。

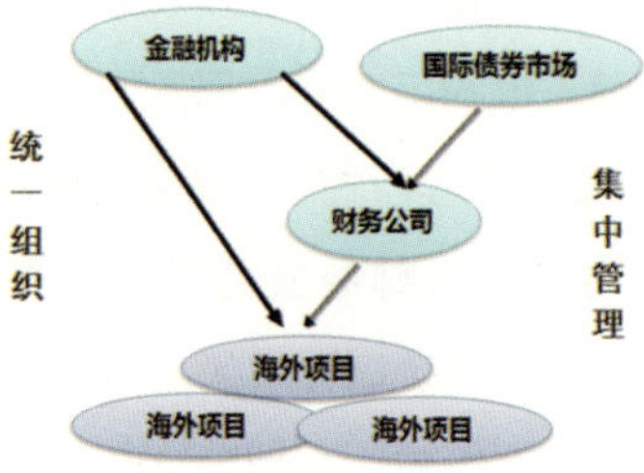

图21 境外融资集中管理

（3）综合授信、集中管理。按照“统一授信、集中管理、逐级审批、分工负责”的原则，建成由集团总部、所属企业、外部银行共同控制的综合授信、集中管理模式，规避中国石油承担的连带责任风险。集团总部同银行签订“总对总”综合授信协议，企业在授信额度内办理信用证、保函等。通过银企对接提高综合授信额度的利用率。

4. 突出重点、覆盖全面，健全资金风险防范机制

（1）加油站资金管控。集成销售企业的加油站管理系统、加油卡管理系统，提高成品油销售企业资金自动对账效率，解决加油站的现金、支票、微信、支付宝、银联POS机及个性化收款方式的资金自动对账问题。收款系统实现与ERP系统批发业务、

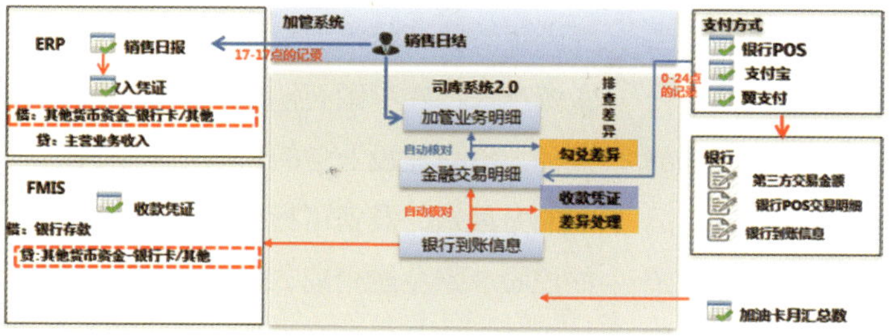

图22 加油站资金勾兑

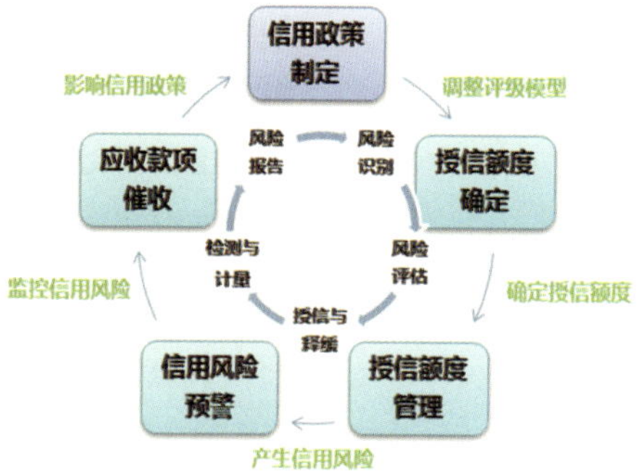

图23 客户风险防范

零售系统集成，建立订单编号、收款交易的一一对应关系，核对 POS 机和第三方支付的银行到账数据与收款交易明细，自动形成收款凭证，自动完成各种促销的台账记录，如图 22 所示。

（2）客户信用风险防范。针对中国石油所属企业与外部客户发生的赊销、预付交易，利用量化风险工具，遵循审慎的业务设计原则，建立并完善相应的风险管理流程，对客户信用风险进行充分识别、准确计量和有效监控，从而达到防范坏账损失的目的，如图 23 所示。

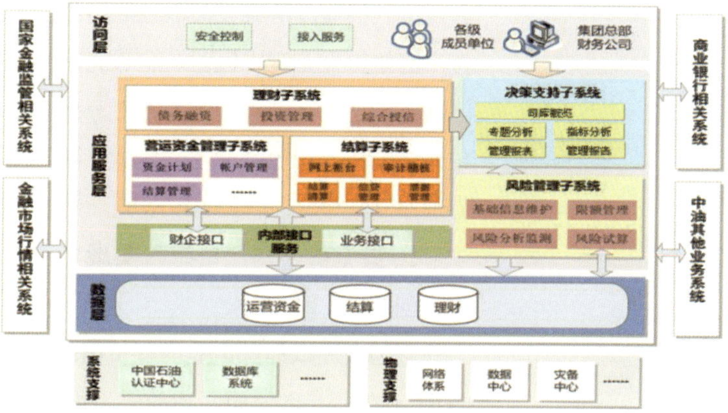

图24 司库管理信息系统

（3）汇率风险管理。中国石油汇率风险管理实行“统一管理，分级负责”的管理模式。总部统一制定汇率风险管理政策，对所属企业进行监督和指导。所属企业按照全过程管理原则，组织本企业汇率风险管理活动，分析汇率变化可能对企业产生的影响，合理选择规避汇率风险的工具和方法。

5. 高度重视信息化，建设集团司库系统

中国石油司库管理平台的建设和运营，主要依托司库信息系统，如图24所示。

司库信息系统包括营运资金、结算、理财、风险和决策支持五个子系统。资金营运子系统对账户、资金计划、资金流量、流向、要素进行全过程在线管理与监控；结算子系统是集团及所属企业唯一对外结算通道，与资金营运子系统共同完成结算集中、资金集中、信息集中；理财子系统对债务融资、综合授信及投资进行管理，实现对投融资及授信业务全流程管控；决策支持子系统建立司库数据仓库，通过数据建模形成分析报告。并且司库与内外部系统进行集成，形成“功能完备、集中统一、高度集成、安全高效”的信息系统，是司库管理体系的有效载体。

（四）聚焦资产创效能力提升，打造资本运营平台

推动财务管理向资本运营延伸，构建“资本财务”是中国石油财务转型的重要组成部分。近年来，中国石油按照“战略型资本运营、价值型股权管理”的思路，打造集中统一运作的资本运营平台，旨在建立完善产权全生命周期管理体系，通过实施重大资产重组，创新股权融资工具，加强上市公司市值管理，持续优化股权结构，不断完善控参股公司法人治理，落实投资收益和分红，实现资产价值提升。资本运营平台作为资本财务的重要内容，有效对接风险控制、资金配置与变革创新等价值创造驱动因素，推动财务管理活动转型。

1. 实施重大资产重组，实现上市公司资产创效

中国石油以提升企业内在价值为核心和目的，依托上市公司平台整合优质资产，实现亏损上市公司扭亏，提升资产创效能力和价值提升。以石油济柴、天利高新两家亏损上市公司重大资产重组为例：

石油济柴主要经营柴油机制造业务，中国石油间接持股60%，截至2015年末资产负债率为76%，2014年、2015年分别亏损1.2亿元、0.8亿元，预计2016年亏损超过3亿元。天利高新主要从事石油化工精细加工业务，中国石油实际控制并间接持股16.3%，截至2015年底，资产负债率约为98%，2014年、2015年分别亏损1.7亿元、7.5亿元，预计2016年以后每年亏损1.5亿元。

由于两家上市公司已连续两年亏损，2016年，被证券交易所实行风险警示，分别更名为*ST济柴、*ST天利，单纯依靠上市公司自身无力扭亏，通过重大资产重组、注入优质资产是治理亏损的有效途径。从注入资产看，在中国石油未上市业务中，金融业务、工程建设业务的市场化水平最高、盈利能力最好，具备可持续发展能力。中国石油控股8家金融企业，参股4家，已经形成较为全面的金融业务板块；工程建设业务拥有6家全资企业，涵盖油气田地面、储运、炼化工程、海洋工程、环境工程等石油工程建设上中下游全产业链，长期保持国内外领先的市场地位。

（1）中油资本重大资产重组上市。

设计了金控平台搭建和上市同步实施的方案。将中国石油一家全资子公司更名为中油资本有限责任公司，通过变更原公司的营业范围，定位中油资本有限责任公司为集团金融业务运营管理的统一平台，将中油财务公司等所属10家金融企业中的中国石油股权划入中油资本有限责任公司。将完成股权划入的中油资本有限责任公司100%股权同步注入石油济柴，随后将其更名为中油资本股份公司，实现搭建金融平台和上市同步完成。

创造性地提出备考审计和评估方式。中国石油创造性地运用备考报表，即假设2016年5月31日中油资本有限责任公司持有拟注入的金融企业股权，以此为编制基础，开展审计评估。该方案取得监管部门的理解和认可，大幅加快了项目进程。

顺利完成配套资金募集。统筹兼顾中国石油持股比例、各金融企业资金需求、市场估值水平、投资者回报要求等因素，确定融资规模，注入资产的投资价值获得了

投资者认可，圆满完成锁定期3年的190亿元配套资金募集，如图25所示。

（2）中油工程重大资产重组上市。

适当剥离部分资产，实现优质主业资产上市。确定四条重组上市标准：一是整体上市，将经营性资产纳入上市范围；二是主业突出，剥离辅业和主业低效资产，提高核心竞争力；三是合法合规，做到资产权属清晰明确；四是利益兼顾，处理好上市资产与存续资产的关系。通过资产剥离，注入资产的净资产收益率、收入净利率得到了较大提升，实现了优质主业资产上市，提升了上市公司的运行效率和盈利能力，并预留了未来的发展潜力。

合理设计同业竞争承诺。中国石油内部的工程建设业务同业竞争情况复杂，根据监管规定，重大资产重组应当“有利于减少同业竞争”，中国石油参照市场同类案例，研究制订了承诺方案并履行承诺。

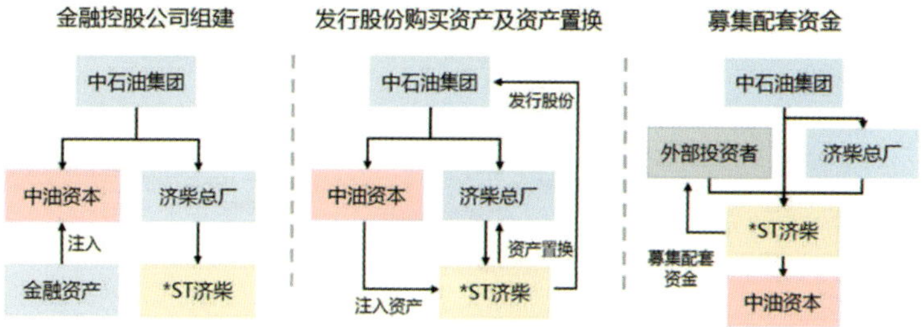

图25 中油资本重大资产重组

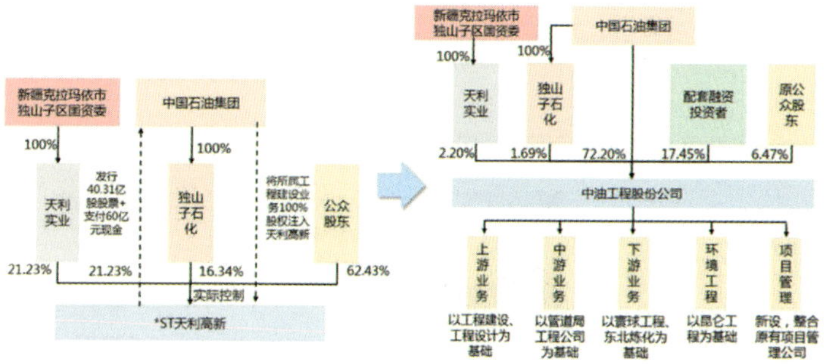

图26 中油工程重大资产重组

优化设计融资发行。综合考虑行业周期变化、资本市场平均收益水平、锁定期等因素，采取了锁定期1年的竞价发行，顺利完成60亿元资金募集，比发行底价溢价30%，有效发掘了国有资产的市场价值，实现高效率融资，如图26所示。

2. 加强上市公司市值管理，提高企业内在价值

市值管理的内涵包括价值创造最大化和价值实现最优化两个方面，核心是建立与经营业绩相匹配的市值体系。

对中国石油而言，公司的价值创造体现在经营利润上，而公司的价值实现表现在公司股价上。中国石油的市值管理体系包括七个方面：一是构建有活力的上市公司治理体系；二是打造有竞争力的上市公司运营机制；三是提升公司成长发展能力；四是利用好政策工具，在低成本融资方面做更多的探索；五是重视海外地缘政治风险；六是争取政府改善政策环境；七是做好投资者关系的维护。

（1）发行可交换债券。

可交换债券（exchangeable bond，EB）是指上市公司股东通过质押其持有的股票给托管机构发行的公司债券，该债券持有人在将来某个时期内，能按照债券发行时约定的条件，用持有的债券换取发债人质押的上市公司股权，如图 27 所示。

可交换债券的优势体现在：一是盘活存量股权，使股东资金来源多元化。二是降低

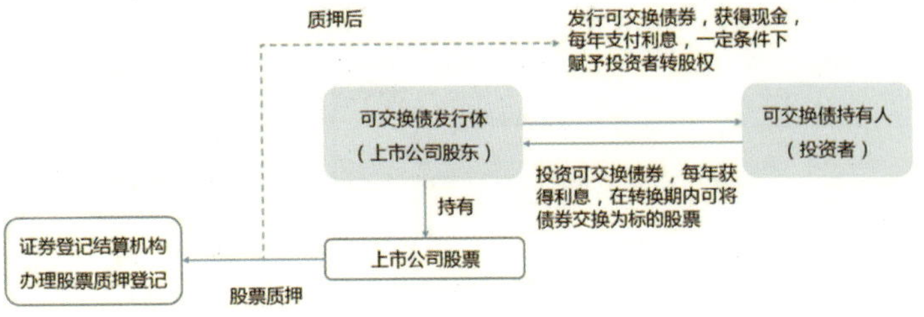

图27 可交换债券交易结构

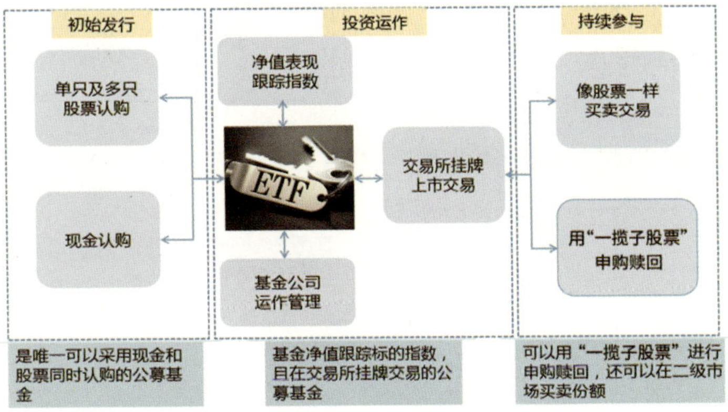

图28 换购ETF基金操作

融资成本，其票面利率一般要显著低于纯债的利率。三是可交换债券的换股股价一般高于发行时点的股价。

（2）成功换购 ETF 基金。

ETF 基金，即上市交易型开放式基金，相对于普通基金的最大优点是，既可以用现金购买基金份额，又可以直接以指数的成份股按市价换购基金份额。用持有的成份股直接换购 ETF 份额，已成为当前优化股权结构的新思路，中国石油是 A 股市场中市值较大的上市公司，公司股票对于各类综合型基金而言，适合作为换购标的，如图 28 所示。

换购 ETF 基金的目的和成效体现在：一是提高了中国石油股票的流动性，有利于中小股东的长期利益。二是单只股票换购成 ETF 后，相当于持有“一揽子股票”，可以分散持股风险。三是中国石油通过换购 ETF 的方式加入国资流动平台，优化资源配置，并完善上市公司股权结构，提高资本运营效率。四是 ETF 是“一揽子股票”的组合，其风险收益特征更为清晰，其走势更能反映资本市场的股价周期，通过 ETF 更有利于加强市值管理，以及国有资本的保值增值。五是具有融资功能，而且质押比例比股票更高，低成本融入资本市场资金。六是 ETF 具有融券功能，国资可以通过 ETF 融券，获取利息，盘活股份。

（3）开展无偿划转股份。

国资委在央企中稳步推进国有资本投资运营公司改革试点。目前，比较明确的试点单位为国新、诚通、国开投、宝钢等，中国石油虽不是试点单位，但近两年已经和宝钢集团、鞍钢集团顺利开展了无偿划转股份，得到国资主管部门的充分肯定，这是央企盘活存量上市股份的重要措施。截至 10 月底，中国石油持有鞍钢股份 845 亿股，持股比例 8.98%，为第三大股东；持股宝钢股份 8 亿股，持股比例 3.59%，为第二大股东。

3. 加强控参股公司治理，落实投资收益和股利分配

中国石油利用资本运营管理平台，在参控股企业全面推行专职董监事制度，并不断进行完善。专职董监事定位于出资人派出到控参股公司专职从事董、监事工作的专业管理人员，按照规定的业务流程，研究任职公司的董事会、监事会和股东会议案等事项，提出处理意见和建议，按派出单位授权，行使董监事和股东代表权利，贯彻落实派出单位意志，维护出资人权益。专职董监事作为公司领导的“信息员、分析员和参谋”，负责收集控参股公司的月度、季度、中期和年度财务报表，动态掌握生产经营情况，开展任职公司对标分析，为加强对控参股公司的管理出谋划策，控参股公司股权投资收益处于较高水平。

图29 金融控股平台架构

（五）聚焦产业链价值提升，打造金融控股平台

金融控股平台建设作为资本财务的重要内容，有效对接资金配置、资本成本、风险控制、变革创新等价值创造驱动因素，推动财务管理活动转型。

中国石油把做强做优产业链金融，作为资本市场价值创造的重要途径和推动财务管理向资本财务转型的重要抓手。2016年以来，中国石油通过对金融业务实施专业化重组和股份制改制，将金融业务整合到中油资本并重组上市，打造金融控股平台，如图29所示。

1. 发挥平台管控优势，实施金融专业化管理

中油资本组建之前，中国石油所属金融企业存在以下问题：一是整体市场化程度不高，市场化机制不到位，核心高端人才缺乏，市场竞争能力弱，效益增长乏力；二是协同效应低，各金融子企业各自为政，交叉营销和协同作战不够，主打产品与油气产业链契合度不够高；三是各金融子企业主营业务各不相同，执行不同监管规则，运营管控难度大等。中油资本成立后，发挥专业化管理和运营管控平台优势，有效提升金融业务运营管控水平。

（1）明确战略发展定位。结合面临的内外部形势，按照产业金融定位，对金融业务坚持专业化管理、市场化运作、特色化服务、协同化发展方向。制定并实施“特色发展、协同融合、市场引领和创新驱动”四大发展战略。制定了“打造富有活力和竞争力的产业金融，建设一流综合性特色化金融企业”的奋斗目标。

（2）理顺职能架构。中国石油对中油资本实施战略管控，中油资本作为集团统一管理金融业务的专业化子公司，主要负责金融业务整合、金融股权投资、金融资产管理和监督、金融业务风险管控四项职能，强化对所属金融企业的战略管理、业绩考核、薪酬管理、资本运营和风险控制。

（3）健全激励约束和利益协调机制。依托中油资本平台，深化金融子企业公司治理机制、预算编制机制、薪酬分配机制、风险管控机制等，激发创新创效积极性。一是在预算管控方面，坚持行业对标编制预算；二是在薪酬激励方面，实施薪酬市场化改革，建立中油资本工资总额决定机制。

2. 深化产融结合，助力主业发展

产融结合是中油资本的独特优势和核心竞争力。依托油气产业，大力推动产融结合，初步具备更好服务集团成员企业、油气产业链客户和石油员工及家属的能力。

(1)为集团成员企业提供全球资金保障。例如，财务公司以“服务内部化”实现“效益内部化”，发挥境内、境外两个资金池的作用，为中国石油国际化战略提供全球资金保障。

(2) 服务集团国际化战略和“一带一路”沿线国家。截至2018年末，中国石油所属金融企业为“一带一路”沿线国家和地区的47个成员企业融资、国际结算、外汇交易等提供金融服务。

(3) 围绕油气主业开发全产业链金融产品。依托昆仑银行开发了专门针对油气产业链客户的“昆仑快车”系列产品（商信通、油企通、油易贷、燃气贷等），有效激活了上下游中小企业融资，促进了主业油气化工产品销售。

(4) 按照互补双赢思路助力集团主业拓展市场。在助力油品销售市场开发方面，昆仑银行、昆仑信托、昆仑金融租赁通过债权、股权、融资融物等方式对地方政府所属企业、民营企业、私营业主等提供资金支持，间接助力销售业务获得“加油加气站”。在助力装备制造企业开拓市场方面，昆仑金融租赁针对装备制造企业销售回款难、风险控制手段弱等问题，研发厂商租赁产品，通过金融租赁服务为济柴动力下游客户提供沼气发电机组设备，并由济柴动力提供后期运维保养，开创“装备 + 金融租赁 + 服务”的产融新模式。

(5) 实施集团保险集中管理。专属保险公司全面参与集团风险管理和保险业务，业务拓展至19个国家33个项目，基本实现对“自然灾害 + 意外事故”的全覆盖，弥补了风险覆盖的“漏点”。

3. 推进融融协同，促进金融企业协调发展

发挥金融全牌照优势，推进融融协同，集中整合资源，促进金融企业协调发展。

(1) 强化融融协同意识。出台公司融融协同指导意见，协调利益矛盾，有效整合资源。加强金融企业间在战略合作、品牌建设、产品服务、营销渠道、客户资源、风险管控以及政策研究与金融服务创新方面的协同。

(2) 将融融协同纳入金融子企业考核指标。将融融协同成效作为对各金融子企业领导班子业绩考核的一项指标，使金融企业之间成为利益共同体和发展共同体，实现资源共享、业务互补和交叉营销，形成推进融融协同的内生动力。

4. 坚持低风险偏好，严控金融风险

金融是经营风险的特殊服务业，中油资本发挥风险隔离的监管职能，坚持低风险偏好策略，防范和化解金融风险，严守不发生系统性金融风险底线。

(1) 健全风险管控架构。严格遵循监管规定，全面落实国资委和中国石油风险管控要求，完善风险合规考核指标体系，强化激励约束。

(2) 健全日常风险监控机制。开展风险事件分析，对风险事件落实“四不放过”原则，即：原因查不清楚不放过、责任者得不到处理不放过、防范措施没落实不放过、员工受不到教育不放过。严格问责，树立严肃刚性的问责导向。

（3）健全合规文化。坚守合规底线，坚决贯彻案件零容忍原则。建立“自下而上、各负其责”的内部控制自我评价程序，完善内控评价标准，指导和督促金融子企业提升内部控制和合规管理水平。推动金融子企业深入开展风险合规文化建设，把石油文化与金融文化相融合，提高全员防范风险及合规经营的理念。

四、主要成效

在VBM战略管理会计理论框架的指导下，中国石油通过五大平台建设，聚焦价值提升的关键环节，有效推进财务转型，取得显著经济效益和管理效应。

（1）价值创造能力显著提升。中国石油通过实施开源节流降本增效工程，取得了显著的经济成果、管理成果和精神成果。2014～2019年，累计为集团增利1400多亿元，集团整体自由现金流由负转正，资产负债率、资本负债率连续四年下降，主要成本指标得到控制。

（2）财务共享取得了“五省一融”的效果。一是省人，用工需求有效压减，共享中心约1000人承担原来约3500人的工作量。二是省时，工作效率大幅提高，工作效率提升40%以上。三是省钱，成本管控见到实效。四是省心，风险防控能力进一步增强。共享中心作为独立组织，角色中立，服务全局。五是省力，推进管理转型初见成效。通过共享，积极推进管理转型升级。六是深化系统集成，推动价值链与业务链融合，对业务支持的时效性进一步提升。

（3）资金一体化运营效果充分显现。一是资金集约化运营效益显著。充分发挥集团集中管控优势，通过集团统一资金池、统一票据池、统一筹融资和统一授信管控，以及“年预算、月计划、周控制、日安排”资金精细化管理，在有效防范风险的基础上，年节约资金成本数十亿元。二是资金运营管控效率大幅提升。大司库平台把银行柜台服务延伸至企业，极大提高了资金管理效率，提升了资金集中度，并充分利用大数据提高决策支持能力。三是取得了良好的社会效益。

（4）资产创效能力稳步增强。通过资产重组，一是积极与资本市场全面融合，优化了资源配置，完成上市公司亏损企业治理，实现了国有资本保值增值；二是树立了优质蓝筹股上市公司标杆和负责任的央企市场形象，维护了中小投资者利益；三是构建了市场化运营机制，决策机制更加高效透明，提高了市场应对能力和资产创效水平；四是拓展了融资渠道，提升了融资效率，为上市公司未来可持续健康发展打下坚实基础。

（5）打造了金融业务新的增长点。通过金融业务与主业的有机融合，在降低主业融资成本、优化市场布局、促进资金回收、加强风险防控、扩大业务规模等方面发挥了重要作用。上市以来，中油资本业务规模稳健扩大，资产总额年均增长7.2%、全口径收入年均增长8.9%；经营效益持续提升，一年一个台阶，利润总额年均增长8.7%、净利润年均增长8.1%；财务状况保持稳健，不良资产率等主要风险指标好于监管要求和行业平均水平。

五、结论与展望

中国石油通过构建VBM战略管理会计理论框架并进行创新实践，围绕基于价值管理的战略财务，重构业务财务、共享财务、司库财务、资本财务等财务管理活动，强调企业集团产品市场价值与资本市场价值的融合统一，挖掘运营效率、风险控制、资本成本、资金配置、变革创新等价值创造驱动因素，形成以业财融合平台、全球共享平台、司库管理平台、资本运营平台、金融控股平台“五平台”为核心的“一全面，三集中，五平台，九转型”的财务运营管控体系，有效推动传统财务向以价值创造为核心的现代财务转型。

参考文献：

[1] 中国石油天然气集团有限公司:《“十三五”发展规划纲要》，2016年5月。

[2] 刘跃珍：《强化合规管理，直面严峻挑战，为公司提质增效稳健发展作出新贡献——在集团公司2016年财务工作会议上的主题报告》，2016年5月。

[3] 中国石油天然气集团有限公司：《关于全面实施开源节流降本增效确保实现2014年奋斗目标的若干意见》，2014年。

[4] 中国石油天然气集团有限公司：《关于深入推进全面开源节流降本增效工作的实施意见》，2015年。

[5] 中国石油天然气集团有限公司：《关于持续深入开展开源节流降本增效工作的措施意见》，2016年。

[6] 中国石油天然气集团有限公司：《2017年开源节流降本增效工作措施意见》，2017年。

[7] 中国石油天然气集团有限公司：《关于持续深入推进开源节流降本增效工程的指导意见》，2018年。

[8] 中国石油天然气集团有限公司：《持续推进开源节流降本增效工程行动纲要》，2019年。

[9] 刘跃珍：《聚焦高质量发展 打造新时代标杆 为建成一流综合性特色化金融企业而奋斗——在中油资本2019年工作会议上的讲话》，2019年1月。

5 入选文章

在理论研究上，企业绩效评价问题一直是近30年来管理会计与控制理论的研究议题，由于其内容广泛涉及和影响到公司治理、战略实施、薪酬制度、组织行为和公司文化等相关领域，从而颇受学术界和企业界的共同关注。

企业绩效评价体系的困境与转型

汤谷良 对外经济贸易大学国际商学院
高 晨 北京工商大学商学院

发表于《中国管理会计》2017年第1期，总第1期。

一、问题的提出

在理论研究上，企业绩效评价问题一直是近30年来管理会计与控制理论的研究议题，由于其内容广泛涉及和影响到公司治理、战略实施、薪酬制度、组织行为和公司文化等相关领域，从而颇受学术界和企业界的共同关注。尤其是近10年来，伴随着组织环境不确定性和组织结构复杂性的增强，应该如何正确评价组织和管理者的业绩，并对后者有效激励，这一问题更加困扰着决策者，同时也激发着学者们对这一领域的研究探索。有学者统计过去25年（1990~2014年）发表于英国顶级杂志《管理会计研究》(*Management Accounting Research*)上的475篇论文，按照研究主题分类，其中绩效评价与激励方面的论文共计90篇，在所有管理会计研究主题中高居第一。也有学者统计了我国管理会计研究文献，结果显示，在1997~2005年间研究主题集中于目标成本及责任会计、经营预算、绩效评价、价值链分析，而到了2006~2013年间，研究主题明显偏向薪酬激励和绩效评价。

人们已经从不同角度确认和界定了绩效评价对组织的重要性。齐默尔曼（2016）从组织架构（organization architecture）理论出发，认为绩效评价系统和激励系统是现代公司组织架构的三要素中不可或缺的两大要素；卡普兰（2006）则认为基于平衡计分卡理论的绩效评价系统是企业战略管理和组织协同的有效工具；Arens和Chapman（2007）则强调了绩效评价与激励系统的制度内涵，认为它作为一种实践活动具有制度力量和社会嵌入性，绩效评价实践不仅对组织政治和文化产生影响，事实上它会成为组织制度的一部分，它不仅仅融合到企业战略和运营体系中，还是一种社会运行方式，有助于形成新的组织秩序等。然而相对于理论上人们对绩效评价系统的职能和作用进行的大量阐释和高度肯定，对于其实施效果却出现了越来越多相互矛盾的研究结论，例如，研究发现绩效评价系统无论是对会计业绩还是股票价格都产生了积极的影响，但是也有研究发现绩效评价系统和实际业绩之间没有或只有一点微弱的关系。这就说明企业绩效评价系统不会自动对组织产生积极影响，组织环境、绩效评价系统的设计及实施方式等都会影响其效果。

本文的研究立足并非严谨的理论层面，而是面对企业尤其是当今中国企业的绩效评价体系的实践。当然实操分析不可能也不应该把相关理论完全隔离。一方面我们很高兴地看到企业内部对绩效评价空前关注，绩效评价的探索与创新层出不穷，对绩效评价制度的效果绝大部分持有特别肯定的态度。同时也不可否认，近年来伴随着企业经营环境以及相应的商业模式、组织结构的巨大变化，很多企业对基于绩效的考评也逐渐从最初的强力倡导与推行陷入到了强化和质疑的两难处境中。通用电气前CEO杰克·韦尔奇早在其自传中就质疑过以预算为目标的绩效考核，他认为：“……制定预算等于追求最低绩效，你永远只能得到员工最低水平的绩效，因为每个人都在讨价还价，争取制定最低指标。”这一言论被人们称为“杰克·韦尔奇死结”。无独有偶，索尼前常务董事天外伺郎也发表了“绩效主义毁了索尼”的文章，文章将索尼近年来的市场失利归结为公司所推行的绩效主义（即基于绩效的考核与激励），认为绩效主义改变了公司的文化，员工失去了工作的热情，大量时间和精力都集中在了和考核相关的事物上，公司所特有的挑战精神和团队精神都不复存在。近日，新东方教育集团董事长俞敏洪结合我国当下宏观经济环境下行的背景提出“提成制和成果主义害死人”的观点，他所谓的“成果主义”亦“绩效主义”，即将员工收入与预期业绩成果直接挂钩，以此来激励员工的机制。俞敏洪提出，当前经济下行的压力增大，很多企业员工可能尽了最大努力也无法提高业绩，收入将会停滞或下降，这必将严重打击员工的士气、阻碍企业的发展。

我们相信这些“名人名言”得到了不少企业经营管理者认同。这些来自企业的质疑无一不揭示“绩效主义”在某些特定组织场景下的力不从心，也不可避免地迫使企业管理者开始重新审视绩效评价制度框架与具体操作，学者们不能无视它对企业发展可能产生的负面影响，应该重新审视它与组织经营环境、组织文化、组织管控需求的契合性，探寻与企业内外部环境相适应的绩效评价理念与创新实践成为必然需求，这也成为写作本文的目的。

二、绩效评价制度实施中的困惑

基于绩效的评价和激励属于典型的、传统的结果控制机制，这一机制看似简单直接，实际上若要使其发挥有效作用，在设计和执行中每一个环节都存在着潜在风险和悖论。

在企业内部，绩效评价是一种管理文化还是管理技术（工具）？

显然，管理文化是一种价值观与企业精神，或者企业共识的管理范式；而管理技术属于操作层面、具体路径的范畴。企业文化不可或缺，只能巩固；管理工具就不一样，不能绝对说可有可无，至少可以说经常更新换代。

本文认为企业绩效评价首先绝非一种管理技术，而是一种企业管理文化或企业理念。这种文化简而言之，就是KPI文化，具体包括：(1) 数据说话，摒弃“凭感觉，拍脑袋”；(2) 业绩至尊，摒弃“没有功劳有苦劳”的托辞；(3) 目标引领行为，摒弃“摸着石头过河”；(4) 关注重点的少数，摒弃“不分芝麻西瓜”行事；(5) 闭环管理，摒弃“只管结果不管过程”。

这个概念特别重要，因为制度概念决定制度内容与实操的逻辑基础或出发点。很困惑的是很多人，包括一些管理会计学者把绩效评价体系完全定位成企业管理技术（工具）层面概念。“只见树木不见森林”的概念逻辑其实也不利于“树木”的生长！

绩效评价制度失灵：是由于企业内部环境不成熟、不匹配，还是制度本身有缺陷？

一项管理制度的失灵或者失效，既可能是制度本身的问题，也可能是制度环境与条件不匹配的问题。在KPI文化严重缺失、战略方向频繁变更、组织流程混乱、授权责任划分模糊、数据信息系统缺失的企业是不能有效推行绩效评价制度的。此主张简单明了，但困惑的是制度失灵失效，效果不理想的具体成因很难甄别。很多企业把绩效评价制度效果不理想完全归结为绩效评价制度本身问题，比如前面的“绩效主义毁了索尼”“每个人都在讨价还价，争取制定最低指标”的说法，就是这一困惑的证据。

绩效评价如何精准评价“绩效”？如何实现评价指标与被评价者的权责范围匹配？

记得以前听过一个玩笑，苏联的国有出租车公司简单以每辆出租车“每天行驶的里程”作为评价出租车司机的绩效指标。该办法出台以后，乘客在莫斯科市内找不到一辆出租车，缘由是所有出租车都在郊外的高速公路上“跑里程”。玩笑归玩笑，该玩笑告知我们，在企业绩效评价体系中，什么是“业绩”？如何计量？这是管理会计体系的核心命题。绩效评价对象一定要“绩效”，如何尽力避免出现评价与业绩的错配的“笑话”始终充满挑战。

企业用于衡量业绩的指标多种多样，通常可以将其分为市场指标、财务指标和非财务指标。人们认为好的绩效指标应该具有目标一致性，信息有效性、敏感性、准确性、客观性和及时性等质量特征，其中目标一致性又被格外强调。所谓一致性就是指好的指标应该能够反映被评价行为对组织目标的实现程度。人们普遍认为营利性组织最为重要的目标就是股东价值最大化，指标和股票回报的相关性是衡量该指标质量和价值的重要依据。研究者在测试会计收益等会计指标的一致性程度时，都发现在既定的年限内，会计指标与股票收益的相关性较低。这一研究结果促进了诸如经济增加值（EVA）、经济利润、投资的现金流回报率等“新的、改良的”财务指标的出现，但同样与这些指标所标榜的不同，研究尚未显示出它们在一致性特性方面相对于传统会计指标而有所改进。对更具匹配一致性的业绩指标的探寻也促使人们尝试使用市场指标或是综合指标体系（即财务、非财务及市场指标的结合）。但这些指标似乎也有各自的局限，如市场指标对市场效率有要求，在不完善的市场中，使用市场指标似乎与“可控性”原则相违背。

在企业内部有投资中心、利润中心、收入中心、成本费用中心的划分，由于各自的权力责任的差异，如何差异化地设置评价指标并非教科书上列示的那样简单！

绩效评价制度如何走出“数字魔咒”？

绩效评价的核心内容之一是坚持“以数据说话”！缺乏必要的数据，无法得出评价结论。基于“数据”的评价简单、明了、客观。但是对此的非议也一直没有停止过。可喜的是，随着以平衡计分卡为代表的综合指标体系的提出，改变了原来单纯以财务数据为主体的绩效评价的状况，原来已有的“都是财务指标”的指责消失了。但是类似于“数字游戏”“抑制了企业激情文化与创新发展”“不利于内部团队合作”“冷冰冰的数字缺乏情感”等种种抱怨不时入耳，就像上文索尼公司说的“考核使员工失去了工作的热情”。

以上对“数字魔咒”的谴责还是相对比较浅层次的，更深层次的指责包括固化的评价指标不适合动态的商业环境；业绩指标与合同只适合于战略方针比较稳定、明确的企业；对于正在实施战略转型、商业模式转换与组织结构调整的企业应该暂缓或放弃固化的绩效评价制度。这些抱怨听起来不无道理！这就成为业绩评价制度遭遇的外部环境与转型困境。

业绩目标设定：如何走出“鞭打快牛”“会哭的孩子有奶喝”制度困境？

业绩目标是任何基于绩效的激励契约中又一关键构成要素，没有目标则难以确定实际业绩的好坏。确定业绩目标有多种方法，如大多数公司通过协商程序确定短期预算和长期计划的目标，有些公司则设定和时间无关的固定标准（如 10% 的年增长率）、棘轮目标（如总是依据上一年度的业绩确定目标）。有些公司的目标一旦设定则不再改变，强调目标的权威性，而另一些公司则设定灵活的业绩目标随着经济环境的变化而及时调整，如所追踪的某些企业强调计划的环境适应性和灵活性，似乎根本就并没有设定具体业绩目标。

在强调目标的权威性与一致性的企业，绩效评价目标及其使用上有两个特别突出现象：一是预算余宽，是指绩效评价基础是预算责任人的与超额完成预算的数额正相关，这种强调以预算目标为基础的评价标准和报酬计划时，被评价者会倾向于报告保守性的、能使将来的经营业绩看起来更佳的预算目标数据，在目标设定中故意留有余地（打埋伏）的现象，人们称之为预算余宽。也就是上文所说的“杰克·韦尔奇死结”；另一种是业绩余宽，是指评价者特别关注被评价者的预算责任达成率，即预算越精准完成，激励越大。在注重预算目标准确性的激励计划中，过于出色的超额完成预算不被认为是好的业绩，而且可能引致下期更为严格的预算目标，即所谓的“鞭打快牛”，被评价者就会丧失不断提高业绩的动力。无论是预算余宽还是业绩余宽，都会导致绩效评价体系妨碍企业绩效，并破坏企业文化。这两个问题也一直成为实务界指责绩效评价制度“冠冕堂皇”的理由。

三、变革绩效评价体系，驱动企业全方位、多维度的制度转型

针对以上说明的绩效评价制度的多重“困境”与“挑战”，我们认为不仅不存在对所有企业而言最优的绩效评价和激励系统，评价与激励所涉及关键事项的决策都有赖

于对组织情景的具体分析，而且业已存在、行之有效的绩效评价制度也同样面临如何进行制度转型升级的问题。就目前而言，转型发展无疑已经成为中国企业发展的关键词。这种转型的内涵是多维度的，比如从规模主导型向效益主导型转型，由重资产模式向轻资产模式转型、由财务资本投入型转向越来越重视人力资源、品牌、顾客黏性、技术研发等非财务资源的开发，由企业之间你死我活的竞争战略到互利共赢的竞合方针，从企业财务报告利润主导转型到内涵价值，或市场价值主导的经营目标等，这些转型过程必须有与之相匹配的企业绩效评价体系和控制系统，从而增强战略转型的能力。制度转型也就是制度完善的主旨，也是下文讨论的重心。

从单纯重视绩效评价制度本身，转向在营造 KPI 文化氛围与完善评价制度两方面的双管齐下。

如上所述，绩效评价首先是一种制度文化，核心是 KPI 制度文化。绩效评价制度不能空中楼阁。我们认为管理提升的障碍首先不是其技术、方法上的障碍，而是观念、认知与文化的障碍，持续地营造企业 KPI 文化氛围一定是完善评价制度的重中之重。首先，我们提倡双管齐下，是指 KPI 文化与绩效制度之间相得益彰；其次，应该对全员尤其是高管进行培训，从思想认知上统一到 KPI 文化与绩效评价制度对一个企业的重要性上。 最后，KPI 文化建设决不能停留在文件上与报告中，也需要行动计划、工作方案与路线图。营造企业 KPI 文化本身必须“内化于心、外化于形、固化于制”。

从对财务会计指标的简单依赖转向到精准绩效指标的深度挖掘，着力降低企业绩效评价指标的错配。

绩效评价对象一定要是“绩效”的！但是企业存在大量非绩效或评价指标错配的问题。比如企业的绩效评价指标太多情形是将业绩简单认为就是“企业盈利”，简单把财报利润视同企业经营业绩。其计量指标就是企业财务报表利润或净资产收益率 ROE 指标。尽管国资委考核央企采用的是“利润总额”指标，但是很多企业直接采用财报中的“净利润”或“属于母公司股东净利润”指标。本文通过以下两个公司的财报数据，说明“报表利润”用于绩效评价的种种局限：

一是贾跃亭的乐视网（300104.SZ）披露 2016 年年报实现盈利 5.5 亿元，其实该公司的营业利润 -3.37 亿元，利润总额 -3.29 亿元，净利润 -2.22 亿元。这个净利润等于属于母公司股东净利润 5.55 亿元 + 少数股东损益 -7.77 亿元。按照财务会计准则，公司披露盈利的口径的确是“归属母公司股东净利润”，该企业获得盈利的表达是合规的。但是稍有合并报表知识的人都知道，这个报表盈利的实质是乐视网的经营巨亏。其实该公司的亏损并非仅仅发生在 2016 年。2015 年的盈利绝大部分也是来自该公司高达 1.42 亿元的递延所得税的反冲，实际也为亏损。这种奇葩的报表盈利的案例并非普遍，但是中国企业相类似的通过合并会计政策、会计估计等实现“扭亏增盈”或增加盈利的案例时常发生。本文认为如果直接采用财报 5.55 亿元利润进行高管层的绩效评价与薪酬激励，那是绩效评价与“业绩”的严重错配。

二是2016年苏宁云商（002024.SZ)实

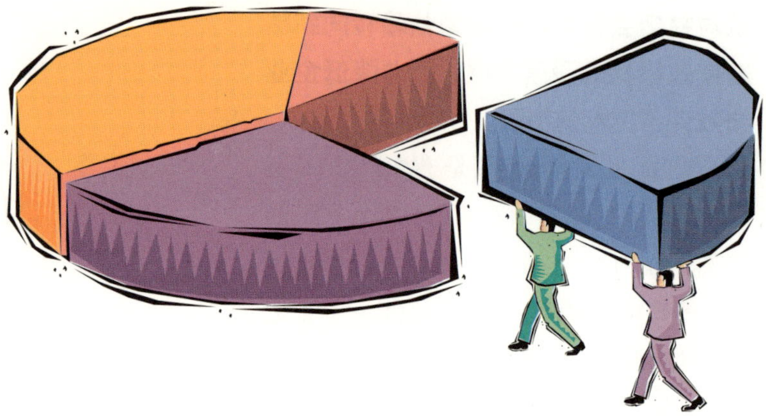

现营业利润0.02亿元、利润总额9.01亿元、净利润4.9亿元和归属于母公司股东净利润7.04亿元。该公司称“报告期公司子公司向关联方苏宁电器集团有限公司转让北京京朝苏宁电器有限公司100%股权，该交易增加公司净利润 9.88亿元”。很显然，要不是大股东苏宁电器集团“慷慨”巨资收购“京朝苏宁”给上市公司“输送”了近10亿元的利润，苏宁云商肯定会亏损。类似这种或一次性资本运作，或依赖大股东“慷慨”，或依赖政府补贴才得以盈利的公司屡见不鲜。管理会计中如果直接以类似于7.04亿元的盈利作为绩效评价标准，或者作为绩效激励基础，这一定是绩效评价制度的悲哀。

这类错配问题不能责怪财务会计报告信息披露上有什么特别问题，其实财报中都披露了“扣除非经常性损益的利润”，这个指标更能反映企业的经营绩效，遗憾的是企业绩效评价体系总是熟视无睹。

在企业绩效评价指标中还有特别常见的评价指标——净资产收益率ROE。ROE指标是杜邦财务分析体系最核心的指标，但是杜邦分析原理显示ROE指标直接受到财务杠杆的影响，财务杠杆率越高，ROE就会越大。高风险直接驱动高收益！换言之，ROE直接作为绩效评价指标，无疑会刺激经营者放大财务杠杆。配置这个绩效评价指标至少与风险掌控、“去杠杆”政策取向与要求是相背离的。

还有不少企业直接采用财报上的资产负债率指标作为资本结构、财务风险评价的指标。其实我们知道不少非有息负债是风险极低的，比如房地产企业销售过程中“预付款”，其实是财报“收入”要素，而非“负债”要素。当然我们高兴地看到不少企业改配为“有息负债”指标评价企业财务风险，包括潜在融资能力。

看来要提高绩效评价质量，必须改变直接依赖财报中盈利数据开展绩效评价的种种问题，避免评价指标的“错配”问题。

从“财务结果主义”向战略牵引型转变，强化企业战略方针对绩效评价的引领。

从管理会计理论上，立足企业产品与市场的变化率的企业战略有反应型、进取型、防御型和稳健型战略。反应型战略是一种比较被动的，着眼于追随的战略类型。进取型战略则持续寻求市场机会，并且变革与不确定性的创造者也使其竞争者必须快速做出反应，这种战略反映了其在产品、市场和技术方面的专业性，强调其市场营销与研发功能凌驾于融资与生产之上，因此效率与盈利业绩就不如在产品创新方面持续保持行业领先者那样重要。防御型战略的产品系列不多，并且很少进行产品研发或市场开拓，但对企业成功起关键作用的是融资、生产，而较少强调市场营销和研发的工艺。稳健型公司在应对严峻挑战的时候才会勉强从事创新性活动，它综合了进取型与防御型战略的各自优势。管理会计理论的主张如图1所示。

图1 管理会计理论的主张

按照波特的主张，企业战略分为低成本战略、聚焦战略和差异化战略。这三种预期战略都为组织在行业内保持竞争优势提供了基础，并且潜在地规定了组织内各个职能单位的经营重点与业绩内涵。每种战略的成功实施需要不同的资源和技术、发挥支持作用的组织安排及其控制机制。低成本战略意味着组织的目标在于成为行业中最低成本生产商。这一竞争优势可能源于诸如规模效益、合适的原材料价格及领先技术等因素。实施差异化战略的组织把重点放在能为消费者提供高附加值的产品上，如产品的质量、可靠性、售后服务，产品宽泛的利用率和产品灵活性。在聚焦战略下，公司努力的目标就是要占据那些具有特殊需求的市场份额，而这种需求是行业内其他竞争者不能很好解决的，其竞争优势要么是低成本，要么是差异化。

差异化的战略匹配着差异化的绩效评价重点，核心主张如图2所示。

以上内容是从偏重文献上说明，理论上就差异化的绩效评价指标如何驱动或匹配差异化的战略，已经提炼出了许多实操的研究结论。

提及战略，这些年不少企业集团把产业链或全产业链作为公司战略的基本主张。我们知道这种战略的主旨就是产业链上各具体产业（产品）的上下游的协同效应。这种协同特别需要有集团内部的制度协同与管理协同。可是我们调查发现很多这类集团总部就以各产业板块的“营业收入”或“利润”指标作为对下属各板块绩效评价的基本指标。可想而知，这类特别市场化的评价指标将鼓励内部竞争，而非内部协同，有悖集团产业链战略的主旨。

与此类似，中国企业越来越热衷“互联网+”战略，从业务经营上来说，企业谋求“平台共享+垂直协同”的经营组合，着力打造O2O(即线上电子商务和线下实体）经营融合发展。这种业务经营模式必须构建全新的鼓励平台共享、垂直协同、线上线下精诚合作的绩效评价体系。

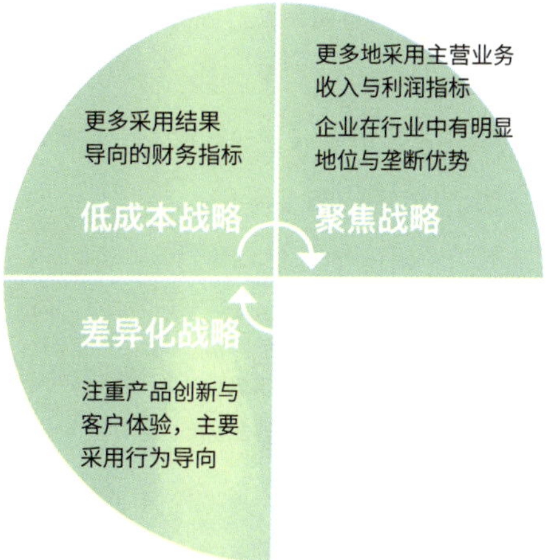

图2 差异化战略匹配差异化绩效评价重点的核心主张

从固化的评价体系转向权变的设计绩效评价体系，应对动态的商业环境、尤其企业商业模式转型。

本文特别推崇哈佛商学院会计学与控制系教授罗伯特·西蒙斯(Robert Simons)出版的《控制杠杆：管理者如何使用创新型的控制系统驱动战略变革》(1995)一书。在书中，西蒙斯首先架构性地提出了管理控制框架包含了信念控制、边界控制、诊断控制和交互控制的四个杠杆。着眼于实现组织在战略实施过程中两种不可或缺又相互冲突的目的，即战略变革创新（适应变化环境、组织学习与管理变革）和目标责任约束（遵循企业制度、强调达成既定业绩目标），一个组织完全可以通过管理控制系统的综合利用来协同这两种目标。该框架内前三个杠杆执行传统的控制功能，包括明确组织的目标和理念、确立行为边界、依据个人业绩进行奖励或惩罚等，而第四个交互控制杠杆用于追踪战略的不确定性并触发新的学习活动以对不断变化的环境做出适应性调整。交互控制的提出颠覆了有关控制的传统观念，认为控制不再仅仅表现为对某一目标或规则的遵守、合规或固定的控制等，它可以是行为驱动过程（action driven process），从而成为组织学习与组织信任的重要手段。

稳定型环境主要匹配诊断控制，但是与不确定型环境密切相关的是交互控制，或者说这四种杠杆的核心。西蒙斯明确指出交互控制的五个主要的特征：高管在战略计划预算过程中是不断参与的，战略计划预算编制过程要求组织各层级管理者频繁有序的关注；战略规划与执行行动计划有不可间断的联系；计划流程更多强调自下而上，预算实施状况数据要和下属及相关平行部门进行面对面的交流和讨论，讨论过程更侧重于对现行行动计划、假设和相关输入数据的质疑；计划与目标在一年中经常性修订，预算并不是僵化；业绩目标达成和各级经理的薪酬水平并不直接存在强的关联性，而在传统的诊断控制中预算往往是绩效评价的标杆并与奖惩直接挂钩。交互控制使得管理控制系统不仅要遵循和服从既定的战略，同时还要关注和应对战略本身的不确定因素，发现新的战略机会。

在动态的经营环境下，加之企业经营越来越趋于分权结构，企业必须变革传统的、固化的、缺少必要弹性的评价体系与流程，摒弃公司总部及其专业职能部门（如HR、财务部）在业绩指标和业绩目标等数据决策中完全主导、直线决策的作用，业绩合同制定流程是自上而下的，业绩要求是定期（如一年）等这些以集权体制为背景的绩效评价制度安排。本文提倡的交互控制机制是指业绩考评程序和决定得到公司总部及其高管的重视，但是业绩目标确定过程要求企业内部各层级管理者频繁有序的关注，业绩目标期间并非完全固定不变的，往往是一个月或者一个季度，并且业绩目标以滚动计划方法为主，以适应动荡的市场环境；业绩数据的产生经常是总部和下属及相关平行部门进行面对面的交流和讨论，讨论过程更侧重于对现行经营计划、业绩预设的质疑和进一步的调整，这些流程不是“命令式”的，而是“指导性”的。总之，管理层对董事会、下级企业对公司总部的良性互动、适时沟通，保持业务进程与财务能力的整合，强调面对面的沟通，适当降低年度业绩目标达成对薪酬奖励的影响是交互控制体系的主要特征，也是分权组织下绩效评价、薪酬激励机制创新的基本方向。

当然，面对不确定性环境，企业绩效评价体系如何创新变革，理论上的文献绝不限于西蒙斯的交互控制杠杆，还有很多比较成熟的主张，比如在面临不确定性很强的外部经营环境时，企业需要采用非财务评价指标作为先行指标，来解释公司价值创造与经营管理的过程，几乎所有的财务指标都具有明显的结果导向。

从单纯数量指标或客观评价转向引入信念控制与边界控制，使得绩效评价体系嵌入更多的文化与创新内核。

上述西蒙斯的四大杠杆中的信念控制强调构建企业共同的价值观、信念和行为规范、组织认同度等。信念系统是企业控制的新型方式与企业软实力，也成为企业总部组织领导力的载体。本文认为企业文化理念要切实融入企业绩效评价体系，以合适的评价体系使得企业文化不是简单地停留在公司宣传手册或管理层报告中，做到有要求、有目标、有评价、有考核，实现信念文化的考评管理。

比如我们从网上读到“阿里巴巴首席风险官邵晓锋透露，伴随集团架构调整，阿里的 KPI 也将进行改革，以创新、协同、未来性三个指标，进行案例制考核”。邵晓锋解释道：“第一个是创新，它的考核是案例制的，不是考核一个具体的数字；第二个要考核协同，25 个 BU(业务单元) 相互之间关系其实是很紧的，各个 BU 相互之间要有很好地紧密协同与合作，也是用案例制考核；第三个考核维度是‘今天和明天’，这句话很难理解，意思是说，除了今天的业务得到了预期发展，在这个基础上为明天做了什么准备？为未来打下了什么基础？也是案例制考核。”对于阿里的“价值观”，邵晓锋如此解读：“从以往经验来看，阿里巴巴的 KPI 标准一直是互联网公司中的异类，其中最引人争议的恐怕是其对‘价值观’的考评，集团董事局主席马云就曾表示，只欢迎那些能认同它价值观的员工一起共事。”他强调：“落实到每一个前端小组，或许会有更具体的考核数字，但阿里集团今年的考核指标只有以上三项。”顺便提及阿里的“案例制考核”是绩效评价理论中非财务指标或主观评价制度的具体形式。

西蒙斯提倡的边界或禁区系统(boundary systems)主要是在复杂的内部结构与组织系统中，明晰各责任层级不能做什么，或者什么事情只能由决策层统一做，或者执行层只能在决策层明确授权范围内做？企业管理控制系统构建的重要任务要通过这一边界控制谋求公司整体运营效率，更重要的是通过严格的制度与统一的流程，防范公司治理与管控风险。我们认为在现实经营公司的系统内，这种权责与制度边界的划分肯定是动态的、权变的。但是在每个特定阶段，通过一个公司内部权力与制度边界又必须是明确界定的、清晰规范的。这些制度包括公司的授权制度、职责分离、细化预算指标、固化的IT系统和信息管理、苛刻的内部审计、违规问责等。这就决定绩效评价制度融入禁区管控最关键的三个维度，即风险受控边界、信息透明边界和资金流动边界。

落实禁区控制需要制度上的“禁止行为”和评价中的“否决指标”。许多企业把“说谎”“做假账”“偷漏税”“诋毁同事”“泄露企业商业秘密”“内部贪腐”“小金库”等都作为制度性禁区。在绩效评价指标中属于“否决指标”。

除了类似的定性指标明示企业行为禁区以外，还有财务上的数量边界指标，比如要求被评价单位的资产负债率不超越多大？两金指标（应收账款周转率和存货周转率）不能低于多少？否则绩效评价体系中就会“全部否决或部分否决”。还有我们调查过的一个企业绩效评价制度明文规定：“经理人任期内没有培养出自己的继任或没有向公司内其他部门单位输送推荐管理人才的，评价得分或薪酬会扣减。”

总之，绩效评价体系不应该也不可能抑制企业创新与团队合作。绩效评价体系能明晰、落地企业文化，能够精准地表达企业文化中倡导的与禁止的重要方面。

摆脱讨价还价的业绩目标设定方式，转向多维度的设定业绩目标。

为了消除以预算为基础的激励机制带来的一系列问题，本文建议：(1) 采用设置两个业绩目标值的办法——既要设置保底目标值（基本目标），也要同时设置挑战目标值的办法。(2) 基于考虑企业内部持续改进的纵向对比目标，但是加大标杆企业的横向对比目标；是以相对标准为基础设计激励机制，主要是指运用标杆法对相对业绩水平进行奖励，而不像在传统预算中以既定的预算目标为依据，这样同样可以减少预算中的讨价还价问题。(3) 可以采取“联合确定基数法”。联合确定基数法是我国学者胡祖光等提出的确定承包基数的方法，该方法的实质是通过设计一种合理的报酬计划以减少代理人在与委托人签订契约时的机会主义行为，如预算余宽行为，诱导代理人在签订契约时披露真实信息。在不确定的情况下，该方法的内容为“各报基数，算术平均；少报罚五，多报奖三;超额奖七，不足补七”。“各报基数，算术平均”是指有上下级各自提出自己认为合适的基数，然后对这两个数进行算术平均，作为合同承包基数。“少报罚五，多报奖三”是指年终代理人实际完成数超过其年初自报数时，对少报部分要收取五成罚金，多报奖三则有助于激励代理人在未来情况不十分明了时自报数取高限。该方法“罚五”“奖七”“奖三”中的三、五、七都是系数，其数值并不是唯一的，而应根据企业的实际情况灵活调整。我们调查发现，在过去十多年里，为数不少的企业长期采用该联合基数法，效果尚可。(4) 降低基于绩效评价结果对奖金水平的影响程度，更多地采用非财务激励手段，会大大减弱企业预算余宽与业绩余宽问题。

综上，企业业绩评价制度必须直面挑战困境，在理念、体系与技术等诸多方面强化创新、转型，以顺应当今管理会计的火热时代！

管理会计助力银行业实现战略发展

——对话中国工商银行行长谷澍先生

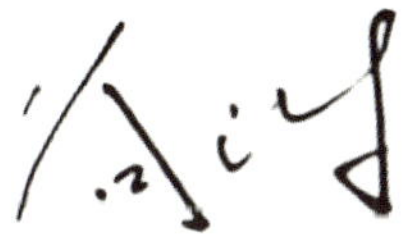

当前，在中国经济进入“新常态”的发展阶段、经济增长进入“换挡”期的宏观背景下，中国的金融业进入了一个市场化、国际化和科技化程度不断提高的新的历史发展时期。经营环境的多变、监管的加强以及技术的日新月异给金融业尤其是银行业的发展带来巨大的挑战，倒逼金融企业不断提高决策效率和价值创造能力。在此过程中，管理会计作为一个重要的管理理念、体系和手段在金融企业应对宏观形势变化和挑战、提升精细化管理水平、促进价值提升方面发挥了重要作用。

中国工商银行作为主要指标均位列全球第一的大银行，自成立以来就在管理会计发展方面进行了有益的尝试和探索，积累了丰富的经验和做法，建立了符合自身战略发展需要的管理会计体系，推动了企业战略目标的实现。本刊专访了中国工商银行行长谷澍先生，他就中国工商银行管理会计的发展背景、历程、体系框架、经验、对银行经营发展的作用、今后的发展方向等方面进行了畅谈。我们希望中国工商银行的管理会计创新实践能够对中国银行业乃至金融业管理会计的发展有所借鉴和助益。

Q: 中国工商银行的管理会计是在什么背景下发展起来的?

1984 年 1 月 1 日，中国工商银行成立，承担原中国人民银行办理的工商信贷和储蓄业务，开展企业化、商业化经营。在此之后，国务院相继出台了《国营企业成本管理条例》（以下简称《条例》）、《国营金融、保险企业成本管理实施细则》（以下简称《细则》），开始推行以银行企业化改革为中心的银行财务制度改革，明确金融企业要控制成本开支范围、严格成本核算，建立成本责任制等。按照《条例》《细则》要求，中国工商银行在 20 世纪 80 年代对责任会计、标准发表于《中国管理会计》2017年第2期，总第2期。

成本等进行过积极的尝试与研究，但由于当时的科技水平有限，手工作业难以满足庞大数据和运行体系的需求，这些做法并未在全行系统内持久推广。

20世纪90年代末，银行业的内外部环境发生了很大变化。从内部看，由于种种原因出现了大量不良资产，网点数量冗余，成本管理水平低下，并出现了持续亏损，技术上已经濒临破产。从外部看，银行业的开放程度正不断扩大，利率市场化进程正在加快，行业竞争程度日益激烈；国家对四大商业银行的股份制改造及上市计划对盈利能力提出了更高的要求。如何摆脱困境、实现盈利，成为工行亟须解决的难题，也进一步促使了工行管理会计的开展和实施。

1999年，中国工商银行以重庆分行为试点诊断对象，通过大量调研和访谈，分析市场占有率、网点服务和营销手段等内外因素，提出撤并网点、调整人员、优化工作流程、实行客户差别服务和开拓中间业务范围等降本增效措施，并初步形成了建立成本管理系统的构想。

借助该分行试点的探索成果，2000年，中国工商银行成立全面成本管理办公室，系统梳理出台了资金集中管理、集中采购、精简机构、网点优化等十多项改革举措，统称为“全面成本管理”，积极将试点行降本增效、提升市场竞争力的经验向全国推广，力求全行成本管理实现“三个转变”：费用控制向利润管理转变、事后管理向全过程管理转变和财务部门单独管理向全员管理转变。

改革过程中，对于一些不涉及财务会计核算的内容，例如集中采购、网点优化和精简机构等改革内容，也同步推进，有效提高了中国工商银行的内部管理水平。但影响改革举措全面推广的症结问题也逐渐显现，要实现“三个转变”，必然涉及对各机构、部门条线等的业绩评价，其他领域的管理如定价、量本利分析、标准成本等，也都面临数据缺失的问题，数据问题成为制约管理会计工具使用的瓶颈，管理会计核算体系建设迫在眉睫。

Q：请您简要介绍一下工行管理会计的发展历程以及体系框架。

在前期做了大量铺垫和基础性工作之后，进入21世纪，中国工商银行的管理会计逐渐发展起来。

（一）建立分产品、分部门和分机构的价值管理系统

2001年，中国工商银行全面成本管理办公室以深圳分行为试点，重点针对机构、部门、产品及客户四个维度，探索建立起一体化的利润报告体系（以下简称“四分一体”），初步搭建起中国工商银行管理会计的核算框架。2003年，投产分产品、分部门、分机构业绩价值管理系统（Performance Value Management System，PVMS），并于2005年完成全行范围的推广。该体系从产品、客户等多角度反映成本与收益：一是通过内部资金转移价格衡量资产业务的资金成本、负债业务的收益和资金营运的毛利；二是通过业务收入的划分界定不同业务单元的收入水平；三是

通过计算期初、期末贷款预计损失概率的差异确认贷款产品风险成本；四是通过分部门成本计算界定各部门费用成本，并根据各部门成本动因选择合理的分摊基数向产品、客户及业务单元分摊，最终形成不同业务单元的投入产出业绩。

（二）建立预算、考核和资源配置的统筹管理体系

2006年，中国工商银行开始在全行范围内披露分产品、分部门核算结果，同时构建起基于核算结果的条块结合的预算、考核体系，并进行全流程试用。2007年，全行正式推行基于管理会计的“条块结合、总分平衡”的分部门、分机构预算评价体系，形成业绩预算、核算、考核、绩效分配直至信息披露的完整管理体系。通过分机构、分产品和分部门预算，一是将集团利润目标有效分解到全行各经营单元，有利于形成全行计划“左右共同担，上下一起扛”的局面；二是根据预算完成情况进行机构和条线考核，有效激励各营业单元的经营积极性；三是根据考核结果进行激励，引导全行资源的优化配置。

（三）MOVA 的推广应用

在管理会计应用发展的过程中，相关业务系统发挥了重要作用。随着系统数量的增多，整合成了关键。2011年，中国工商银行结合当时的管理需要，借助管理会计的理念、方法和模型，将前台营销管理、中台业务核算和后台考核激励等多个系统进行优化集成，按照“统一平台、统一数据、统一模型、统一方法”的原则，以PVMS为基础，整合建立了MOVA（Management of Value Accounting）管理会计平台，将各专业、各层级面向内部经营管理领域的需求纳入MOVA的统一管理。2013年以来，中国工商银行按照信息化银行建设部署，全面启动了管理会计可视化工程“MOVA-VIEW”的建设，针对不同层级、专业的职能特点，按照“用户导向”的建设思路，打破以往“大而全”的数据报告模式，实现满足客户需求的个性化定制，构建起面向基层网点、员工、管理行三大主要用户群体的可视化展现平台。2016年，成功开发手机MOVA功能，管理人员借助手机设备可以及时掌握数据信息，进一步提升了内部经营管理效率。

目前，中国工商银行已经建立起一套较为完整的管理会计体系。具体而言，包括机构、部门、产品、员工和客户五个维度，涵盖总行、一级分行、二级分行、支行和网点五个层级，覆盖资金、费用、风险、税务、资本五大核心经营要素。这一体系贯穿于全行营销组织、决策支持、考核评价和资源分配等经营管理过程。

Q: 您觉得管理会计在工行的经营发展过程中发挥了哪些作用?

总体而言，工行管理会计为全行提供了一套集业绩价值管理理念、方法、技术与应用于一体的整体解决方案，打造了统一的信息与管理平台，实现系统功能与管理应用的良性互动，将精细化和效益管理的理念贯穿全行的各个流程、各个环节，为全行深化精细管理、优化资源配置和转变

经营机制提供支持。

除此之外，依托工行管理会计系统全方位、立体化的大数据支撑，利用经营分析与数据挖掘功能，完善科学决策支持机制。通过编制年度管理会计报告、管理会计案例、同业竞争力分析和经营诊断等分析报告，为全行经营发展提供决策参考和支持，实现了管理会计应用的创新。

Q：有观点认为，企业管理会计的发展，必须得到高层的重视，否则很难成功。您怎么看？工行在发展管理会计时，高层是什么态度？

这个观点我比较认同。管理会计建设是名副其实的系统工程，在构建过程中，涉及大量跨部门、跨层级的业务、技术、人才等问题，不仅涉及自身的建设，更需对基础配套系统规范使用的集群进行优化与完善，很多问题仅靠财会部门是难以“驾驭”的，需要上升到最高层的决策方可解决。在建设过程中，中国工商银行的各级高层管理人员都保持了“一以贯之”的战略定力，坚持将其作为“一把手”工程抓紧、抓好、抓出成效，从未放松对管理会计建设的重视和资源投入。例如，历任董事长、行长等行领导多次参加MOVA座谈会、推广工作会、应用演示汇报等专题会议，各级行“一把手”、主管MOVA行领导和党委班子均多次研究部署MOVA在本行的推广与应用工作，使得中国工商银行的管理会计体系建设从无到有，从小到大，从局部到全局，从核算到预算、评价、定价等经营的各个环节，成为决策的重要工具。

Q：管理会计的发展离不开IT系统的建设，请您谈谈科技力量对管理会计的影响。

管理会计精细化程度高、弹性大、涉及数据量庞大，没有科技体系的支撑是难以持久的。中国工商银行的管理会计建设过程，几乎与中国工商银行的信息技术变革同步进行。正是得益于信息技术的快速发展和支持，管理会计无论在应用体系还是在核算体系方面，都取得了巨大的发展。科技力量成为推动管理会计发展的重要力量。1999年之前，中国工商银行的科技功能主要是将手工转换为自动，其IT开发分散在全国各地；1999年之后，中国工商银行实施“9991工程”，2002年各分行数据全部挂接到北京、上海两大数据中心，开创国内银行业数据大集中之先河，并逐渐实现了系统之间的互联互通，使得数据集合和数据交换成为可能。同时，管理会计体系的建设，也给中国工商银行各项系统建设提供了标准化体系，二者良性互动，循环提升，促进内部管理水平不断取得进展。当前，互联网、大数据技术蓬勃发展，数据处理能力又出现了质的飞跃，管理会计建设的基础条件已今非昔比，应该比以往任何时候都具有成功的基础。但这一切，需要公司的内部管理有一个高度发达的科技平台，如果这一条件不具备，管理会计很难取得更大的突破。

Q：工行管理会计发展有哪些经验值得借鉴？

管理会计工作的开展，不能“闭门造车”，要不断利用外部资源和信息，并进行学习加工，具备“海纳百川”的开放思维。一是与战略匹配。管理会计作为服务于管理的会计，必然要因战略调整而变，因管理需求而变，只有做到这一点，才能有效服务于企业内部管理，才能得到管理层持续的支持与重视。二是与政策吻合。国家宏观经济政策、税务征收、会计准则等法律法规的变化，应及时反映到管理会计各项管理参数的动态调整中，同时形成相应的应对措施。三是与用户互动。“以客户为中心”的发展理念要求管理会计作为内部管理平台也应与平台客户（平台使用者）有持续良好的互动，让用户能用、会用，并且愿意使用管理会计的方法和系统。四是做好系统融合。搭建管理会计平台如果没有上游系统的支持，是无从实现的。随着业务发展与上游系统优化升级，管理会计要做好与上游系统的动态融合，才能为业务发展提供强有力的支持。

Q:当前，利率市场化进程已接近尾声，您觉得“后利率市场化”时代商业银行管理会计应当更加注重哪些方面?

利率市场化之后，利差收窄，竞争更加激烈，以价值创造为目的的管理会计会面临预算管理、成本管理和绩效管理三方面的任务。

预算管理方面，利率市场化打破了商业银行依赖于稳定存贷款利差收入的盈利模式，使得传统的以利差收入为核心的单一维度预算管理不再有利于企业资源的优化配置。为了提高盈利能力，商业银行必须以客户为中心，形成以客户需求为导向的市场格局，这就产生了分产品、分客户的预算管理需求。银行如果还是做单一的机构预算，恐怕无法有效进行资源的优化配置。

成本管理方面，利率市场化后，商业银行对存贷款利率具有自主定价的权利，在这种情况下各家银行势必会尽量提高存款利率、降低贷款利率以吸引更多资金和更多信贷客户。存款利率不断提高，利差减小，导致商业银行的业务规模在扩大但利润反而可能减少的情况出现。因此，在利率市场化后，商业银行的成本管理不仅要关注资金成本，也要将费用成本放在更加突出的位置。

绩效管理方面，利率市场化后，存贷款利率由市场来调控，市场对商业银行的影响力加大，市场的每一个动向都可能对商业银行造成不可估量的影响，而市场存在诸多不确定因素，其变动也是难以预测的。并且，商业银行不同分支机构所在的地区不一样，所面临的市场环境也不一样，竞争程度也有所不同，即便同一地区它的不同产品对市场因素的反应程度也是有所不同的。根据完全相同的绩效指标标准进行考核势必不能准确地反映各分行的经营结果，因此，商业银行应更注重绩效考核的目标层级的合理分解并加强绩效结果的沟通与反馈。

Q: 近几年，国家有关部委对管理会计的重视和支持力度在不断增强。从 2014 年起，财政部门已经陆续出台了多部政策文件。《会计改革与发展“十三五”规划纲要》也提出，2018 年底前基本形成以管理会计基本指引为统领、以管理会计应用指引为具体指导、以管理会计案例示范为补充的管理会计指引体系。为实现会计“十三五”规划管理会计改革目标，您觉得可以采取哪些措施?

近几年，国家在推动管理会计发展方面出台的政策和采取的措施非常多。据我了解，针对金融行业，财政部特别设置了《金融企业管理会计应用研究》的课题，工行作为课题组主要成员，全程参与了该项课题的研究，并承担了“预算管理”部分内容的编写。

《会计改革与发展“十三五”规划纲要》为我国管理会计的发展指明了方向，为了实现管理会计的改革目标，可以考虑以下几方面：

一是建立管理会计协同机制，实现管理会计体系建设目标。管理会计体系建设目标的实现需要多个主体协同配合，发挥合力效应。首先，政府应加强引导和政策扶持，制定规范、明确定位、设立目标等。其次，社会中介组织应积极参与，发挥管理会计实务单位和政府管理部门之间的沟通桥梁作用，提供人才培训指导，建立专家咨询库、实践案例库等。最后，管理会计实务的具体单位要发挥核心作用，在实践中创新观念、改进方法技术、优化业务流程。通过不同主体间的有机协同，可以发挥最优作用，实现管理会计体系建设的最终目标。

二是推广管理会计理论在实务中的应用，加强管理会计理论的可操作性管理。一套完善的管理会计指引体系，应当能够加大管理会计理论在实践中的应用范围，加强管理会计工具的运用力度。而管理会计指引体系应当符合企业各方面实际，具有较强可操作性，才能得到深入落实，最大限度地发挥其作用。

三是推进管理会计人才培养建设，为管理会计发展提供智力保障。管理会计的发展，离不开人的因素。根据规划，到 2020 年，将计划培养 3 万名精于理财、善于管理和决策的管理会计人才。这意味着从 2016 年开始，每年大约要培养 6000 名管理会计人才。可以从存量和增量人才两方面着手，一方面要对现有会计从业人员进行管理会计业务培训和转型，提升相关专业技能；另一方面要在高等学校加大管理会计体系的课程设置和师资配置，提高管理会计人才培养力度。

Q:当前，商业银行面临着很多挑战，您如何看待商业银行管理会计未来的发展?

在当前经济金融“新常态”下，商业银行的内、外部环境都发生了剧烈变化：业务越来越复杂，业务增速放缓，风险日趋隐蔽，监管也更加审慎，特别是信息技术的冲击，对现有的管理会计体系带来不小的挑战。唯有选择先进的管理会计理论和工具，结合商业银行实际情况不断进行应用实践，不断进行管理创新，实施精细化管理，才能提高竞争力。

结合中国工商银行的发展历程和经验，总体上看，商业银行管理会计体系建设是一项螺旋上升的长期工程，既不会“一蹴而就”，也不会“一劳永逸”，而是“永远在路上”。当然，不同类型的商业银行应用管理会计时在方法和模式选择上会存在差异，但遵循的原则和路径基本是相似的。同时，还要坚持高层推动、上下联动、切合实际、坚持创新，才能最大程度发挥管理会计的作用，提升商业银行价值创造水平。

关于金融企业管理会计的几个问题

王鹏程 安永会计师事务所

发表于《中国管理会计》2018年第1期，总第3期。

过去的十多年，是我国金融企业发展最好的时期。各金融企业在重组上市、深化改革、转型发展、创新产品、提高服务水平、完善金融生态、严守风险底线等方面都做出了巨大的努力，取得了显著的成效。目前，金融企业又进入了一个新的历史发展时期，其主要特征是强化监管、市场化改革和金融科技的应用。在新的历史时期，金融企业需要全面提升管理水平，全面推进精细化管理，对金融企业管理会计的应用提出了诸多要求，需要我们系统思考，积极应对。

一、关于金融企业管理会计的差异化特征

金融企业与非金融企业相比，在业务特性、风险特征等方面具有较强的差异性，主要表现在以下几个方面：

（一）对风险管理的要求不同

对金融企业而言，资金的来源和运用涉及经济社会的方方面面，考虑其对社会的整体影响，对风险管理提出了更高的要求。当前金融企业面临的经营环境更复杂、竞争更激烈，风险更高，“粗放式”的管理模式不能适应金融发展的大趋势，多元化的竞争促使金融企业必须走“内涵式”发展道路。此外，金融企业综合经营、交叉经营范围在扩大，持有多金融牌照的金融集团不断形成。这些都对金融企业自身风险管理提出了更高的要求，也为金融企业满足监管机构监管标准提出了更高的要求。

（二）业务复杂程度不同

近年来金融创新频出，资本工具创新、资产证券化创新、投贷联动金融创新、互联网金融创新等快速发展，与非金融企业相比，金融企业所面对的创新产品和服务的复杂性、多样性以及非常态性更为突出。对金融企业而言，需要积极采取应对措施，特别是用管理会计相关工具合理分配收入成本，提升金融企业的运营效率和盈利能力。

（三）对绩效管理的度量不同

目前，衡量企业绩效的指标主要包括净资产收益率（ROE）、总资产收益率（ROA）、经济增加值（EVA）等。这些指标的计算对风险因素的考虑很少。金融企业是经营风险的企业，其绩效指标若不考虑风险因素，其计量就具有很大的局限性和不准确性。金融企业的绩效管理必须充分考虑风险因素。例如，风险调整绩效评价方法（Risk-Adjusted Performance Measurement，RAPM）已成为银行业广泛使用的风险收益均衡模型，该模型改变了以净资产收益率为核心的传统模式，体现了风险度量在银行绩效评价中的重要性。RAPM 有两个常用核心指标：风险调整后资本收益率（RAROC）和经济增加值（EVA），这些指标的核心是通过计算经济资本来进一步反映金融企业面临的非预期风险。

（四）涉及的分析维度不同

管理会计中的分析通常是围绕责任中心进行的。责任中心可以是机构或部门，也可以是个人。对非金融企业而言，通常是针对机构或部门而言的。而金融企业通过对其不同产品和客户、客户所拥有的账户及交易、客户所对应的客户经理建立完整的数据库，可以将经营的最小粒度细化到账户或交易等，从而实现对金融企业不同机构、部门、产品、客户和员工等多维度分析。因此对于金融企业的多维度盈利分析，通过对金融企业不同机构、部门、产品、客户、员工等的资金转移定价、成本分摊、业绩分成、经济资本做出科学合理的计算后，可以实现对金融企业的多维度盈利分析。

（五）对信息系统的要求不同

金融企业通常拥有大量的客户，需要处理海量级数据，因而需要较之非金融企业更为强大的信息系统。对于金融企业，将经济资本、收入、成本和资金转移价格分配到最小粒度（账户或交易等）时，没有一个强大的信息系统作为支撑是不可能实现的。

充分考虑金融企业与非金融企业的上述差异，金融企业开展管理会计工作，需要充分了解和分析境内外金融监管环境，包括行业监管要求、资本约束机制、窗口指导机制、价格管制机制、信息披露要求和投资范围限制等方面。对于金融企业而言，管理会计信息系统较之非金融企业更为复杂，系统要求更高。基于服务内部管理和价值最大化的总体目标，金融企业管理会计平台融合管理理念、数据和技术于一体，定位为企业级价值管理平台。如何从庞杂的海量数据中筛选有用信息，提升经营管理和决策能力是金融企业管理会计信息系统必须要解决的问题。现阶段，海量数据收集和数据规范治理也是我国金融企业管理会计平台需要重点完成的工作。

二、关于不同业态金融企业管理会计的差异

我国金融行业主要为分业经营，各行业均有其各自特点。而在银行、保险、证券等传统金融业态之外，信托、基金、期货、财务公司、金融资产管理公司、金融租赁、汽车金融、贷款公司、消费金融、互联网金融等各类新兴业态也不断涌现，不同业态的金融企业在管理会计应用上虽然有不少的相似之处，但也存在不少的具体差异。不同业态金融企业在应用管理会计方面的特色概括如下：

（一）银行业

银行企业管理会计建设，从最初的对成本的精细化管理，逐渐演进为包含精细化成本管理、外部定价支持、资源合理分配和最终的全行资产负债管理等综合性、统一性的管理策略，实现了帮助银行满足监管合规要求，并在利率市场化大环境下进行差异化经营的目标。银行业因其自身IT系统建设完备，数据积累丰富，为管理会计建设提供了良好的信息技术基础。银行业管理会计比较有特色的应用主要包括：

1. 多维度盈利分析

满足银行对经营状况考核的需要，深入分析银行机构、部门、条线、产品、客户和客户经理等维度的真实盈利情况，结合银行业风险调节后盈利评价的核心指标——经济增加值（EVA）和风险资产调整资本收益率（RAROC）对经营成果进行评价，为银行经营管理、内部资金定价和绩效考核提供有效的数据支持。

2. 资金转移定价

资金转移定价理论发端于银行业，通过对银行内部每笔业务对应资金的全额计价转移，建立科学评价绩效体系，为成本分摊提供调整资金成本后的净利息收入、分摊后的手续费等数据、分离利率风险、合理引导定价、支持绩效考核，优化银行资源配置，助力银行应对行业激烈竞争，保持最大净息差，是银行管理会计的基础。因此，银行业实施资金转移定价非常广泛。

3. 经济资本管理

银行是经营风险的行业，经济资本管理有助于银行对其当前的经营风险进行数量化评价。通过银行决策层内部决定和安排的风险缓冲措施，设定在一定置信区间和风险期间产生的非预期损失的缓冲机制，可以使银行有效平衡风险、资本和收益。

（二）保险业

保险行业管理会计建设主要满足在精算范围外，考量各级经营机构、条线、业务人员的成本占用情况，为未来资源的合理分配和绩效评价提供信息支持。保险业在预算管理、业绩分成与绩效管理等领域应用管理会计较为成熟，现阶段也在推进成本分摊、盈利分析的模块建设，但资金转移定价与经济资本管理的需求较弱。

（三）证券业

证券公司管理会计建设与银行类似，是以资产负债管理为度量，以绩效管理和预算管理为最终应用，实现在最小盈利单元层面的盈利能力分析。证券公司资金转移定价的应用比较重要，而经济资本管理尚在探索尝试之中。

随着我国证券公司融资融券交易业务的开展，开始出现了资金池形态，内部转移定价管理也逐渐在证券公司中开展。证券公司建立科学的定价体系与定价策略，由公司资产负债委员会设定基础价格，并设置相应的调整区间及业务使用额度，并完善相应实施的业绩评价和经济激励措施，缓解证券公司资金错配带来的流动性缺口问题，帮助公司规避市场风险，提升盈利水平和可持续发展能力。

证券公司进行资本管理，是从内部风险管理角度提出的要求，旨在降低证券公司主要面临的市场风险，优化资本配置，帮助证券公司更好地实现风险与收益的统一。

（四）信托业

信托公司管理会计主要为计算单一信托项目盈利能力和信托项目中资金端和资产端各自盈利能力，并同时对信托项目涉及的组织机构、产品、渠道和员工的盈利能力进行评价。多维度盈利分析和业绩分成对于信托业较为重要，而对于资金转移定价和经济资本管理，仍处于尝试阶段。

信托公司多维度盈利分析以信托项目盈利能力为主要报告内容，进而再对组织、产品、客户、渠道和员工进行盈利能力分析。信托公司责任报告指标体系主要使用净利润对各个维度的真实成本与收益的情况进行盈利分析，满足现在及将来对各方面视角利润贡献度的计量和应用，提升盈利管理水平。

信托公司业绩分成系统主要处理两种情况，一是处理交叉销售中涉及几方参与人之间的利润分成问题；二是信托项目中，资金、资产和产品三部分工作间对最终利润共享度问题。在第二种情况中，部分信托公司在探索使用资金转移定价方式进行处理。

（五）其他业态

其他业态金融企业管理会计建设，多是为了实现精细化核算，进而实现对成本的有效控制和对利润贡献的正确评价，因而资金转移定价的应用较多。对于存在资金池管理模式的其他金融企业，在资金池中进行资金错配，考虑其错配情况相对于银行较为简单，其定价管理一般以资金成本管理为表现，流动性管理和利率风险管理为核心。此外，信息化建设相对较好的企业也已开始探索建设管理会计系统。

三、金融企业管理会计的框架与边界

随着管理会计建设应用实践的不断深入，其与企业其他经营管理活动的边界越来越模糊，比如财务管理、财务会计等。金融企业管理会计应用的整体框架通常包括多维度盈利分析、资金转移定价、成本分摊、业绩分成、经济资本管理、预算管理、绩效管理等多个模块，与风险管理、资产负债管理、定价管理有着千丝万缕的关系。在金融企业管理会计职能定位的过程中，要重点明晰其和风险管理、定价管理以及资产负债管理的关系。

（一）管理会计与风险管理的关系

金融企业的风险管理是指从董事会、管理层到全体员工全员参与，在战略制定和日常运营中，识别、计量、评估、监测、报告、控制或缓释各类风险的持续过程。从风险的类型看，主要包括信用风险、市场风险、操作风险、流动性风险/保险风险、合规风险、声誉风险和国别风险等；从适用行业来看，除保险风险外，其他风险均适用于主要金融行业。鉴于各类金融企业对口的监管部门已经对风险计量与管理发布了相关规定。因此，金融企业管理会计职能定位过程中，不能将风险管理职能作为全部纳入管理会计范畴，而是将风险成本作为管理会计的重要影响因素和计算因子引入，与风险管理有机融合。从金融企业来看，风险管理的过程将产生资产减值和资本成本数据，为管理会计多维盈利分析提供了数据基础。

（二）管理会计与资产负债管理的关系

金融企业的资产负债管理，是对表内和表外业务核心要素的动态管理过程，主要通过调控资金的规模、结构、利率、期限、质量等指标予以落实，管理目标是在资本充足和合理流动性基础上，在流动性、安全性和盈利性统一协调的条件下，持续提升金融企业资金运用效率和资本回报水平。资金转移定价（FTP）作为资产负债管理的重要工具，主要是通过在司库（内部资金中心）与业务部门建立有偿转移资金的机制，达到将各项业务或产品的市场风险剥离到司库进行统一管理的目的。与此同时，以资金转移定价为基础进行的内部转移收支的计量，为每笔业务或产品提供了资金成本或资金收益，为产品、部门、客户等维度的业绩计量提供了数据基础。因此资金转移定价是资产负债管理的重要工具，以资金转移定价为基础的业绩计量是管理会计的必要工具。

（三）管理会计与定价管理的关系

金融企业定价管理涵盖了内部的资金、服务转移定价和外部的产品、服务定价等。其中，内部服务转移定价是将金融企业内部机构（部门）之间相互服务的贡献进行货币量化，体现相互服务创造的价值。外部的产品和服务定价，是对管理会计成本数据和业务发展战略的综合考虑，是管理会计数据在决策分析中的具体应用。

四、金融控股企业管理会计的应用

金融控股集团的高效运作，涉及战略目标的落实、各类资源的整合、内部价值的创造、管理精细化和一系列目标实现等方方面面，在此过程中需要一系列的工具和方法，管理会计的应用无疑是集团管控的重要组成部分。如何从金融控股集团的角度出发，统筹应用管理会计，实现对下属不同业态的金融子公司的财务管理和绩效管理，是金融控股企业管理会计应用的关键。

考虑到金融控股企业的管控模式各异，其管理会计应用框架需要结合管控模式分别确定。按母公司集权程度由高到低，金融控股集团管控模式通常分为“运营管控”、“战略管控”和“财务管控”三种模式。对于运营管控型集团，控制决策权高度集中于母公司，集团所有资源统一由母公司控制，管理会计应用建设由母公司发起、管理并推广，各子公司严格遵照集团统一的管理会计制度与执行计划，并接受集团对其执行情况的各项考核与监督。对于战略管控型集团，母公司主要通过制定一体化的集团管理会计应用规划与政策，对子公司的管理会计应用实施管理与控制。子公司的管理会计应用不能游离于集团统一的战略、政策及基本制度之外，子公司需根据集团发展规划与战略目标，结合自身实际运营情况制定具体应用方案，并上报母公司进行审批。母公司对子公司的管理会计应用执行情况进行全过程、全方位的监控，保障集团总体目标的达成。对于财务管控型集团，各成员单位相对独立，集团主要通过资本运营实现管控，子公司的管理会计应用也较为分散。集团主要负责确定应用目标，并对子公司进行考核与评价，具体的管理会计建设、应用与执行方式由子公司自行决定。

金融控股企业应结合自身特点建立管理会计体系，包括以管理会计为核心的战略规划与决策支持体系、管理控制体系以及组织责任体系和管理会计报告体系。在管理会计工具方法的应用方面，可以重点从五个方面入手，包括:

1. 统一指引要求，集团整体应用架构采用“统一平台、分步应用”的方式

集团与子公司统一架构、建设统一平台有助于集团管理会计数据的统一管理、规划和分析，而基于集团和子公司各自管理重点，可以独立应用、个性化部署管理会计应用模块。

2. 加强多维度盈利分析

通过建立以客户为中心的多维度盈利分析体系，实现集团内客户、产品、渠道及信息的共享，更好地满足目标客户的需求，为客户提供跨行业、跨区域的全面金融服务。

3. 强化预算业绩管理

从预算和业绩管理集团化平台搭建入手有助于金融控股企业推广管理会计应用。建立全面预算管理体系和业绩管理体系，可以有效传导集团战略，深入洞察各业务板块经营情况，提升整体决策能力和前瞻性管理能力。

4. 引入经济资本管理

搭建资本规划、资本配置和资本计量三位一体的业务模型，形成对集团资本总量和结构的合理预测，从资本供给和需求两方面进行平衡，实现可用资本覆盖公司各种风险，提高金融控股企业风险把控能力。与此同时，引入经济资本管理，可以比较不同经营单元之间的风险承担水平，使其资本需求具有可比性，从而实现资本在集团层面最高效率的配置。

5. 建立管理会计信息系统

信息数据的建立和整合是金融控股企业管理会计推广的关键。金融控股企业应在内部核算的基础上，贴合自身业务特色和管理会计职能，以经济资本或多维盈利为核心，建立管理会计信息系统，最终实现为集团战略落地、资源配置、风险定价、业绩评价、盈利预测、客户和情景分析等提供全方位、精细化的决策支持信息。

五、智能时代金融企业的管理会计应用

今天，云计算、大数据、区块链、人

工智能、物联网等智能技术迅速改变了整个社会和营商环境，国内外的金融机构均在积极应对，纷纷布局金融科技，推进智慧运营。金融企业开展管理会计工作，当积极拥抱智能时代，搭建智能化的信息架构，使管理会计工作自动化、智能化、平台化，全面支持金融企业的转型与创新。

（一）大数据

如何从庞杂的海量数据中筛选有用信息，提升经营管理和决策能力是管理会计信息系统必须要解决的问题。金融企业需要运用大数据技术，建立完善统一的管理会计平台，将交易、核算和管理等信息综合联结在一起，通过管理会计工具，实现机构、产品、部门、客户、员工以及渠道等全维度的"量、本、价、险、利"业绩计量与评价，为各级管理者提升管理、强化决策提供深度数据支持。

大数据技术打破了信息单元上的孤立，企业内外部的各个"信息孤岛"被广泛地联系到一起。通过大数据内部各信息环节全部打通，同时充分发掘企业外部数据，以运用于企业的经营预测与分析。大数据也将对企业的组织架构、经营效率、决策风格、流程制度、资源配置都产生巨大影响。其在金融企业管理会计中的应用场景至少包括：

1. 客户管理

大数据技术的使用，使我们能够全面、准确地对客户的行为习惯、风险状况和支出（消费）习惯进行全面的了解，抽象出一个标签化的用户模型，也就是所谓的"用户画像"。在这个基础上，首先我们就能够实现对客户的精准营销，分析产品潜在用户，针对特定群体利用短信邮件等方式进行营销。

当然，精准营销仅仅是大数据在客户管理上的开始，后面可以对客户数据进行进一步挖掘，构建智能推荐系统，利用关联规则计算。进行效果评估，完善产品运营，提升服务质量，其实这也就相当于市场调研、客户调研，迅速定位服务群体，提供高水平的服务；对服务或产品进行定制，即个性化的服务某类群体甚至每一个客户。而这一切，都可以提升客户体验，建立可靠信任的依赖关系。

2. 利润规划

通过大数据对历史财务信息、业务信息进行分析模拟，形成完整的利润规划模型，支持金融企业进行准确地利润预测。以往金融企业做利润规划时，各种预测数据的获取大多依赖从业人员的个人经验。这就给每年的利润预测工作带来很大的不确定性。依赖大数据，我们可以通过对以往年份的数据进行加工，形成依赖一定财务假设下的预测模型，再通过从业人员对假设信息的判断，进而获得未来一定期间的经营预测数据。在这种方式下提高了预测的准确性，降低了预测工作难度，使短周期财务预测具备了可行性。

3. 风险管理

近年来，在客户下沉的发展战略下，金融企业的客户数量，尤其是中小企业客户数量迅速膨胀。在银行人员、机构增长相对有限的情况下，数量庞大的授信客户的贷后管理工作已经成为当前金融企业面临的重大挑战。大数据下的风险管理可以作为贷后预警工作的基础平台，关注客户的信用风险。首先要在全面整合企业内、企业外的预警信息基础上，积极运用网络相关技术在互联网上搜索与客户相关的负面信息作为关键的预警信号驱动因素。同时运用技术手段通过客户间的关联关系传导预警信号，建立风险传导的预警机制。这样，将互联网数据和企业内部的客户信息进行有效整合，实现了“以客户为中心”的风险信息全视角展现，从而保证对客户的评价客观、真实、有效，极大地解决了信息不对称的问题。

4. 经营分析

如前所述，多维度盈利分析是金融企业管理会计工作的重要内容，需要投入大量资源和人力。在传统技术下，分析维度越多，需要投入的资源越多，往往受限于信息系统以及基础工作。大数据技术下，海量数据处理能力、非结构化数据处理能力，使得经营分析突破维度的限制，一个全维度的时代已经来临，基于智能化的数据平台，可以开展各种维度的分析。

（二）人工智能

人工智能，也就是通常所说的AI，是指用计算机模拟或实现的智能。人工智能，包括机器人流程自动化技术和自动录入技术，均会带来金融企业开展管理会计的革新。

机器人流程自动化为企业提供自动化处理大量复杂数据的方案。金融企业通常利用人力手工处理大量低价值的数据与任务，居高的运营成本与风险，伴随低生产率、效率及工作质量。但从管理会计分析角度，这样的数据因为缺乏精细度，所以应用价值又相对较低。机器人流程自动化方案使得企业能够利用虚拟员工，在不同业务系统的用户交互界面上，高质高效地处理密集重复性的工作。这样机器人能够高效的完成大量重复性的机械化工作，员工们得以从烦琐的低价值工作中释放出来，建立高价值人际关系，提供主观评判，处理低频率发生的例外状况，管理企业内部的变革与提升；分析人员能够获得更加详细、有效的数据，使管理会计信息能够更加贴近经营实际情况。

人工智能录入，将图像文本影像识别技术支持资料扫描及信息录入环节，通过人工智能技术，进行资料扫描上传报单，消除客户经理送材料和分行集中上报等低价值作业活动，将上下串行流程模型转换成并行模式，提升效率。同时，标准化录入过程又能更好地区分流程中花费的成本，为作业成本法在金融企业中的实施创造有利条件。

（三）区块链

区块链(Blockchain)和分布式账簿技术(Distributed Ledger Technology)正逐步吸引着全球金融行业的广泛关注。无论是行业巨头还是初创型公司都纷纷积极寻求如何利用区块链技术来降低成本，提高效率。区块链和分布式账簿技术具备让交易和账簿变得更透明、更可信赖以及更高效的潜力，这可能给金融企业带来颠覆性的变革。同时金融企业可以在业务系统和财务系统构建分布式账簿，取代传统的会计引擎，实现业财融合。

导入全价值链成本管理工具，变革企业计划与物流管控全流程

——重庆长安工业精益生产经营方式的案例实践

重庆长安工业（集团）有限责任公司财务部

一、案例背景

重庆长安工业（集团）有限责任公司（以下简称“长安工业”）属于典型传统的制造型企业，隶属于中国兵器装备集团公司，是国有特大型军民融合企业、国家重点保军骨干企业之一，其前身为1862年李鸿章创办的上海洋炮局，距今已有150余年历史，是中国历史最悠久的工业企业之一。

经过近十几年的不断探索，长安工业的计划与物流管理方面在特种行业领域中率先打破了传统的内部交付模式，搭建了在制品直供总装的管理方式，有效提高了存货周转率，降低了物流成本，是“零库存”和“JIT”生产方式的雏形，曾受到兵装集团的高度肯定并作为最佳作业方式在集团公司内部推广。但是，随着生产量纲的不断突破，现有的生产管理模式已经不能满足客户需求，主要的瓶颈制约如下：

（1）计划管理流程粗放，层次不够清晰，加之计划与物流联动性差，计划变更或插单频繁，难以有效牵引物流，难免打乱生产节奏。

（2）随着订单屡创新高，产量突破设计量纲，自制零部件数量骤然增大，不仅导致线边库的暂存能力经常无法满足日益增多的零部件数量，而且难以按照时间节点组织总装，造成作业现场半成品无法装配，积压过多。

（3）物流管理分属几个部门管理，协调

发表于《中国管理会计》2018年第1期，总第3期。

难度大，各板块之间各自为政，缺乏密切衔接配合。

传统的生产管理模式难以适应日趋多变的客户需求，计划与物流管理存在的短板已经成为制约产品准时交付、成本有效管控的重要瓶颈之一。为此，长安工业应用全价值链成本管理工具，在企业内部价值链——制造环节对计划与物流管理的模式和流程再造，搭建满足特种产品客户需求的柔性化制造系统。自2015年9月开始，通过顶层规划、试点应用和推广应用三个环节、两大阶段的推进，打破了传统的计划管理模式，打通了从客户需求、生产制造到售后服务的全过程计划管理体系。

二、制度构建与实践探索要点：全价值链成本管控如何引领企业计划与流程管理的变革

（一）以价值链分析和成本动因分析入手，精益全物流成本要素

长安工业通过应用精益生产方式，收集、分析和利用制造过程中各环节的成本信息，以价值链管理和战略成本管理等理念为先导，以价值链分析和成本动因分析为手段，制定从顶层设计规划到具体操作层面的推进措施，对优化后的物流模式进行物流成本分析（见图1），合理配置资源和设置物流成本指标；建立半成品库存标准，控制库存成本；以计划为牵引，全价值模式表达企业投入全部制造资源，包括人力、设备、资金、材料、时间和场地等。

（二）明确改革总目标，立足计划管理提升和物流管理改善这两条主线，重构全流程

首先，长安工业反复论证，统一认识，

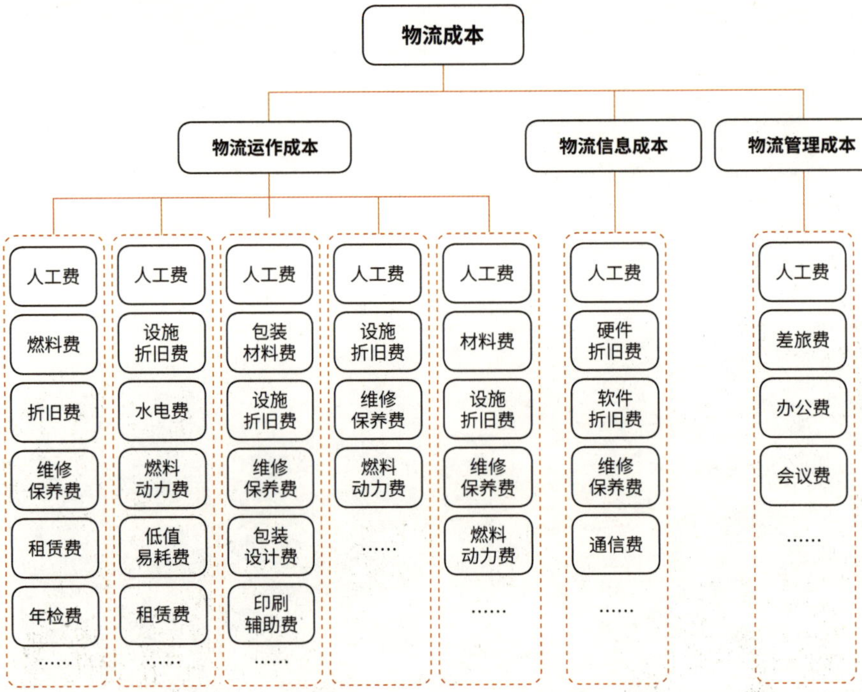

图1 计划与物流管理专项提升物流成本构成分析

明确了应用全价值链成本管理工具方法的总体要求：立足实际，着眼未来，以问题为导向，以生产组织方式变革为主线，以计划管理改善为突破口，重点围绕“生产计划、物流、工艺和信息化”等内容，从现场、体系、运行管控常态化和有效性等方面，应用全价值链成本管理工具方法，持续推进“准时化、均衡化”的制造管理流程再造，搭建先进、适用的生产组织方式，逐步完善“流程、标准、数据和结构化工作”，实现管理与信息化固化，促进计划与物流管理转型升级，有效提升制造管理能力和水平。

其次，在制度建设与模式实施上，长安工业立足计划管理提升和物流管理改善这两条主线，制定了“先试点，后推广”的推进模式，按照 3 年的项目周期进行系统的规划、设计和实施（见图 2）。具体要点有：

1. 推行拉动式管理，完善物流设施，改善现场状态

（1）充分利用和整合立体空间，结合物

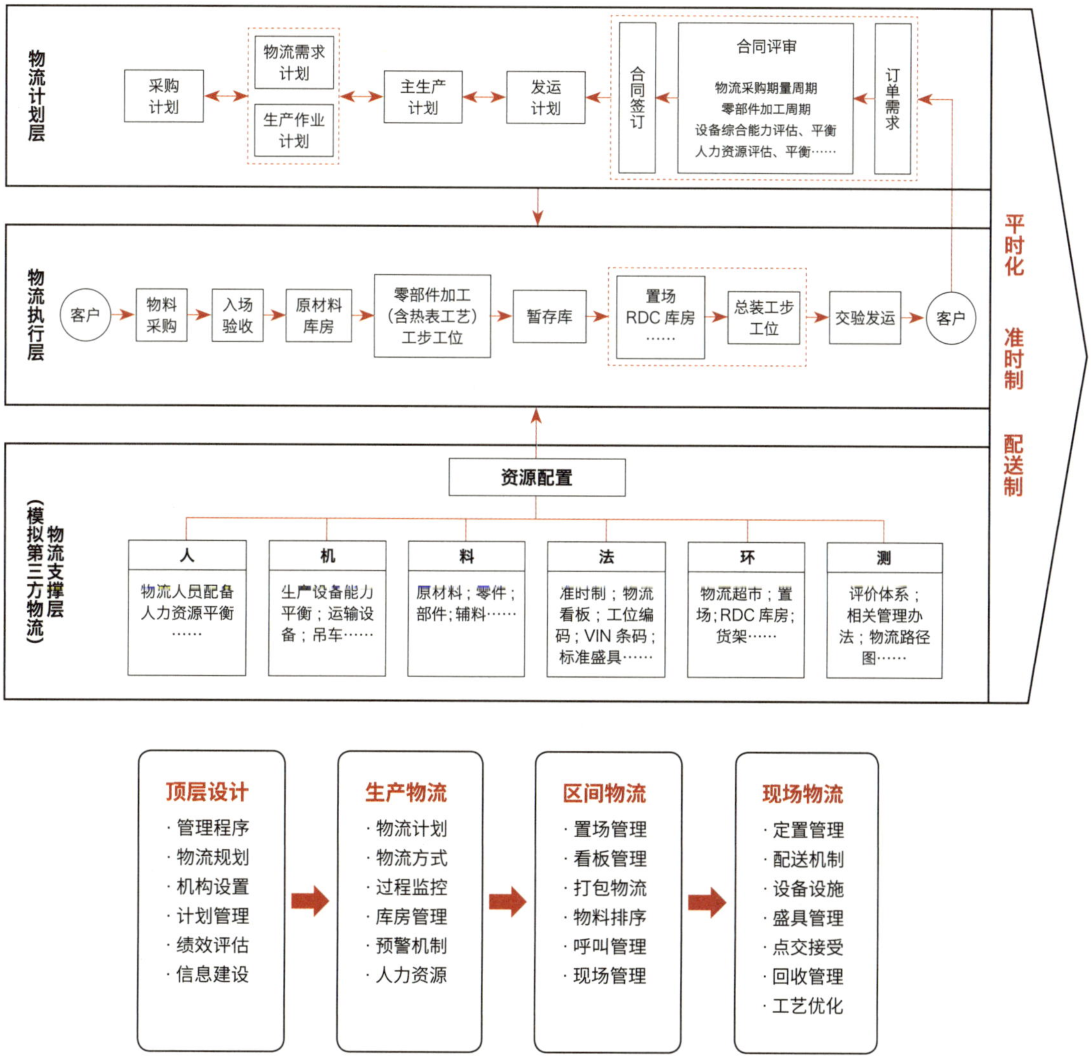

图2 计划与物流管理专项提升3年顶层设计规划模型和物流业务界定

流管理、现场管理、安全环保和人因工程等理念和方法，基于历史订单量和未来预测量，设置能够满足最大产量的生产置场、货架和标准盛具等，增加储置空间，保障作业现场整洁文明生产。

（2）应用搬运系统分析法（SHA）对P-物料（零部件）、Q-数量、R-路线（操作顺序和加工过程）、S-后勤与服务、T-时间因素（时间要求和操作次数）和P-人员匹配等进行分析，配置能够有效减轻员工劳动强度的标准盛具和物料搬运设备（包括叉车、搬运车、手推车和牵引车等），合理规划物料搬运路径，避免迂回和倒流。

（3）应用条码技术（VIN），准确查找和采集基础数据，提高工作效率，实时监控物流系统动态；针对置场中存储数量庞大、状态迥异的零部件，基于条码技术（VIN），制定零部件的定置图，快速扫描并查找零部件的存储位置。

（4）制定工位编码规则，每台设备或工位设置唯一的工位编码，明确配送位置。

（5）分析制造过程的物料配送流程和标准，研判物料清单（BOM）、现有库存和采购提前期等基础数据以及物流管理的瓶颈点，建立拉动式电子看板，搭建物料配送模型，准时配送至工位。

2. 优化计划物流，力推准时交付

（1）修订计划管理程序。如合同签订阶段，综合考量公司生产能力和客户需求之间的平衡，合理制定交付周期；计划编制阶段，根据基础数据库平台，平衡制造全过程涉及的设备能力、物料资源、人力资源和成本费用等因素，合理评估一定时期（年、月、日）内的生产能力，制定公司级、分厂级和班组级三级计划，逐级分解到年、月和日；计划执行时基于信息化平台和生产管理流程，严格按照规定的时间节点和内容开展，逐步实现准时化和均衡化。

（2）完善异常管理，确保准时配送。按照PDCA原则制定计划变更控制管理办法和流程，包括变更的提出、批准、原因、变更造成的影响和避免类似变更的措施；完善异常问题快速响应平台，制定应急措施和流程；制定生产物料异常管理的程序和流程，包括物料紧急补货管理、不合格品管理和呆滞品管理等。

（3）明确加工完成一个合格产品所需要的工作时间、准备时间、休息时间与生理时间；根据工时定额开展产能评估，合理制定生产作业计划和成本核算。

（4）在设备能力平衡上推行TOC约束理论和方法，突破瓶颈制约，合理进行产品布局，并加强成组技术的推广应用。

（5）基于ERP系统和历史数据，搭建从原材料采购到交库的采购过程的基础数据库，明确物料采购期量周期。

（6）合理评估人员技能水平、一专多能等情况，建立“人-岗”相互匹配和轮岗作业的制度，有效避免忙闲不均、不必要的加班加点。

3. 开展系统物流规划，逐步实现资源的集成共享

（1）以从订单到交付（OTD）为主线，成本与效率为核心，变革现有零部件物流模式。对物流策略、供应物流、生产物流、销售物流、物流盛具和工业物流的业务进行全面梳理，搭建制造与物流相融合的一体化部门，对物流系统的水平结构和垂直结构进行优化，实现业务集成管控。

（2）取消当前部分基层单位存在的“一个单位，多个库房”的状态，综合评估基层单位的原材料消耗量、工装使用量、人员匹配情况、备件使用量和物料运输设备等，对物流资源进行优化整合。

(3)充分利用现有作业区域和立体空间，应用设施规划的系统布置设计理论 (SLP) 对现有区域面积、人员匹配和设备需求等进行分析，合理布局原材料和总装置场。根据物料需求计划将坯件材料和半成品存放至原材料和总装置场，按照先进先出原则（FIFO）投料至工位；将大配套件、元器件和自制件半成品打包、排序直供总装。

（三）重构内部组织与机制，分两阶段有序推进计划与物流管控全面变革

1. 完善组织结构，明确参与单位和主要推进人员

为提高长安工业的核心竞争能力和提升经营效率效益，顺利推动计划与物流系统的变革，长安工业将计划与物流管理提升纳入公司重大专项工作，确保多部门、多层次的协同配合。为进一步加强组织领导，明确分工，责任到人，推动专项提升的顺利实施，成立了领导组、监督组和实施组，结合推进计划开展各项工作。

为保障该项工作的顺利推进和实施，在前期策划阶段制定了《计划与物流管理专项提升推进工作机制》，明确了工作原则、组织结构（见图3）、工作机制（包括沟通机制、培训机制和奖惩机制等）。在实施组中确定了七大改善方向，由制造物流部总牵头，负责3个板块的提升工作；3个职能部门分别牵头其余4个板块的提升工作，其他职能部门、业务单位和生产单位配合。针对所涉及到的专责改善板块，各单位指派专人推进工作、过程监控和问题反馈等，充分发挥各成员单位的专项职责，推动各项工作顺利实施。

2. 两阶段有序推进，计划与物流管控全面变革（见图 4）

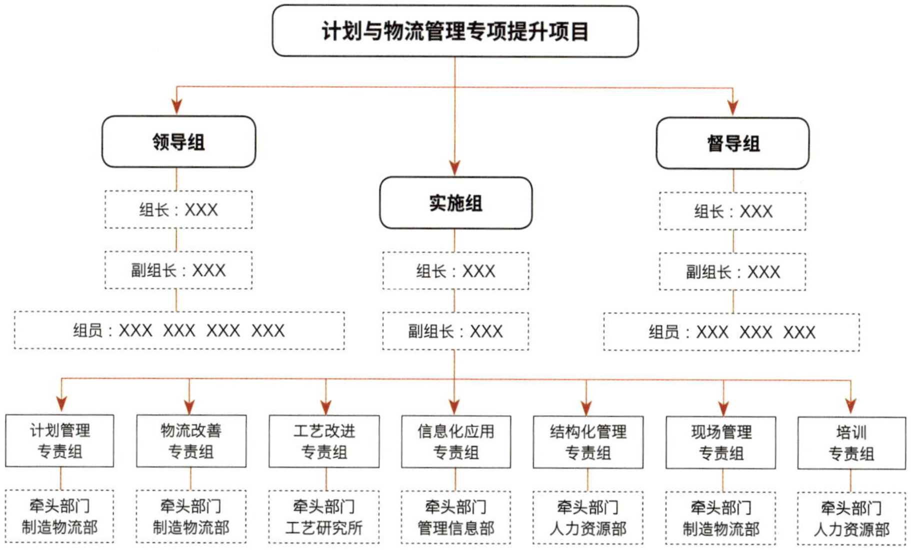

图3 计划与物流管理专项提升组织结构

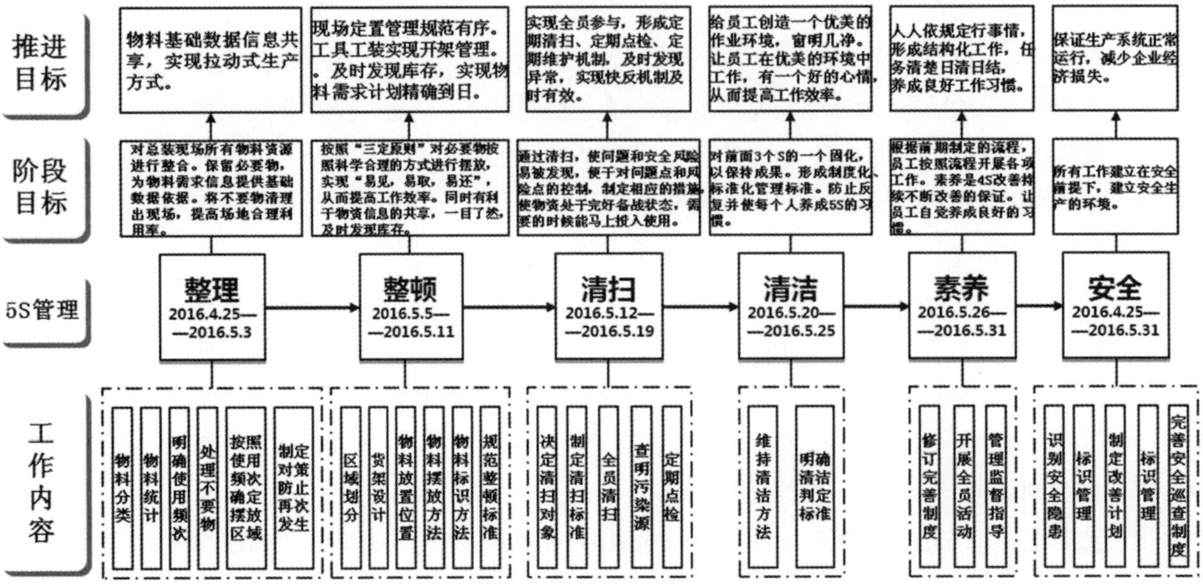

图4 现场物流管理改善推进逻辑

这些年长安工业的计划与物流管理提升已推进了两个阶段。

（1）第一阶段：应用模式和流程。

自 2016 年 1 月到 2016 年 12 月，长安工业计划与物流管控变革推进的第一阶段是以总装单位为试点，变革总装物料配送方式，从人员管理、物流管理和流程管理三个方面对现场物流进行优化完善。在第一阶段以总装分厂和火工分厂两个总装单位为试点，通过开展工作结构化、办事流程化和操作标准化，逐步规范员工行为；对人力、区域、物资、信息等资源实施集中整合、调配

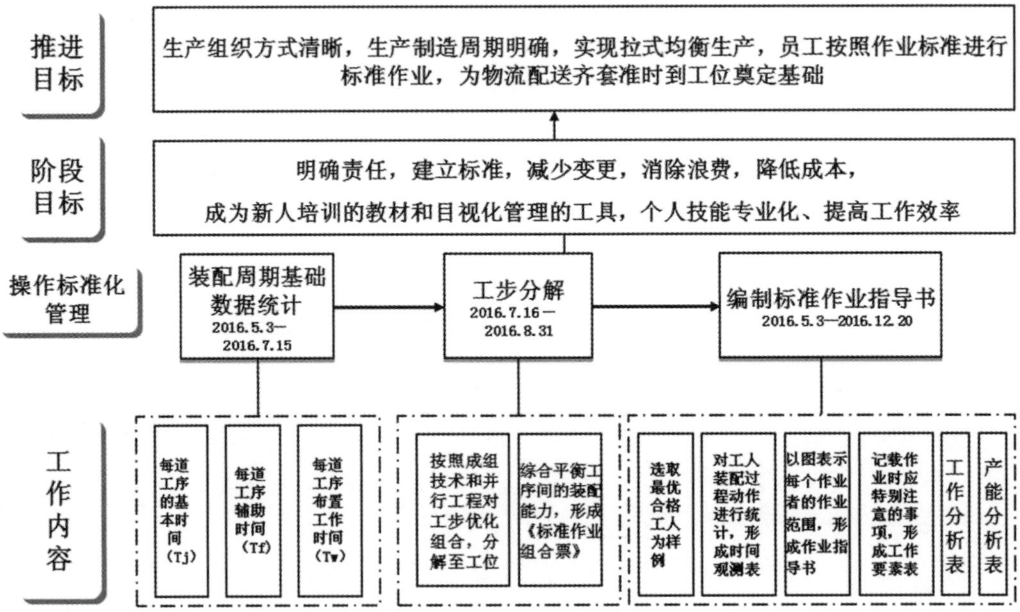

图5 工艺技术管理推进逻辑

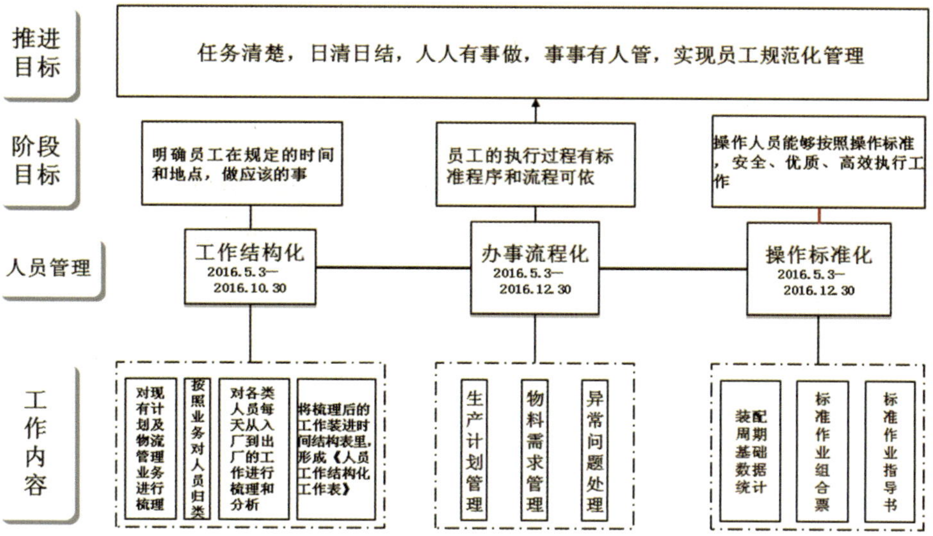

图6 人员管理推进逻辑图

和管控，逐步实现资源的集成共享；开展以业务定流程、以流程定职责、以职责定岗位，逐步梳理清晰的管理业务，制定了现场物流管理推进逻辑图（见图4）、工艺技术管理推进逻辑（见图5）和人员管理推进逻辑图（见图6）。

这一阶段的工作重点与目标主要是：①在人员管理方面。对现有计划与物流管理业务进行梳理，明确主体业务、辅助业务和临时业务，运用ECRS原则，取消无效或不增值业务，合并重复业务，以优化后的物料配送方式为基础，明确现有业务和亟待补充业务；基于优化后的业务，按照业务对人员归类。②对生产计划管理、物料需求管理、异常问题处理等办事流程优化。对每道工序、典型产品的装配工艺、对装配人员的动作等操作进行标准化。③在物流管理方面。实施人力资源整合、区域资源整合、信息资源共享。④流程管理方面，重点是对优化完善后的物流管理业务进行梳理和细化，明确业务内容；根据梳理后的业务制定管理程序和流程；根据管理流程制定业务归属，明确各单位在物流管理中的职责；按照职责进行岗位分析，明确具体的岗位职责、内容和人员配置等。

（2）第二阶段：应用模式和流程。

为加快推动管理升级，纵深优化完善计划与物流系统，自2017年1月到2017年12月，公司开始了第二阶段的计划与物流管控变革，重点以计划管理提升和物流管理改善为两条主线，确定了“1234+”的推进思路和目标（见图7）。“1”是建立一体化的计划物流管理体系；“2”是实现“两高效”：计划管理体系高效运行和各层级计划高效执行；“3”是健全公司、分厂和班组三级计划管理；“4”是物流运作实现“四精准”（物料需求精准、配送时间精准、配送产品精准、配送地点精准）；“+”是计划及物流管理实现流程化、标准化、信息化、表单化，以目标为导向，制定专项推进措施并推进各项工作。该阶段根据I类、II类产品的特点探究并应用滚动生产净需求计划，逐步实现计划

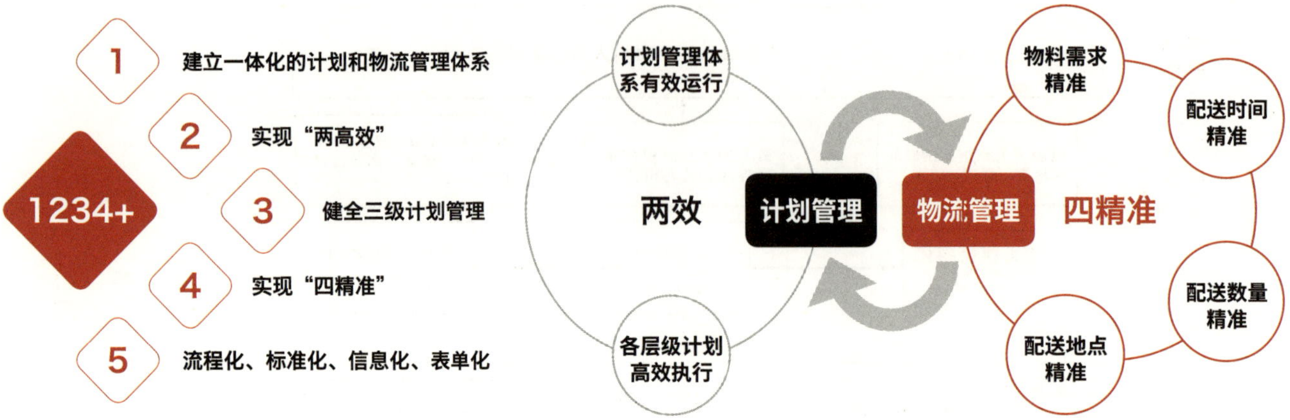

图7 第二阶段推进思路和目标

的平准化；推广应用第一阶段在总装物料配送方面的经验和做法，实现原材料配送至机加单位“工位”的目标。

本阶段强调对标第一阶段在物流管理方面提升的经验和做法，按照“先试点配送，阶段性逐步增加”的方式推进机加单位原材料配送，全面梳理并搭建原材料配送模式。深入现场调研和写实，了解原材料配送模式和存在的问题，制定了《机加单位原材料配送实施方案》，系统规划了物料配送区域，开展整理整顿和目视化管理，制定配送区域编码和配送路径，全面实施机加单位原材料配送制。再者，全面梳理物料配送的价值和业务，明确物料配送至“工位”的流程、标准和表单，结合公司一体化建设，梳理并完善制造过程中的物流管理业务、流程和标准，持续修订《物流管理规定》，以健全物流管理体系。

3. 管理创新与制度效果

从公司这些年的实践探索来看，该项管理创新成效显著，主要有以下几个方面：

（1）打破了传统的计划管理方式。打通了从客户需求、生产制造和售后服务的全过程计划管理，重新梳理并界定了商品计划和三级生产计划的业务内容、流程和标准，实现了一体化管理。通过优化计划管理模式和管控方法，对彻底改变“借时生产、延时交付”的被动局面起到了有力的推动作用，I 类产品和 II 类产品均实现了均衡产出目标（2 月和 8 月除外），月度和季度的总装产出率均达 100%。

（2）突破变革了物料配送方式。通过项目的推进和实施，实现了原材料配送至机加一分厂和机加二分厂“工位”的目标，其中 I 类产品原材料配送至机加二分厂的位置准确率为 100%，物资准确交付率为 100%；II 类产品选取试点的 24 种零件原材料配送至机加一分厂的位置准确率为 100%，物资准确交付率为 100%；变革了 II 类产品总装物料配送方式，突破性地实现了由领料制到配送制的转变，模拟“第三方物流”在物料配送环节原有 5 个动作基础上增加至 24 个动作，通过项目第二阶段持续优化改善，截至 2017 年 11 月，已配送 77120 种物料，差错品种数为 214 种，准确率达 99.7%，有效保障了 II 类产品总装的齐套性。在总装分厂物料配送环节试点并全面推广应用了“配套表”，在物料配送表单打印环节，工作效率提高 96%，每年节约成本 4.7 万元。

（3）严控投入产出，助力均衡生产。通过修订价值高、产量大的 16 种关重零件定额；按照“先试点、后推广”的方式推进料头再利用；开展优先利用现有库存等举措，I 类产品全年投入产出节创价值 496 万元。通过定期清理库存，优先利用现有库存量并合理排产，II 类产品节约价值 120 万元。

三、案例启示

对于典型传统的制造型企业，制造环节是全价值链成本管理的重要环节。在制造环节中推行精益生产，以客户需求为拉动，以消灭浪费和快速反应为核心，使企业以最少的投入获取最佳的运作效益，提高对市场的反应速度。精益生产的重点内容包括诸多方面，例如，一是采取“先试点、后推广”的方式，开展生产线流程再造，全面推行标准化作业方式，重点开展价值流分析工具运用，进行工位平衡分析和工位精益改善与设计；二是推进以打包物流、看板物流和顺序投料等各种物流方式为基础的准时制物流活动，降低库存成本，提高送料的及时性和准确性；等等。

我们认为，应用全价值链成本管理工具方法的创新之处主要有：

（1）为有效降低库存，控制呆滞品数量，确保一定时间范围内计划的准确性和合理性，根据生产管理需要，变革传统的计划管理模式，搭建了滚动生产净需求计划的模型并推广应用。

（2）根据 I 类、II 类产品生产管理的特殊性和复杂性，基于 ERP 系统集成的综合数据，搭建并应用信息化生产日报平台，对制造过程进行实时动态监控和信息反馈；将生产信息从零件细化到工序，对制造过程各个环节和各级生产计划实时跟踪，减少人工采集和干预，促进计划和物流的高效衔接。

（3）通过模拟“第三方物流”，变革 I 类、II 类产品的零件原材料和总装物料配送方式，突破性地实现了由领料制到配送制的改变，基于“工位”需求实施配送，逐步完善拉动式管理。

企业的成本管理要始终围绕企业的竞争战略来开展，站在战略的高度来考虑成本，并深入战略层面寻找影响企业成本高低的深层次原因，对战略成本动因进行分析、管理和控制，形成企业成本的长期竞争优势；企业的成本管理不仅要考虑企业内部价值链，还要重视企业与整个价值链之间的链接关系，如供应商、经销商等，通过合作实现共赢。通过在制造过程中应用价值链成本管理，将成本管理深入作业层面，开展成本动因分析，识别关键成本动因并进行控制，辨别增值作业和非增值作业，消除非增值作业，培育成本竞争优势。

数字时代的成本管理

Omar I. Aguilar 德勤咨询
Christopher D. Ittner 沃顿商学院

【摘要】伴随着包括数据分析、认知技术和机器人流程自动化在内的数字创新技术的出现，新一代成本管理解决方案为企业降低成本、提高利润率搭建了一个全新的平台。目前大多数的数字成本管理解决方案都着眼于提升产品和服务的效率与效能，为客户提供良好的使用体验，未来这些数字化解决方案最重要的（潜在）影响，在于为那些具有行业颠覆性的业务模式创新提供支持，持续降低企业成本，而这也会促使企业重新树立对于成本结构和成本效益的预期。

【关键词】数字时代 成本管理

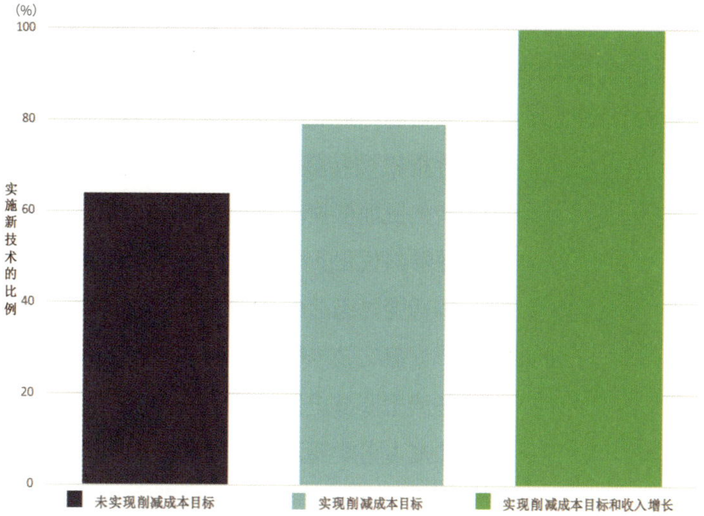

图1 中国企业新信息技术和成本管理软件应用效果

资料来源：德勤首次两年成本调查：数字时代中断下未知的蓬勃发展：德勤首次两年成本调查报告，2017年12月，https://www2.deloitte.com/us/en/pages/operations/articles/global-cost-management-survey.html。

当今多变的环境使得成本管理成为企业竞争的必要环节。传统意义上的成本管理，往往是应对成本竞争压力、市场需求减少、流动性不足和信贷收缩的防御性措施。但是面对快速变化的全球商业环境，公司逐渐采取更加主动的方式进行成本管理，将其作为促进企业成长的战略举措，并通过结构性成本优势来实现稳定的利润。德勤首期双年成本调查报告中对中国公司的调查结果也显示了这样的趋势。被调查公司的成本管理，大多是出于取得竞争优势（65%）或者促进增长（64%）的目的，此外，47%的公司是出于提升国际业务组合的业绩。相比之下，只有17%的被调查公司的成本管理动因是应对市场需求的显著下降，32%是由于自身在竞争中的成本劣势，35%是由于政策变化，另有36%是由于流动性不足或者信贷收紧。

与其他地区相比，在中国公司中利用成本管理来取得竞争优势并促进增长显得尤为重要。调查显示，在亚太其他国家中只有58%的公司是为取得竞争优势而进行成本管理，在美国这一比例为57%，在欧洲和拉丁美洲各为46%。类似的，在亚太其他国家中有53%的公司主要为促进业绩增长而进行成本管理，在美国这一比例为43%，在拉美地区和欧洲各为36%。

但是，尽管成本管理对于中国公司有重要的战略意义，只有35%的上述公司实现了成本管控目标，仅仅有12%的上述公司能够在实现成本管控目标的同时保持10%以上的销售增长率。相比之下，亚太地区其他国家中有28%的公司实现了成本控制目标，在欧洲这一比例为44%；在欧洲公司中，同时实现成本控制目标和业绩增长的公司比例为7%，在美国这一比例为14%。

调查结果显示，成本管理成功的重要因素之一是新的信息基础设施、信息系统和智能商务平台的应用。如图1所示，所有完成成本管控目标并实现业绩显著增长的中国公司都在它们的成本管理中应用了新的信息技术。相比之下，在实现成本管理目标但没有显著业绩增长的公司中，应用新信息技术的比例为79%，而在没有完成成本管理目标的公司中这一比例为64%。在其他地区，同时实现成本控制目标和显著业绩增长的公司、完成成本管理目标但没有显著业绩增长的公司和没有完成成本管理目标的公司中，应用新的信息技术的公司比例分别为62%、50%和46%。显然，新信息技术的应用不能保证成本管理的成功实施，但是缺乏这种投资似乎会阻碍成本管理和业绩增长的实现。

我们的经验表明，信息时代中新的信息

发表于《中国管理会计》2018年第2期，总第4期。

来源和技术对于有效的战略成本管理更加重要。数据源正在以前所未有的高速度提供大量的结构化和非结构化数据。与此同时，分析模型和技术的发展使得信息向知识的转化更加便捷。这些新知识，通过促进现有业务的优化，以及商业模式和成本结构的根本转变，来显著提升成本管理的成效。

数字技术创新的兴起代表了成本管理方法的主要演进。传统的成本管理重点在于诸如成本分类管理、外部费用削减、持续性发展和流程再造等技术性实践。近年来，更具战略意义的结构化方法开始出现，如全球外包、离岸外包和中心化，这些实践通过对公司运营形式、服务形式和管理的基础化改造来节省更多成本。利用信息技术的新一代成本管理方法，通过建立显著降低成本、增加灵活性的新运营方式，为效率提升和业绩改善提供了可能。

一、信息化成本管理的方法

（一）分析和认知技术

信息化成本管理方法围绕两个内在相关的领域发展：分析 / 认知技术和自动化。随着信息技术提供数据的数量、种类和速度不断增加，分析利用数据进行成本管理的能力变得至关重要。预测分析使用一系列统计模型和认知技术方法，基于大量不同的数据，建立关于未来活动、趋势和行为的预测模型。传统的统计方法擅长于处理和分析数字、交易等结构化数据。随着人工智能、自然语言处理、机器学习等认知技术的发展，结构化数据和文字、图像、视频、表格等非结构化数据都可以被准确分析，企业可以更加容易地发现不同数据中隐藏的信息和意想不到的关系。

预测分析和认知技术在成本管理中的应用很广泛。例如，公司将能够更深入地了解成本动因和它们之间的关系，从而更好地优化当前运营，并预测未来的决策对成本的影响。相似地，收入动因分析有助于企业减少增值作用较小的支出，增加那些促进利润增长的支出。预测分析可以通过发现质量缺陷和浪费的原因来减少这些问题，也可以帮助企业预测机器设备和现场产品的维护保养时间。舞弊分析通过预测可能出现舞弊行为的员工、顾客、供应商，来规避相应损失。

如果能将预测分析及认知技术应用到预测、计划和预算上，将对公司发展格外有益。精确地预测、计划和预算能为成本管理实践的发展打下坚实基础，从而更好地帮助企业应对竞争威胁、抓住机遇并获得盈利增长。经过对成本管理调查数据的分析，我们发现作为成本管理项目的一部分，改进预测、预算和报告流程的公司更有可能去实现降低成本、节省更多运营成本和营运资本的目标。通过更好地理解过去业绩的影响因素和对未来计划的潜在威胁，预测分析及认知技术能够进一步提高公司决策者的预测、计划和预算能力。收集大量的结构及非结构数据并分析建模，从而确保驱动业务和影响预期结果的关键信息能够用来提高精确性。此外，预测分析及高级建模可以提高公司将预测、计划和预算流程纳入风险考虑的能力。高级建模工具能被用于执行模拟和假设分析，从而为被选择的成本管理实践将如何影响公司绩效提供更深刻的见解。相应地，经理们可以通过测试不同情境不断调整预算和预测，从而设计一旦成本管理失败的应急计划。

（二）自动化

自动化很早就与成本管理工作联系起来了。传统的自动化被用于提高生产加工产品的效率和有效性。随着数字化创新，自动化更多地聚焦在知识劳动密集流程的革新。举例来说，机器人过程自动化（Robotic Process Automation，RPA）使用专业计算机程序来自动化和标准化重复性的人工流程。RPA相对于人类，不仅使重复性工作变得更快、更精确、更不知疲倦，而且解放了雇员的时间使其能够更多地投入到高价值的任务上。

人类固有技能有手写识别、人脸识别，还有认知技能比如计划、对于局部和不确定事项的推理以及学习等，更多先进的认知性工具通过使这些人类技能自动化工作成为可能，从而使知识性工作数字化更进一步发展。因为认知技术拓宽了信息技术对传统人力工作的影响，它们可以打破组织主流上对速度、成本和质量的权衡。

二、数字化成本管理方案实践

利用数字技术的力量来促进效率和效能，下一代先进的成本管理方案的兴起已开始关注自动化和分析认知技术，比如将成本收入动因纳入现有的决策、替换或者人力变动的商业流程当中。这些方案仍处于成熟的早期阶段。然而，不同于传统的战术型、结构化的成本管理方案可能已经接近或超过其潜力的峰值，采用先进数字化方案的成本管理程序才刚刚兴起，由于数字技术的指数型增长（摩尔定律）和更快的实施处理能力，数字化方案将使公司在未来有潜力，用更少的时间节约更多的成本。

下面，我们将用一些我们参与过的公司案例研究来解释数字化成本方案的优点。

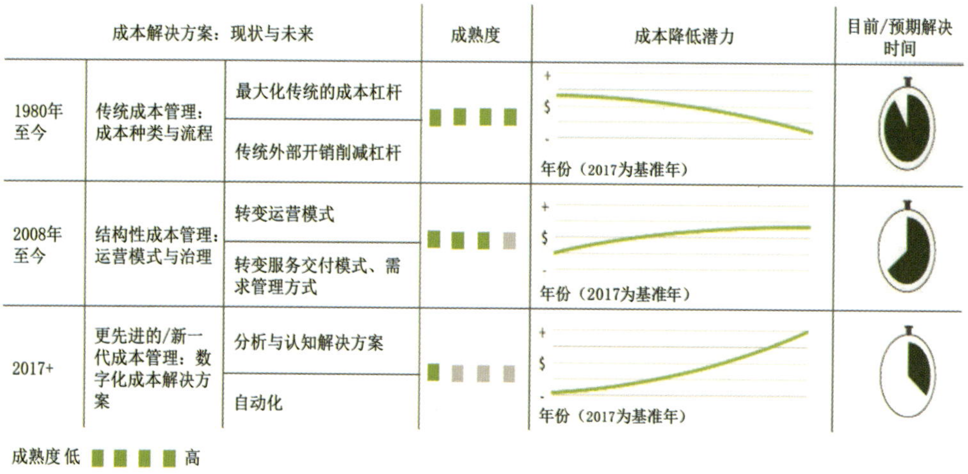

图2 成本解决方案——现状与未来

资料来源：德勤首次两年成本调查：数字时代中断下未知的蓬勃发展：德勤首次两年成本调查报告，2017年12月。
https://www2.deloitte.com/us/en/pages/operations/articles/global-cost-management-survey.html

（一）使用预测分析来优化制造业务

一家领先的汽车制造商的装配工厂正面临日益复杂的局面，市场营销部需要为顾客提供多样化的选择。制造商担心由复杂性造成组装线上的停工和质量问题的成本将远超于其收入。然而，工厂的经理没有方法去验证这样的猜想，因此他们选择了预测分析。

数据从 71 个底盘和装饰工作站，每一辆汽车的 161 天生产期以及许多的工时、质量问题以及停工期的各种选择内容收集起来。分析表明：对单位汽车的生产总工时和单位汽车生产、装配、停工、维修、返工、库存调整的间接工时来说，更多选择内容的日调整会对成本产生不利影响。除此之外，为了有生产流程变化的缓冲时间，有更多选择内容的工作站会有更多的人员冗余成本，从而增加了产品成本。

基于这样的结果，一个工厂的模拟模型被用来决定如何优化给客户更多选择的同时，最小化选择变化带来的多余成本。模拟结果表明：一旦每个工作站能够最优地缓冲生产流程变化的时间，产品多样化将对装配的直接成本有更显著的影响。模拟结果同时显示：将多个选择打包有利于缩减缓冲时间。这些分析使得公司能够通过改变人员制度和给顾客提供多个打包选择来大幅度降低成本。

（二）使用预测分析来重新部署支出到高价值用途

面对每年超过 300% 的人员变动率，同时提供堂食和外送的快餐店连锁的雇用、培训和生产力流失的成本日益增长。对此，连锁店提供了一系列高昂的激励来降低人员流动率，包括给超过一年的一线员工提供教育经费、给员工留职率高的经理发放奖金。

尽管这些激励确实降低了一线员工的流失率，连锁店仍没有看到利润的增长。数据分析帮助他们找到原因。首先，有些盈利率最高的连锁店拥有最高的一线员工的流失率，这是由于经理通过交流更快地发现绩效不好的员工并解雇他们。其次，要强调的是，真正影响店铺盈利的员工流失是直接负责日程计划、管理一线员工以及确保日常店铺平稳运营的管理者的流失。基于这样的结果，连锁店将重点放在了减少管理者流失率，结果降低了员工留职成本并且取得了更高的效益。

（三）运用认知智能分析并降低企业外部成本

一家全球化饮料生产商面临着严重的利润压力，原因有二：一是公司的核心产品日趋商品化；二是行业整体生产效率的提升使得产品的供给远超消费需求。这样的局面使得该公司不得不通过增加外部支出或使用其他方式来提高知名度。

作为旨在降低成本的成本转化计划的一部分，该公司采用了先进的认知技术来削减外部支出。认知智能工具能够使用来自各种系统的碎片化和非结构化的数据，拥有像人类一样学习和推理的能力，甚至能够识别行业特定语言中的细微差别，并在每一次的分析后变得更加智能。与传统的规则系统不同，认知智能工具可以识别甚至创建从未接触过的数据类别，每分钟可以对超过 40000 个交易数据进行分类。在之前，对数以百万计的购买交易进行分类和分析需要投入大量的时间、人力和物力。而如今借助认知智能的力量，公司能够对98%以上的交易实现自动化分类。这样一来，之前需要6～8周的任务现在只需要2～3周即可完成。

一旦交易数据按支出类别、供应商、地理位置以及交易发生时间段等标准进行了准确分类，公司就能够对其外部支出做出更加深入的理解，包括识别不同供应商、不同采购地点之间的采购价格差异，供应商的分散程度，商品风险水平等。公司在掌握这些信息之后就可以有针对性地采取行动，从而提高外部支出效率、消除浪费，并通过整合采购来增强购买力。

（四）认知智能助力组织简化与优化

为了削减成本，一家大型汽车制造商（OEM）需要对其组织机构进行精简。与此同时，公司也需要解决诸如留住关键人才、提高投资战略能力，以及针对未来发展进行重新定位等问题。在现有的成本管理工作的基础上，该公司在简化组织结构、优化其全球组织内的管理跨度和层次等方面也做出了尝试和努力。在这一过程中，公司需要对超过30000名员工的人力资源数据进行清理和分类，而这项工作又极为复杂、耗时：根据各种不确定的线索（如职位、部门、实际位置、报告关系），人工分析并分类每个员工在组织结构中的真实位置，通常需要3～6周的全职工作。然而，借助认知智能，项目组只需要两周的兼职工作就能完成上述工作（仅是平时工作的20%）。

在初次应用中，认知智能工具的准确率大约为60%。然而，通过对错误不断地再学习，认知智能工具的准确率很快提升到了95%。最终，该项目每年帮助公司节省8000万～1亿美元的劳动力成本。与此同时，该项目的实施也增加了公司对关键人才的关注度，进一步明确其未来的战略定位。

（五）机器人流程自动化帮助提升产能、降低成本

一家全球财富1000强银行想要扩大其业务能力，从而使其在不雇用额外员工的情况下处理大量交易。借助机器人流程自动化（RPA），该银行能够极大地提高其贷款和零售银行的业务量（相当于300名全职员工的工作业务量）——随着机器人流程自动化应用范围和规模的不断扩展，这个数字还会不断增加。

在引进RPA之前，这家银行的许多流程在本质上都是高度人工化的，而这会对公司业务效率和质量产生不利影响。起初，银行的高层对于流程自动化是持怀疑态度的，原因有三：一是银行的业务大多非常复杂；二是所需数据通常分散在数量众多的遗留系统（存储方式过时的数据系统）和第三方系统中；三是当公司离散地审视业务流程时，会错误地认为在全过程引入机器人流程自动化并不恰当。然而，当对其业务进行端到端分析时，公司就会意识到RPA确实是一个可行的选择：这是因为它的许多业务流程具有很高的相似性，而这为机器人自动程序在规划、开发、实施、优化和维护等方面提供综合解决方案建立了良好的基础。

银行使用RPA的具体例子包括：

- 受理客户由于问题或退款等原因而提出的信用卡索赔申请，以及收集与索赔申请相关的大量信息；

- 登入数据库，将以PDF形式呈现的非结构化数据转换为结构化数据，并通过自然语言处理实现对关键词的检索从而确认索赔评估；
- 按既定规则对交易数据进行处理，将结果导入补偿计算公式中进行运算并确认最终的赔付金额。

这家银行在短短六周内就完成了第一个机器人流程自动化的开发和应用，当时是作为一个旨在探究 RPA 在银行中的适用性和可行性的实验项目，而后开始在企业内各个团队中进行推广宣传。然而，流程自动化项目的展开之迅速是公司未曾料到的：在最初的六个月内实现了 30 ～ 50 个流程的自动化，在项目进行到一年半时就已经达到了 150 个（此时，每周可以执行 90000 个操作请求）。

为确保业务执行质量始终如一、避免自动程序在运作过程中出现故障，该银行专门针对机器人流程自动化（RPA）制定了一套质量保证（QA）方法：定期对近期程序输出进行人工抽查复检，定期使用规定的测试用例对自动化程序进行测试以确保其输出结果符合预期。此外，公司的风险和内部审计人员也定期对投入使用的机器人以及 RPA 卓越中心进行质量保证审查。

如今，这家银行应用了超过 150 个计算机自动程序，每周执行超过 120000 次操作请求，而所花费用仅为雇用额外员工的 30%。总的来说，这项计划的投资回收期仅为六个月。在计划实施的前三年里，机器人流程自动化（RPA）预计将为该银行节省超过 4000 万美元。

三、结论

在如今瞬息万变的全球商业竞争环境中，有效的成本管理已经成为企业核心的竞争优势。伴随着包括数据分析、认知技术和机器人流程自动化在内的数字创新技术的出现，新一代成本管理解决方案为企业降低成本、提高利润率搭建了一个全新的平台。截至目前，绝大多数的数字成本管理解决方案都着眼于提升产品和服务的效率与效能，为客户提供良好的使用体验。然而在未来，这些数字化解决方案最重要的（潜在）影响在于它们将为那些具有行业颠覆性的业务模式创新提供支持，持续降低企业成本，而这也会促使企业重新树立对于成本结构和成本效益的预期。

参考文献：

[1] Coakley, J.R. and Brown, C.E., 2000. Artificial neural networks in accounting and finance: Modeling issues. Intelligent Systems in Accounting, *Finance and Management*, 9(2), pp.119-144.

[2] Degraeve, Z., Labro, E. and Roodhooft, F., 2000. An evaluation of vendor selection models from a total cost of ownership perspective. *European Journal of Operational Research*, 125(1), pp.34-58.

[3] Fisher, M.L. and Ittner, C.D., 1999. The impact of product variety on automobile assembly operations: Empirical evidence and simulation analysis. *Management Science*, 45(6), pp.771-786.

[4] Ittner, C.D. and Keusch, T., 2017. Incorporating risk considerations into planning and control systems: The influence of risk management value creation objectives. In P. Linsley and M. Woods (eds.), *Routledge Companion on Risk and Accounting*.

[5] Ittner, C.D. and Michels, J., 2017. Risk-based forecasting and planning and management earnings forecasts. *Review of Accounting Studies*, 22(3), pp.1005-1047.

[6] Kim, K.J. and Han, I., 2003. Application of a hybrid genetic algorithm and neural network approach in activity-based costing. *Expert Systems with Applications*, 24(1), pp.73-77.

[7] Levitan, A. and Gupta, M., 1996. Using Genetic Algorithms to Optimize the Selection of Cost Drivers in Activity-based Costing. Intelligent Systems in Accounting, *Finance and Management*, 5(3), pp.129-145.

（翻译：陈麦琪、高瑞翎、赵柏清；校审：陈磊，北京大学光华管理学院）

管理层如何执行战略：CR医药商业公司管理控制系统构建

刘俊勇 孙瑞琦 李恩聪 中央财经大学会计学院/中国管理会计研究与发展中心

【摘要】在企业经营发展中会遇到很多问题，最重要也是最困难的问题之一就是如何有效地把战略转化为实践。管理控制系统就是着眼于公司战略，利用管理会计工具将战略转化为实践的一整套的控制系统。在这个转化过程中，管理控制系统设计的好坏将直接影响战略实施的结果，因此该系统的构建过程是重中之重。本文以 CR 公司构建管理控制系统的过程为案例，详细描述了管理控制系统的构建过程，运用案例研究的方法分析了该系统构建过程中的经验和问题，并总结了医药商业领域管理控制系统的一般框架，希望能够对其他同类企业提供借鉴。

【关键词】管理控制系统 公司战略 CR 公司

发表于《中国管理会计》2018年第2期，总第4期。

一、问题的提出

管理控制系统是管理者运用管理会计工具，通过影响组织成员来实施组织战略的一整套系统。它是介于战略制定和任务控制之间的一套系统：战略制定最不具有系统性，任务控制最具有系统性，管理控制处于中间位置；战略制定注重长期并粗略估计未来，任务控制侧重短期活动并利用现在的准确数据，管理控制既注重未来也看中短期；计划对战略制定更为重要，控制对任务控制更为重要，而计划和控制对管理控制同等重要。在西方的研究成果中，Merchant和Van der Stede（2007）提出，管理控制系统不仅包含结果和行为层面的控制，还包括人员和文化的控制。Chenhall（2003）认为，管理控制系统将财务可量化的信息进行传递并能帮助管理决策，其中包括客户、市场、竞争对手、非金融信息产生过程和社会控制等。管理控制系统不仅包含财务会计系统，还包含其他控制系统，因此它不仅提供财务上的控制，还能在非财务上对企业进行控制。随着公司对智力资本和信息资本的关注，管理控制系统也与智力资本和信息资本进行了结合。Mouritsen和Larsen（2005）将知识管理划分为两次浪潮：第一次是将知识灌输到个人的层面；第二次是将智力资本作为企业管理控制的重要元素，管理对象不再是个人，而是捆绑知识资源参与生产和创造价值。Burns和Scapens（2000）引入了管理控制系统变革的制度理论，他们认为，管理控制系统变革是经过了追求制度同构到出现制度矛盾最终推动制度变革三个阶段的活动。

根据管理会计的偶然性理论，并没有普遍使用的管理控制系统，但是可以根据特定组织所处的环境来选择合适的控制工具，而组织的战略和目标就是其中最重要的偶然性变量，这些战略目标会严重影响绩效指标的选择（Otley，1999）。王斌和高晨（2003）认为，企业组织结构的设计与管理会计控制体系的建立是一脉相承的。企业活动通常包括经营活动与财务活动两方面，因此企业组织设计和管理控制系统的构建必须综合考虑经营和财务这两种不同的活动和他们的特性。而汤谷良等（2009）认为，多元化企业集团控制体系设计的根本出发点是集团的整体战略，而信息化建设和多维业绩评价则是降低多元化企业集团组织成本的两大“法宝”，最后集团总部的决策力和控制力一定要强。同时，汤谷良等（2010）对海尔集团SBU的研究也发现，将管理控制系统的两种整合观点，即组织观点和行为观点进行结合，能够构建出更加符合中国企业的管理会计控制模式。因此，学者们开始逐渐研究如何设计、实施和监督管理控制系统从而实现组织既定的战略目标。

虽然我国学术界对管理控制系统的研究已经进行了多年，但是在如何构建管理控制系统方面的研究相对较少。其中的原因一方面是我国管理会计研究发展相对较晚，许多研究仍然处于理论阶段，着手进行构建的企业相对较少。另一方面是由于我国企业实践中系统运用先进管理会计工具的数量少、运用时间短、成果不明显，因此学术界并没有形成一个比较统一的框架结构。尤其在细分领域，由于各领域实际情况不同，更加不能用一个粗糙的管理控制系统框架来规范。CR集团是我国央企中推进管理会计较为深入的企业之一，也形成了许多例如“6S”“5C”系统等的傲人成果，有许多可以研究学习的地方。首先，本文着手于医药商业领域，用CR医药的案例构建一个可以在医药商业范围内进行推广的有普遍适用性的框架。其次，行动学习是近几年十分火热的组织学习方法，许多企业都在尝试使用行动学习来解决现实问题，但效果有好有坏，因此人们对行动学习的评价也是褒贬不一，此外很少有人研究在管理控制系统构建过程中行动学习起到的作用。笔者在参与案例企业管理控制系统的过程中，充分感受到了组织学习对管理控制系统构建的合理性以及推进实施的效率上的积极作用。本文将对行动学习方法运用于管理控制系统构建进行评价，总结其经验和问题。最后，案例企业通过构建管理控制系统的过程实现了组织变革。与以往组织变革方式相比，此案例提供了一种组织变革的新的方法和手段，从管理会计创新角度加深了对组织变革的理解。

二、平衡计分卡和战略地图用于战略执行的理论分析

在美国管理会计师协会所著的《管理会计公告》中将绩效考核看作是促进战略实现的重要手段。考核指标以及相应的行动都代表着公司的价值、战略以及长远发展目标。Otley（1999）总结了发展管理组织绩效框架时应解决的五个问题，整合了绩效管理的框架，其中包括目标、战略和计划、设定细分目标、激励和奖励、信息反馈五个方面。

在绩效管理工具方面，西方学者创造了许多衡量工具，如预算、经济附加值（EVA）以及平衡计分卡（BSC）。卡普兰和诺顿（1992）创造设计了平衡计分卡，它从财务、客户、内部流程、学习与成长四个相互联系的层面来全方位地衡量和管理企业经营业绩，包括传统的财务指标和影响未来财务效益的非财务指标。BSC有五个重要的要素，分别为战略目标、评价指标、目标值、行动方案和预算。随着时间的推进，平衡计分卡的理论不断地完善，卡普兰在2004年提出了战略地图，在2006年更新了有关组织协同的内容，在2008年提出了年度管理工作的六个步骤，形成了六步闭环管理系统，分别是：制定战略、规划战略、组织协同、规划运营、监控和学习以及检验和调整战略（见图1）。

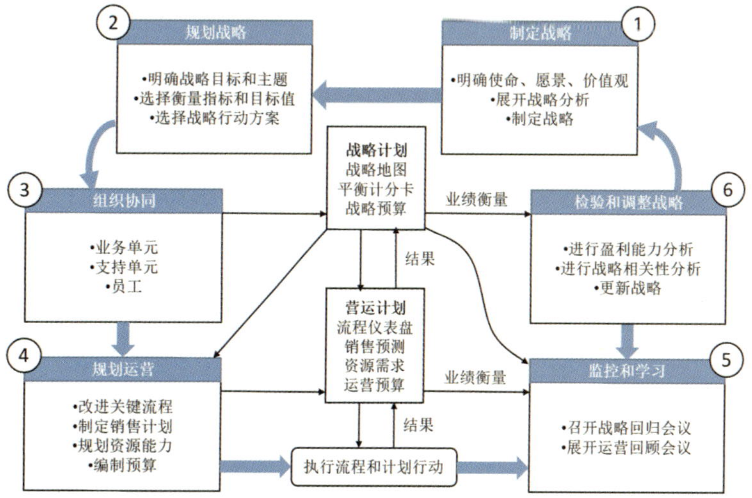

图1 六步闭环管理系统

近几年我国学术界对绩效管理体系的研究也越来越深入，但中国与西方国家有许多不同之处，西方的理论并不能生搬硬套。中国背景下的管理会计变化过程可能更缺乏系统化，具有更多的政治色彩（Burns and Vaivio,2001）。同时，学术界并没有形成一个较为统一的绩效管理框架来指导我国企业的实践，这也是本文写作的初衷之一。汤谷良等（2009）认为，业绩衡量系统设计的出发点在于目标和战略，将目标和战略与业绩衡量连接的关键则是业绩变量。此外，他还提出了利益相关者分析框架，以利益相关者分析为出发点并意图识别出影响既定目标和战略及关键业绩变量的力量。陆庆平（2003，2006）则认为，所有者（股东）财务最大化是企业绩效的核心，绩效评价系统的运作步骤包括建立各类指标体系、确定评价标准和实施绩效评价系统的具体评价。刘运国和陈国菲（2007）则用案例研究的方法研究了中国企业BSC与EVA相结合的绩效评价实践，认为两者结合使用既弥补了只使用单一财务考核指标的不足，又能更加准确地计算出企业为所有者创造的财富，使经营者更加注重经济增长的质量。刘俊勇(2015)在对ZZ药业的平衡计分卡研究中展现了平衡计分卡在医药企业中各部门分解的过程，但该研究只涉及了单一公司的平衡计分卡分解，并没有涉及像本案例中省公司和地市子公司再到各部门的多层次结构分解。

本文研究的案例企业在构建管理会计系统的过程中，就运用了以平衡计分卡和战略地图为主要的管理会计工具。首先，根据公司战略形成公司范围的平衡计分卡和战略地图，之后对指标进行分解，各成员公司认领指标。其次，各成员公司根据认领指标构建自身的平衡计分卡和战略地图。最终，对成员公司的平衡计分卡再次分解，使每个岗位和员工都有指标进行考核管理，并结合已有的三级成本核算体系形成个人的平衡计分卡和战略地图。在整个构建过程中还会与企业的商业计划书挂钩，形成相应的预算和行动计划，并对不合理的组织结构进行变革。

三、案例描述

（一）CR公司概况

CR有限公司是一家以西药、中成药、医疗器械批发、物流配送为核心业务的有限公司，是CR医药商业集团的全资子公司。2011年6月，CR公司成立，这是CR医药商业集团在河北省收购的第一家公司。为了布局省内医药市场，5家地市公司也相继加入CR医药商业集团。为落实“省级建平台，市级搭网络”的发展战略，2015年1月4日，CR医药商业集团正式授予CR公司为CR医药商业集团河北省省级平台，同年11月CR公司收购了F公司，河北省11个地级市已经成立了7家公司。在2015年商业计划书中，CR公司确定了“以信息化增值服务的核心模式为基础，将CR公司打造成省内医药纯销第一品牌”的愿景。根据这一愿景，公司又提出了“44722”的战略，即4个基础、4个定位、7个核心举措、2个方向、2个动力。2015年CR公司完成营业收入37亿元，与2014年相比增长35%，净资产收益率（ROE）达到20.9%。同时公司的市场份额快速增加，已经成为省内医药商业领域的第二名，主要竞争对手为国药控股股份有限公司以及上海医药集团股份有限公司。为了继续拓展销售市场，CR公司今后还会继续通过并购的方式打开空白地市市场。公司将从高效配送、信息化增值服务、金融创新服务三个方面为客户提供卓越的体验。由于7家地市公司在平台成立之前并不是特别熟悉，且各利润中心负责人的成长背景、思维方式、个人所处的发展阶段也不尽相同，让管理人员融入平台的管理中来，而且在战略思想上尽快达到高度的统一，成了省平台面临的首要问题。在案例项目实施之前，CR公司所运用的管理控制系统多来自CR集团内部所使用的“6S”和“5C”管理体系，除此之外，2015年又开始实行三级成本核算的绩效考核方法，但效果都不明显，公司中仍有许多矛盾和问题存在。

（二）研究方法

本文拟采用单案例研究方法，通过参与CR公司管理控制系统的构建过程和对相关人员的访谈，探索医药商业领域管理控制系统的构建问题。罗伯特·K. 殷在《案例研究：设计与方法》一书中指出，案例研究的证据可以从不同渠道获得，包括相关档案文件、会议记录、访谈、观察、实物等。同时，根据三角互证法的原则，笔者从多种来源收集案例相关资料，包括案例企业管理控制系统构建过程、案例企业内部文件资料、互联网公开资料、内外部人员采访等。多角度的资料来源使本案例的分析更加具有说服力。本文对案例资料和数据的处理借鉴了Strauss(1987)的扎根理论。据扎根理论，笔者对资料进行了编码和分析，形成了行动学习对管理控制系统构建的一系列结论。笔者通过亲身参与案例企业构建管理控制系统历时数月的整个过程，积累了丰富的写作素材，包括文献、观察、访谈、档案以及调查问卷等多种来源，总计有10万余字，录音长达10余小时。采访对象包括CR公司总经理李总、管理平台部门领导陈经理、地市公司总经理张总、白总，以及各部门负责人、业务骨干等人，他们都在医药商业领域拥有超过20年的工作经验，对医药商业领域十分熟悉。在整个项目中，案例企业先后进行了10余次行动学习研讨会，总时长超过200小时，参会者发言千余人次。笔者将对收集到的资料进行梳理，以时间顺序对案例本身进行描述。在案例分析部分将指出本案例中形成的经验和出现的问题，并结合扎根理论的方法对其进行总结和讨论。

（三）平衡计分卡实施：战略落地与管理控制系统

为实施项目，CR公司由运营部陈经理牵头组成了项目实施小组，小组中成员包含了平台公司各部门领导、地市分公司总经理以及各部门骨干等54人，目的是覆盖公司全部部门和业态。正式实施项目之前，总经理先将平衡计分卡的相关知识进行了简单的介绍，让项目实施小组成员对平衡计分卡有一个初步的了解。同时，从公司领导层面宣贯了项目的重要性，得到了所有小组成员的支持。

项目计划分为五个阶段：第一阶段为平衡计分卡相关知识的培训阶段，为项目实施小组的每一位成员深入地讲解平衡计分卡相关知识和利用其构建管理控制系统的方法。第二阶段为引导小组成员构建公司级的平衡计分卡。第三阶段为将公司级的平衡计分卡进行分解，由各地市公司认领，各地市公司根据认领到的指标形成自身的平衡计分卡、行动计划以及预算。第四阶段是各地市公司将自身的平衡计分卡二次分解到各部门，各部门形成部门级别的平衡计分卡、行动计划以及预算。第五阶段为制度的固化阶段，将项目形成的管理控制系统实施方法形成书面制度文件，并且在公司内部有专门的部门对管理控制系统的运行负责，标志着组织变革的成果。

为了有效实施计划，李总亲自登门邀请国内一流财经大学的刘教授以培训师和催化师的角色参与项目的整个过程。

1. 平衡计分卡知识导入

构建平衡计分卡为核心的管理控制系统需要项目小组中的每个人对平衡计分卡知识有深入的了解，因此在实施构建之前专门由专家向每个人讲解平衡计分卡的理论知识和应用方法，还将其他企业的设计成果作为案例进行展示。这样一来，项目组人员会对接下来要做的工作有充分的了解，在实际进行构建之时也会免去很多麻烦。

由运营部陈经理牵头，包括省平台总经理、部门领导、地市公司管理层、地市公司部门骨干等54人组成项目小组。要求全员参与研讨会不允许缺席。在分组过程中，领导与员工、地市公司之间随机组合，力求每个小组都能覆盖整个公司各个方面。分组进行行动学习研讨，对平衡计分卡知识进行讨论并对公司存在的问题进行梳理。研讨过程中每名小组成员都需要发言，同时在一名成员发言时，其他成员不允许打断和评价。发言结束后小组内部进行讨论，汇总意见后选取代表进行汇报，其他小组利用六顶帽评价法进行评价。整个发言过程和汇报过程中要利用团体列名的原则，减少重复发言提高效率。通过研讨总结出了数十条公司经营过程中的问题和矛盾，这些问题将在构建系统时一一讨论解决。经过学习，初步确定公司需要解决的问题，规划正式构建控制系统时的流程和时间安排。参加研讨会后各项目组成员都决定将此研讨方法在本公司和部门加以运用，对自己公司和部门的问题进行同步梳理并思考解决方案。

行动学习研讨方式迅速地使每位项目组成员从完全不了解平衡计分卡转变为平衡计分卡的熟练使用者，在此过程中理论和实践结合也不断深入，例如，省公司李总在学习后的体会就十分深刻，他说："财务层面是盈利模式，客户层面是商业模式，内部流程是来支持商业模式和盈利模式的内控模式，学习与成长层面是如何让团队获得提升盈利模式、商业模式以及内控模式所应具备的能力的。"

2. 公司级平衡计分卡的形成

在了解平衡计分卡相关知识后，正式的构建工作开始。按照平衡计分卡的逻辑关系，首先要确定整体战略和四个层面的战略主题。CR公司已有核心战略并且集团公司对盈利指标有硬性要求，所以主要工作在于确定四个层面的战略主题。在确定战略主题之后就要对支持每个主题的目标进行考虑，还要为每项目标设计出相应的评价指标。这一系列工作都关系到公司战略能否有效落地，所以这个阶段的行动学习研讨会耗用了较多的时间，形成的成果也是十分完善的。

利用与上阶段相同的多元化小组，分组进行行动学习研讨，形成小组意见后进行汇报，再对汇总结果进行讨论梳理。第一轮汇报形成了69条战略主题，数量较多、重复率较高，有的对公司核心战略的结合不紧密，有的则可以作为二级目标体现。李总在整个过程中起到了十分重要的拍板作用。经过讨论梳理后最终简化提炼为5项战略主题（见表1）。

表1 平衡计分卡战略主题

维度	战略主题
财务层面	实现财务增长
客户层面	卓越客户体验
内部流程层面	高效运营管理
	成为可信赖的医药配送商
学习与成长层面	打造一支训练有素、士气高昂的工作团队

确定战略主题之后，项目组又针对每项主题讨论设计战略目标。战略目标是实现战略主题的重要支撑，因此项目组在这一阶段耗时较多。第一轮汇总形成了60条战略目标，其中有很多是重复的，还有个别目标偏离核心战略，因此在逐条分析筛选之后形成了16项战略目标（见表2）。

项目组经过长时间的讨论为16项战略目标设计了超过80项指标。在这80项指标中大多数指标是重复或者交叉的。有个别指标不利于量化，例如，战略性信息准备度；还有个别指标偏离战略，例如，冷链服务客户数。经过多轮的讨论修改最终敲定了21项指标（见表3），这21项指标既简单易于考核，又能牢牢抓住公司战略核心。基于上述工作，确定下一步工作为平

表2 平衡计分卡战略目标

维度	战略主题	战略目标
财务层面	实现财务增长	提升营业收入
		提升盈利能力
		提升运营质量
客户层面	卓越用户体验	实现高效药品配送
		提高信息化增值服务的能力
		创新金融模式
内部流程层面	高效运营管理	增加一级商开户数量
		降低采购成本
		优化库存结构
		完善岗位 SOP 体系
		提升内部信息化水平
		实现药械快速入院
	成为可信赖的医药配送商	经营守法诚信
学习与成长层面	打造一支训练有素、士气高昂的工作团队	提升人岗匹配度
		完善薪酬与激励制度，建立职业发展体系
		塑造企业文化

表3 平衡计分卡指标体系

维度	战略主题	战略目标	指标
财务层面	实现财务增长	提升营业收入	营业收入（主营）
		提升盈利能力	净利润
			经营性现金流
		提升运营质量	应收周转天数
			存货周转天数
			应付周转天数
客户层面	卓越用户体验	实现高效药品配送	客户覆盖率
			配送及时率
			产品满足率
		提高信息化增值服务的能力	信息化项目的计划完成率
		创新金融模式	金融项目的计划完成率
内部流程层面	高效运营管理	增加一级商开户数量	目录内一级商开户的数量
		降低采购成本	集采达成率
		优化库存结构	不合理库存比率
		完善岗位 SOP 体系	SOP 检查评分
		提升内部信息化水平	信息化需求完成率
		实现药械快速入院	计划项目的完成率
	成为可信赖的医药配送商	经营守法诚信	建立四大体系
学习与成长层面	打造一支训练有素、士气高昂的工作团队	提升人岗匹配度	培训计划的完成率
		完善薪酬与激励制度，建立职业发展体系	全员绩效覆盖率
		塑造企业文化	公司主题活动开展次数

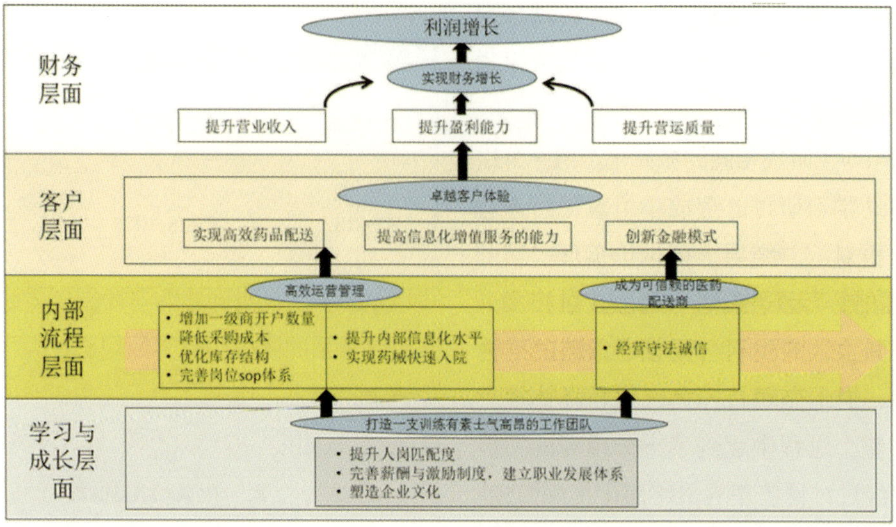

图2 平衡计分卡战略地图

衡计分卡的分解工作，明确讨论流程和时间，总结战略主题和目标形成战略地图（见图2）。

战略地图的形成也标志着平台发展战略已经确定，为公司总战略的实现规划了多个层面的主题和努力方向。

在构建公司级平衡计分卡的过程中对成果进行了多次梳理和凝练，充分体现了行动学习不断研讨和优化的过程，同时领导在研讨过程中也起到了重要的拍板作用，避免了行动学习研讨成果过于发散偏离主题的可能。整个研讨过程气氛热烈，凸显了行动学习的群策群力特点。例如，在指标的凝练过程中，“客户覆盖率”指标曾一度被抛弃，是D公司销售副总提出的应当保留这一指标，他认为虽然公司更加注重药品品种的覆盖，也有品种满足率指标，但是客户满足率则从另一个角度描述了客户开发的情况，也是十分重要的维度。他开启了新一轮的讨论，最终得到了项目组的认可。这一过程充分体现了行动学习与其他方式相比的优势。能够在讨论中汲取各种意见，不断优化讨论的成果。

3. 平衡计分卡指标认领

在一般企业中少有将平衡计分卡进行分解，二次分解的就更加少见。在平衡计分卡理论中也没有规定的分解方法，所以对平衡计分卡指标的多次分解是该案例中的一次探索。指标分解中一项重要的工作是对指标进行认领，指标认领是指平台各部门和地市公司针对自身的情况对21项考核指标进行举分的过程。认为要对这项指标负责的、要以这个指标为重要考核指标的部门举5分，同时举5分的部门也有权利要求其他部门进行配合。认为对该项指标主要起到支持作用，可以进行考核的部门举3分，这些部门主要支持举5分的部门开展工作。认为对该项指标影响十分有限、关系不大的部门举1分。

这种举分方法是部门协作和沟通的一种体现，平衡计分卡十分强调部门之间的协作，举5分的部门不仅领取的是责任，也会

表4 平衡计分卡指标认领

指标	利润中心							平台部门											
	A公司	B公司	C公司	D公司	E公司	F公司	G公司	项目部	分销部	OTC	运营部	信息部	财务部	总经办	人力行政	党工团	纪委	总经理
营业收入（主营）	5	5	5	5	5	5	5	5	5	5	3	1	3	1	1	1	1	
净利润	5	5	5	5	5	5	5	5	5	5	3	1	3	1	1	1	1	
经营性现金流	5	5	5	5	5	5	5	3	3	1	3	1	5	1	1	1	1	
应收周转天数	5	5	5	5	5	5	5	5	5	1	3	1	3	1	1	1	1	
存货周转天数	5	5	5	5	5	5	5	5	3	5	3	1	3	1	1	1	1	
应付周转天数	5	5	5	5	5	5	5	5	1	1	1	1	3	1	1	1	1	
客户覆盖率	5	5	5	5	5	5	5	5	5	5	1	1	1	1	1	1	1	
配送及时率	5	5	5	5	5	5	5	1	3	1	1	1	1	1	1	1	1	
产品满足率	5	5	5	5	5	5	5	5	3	5	1	1	1	1	1	1	1	
信息化项目的计划完成率	5	5	5	5	5	5	5	1	1	1	1	5	3	1	1	1	1	
金融项目的计划完成率	5	5	5	5	5	5	5	3	3	1	1	3	5	1	1	1	1	
目录内一级商开户的数量	3	3	3	3	3	3	3	5	1	1	1	1	1	1	1	1	1	
集采达成率	5	5	5	5	5	5	5	5	3	1	3	1	1	1	1	1	1	
不合理库存比率	5	5	5	5	5	5	5	5	3	5	3	1	1	1	1	1	1	
SOP 检查评分	5	5	5	5	5	5	5	3	3	3	5	3	3	3	3	3	3	
信息化需求完成率	5	5	5	5	5	5	5	3	3	3	3	5	3	3	3	3	3	
计划项目的完成率	5	5	5	5	5	5	5	1	1	1	1	1	1	1	3	1	1	5
建立四大体系	5	5	5	5	5	5	5	1	1	1	1	1	1	5	1	5	5	
培训计划的完成率	5	5	5	5	5	5	5	3	3	3	3	3	3	3	5	3	3	
全员绩效覆盖率	5	5	5	5	5	5	5	3	3	3	3	3	3	3	5	3	3	
公司主题活动开展次数	5	5	5	5	5	5	5	3	3	3	3	3	3	3	3	5	3	

有相应的权利，这些部门可以要求支持部门对其进行资源的支持，而3分部门则要全力支持5分部门的要求。在这个过程中促进了部门之间的交流，增进了相互之间的联系，各部门之间在相互交流的过程中就会解决许多矛盾和摩擦。

将原本打乱的分组按照部门和公司重新组合，各小组内部讨论各项指标的举分数值，同时与关联部门进行沟通协商负责与支持的角色安排。讨论结束后针对每项指标汇报举分的结果，如果出现问题和矛盾现场讨论解决。经过现场的讨论和汇总，各子公司和省公司各部门将21项指标认领完毕，认领结果见表4。将21项指标分解到省公司部门和各子公司，确定各单位后续设计的流程和时间安排。专家小组将亲自走访各子公司进行行动学习研讨会，构建分公司级别的平衡计分卡并指导平衡计分卡的二次分解。

在认领初期，各个地市公司对“负责”的概念理解上有些偏差，认为是在自己公司角度进行举分，导致许多指标没有公司负责，甚至有出现举0分的情况。在专家进行解释之后，各地市公司明白其实是站在省公司的角度，显然每个地市公司对平台这21项指标的达成都有着非常重要的影响。所以最终除“增加一级商开户数量”各公司都举3分之外，各项指标都举了5分。CR公司省平台包括项目部、分销部、OTC、运营、信息、财务、总经办、人力行政、党工团以及纪委多个部门，因此在举分的时候就存在了较大的差别，比如财务层面的各项指标项目、分销以及财务各部门的举分就较高，其他部门则较低。在整个举分的过程中，各部门之间也进行了充分的交流，举5分负责的部门也提出了其他部门进行支持的要求，比如在信息化需求完成率指标上，信息部门就举了5分的最高分，而信息部门也要求其他部门举3分来支持他们的工作。

在指标分解的研讨过程中，各部门和子公司得以充分的沟通，这与平衡计分卡理论所要求的部门协作理念不谋而合，同时这一交流的过程也体现了行动学习方式在加强交流沟通方面的特殊功效，能够更好地结合自身情况得出合理的举分结果。

到此为止，项目小组将项目计划的一阶段圆满完成，并将指标认领了下去。为接下来繁重的分解工作打下了坚实基础。

4. 平衡计分卡目标值的形成

这个阶段的主要任务是针对21项指标形成目标值。目标值不仅仅包括2016年的目标值，还包括自2016～2020年5年的目标值。同时目标值的设定要有一定的挑战性，这样才能引导公司和部门改变行动获得提升。

研讨会初期，项目组成员普遍对指标的计算公式和现状不够了解，因此首先由省平台领导对指标进行了讲解。研讨会正式开始后，专家向每位成员下发一张21项指标的表格，在不进行讨论的情况下填出各项指标的目标值。之后各小组内部进行发言阐述并讨论形成小组意见。各小组汇报后讨论形成省公司结果。以营业收入指标为例。有的小组比较保守，年增长设定为10%～15%；有的小组则比较激进，设定了20%以上的年增长率。但是大多数小组都将年增长设定在20%或2020年达到100亿元上下，同时公司领导也认为5年达到100亿元比较符合期望。

这项工作耗时很长，因此很难通过一次行动学习研讨会完成，因此公司决定多次讨论形成结果并确定了时间表。在会后项目小组又进行了多次会议，每个组以表格的形式填写了未来5年的目标值。在对这些目标值进行汇总和分析筛选之后形成了公司整体的目标值。目标值形成的过程充分听取了项目组全体人员的意见，成果更加科学合理。

5. 指标字典和行动计划的形成

指标字典指的是对21项指标的定义，其中包括其所属层面、所属战略、所属目标、含义、计量公式、单位、目标以及责任人等多个方面，是对指标的详细描述。行动计划则是平衡计分卡向运营控制的延伸，这部分要求填写为了达成目标值所应采取的每项行动，包括里程碑、资源配置、预算、实施优先级以及负责人等几个方面，并且在填写过程中要尽可能详细。行动计划的研讨也是十分带有行动学习特点的步骤，因为在通用行动学习的研讨方法中，行动计划的讨论是所有行动学习项目中的重点工作。所以这个阶段主要还是运用行动学习的方式进行深入的研讨。

针对公司的情况，项目小组设计出了指标字典以及行动计划的模板（见图 3、图 4）。在使用过程中各部门和地市公司还可以根据自身情况进行修改。

首先，小组内部讨论填写指标字典和行动计划并进行汇报。其次，公司领导和专家组对成果进行点评。各小组根据点评意见进行修改之后再次汇报。如此进行多轮直到填写完善。根据填写的指标字典和行动计划签订责任书后着手实施，并实时监控执行情况。各公司和部门承诺按照填写的内容进行实际行动，各分公司还将在各自部门中初步填写指标字典和行动计划交予专家小组进行评价。

这一阶段的工作带有浓重的行动学习色彩，填写指标字典和行动计划的过程需要反复地汇报和修改，这充分体现了行动学习的优势，使得设计出的行动计划能够真正有效地支持指标乃至公司战略的实现。

6. 地市公司平衡计分卡的分解

由于地市公司较多，本案例以B公司的分解过程为例。B公司是在整个项目过程中最为积极的地市公司之一。在进行正式的平衡计分卡分解研讨会之前，公司内部经过多次行动学习研讨会已经把公司级指标进行了认领并先后形成了三版部门级的平衡计分卡和战略地图。经过多次讨论，B公司在省公司的平衡计分卡的基础上，在内部流程层面增加了一项主题——“实现数据积累运用”，相应的目标为“加强数据积累收集”，相应指标为“档案完善率”。除此之外，B公司还在高效运营管理主题下增加了“提升内部协作”的目标，相应指标为“内部协作效率”。

（××指标名称）指标字典（必填）

维度		指标号		指标名称		责任人			
战略主题		目标				权重			
描述									
滞后/领先指标		报告频率		计量单位		极性			
公式									
数据来源									
数据质量				数据的收集人					
标杆值		指标现状	2015	目标值	2016	2017	2018	2019	2020
目标值解释									
差距分析									

图3 平衡计分卡指标字典模板

（××指标名称）2016年行动方案与资源配置（必填）

序号	行动	优先等级	里程碑	责任人	资源配置	预算	汇报关系
1							
2							
3							
预算合计							

图4 平衡计分卡行动方案模板

B 公司的 80 多名员工按部门分为了 9 个小组，分别是医疗事业部、社区事业部、器械部、采购部、财务部、质管部、人力行政部、运营信息部和储运部。此外，公司的白总、省公司运营部陈经理以及专家团队组成了点评小组。研讨会设计了多轮讨论、汇报以及点评的流程。第一轮先对当前部门级的平衡计分卡进行汇报，其他部门讨论后对该部门的指标设定提出建议。第二轮则在修改后的平衡计分卡基础上汇报指标字典和

表5 B公司采购部平衡计分体系

维度	战略主题	战略目标	指标
财务层面	实现财务增长	提升营业收入	新产品销售额（支持营业收入）
		提升盈利能力	毛利率（5分）
			付款计划准确率（支持经营性现金流）
		提升营运质量	应收账款周转天数（5分）
			库存周转（5分）
客户层面	卓越客户体验	金融创新模式	灵活高效地满足上游客户汇款要求（支持金融项目）
		实现药械高效配送	配送权增加（支持客户覆盖率）
			产品满足率（5分）
内部流程层面	高效运营管理	增加一二级商开发数量	一二级商开户数量（5分）
		降低采购成本	不合理库存比率（5分）
		完善岗位 SOP	完善并严格执行（支持 SOP 检查评分）
		提升内部信息化水平	准确提出信息化需求（支持信息化需求完成率）
		提升内部协作	与各部门协作效率（支持内部协作效率）
	实现数据积累运用	加强数据积累收集	档案完善率（5分）
	经营守法诚信	建立四大体系	执行四大体系
学习与成长层面	打造一支训练有素、志气高昂的工作团队	提升人岗匹配度	参加培训合格率（支持培训计划完成率）
		完善薪酬与激励制度	推行三级成本核算（支持全员绩效覆盖率）
		塑造企业文化	参加公司主题活动次数（支持公司主题活动开展次数）

行动计划，其他部门再次讨论后向该部门提出建议。在点评过程中，3 分部门要对 5 分部门提出支持的方案和相应考核指标，5 分部门要对 3 分部门提出要求。部门间的矛盾冲突在会上开诚布公地提出来进行讨论，对涉及的指标和目标值现场敲定，现场无法敲定的会后跟进讨论。最终 B 公司各部门的平衡计分卡及相应的行动计划都修改完善，以采购部为例成果见表 5。

以B公司采购部为例，作为公司最重要的部门之一，其部门在第一轮汇报中被提出了数十条意见。例如，医疗事业部向采购部提出了多达10条的意见，其中比较有代表性的有：产品满足率要设计品种、金额以及补货和调货多个维度进行评价；设定的配送点位医疗事业部不能接受；要设计指标考核配送权的增加和丢失；断货品种要有应急预案等。对这些建议，采购部一一做出了回应，也承诺会后会与医疗事业部协商进行修改。这些意见都是与医疗事业部所领5分指标息息相关并且需要采购部门来支持配合的，所以医疗事业部毫无保留地提出了自己的要求。

行动学习研讨的方式能够让各部门开诚布公地讨论问题，没有顾忌畅所欲言，对解决部门间矛盾、提高沟通效率有着十分重要的作用。

各公司先后以相同的方式将公司级平衡计分卡进行了分解，形成了部门的平衡计分卡并且配以相应的行动计划、资源配置与预算。这标志着平衡计分卡已经顺利分解到了地市公司的各个部门。

地市分公司通过全员参与的行动学习研讨会细致地讨论分析了本公司构建管理控

制系统中的各个重点和矛盾点，形成了非常详尽、科学和有效的管控体系，虽然耗时较多，但可以从根本上解决公司目前存在的问题。

7. 制度固化

在各地市公司平衡计分卡体系设计完毕后，CR 公司省平台出台了《CR 公司战略绩效管理办法》（以下简称《办法》）。《办法》中明确了管理机构、责任人、管理工作的程序等一系列内容。

首先，《办法》总则中明确了以平衡计分卡为核心的管理控制系统作为绩效管理的主要手段和方法，结合关键业绩指标（KPI）和三级成本核算对企业进行系统管理。同时明确了该管理过程包括以平衡计分卡为核心的管理控制系统制定、经营管理目标与计划制订、监控、考核四个环节，是一个不断循环的过程。

其次，《办法》中明确了该管理控制系统的管理机构是绩效管理委员会，直接对公司领导负责。其主要职责包括制定公司高管人员及子公司管理人员的考核标准并实施考核、批准公司和子公司管理控制系统的实施方案、对公司和部门的平衡计分卡修改结果进行审批、对实施过程中的例外事项和争议进行裁决等。绩效管理委员会的成员由公司高管组成并由省平台公司李总担任委员会主任。委员会下设工作组，包括总经办、运营部、人力资源部、财务部等多个部门，由运营部牵头实施具体工作。除此之外，《办法》还对工作组中各部门的职责和权利进行了划分，明确了各部门所要做的工作。例如，运营部负责管理会计控制体系的拟订、指导各部门的制定和修订工作、对相关专业知识进行培训和指导、对指标进行统计分析和评价等工作。财务部则负责预算指标的分解和下发、整理汇总和分析财务相关指标等工作。

最后，《办法》中对整个管理工作的程序进行了细致的描述。第一项工作是战略以及管理控制系统的制定，尤其是核心平衡计分卡体系的制定工作。运营部要在每年 9 月组织相关部门提出战略发展的草案，并在 10 月份讨论通过后着手制定公司级的平衡计分卡和战略地图。在年度总结会议上发布调整完善的成果。第二项工作是地市公司和各部门结合商业计划书完成平衡计分卡和战略地图的修订工作。第三项工作是经营管理目标和行动计划的制订，要求在一个月内完善整个管理控制系统的构建。第四项工作是系统运行的监控。定期开展经营分析会，工作组参与会议并收集战略指标的完成情况，并对系统运行中存在的问题向管理委员会提出意见。第五项工作是分层级对员工的指标完成情况进行考评。最后一项工作是对管理控制系统的修订。根据发现的问题和收集的建议对现有系统进行完善，完善方法与循环之初的制定工作相似，并开始下一周期的循环工作。

除此之外，省平台公司还对各地市公司的成果进行了整理，制定了多项要求并形成了指标库来方便数据的收集和后续工作的管理。

四、分析与讨论

（一）管理控制系统构建与组织变革

以往理论对平衡计分卡的研究大多是将

其作为战略管理循环的一部分或者是绩效管理工具加以分析，也就是聚焦于应用层面，涉及构建过程的并不多。事实上，通过构建管理控制系统，案例企业实现了组织的变革，解决了许多运营过程中存在的问题。从组织变革角度，使得以平衡计分卡为核心的管理控制系统构建成为组织变革的一种方法，为组织变革提供了新的手段。相应地，从平衡计分卡角度，使得平衡计分卡不再仅仅是应用层面的管理会计工具，还扩充了在组织变革领域能够起到的作用。

在案例企业中，构建管理控制系统为企业带来了巨大的变化。首先，公司岗位流程进行了规范。在此期间，案例企业梳理了岗位标准作业程序 SOP 流程，形成了统一的 SOP 手册。其次，公司的部门发生了调整，撤换了不适岗人员。例如，平台项目部在分析以往采购问题之后发现了诸如集采无法达成、库存周转过长等问题。为了解决这些问题，项目部新增加了三个具体部门，拆分了两个部门，增加了相应的人员配置，以期能够以更加细致的业态和区域划分来解决问题。再次，商业计划和职责划分更加规范。在构建管理控制系统过程中要求与商业计划书相结合，因此各部门在年末制订 2016 年商业计划书时以管理控制系统的要求详细分析了本年度存在的问题，制订了 2016 年的目标和重点工作行动方案。同时，根据系统的要求，为每一项行动都配置了详细的行动方案、预算以及资源配置。最后，案例企业将构建的系统进行了制度化，形成了相应的文件和专门的管理部门，这也标志着组织变革的完成。

因此，构建管理控制系统不仅是为企业提供了一个管理控制的工具方法，还通过构建过程本身完成了组织的变革，提高了组织的效率。

（二）行动学习方法运用及对系统构建的作用分析

在大多数企业运用管理会计工具制定制度之时，往往通过聘请咨询公司、专家进行设计的方法，这种方法并没有公司全员的参与，设计出的制度往往在合理性、可操作性以及员工接受程度上都有瑕疵，本案例则较为创造性地运用行动学习的方式让全员参与进来，使得管理会计理论与行动学习理论进行了结合，深化了管理会计变革的理论。

行动学习作为一个较为火热的话题已经被讨论得比较深入，本文仅从案例本身出发，分析行动学习与管理会计工具结合过程中的经验和问题。第一，行动学习是解决实际存在问题的有效方法，这一点与建立管理控制系统的初衷十分贴合，十分适合将两者集合起来加以运用。第二，行动学习研讨会应当有严格的结构化安排，包括内容、时间以及研讨工具多个方面，否则很容易出现讨论偏题、时间超出以及低效率的弊端。案例企业在初期的研讨会上就表现出了讨论时间过长、讨论效率偏低的问题。第三，催化师在整个过程中起到极为重要的作用，他要把握整体会议走向，在不过度干预讨论的情况下控制会议时间和流程。所以一位合格的催化师是十分难得的。由于要求较高，受邀请的教授或者专家就必须要懂得行动学习的方法运用，并且能够很好地把控现场情况。而在企业内部，可能由人力资源部门的人员充当催化师的角色，这就要求该人员要同时懂得行动学习和管理会计工具。第四，领导的作用在行动学习中是决定性的，他要对最终的成果进行拍板。如果没有领导拍板，讨论往往悬而不决或者出现抓不住重点的情况。这一点在案例企业中表现得尤为突出。

在案例公司实施过程中，我们尝试了两种不同的研讨方式：第一种方式是上文中提到的B公司全员参与式的研讨；第二种是各部门负责人和骨干参与研讨。通过观察和对比笔者发现，第一种全员参与式的研讨会讨论更加充分，考虑得更加全面，遇到问题可以及时向负责的员工进行询问。但也有其不利的一面，人员较多导致讨论较为耗时，部门间的矛盾冲突也更加显现，员工讨论的思维较为发散，对催化师个人能力的要求较高。第二种研讨方式参与人员相对较少，讨论耗时较短，讨论效率较高，但收集的建议可能有些不够全面，最终在成果的质量上稍显不足。因此在实践中可以选择更加适合公司的方式进行系统的构建。

可以看到，在案例企业中多次的行动学习研讨会构成了整个行动学习项目，因此行动学习项目往往是耗时较长的。但是由于这种方式讨论充分，汲取了全员的智慧并且在研讨过程中得到不断完善，使得该方式用于解决实际问题时显得优势明显，毕竟对待现实存在的问题时治本要比快速治标更加重要。

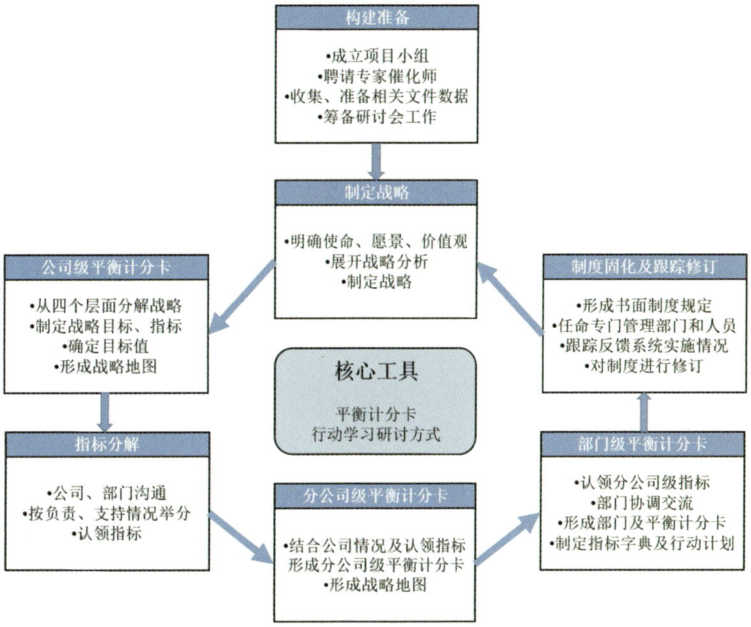

图5 管理控制系统构建框架

（三）管理控制系统构建框架

在分析过管理控制系统的构建过程之后，根据平衡计分卡六步闭环管理循环的基本理论和案例企业的构建实践，本文总结形成了利用行动学习这种方式构建管理控制系统的一般框架（见图5）。

上述框架将理论和案例公司的实践做法进行了总结。该框架基于两种核心工具并着眼于系统的构建过程。首先，从构建角度扩充了卡普兰对平衡计分卡的六步闭环管理体系。其次，除平衡计分卡外，该框架还基于行动学习的研讨方式。该研讨方式在系统构建的过程中发挥了十分重要的作用。同时为了保证系统的质量，在构建流程的许多步骤中行动学习的方式是不能被替代的，如指标分解、部门级平衡计分卡的构建等步骤。该框架可以为着手构建管理控制系统的企业提供模板和参考建议。

五、结论与启示

本文通过干涉式管理会计研究，引导案例企业成功地构建了管理控制系统。通过全程参与CR公司构建管理控制系统的全过程，并对其构建过程进行研究分析，得出以下结论：第一，从组织变革的角度讲，案例企业通过构建管理控制系统顺利完成了组织的变革，固化了构建的管理会计控制体系。案例企业从最初的只有战略没有行动的阶段开始，通过省级平衡计分卡构建、分公司级平衡计分卡构建以及部门级平衡计分卡构建的多层次过程，配以相应的行动计划和预算，实现了战略的有效落地。同时，管理会计控制体系对企业的内部流程和组织结构造成了影响，部门的设置有所变化，优化了其内部流程，降低了其组织摩擦。固化下来的制度完整地包括了年度管理工作的六步闭环系统，可以在未来对当前实施的系统版本进行追踪以及修订。因此构建管理控制系统的方法可以成为组织变革的手段之一加以运用。除此之外，也加深了平衡计分卡在组织变革领域的理论。第二，从构建的系统本身角度讲，本案例成功构建出了医药商业领域的管理控制系统模板，并总结经验教训，完成了在细分行业理论到实践的转变，归纳出了相应的管理会计应用工具框架。除此之外，在企业内部进行平衡计分卡的多次分解也是实践中的一次尝试，最终较为成功地完成了既定的目标，总结出了一套多次分解的方法。本文形成的管理控制系统十分具有行业特色，是适用于医药商业行业的模板。第三，从行动学习方法的运用上，成功通过行动学习的方式构建管理控制系统，并总结其经验教训。从结果以及员工的反应来看，行动学习方式与该系统构建的结合很好地促进了各项工作的进展，提高了讨论效率，增强了系统的合理性、可接受性和可操作性。行动学习的方式还有效地减少了部门之间的沟通障碍，为系统的实施创造了良好的条件。

根据对 CR 公司构建管理控制系统过程的细致分析和研究，本文得出以下启示：首先，医药商业企业可以以 CR 公司构建管理控制系统为模板尝试构建自身的控制系统。案例中带有行业特色的内容在医药商业领域可以推广和模仿。对于其他领域的企业来说，该案例细致地展现了以平衡计分卡为核心的管理控制系统的构建过程，可以指导其他企业构建适用于自身企业和行业的管理控制系统。该案例中对系统构建经验和问题的分析能为着手构建该系统的企业起到指导意义，尤其是对问题的分析能够起到警示和预防的作用，从而提高系统构建的效率和质量。除此之外，企业还可以通过构建管理控制系统的方式实现组织变革。起到解决组织中存在的矛盾和问题，优化组织结构，提高人岗匹配度的效果。其次，行动学习的方法在该案例中的作用十分突出。因此，笔者认为行动学习方法可以运用于企业的管理会计决策。尤其是该决策旨在解决现实存在的棘手问题时，行动学习方法能够有效地提高决策的有用性。近几年管理会计实践在我国企业中越来越火热，行动学习将会成为管理会计在公司实践中很好的辅助工具。最后，该管理控制系统是闭环管理控制系统，在制度实施之后还要经过一段时间的追踪、反馈以及修改。在实施监控方面可以在 OA 系统之中运用红、黄、绿信号灯的方法对指标进行监控。每月要在经营分析会中对指标的现状进行分析，每年末还要对系统本身进行评价，此时要总结系统中出现的问题，改进系统中的不足。在对系统进行修正之后再次进入下一个循环的运行。

参考文献：

[1] 刘俊勇、孟焰、卢闯：《平衡计分卡的有用性：一项实验研究》，载于《会计研究》2011 年第 5 期。

[2] 刘俊勇、祝钧萍：《平衡计分卡非财务绩效影响财务绩效的激励研究——基于 ZZ 药业的案例》，载于《财务研究》2015 年第 2 期。

[3] 陆庆平、刘志辉：《企业内部绩效评价控制系统的建立研究》，载于《会计研究》2003 年第 12 期。

[4] 陆庆平：《以企业价值最大化为导向的企业绩效评价体系——基于利益相关者理论》，载于《会计研究》2006 年第 3 期。

[5] 刘运国、陈国菲：《BSC 与 EVA 相结合的企业绩效评价研究——基于 GP 企业集团的案例分析》，载于《会计研究》2007 年第 9 期。

[6] [美] 罗伯特·卡普兰、[美] 戴维·诺顿、刘俊勇、孙薇：《平衡计分卡：化战略为行动》，广东经济出版社 2004 年版。

[7] [美] 罗伯特·卡普兰、[美] 戴维·诺顿、上海博意门咨询有限公司：《战略中心型组织》，中国人民大学出版社 2008 年版。

[8] [美] 罗伯特·卡普兰、[美] 戴维·诺顿、刘俊勇、孙薇：《战略地图：化无形资产为有形成果》，广东经济出版社 2005 年版。

[9] [美] 罗伯特·卡普兰、[美] 戴维·诺顿、博意门咨询公司：《组织协同：运营平衡计分卡创造企业合力》，商务印书馆 2006 年版。

[10] [美] 罗伯特·卡普兰、[美] 戴维·诺顿、上海博意门咨询有限公司：《平衡计分卡战略实践》，中国人民大学出版社 2009 年版。

[11] [美] 罗伯特·K. 殷、周海涛、史少杰：《案例研究：设计与方法》，重庆大学出版社 2004 年版。

[12] 美国管理会计师协会、刘霄仑：《管理会计公告》，人民邮电出版社 2012 年版。

[13] 汤谷良、王斌、杜菲、付阳：《多元化企业集团管理控制体系的整合观——基于华润集团 6S 的案例分析》，载于《会计研究》2009 年第 2 期。

[14] 汤谷良、穆林娟、彭家钧：《SBU: 战略执行与管理控制系统在中国的实践与创新——基于海尔集团 SBU 制度的描述性案例研究》，载于《会计研究》2010 年第 5 期。

[15] 王斌、高晨：《组织设计、管理控制系统与财权制度安排》，载于《会计研究》2003 年第 3 期。

[16] John Burns, Juhani Vaivio. Management accounting change. *Management Accounting Research*, 2001, 12(4):389-402.

[17] Burns, J., Scapens, R.W., Conceptualising management accounting change: an institutional framework. *Management Accounting Research*, 2000(11): 3–25.

[18] Chenhall, R.H., Management control system design within its organizational context: findings from contingency-based research and directions for the future. Accounting, *Organizations and Society* , 2003,28 (2/3): 127–168.

[19] Merchant, Kenneth, Wim A., Van der Stede. Management control systems: Performance measurement, evaluation and incentives, London: FT /Prentice Hall, 2007.

[20] Mouritsen, J., Heine Thorsgaard Larsen. The 2nd wave of knowledge management: The management control of knowledge resources through intellectual capital information, *Management Accounting Research*. 2005(16): 371–394.

[21] Otley, D., Performance management: a framework for management control systems research. *Management Accounting Research*, 1999(10): 363–382.

战略视角下的成本管理研究
——反思、框架与展望

陈　磊　北京大学光华管理学院
Rajiv D. Banker　美国天普大学福克斯商学院

【摘要】在管理会计学术界，成本管理也是广受国内外学者们密切关注的一个传统研究领域。成本管理是贯穿企业经营和管理活动的一项综合性关键职能，对于提升财务绩效和打造核心竞争力都具有不可忽视的重要作用。本文提出两个值得认真思考的问题，分析学术研究导向和关注点如何适应企业成本管理实践的演变从而与之发展趋势相向而行；学术研究理论和实证成果如何助力企业成本管理能力的提升从而为股东和社会创造价值。

【关键词】成本管理 战略视角 学术研究助力管理实践

引言

成本管理是贯穿企业经营和管理活动的一项综合性关键职能，对于提升财务绩效和打造核心竞争力都具有不可忽视的重要作用。在管理会计学术界，成本管理也是广受国内外学者们密切关注的一个传统研究领域。两个值得认真思考的问题是：（1）学术研究导向和关注点如何适应企业成本管理实践的演变从而与之发展趋势相向而行？（2）学术研究理论和实证成果如何助力企业成本管理能力的提升从而为股东和社会创造价值？如图1所示，不难看出这两个问题高度相关，相辅相成。

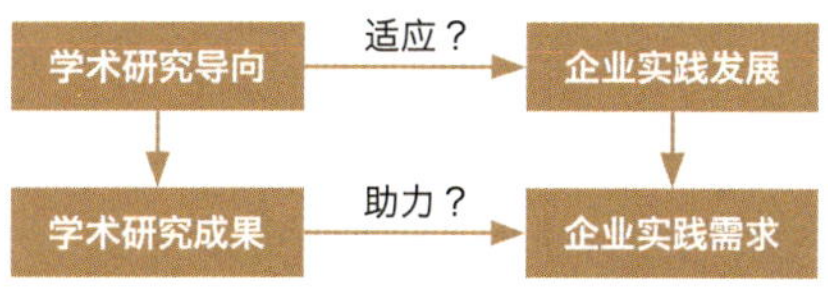

图1 学术研究与企业实践

在“适应”和“助力”这两个问题上，学术研究似乎都任重道远。

首先，实务中几乎每一项经营、投资和管理决策都不同程度地影响企业内部的资源配置方式，从而影响各类成本和费用的发生。财政部在2017年发布的《管理会计应用指引第300号——成本管理》（以下简称为《成本管理应用指引》）中特别提出，企业进行成本管理应遵循“融合性原则”，即“成本管理应以企业业务模式为基础，将成本管理嵌入业务的各领域、各层次、各环节”。这意味着真正有效的成本管理需要超越财务和会计部门的职能边界，把成本管理意识植入业务条线，将相关制度和方法渗透、融合到非财务部门的决策与管理中去。与此“融合性原则”形成鲜明对比的是，以往与成本管理相关的研究（包括传统管理会计教科书）还仍侧重聚焦（或局限）在传统财务和会计视角之下（例如作业成本法、标准成本法等）。但随着现代企业成本管理实践越来越注重整合模式，这种非“融合性”的研究导向亟待调整，才能与时俱进以适应新时代的需要。

其次，独特的成本管理模式日益成为企业高管（不只是首席财务官）在设计商业模式和进行战略管理时所依赖的核心支点。不论是成功实施“成本领先战略”（Cost Leadership）的沃尔玛公司和美国西南航空公司，还是通过提供“低成本高品质”（Cost-effective Service Excellence）服务而获得美誉的Trader Joe's公司和新加坡航空公司，它们在战略执行方面都充分体现了《成本管理应用指引》中所强调的“适用性原则”，即“成本管理应与企业生产经营特点和目标相适应，尤其要与企业发展战略或竞争战略相适应”。与此形成鲜明对比的是，以往与成本管理相关的绝大多数理论和实证研究仍侧重分析经营层面（而非战略层面）的问题（例如成本动因分析、成本性态等）。但随着企业外部环境和市场的变化、新技术的快速兴起和推广等宏观大趋势，战略管理和执行中的成本管理问题需要得到更多的研究关注和投入。

基于以上两点基本反思，我们在本文中提出一个战略视角下成本管理研究的概念性框架，从企业整体和战略层面总结成本管理的核心要素，并结合这些要素为未

发表于《中国管理会计》2018年第2期，总第4期。

来研究方向（或导向）提供一些建设性意见。我们的主要目的是在“适应”和“助力”两个方面帮助学术研究同仁们开拓性地思考和探索，进一步推动成本管理的理论和实证研究。除此之外，这个概念性框架也是对《成本管理应用指引》中“融合性原则”和“适应性原则”的进一步具体阐释。这对于企业中参与成本管理的实务工作者（包括财务和非财务管理人员）可能会有一些启发和借鉴作用。

概念框架

首先，从结构层次来看，战略视角下的成本管理概念框架由三个核心部分组成：企业战略定位、价值链活动、全链条成本管理。不论从理论还是实务角度，这三部分都是实现卓越成本管理所不可或缺的关键结构性要素。同时，三者之间的相互关联关系是体现“适应性”和“融合性”的重要方面。

整体概念框架的支点是企业战略定位，即企业根据自身条件、当前所处的环境以及未来宏观行业和技术发展趋势，全面系统地明确价值主张，同时为战略规划期制定清晰的战略目标。企业的条件和环境因素包括股权性质、行业特征、市场结构、生命周期阶段等；宏观发展趋势包括全球和区域经济发展走势、新兴商业和组织模式、创新技术的突破与应用等。特别需要指出的是，随着全球社会在21世纪快速从信息技术（IT）时代步入数据技术（DT）时代，新的数据科技（例如人工智能、大数据、区块链、物联网等）已得到前所未有的关注和一些突破性的商业应用。可以预见的是，信息/数据技术的发展和应用必将对组织内部资源配置方式和成本管理模式产生深远的影响。

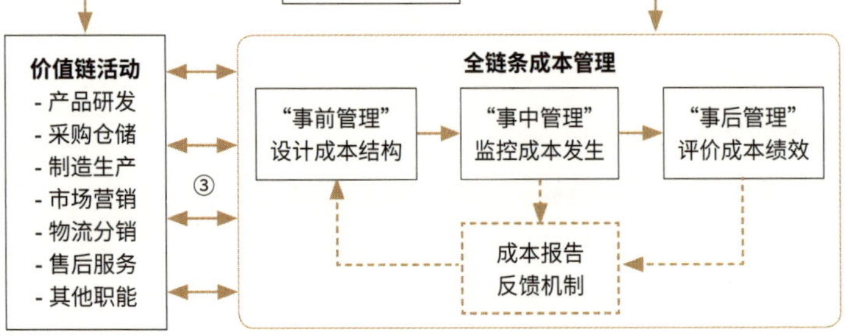

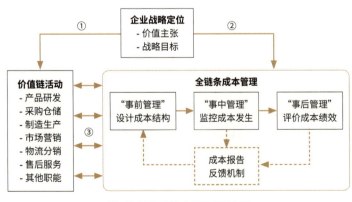

图2 战略视角下的成本管理概念框架

在图2所示的概念框架中，“价值链活动”和“全链条成本管理”分别代表从业务流程角度和资源配置角度所进行的经营管理活动。这两部分的模式设计均应以“企业战略定位”为基础，为保证战略定位的有效落地和执行提供业务流程和管理流程方面的支撑。

首先，不同的战略定位会影响价值链活动中各个环节的相对重要性。常见的价值链活动包括产品研发、采购仓储、制造生产、市场营销、物流分销、售后服务和其他职能等。企业面临的一项重要决策就是设定这些活动的“轻重缓急”，将核心业务活动作为推动企业竞争力的主要杠杆，同时可以将非核心业务活动根据产业链状况外包给符合条件的供应商。特别需要指出的是，除了传统的内部生产或供应商—厂商关系外，过去几十年互联网的兴起造就了全新的“平台化”商业模式和创新型的“去中心化”组织模式。例如，美国亚马逊公司和中国阿里巴巴公司不仅快速成长为电子商务领域的巨头，而且利用“平台化”模式衍生出新的业务领域和难以复制的竞争优势。另外，“去中心化”的组织模式也被一些传统行业企业所采纳和深度应用（例如中国海尔集团和美国晨星公司）。不论是“平台化”还是“去中心化”，本质上都是价值链活动的深度流程再造和与之相配套的组织再造。

其次，设计与改造价值链活动都意味着企业内外部的资源配置方式会发生相应的改变。“全链条成本管理”就是从资源配置角度来思考如何保证企业整体的价值链活动以成本效益原则得以开展。我们之所以将其称为“全链条”，是因为这部分包括至少三个关键环节：“事前管理”“事中管理”“事后管理”；同时这三个关键环节相互之间存在反馈机制。“事前管理”的含义是指在公司高管（特别是CEO）领导下，以战略部门为主体对结构性资源配置进行预测和规划。这种“成本结构设计”工作尤其需要针对企业整体进行规划，而不仅仅是针对各个单独的价值链环节。这类决策需要依赖与环境和市场相关的前瞻类信息。“事中管理”强调以业务或职能部门的中高管为主要责任人，对经营管理过程中的成本动因进行跟踪和监控。这个“监控成本发生”环节的重点是管理时效性和成本发生与具体业务活动的关联性，要求非财务人员具备较强的成本意识和对业务细节的关注，因此使用非财务信息更为恰当合理。“事后管理”具体是指在企业财务高管（特别是CFO）领导下，以财务部门为管理主体所进行的定期成本衡量和分析工作，为产品/客户/部门等层面的成本效益评价奠定了良好的基础。与这个环节主要相关的是回顾评价类的财务信息指标。表1总结梳理了“全链条成本管理”中与三个主要环节相匹配的组织与领导、功能与对象、信息类别与特征。

表1 全链条成本管理中的组织、功能与信息

	“事前管理” 设计成本结构	“事中管理” 监控成本发生	“事后管理” 评价成本绩效
组织与领导	战略部门为主 （CEO）	业务/职能部门为主 （业务/职能高管）	财务部门为主 （CFO）
功能与对象	预测与规划 结构性资源配置	跟踪与监控 经营层成本动因	衡量与分析 产品/客户/部门成本 效益
信息类别与特征	前瞻规划类 环境市场信息为主	实时监控类 非财务信息为主	回顾评价类 财务信息为主

特别需要指出，所谓的“事前”“事中”“事后”只是局部相对的概念和步骤，我们区分它们的目的是为了展示不同组织层级和部门的主要职责和功能差异。为了让“全链条成本管理”产生整合性效果，需要在这三个环节中建立有效的信息反馈机制和组织协调机制，以利于各个环节模式的动态调整和优化。毫无疑问，信息反馈的主要载体是成本管理报告，可以由财务部门下专设的机构负责整理和提供。但是，反馈和协调组织机制的设计和实施需要进行上下级、跨部门之间的充分沟通和协商。

图2中展示的概念框架还用不同的箭头代表企业战略定位、价值链活动、全链条成本管理三部分之间的关系。箭头①和箭头②突出战略定位对业务活动和资源配置的引领和导向作用，这与财政部《成本管理应用指引》中所提到的“适应性”原则高度一致。价值链活动与成本管理模块之间一系列

的箭头③均为双向，代表了两层含义。首先，成本管理链条可以嵌入每一项价值链活动中（例如产品研发中的“事前”“事中”“事后”成本管理）；其次，多个双向箭头代表资源配置和消耗（即成本的发生）与业务流程环节间可能存在较为复杂的关联关系（例如替代或互补）。具有战略意义的成本分析和评价能帮助定性和定量地梳理及总结这些关系。可以看出，箭头③以及“全链条成本管理”模块内部结构都体现了《成本管理应用指引》中建议的“融合性”原则。

通过对以上概念框架的解读和分析，我们可以做出这样一般性的初步推论：从战略视角评价，实务中具体成本管理体系的效果与其“适应性”“融合性”以及两者的匹配性息息相关。我们不妨这样总结：无“适应”则“融合”仅为无本之木，无“融合”则“适应”仍是纸上谈兵。

研究展望

从企业经营者角度来看，成本管理不仅影响企业短期经营绩效，也对企业长期可持续性成长和价值创造有至关重要的作用。那么作为管理会计学者，我们（也包括关注管理会计现象的其他领域学者们）如何最大程度地发挥学术研究的社会价值呢？以上提出的战略视角下的成本管理概念框架（见图1和表1）能否为未来有价值的研究导向和研究成果提供一些启示呢？

我们认为，以下四个大方面的问题值得学术研究者深入思考和探讨，“大胆假设，小心求证”，提出更系统的理论和更可靠的实证证据。

一、中国企业战略成本管理实践的演变和现状

改革开放四十年间，中国企业的整体规模和竞争力都得到快速提升。企业内部的管理体系也从粗放模式不断发展演进和完善优化，有些已具备强大的精益管理能力（包括战略成本管理）。但是现有管理会计文献还缺乏对中国企业成本管理实践（特别是在战略层面）演变历程尤其是现状的全貌和理论化分析。在现阶段，我们相信即便是探索式的研究（Exploratory Studies）或描述性的证据（Cross-sectional Descriptive Evidence）都应该是非常有益的尝试。

二、中国企业管理决策者（包括财务和非财务高管）对战略成本管理的作用

战略定位、价值链活动、资源配置这些与战略成本管理相关的活动都离不开管理者的决策和控制（Decision-making and Management Control）。近期的国外研究已将管理决策者的动机作为研究的重点（例如关于所谓“成本粘性”的理论和实证研究）。另外，管理者的能力和素质也是影响战略成本管理的重要因素。楼继伟先生在《企业的边界与CFO的使命》一文中特别提到成为合格CFO应当具备的四项本领：“大视野”“长视距”“会激励”“宽视角”。我们相信这方面的理论和实证研究具有重要意义。

三、信息/数据技术的使用对于战略成本管理的影响

信息和数据技术的快速发展已在持续和

深刻地影响企业的战略定位和经营管理活动。战略成本管理的核心恰恰是信息管理（见表1）。从这个意义上来说，关注数字时代企业信息化对战略性资源配置决策和控制是非常具有现实意义的研究话题。而且，现有文献中这方面的研究基本缺失。随着中国迈向“中国制造2025”和信息产业强国的目标，我们希望有更多学者投入精力进行这方面的理论和实证研究。

四、“平台化”和“去中心化”组织情境下的战略成本管理

企业革命性的组织变革日新月异。中国企业在这方面也展现了令人惊叹的创造力和创新力。随着企业管理模式和组织架构的演变，战略成本管理会呈现出全新的模式，同时也一定会产生新的问题和挑战。现有的一些零散证据（主要是案例）还不能提供全面系统的结论和理论。我们认为，基于“平台化”和“去中心化”组织情境下的战略成本管理研究将会非常有趣，也十分有助于管理会计理论的发展和创新。

众所周知，中国经济已经迈入新时代并在经历关键性转型。新时代和转型期的中国企业需要更加关注战略成本管理，以助力创新驱动和可持续性成长。大环境将为管理会计学者的学术研究提供新的动能和创造社会价值的更大机会。在“适应”和“助力”这方面，中国的管理会计学术研究应该可以走得更远。

参考文献：

[1]《管理会计应用指引第 300 号——成本管理》，中华人民共和国财政部，2017。

[2] 楼继伟：《企业的边界与 CFO 的使命》，载于《中国管理会计》2018 年第 1 期。

[3] Anderson, S.W. and H.C. Dekker, 2009, Strategic Cost Management in Supply Chains, Part 1: Structural Cost Management. *Accounting Horizons*, 23 (2): 201-220.

[4] Banker R.D. and D. Byzalov, 2014, Asymmetric Cost Behavior, *Journal of Management Accounting Research*, 26 (2): 43-79.

[5] Heracleous, L. and J. Wirtz, 2008, *Flying High in a Competitive Industry: Secrets of the World's Leading Airline*, McGraw-Hill Singapore.

基于价值管理的迭代创新
——以美的集团为例

田高良 西安交通大学管理学院
杨　娜 西安交通大学管理学院/青岛理工大学商学院

【摘要】本文详细分析了美的在战略转型中基于价值管理的迭代创新为导向的转型路径。美的以传统的民营企业起家，在市场经济和改革浪潮中，经历多次体制改革，不断创新产品、开发海外研发基地，实现公司整体上市，进行“互联网+”时代的商业模式转型，实现了基于价值管理的产品升级、体制变革、平台打造、海外并购、研发创新等一系列的迭代创新，已经成为智能化民营企业的领军企业，为我国企业智能制造的发展提供了有益的借鉴。

【关键词】价值管理 迭代创新 智能制造

发表于《中国管理会计》2018年第3期，总第5期。

一、引言

随着“互联网+”时代的到来，无论是社会生活还是企业发展，都不可避免地打上了时代的烙印。

美的集团在“互联网 +”时代下，抓住发展契机，实施了基于价值管理导向的一次次迭代创新。本文全面分析了美的集团在创新过程中的价值实现过程，总结了其价值管理的发展路径；剖析了美的集团价值管理的不同发展阶段，从价值创造到价值管理，基于自身发展的基础，结合时代发展要求和客户需求，通过不断迭代创新、升级换代、施行平台搭建及智能化战略，一步步找到适合自己的发展路径，实现了转型升级。

二、文献回顾与理论基础

（一）迭代创新

迭代创新是指在环境不确定性程度日益加剧的情境下，没有遵循传统产品的开发流程，而是选取了高度、持续迭代的创新模式以实现企业绩效。Fitagerald等指出迭代创新是运用迭代循环的方式实现企业创意市场化目的的过程。Furr和Ahlstrom强调迭代创新是通过快速反复试错的方式以实现科学发明和市场洞见结合的过程。《清华管理评论》刊登了腾讯公司微信业务的推广案例和小米手机成长的案例，剖析了迭代创新方式在企业创新绩效管理、实现竞争优势方面的价值。

黄燕、陶艳秋（2015）提出，迭代创新是以加快创新速度为目标，以持续创新为导向，通过构建充分授权的小型创新团队，以最小成本和最低风险，采用多次迭代方式进行创新的创新模式。

第一，迭代创新是将一次长周期创新变为多次短周期的叠加创新。每个迭代周期都要解决当前最具全局性、最重要的几个问题，而不是将所有问题放在一个迭代周期内解决。每个迭代周期结束后，需要根据上一迭代周期内的成果重新评估待解决的问题，并重新对问题的重要性进行整理和排序。每经过一次迭代周期，创新问题会有所变化，会产生新问题，问题的重要性也会变动，有些问题甚至可能自然消失。这种方式可以保证每次的创新成果都有助于主要创新目标的实现，同时可保证创新成果的内在一致性。

第二，迭代创新是通过多次迭代周期实现整体螺旋式上升的累计改进。每次迭代都是基于上一次迭代的结果进行的，因此对反馈信息进行总结是迭代过程中的重点。

第三，迭代创新是以最小成本、最低风险来快速响应客户需求的创新方式。迭代创新是以问题为导向的创新，因此迭代创新的“变异”是定向的，付出的代价更小。通过几个迭代周期，可快速形成满足客户需求的阶段性成果，通过向市场发布成果可快速获得收益。

第四，迭代创新强调客户高度参与。创新过程是新知识的发展过程，企业的创新活动需要结合应用组织和员工内外部知识。野中郁次郎的知识螺旋理论认为，组织的知识创造要经过共同化、表出化、联结化和内在化四个阶段（简称为：SECI模式），这四个阶段循环往复，形成知识积累的螺旋式上升。

（二）价值管理

国内外众多学者关于价值管理的研究讨论了价值管理的概念、模式、相关理论以及特征。

《价值评估：企业价值的衡量和管理》一书中，提出了价值管理的唯一目标是股东价值最大化，即股东价值的管理是高层管理者的核心职责。

代宏坤（2005）认为，基于价值的管理是一种新的管理思想，也是一种管理方法和手段，其目的是经过对价值的有效管理，实现企业长远可持续的高效经营，既是为了能达到价值最大化的目的，也是为了能够不断地创造价值。

唐勇军（2007）提出，我国在价值管理理论的研究与管理实践中，应当注意强调关注企业利益相关者的价值取向，还必须保证价值分配的公平性。

王晓红（2011）表示，企业价值管理是一个连续进行投资行为以及做出有关价值决策的持续过程。在企业制定决策时，要从决策目标的价值管理入手，而且还要利用财务和非财务的手段来为实现这个目标提供支撑。

刘圻、王春芳（2011）提出，关于企业价值管理模式的研究应该时刻关注企业价值创造的原动力问题和企业价值管理的程序理性。

王秀华（2012）提出，基于利益相关者的企业价值管理目标是：企业内部利益相关者的价值最大化或是企业价值最大化。建议采用未来现金流量法对价值管理目标进行衡量。

三、案例描述

美的集团（SZ000333）是一家以家电制造业为主的大型综合性企业集团，于2013年9月18日在深交所上市，旗下拥有小天鹅（SZ000418）、威灵控股（HK00382）两家上市子公司。美的是一家集消费电器、暖通空调、机器人与自动化系统、智能供

表1 美的2015～2017年主要财务指标

指标	2017年	2016年	本年比上年增减	2015年
营业收入（千元）	240,712,301	159,044,041	51.35%	138,441,226
归属于上市公司股东的净利润（千元）	17,283,689	14,684,357	17.70%	12,706,725
归属于上市公司股东的扣除非经常性损益的净利润（千元）	15,614,103	13,492,866	15.72%	10,911,341
经营活动产生的现金流量净额（千元）	24,442,623	26,695,009	-8.44%	26,764,254
基本每股收益（元/股）	2.66	2.29	16.16%	2.00
稀释每股收益（元/股）	2.63	2.28	15.35%	1.99
加权平均净资产收益率	25.88%	26.88%	-1.00%	29.06%
	2017年末	2016年末	本年末比上年末增减	2015年末

注：(1) 依据国际专业评估机构的评估及会计准则的要求，2017年因并购库卡及东芝确认的摊销费用为2,413,944千元。
(2) 截至2017年末，依据相关会计准则的要求，推出的股权激励计划确认计入2017年的股份支付费用为841,566千元。
(3) 2017年，库卡实现营业收入26,722,910千元，同比增长18%。

应链（物流）于一体的科技集团，业务以白色家电产品为主，涵盖压缩机和电机、物流、金融等相关领域。

目前，美的有14个国内生产基地，7个海外生产基地。美的已在新加坡、日本、美国等地相继布局面向全球的研发机构，以保证产品具有高精尖的市场竞争力。

2017 年，公司营业总收入2419.19亿元，同比增长51.35%；实现归属于母公司的净利润172.84亿元，同比增长17.70%。

近三年的主要财务数据如表1所示。

公司关注治理架构的建设，形成了成熟的职业经理人管理体制。目前公司高层、核心管理团队及中层骨干通过直接/间接持股、股票期权激励计划及“合伙人”持股计划等多种方式，共持有公司约10%的股份份额，由此搭建了经营层与股东利益一致的股权架构及长短期激励与约束相结合的激励机制。

美的以用户为中心，持续优化产品结构，推动产品力稳步提升；持续加大研发投入，聚焦研发创新，推动全球研发布局，提升渠道效率，实现电商业务快速增长；依托先进科技与智能装备技术，构筑物流自动化的核心竞争力和能力优势；推行“数字化2.0”项目，以数字化赋能全价值链经营管理；深化智慧家居产业布局，推动智慧家居战略落地；提升公司治理水平，完善长效激励机制。

四、美的集团案例分析

(一) 规模导向战略的价值链管理（成本管控)

1．美的状况（1992～2002年）

美的前身最早可追溯到 1968 年。美的掌门人何享健创办了“北滘街办塑料生产组”，1984 年，何享健力排众议进入空调行业，成立美的空调设备厂，走出国门去日本考察，引进日本东芝空调技术，投资兴建了美的工业城并于 1992 年 11 月竣工投产。

1988年美的电器公司即实现产值1.2亿元，成为顺德县10家超亿元企业之一，出口创汇达810万美元；1992年美的进行股份制改造，1993年成为中国第一家由乡镇企业改组而成的上市公司；1997年推动事业部制改造；2001年进行公司高层经理人股权收购（MBO），完成了产权和分配机制改革。

1998年，美的收购安徽芜湖丽光空调厂，又从万家乐集团收购了东芝万家乐制冷设备有限公司和东芝万家乐电机有限公司中各40%的股份，随后又受让了日本东芝20%的股份，成功进入空调压缩机产业，构建了一条向纵深发展的空调产业链条。

1999年，美的在产品上进行了大规模的多元扩张，成功地扩充产品线。

2001年10月，为继续拓展纵向一体化的产业战略，美的收购日本三洋的磁控管工厂，进入磁控管领域，构造美的第二条产业链。随后，美的又开始变压器的生产，延伸了微波炉配套的产业链条。

2.战略举措

1992年改制成功让美的获得飞速成长，美的空调在全国销售进入前三位。然而到了1996年，美的经营业绩首次出现大幅下滑，空调销售排名下跌到全国第七位。

此时，何享健从 GE 引入了事业部制，

各事业部设立了市场、计划、技术、财务、经营管理等五大模块，形成了以市场为导向的组织架构。事业部制的建立将美的集团总部从日常管理中解放出来，使其主要精力集中在战略决策、重大人事、财务管控以及市场协调等方面。

3.实施效果

事业部制改革的成效第二年就显现出来。1998年，美的空调产销100多万台，增长80%；风扇产销1000多万台，高居全球销量榜首；电饭煲产销也稳坐行业头把交椅。

通过事业部制的改革，美的集团赋予各个事业部充分的经营自主权，实现了规模经济。在美的内部的决策流程中，始终保证了战略和投资两套决策闭环系统发挥着重要的功能，并配以全面预算管理及绩效考评体系、资金集中管理体系等，承接和保障战略和重大投资的执行落地。

基于上述分析，我们得到如下推论：

推论 1：从战略规划制定，到实施、监控、结果评审，需保证整个企业的经营是一个动态的调整过程和平衡过程；从项目的选定、调研、编制、建设、投资过程实施，要持续不断地从机制、组织模式以及资本关系方面进行迭代调整。

（二）利润导向战略的价值网管理

1. 美的状况（2002 ~ 2012 年）

在大规模、低成本为主导的发展模式下，美的通过自建基地、合资合作、收购兼并等方式不断延伸产品线，完成国内 14 个制造基地布局，并开始在海外开拓和建立制造基地。2010 年美的集团营收规模突破 1000 亿元，2011 年营收规模继续大幅增长，突破 1300 亿元。

在营业规模快速增长的背后，也存在潜在的危机。买地、建厂房、扩大产能，先做大规模，再依靠对产业链上下游垂直整合降低成本，进而拓展市场份额，这种传统的盈利模式在竞争日益激烈的环境下，越来越难以维持。要在家电业竞争中立于不败之地，关键是要掌握核心技术。因此，近年来美的大力发展高能效、高技术、高附加值的战略性产品，美的制冷研究院引进了一批全球白色家电顶尖技术专家及试验设备。

截至 2011 年 9 月，美的主导或参与国家 / 行业标准制定已达 185 项，申请专利 8734 件。其中，发明和实用新型专利 4487 件。2010 年美的新产品产值实现 700 亿元，销售比重超过 65%。2010 ~ 2011 年，美的代表中国家电制定电压力锅 IEC 国际标准。同期，美的获得电风扇国际标准制定召集权，标志着美的已具备主导制定国际标准的能力。

2. 战略举措

2011 年下半年，美的提出精品工程，指出产品领先的三大能力，即“品质能力、结构能力、创新能力”，希望提升产品品质，升级产品结构，以实现盈利增长。在这样的战略目标下，美的展开清理业务，聚焦白电产业。

3. 实施效果

过去美的集团最重要的考核指标主要有收入指标与盈利指标，并注重销售收入增长，但对利润率并没有量化要求。如今考核策略重新调整，集团要求利润增长要高过收入增长，要求产品结构发生根本性转变，成为考核过关前提。

这一指标分解下来，对生产、销售各环节影响非常大，既要开源又要节流。开源指调整市场结构、客户结构，要开发高毛利产品，减少产品型号；节流指从内部来改善管理，提升劳动生产率，提升单位面积产出。

美的集团加大了研发技术投入，加强科技体系和专业团队建设。美的与全国多所知名高校建立了长期项目合作关系，多次参与国内及行业内重要法规和标准的制（修）订工作。美的还积极引进海内外先进的研发、检测和生产设备，先后与美国、德国、英国以及日本东芝、三洋、夏普等发达国家和知名企业展开全面的技术合作，同时引进大量国际化人才。凭借完善的创新机制和对科研资源的持续、大力投入，美的集团的科技力量开始向世界先进水平看齐。

“十一五”期间，美的在变频技术、物联网洗衣机、多联机技术、多元混合发泡技术等方面均实现国内领先，独创微波“蒸”技术取得突破性进展。以消费者为中心，做好产品和服务，推动战略转型，提升企业经营质量，实现利润增长下的持续发展。

基于以上分析，我们得到以下推论：

推论 2：企业要实施从要素驱动到效率驱动的转型，提高资本的收益率、资源的投入产出比，需要优化各类资源协同与整合管理，在不断完善新产业拓展和创新迭代中，提高研发能力，降低投资风险，实现全价值链成本最优，以期建立“新竞争优势”。

（三）价值导向战略的生态圈管理

1. 美的状况（2012 年至今）

移动互联网正在重塑家电行业，进入 2014 年，排名在前列的白色家电企业都提出了智能化战略，美的也位列其中。美的宣布与阿里巴巴合作，构建物联网开放平台，以实现家电产品连接对话与远程控制。

2014 年以来，以手机为代表的移动终端，似乎已经“无所不能”地统治了人们的生活。借着移动互联网的东风，大到电视机，小到温控器的各类家居产品的智能化呈现加速发展态势。在美的眼中，这已经成为一个事关生死、无法绕开的十字路口。

2. 战略举措

2012年8月底，方洪波从美的创始人何享健先生手中接过美的集团接力棒，出任集团董事长，深入推进战略转型。

变革的主体思路，围绕着“产品领先、效率驱动、全球经营”三大战略主轴，强调以用户为中心，做好产品。坚持科技创新、产品创新，强化品质管理，推进精益制造和精品工程，果断地做减法。2012 年下半年，美的精减了60多个家电品类。2015年底员工总数已控制在10万人以内。

美的一改以往在每个县城都设代理商的方式，在渠道管理上提出扁平化，控制渠道库存风险，集团财务提出必须关注有效销售，首次引入对“分销”指标的考核。同时集团全面实行以问题为导向，强化精细化管理，推进全价值链成本管控，挖潜效率驱动因素带来的盈利改善。

2013 年 9 月 18 日，美的集团整体上市，7 位美的集团核心高管，分别获得上市公司 0.58% ~ 2.1% 不等的股权。2014 年底，美的集团决定投入30亿元建立世界级中央研究院——高端创新技术研发中心，发挥大企业技术创新的主体作用。

2014年美的集团制定的“333战略”也显露了在国际市场方面的雄心。该战略要用3年左右时间做好产品、夯实基础、巩固体制、进一步提升经营质量；用3年左右时间从中国家电行业三强中脱颖而出，成为行业领导者；用3年左右时间在世界家电行业中占有一席之地，实现全球经营。

3. 实施效果

在美的集团看来，不断加大科技创新的力度，是在国际上赢得竞争优势的重要方式。美的集团科技创新实力的提升对于经营转型、盈利能力的改善，发挥着重要作用，而培养技术创新和产品创新能力是美的集团未来的唯一选择。

在2014年度业绩预告中，美的用“转变革新，加速互联网转型，推动电商业务持续增长”来描述自己对电商业务的态度。在美的内部，董事长方洪波部署将全集团空冰洗以及小家电的全线产品纳入美的全资子公司——安得物流进行仓储与物流管理。

为了能够充分满足新用户群体的智能化需求，美的专门成立了新的科研机构“智慧家居研究院”，希望取得更大的突破，把美的与竞争对手的差距拉大。研究院的科研人员认为，如今的传感器技术、互联网、物联网技术，可以给传统的白电产品带来新的内涵，产品对于消费者的便利性、自动化程度、智能化程度都将有很大的提升空间。

企业经营层面上的转型也同样重要，美的集团坚持运用时代的力量、新的思维方式，去重新塑造公司现有的商业模式和运营模式。从2015年开始，美的集团对整个内部架构进行了“刮骨疗伤”式的大调整，力争用一到两年时间使美的集团高度扁平化和去中心化。这一系列改革在美的内部被称为“789”，就是把以前“美的集团-事业部”的层级关系打散并重新整合成为7大平台、8大职能和9大事业部。

基于上述分析，我们得到以下推论：

推论3：以价值创造为最终目标，美的不断进行技术革新和组织变革，适应“互联网+”时代的发展，不断在组织机构、金融、物联等方面进行创新，用迭代创新的方式使价值创造成为企业内生增长的动力。

（四）美的基于价值管理的迭代创新路径

美的集团自创业伊始近50年的时间里，根据时代的变迁和市场需求的变化，经历了传统的手工作坊、简单机械化生产、规模驱动战略、利润驱动战略、“互联网+”生态价值网的一系列转型与创新模式。战略转型的成功，同时打造了“互联网+”环境下以价值管理为基础的迭代创新生态圈。如图1、图2所示。

美的坚定不移地推行互联网思维，通过内部孵化、外部开放合作，推动硬件智能化，布局智能家居，并投资新兴产业，寻找新增长点。为了适应新的形势，美的提出了未来发展的“333战略”。在“互联网+”到来之时，美的在智能创新的道路上形成了自己坚实而独特的核心竞争力。

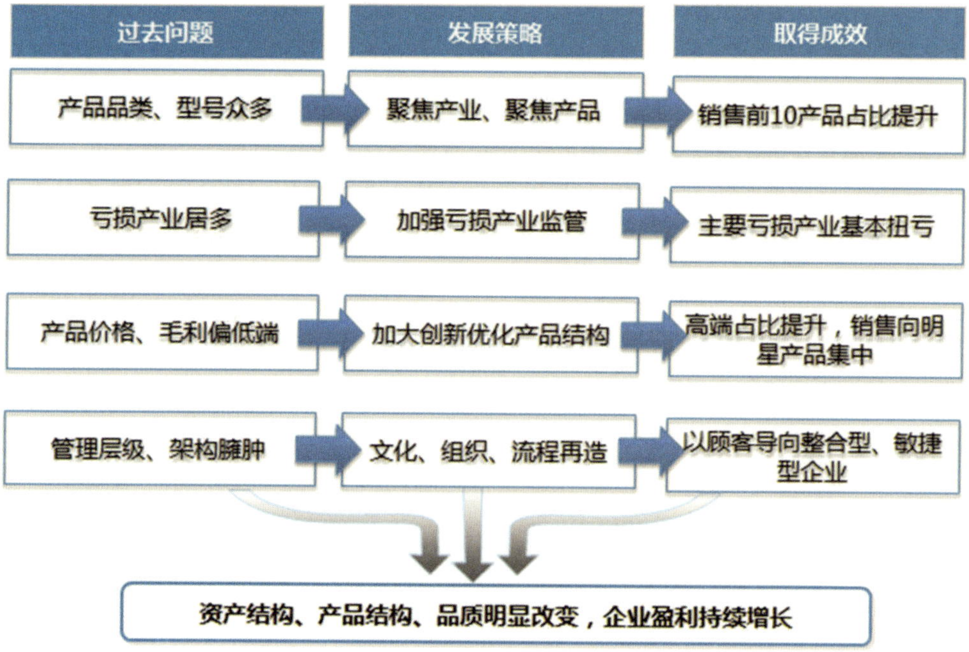

图1 美的战略转型的路径

（1）聚焦内生式增长，进一步推动全价值链的运营，以用户为中心，启动新一轮转型升级，重构企业结构、企业文化与价值链体系，推进组织再造、加强体系建设，为用户创造价值；优化库存结构，改善现金周期，降低期间费用，提升盈利能力，挖掘成本与效率空间，发挥规模协同优势。把握消费升级的机遇，加大资源与研发投入，改善产品结构，提升产品能力，推动国内市场转型，保持差异化竞争优势与规模优势。

（2）进一步推动企业数字化建设，以数字化赋能业务流程和管理流程，流程中环节与环节之间通过软件驱动，以全价值链的数字化，构筑智能制造与工业互联网基础。

（3）有效推进美的全球运营与管控能力，聚焦经营业绩提升，提高部门协同及海外分公司运营能力，最大化全价值链利益；有效推进并购项目的业务整合和优势互补，打造集权有度、分权有序的海外运营模式；持续强化海外公司治理及合规体系建设，夯实海外运营管理基础；加大对海外业务基础设施建设与投入，完善售后服务体系和物流系统建设。

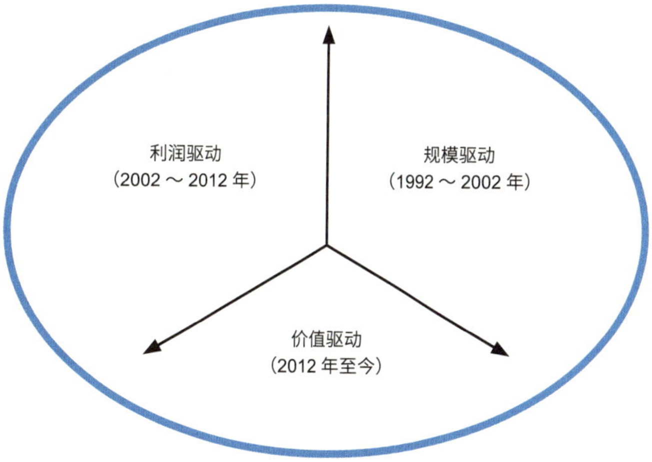

图2 美的价值管理的迭代创新路径

（4）深入推动营销转型，推动渠道扁平与优化整合，提升渠道效率，优化用户体验；进一步打通商品、资金、信息和物流，统配结合，提升物流直发占比，推进物流集中配送的“一盘货”物流平台建设，提高存货和资金周转效率。

（5）把握工业自动化及智能制造的产业扩张机遇，围绕工业机器人、商用机器人、服务机器人和人工智能继续进行布局，并积极拓展工业自动化领域的关键部件，加强中国区一般工业机器人、仓储自动化、医疗自动化领域的业务协同与整合，推动中国市场的深入拓展与高速增长。

五、结论

在国家推动工业4.0的大背景下，布局工业机器人有助于美的集团建设智能互联工厂，提升供应链系统效率，推动制造升级。以用户为中心，通过技术创新、品质提升与精品工程，坚持产品领先；通过管理效率、制造效率及资产效率提升，打造效率驱动下的新成本竞争优势；推进全球化业务布局，提升自有品牌占比，加强海外业务合规管控，夯实全球运营基础；加强机器人及工业自动化领域的产业布局；推进数字化2.0实施落地，以数字化赋能全价值链经营管理，构筑美的工业互联网生态平台。

2018年，美的将启动新一轮转型，转型的核心就是以用户为中心，重构价值链、企业结构和企业文化，改善用户体验，为用户创造价值。

社会正在走向一个人机完美交互的时代，移动互联网、大数据、云计算的发展，正在不断赋能于社会生活的方方面面。美的集团致力于打造人机共融共生、有机协作的创新社会生态，不断进行着以“智慧家居+智能制造”为核心的创新迭代，为企业价值管理和价值创造开辟出一条新路。

参考文献：

[1] 朱晓红、陈寒松：《互联网情境下市场导向型创业企业迭代创新的作用机制》，载于《管理案例研究与评论》2016年第4期。

[2] 惠怀海、梁工谦、马健诚：《迭代创新模式与流程研究》，载于《软科学》2008年第22期。

[3] 竹内弘高、野中郁次郎：《知识创造的螺旋》，知识产权出版社2012年版。

[4] Furr N, Ahlstorm P. Nail it then scale it，Lexington: NISI Publishing,2011.

[5] Fitzgerald E, Wankerl A, Schramm C. Inside real innovation: How the right approach can move ideas from R&D to market and get the economy monving. Singapore: World Scientific Publishing, 2011.

[6] 许扬帆、孙黎、杨晓明：《迭代出来的微信》，载于《清华管理评论》2014年第6期。

[7] 董洁林：《迭代创新：小米能走多远？》，载于《清华管理评论》2014年第6期。

[8] 尚艳寒：《“互联网+”背景下家电企业价值管理研究——基于美的集团的案例分析》，河南财经政法大学2017年。

[9] 黄艳：《迭代创新：概念、特征与关键成功因素》，载于《技术经济》2015年第10期。

[10] 叶碧华：《美的集团方洪波：人机交互时代正到来》，载于《21世纪经济报道》2017年12月8日第18版。

宝钢股份
管理会计的应用与创新

吴琨宗 黄杰 宝山钢铁股份有限公司

【摘要】当今世界唯一不变的就是变化。伴随全球性竞争、经济转型、环保监管、供需矛盾、市场波动等变化，制造型企业在供方、买方、产业竞争者等方面面临“灰犀牛”冲击，生存和发展空间持续受压，但在供给侧改革、变革创新和转型的政策取向下也面临新的机遇。2008 年金融危机以来，宝钢股份的管理会计实践不断进行创新。我们发现，如能在管理会计中导入战略管理思想，并将管理会计更直接导向市场和客户，使其有效链接贯穿企业“供产销研财”等全流程价值链环节，将能更高效支撑企业经营决策、提升多维核心能力、有效控制经营风险，并且有助于财务人员更好地成为企业价值创造的引领者、实践者和业务最佳合作伙伴。

【关键词】管理会计 宝钢股份 创新实践 全流程价值链

发表于《中国管理会计》2018年第3期，总第5期。

管理会计是管理科学化、现代化的产物，现代管理会计沿着“效率—效益—价值链优化”轨迹发展，围绕“价值增值”主题展开，在我国企业生存发展中始终发挥着重要作用。2008 年全球金融危机爆发以来，全球经济环境始终处于复杂多变的状态中，管理会计理论和实务本身均面临新瓶颈、新课题和新机遇，如何理解并用好管理会计成为会计改革和发展的现实课题，我们认为主要思考点体现在以下几方面：

一是对管理会计边界的再审视。管理会计发展与创新是由组织内部和外部环境相互作用引发的。“十三五”时期，我国国民经济发展进入“新常态”，企业面对的外部要素驱动环境和内部资源配置方式均发生了一系列变化，现有管理会计已不适应产业结构转型升级、企业经营模式改变、信息技术发展等带来的变化，企业需要重新界定管理边界，尤其需要管理会计能够面向市场和客户，连接采购、研发、制造和销售等环节，助力企业快速反应、敏捷管理，使企业适应时代潮流的发展。

二是对管理会计主题的再思考。当前供给侧结构性改革和企业变革转型之下，影响企业发展因素的重要性排序依次为“核心能力”>“市场份额”>“竞争能力”>“利润总额”。面向未来的管理会计的主题除“价值增值”维度外，需要为企业经营决策提供诸如智慧制造、经营环境、市场分析等更多非财务信息，为企业更好地洞察先机、改善短期绩效、夯实长期竞争优势创造条件；还需关注围绕“核心能力”提升的系统培育和架构设计，树立可持续发展观念，将管理会计提升至战略高度。

三是对管理会计工具的再丰富。在“工业4.0”“中国制造2025”主攻智能制造的背景下，管理会计适应企业发展需求，正向信息化、智能化方向发展，而以“互联网+”为代表的大数据、云计算等是管理会计信息支持系统中的重要内容，可为价值增值创造新动力。新常态下，由于信息非对称及环境不稳定，企业遭受不利冲击的可能性增加，信息化乃至智能化管理会计工具的运用将有助于企业按环境变化动态优化经营策略，寻找最佳平衡，实现整体价值最大和风险可控。

四是对管理会计视野的再拓展。管理会计突破了传统财务会计的约束，服务于企业自身管理需要，具有权变的主要特性，需结合环境变化不断自我完善及外延拓展，如围绕社会发展观（可持续发展等）、市场观（购销差价、跑赢大市等）、行业发展模式（企业横向兼并整合、多基地管理等）、中长期激励模式（如限制性股票计划）等理念更新，需要企业敏锐地丰富管理会计嗅觉，持续完善管理会计内容，更好地适应现代企业管理需要，为企业决策提供更高效、更专业的支持。

管理会计具有企业化和行为化特征，其研究的课题不能脱离企业组织及其管理活动。以宝山钢铁股份有限公司（以下简称“宝钢股份”）发展壮大及财务职能转型的历程为例，管理会计现已潜移默化地在企业每个角落生根发芽。围绕上述管理会计面临的新思考，宝钢股份近年来积极上下求索、大胆试水、务实推进管理会计创新实践并取得丰硕成果。以下以宝钢股份为“砖”，简要剖析我国大中型钢企近年管理会计运用与发展的实践。

一、宝钢股份管理会计发展历程简要回顾

宝钢股份诞生于改革开放之初，经过40年的发展，已成为世界一流钢企，带动了中国钢铁业和相关行业的发展和进步。公司以“创享改变生活”为使命，致力于为客户提供优异的产品和服务，为股东和社会创造最大价值，实现与相关利益主体的共同发展。

公司管理会计实践大致可分为四个阶段：第一阶段（1985～1992年），以基层管理为主、全面预算管理酝酿；第二阶段（1993～1999年），全面预算管理和标准成本应用发展，以全面预算管理为基础的管理方法逐渐成为各级子公司生产经营的重要控制手段；第三阶段（2000～2011年），基本形成“以企业价值最大化为导向、以全面预算管理为纲、以标准成本管理为基础、以现金流量控制为核心、以信息化技术为支撑”的全面财务管理控制体系；第四阶段（2012年至今），借力信息化寻求财务转型突破，打造业务、信息、价值“三流合一”下数据共享和产销研语言统一，以“全流程物料跟踪及成本盈利分析系统”为代表的管理会计新工具应运而生，基本形成较为成熟的一体化价值管理体系（见图1），通过横向创新“物流”到“价值流”新的管理手段，实现价值化衡量；纵向贯穿班组到作业区，最终到公司层面的管理决策支持功能，为实施公司“规模＋精品”的战略提供价值决策支持，并为营销决策、产线和品种优化、质量设计优化、投资决策及新产品盈利能力等提供价值化支撑工具。

通过对价值驱动因素的分析，公司财务体系积极挖掘贯穿产供销研、投资、战略等经营环节增值潜力，消除不增加或

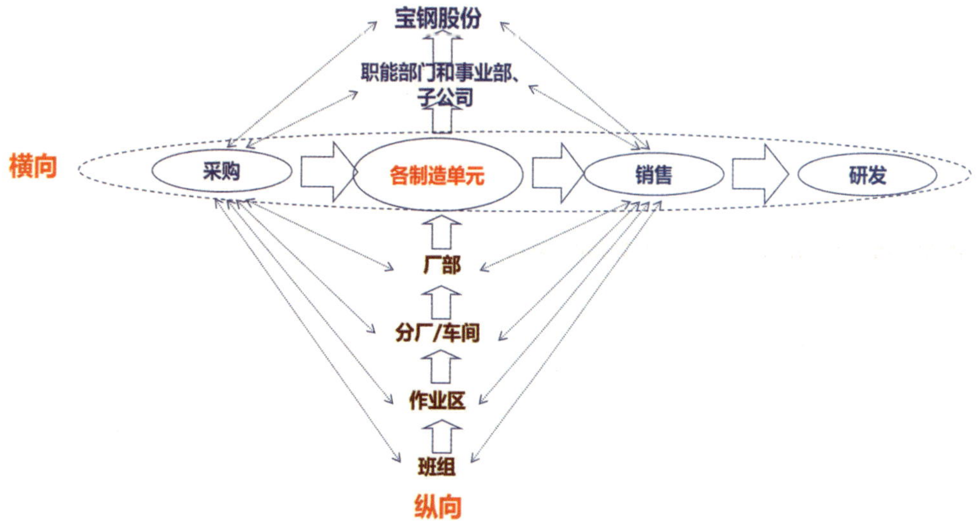

图1 宝钢股份一体化价值管理体系

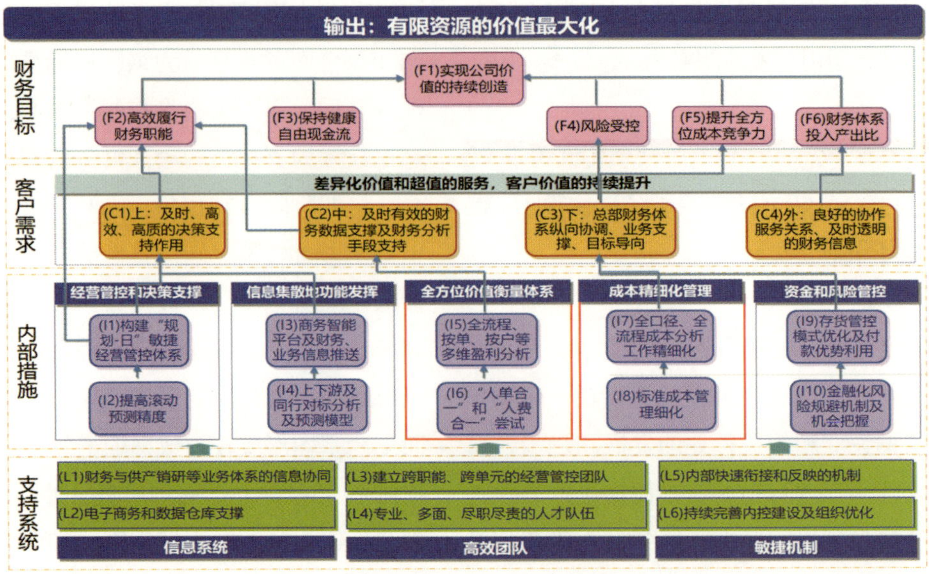

图2 宝钢股份财务一体化价值创造路径

毁损价值的作业、流程，增进现金流和企业价值；打通“信息孤岛”，进行多维价值链核算和反映，建立“以客户为起点”的价值管理体系；由追求“成本最低”到“价值最大”，追求“分段式、局部最优”到“整个产品线、产品组合价值创造最佳”。公司基于共同价值观和开放心态倡导团队协作，搭建跨部门、跨平台、跨区域的战略业务单元（SBU）小组和灵活团队，财务人员均全程参与，借助专业优势打造“业财深度融合”的管理会计体系（见图2）。

二、宝钢股份管理会计创新与实践案例

回溯到2015年，当时国内钢产量首次下降，全行业亏损，许多钢企挣扎在生死线上。和以往的有惊无险不同，此次宝钢公司感受到史无前例的压力，长久以来遥遥领先的市场地位正经受优秀民企的挑战，许多管理者和员工收入下降。“虽然企业还在盈利，还站在冰面上，但能够强烈感受到冰层在破裂和晃动，有一种岌岌可危的紧迫感。”撇开市场端因素，公司开始冷静分析内部深层次问题，时任总经理戴志浩先生反复强调自我否定，“既然无法改变环境，那么就主动适应。在处于领先地位时，要能及时看到潜在的危机”。

在“改变从自己开始”的大背景下，公司财务体系秉持变革创新理念重新站上时代风口浪尖，通过细致且艰难的工作，提出“成本侧变革”“全流程数据共享”“经营管控敏捷体系”“营运资金和存货长效管控”等创新举措并不断推进完善，将不断求变、敢于自我否定的理念注入企业DNA，逐步凝聚成一股强大的内生动力。通过两年的运作，公司业绩快速提升至历史最优，更重要的是以“成本变革、技术领先、服务先行、

智慧制造和城市钢厂”为代表的内生竞争力和适应严酷市场的综合能力得到显著改善，“多基地管理能力”正快速形成。公司 2017 年利润较 2015 年历史低谷增幅达 12 倍，利润在行业内占比达 16.5%；吸收合并武汉钢铁有限公司后负债率快速恢复至接近 50% 的稳健水平，融资成本率持续保持业内领先，债信评级恢复至全球综合性钢企第一（见表 1）。

表1 宝钢股份近年利润总额和全球盈利排名

项目	2014年	2015年	2016年	2017年
公司利润总额（亿元）	82.8	18.5	115.2	240.4
利润总额在国内所有钢企中排名	第一	第一	第一	第一
利润总额在全球所有钢企中排名	第三	第五	第二	第三
吨钢利润在全球 2000 万吨以上钢企排名	第一	第五	第一	第二

（一）全方位打造企业“成本侧变革”的核心能力

成本发生的源头来自各业务领域，成本变革的核心是以成本或价值的视角从源头驱动业务领域与成本和价值相关的管理变革，从而达到成本削减或综合价值提升的目的。

1. 顶层设计，策划“三年一滚动”的成本削减专项规划

改变以往短期降本行为，基于价值链分析成立“成本变革委员会”，强化系统、科学策划，与公司滚动规划相结合，明确中长期削减目标、实施路径和配套举措。第一轮成本削减规划中，定比2015年三年成本削减目标170亿元，预计完成186亿元，完成规划目标107%。第二轮2018～2020年定比2017年挑战削减成本的目标分别为23亿元、47亿元和61亿元，首次将四个制造基地按“制铁所”模式统筹规划管理，围绕变革驱动、管理降本、协同降本、技术降本和经济运行五维度推进；闭环推进信息系统、绩效设计、监督机制和培训等工作有序开展。通过三年努力，力求让变革过程中的信息化支撑能力成为未来宝钢股份多制造基地的重要能力，使之做到准确、高效、可对标。

2. 创新激励和约束机制，着力解决内生动力问题

极具挑战的成本削减目标能否真正落地、效果能否持久，取决于能否充分调动员工积极性，激发员工聪明才智。公司开展成本管控机制和组织绩效的优化设计，从“顶层驱动”向“基层驱动”转变。

员工维度：公司对各厂部权力下放，改革分配机制，组织“三聚焦两促进”劳动竞赛，鼓励和保护成本削减推进过程中的先进者和先行者，最大限度减少集中一贯体系下的“平均主义”。形成全员参与、上下同欲的竞赛氛围，员工降本的主人翁意识有效增强。

部门维度：绩效奖的60%与成本削减业绩挂钩，40%与部门绩效考评结果挂钩。成本削减贡献奖中的2/3直接与本部门成本削减业绩评分挂钩，激励各部门努力完成自身目标来“挣蛋糕”；另1/3根据各部门成本削减业绩“抢蛋糕”，鼓励对比赶超、追求卓越。

管理者维度：公司高管作为“裁判员”，不但负责各单元成本削减目标审定，协调跨部门协同降本项目，同时作为“运动员”负责条线削减任务总落实，归口责任目标纳入当年高管绩效评价，以

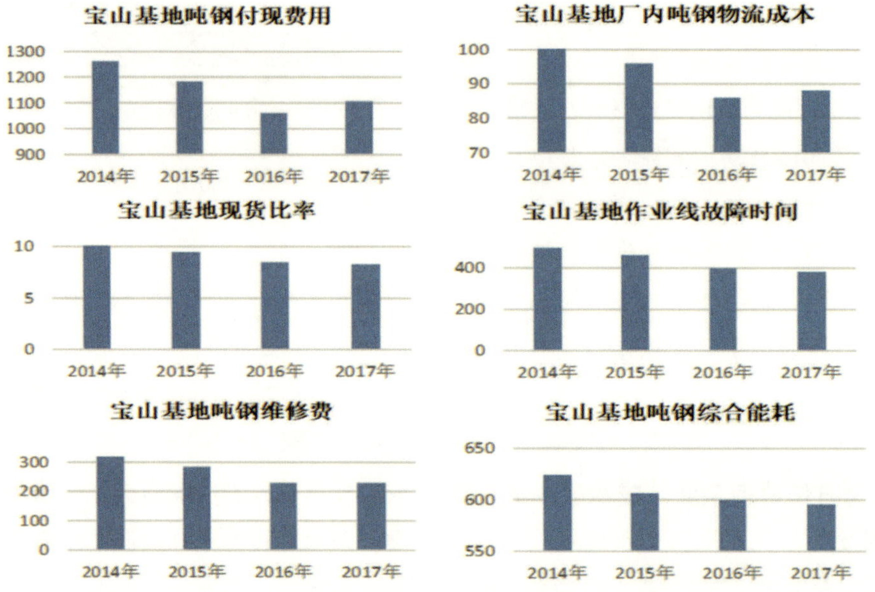

图3 宝山基地近年主要技术经济指标走势（元/吨、小时、千克标煤/吨钢）

“人单合一、一人一表”形式按月分析各自成本削减目标的完成实绩。

协作方维度：降本不靠“降费率”，而是协同供应商开展功能计价、标准优化、技术降本等举措，鼓励供应商专注主体业务，实现可持续价值创造，建立“利益共享、风险共担”机制，如对协力供应商参与的增值价值创造项目实施激励分享，共创价值、共享成果。

3. 不破不立，按“一切成本皆可降”细化各项工作

首先是“破”：彻底打破“刚性禁区”，审视各项成本费用发生的合理性和必要性，借助极具挑战的目标倒逼各业务领域通过管理变革、效率提升、机制流程优化和业务源头改善等手段保障削减任务落地。然后是“立”：以各项成本费用全面系统梳理为基础，分析成本费用发生的驱动因素，分类制定成本费用下降目标和具体改善方案，责任归户，真正实现成本削减全员、全体系、全过程的组织实施。以宝山基地为例，将降低制造成本、现货归户、资金占用等作为推进重点，各项技术经济指标在成本削减机制长效化推动下持续改善（见图3）。

公司2016年、2017年分别定比2015年削减成本58.5亿元、61.1亿元，强势支撑业绩提升；2016～2017年吨材销售成本同比幅度均优于国内同行平均水平（见图4），横向成本竞争力进一步显现；更为重要的是内生动力已初步形成：变革理念根植人

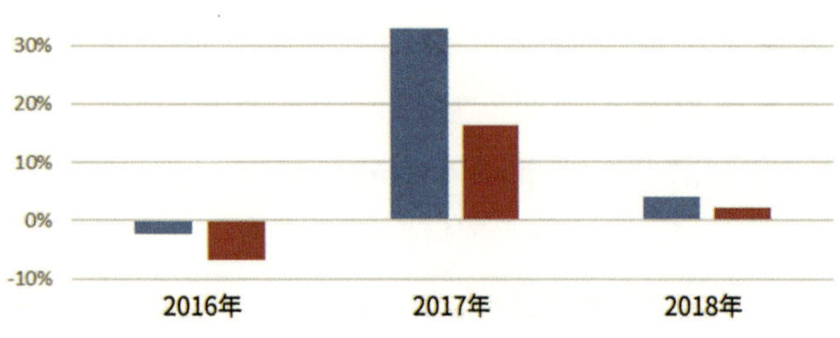

图4 宝钢股份吨钢材销售成本变动（红色）和行业（蓝色）对比

心；“强相关”评价机制初步建立；“敏捷机制”快速形成；“高成本体制”逐步改善。在公司2015年盈利18亿元的波谷基础上，通过成本削减有效地将安全边际线提升至80亿元以上，应对外部市场剧烈波动的能力大幅提升。

（二）构建以全流程成本管控为核心的信息化系统

“竞争在市场、竞争力在现场”。公司在对原明细产品成本盈利系统升级改造的基础上，开发全流程管控系统，力求以产品经营带动区域管控，按实际工艺路径计算材料成本，贯通整合每个材料在实际加工机组上的相关工艺、合同、生产、质量等信息而形成全流程物料树，实现材料、合同及产品成本精细计算，并应用于制造端成本改善。通过大数据集成为公司各环节提供全流程、多维度信息共享服务。

1. 大数据集成，统一语言

通过建立与采购、销售、研发等业务系统接口，整合数据资源，构建分析模型，为产销研各环节提供全流程、多维度信息共享服务。该系统是对各在线系统数据和信息进一步挖掘运用，避免了产销研环节对财务分析数据的来源和准确性进行无效博弈，提升了产销研分析的质量、认同度和权威性。目前系统数据已成为各单位共同语言，广泛应用于公司各种会议和分析决策，数据质量和可靠性以及指导意义在实践中得到各方高度认可和应用。

2. 计划值和成本标准为基础

计划值和成本标准是全流程系统进行明细产品成本计算的基础，明细产品成本计算对象设置与原料标准、生产作业标准及附加成本标准关键字保持一致，而三大标准均来源于计划值和成本标准系统。

计划值是公司标准成本体系的基础，定义为现场操作指标，是最小成本动因，是业务与财务对话的桥梁。项目有收得率、能耗、涂料、小时产量、合金消耗等技术指标，目前宝山基地有15万个计划值标准，将计划值标准价值化后就是成本标准，它是成本预算、绩效评价和明细产品成本计算的基础。公司有严格的计划值管理制度，规定了计划值修订中职责、流程和管理要求。公司设有标准成本管理委员会，对于计划值的先进性进行标准审核。计划值通过全流程系统进行数据整合，为现场制造水平提升和明细产品盈利能力管理提供支撑。

3. 全流程价值链管理

全流程系统立足于产品全流程价值链，拓展管理视野，聚焦供产销研各环节的协同，在产品经营和成本管理方面充分体现了应用价值。

以日成本计算为基础：实现日损益跟踪和日现金流管控。在全流程系统中，我们将产品盈利能力评估指标从边际贡献拓展到边际现金流，从而实现对合同、产品、产线及企业的日损益和日现金流跟踪、分析与管控，提升企业现金流管理能力。

快速连接购销市场：为快速反映市场变化、及时管控市场风险，全流程系统揭示原料市场对产品成本变化的影响、揭示终端市场对产品盈利变化的影响，从而支持原料采购结构优化和产品营销接单、定价和品种结构优化，提升企业盈利能力。目

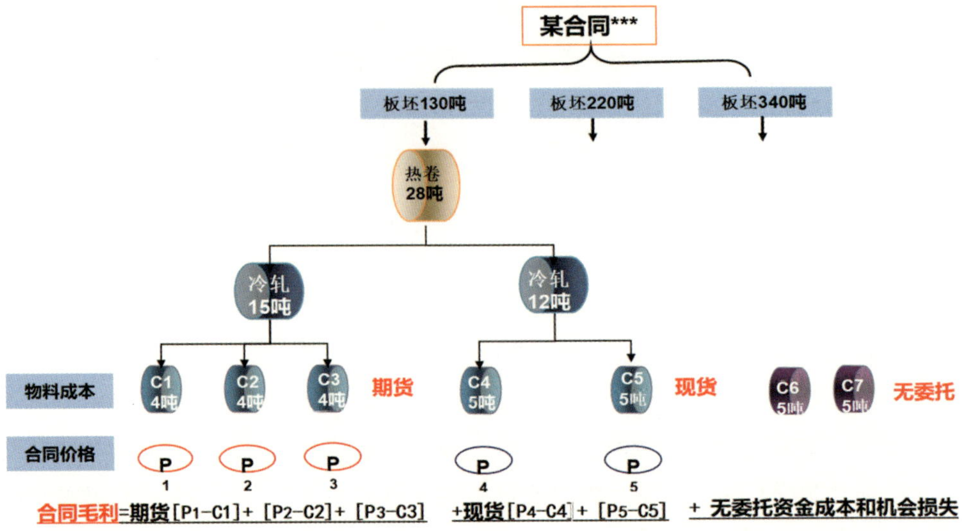

图5 全流程视角下的成本对象与合同盈利

前按T+1明细标准成本（成本标准路径+标准成本）为营销提供接单成本盈利信息，支撑其接单决策。该系统的上线使得各明细产品边际贡献排序更加准确。

精准挖掘制造成本改善空间：按实际工艺路径进行材料成本计算，将材料成本反映到每份合同和明细物料上，揭示生产组织和生产技术指标对产品成本与盈利的影响。系统揭示标准与实际工艺路径材料成本差异，使得在制造中实际偏离标准工艺路径的环节在成本计算中予以捕捉；合同盈利采用全流程归户计算，现货损失责任主体更加清晰和公平，为制造环节隐性成本改善提供精准指导（见图5）。

（三）搭建从“规划到日”敏捷的经营管控体系

公司将预算管理定位为战略保障、控制、沟通、决策支持和协调功能，并将企业所有涉及现金和财务的活动均纳入预算

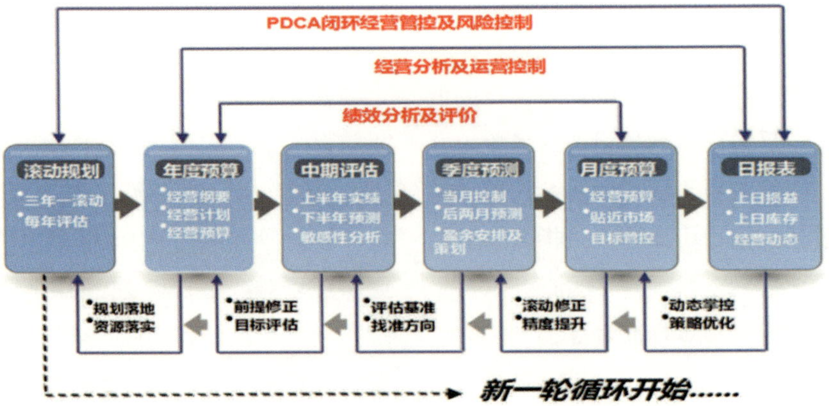

图6 宝钢股份“规划到日”的PDCA闭环架构

管理。随着规模和管理幅度扩大，公司探索推出紧贴经营模式变化、业务特点设计的目标预算管控模式，业务计划和经营预算服务于战略落地，强化总部全局掌控、统筹协调和资源优化配置，形成以经营规划为导向、年度预算为绩效目标、季度滚动预算为决策方向、月度执行预算为控制手段、按日跟踪分析纠偏、覆盖全级次的全面预算管理体系（见图6）。

从“规划到日”的PDCA闭环：(1) 滚动规划求精：顶层设计，结合行业变化、竞争对手预测、资源优化、客户和股东价值增长等导出目标；(2) 年度预算求全：规划首年目标即为当年预算目标；业务指标和行动方案与计划无缝链接，按规划倒逼预算前提及优化产销方案；(3) 季度预算求实：与绩效结合实行柔性化管理，与市场走势衔接，关注短期经营改善意图和举措；(4) 月度预算求准：体现刚性经营管控，强调预测精度和时效性，与绩效评价相结合，与公司营销政策调整相匹配；(5) 日报管控求快：每天出上一日“经营日报”，涵盖损益、产销、库存及行业信息，“日清日结”，支撑月预算实现。

经过持续改善及运用信息化工具，公司月度滚动预算精度持续保持94%以上，较推行目标预算管控模式前提高20个百分点。

（四）推进营运资金和存货长效化科学管控

公司实行资金集中统一管理，即统一融资权，调度、协调金融机构进行规模资金保值增值运作，促使各项业务活动与企业整体经营目标趋同。以效率优先、总量控制、结构优化原则统筹策划营运资金管控，包括购销联动、强化库存管控、严控源头授信、优化付款方式与绿色通道、预警、保障等，并通过经营简报、资金例会等形式确保管理闭环系统的有效运行。积极策划“两金”管控方案，逐级分解下达管控目标，优化工作机制，倒逼管理模式和管控手段改善。

推进“可视化”的存货及现金流日管控。钢铁企业库存占流动资产比重较大，库存管控水平直接影响营运资金周转效率与经营获现能力。为达到“可视、可控、可调”的管理目标，公司运用“可视化”日库存管控系统进行存货管理，实现多维度、多口径、动态展示每日库存占用、库龄结构及异常情况；借助资金平台、票据系统相关信息，掌握每日现金流状况，盘活各类营运资金占用，提升资金占用效率。

持续夯实资产运营效率。2017年末，公司“两金”总额较年初降幅达16.1%；凭借稳健的营运资金管控，有息负债规模降幅达9.5%，财务成本大幅节约。资产负债率持续保持50%左右的合理水平，2017年即宝武联合重组元年，资产负债率同比显著下降（见表2）。

国际评级机构对公司良好业绩与稳健的资产负债结构予以充分肯定（见表3），公司保持全球综合性钢企最优，高于韩国浦

表2 宝钢股份资金及营运能力管控指标（2017年含武钢有限）

项目	2014年	2015年	2016年	2017年
资产负债率（%）	45.7	47.83	50.96	50.18
经营现金流（亿元）	285.9	176.9	184.11	347.07
存货周转天数	61.70	60.70	65.94	54.54
营运周期（天）	37.38	21.40	16.60	19.06

项制铁。

表3 宝钢股份近年债信评级情况

评级机构	2016年	2017年
标普	BBB+ 负面观察	BBB+ 稳定
穆迪	Baa1 负面	Baa1 稳定
惠誉	A- 观察变动	A 稳定

（五）创新市场风险预测及对冲应对机制

创新汇率及利率风险管理模式。通过管理制度确立汇率与利率管理原则及应对机制，每年度研究确定汇率和利率风险管理策略，定期跟踪、评估风险管理策略执行进度，合理匹配外汇收支。通过融资成本率排序，综合考虑利率、汇率变动趋势，从本外币、长短期、间接和直接等多维选择最优融资方式，建立长效汇率、利率风险管控机制，选择合适的衍生工具锁定风险敞口，资金跨境联动降低风险管理成本。

创新购销市场风险对冲机制。当前钢铁产业链受金融及大宗商品市场波动影响较大，大宗原燃料及钢价波动会引发成本上升、库存减值等风险。公司利用商品期货套保工具，由财务与业务人员共建虚拟团队，研究掉期、期货等金融衍生品在购销市场风险对冲中的运用。规范操作流程和交易行为，坚持以套保、风险对冲为交易目的，设计包括对冲采购成本、对冲库存减值风险、锁定售价、锁定毛利等多种大宗商品套保模型，针对掉期与期货的不同特点分别建立相应管理流程与风控措施，并通过后评估协助业务部门动态调整套保策略。

（六）持续提升财务专业管理的体系能力

以体系能力创新为持续管理机制创新保驾护航。宝钢于2009年成立“财务共享服务中心”，完成财务管理和服务“管操分离”，强化管理会计拓展和创新能力；优化整合人员配置，精简职能，整个公司现只有4人在每月1日做成本核算，其余时间聚焦管理分析和业务支撑。

加强财务体系制度和内控建设，将监督寓于服务之中；推进标财系统开发和对下属子公司覆盖，实现会计科目、核算标准和系统平台“三统一”。目前，公司1.5个工作日完成单体成本核算、2个工作日完成法人报表编制、5个工作日完成合并报表编制。近年总部财务职员数量削减了33%（见图7），财务人员劳动效率较金融危机前提升50%以上。

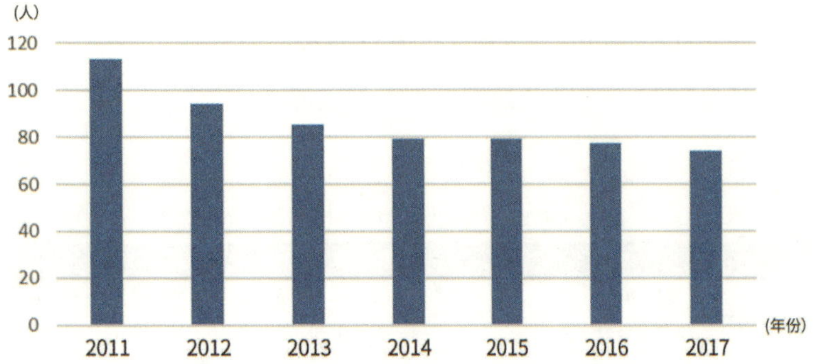

图7 宝钢股份总部财务人员数

三、宝钢股份管理会计未来思考

面对已发生深刻变化的钢铁业生存环境和竞争格局及“灰犀牛”和“未来钢铁”挑战，需要财务人员争当“未来钢铁”的探索者和实践者，结合企业战略规划持续丰富管理会计的内涵、工具和运用。

（一）打造适应“特大”及“多地”特点的财务集控能力

如何高效运营特大、多地的制造型企业在当前中国仍是难题。适应规模快速扩张的新时代要求，在充分汲取湛江建设运营及宝武整合融合经验的基础上，加快总部管理会计优势领域对新建 / 新进基地复制及移植，以覆盖多基地的财务信息化建设、成本削减、存货精细化管控及资产运营效率提升为抓手，匹配业务模式调整，挖掘体系协同效益，打造集中一贯、高效透明、整体效益最大的多基地财务集控能力。

（二）构建新时代具有宝钢特色的“智慧财务”管理模式

抓住“智慧制造”转型机遇，谋划相匹配的财务智慧转型，提高管理会计对企业经营发展的敏锐洞察力，增强财务运作透明度及敏捷度。以财务与前端业务深度融合为基础、以业财数据贯通互联为保障，将管理会计专业能力和“互联网 + 大数据”结合，快速适应环境变化及组织变革，实现财务精准实时管控、智能决策分析、高效基础服务，为销售定价决策、产线优化安排、资金融通利用提供模块化在线支撑。

（三）以“企业价值最大化”催生管理会计持续创新实践

以价值链为核心，拓展管理会计视角，不局限于内外部经济业务，还需关注“绿色、智能制造”“社会责任”等新兴业务实施。突破传统财务管理框架，以“环境会计”“模拟经营”“政策运用”等手段不断提升对新兴业务的快速支撑能力，为不同商业模式配套设计针对性会计政策、资产配置、绩效管控、税收筹划及资金管控方案，使管理会计与新兴业务同生同长，不断适应环境变化，持续自我进化。

四、结语

成为时代的企业就要不断创新。1984 年 2 月 15 日，视察正在建设中的宝钢并听取汇报后，邓小平同志欣然题词：“掌握新技术，要善于学习，更要善于创新”，经过数十年变革创新，公司逐步形成一套适应企业自身生产经营管理需要、打上浓浓宝钢烙印的集中一贯财务控制体系。财务管理模式变革和手段创新的本质在于提升解决问题的能力，要结合外部环境、企业组织及其管理活动因地制宜地研究管理会计创新实践，原有被证明行之有效的模式与做法不能简单放弃。往者犹可鉴、来者更可追，管理会计应用将继续为宝钢股份“两最”战略目标提供强有力支撑，助力企业价值不断提升。

企业创新管理会计：
基本结构与主要内容(上)

杨雄胜 向利 南京大学会计与财务研究院

王小兵 林汉银 徐帅 王婷 芮筠 国家电网江苏省电力公司

【摘要】本文探索性地提出了企业创新管理会计基本框架。服务于企业创新的管理会计包括：与开放式创新适应的商业模式价值管理会计；与渐进式创新适应的创新增长价值管理会计；适应性创新产生了创新驱动价值管理会计，含绩效会计、客户价值会计、价值关系链会计、学习改进会计、风险管控会计，以及创新管理会计基础：智力资本管理会计与创新能力管理会计。

发表于《中国管理会计》2018年第4期，总第6期。

【关键词】管理会计 制度框架 企业创新

一、时代呼唤企业创新，也亟须管理会计有所作为

管理会计应该满足组织管理所有领域对会计的需要，但目前管理会计显然没有完全达到这样的要求，有些重要的管理领域或环节，管理会计还是力所不逮。企业创新管理就是当代管理会计着力不多的领域，但却是管理实践发展亟须管理会计积极作用的领域。本文拟结合国际先进企业创新实务发展，对此作些探讨。

人类身处当代面临三大定律的挑战：摩尔定律，揭示了现代科技创新的规律，使我们的生活变得更快捷、更廉价、更小巧，使生活中的新应用不断地出现。梅特卡夫定律，揭示了网络价值呈指数增长，把人类新生活方式很快扩散传播。颠覆定律，揭示了当代社会、经济制度与快速发展科技进步之间越来越显滞后的严重矛盾。我们现有制度已与科技带动下的社会经济内在要求严重不适应。这些制度中，就包括了会计制度。而管理会计对社会经济发展的要求极不适应，突出表现在迄今为止还没有形成有效服务于企业创新的管理会计制度。企业创新，无疑是当今所有企业发展最为迫切而常见的内在要求，研发与此相适应的管理会计，应该是当代会计发展的当务之急。

企业创新有制度创新、管理创新与技术创新，管理会计可以为这三类创新作出不可替代的贡献。

在制度创新领域，管理会计能贡献的智慧有：反映现行制度资源利用效率效果，尤其是人力资源方面文化建设与价值观引导的实际效用。前者包括对人、财、物以及信息诸要素利用效率效果的单项分析以及整合分析。这些分析，需要管理会计人员广泛收集其他先进的国内外企业各项相关制度，对不同或相同制度背景下，影响资源利用效率效果的因素与机制以及行为特征，作出全面分析，从而动态评估本企业各项制度的适宜性并有的放矢地指出改进的具体方面、方向、空间和具体操作方案以及时间进度表。后者通过员工情绪指数、协同指数、满意度指数以及关心企业指数等指标的定期观测与分析，计量并不断提高企业业务与管理过程的和谐程度，为提高企业凝聚力作出管理会计的实质性贡献。企业必须依据自己的产业、技术、组织与经营管理特点，为做好上述管理会

计工作提供制度保障。

在管理创新领域，管理会计能贡献的智慧有：

（1）先进与成熟商业模式对本企业适用性的动态研究，主要从影响力与可持续性两方面分析不同商业模式对企业盈利能力、现金流量与流转、资产质量的短期与长期影响，从而对企业现有商业与管理模式的有效性和具体改进方面作出评价提出建议，供高层决策参考。

（2）先进管理工具与手段，尤其是信息网络与数据分析信息智能化技术手段的应用可行性分析。在技术可借鉴性分析的基础上，对各项技术财务合理性和企业可接受性两方面，由管理会计作出经济有效性分析和先进工具手段与现成管理系统及工具融合后的经营管理效率效果分析。

在技术创新领域，管理会计必须在与技术紧密结合从而融为一体的基础上，作出如下贡献：

（1）企业目前各项技术竞争能力分析，着眼企业目前技术在市场上对企业声誉、盈利性客户黏吸力、技术市场盈利能力的可持续性。

（2）国内外先进技术市场化程度与进度，以及与企业面临技术风险分析，为公司技术进步与创新提供具体的对象、领域以及投资与风险管控策略。

（3）新技术不断创新背景下，企业技术与产品市场风险动态分析，为企业研发组织管理提供翔实依据。

以上三大方面，要求管理会计广泛占有资料，建立各种分析框架，设计相关数量模型，完善信息系统。对管理会计人员来说，开展以上工作，必须具备很强的信息处理能力。

二、企业创新从“封闭式”走向“开放式”，管理会计必须与时俱进

（一）封闭式创新管理会计

封闭式创新是企业长期采用的传统创新模式。该模式主要关注企业内部，奉行以下观念：

（1）企业应当雇用最优秀的员工；

（2）所有创新必须立足于企业自己组织的研发；

（3）如果我们拥有了最新的技术，企业就一定赢得未来广阔的市场；

（4）一旦我们拥有了新技术，必须尽快推向市场并赢得广泛的客户；

（5）只要我们对研发有足够的投资，就一定能开发出最好的技术，从而引领市场；

（6）我们必须保护好自己的知识产权，以便自己从发明创造中赢得最大最持久的利润。

封闭式创新流程如图1所示。

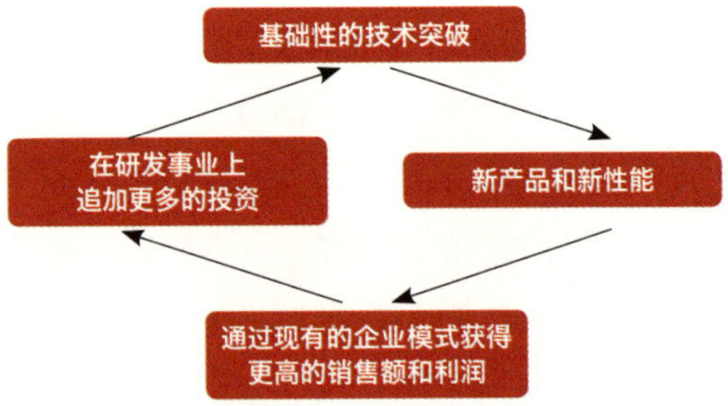

图1 封闭式创新流程的良性循环

在这样的模式下，管理会计首先对各种

创意从技术、人员、性能、市场、投资、价格、成本等方面作出全面评估，从而确定可选择的研发投资对象。这在有些企业被命名为“投资项目库建设”。其次，在基础研发过程中，管理会计着重做好研发风险监测和研发成本与预算进度控制，从而保证企业实现有效的技术突破。再其次，在新产品与性能市场化过程中，管理会计通过设计具有强烈激励作用的市场开拓方案，采取现代各种融资手段与工具，在充分激励各种积极因素作用的前提下，有效分散市场开发的主要风险，为新产品与性能迅速进入市场并扩大份额提供保障。最后，实现新产品与性能的量产，不断优化企业产业、产品组合，管理会计引导企业积极运用经营杠杆和财务杠杆，有效控制企业整体风险，从而实现公司价值的持续增长。

封闭式创新是最为传统和普遍的企业创新模式，由此形成了封闭式创新管理会计。如何有效地做好以上四个互相联系环节的各项管理会计工作，我国企业会计大有探索的空间，可以通过大量的案例研究，总结出对中国管理会计实践具有指导意义的理论成果。

一般而言，开展这方面的管理会计，首先要明确研究部门是成本中心，而开发部门属于利润中心，因此，在组织结构上要实现研究与开发职能的分设。研究过程突出创造性、突破性尝试的充分发挥，以提供尽可能多的创新方案，时间上不能太死板；但开发过程必须雷厉风行，切实控制各种风险，应有严格的时间表完成有效市场化工作。

管理会计在整个封闭性创新活动中，始终密切关注并计量分析控制以下风险：

（1）核心员工的可获得性和强流动性带来的风险。由于高素质员工在全社会具有很强的流动性，因此，对研发成败具有决定性作用的部分员工，往往面临着被竞争对手“挖走”的风险，从而使每个具有挑战性的创新项目存在半途而废的可能。如何提高研发对核心员工的吸引力，管理会计首先要对这些员工的能力以及在研发中的重要地位作出正确评估，并设计对关键员工具有重大吸引力的研发利益一体化方案。

（2）风险投资引发员工离开大企业的风险。风险投资兴起，一些名不见经传的小企业，凭借引入风险投资可以给员工以大公司根本无法给出的天价待遇，“挖走”了大企业处于封闭式创新关键岗位的员工，从而使大企业人才流失，高起点研发失去了人力资源保障。管理会计在防范此类风险方面，一般采取对一流设备技术的巨大投资（这在中小企业是根本做不到的），从而使尖端人才离开本企业独一无二的条件就不可能做出一流的成果，来牢牢地把优秀人才留在本企业。

（3）新产品与技术被搁置外流的风险。由于研究与开发部门要求不一样，一些研究部门的成果可能因开发部门不感兴趣而搁置，但这种成果往往被其他企业看中而导致研究成果外流，使企业难以充分享有其财务收益。管理会计在这方面可灵活采取各种形式主动引进各种风险投资，主动留意这些本企业开发一时不能顾及的研究成果，以使企业研究给公司价值整体最大化带来持续积极的推动作用。

（4）外部关联企业能力增强的挑战。高

水平企业研发培养了一批高水平的供应商，这些供应商也可以为企业竞争对手提供同样水平的服务，从而使企业研究优势在保持时间上越来越短，并提高了研发投资回收和实现预期目标的风险。管理会计在这方面面临着巨大的风险管控压力，必须对企业研发面临来自上下游和企业内外的各种影响研发成功的风险，作出动态分析，并随时提供风险威胁报告，以为企业研发实现目标提供足够的保障。

（二）开放式创新管理会计

1. 开放式创新流程

由上可见，封闭式创新不具有可持续性。企业创新完全应该适应外包、联包、众包的大势，同时利用内部与外部的所有价值创意，以及内外所有研发渠道，形成开放式创新的模式。在这样的模式下，企业利用内外创意创造价值，建立相应内部机制分享所创造价值的一部分。相应地，企业内部创意也可以通过外部渠道实现市场化，摆脱企业目前业务束缚，获取超额利润。当然，开放型创新模式彻底否定了封闭型创新模式的6项假设前提。这6个假定与企业现实背景完全不符。

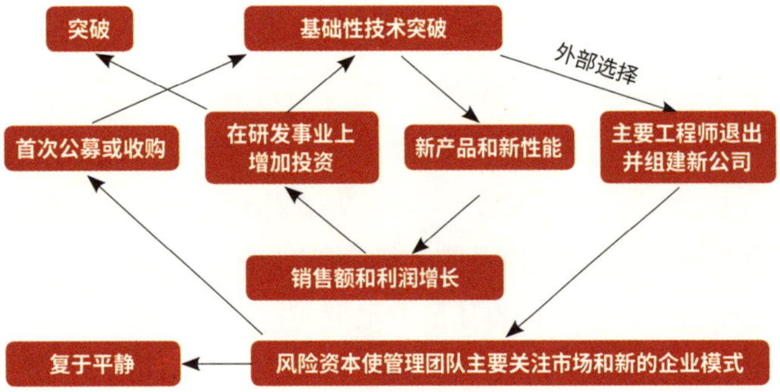

图2 开放式创新流程

开放型创新的一般过程相对复杂（见图2）。

开放型创新关注整个社会的全部创意，承认优秀员工可以有全社会自由或自主工作的权利，面对的是众多风险投资和新创企业，认为大学等科研机构对研发很重要。

2. 开放式创新与企业组织管理模块化

在开放型创新模式下，企业组织与业务皆突出表现为“模块化”。现在我们大部分企业以及管理会计并不完全达到或满足开放型创新模式运行的要求，主要表现在未能真正实现组织与业务各层面的模块化。

企业模块化，即把企业设计成众多模块拼成的系统。对这些模块，企业可作出6种操作：分离模块；用更新模块来替代旧模式；剔除某个模式；增加从未有的新模块，以扩大企业功能或边界；从现有多个模块中归纳出共同要素并组合成一个新功能层次；为模式加外壳，使之可以发挥设计以外的其他功能。在具体实践中，模块化操作是成对进行的。以上6个操作分为1、2一组，3、4一组，5、6一组。企业完成了模块化设计后，公司价值的动态优化管理就有了一个有效的执行（实施运作）机制。企业模块化以后，不同模块任务既可独立执行，又可以结合起来实现新的功能。如果新的设计优于原体系，可用新模块化来代替旧系统；如果新模块化还不如原系统，可以继续使用旧系统。这样，若能不断设计新模块，则新旧系统之间，在价值管理中就处于动态优化的关系，可以是全替代，也可以是全保留，大部分可能是部分替代部分保留。如此，通过企业模块化的动态设计，企业价值管理水平就不断提高。而模块化的动态设计并优化管理，正是当代管理会计极具前景的作用领域。美国的约瑟夫·派恩在《大规模定制》一书中，对企业模块化条件下，传统会计尤其是管理会计的不适应和如何强化管理会计提出了十分精准的分析。他认为，企业新模式即模块化为基础的企业使用开放型创新模式，“会计真正意义上的职能，是支持加强公司的策略”。这种会计更关注并努力提供以下5类信息：合理的长期与短期决策；与供应商的长期共存关系；低成本、高利润；在资本、人力和技术方面的长期投入；核心能力。模块化企业使生产者与客户共同定义和生产经营产品，从而形成了有效服务于价值管理的具有不同功能的模块化的6种基本功能模式：共享构件模块化、互换构件模块化、量体裁衣式模块化、混合模块化、总线模块化、可组合模块化。[①]上述各方面，为管理会计发展注入了新鲜血液，模块化带来了管理会计创新。经营者往往无从知晓在众多创新方案中哪一个能够在市场竞争中取得胜利。“为了应付突发的、戏剧性的市场变化，经营者平时就应注意培养在技术、技能、金融等各种复杂的组合中作出正确选择的能力。创造、监督、培养这种综合性的选择能力比追求静态的效率要重要得多”，解决问题的答案就在企业模块化中。它允许设计者开展自由的试验，管理层把工作分配给独立的队伍，让他们追求、改进各自的子模式，从而加快每个模块发挥作用的开发周期，通过整体优化模式组合，增加了产品多样性，充分实现开放型创新模式的基本要求。开放型创新模式对管理会计的促进意义，笔者认真阅读了IBM、英特尔、朗讯在这方面的案例后，认为主要表现为形成了“商业模式价值管理会计”。

3．开放式创新管理会计：商业模式价值管理会计

商业模式价值管理会计的主要特点是从技术与社会经济角度全面衡量企业商业模式的价值。在管理会计框架下，商业模式已被固定细化为目标市场、价值定位、价值链、支付方式、成本收益模式、价值网络与关系、竞争战略七个方面，每项都通过两方面的评估，一方面是技术可行性、功能质量可靠性；另一方面是经济社会有效性，包括投资、收益、人力资源使用、环境生态影响评估。然后，就每一模块分七个项目两个方面一一评测，得出该模块的商业模式价值。各模块商业模式价值组合就形成公司不同的功能、业务或区域价值模块，这些价值模块的优化就成为开放型创新模式所要解决的核心问题。如果我们根据各企业不同的组织与业务规模，建立了相应的功能模式，并依据不同功能模式设计相应比较实用的商业模式价值计量分析指标体系，同时规范各指标的计算口径以及时间属性，就能为企业建立以开放式创新模式为作用空间的商业模式价值管理会计制度提供具体框架和实施方案。

三、企业“渐进式创新”成常态，管理会计必须以“创新增长”为核心

（一）创新激发增长是当代企业主旋律

根据美国创新专家塔克的研究，企业创

① [美] B. 约瑟夫·派恩：《大规模定制》，操云甫译，中国人民大学出版社2000年版，第162～202页。

新最终必须以经济增长为唯一目标。他总结了实现创新增长的基本要求：

（1）创新必须成为信条。只有通过管理会计即建立有效服务于创新的管理会计制度，把创新意识带到企业的每个层次所有岗位并切实体现在所有行为中，才能实现这样的目标。

（2）创新必须全面实施，成为组织DNA的组成部分。只能通过创新管理会计，为企业建立全过程、全岗位、全覆盖的创新增长导向的衡量标准体系，创新才能成为企业的经常行动。

（3）创新应包括有组织、系统、持续不断搜寻新发展机会的过程。这样的现实显然以企业具备了创新增长导向管理会计制度为基本前提。

（4）组织内每个人都参与创新。关键是通过创新增长管理会计制度，形成“创意管理系统”，从而激活企业各种潜在的创造能力。

（5）创新应以客户为中心。创新增长导向管理会计，以客户价值管理会计为核心，动态设计并优化公司创造价值模块，使经济增长成为企业与客户共同努力的结果。

（二）创新驱动价值增长成为管理会计的主要目标

创新增长的管理会计具有以下特征与内容。

1. 以动态分析并揭示“增长缺口”为主要特征和工作内容，与通行管理会计以成本为核心内容形成了区别

增长缺口，简单定义为“公司增长回报现实与前景，与股东期望的差距”。用财务的语言表达，就是企业当期回报与长期盈利能力，相比股权资本成本与资本预算回报的差距。由此决定了创新增长管理会计制度四个核心指标和基本分析框架。四个核心指标为：当期资本收益率、当期资本增值率、当期预算净资产收益率、未来五年体现企业竞争力的资本收益率。基本分析框架为：依据企业影响资本收益能力的主要因素，建立企业价值驱动要素分析表；根据收益能力影响因素在公司创造价值中的内在联系和历史、同行业数据，建立企业价值增长管控模型；根据目标客户与整体市场需求趋势和企业战略，确定企业价值增长动态管控预算，为企业实现创新增长提供具体行动方案；以创值基本模式为计量单元，按驱动要素作出经济活动实际效果的动态监测，揭示各要素创值贡献和负债（增长缺口）；从利益激励与优化指导两方面，实现对企业创新增长活动的动态反映与控制，从而充分展示创新增长管理会计制度的功能作用。这样的基本框架，对所有企业都适用，只是具体的因素变量以及数量关系不同而已。

2. “增长缺口”的本质及其管理意义

对企业价值创造真正能起到有效指导意义的，是把“增长缺口”定义为公司创新能力不足，也可以看作公司价值增长的理性选择。

按我们观察到的公司实践，这种“价值缺口”集中体现在各驱动因素的创新努力方向与程度上。这种创新，从具体内容上看，分为战略创新、产品创新、流程创新；从基本特性上看，分为突破性创新和渐进性创新。战略创新解决企业客户优化和调扩市场问题，使企业不断改进商业模式和产品、产业、服务组合，产品与服务创新能用新方法解决客户问题，流程创新能解决降本提质增效，并切实提高员工满意度，从而提高企业拥有的满意度和凝聚力。渐进性创新是指那些“新颖更好”的创意，比全面质量管理和成本控制具有更广泛的视野，不论是战略，还是产品服务与流程，都会明显改善企业与客户关系以及企业业务与组织管理过程。突破性创新是指那些“激进的新颖更佳”的创意，将会改变公司现有的市场与客户定位从而改变企业战略。在充满不确定性的时代，企业往往把主要精力放在渐进性创新上。

3. 创新增长管理会计工作的具体内容

（1）激发创新领导力。如何让具有不同性格与偏好的企业领导尤其是CEO，都拥有创新增长的激情，必须借助于创新增长管理会计的保障支持作用。企业领导人尽管风格与偏好不同，但对增长的追求无疑是一致的，创新是企业实现有效增长的主要甚至是唯一途径。因此，创新增长管理会计制度的建立并发挥有效作用，可以让所有企业领导端正增长理念和思路，使如何创新成为企业领导每时每刻考虑的问题。西方企业在领导创新领域已进行了各种探索，归纳起来有以下基本要素：设计并实施创新战略；普遍推广创新的责任意识；配置资源，判断风险水平；制定创新衡量标准；激励创新。显而易见，以上五个要素都离不开管理会计的积极作用。管理会计必须拥有以下能力：对现有战略价值的动态评估以及改进完善乃至创新方向、方面以及程度分析；对公司每个单元创值能力与贡献分析；对现有资源利用总体效率效果以及配置方案有效性分析；企业价值创造驱动因素结构以及贡献能力计量与报告制度；基于创新的企业价值增长会计与激励制度。这些要点，正是企业创新增长管理会计制度的基本内容。

（2）形成并提升企业创新文化。“不创新等死，创新是找死”，这样的悲观情绪在高度不确定时代，几乎已蔓延了企业。为此，如何在企业形成善于创新的文化，成为企业能否实现创新的关键。成功企业对此贡献了以下11条策略：评估企业目前状态与最佳状态之间的差距；描述企业创新的具体障碍；描述公司目前的创新流程；企业各岗位时间精力分布；组织与管理具有开放性；融合多元化人才；识别并尊重特立独行员工；改进制度；奖励创新和积极贡献者；培育创新支持者；识别并聘用创新者。这11条策略，为管理会计如何服务创新完善制度提供了具体思路。可以认为，每一条策略能够真正做到有效，均离不开管理会计提供充分的相关信息支持。

（3）实施创意管理。创新成为企业的一种文化，则全体员工甚至是企业利益相关的所有方面，都是企业创新的力量源泉。而让这种力量源泉充分发挥作用，就是实施创意管理，使企业每个员工每时每刻思考如何改进自己的工作，企业哪些方面值得改进以及其希望的样子，这些无疑是企业创新的希望所在。但是，如何使企业创意管理，在生成至采纳各环节都形成对企业价值创造有贡献的标准表达与评议框架，管理会计必须贡献各环节应用的具体格式与主要数量质量时间指标。现以员工创意为例说明。不管员工创意是什么，但每一个创意：①都必须有确实的所指：现有产品与服务的某个部位或参数，现有消耗或资产占有或作业的某个环节、方面。②都必须有改进的具体指标与改进方法，明确具体性能、功能、用材、工艺等。③都必须有改进的条件（所需资源投入）与改进目标（预期效果）。这些内容，都需管理会计部门提供标准格式，并建立统一的传递、评估流程与标准，从而为进一步做好创新增长管理会计奠定工作基础。如此，通过创新增长管理会计的积极作用，会在企业内部形成促进价值增长的良性循环（见图3）。

（4）明确创新增长战略管理会计制度建设以及理论研究的重点与主要内容。战略创新是企业实现增长的主要路径。成功战略创新一般包括以下6点：从市场定位中寻找发展机会；从顾客外包行为中发现增长空间；从理解客户需求中拓展公司发展思路；在全社会商业模式创新中顺势而为把握本企业发展机会；寻找重新定义附加价值的机会；重新审视企业产品与服务传递到客户的途径与方式。

（三）实现创新与增长战略融合，是创新管理会计作用的主要途径

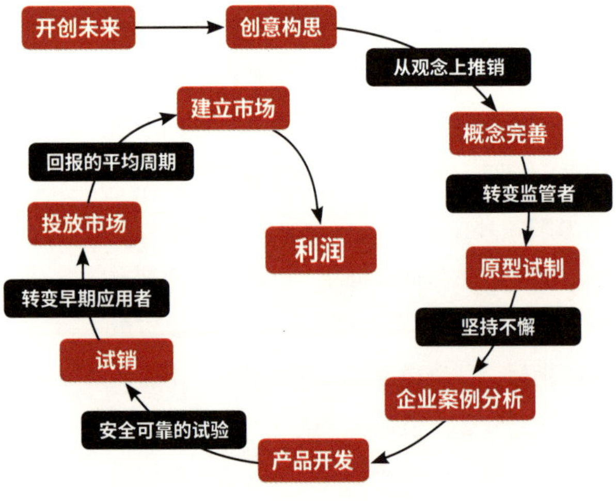

图3 公司内部创意到实施

基于创新的增长战略，必然是创新战略与增长战略的有机结合。一个企业创新战略，按国际较流行的框架，一般分为10个维度：

(1)**注重协作过程**。包括从公司到社区，从协作到结合，从实践社团到意义共享，从担保到信任。这种创新过程企业内外开放型互信的形成，必然依赖以创新管理会计提供相关协作各方所需信息的强有力支持。全面了解满足公司创新协作各方所需的信息，设计简明、含义清晰、便于报告和验证的信息框架并开发相应信息系统，是创新增长管理会计制度建设的基础工作。

(2)**注重业绩评定**。包括从实现价值到创造价值，从单维测定到多重测量，从偏重财务结果到关注可持续性发展能力，从追求短期利益到立足长远增长。如何衡量公司创新增长的真正价值，管理会计对此至今尚无成熟模式，需要各企业在实践中大胆探索，以为总结这方面规范做法提供经验案例。

(3)**注重教育与培训**。包括从教育到学习，从学术到实践，从单位机构研发到创新网络建设。显然，创新增长管理会计的知识，是教育培训的核心内容。

(4)**注意分布式网络作用，形成社会化互动式知识共享体系**。包括从质疑到行动，从了解到理解，从说服到鼓舞，从随性选择到系统掌握。显然，这种共享共用的知识，包括了创新增长管理会计。

(5)**注重竞争情报**。企业创新增长成败经验教训的实时分享，对全社会企业实现高质量创新增长至关重要。这些竞争性情报包

括：从企业规模到创新能力，从竞争到协作，从产品开发到战略联盟，从商业战略到创新战略。这样特殊的信息需求，为创新增长管理会计制度设计提供了很有用的参考依据。

(6) **注重新产品与服务**。包括：从制造到服务部门，从产品开发周期到孵化，从经济学到生态学，从技术到智力知识。这为创新增长管理会计开展工作提供了职能边界。

（7）**注意战略联盟**。包括：从自身利益到群体利益，从内部知识到外部知识，特别关注创新增长过程中显性知识背后的隐性知识作用。如何通过创新实现"1+1>2"增长，揭示其内在机理和实践模式与路径，正是创新增长管理会计需要回答的问题。

（8）**注重市场、客户的交互作用**。包括：从单向市场营销到交互伙伴关系，从平面媒体交流到多媒体全方位沟通。这方面，创新增长管理会计完全可以借鉴复杂经济学的分析框架，用自增强机制、集群波动、突然渗透等分析工具，解释创新增长中的"收益递增"与"路径依赖"规律，从而对企业创新增长的内在机理与过程以及结果、后果作出有效反映与控制。

（9）**注重领导和影响，展现创新活动的开放、好奇、新颖、学习氛围的真诚、热情，充分显露出对创新行为的洞察力和期望**。包括：从指导方向到明确目标，从包容到尊重，从管理到协助。这正是创新增长管理会计从信息确认计量的广度深度精度，到信息报告的对象、结构内容与频率所应遵循的基本原则。

（10）**注重 IT 技术**。包括：从被动到互动，从人工辅助到外来智力，从生产技术到协作技术。IT 技术加上现在物联网、大数据、云计算以及人工智能技术，大大提高了人类社会获取并广泛使用信息的能力，加上区块链又为解决信息质量问题提供了技术保证，使现在我们开展创新增长管理会计工作有了"天高任鸟飞，海阔凭鱼跃"的感觉。可以说，创新增长管理会计赢得了大显身手的春天！①

管理会计必须在日常工作中，为企业做好以上工作提供强有力的信息支持。一旦企业会计在这些方面形成了制度性工作，创新增长管理会计就拥有了作用空间。

四、建设与"适应性创新"融为一体的管理会计制度，是创新管理会计的基本特征

（一）适应性创新是现代企业创新的主导方式

创新尤其是企业家的创新精神，曾是熊彼特著名的经济发展理论的核心。他认为，资本主义经济发展，主要取决于普遍的企业家创新精神。而这种无处不在的企业家创新冲动与行动，造成对现行制度的不断冲击和持续完善，这种"创造性毁灭"，正是资本主义制度的生命力所在。"国内国外新市场的开辟，从手工作坊和工场到像美国钢铁公司这种企业的组织发展，说明了产业突变的相同过程……不断地从内部使这个经济结构革命化，不断破坏旧结构，不断地创造新结构。这个创造性破坏的过程，就是资本主义的本质性的事实。"② 我们把这种创新，理解为"颠覆性创新"，即对以前产品、产业以及服

① 10 点提要，摘自［美］戴布拉 · 艾米顿：《创新高速公路》，陈劲等译，知识产权出版社 2005 年版，第 172 ～ 182 页。

② ［美］约瑟夫 · 熊彼特：《资本主义、社会主义与民主》，吴良健译，商务印书馆 1999 年版，第 146 ～ 147 页。

务，产生革命性变化。按熊彼特的解释，这种颠覆性创新包括五大方面：采用新的产品、采用新的生产方法、开辟新的市场、掠夺或控制材料或半制成品的新供应来源、实现新的工业组织。[①] 在工业资本主义发展初期，由于市场与产业以及技术的开发程度不够充分，从而这样的颠覆性创新很容易实现。但是，随着工业与市场和科技发展相对充分后，路径依赖的普遍性决定了颠覆性创新实现并成功的可能性越来越低。而且，因这种颠覆性创新的出现和成功，往往发生在凤毛麟角的企业，这种创新对大多数企业而言几乎毫无复制与学习的价值，而只能当作“励志鸡汤”过把口瘾而已。对于众多企业而言，在当前竞争激烈的环境中，能倡导的只能是与颠覆性意义完全不同的“适应性创新”。这可能也是达尔文适者生存原理，在当代企业创新领域的体现而已。

适应性创新，关键在于适应性。至于创新，在现代已具备了比较广泛的含义，以至于在企业创新领域，有识之士认为应给创新以明确限定，包括从“创造性、战略性、可行性、获利性”四个维度来判定一个事务是否达到了创新意义。同时，他们又认为现代创新，“不仅仅是新技术，并非局限于特定部门，更不是研发机构专利，也非局限于特殊团队或小组，不是一种创造性游戏，不是一次性，不只是创造力训练，也不仅适用于新产品”，如此而言，我们很多事物好像是创新又不是创新。[②] 可见，现代企业所有活动都应或多或少具备创新特质，没有创新元素的企业，一天也活不下去。我们需要解决的问题是，如何把创新元素贯彻于企业活动始终并努力取得成功。适应性创新就是对企业这一过程的准确概括。对此过程以及管控过程的研究，可以为我们建立相应的管理会计制度提供有益的启示。

按《适应性创新》一书介绍，适应性创新包括三个要素和两大体系。三个要素是：去中心化、变异、选择。两大体系包括复杂性体系与松耦合体系。

（二）适应性创新要素决定着创新管理会计制度的信息结构与时间属性

1. 去中心化

去中心化的主要含义是在企业破除金字塔式的职能型科层制组织形式，从而出现了扁平化的网络型组织原型。对于企业而言，去中心化最近几年典型的表现可能就是借助于信息化，以前以治理与行政权力组织结构为特征的决策模式，变成了以信息权威为核心的决策模式。大企业资金集中管理以及投资集中决策和纷纷建立财务共享中心的现实，正是去传统中心化的具体表现。去中心化另一个显著特征，就是让企业基层的业务人员拥有完整的业务决策权，因为只有他自己才对业务的所有情况最为了解。以前基层业务由上级批准同意才可行动的组织管理框架，不但效率低下，而且往往出现瞎指挥。在传统的管理会计中，为了适应这样组织管理的特征，激励企业内部各方认真负责的积极性，划分了投资中心、利润中心、成本中心，实行严格的内部绩效考核，产生了责任会计。适应性创新，要求彻底打破以前长期存在的科层制权力结构，向网络型组织结

① [美] 约瑟夫 · 熊彼特：《经济发展理论》，张培刚等译，商务印书馆 1997 年版，第 73 ～ 74 页。

② [美] 伊莱恩 · 丹敦：《创新的种子》，陈劲等译，知识产权出版社 2005 年版，第 4 ～ 7 页。

构转型。相应地，管理会计就应该相应改变以前按行政组织业务条线管理要求划分责任中心的做法，而转变依据企业价值创造的内在逻辑，找出创造并决定公司价值的核心要素或单元，使之成为公司价值创造的“基本模式”，各创值模块的自由组合就形成了公司价值创造的不同功能模块或方案，建立相应反映每个单元对公司价值创造贡献的过程、结果以及程度的计量与报告制度。显然，我们现在的会计远没有做到这一点。不要说管理会计只以成本为核心而履行其功能作用，就是从一般会计意义上看，虽然资产被定义为具有带来未来经济利益的资源，而具体会计中却以一个个自然物理形态存在为对象核算经济过程。其实，任何单个物理形态存在的实体均无法创造价值，这些单个物理形态各异的实体只有按其不同功能组合起来，才能生产出满足客户需要的产品及劳务，从而形成价值创造活动。从这个意义上讲，满足促进并保障创新成功的管理会计，首先必须对企业创造价值内在结构作出规律性分析，以价值创造单元为反映控制的对象，完善计量与报告体系，以激活企业创造价值的主体能力，满足去中心化后公司价值管理对主要信息的动态需要。

2. 变异

去中心化明确了公司创新的主体动力，变异则为公司创新提供了尽可能多的行动方案。企业创新活动本质上是发散型的，因此，众多的企业内部中心需要有尽可能多的模块组合以及组合方式，才有可能最大限度地优化每个中心的创值贡献。变异强调了每个行动在方案选择前和具体操作的不同阶段，会因外部与内部相关因素的不断变化，而面临着不断优化行为的选择。在这样的背景下，每个创造价值单元在行动前，都必须具备尽可能多的诸因素不断变化组合条件下的备选方案，而且对如何实现这些不同条件背景下的备选方案之间的互换事先作出务实性设计。为了适应这样复杂的管理场景，管理会计必须充分利用现代化信息手段，建立满足适应性创新框架下公司价值管理需要的信息系统。这样的信息系统以每个创值单元各个可观测的动作为计量单元，在每个动作进行前，就对即将进行的动作作出优化训练；每个动作中，对该动作预期目标的实现做出实时反映，从而为实现创值目标提供保障。而且，要对各行为单元不同方案之间的最优化衔接模式，在系统中作出动态反映，从而为公司实现价值创造最大化提供可供选择的行动方案库。

3. 选择

去中心化明确了一群既相互联系又相对独立的行动主体（管理会计核算对象—指标体系），变异为各行动主体提供了可供选择的众多方案（管理会计预算方案），选择将赋予各行动主体优选行动方案的能力（管理会计行动优化决策模型）。管理会计辅助优选应该是动态的，行动主体的创新，企业外相关创新的出现，有关创新建议的出现，都会对管理会计行为优化决策模型产生直接影响，从而影响决策结果。

（三）适应性创新子系统决定管理会计制度的基本功能与技术方法体系

1. 复杂性体系决定了管理会计必须反

映企业创造价值各主体与内外相关因素，在企业经济活动中动态互动的关系

适应性创新第一个基本前提假设是复杂性体系。由此决定了必须运用复杂经济学的理论与方法，来研究创新实践。复杂经济学主要研究经济内生非均衡，其主要方法论是“研究经济的各种当前状况。正是在这些当前状况中，形成了决定未来事件或事物的那些条件。经济……会根据当前状况来不断更新自己的行为……经济就是一种持续的计算。这是一种极其庞大的分布式计算，也是一种大规模的并行计算，而且这种计算是随机的。经济是一个以一系列事件为序不断进化的系统，具有算法规则。”“现实经济背后的算法并不是随机选择而是高度结构化。”“通过计算，我们能在不同的条件下重新得到结果，在结构出现或没有出现时进行探索，确定潜在的深层机制，层层递进地简化现象，提取现象的根本信息。”这样，计算成为思想的助手。这样的算法分为 6 个步骤：原技术基础上新技术进入当前技术集合中；新技术变得强有力；新技术创造了对自身的强烈需求；旧技术及相应需求从技术集合中退出；预示未来技术的新元素与需求变得活跃；适应以上调节，形成当前商品与服务的生产和消费模式，成本与价格以及研发激励随之改变。[①]我们不厌其烦引用复杂经济学以上权威观点，主要试图表明，在复杂性系统中，经济与管理完完全全是一个计算过程，这样的一种计算在现实中就是管理会计。但是，我们现在以成本为核心的管理会计系统，并不能适应复杂性经济与管理的实际需要。为此，适应复杂性系统的特点与要求，管理会计必须增加并力求做好以下工作：

（1）**建立绩效会计**。以创值单元为管理会计对象，要树立并全面体现以绩效为中心的理念。由此决定了创新管理会计以“绩效会计”为核心内容。

在我们目前的会计实务中，也有绩效会计的概念。其主要特点表现在两方面：

表1 主要业绩衡量方法解释

业绩衡量	计算过程	信息传送
营业毛利（税前或税后）	净销售额-产品销售费用-营业支出例如：销售费用、日常开支和管理费用	这种方法仅考虑经营活动，不考虑没有发生的活动和财务活动，使个人仅仅集中在提高商业利润方面
息前、税前收益	净销售额+其他收入-产品销售收入-除利息支出外的其他支出-小额支出	这种方法不仅考虑所有经营活动，而且考虑净性事件，不考虑财务活动和税收，使员工集中于通过增加所有收入和支出（包括非现金收入和重置支出）而增加税前收益
税后收益	净销售额+其他收入-产品销售费用-所有费用支出-所得税-小额支出	这种方法考虑所有的业务、财务活动和税收，使员工集中于业务和财务两方面
净收入	净销售额+其他收入-产品销售费用-所有费用支出-所得税-小额支出-营业外支出	除了营业和财务活动以外，业务中断和额外开支或收入所带来的收入或损失也要加以考虑（偶然和经常事件）。员工集中于商业活动的每个方面，除了正常的经营活动外，许多其他途径也可能增加或减少收入
每股收益	净收入-有限发放股息/平均净法普通股	净收入被转化成为以每股收益为基础

① ［美］布莱恩 · 阿瑟：《复杂经济学》，浙江人民出版社 2018 年版，第 39、44、46 页。

第一，运用一套业绩综合指标（见表1）。

第二，采取整体综合性分析思路（见图4、图5）。

这样的绩效会计一般定位在整个企业层面，缺乏对企业各层面行为的优化指导作用。满足企业创新需要的绩效会计，需要包括三个层面:

组织层面绩效会计。这是绩效会计发挥对企业价值管理动态指导作用的主要途径。主要核算以下指标：组织价值目标以及实现程度；客户需求以及对价值影响；财务预期以及非财务预期；企业每一个产品与服务市场目标以及组合目标；企业现有竞争优势前景。

流程层面绩效会计。这是绩效会计的核心。主要核算以下内容：流程绩效目标与子目标集合动态平衡会计；流程效率会计；流程质量会计；流程成本会计；流程资源会计；流程综合业绩会计。流程绩效会计，可以企业创值单元为基本对象，也可以人财物以及信息诸要素为对象，还可以现有组织各职能部门以及相应业务与管理为对象，以达到立足公司整体价值角度持续全面优化企业流程的目的。

岗位层面绩效会计。这是绩效会计的基础，主要核算：岗位创值贡献目标优化会计；岗位业务措施效率效果会计；岗位资源激励与问责会计。

（2）**强化客户价值管理会计**。现在会计一般以产品与劳务为核算对象，而不专门针对客户作出全面核算。客户价值管理会计，就是以企业目前与潜在的客户为核算对象，确认并计量反映企业现实客户与期望客户给公司带来的价值，从而依据直接影响这些客户价值的基本因素，立足环境条件的各种变化，从企业可努力角度，找出提高公司价值的现实途径。

客户价值会计，以客户终身价值为计量指标，通过提高客户终身价值各种行动方案的优化，持续提升公司价值。在现实中，企业对客户有交易和关系两种不同视角，前者看中客户带来的短期利润，后者关注客户可能带来的长期利润。客户终身价值，是指客户一生与公司交往中，带来当前利润与将来利润的现值。其简化计算公式是：客户给公司每年带来的实际利润

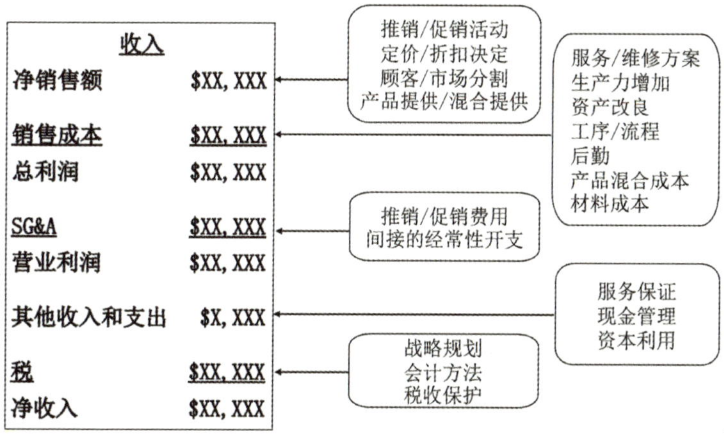

图4 价值驱动因素举例——损益表

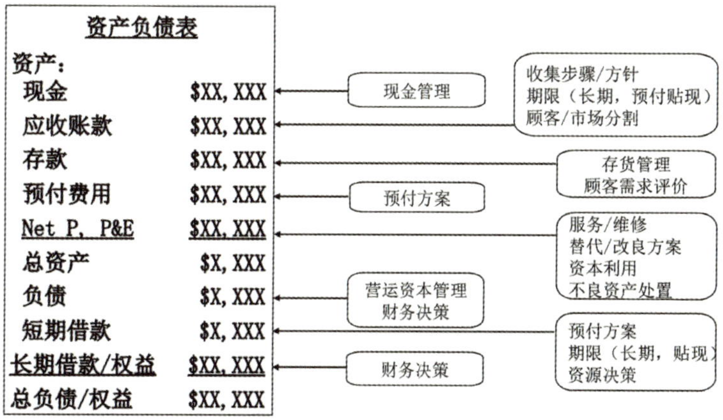

图5 价值驱动因素举例——资产负债表

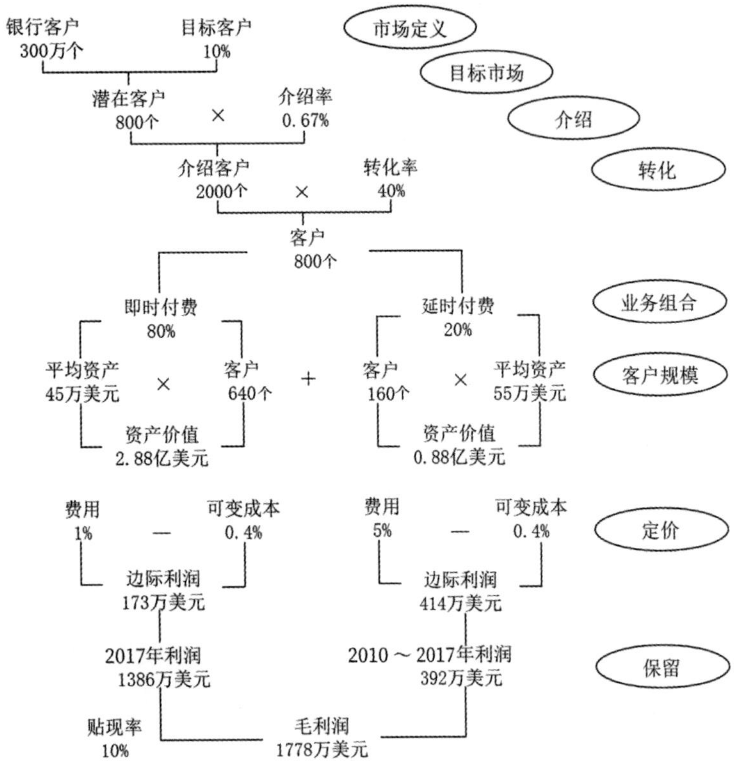

图6 xx公司的利润树

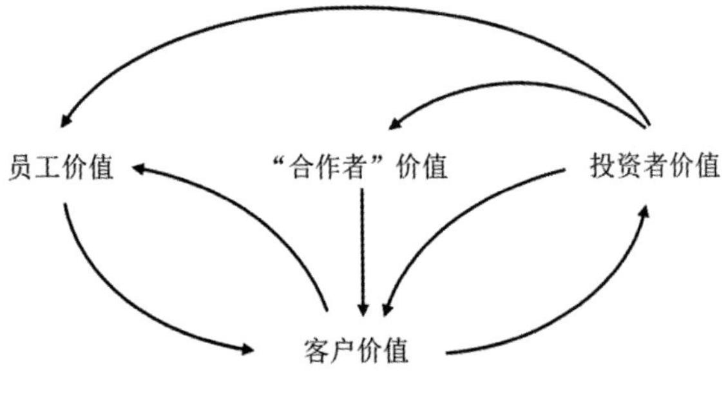

$$1.\text{员工价值等式}=\frac{\text{传递结果的能力}+\text{工作地点质量}}{1/\text{总收入}+\text{获得工作的成本}}$$

$$2.\text{“合作者”价值等式}=\frac{\text{收入}+\text{关系质量}}{\text{业务进行的成本}}$$

$$3.\text{投资者价值等式}=\frac{\text{对投资者的回报}+\text{对研发、员工、客户和投资者的投资}}{\text{投资基础}}$$

$$4.\text{员工价值等式}=\frac{\text{结果}+\text{流程质量}}{\text{成本（价格）}+\text{客户获得的成本}}$$

图7 利润价值链

或期望利润（m）乘以因子系数r/（1+i-r)即边际利润倍数。r为客户保留率，i为公司贴现率。这里，m取决于企业当前为客户提供产品与服务的数量、质量、收入与成本；r取决于产品质量、价格、客户服务以及相关营销活动；i取决于公司业务经营风险与资产负债结构。为便于公式应用，西方企业在这方面形成了三个实用性假定：①一个客户长期以来的利润率是不变的；②客户保留率不会随时间而改变；③客户终身价值在时间上可无限延长。通过对不同方案组合客户终身价值指标的计量，为公司寻求实现价值最大化的经营模式提供了充分依据。客户价值管理会计发挥作用的具体框架如图6所示。

（3）**充实价值关系链会计**。在复杂经济体中，全体员工能否经常自觉地从企业整体价值创造角度来审视并优化自己的行为，对公司可持续发展至关重要。事实上，员工行为决定了是否能够以及能在多大程度上，为企业利益相关方（股东、客户、供应商以至社会）创造新的价值，其基本关系如图7所示。

由此关系图形成了价值关系链管理会计基本框架（见图8）。

运用上述指标，可以建立公司价值关系链管控模型，通过管理会计对各关系联接点核心指标的动态核算和比较，产生所谓“深度指标”(引发一定结果的潜在驱动因素导图),从而明确了影响公司价值高低各种因素以及在不同背景下这些因素对公司价值影响的方式与重要性程度，为持续改善公司创造价值的内在关系，从而充分激发公司创造价值的各种活动，提供了非常实用的管控地图（见图9）。

2. 松耦合体系决定了管理会计必须以风险为导向，实现鼓励试错（创新）与风险可控融为一体

适应性创新以企业是松耦合体系为假设前提，奉行着进步来自大量试错性试验。容许试错又得使犯错的不良后果影响可控，这是管理会计必须作出应对并积极贡献的领域，也是管理会计服务企业创新并为其成功提供保障的重要方面。

（1）探索学习改进型管理会计制度。企业具体的学习模式,分为单环与双环两种。单环是指就事论事学习，急用先学而不能做到活学常学,学习只发生在发现错误和纠正错误的过程中,错误纠正后,组织依旧执行当前的规章制度。传统的企业管理是一种典型的单环学习方法。这种学习尽管效果直接,但不能持久,这可能正是管理控制在公司时松时紧的原因。双环学习不仅强调行为错误,而且反思制度标准是否合理。这种学习能力并不是任何成员都具备的,因此现行制度的完善永远是高层管理人员的一个任务,基层成员对此发言权不多。其实,企业大部分制度都是由基层员工执行的,目的不外乎是规范他们的行为,他们对制度规范到什么程度才是合理的应该最有发言权。然而实际过程中很难找到多少相信并兑现这种理念的企业。原因不外乎有两个：基层员工大多缺乏双环学习的习惯甚至是能力；上层管理层根本不接受双环学习的理念。解决这一问题其实不难：让全体员工真正地学会双环学习,公司领导应彻底转变观念,不但自己做好双环学习而且相信员工完全有能力开展双环学习。这样,企业价

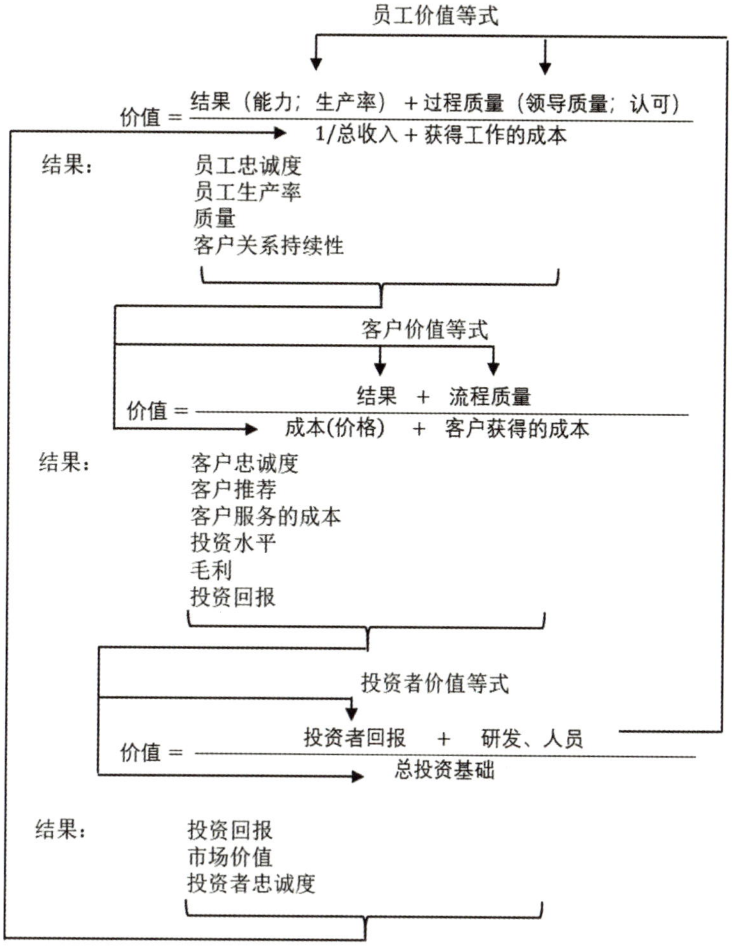

图8 员工、客户及投资者价值交换

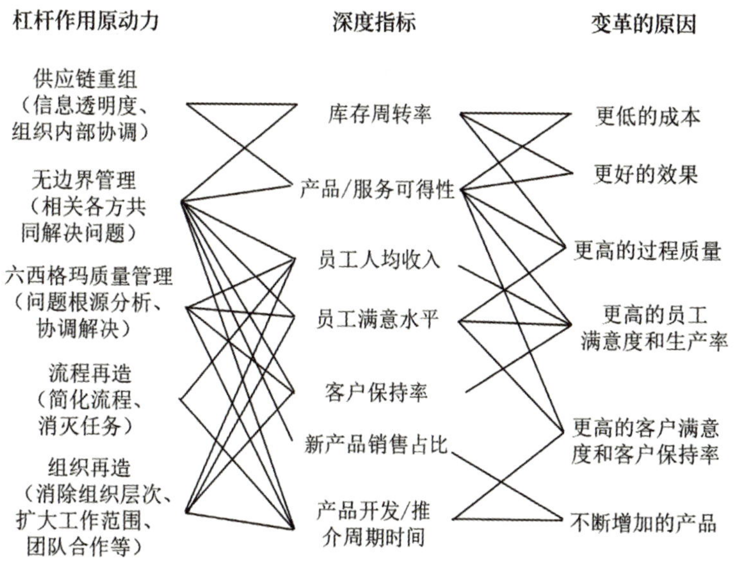

图9 杠杆作用原动力与变革原因的匹配

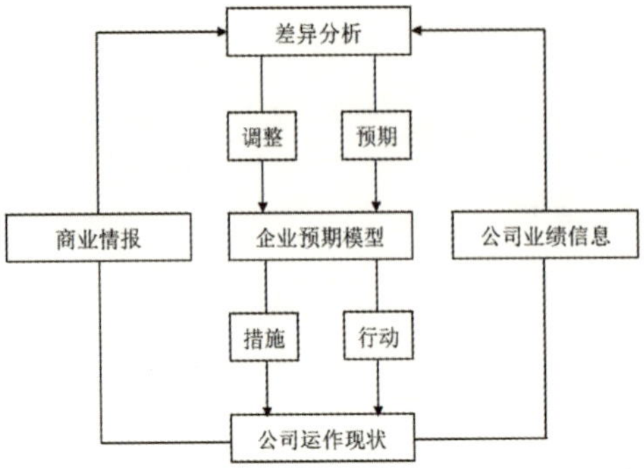

图10 企业学习链

值创造的理念就成为公司员工行为选择的基本准则，从而公司各项日常工作会得到全体员工的及时督促以不断完善。

不管单环学习还是双环学习,现实中必然表现为左右两种学习链（见图10）。

两种学习链结果不一样：一种以改进公司预期模型为目的；另一种以改变公司运作现状进而提高公司业绩为目的。这两种学习链对于企业管理而言都很重要。前者可以不断完善控制标准,后者可以大大地改善控制对象。通过这种反复学习,企业可以把一些常规性业务的控制标准和流程固定下来,进而赋予员工思维定式,使其自觉抵御一些不良情绪和行为的干扰，进而在总体上有效培养全体员工的自我分析和控制能力,为不断提高公司创造价值能力创造有利的条件。在这种经常化的学习过程中,公司内部机构之间、成员之间、各管理层级之间、公司与社会各界之间,形成了互相学习提高的牵连效应,从而在公司价值创造的整体层面，建立了越来越有利的强化链。这种开放式的学习,也消除了企业管理信息时滞现象,使一些问题在发生时即能被制止。这样，企业价值创造的整个活动，都置于疏导与封堵双管齐下的信息导向下进行，很顺利地赢得持续增长的良好局面。与双环学习相适应，形成了“双环管理会计”。美国的彼得·圣吉在《第五项修炼·实践篇》一书中对这方面实务已有比较详尽的介绍。

（2）建立风险管理会计制度。风险管理会计制度，主要解决两大问题。首先，根据国家法规和企业内外失败的各种教训，总结归纳企业每一层次、每一业务、每一个岗位所应绝对禁止的事项，从而为企业价值管理提供控制边界依据。其次，对企业价值创造所有模块或核算对象的各项指标，根据其不同性质明确最高（反指标）、最低（正指标）、区间（状态指标）目标数值，辅之以对这些方面指标实际数据的实时反映，可以为对公司价值创造实现分层、分块、分点的全面有效管理，提供强有力的信息保障。

企业创新管理会计：
基本结构与主要内容（下）

杨雄胜 向利 南京大学会计与财务研究院

王小兵 林汉银 徐帅 王婷 芮筠 国家电网江苏省电力公司

【摘要】本文探索性地提出了企业创新管理会计基本框架。服务于企业创新的管理会计包括：与开放式创新适应的商业模式价值管理会计；与渐进式创新适应的创新增长价值管理会计；适应性创新产生了创新驱动价值管理会计，含绩效会计、客户价值会计、价值关系链会计、学习改进会计、风险管控会计；以及创新管理会计基础：智力资本管理会计与创新能力管理会计。

【关键词】管理会计 制度框架 企业创新

发表于《中国管理会计》2019年第1期，总第7期。

五、创新管理会计制度基础：智力资本会计与创新能力会计

企业创新的本质是知识创新。一般认为，企业意义上知识创新分为三个类别：一为原理性知识，有关某些变量组成各功能部件工作原理以及影响因素关系的知识系统，解决科学理论与方法依据问题。二为应用性或操作性知识，主要包括技能与诀窍，有关产品各部件间如何整合并正确使用实现功能的知识，解决如何制造与使用问题。三为事实知识，即有关产品怎样制造以及使用过程状况的知识，解决产品对消费者价值以及如何改进完善问题。对于上述三类知识，事实知识是企业创新活动及其管理的核心，这方面知识只有建立创新管理会计制度才能获得。正是从这个意义上，创新管理会计制度成了实现企业创新的前提条件。

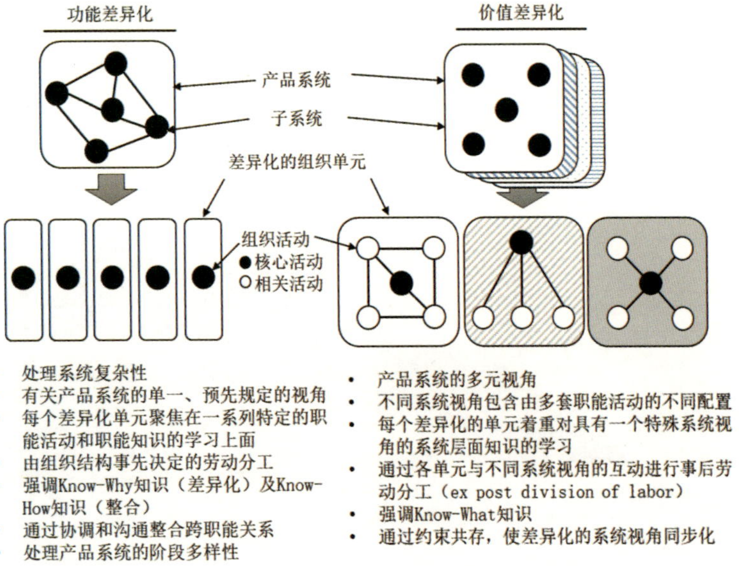

图11 功能差异化与价值差异化

（一）超文本组织赋予了企业知识创新能力，为创新管理会计制度建设提供了动力与方向

企业创新管理会计制度，需要与企业组织形式匹配。企业组织形式创新是创新管理会计制度设计的起点。为了满足创新管理会计制度运行并取得预期目标的需要，企业必须按“超文本要求”首先作出组织变革。

从企业创新实践看，产品与服务创新的具体表现，无非体现在某些功能整体性变化，还是所有功能部件以及整体功能的多样化及其不同组合导致整体功能拓展。前者为功能差异化，后者为价值差异化。这两种差异化创新，对组织要求或相应的组织结构是不一样的（见图11）。

21 世纪企业创新实践更多地表现为价值差异化方式。为此，满足企业创新管理会计制度需要的是倡导价值差异化创新组织。这样的组织具有三大特征：(1) 组织每个成员对企业整体价值目标以及个人岗位在此间的地位作用了然于心。(2) 有不同岗位与功能单元进行持续密切互动的网络与制度。这样的互动制度能使任何创意与创新方案以及行动，都可以在充分讨论与借鉴优化基础上进行。(3) 互动制度必须有一目了然的框架和约束机制。适应这样的要求，产生的组织为“超文本式”（见图 12）。

这样的超文本组织，可以赋予企业持续（以循环方式）且重复获取、创造、利用和积累新知识的战略能力。其主要优势是形成了将传统的科层制与尝试改革的项目团队制不再视为互相排斥而是彼此互补的组织结构。具体而言，分为业务系统、项目团队和知识库三个子系统。中间层是业务系统，

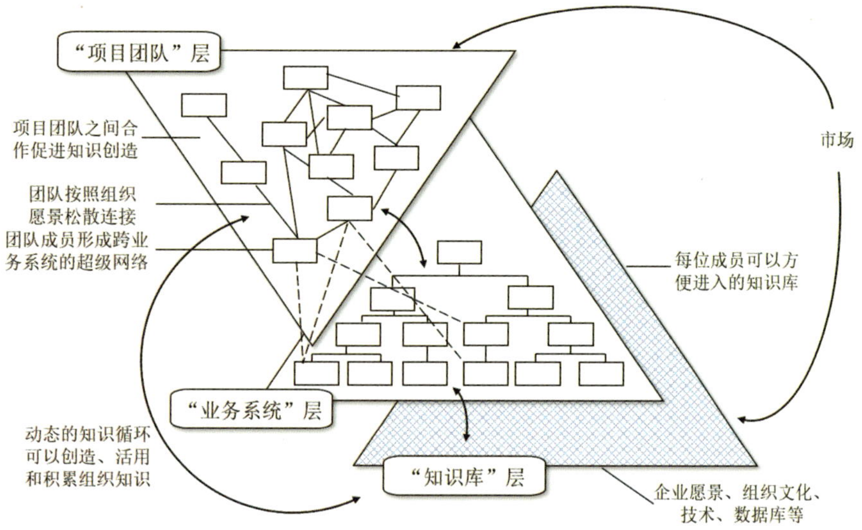

图12 "超文本"组织

执行日常例行运营，适用科层制组织呈层级金字塔；最上层是项目团队，履行完成特别任务工作，呈现志同道合、平等协商、合力行动的组织特点；最下方的是知识库，对以上两个组织层中创造的知识整合重新情境化，不断形成对上面两个现实组织层有指导意义的创新知识。知识库在现实组织中不是一个实际存在层，但深深植根于企业愿景、组织文化以及具体行为中。超文本组织的含义，就是组织知识创造，实际上是三个层级之间知识能够轻松穿梭的动态循环过程。项目团队被赋予知识创造的核心作用地位。他们来自不同职能与业务系统，按企业愿景从事某种创新性探索；项目团队完成任务，成果下移至知识库，人员返回原职能或业务系统；知识库经综合归纳形成可行改善方案，视性质供新组建项目团队或现成业务系统执行。超文本组织具备了在不同的知识情境中快速且灵活移动的功能，形成了有效的知识动态循环机制，拥有了基本的知识创造能力。企业向超文本组织转型，一般采取在现有组织基础上，通过首席知识官与首席创新官两个岗位的专门设立，来实现对企业知识创造过程和成果的有效管理（见图 13、图 14）。

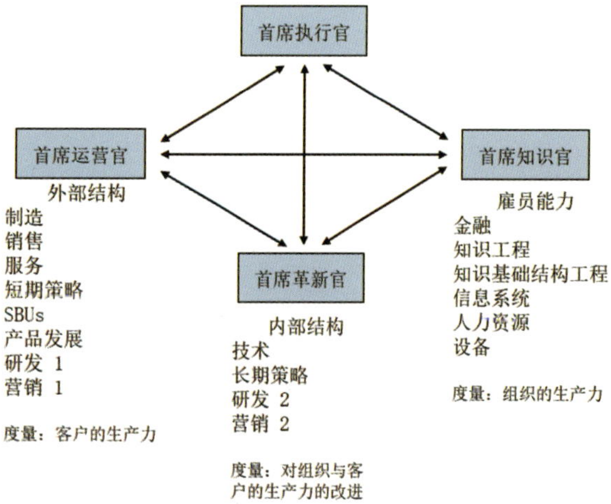

图13 新的组织

	基础责任	次要责任
首席运营官	外部结构	内部结构
首席革新官	内部结构	雇员能力
首席知识官	雇员能力	内部结构

图14 用于无形资产管理的职责分配

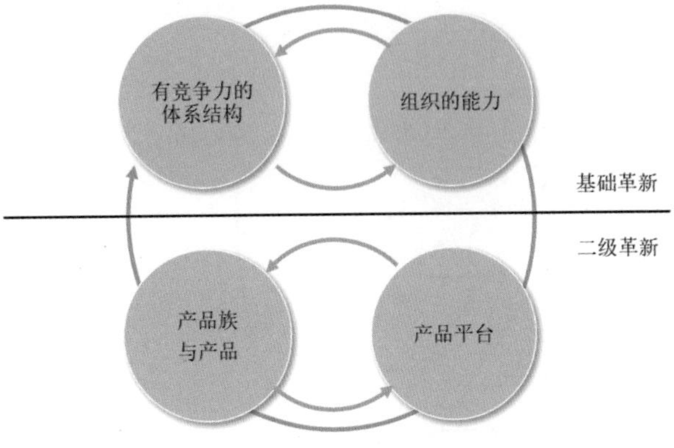

图15 革新循环

通过以上首席知识官与创新官的积极作用，在企业形成持续创新的循环(见图15)。

如此，就逐步使企业具备超文本组织的运行特征。很难想象，这样的超文本组织，能离开相应管理会计制度的支持。创新管理会计制度，为超文本组织各层次之间实现知识流畅无缝对接建立了牢固的信息互动管道和互动信息标准框架。现在盛行于世的管理会计，充其量适应了科层制组织背景下业务系统管理需要，与超文本组织要求相距甚远。

(二）智力资本管理会计，满足超文本组织创新源头管理的需要

企业知识创新的决定因素是企业员工。但是，如何把企业员工变成创造知识的主体，从而为开发源源不断的企业知识创造源泉，关键在于我们能否有效地引导并激发企业员工为公司价值创造不断贡献聪明才智的积极性、主动性、责任感。为了解决这一问题，就产生了智力资本管理会计。

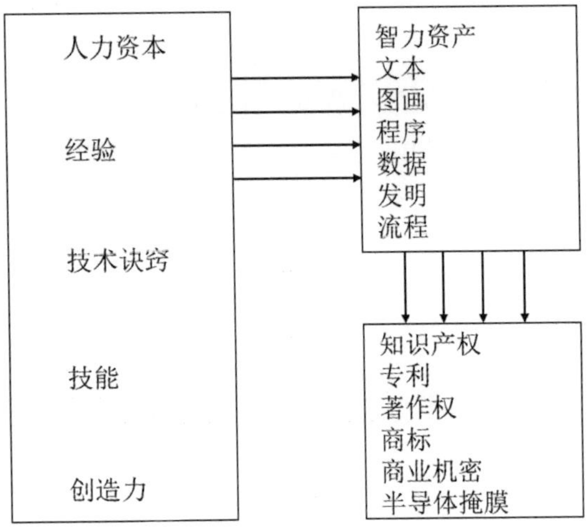

图16 公司的智力资本

企业智力资本以企业知识创造过程以及效果为对象。构成企业的具体要素很多，如发明、技术、创意、通用知识、计算机软件、设计、数据、技巧、流程、标准、出版物、图纸等，都可能引发公司的知识创造，从而提高企业创造价值的能力。企业智力资本与通常意义上的人力资本不同，人力资本只是智力资本的客观基础，但人力资本只有创造了知识，这些创造知识的过程和结果，才构成智力资本内容（见图16）。

智力资本对企业的作用有两个：价值创造与价值萃取（见图17）。

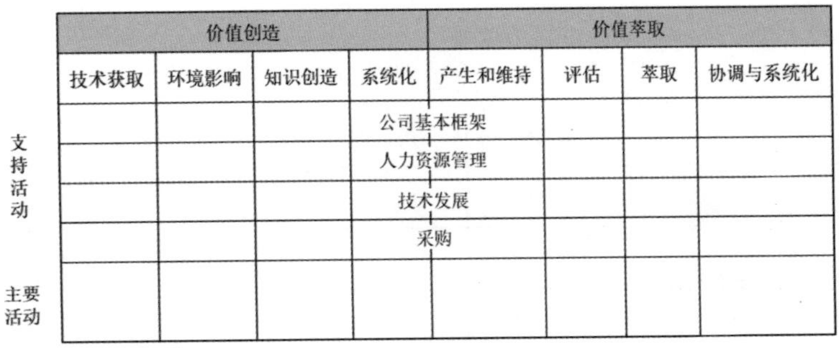
价值创造
价值萃取
技术获取
环境影响
知识创造
系统化
产生和维持
评估
萃取
协调与系统化
支持活动
公司基本框架
人力资源管理
技术发展
采购
主要活动

图17 智力资本价值

智力资本管理在西方企业实践中形成了

如下基本框架（见图18）：

为此，必须实现智力资本会计与现有各项会计与管理的整合，使智力资本会计成为整个会计乃至管理的有机组成部分。这种整合的逻辑框架如下（见图19）：

在智力资本管理会计制度设计过程中，认真做好以上整合工作，可以使管理会计更好地融合于企业各项活动中。但具体到实践，智力资本必须物化为智力资产才能成为会计计量控制的对象。智力资产从作为智力资本的具体存在而言，由公司固化的知识组成，包括知识产权和公司的技术诀窍或专利知识。公司智力资产一部分受法律保护，另一部分是企业独有但不受法律保护。为了防止企业智力资产流失，严格智力资本管理会计显得非常重要。

智力资本管理会计关键是正常描述并动态反映企业智力资产价值链（见图20）。

智力资产价值链作用，取决于智力资产对企业价值贡献的生命周期（见图21）。

企业智力资产价值管理中对相关数据库的需要，就成为我们建立智力资本管理会计主要框架的基本依据（见图22）。

关于智力资本计量，目前有斯堪的亚导航仪、平衡计分卡、斯维比模型、OECD（经济合作与发展组织）度量方法、美国会议委员会报告等可选方案（见表2）。

智力资本管理会计基本内容包括三项：

（1）将企业内部智力资本的潜在创造价值能力可视化。

（2）计量与调节智力资本投资，不断提高智力资本创值能力。

（3）将智力资本创值能力最大化。

通过智力资本管理会计的积极作用，使

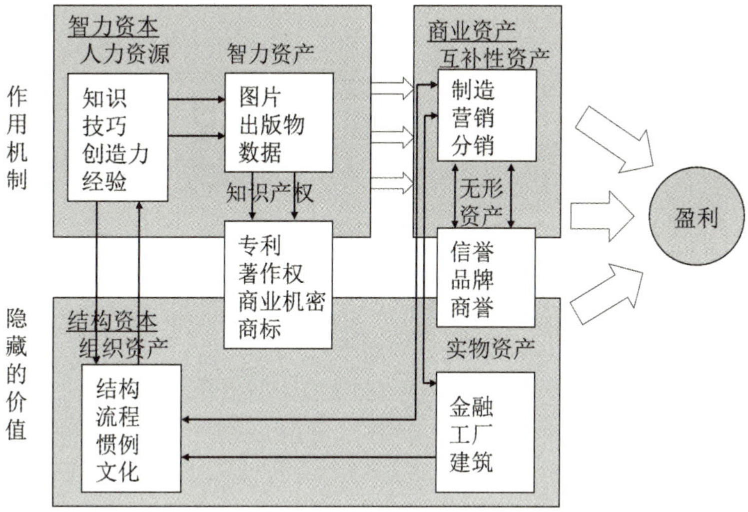

图18 智力资本管理

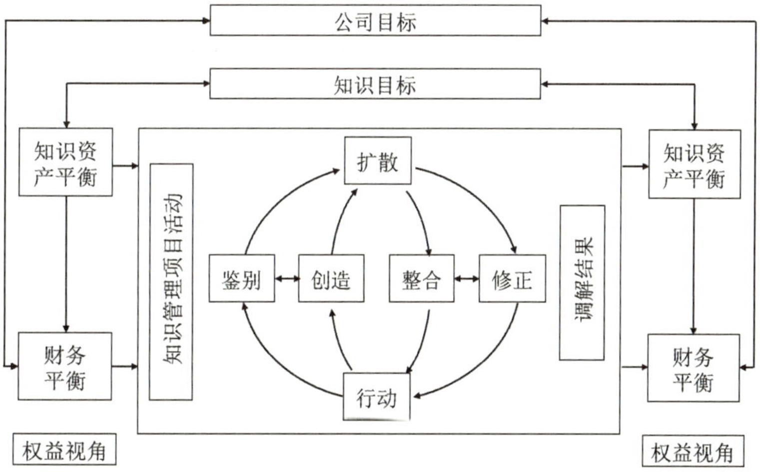

图19 整合一般管理知识资产、管理以及知识管理的概念框架

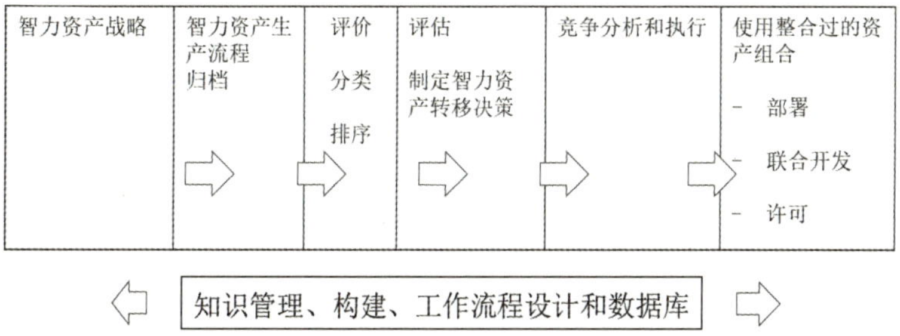

图20 智力资产价值链

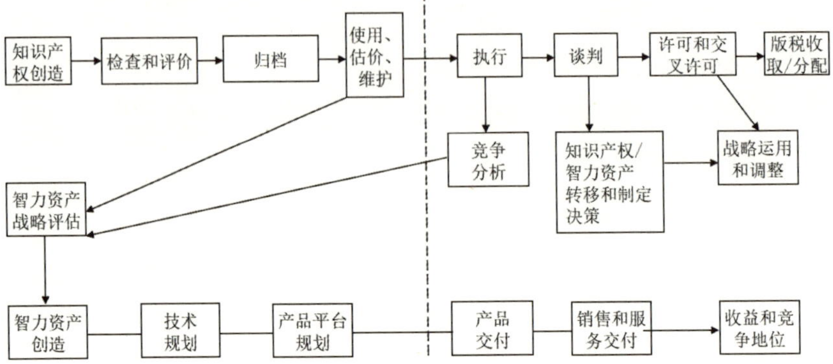

图21 智力资产的生命周期

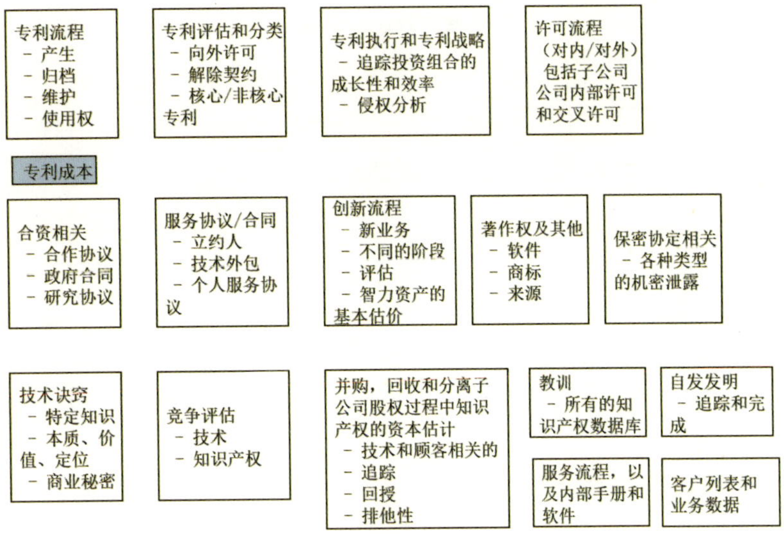

图22 一些用于智力资产管理的数据和工作流程

企业拥有越来越强的创新能力。按美国卡内基·梅隆成熟模型，企业创新嵌入企业日常生活中，也将服从以下能力递增逻辑顺序（见图23）。

在企业能力积累的这5个节点上，每个环节都需要智力资本管理会计的有效功能作用。如此，才能使企业核心竞争力的提升变成一种寓于企业所有活动中的内在追求。

（三）创新能力管理会计，满足了企业超文本组织创新过程与结果管理的需要

有专家对企业发展以来管理对象在战略、因素确定性、职能、组织结构、员工

表2 智力资产计量模型一览表

维度	斯维比	斯堪的亚	平衡计分卡	美国会议委员会	OECD
企业类型	服务	服务	混合	混合	混合
概念基础	知识管理	知识管理	财务 / 战略	财务 / 战略	财务 / 会计
模型是否有助于确定环境	不能	不能	能	不能	不能
定量 vs. 定性	90/10	定量	定量	定量	定量
基于财务 vs. 基于非财务	20/80	25/75	30/70	无	70/30
内部 vs. 外部	内部	外部	55/45	70/30	外部
价值创造 vs. 价值萃取	80/20	70/30	65/35	70/30	价值创造
存量 vs. 流量	60/40	40/60	流量	流量	流量
收集 vs. 阐述	收集	收集	收集	收集	收集
汇报 vs. 预测	汇报	汇报	汇报	汇报	汇报
资产利用 vs. 分配	利用	利用	利用	利用	利用

状态、过程沟通、技术原型7个方面作了概括，形成了对企业核心资产，即核心竞争力基础的决定性要素的归纳（见图24）。

企业核心竞争力，准确地说，应该是在以上企业能力的每个环节上，都有较强的、基于创新的提高创造价值能力。这样的能力才能可持续而且具有难以复制性。为此，必须要对以上 5 个层次的能力，建立规范实用的创新效力与效果评估制度，从而形成创新能力管理会计。这样的企业创新能力，分为体现在内部的企业资源配置能力和体现企业与外部关系中的整合资源能力。因此，服务于企业创新能力管理的会计，分为内部配置能力管理会计与外部整合能力管理会计，具体内容如下（见表 3）。

创新能力管理会计制度的建立，企业创新能力管理就可以有效实施。

创新是当代企业生存发展的唯一选择。充满着不确定性的环境，决定了企业必须每时每刻关注周围与内部的任何变化，带来了对企业经营发展及其管理的冲击和挑战，企业必须实时调整自己的经营管理行为。企业管理要适应这样的变化，当务之急是建立完善的创新型管理会计。对于会计行业，创新型管理会计对我们不只意味着知识的欠缺，更关乎着我们的职业前景，应该是会计在未来仍具有生命力的希望所在。虽然，通向创新型管理会计的大门已打开，但进门后怎么走至今没有清晰的地图导航，而且即将走出的每一步都是阻碍重重。在决定会计职业命运的关键时期，学术界义不容辞地肩负着探索求道职责。本文对创新型管理会计所作的以上探讨，希望为会计界提供一个深入研讨批判

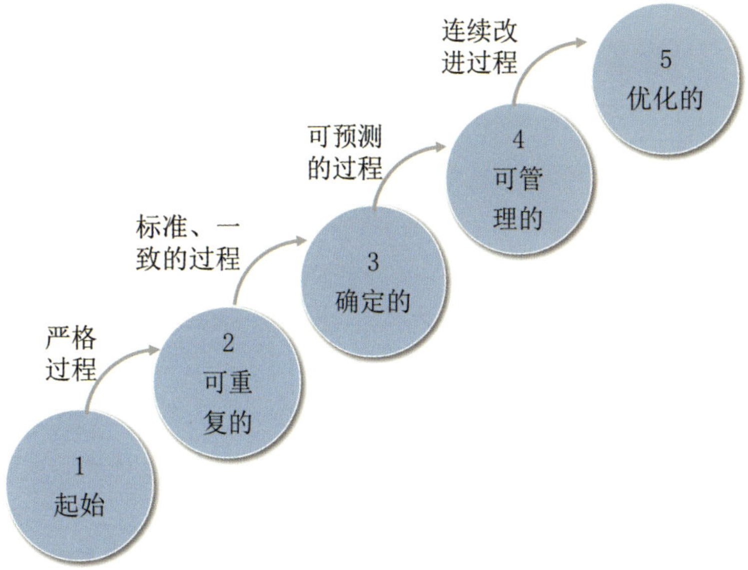

图23 卡内基·梅隆大学的成熟模式

		第一代：产品作为资产	第二代：工程作为资产	第三代：企业作为资产	第四代：顾客作为资产	第五代：知识作为资产
	核心战略	职能孤立	与商业利息	技术/商业一体化	顾客研究开发一体化	协作创新系统
	变化因素	不可预测的运气	相互依存	系统管理	加速的非连续的全局性变化	万花筒式的动态变化
管理运作	职能	职能至上	成本分摊	平衡风险/收益	生产率悖论	智力/影响
管理运作	结构	等级式的；职能驱动	矩阵式	分布式合作	多方位的“实践社团”	共生网络化工作
管理运作	人	我们/他们之间竞争	行动前的合作	结构化协作	关注价值和能力	自我管理的知识型工作者
管理运作	过程	极少的交流	由项目到项目的基础	目标化研究与开发/资产组合	反馈回路和“信息存留”	跨边界学习和知识流
管理运作	技术	初始的	数据为基础	信息为基础	智能技术作为竞争性武器	智能知识处理者

顾客保持 → 顾客满意 → 顾客成功

图24 商业发展时代的对照

表3 企业创新能力管理会计主要内容一览表

企业创新能力		相应对管理会计信息的需求
内部配置能力	1. 协作过程 2. 业绩度量 3. 教育开发 4. 分布式学习网络 5. 智能市场定位	协作创新诸方案创值能力 业绩计量指标体系、功能与应用要则 建立衡量组织创新量纲并反映“创新商数” 各种模式间互动的数量与质量 大数据分析模型与如何应用
外部整合能力	6. 知识产品与服务 7. 协作市场进入 8. 市场形象活动 9. 领导才能 10. 信息沟通技术	最佳收益的方案及所需资源条件 对现有资源效率效果的影响 市场形象提升的驱动因素与效果分析 企业内部机制对主体绩效影响动态分析 以对企业主体价值贡献分析各种创新

表4 创新管理会计制度基本结构

	创新管理会计的类型	对应的具体内容
创新管理会计制度	1. 开放式创新管理会计	商业模式价值管理会计创新
	2. 渐进式创新管理会计	创新增长价值管理会计
	3. 适应性创新管理会计	创新驱动价值管理会计 绩效会计 客户价值会计 价值关系链会计制度 学习改进会计 风险管控会计
	4. 创新管理会计基础	智力资本管理会计 创新能力管理会计

的靶子，从而能引来会计行业内外的真知灼见。

现把本文设想的创新管理会计制度基本结构图示总结如表4。

参考文献：

[1] 布莱恩·阿瑟：《复杂经济学》，浙江人民出版社2018年版。

[2] 约瑟夫·熊彼特著，吴良健译：《资本主义、社会主义与民主》，商务印书馆1999年版。

[3] 约瑟夫·熊彼特著，张培刚等译：《经济发展理论》，商务印书馆1997年版。

[4] 亨利·切萨布鲁夫著，金马译：《开放式创新》，清华大学出版社2005年版。

[5] 蒂姆·哈福德著，冷迪译：《适应性创新》，浙江人民出版社2014年版。

[6] 多萝西·伦纳德·巴顿著，孟庆国等译：《知识与创新》，新华出版社2000年版。

[7] 罗伯特·塔克著，燕清联合译：《创新才有增长》，新华出版社2004年版。

[8] B. 约瑟夫·派恩著，操云甫译：《大规模定制》，中国人民大学出版社2000年版。

[9] 詹姆斯·奎恩等著，惠永正等译：《创新爆炸》，吉林人民出版社1999年版。

[10] 伊莱恩·丹敦著，陈劲等译：《创新的种子》，知识产权出版社2005年版。

[11] 戴布拉·艾米顿著，陈劲等译：《创新高速公路》，知识产权出版社2005年版。

[12] 埃克里·冯·希普尔著，柳卸林等译：《创新的源泉》，知识产权出版社2005年版。

[13] 野中郁次郎等著，李萌等译：《创造知识的企业》，知识产权出版社2006年版。

[14] 戴布拉·艾米顿著，金周英等译：《知识经济的创新战略》，新华出版社1998年版。

[15] 威廉·L. 米勒等著：《第四代研发》，中国人民大学出版社2005年版。

[16] 迈诺尔夫·迪尔克斯著：《组织学习与知识创新》，上海人民出版社2001年版。

[17] 拉里·唐斯著，刘睿译：《颠覆定律》，浙江人民出版社2014年版。

[18] 詹姆斯·赫斯克特等著，刘晓燕等译：《利润价值链》，机械工业出版社2005年版。

[19] 苏尼尔·吉普塔等著，王霞等译：《关键价值链》，中国人民大学出版社2006年版。

[20] 吉尔里·A. 拉姆勒等著，王翔等译：《流程圣经》，东方出版社2014年版。

[21] 帕特克里·J. 斯特罗著，季周校：《创新价值计分卡》，电子工业出版社2016年版。

[22] 李钟文等著，陈禹等译：《创新之源》，中国工信出版社2017年版。

[23] 帕特里克·沙利文著，陈劲等译：《智力资本管理》，知识产权出版社2006年版。

[24] 彼得·圣吉等著，中国人民大学工商管理研修中心译：《第五项修炼·实践篇》，东方出版社2002年版。

[25] 杨雄胜：《中国管理会计作用：现状与基本出路》，载于《会计研究》1999年第11期。

“大智移云”技术在中国企业的应用现状研究*

——基于中国企业财务人员的调查问卷分析

李扣庆 邱铁 赵健 上海国家会计学院

【摘要】“大智移云”技术不仅深刻影响人们生活，更酝酿着新一轮的产业变革，本文通过对中国企业财务人员的调查问卷分析，发现企业在对“大智移云”技术的理解和应用方面存在缺口，我们希望通过对问卷的研究分析，找出企业在应用“大智移云”方面存在的相关障碍，并对如何开展技术的应用和为财务人员工作转型提供相应的建议。

【关键词】大智移云 技术 应用

*报告初步调研成果已在《财会通讯》杂志发布，本篇文章是对该报告调研成果的进一步分析。

发表于《中国管理会计》2018年第4期，总第6期。

一、引言

“大智移云”是指将大数据、云计算、物联网等信息技术综合，外加人工智能、移动互联网做辅助，形成一种全新的信息技术产业互联新时代。在“大智移云”下，互联网不断开发新的领域，为我们带来技术上的透明、管理上的进步，缩短了各个企业间的差距。围绕“大智移云”产业发展、传统产业转型升级、科技创新等话题层出不穷。信息技术的发展正步入一个崭新的阶段，将会对财务未来的工作流程、组织、信息系统乃至财务的整体运作模式产生巨大的冲击，也许会彻底颠覆财务现有的模式。美国著名未来学家、《第三次浪潮》作者阿尔文·托夫勒接受专访时说，“第四次浪潮”将在可以预期的未来到来。一方面，新技术革命的浪潮席卷各行各业，财会行业也不免受到冲击，有无数的论坛、会议、论文讨论这些技术将给财务人员带来的冲击。另一方面，英国UK200Group协会的一项调查显示（来源：accountingweb），65%的中小企业未采用软件来管理其账务。澳大利亚德勤的一项研究表明（来源：accountantsdaily），该国中小企业中仅有不到10%的企业充分发挥了数字工具与技术的作用。那么“大智移云”等技术，在企业实际应用的情况如何？在企业的经营管理中到底发挥了什么样的作用，企业在“大智移云”时代有哪些应对措施以及准备情况如何？企业中财务人员对这些技术的熟悉了解情况如何？在短期和长期内这些技术对财务工作岗位的影响程度如何？上海国家会计学院会计信息调查中心和全球特许管理会计师(CGMA)联合开展了此项调查研究，希望找出这些问题的答案。对这些问题进行分析研究不仅可以为企业在今后开展技术应用提供一定的指导，也可为财务人员工作转型提供建议参考。

二、调查过程与问卷填写人的背景情况

（一）调查过程

本次调查由上海国家会计学院会计信息调查中心组成专门团队开展，采用问卷调查的方式进行研究。为保证问卷设计更符合企业的实际情况，团队成员在设计问卷时通过通信方式咨询了相关领域的专家和企业财务负责人，然后设计调查问卷，力求问卷设计科学合理。

问卷通过上海国家会计学院会计信息调查中心平台和CGMA官方微信发布，调查时间从2018年5月17日开始到6月27日截止，共回收517份问卷，为保证调查数据的有效性，我们对样本数据进行了筛选，剔除无效问卷14份，最后筛选出有效问卷为503份。

（二）问卷填写人的背景情况

1. 企业所有制结构

问卷中的企业所有制性质包括国有独资或国有控股企业、民营或集体企业、欧美外资企业、其他外资企业和其他所有制企业。通过对问卷的分析，我们看到企业所有制

性质的比例比较集中，其中，国有独资或国有控股企业占40.16%，民营或集体企业占40.56%，外资企业（含欧美外资和其他外资）仅占7.16%，其他企业占12.12%。分析结果对于说明“大智移云”技术在中国企业中的应用现状比较有说服力。

2. 企业是否为高新技术企业

为了解技术在传统企业和高新技术企业的应用是否有所不同，在问卷中专门做了传统企业和高新技术企业的划分。其中传统企业占比49.11%；高新技术企业占比50.89%。

3. 企业营收规模

问卷中的企业营收规模划分了五个档次，其中，营收在1亿美元或以下的占50.84%，营收在1亿美元以上10亿美元以下的占25.14%，营收在10亿美元以上50亿美元以下的占11.17%，营收在50亿美元以上100亿美元以下的占3.07%，营收在100亿美元以上的占9.78%。

4. 职位层次

为了解企业中不同职责和不同层级财务人员对技术的了解情况，问卷将问卷填写人的职位层次划分为两个类别四个层次，其中第一个类别是管理人员，包括高层、中层和基层管理人员，另一个类别是普通工作人员。高层管理人员占17.1%，中层管理人员占34.59%，基层管理人员占19.48%，普通工作人员占28.83%。从职位层次分布来看，中高层和基层的比例分布较为均衡。

5. 工作内容

为了解在不同财务岗位上工作的财务人员对技术的看法，在调查问卷设计中特别对财务人员所从事的工作内容做了适当划分。具体包括综合管理工作、会计核算、财务分析、审计、税务、投融资、资产评估、财会类教师和其他财务工作。其中，综合管理工作占20.28%、会计核算占35.79%、财务分析占13.72%、审计占13.52%、税务占5.96%、投融资占3.98%、资产评估占0.98%、其他占5.77%。

三、调查发现与启示

（一）技术在企业中的应用并不如想象中普及

围绕“大数据、人工智能、移动技术、云技术”等相关技术及应用的论坛、会议、论文经常见诸于各类媒体，会让我们感觉这些应用已经无处不在，但实际上，从调查的情况来看，这些技术在企业中的应用并不如想象中的普及。特别是此次调查中参与调查的人员至少是已经关注到这

表1 是否应用了“大智移云”技术

项目	已应用（%）	打算应用并已做出准备（%）	打算应用但不了解（%）	未应用且不打算应用（%）
大数据	18.49	24.45	37.18	19.88
人工智能	8.15	20.87	39.36	31.61
移动互联网	50.50	17.89	21.07	10.54
云计算	16.70	23.46	38.37	21.47

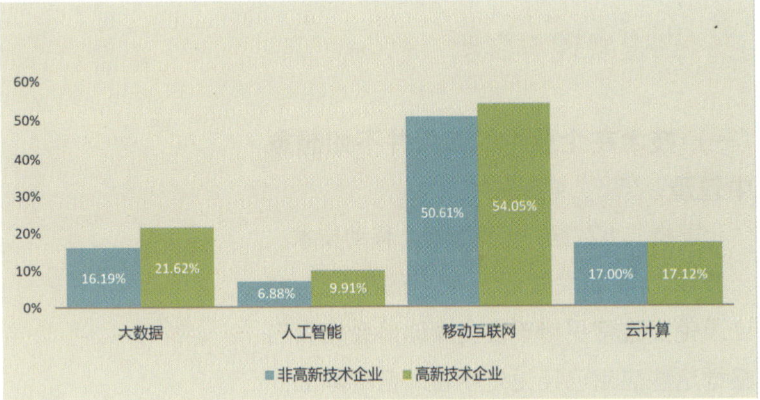

图1 高新技术企业和非高新技术企业的技术应用情况

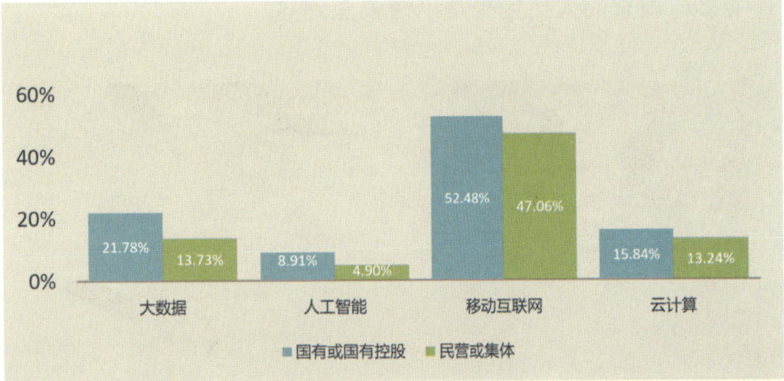

图2 不同所有制企业的技术应用情况

些技术的人群，调查投放也主要通过移动互联网来进行，更多未应用、不了解“大智移云”技术的财会群体可能根本无法接触到此次调查，考虑到存在“幸存者偏差”的影响，这些技术在企业中的实际应用只会比调查的情况更不乐观。

（1）企业对“大智移云”技术的应用并不如想象中普及，不同技术之间应用程度的差别也相当大。从调查上看，大家比较熟悉的移动互联网应用程度最高，大数据和云计算技术应用程度差别不大，人工智能技术应用程度最低（见表1）。

（2）高新技术企业在各项技术的应用程度均高于传统企业。高新技术企业在大数据和人工智能领域的应用明显高于传统企业，分别高出 34% 和 44%，而在移动互联网和云计算领域的应用虽然高于传统企业，但差异并不显著（见图 1）。

（3）企业的所有制情况也会影响技术的应用程度，国有独资和国有控股企业对“大智移云”技术的应用程度较高，民营或集体企业的应用程度最低。但在移动互联网和云计算方面差异较小，可能是与移动互联网和云计算普及程度较高有关（见图 2）。

（4）企业营收规模影响企业对技术的应用。调查前我们预期是收入规模越大的企业对技术应用情况越高，但调查结果显示，业务收入在 50 亿～ 99 亿美元规模的企业中，对移动互联网、大数据和云计算技术的应用程度最高，而人工智能技术在 100 亿美元以上收入规模的企业应用程度最高。不同收入规模投票人对技术应用情况意见差异最大的技术是人工智能技术，变异系数为 0.522；意见差异最小的是移动互联网技术，变异系数是 0.230（见图 3）。

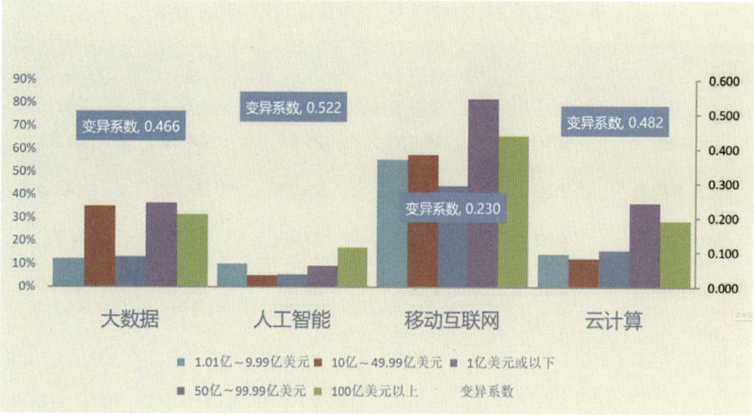

图3 不同收入规模企业的技术应用情况

注：变异系数 C · V =（标准偏差 SD / 平均值 Mean）× 100%。

（二）技术已应用并不代表对技术熟悉

尽管“大智移云”各项技术在企业实际应用程度不高，但在已应用这些技术的企业中的问卷填写人对这些技术的熟悉程度应该相对较高，调查数据也验证了这一点，问卷填写人对技术的熟悉程度与该企业是否应用这项技术是大致同步的。但我们也发现，已应用并不一定会了解，在应用了该项技术的企业中，仍有一定比例的问卷填写人表示是对该技术“完全不了解”。

1. 对“大智移云”技术的熟悉程度

问卷填写人对“大智移云”各项技术的熟悉程度都不高，即使是熟悉程度最高的移动互联网技术，熟悉程度指数也仅有3.25，刚刚超过“3-知道”，还远达不到“4-了解”；而其他技术的熟悉程度指数甚至达不到“3-知道”（见表2）。

但即使是这个数据也不能代表问卷填写人对各项技术的真实认知，我们发现，有些问卷填写人会把简单的办公智能化、财务机器人、人脸识别、图像识别、客服系统、流程自动化等都认为是人工智能范畴，实际上是对人工智能概念的误解，对其他的技术的认知也有类似的情况。

问卷填写人对移动互联网的熟悉程度最高，其次是大数据，对于人工智能和云计算来说，表示了解或非常了解的仅占投票人的21%左右。

2. 已应用企业中对“大智移云”的熟悉程度

投票人对技术的熟悉程度和该企业是否应用这项技术是大致同步的，但在应用了该项技术的企业中，仍有一定比例的投票人表示对该技术“完全不了解”，尤其是

表2 对“大智移云”技术的熟悉程度

项目	1-完全不了解（%）	2-不大了解（%）	3-知道（%）	4-了解（%）	5-非常了解（%）	指数
大数据	5.17	26.04	42.15	23.86	2.78	2.93
人工智能	4.97	29.42	44.53	19.09	1.99	2.84
移动互联网	2.58	16.30	39.96	35.79	5.37	3.25
云计算	6.56	27.24	45.33	18.49	2.39	2.83

注：熟悉程度指数计算方式：根据对熟悉情况的调查打分；5- 非常了解，4- 了解，3- 知道，2- 不大了解，1- 完全不了解。
熟悉程度指数 = 非常了解百分比 ×5+ 了解百分比 ×4+ 知道百分比 ×3+ 不大了解百分比 ×2+ 完全不了解百分比 ×1。

表3 已应用企业中投票人对“大智移云”技术的熟悉程度

项目	1-完全不了解（%）	2-不大了解（%）	3—知道（%）	4-了解（%）	5-非常了解（%）
大数据	2.15	16.13	25.81	44.09	11.83
人工智能	7.32	19.51	29.27	29.27	14.63
移动互联网	4.33	24.80	37.40	28.74	4.72
云计算	2.38	21.43	39.29	26.19	10.71

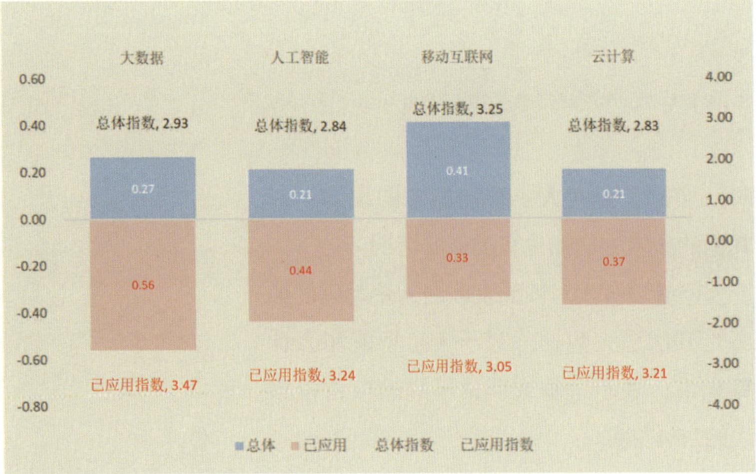

图4 总体和应用企业对技术熟悉程度对比

注：熟悉程度指数计算方式：根据对熟悉情况的调查打分；5- 非常了解，4- 了解，3- 知道，2- 不大了解，1- 完全不了解。

熟悉程度指数 = 非常了解百分比 ×5+ 了解百分比 ×4+ 知道百分比 ×3+ 不大了解百分比 ×2+ 完全不了解百分比 ×1。

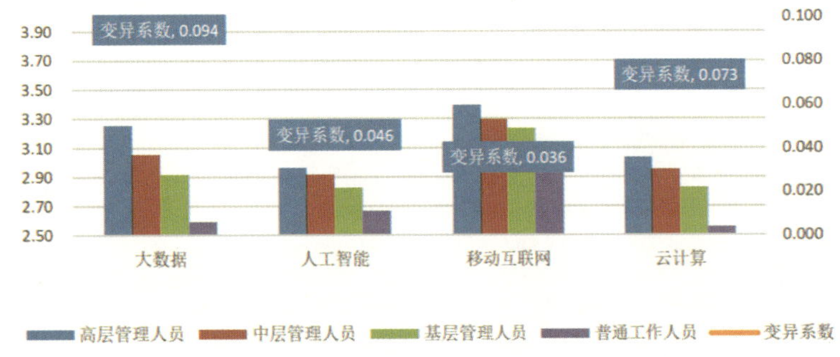

图5 不同职位层次投票人对“大智移云”的熟悉程度

人工智能技术，在已实施人工智能技术企业的投票人中，有7.32%的投票人表示“完全不了解”（见表3、图4）。

3. 职位层次和对技术的熟悉程度正相关

由图5可以看出，职位层次越高，对技术的熟悉程度就越高，投票人的职位层次高低与其对“大智移云”技术的熟悉程度正相关，且每一项技术都显示出同样的正相关趋势。不同职位层次的投票人对“大智移云”技术熟悉程度意见差异最大的技术是大数据技术，变异系数为0.094；意见差异最小的是移动互联网技术，变异系数是0.036。

4. 不同企业所有制对技术熟悉程度存在差异

国有或国有控股企业的投票人对各项技术的熟悉程度都要超过民营或集体企业，不同所有制企业的投票人对“大智移云”技术熟悉程度意见差异最大的技术是大数据技术，变异系数为 0.067；意见差异最小的是移动互联网技术，变异系数是 0.043（见图 6）。

5. 高新技术企业对各项技术的熟悉程度均高于传统企业

高新技术企业的投票人对各项技术的熟悉程度均高于传统企业，高新企业和传统企业的投票人对“大智移云”技术熟悉程度意见差异最大的技术仍是大数据技术，变异系数为0.064；意见差异最小的是移动互联网技术，变异系数是0.041（见图7）。

（三）对技术的冲击有清晰的意识

对于“大数据、人工智能、移动技术、云技术”等信息科技话题，作为财务人员，免不了会受到各种论坛、会议、论文等资讯“轰炸”，即使不了解，也或多或少接触过这些话题。大多数财务人员能够意识到各种新技术对工作岗位的冲击。越是了解的技术，人们对该技术可能带来的职业冲击预测会更加紧迫；而对不太了解的技术，人们对其带来冲击的预测会延缓。同时对技术冲击的预测和技术本身的成熟程度相关。

1. 1～2年内“大智移云”技术对财会工作岗位的冲击程度

大多数财务人员能够意识到技术对工作岗位的冲击。对于“大智移云”技术对财会工作岗位在1～2年内的影响程度，冲击程度指数在3.39～3.43，整体差别不大（见表4）。

2. 3～5年内“大智移云”技术对财会工作岗位的冲击程度

更多的人对3～5年内“大智移云”技术对财务人员的工作岗位产生冲击感受颇深，对每项技术，认为3～5年内“基本没有影响”或“完全没有影响”的投票人均不到5%。对于“大智移云”技术对财会工作岗位在3～5年内的影响程度，冲击程度指数在3.85～3.88之间（见表5）。

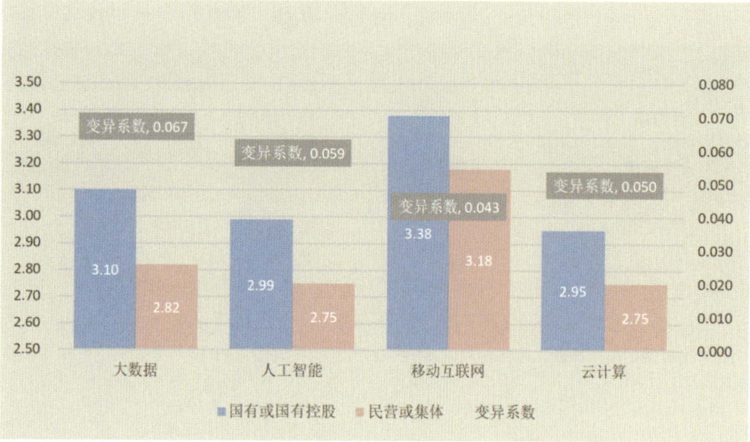

图6 不同所有制企业投票人对“大智移云”的熟悉程度

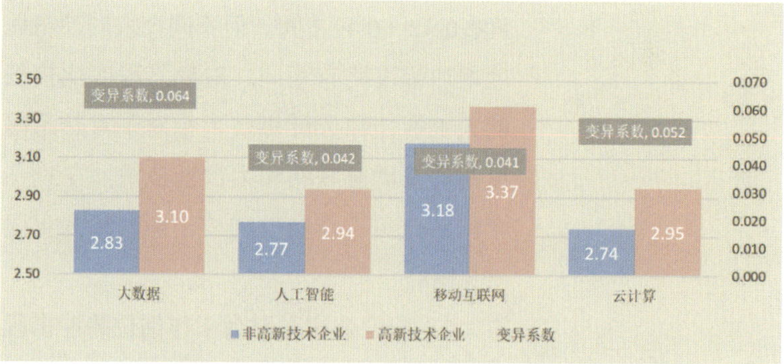

图7 高新技术企业和非高新技术企业投票人对“大智移云”的熟悉程度

表4 1～2年内，以下技术对财会人员的工作岗位的冲击程度

项目	1.完全没有影响（%）	2.基本没有影响（%）	3.有影响（%）	4.有较大影响（%）	5.有很大影响（%）	指数
大数据	0.80	10.74	45.33	31.21	11.93	3.43
人工智能	1.79	13.52	43.34	27.04	14.31	3.39
移动互联网	1.99	11.13	42.94	28.83	15.11	3.44
云计算	1.39	11.93	45.53	27.44	13.72	3.40

注：冲击程度指数计算方式：根据对熟悉情况的调查打分；5- 有很大影响，4- 有较大影响，3- 有影响，2- 基本没有影响，1- 完全没有影响。
冲击程度指数 = 有很大影响百分比 ×5+ 有较大影响百分比 ×4+ 有影响百分比 ×3+ 基本没有影响百分比 ×2+ 完全没有影响百分比 ×1。

表5 3～5年内，“大智移云”技术对财会人员的工作岗位的冲击程度

项目	1.完全没有影响（%）	2.基本没有影响（%）	3.有影响（%）	4.有较大影响（%）	5.有很大影响（%）	指数
大数据	1.39	3.18	29.42	41.35	24.65	3.85
人工智能	0.99	4.17	29.62	36.38	28.83	3.88
移动互联网	0.99	4.77	29.82	35.59	28.83	3.86
云计算	0.99	4.17	30.82	37.18	26.84	3.85

注：冲击程度指数计算方式：根据对熟悉情况的调查打分；5-有很大影响，4-有较大影响，3-有影响，2-基本没有影响，1-完全没有影响。
冲击程度指数＝有很大影响百分比×5+有较大影响百分比×4+有影响百分比×3+基本没有影响百分比×2+完全没有影响百分比×1。

3. 技术冲击的短期和中长期增长对比

在3～5年的中长期维度，每项技术对工作岗位的冲击程度都是增加的，增加幅度在0.42～0.49之间。但不同技术的冲击程度增加幅度略有不同。对熟悉程度比较低的人工智能和云计算技术相对于对熟悉程度高的移动互联网和大数据技术，在3～5年内对财务工作岗位的冲击增长幅度更强（见图8）。

4. 职位层次对财会工作岗位的冲击程度存在影响

参与调查的中层管理人员认为各项技术在1～2年内对工作岗位的冲击程度均高于其他职位人员，普通工作人员对各项技术冲击程度的预测最低。放在3～5年的时间维度，首先，每个职位层次的投票人对每项技术对工作岗位的冲击程度都是提升的；其中，除了人工智能技术，普通工作人员预测各项技术对财会工作岗位的冲击程度提升的幅度最大；高层管理人员预测人工智能技术的冲击提升幅度要高于其他技术，也高于其他职位层次投票人对这项技术的预测。可见，高层管理人员并非认为人工智能技术对财会工作岗位的冲击不大，而是认为该技术在1～2年时间内尚未达到成熟，要在更长的时间维度内考虑技术实现的可行性。我们前面提到，职位层次越高，对“大智移云”技术的熟悉程度也越高，高层管理人员对技术冲击程度的判断，是基于对技术更高的熟悉程度而做出的判断。为何普通工作人员对1～2年内技术对工作岗位的冲击程度判断较低，但在3～5年的维度又提升幅度很大呢，原因可能是普通工作人员相比管理人员来说，在实际工作层面能接触到的技术比较少，对技术的冲击缺乏认识，尽管如此，他们仍认识到在可预测的将来，这些技术总有一天会对工作岗位带来不可估量的冲击

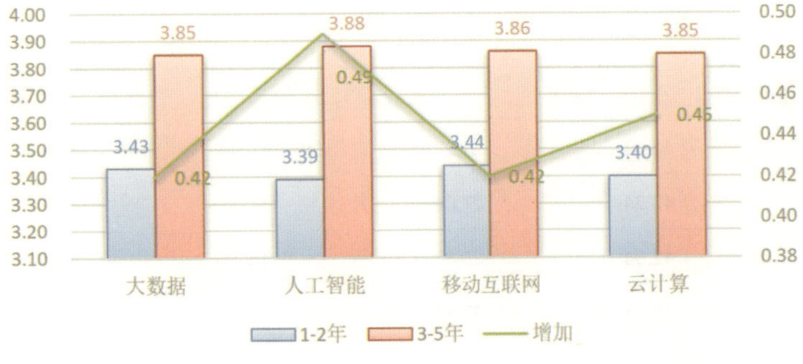

图8 “大智移云”技术对财会工作岗位的冲击长短期变化

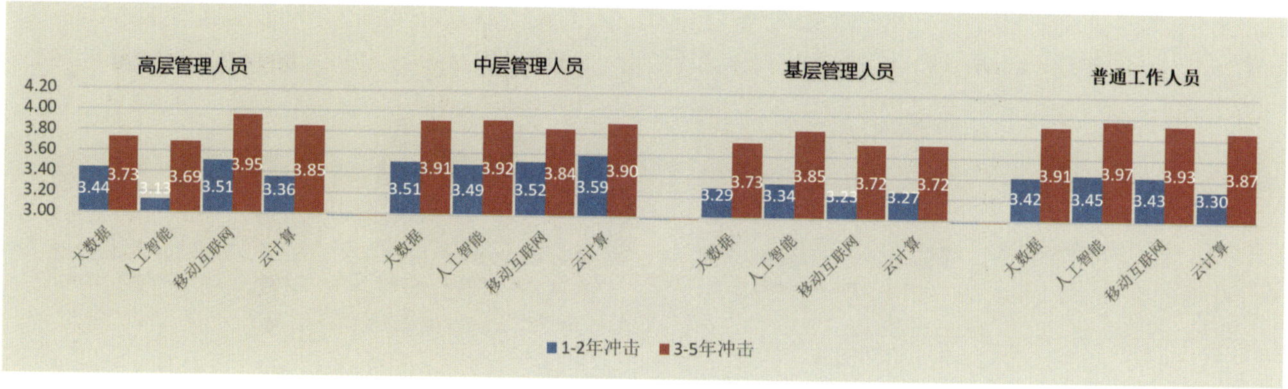

图9　不同职位层次的投票人认为技术对财会人员工作岗位的冲击

（见图9）。

5．高新技术企业相对于传统企业对技术带来冲击的感受更为敏感

无论是在1～2年内的短期还是3～5年的长期对工作岗位的冲击程度，高新技术企业都要高于传统企业。从1～2年到3～5年的区间，高新技术企业预测冲击提升幅度也要高于传统企业（见图10）。

6．是应用情况影响了对未来的判断，还是对未来的判断影响了企业对技术的应用决策

在已应用这些技术的企业里，问卷填写人对该技术在1～2年内对财会岗位的影响判断比较高；在打算应用这些技术的企业里，问卷填写人对人工智能和移动互联网对财会岗位的影响判断还要高于已应用这些技术的企业；在未应用且不打算应用的企业里，不管是对1～2年的短期还是3～5年的相对中长期，其预测对财会工作岗位的影响程度都低于其他企业（见图11）。

（四）是什么阻碍了“大智移云”技术的应用

1．影响技术应用的相关因素

通常来说，阻碍一项技术实施的原因大致有以下几个：缺人、缺钱、缺技术、时间不够、怕不安全等。但对于不同的技术来说，阻碍其实施的主要原因各不相同。

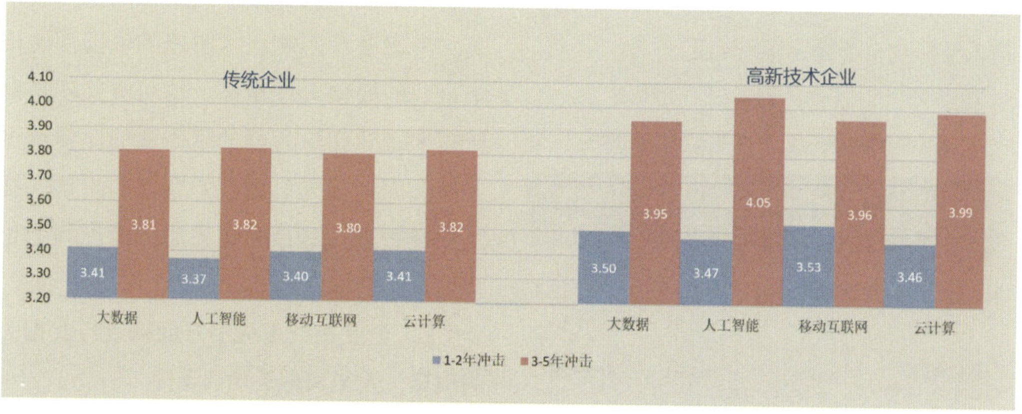

图10　高新技术企业和传统企业投票人认为技术对财会工作岗位的冲击

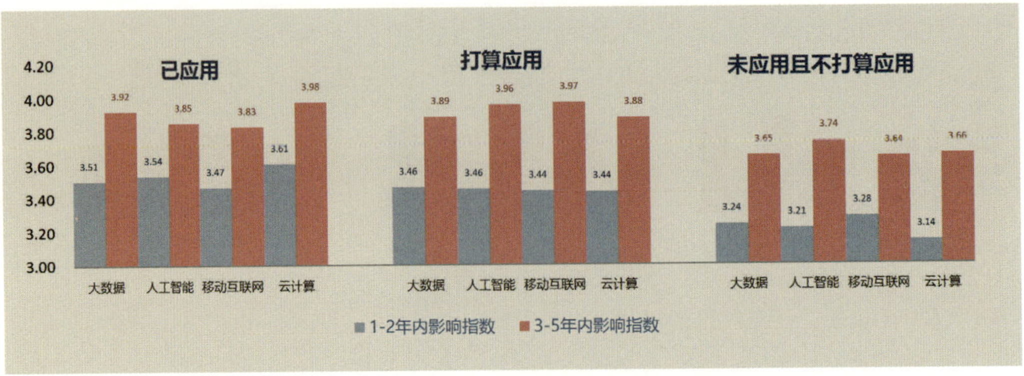

图11 技术的应用情况不同情况下投票人认为技术对财会工作岗位的影响

表6 阻碍企业实施“大智移云”技术的主要原因

项目	预算问题（%）	人才不足（%）	安全问题（%）	开发时间（%）	如何与现有工具的集成（%）
大数据	58.85	60.83	62.82	52.68	60.64
人工智能	64.21	71.57	52.68	66.00	53.08
移动互联网	28.83	34.00	36.18	35.19	44.14
云计算	46.72	49.11	52.49	52.29	50.30

实施移动互联网技术的各项阻碍都小于其他技术，而实施“人工智能技术”的阻碍要大于其他技术（见表6）。

除此之外，很多问卷填写人还提到，影响单位实施这些技术的重要原因还有领导层和企业员工对各项技术的认识不足、重视不够、员工学习能力有限、人才梯队建设困难、国家政策支持不够、担心实施了技术会影响自身等，不一而足。

表 7 单位是否有实施“大智移云”技术的预算

项目	有，很充足（%）	有，但不够（%）	没有（%）
大数据	12.33	43.94	43.74
人工智能	8.15	30.02	61.83
移动互联网	23.26	47.51	29.22
云计算	11.73	38.17	50.10

实施大数据技术最重要的阻碍是安全问题；而实施人工智能技术最重要的阻碍是人才不足；实施移动互联网技术的阻碍虽比其他技术小，但其最重要的原因“如何与现有工具集成”占比也有44%；阻碍云计算技术实施的原因同大数据一样，也主要是安全问题。另外，相比传统企业，高新技术企业在大数据和人工智能两项技术上，考虑各项影响技术实施的原因都比传统企业的投票人比重高。这可能并不是高新技术企业在这方面的阻碍真的比传统企业高，而是因为高新技术企业的投票人技术实施更多、对技术更熟悉，考虑问题也会更深入、体会更深。

2．企业在技术应用方面缺乏与此相关的预算、人员和相关培训支撑

面对新的技术冲击，大多数企业和财

表8 单位是否有实施“大智移云”技术的技术人员

项目	有，很充足(%)	有，但不够(%)	没有(%)
大数据	6.56	40.76	52.68
人工智能	3.98	27.83	68.19
移动互联网	12.13	49.70	38.17
云计算	6.16	35.19	58.65

表9 单位公司是否会对“大智移云”技术进行培训

项目	有，很多培训(%)	有，部分培训(%)	没有相关培训(%)
大数据	5.17	43.94	50.89
人工智能	3.78	25.25	70.97
移动互联网	6.36	48.11	45.53
云计算	4.17	33.00	62.82

会人员尚未做好准备，预算、技术人员和培训均不到位。对技术的培训到位与否也和问卷填写人对这些技术的熟悉程度、问卷填写人所在单位对这些技术的预算及技术人员的充足程度呈正相关。对于实施“大智移云”技术，问卷填写人普遍表示预算不足；即使预算最充足的移动互联网技术，也仅有23.26%的问卷填写人表示预算充足；预算最少的是人工智能技术，有61.83%的问卷填写人表示没有这方面的预算（见表7）。

相对于“大智移云”方面的预算，技术人员更为紧缺，这也有可能是因为某些企业实施这些技术是通过购买服务或外包。同“钱”一样，“人”方面最充足的仍是移动互联网技术，但也仅有12%的问卷填写人表示有足够的技术人员，表示人工智能方面技术人员充足的不到4%（见表8）。

尽管大多数人意识到“大智移云”技术即将对会计工作岗位产生或多或少的冲击，但对于“大智移云”技术方面的培训，问卷填写人表示“有很多培训”的比例依旧很小，即使培训量最多的移动互联网技术，表示“有很多培训”也仅有6.36%，而其他几项技术在3%～5%之间（见表9）。

中层管理人员对大部分技术的“预算”，以及认为技术人员“很充足”的比例都是最低的。对于投票人熟悉程度较低的两项技术云计算和人工智能，在所有职位层次的投票人中认为“没有相关预算”的比重都占绝对优势。投票人熟悉程度较高的移动互联网和大数据技术，表示有相关预算的比重稍多，但表示预算“很充足”的比重依然很小。有趣的是，对于“大智移云”技术预算的充足程度并不和投票人的职位层次呈正相关或负相关，除了“人工智能”技术，中层管理人员对其他技术的预算认为“很充足”的比例是最低的；而高层管理人员与之正好相反，除了“大数据”技术，高层管理人员认为预算“很充足”的比例是最高的。中层就像连接上层和下层的一座桥梁，发挥着承上启下的作用，大多数的中层主管都是从业务骨干、业务能手里选拔的，“春江水暖鸭先知”，财务中层管理人员既要了解前线业务又要具有战略眼光，对各项技术的冲击感受也是最深的，多数中层管理人员会参与制定预算、了解预算明细和目标，但不一定能决定预算的最终数额，因此，中层管理人员对预算不足的感受最深（见图12）。

另外，高新技术企业在预算、技术人员和培训方面都高于传统企业。对于每项

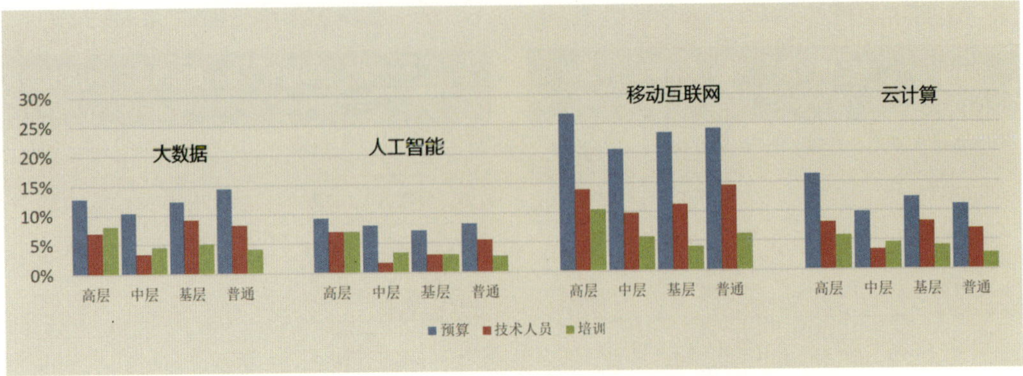

图12 不同职位层次投票人“大智移云”技术预算、技术人员和培训充足程度

技术，表示“有预算”的高新技术企业问卷填写人都多于传统企业，表示“有技术人员”和“有充足的技术人员”的高新技术企业问卷填写人都多于传统企业，表示“有很多培训”的高新技术企业问卷填写人都多于传统企业（见图13）。

四、结论和建议

（一）“大智移云”理念已经先行，应用落地方面还需加强

围绕“大智移云”产业发展、传统产业转型升级、科技创新等的话题层出不穷，“大智移云”已经成为我们生活中一个高度生活化的概念。从调查的反馈来看，“大智移云”在企业中的实际应用并不像大家想象中那么普及，谈论热烈和企业实践应用之间存在一定缺口，这个缺口既存在于对“大智移云”技术及其发展趋势的理解，也存在于这些技术的应用将对企业变革带来何种影响的理解。因此既要重视理念的传播，同时又要促进“大智移云”相关技术在企业的应用落地。

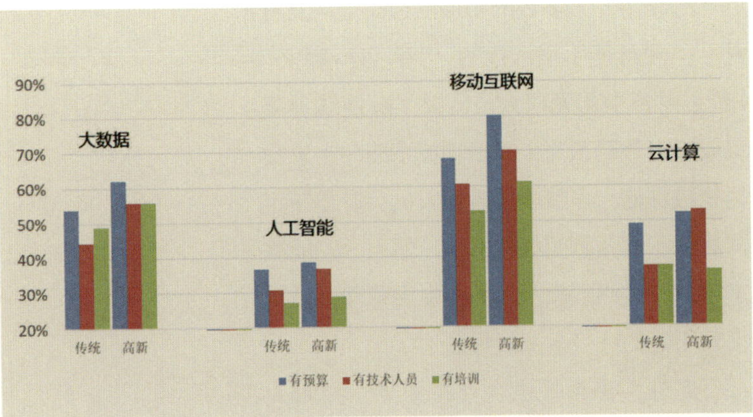

图13 高新技术和传统企业投票人“大智移云”技术预算、技术人员和培训充足程度

（二）“大智移云”促进企业管理提升和数字化转型

“大智移云”时代，面对着信息传播越来越快，信息不对称越来越少，更加扁平化的社会，原有的社会分工体系与企业边界都将发生巨变。企业可借助云计算、商业智能、人工智能、移动互联等技术，对海量信息资源进行统一整合并汇总、存储至互联网服务集群中，不需占用企业内部的存储空间。然后，进行集中分析，对其进行科学排序，合理调度使用，并根据数据共享平台将各个部门有机地联系起

来，消除信息“孤岛”，提高系统中信息的有效管理，提升管理效率，降低管理成本，为企业内部管理决策奠定基础。同时，也可进行BI(商业智能)建模，将IT技术与管理手段结合，为企业搭建一个集数据挖掘、数据分析建模、数据呈现于一体的智能化平台。运用多元化的视角对海量数据进行挖掘分析，提升企业的管理水平并促进企业的数字化转型。调查中所显示的高新技术企业在各项技术的应用程度均高于传统企业即是一个佐证。

（三）“大智移云”应用和落地需要多方联动、协同推进

政府层面，可以根据“大智移云”技术的发展动向和趋势，做好顶层设计，整体推进“大智移云”融合应用，适时制定国家层面在“大智移云”方面的发展规划和实施纲要，明确发展目标和各阶段的工作重点，加强对企业应用“大智移云”发展的引导和管理，促进企业“大智移云”应用的健康发展。同时，还可选择代表性企业，给予适当的技术和政策支持，使它们能够在“大智移云”应用方面做出表率，成为“大智移云”应用方面的最佳实践。并通过宣传报道、经验分享等形式对先进企业进行宣传，营造良好的社会舆论和实施环境，提升其影响力、辐射力和带头作用。

企业层面，企业的应用和发展是一项逐步推进和持续改进的系统工程，不可能一蹴而就。企业作为“大智移云”应用的实施主体，首先，应根据自身的行业特征和企业的发展战略对“大智移云”在企业应用的必要性予以正确理解。可以借助政府的引导作用，选择合适的切入点，加大在技术方面的预算投入，用市场的机制协同多方社会力量，有计划、有步骤地展开。其次，企业应当优化合理的业务流程，确保企业管理体制、组织架构、业务流程、信息系统等与“大智移云”技术的发展相适应。再次，企业应加大知识培训投入，与高校建立深度合作关系，通过科研合作和人才培养，为企业培养更多复合型人才。最后，企业应加强核心数据信息的安全防护，以提高企业数据的安全系数。

财务人员层面，调查显示，大多数财务人员面对新技术对工作岗位的冲击是有紧迫意识的。“大智移云”时代下，财务工作会朝着更加无纸化、智能化、自动化的方向发展。财务标准化、流程化的工作将不可避免地进一步被机器替代，这些变化不可避免地要求财务人员要从原来的核算型会计向能够帮助企业创造价值的管理会计转型升级，而这就不仅需要财会人员提高自身的综合能力，还需要具备更广阔的视野和更全面的知识体系来应对。

"一带一路"精细化风险管控体系的建设与实践

——以中国电力建设集团国际业务风险管理创新为例

孙　璀　中国电力建设集团（股份）有限公司党委常委、总会计师

【摘要】本文介绍了中国电力建设集团践行国家"一带一路"倡议、实施"走出去"战略、推进海外经营的基本情况。阐述了电建集团海外经营风险管控体系的建设历程，列举了电建集团海外经营精细化风险管控举措要点，对电建集团海外经营风险管控体系的效果予以评述，并探讨了海外经营精细化风险管理创新启示，最后对未来改进要点进行了展望。

【关键词】中国电力建设集团　海外经营　风险管控　创新管理

发表于《中国管理会计》2018年第4期，总第6期。

中国电力建设集团有限公司（以下简称“中国电建”或“集团”）是国务院国资委直接管理的中央企业。中国电建成立于2011年9月，是在中国水利水电建设集团公司、中国水电工程顾问集团公司和国家电网公司、中国南方电网有限责任公司所属的14个省（区、市）的电力勘测设计、施工、装备制造企业的基础上组建而成的国有大型中央企业。集团连续六年获评中央企业负责人经营业绩考核A级企业。2018年，中国电建上升至世界500强企业第182名、位列ENR全球工程设计公司150强第2名、2017年全球工程承包商250强第5名、ENR国际承包商排名首次进入前10位、国际工程设计位列第17位，为中资企业之首。中国电建是国内乃至全球清洁低碳能源、水资源与环境建设领域的引领者和基础设施互联互通的骨干力量，是服务国家“走出去”战略和“一带一路”倡议的龙头企业。

一 中国电建参与“一带一路”建设及海外经营基本情况

中国电建是最早开展国际经营的中央企业之一，集团在109个国家设有330个驻外机构，在“一带一路”沿线42个国家设有150个驻外机构。海外执行项目合同超过2000个，在建项目合同额超过千亿美元，海外项目合同的类型主要包括建设工程施工合同、EPC总承包合同、设计建造合同、BOT合同等。近年来，国际业务已日渐成为集团公司发展的重要支柱，其各项经营成果总体效应逐步显现，2017年,集团国际业务新签合同、营业收入、利润总额均创历史新高，分别达到1800亿元、743亿元、35亿元，占集团对应指标年度总额的35%、23%、29%。集团海外经营指标多年稳居中央建筑企业前列。

（一）全力落实国家“走出去”战略，积极参与“一带一路”建设

集团的国际业务已实质性覆盖全球120个国家和地区，经营范围从传统的水利水电、火电输变电领域扩展至新能源、市政、机场、公路、铁路、房建、水处理、疏浚吹填与港航等多元领域，形成了以亚洲、非洲国家为主，辐射美洲、大洋洲和东欧等高端市场的全球营销网络。近年来，集团在全球特别是“一带一路”沿线国家成功签署一批海外重大项目：菲律宾超临界燃煤电站、孟加拉国萨拉姆燃煤电站项目合同额均超10亿美元；巴西美丽山±800千伏特高压项目三个标段，是拉美第一条、全球第四条同等级高压输变电线路；尼日利亚希罗罗300兆瓦电站项目，是非洲区域迄今为止装机最大的水电光电互补项目；以色列克卡夫·哈亚邓340兆瓦电站项目，是集团海外第一个抽水蓄能电站项目；津巴布韦昆兹韦—穆薛米大坝哈拉雷供水项目，是集团海外合同额最大的供水项目；集团成功中标中老铁路Ⅳ、Ⅴ标段，获得印度尼西亚雅万高铁承建第一区段授标函，这两个铁路项目将极大地带动所在国经济社会发展，同时也将为中国西南地区乃至整个东盟地区的经济发展注入新的动力；公司承建的阿根廷高查瑞光伏电站、厄瓜多尔辛克雷水电站等项目更是获得习近平主席亲自见证和参与签约竣工仪式的殊荣。

（二）强力推动国际经营战略变革，国际化发展能力不断升级

集团国际业务在经过连续多年高速增长后，加大了国际经营改革力度，对国际业务管控体系进行了系统性、适应性调整，重组成立了电建国际平台公司，确立了国际业务集团化、国际经营属地化、集团公司全球化“三步走”的发展道路。推行战略规划、品牌管理、市场布局和营销、履约监管、风险防范“五个统一”经营管理体系。设立了六大海外区域总部，赋予其市场统筹与营销、风险防范与履约监管、资源协调与信息共享、能力建设与社会责任、海外党建“五个中心”职能，加快实现海外属地化经营。全力推行“高端切入、规划先行，技术先进、质量优良，风险可控、效益保障”的经营战略。设立了国际项目前期规划专项基金，已推动30多个国家覆盖全国范围、区域或流域范围的能源电力、水利水电、新能源发展规划的咨询服务，深度布局未来市场，提前锁定优质资源项目。

（三）大力推进海外商业模式创新，国际业务转型实现新突破

集团通过稳健投资，持续推动国际业务向产业链上游转移，已完成海外投资42亿美元，形成电力项目权益装机400万千瓦。通过实施海外并购，加快推动国际业务向价值链高端迈进。集团公司于2014年收购了西门子旗下的全球风机行业排名第二的德国TLT公司，收购后一跃成为全球最大风机供应商，推动中国风机产品向技术和价值链高端迈进了一大步。

集团以强大的全产业链一体化综合能力为支撑，统筹整合自有投资、商业贷款、“两优”贷款等多种投融资资源，成功推动柬埔寨甘再水电站BOT建营一体化模式、老挝南欧江梯级电站全流域投资开发模式、巴基斯坦卡西姆港燃煤电站投资模式的创新，成为中国企业参与国际工程承包业务创新模式的开创者和实践者，得到国家有关部委的肯定和赞许。在柬埔寨甘再水电站项目开发过程中，集团积极探索“投资、建设、运营相结合的一体化开发模式”，将传统的建设施工价值链向上游的融资管理和下游的运营管理双向延伸，建成投产后的甘再水电站项目获得商业运营上的成功，享有柬埔寨“三峡工程”的美誉。南欧江梯级水电项目是集团在海外推进全产业链一体化战略实施的第一个投资项目，也是中资公司在老挝唯一获得全流域整体规划和投资开发的水电项目，在该项目实施过程中通过协同发展投资开发、海外融资、建设管理、运营管理四大业务板块高效运作，使中国电建全产业链“一体化”的优势在国际竞争中得到了充分展现，是中老电力能源合作标志性里程碑和创新典范。巴基斯坦卡西姆燃煤电站开创了中国公司和国外公司联合在境外开展电力项目投资的先河，由集团与卡塔尔王室AMC公司合资以BOO商业模式投资建设，该电站于2017年底实现首台机组比计划工期提前50天一次性顺利投产发电、其2号机组圆满完成168小时满负荷试运行的佳绩，作为“中巴经济走廊”首个落地能源项目全面建设完成，受到巴基斯坦政府和社会各界的高度赞扬。

二 中国电建“一带一路”建设风险管控机制构建

集团国际业务稳健发展、成绩斐然，成为中国电建高速发展的动力引擎，是践行国家“走出去”战略和“一带一路”倡议的中坚力量。但随着海外业务规模的迅速增长和国际经营环境的日益复杂化，海外经营风险也逐步显现。集团重组七年以来，已经逐步建立起较为完善的海外风险管理制度体系，保障了集团在海外业务发展和风险控制上的总体平衡。按照国务院国资委关于做好中央企业境外风险管控的总体要求，集团切实建立起境外经营风险排查制度，采取有效措施化解项目建设和运营风险。通过组织对项目开发期、建设期、运营期各阶段风险的动态跟踪和定期开展风险评估工作，实现对风险的动态管理和精准防控，摸索构建集团海外业务综合性风险防控机制。

（一）基于业务需求设计风险管控机制安排

多年来，针对国际业务的诸多风险，集团建立健全了海外风险管理组织架构和议事规则，明确了海外项目风险管理决策、执行、监督等方面的职责权限，形成了科学有效的职责分工和制衡机制，同时建立起覆盖公司所有海外业务流程和管理事项的内部控制制度体系。

在风险管控层级设定上坚持实行综合性风险管控原则，实施三级三层风险管控机制，即集团公司、各子企业两级总部和项目部分工联动；项目开发跟踪、投标谈判以及实施履约三个阶段全过程管控。集团建立了内设专职管理部门，外聘合同专家、法律专家、保险专家团队组成的国际业务风险管控总部专业支持平台，对海外重大风险实行集中管控。

针对海外大型基础设施和能源开发投资项目普遍具有投资周期长、项目金额大、潜在风险多的特点，海外投资项目风险管控分别针对项目执行前期、建设期、运营期三个阶段的不同特点开展，通过编制《项目风险管理计划》指导开展项目前期风险管控工作；通过编制《建设期风险管理指引》，以及针对具体项目编制《X项目建设期风险管理计划》，指导开展项目建设期风险管控工作；通过编制《运营期风险管理指引》，以及针对具体项目编制《Y项目运营期风险管理计划》，指导开展项目运营期风险管控工作。

（二）基于实践经验集成风险管控制度规范

在推进海外业务实践中，集团一直坚持对海外经营项目进行全面梳理分析，根据项目实际情况制订风险管控处置方案。细化工作措施，明确任务目标，严格落实责任，建立健全风险管控处置工作的长效机制。有效防范和及时化解了海外项目突出问题和重大风险，确保集团海外业务有序健康发展，探索形成了一系列风险管控措施。

1. 合同标准化管理制度

面对海外业务合同分类多样化、合同管理风险加大的复杂形势，集团深入推进合同管理工作，加强合同标准化建设，防范合同风险，具体内容包括：①规范合同管理流程，严把合同审核关。严格规范合同起草、谈判、审核、会签、用印、履约、归档的全程管理，做到各部门分工协作、相互配合；②推广使用国际国内标前合作协议文本若干个，使以前不够统一和规范的标前协议签订行为得到有效监管； ③强化合同履约管理。强调了由“重签约、轻履行”向“事前、事中、事后”全过程合同管理方式的转变，真正实现合同的闭环管理；④对合同文本进行精细化管理。对条款变更差异化内容、对方提供合同文本内容等情况重点审核。强化合同文本以及合同变更、执行过程中相关支持性文件的收集、整理、归档工作。

2. 投（议）标项目的标前评审制度

根据《国际工程投(议)标评审管理办法》以及《评审实施细则》，投(议)标项目实行分级评审制度，对超过5000万美元的项目进行重点评审，就合同条件、技术方案以及投标报价等方面识别重点风险因素并提出解决方案。对于重大项目，编制专题评审报告。比如厄瓜多尔的CCS水电站项目（合同金额约18亿美元）、利比亚下凯福峡水电站项目（约14亿美元）、阿根廷丹博拉综合水利枢纽工程（约14亿美元）等，均通过标前评审提出了具有针对性的调整方案。

3. 合同及法律文件评审会签制度

建立健全经济合同法律审核管理制度，完善工作程序和权责体系，实现经济合同的全部法律审核，有效预防可能出现的法律风险。对于风险高、难度大的合同，除公司内部评审外，还聘请知名律师事务所、国际知名合同专家、风险咨询及保险经纪协助审查，审查范围覆盖标前协议、股东协议、联营体协议、融资合同、设计服务、咨询服务合同、采购合同、保密协议等多种类型的合同文件，保证事前识别、规避潜在风险。

4. 工程月报和重大经营风险项目月报制度

按照《海外项目工程月报管理办法》，对项目进行动态跟踪管理，按照“谁投标、谁负责”的原则安排专人了解项目履约情况，定期分析项目实施过程中的风险因素，及时提出改进意见，落实管控措施。海外事业部设立国际重大风险项目管控处置专项工作组， 定期梳理海外重大经营风险项目管控处置工作的进展情况，协调推动风险管控措施的落实，形成分析报告，每月向公司重大经营风险项目管控处置工作领导小组办公室报告。

5. “双五”风险项目重点关注制度

在每年年初组织开展年度风险评估工作，依据公司设定的目标，对各业务部门的风险数据库及公司风险数据库和新收集到的风险管理初始信息进行分析研究，充分识别各项业务管理及其业务流程所面临的风险，并采取定性与定量相结合的方法，对风险进行评价。通过风险评估和风险评价工作，每年年初对在建国际项目按风险程度进行排序，将履约风险较大的前5个项目（群）列为年度重点风险项目，进行专项管控；同时排选5个合同金额相对较高、对后续市场影响较大并存在一定履约风险的项目（群）列为重点关注项目进行监控，以预防风险升级，为集中优势资源化解重大项目风险起到了积极作用。

6. 重点项目巡查和现场督导制度

对重点项目开展风险巡查，巡查小组由内外部各方面专家组成，对风险管理工作进行规范、监控和指导，帮助项目部对项目实施过程中的合同风险进行梳理评估，并就下一步实施策略提出建议报告，例如在对孟加拉国帕德玛河道整治项目（合同金额约11.3亿美元）巡查时，针对发现的进度计划、施工组织、HSE隐患等问题，及时提出了整改措施，并取得了较好的预期效果。对于风险项目较多的成员企业，或风险处置难度很大的项目，由专项工作组领导带队，组织有关部门人员赴所属成员企业或项目现场进行督导，分析研究项目存在的问题和风险，协调集团有关部门予以支持和推动。例如针对阿尔及利亚房建项目群，海外专项工作组抵达阿尔及利亚，对集团在该项目群所面临的解约风险进行应急处理，并就有关项目执行过程中遇到的问题争取业主支持与配合，并取得了良好效果。

7. 风险项目会诊制度

在全面梳理、分析经营风险项目产生风险原因的基础上，特别关注已经发生亏损、存在巨额潜亏的项目和国家审计署审计意见提及的项目，以及投资规模过快增长、投资收益下滑及投资资产运营管控不到位等存在重大风险隐患的项目，研判各种潜在的不确定性，开展风险识别和评估工作，制订管控处置方案。明确解决方案应达到的阶段性目标和总目标，并制订详细的阶段性工作计划，做到目标清晰明确、具体措施有效可行。项目重大合同风险问题由主管领导牵头组织处置，公司相关业务部门、实施单位、内外部专家进行合同风险会诊，形成合同风险会诊报告，说明具体问题、产生原因以及解决对策。

8. 应急预案管理制度

集团建立了境外业务突发事件应急处置机制，以“用得上、行得通、靠得住”为标准制定了海外安全风险的识别、规避、处理、善后等全过程的应急管理预案，构建了海外安全风险防范的完整链条。通过颁布和实施各项应急预案，构建了完善的风险应急处理及反馈体系，具体包括：①境外恐怖事件应急预案；②突发重大质量安全及自然灾害应急预案；③突发罢工事件应急预案；④合同风险事件应急预案。这套高效完善的风险应急处理及反馈体系在及时稳妥处置喀麦隆1#国道项目人质事件、厄瓜多尔CCS项目1#竖井坍塌事故、某铀矿项目业主恶意终止合同事件过程中，很好地体现出应急预案制度的成效与价值。

（三）基于效率要求搭建风险管控整合平台

集团于2014年3月完成了两级（集团公司—子集团）总部整合，在机构整合中，原法律事务部调整为法律与风险管理部，将全面风险管理、内部控制管理职能充实进来。未来的风险管控趋势促使公司决定在国际业务中探索构建法律与风险内控一体化管控体系，充分融合法律管理、全面风险管理、内部控制管理原本并行的三项职能，并将之作为公司法律与风险管理部重点战略任务。

在构建一体化风险管控体系推动过程中，通过职能整合提供组织保障，具体体现为：在部门负责人和各个岗位职责设计时均衡兼顾法律与风险内控的交叉兼容，在内设机构中，综合处、法律审核处、国际业务处都有意识地加入风险内控职能，同时要求风险内控处在做好基础管理的同时，侧重研究合规管理工作；集团主要的国际业务平台公司电建国际、电建海投、山东电建三家公司均将法律与风险内控职能整合在独立的法务风险职能部门，与集团总部形成了对接的两级专业职能组织架构。通过以上职能整合，集团国际业务三级风险管理基础得以进一步夯实。

在一体化风险管控体系建设实施过程中，坚持顶层引领，明确目标导向。首先，按照上级监管要求，及时报送年度法律管理相关报告、全面风险管理报告和内部控制评价、审计报告。其次，务实运用各项报告成果，为避免出现“两张皮”现象，公司推行了专项风险管理，由海外部、市场部、工程管理部分别牵头对海外运营风险、应收账款风险、项目履约风险进行专项管理，并取得了显著成效。同时，采取包括制定统一的法律与风险内控工作考核办法、坚持三项工作年度会议统一部署、法律风险内控人员一体培训、年度考核检查整体组织实施等各种可行的措施引导三项职能加快融合。

三 中国电建“一带一路”建设风险管控策略、举措

“国际业务优先发展”是电建集团长期坚持的核心战略安排，在国际业务上适度超前、循序渐进的投入模式为集团海外经营积累了一定的先发优势，也为集团海外业务可持续发展奠定了基础。随着“一带一路”和国际产能合作的深入推进，跨国公司在全球化及区域范围内的合作和竞争乃至大国博弈中的作用日益加大。在新形势下，集团国际业务亟须在巩固传统比较优势的同时，以规划先行为引领，加强优质项目储备、加快商业模式创新、加大海外投资力度，通过持续加强国际业务风险精细化管控，积极主动适应国际形势和海外市场的风云变幻。

（一）规划先行，超前设计海外经营发展战略

在“十三五”末期，集团国际业务的营业收入计划达到1476亿元，占比达到35%，国际业务利润贡献率达到50%以上。集团国际业务将大力拓展一体化模式，加快推进向产业链高端和价值链关键环节的转型升级，坚持以产融结合的战略举措为指引，加大融资创新力度。加速商业模式创新，通过海外投资和并购业务，推动集团产业链整体加快向规划设计、投资运营等产业链高端转型升级，在强化“建营一体化”能力的同时促进产业链向中高利润环节延伸，力争在“十三五”末期，国际经营一体化业务比重上升至80%。

同时，在“十三五”时期，海外投资在集团总投资额的占比将从目前的5%提高到30%左右，新增投资总额1500亿元，至少形成1500亿元的国际经营性资产，带动工程承包业务新签合同额3500亿元，其中包括：①新增资产回报型投资达到700亿元，拉动工程承包业务新签合同额1000亿元；

②新增融资推动型投资达到650亿元，带动工程承包业务新签合同额2500亿元；③新增战略性投资与并购规模达到150亿元，积极寻求合适的海外并购标的。

（二）风险导向，促进海外投资策略稳健落地

集团选择海外投资目标重点从项目的带动力、控制力、影响力三个维度考量，以稳健防控风险为前提，设定海外投资项目需要满足的经营目标为：①以带动工程承包业务持续快速发展为目的，积极开展小比例参股投资；②以相对控股实现资产并表为原则，稳步推进控股投资；③以强核心、补短板、拓市场和获技术为诉求，推动海外战略并购；④以进入特定国别或特定领域为目的，探索短期股权投资（此类投资严格限定业务领域、国别市场、投资规模）。

总体而言，集团海外投资主要包括三大类，即资产回报型投资、融资推动型投资、战略性投资与并购。这三大类投资各自的业务模式和投资策略分别为：①资产回报型投资，其业务模式主要为聚焦能源电力，适时拓展水资源与环境、基础设施、房地产等领域，紧紧围绕大型水电、火电和新能源电源投资等核心业务，充分挖掘项目上下游产业潜力。此类投资类型的投资策略为“四位一体”协同发展。“四位一体”即投资开发、海外融资、建设管理、运营管理等四大业务板块协同发展，这种策略可有效平衡项目全生命周期的风险和收益，最终实现集团收益最大化。②融资推动型投资，其业务模式主要集中在能源电力、水资源与环境、基础设施、区域性综合开发等工程领域，利用国际资本市场，以BOT、PPP等项目开发为主，借助股权融资、股权置换、资产证券化等方式，寻求海外融资。此类投资类型的业务策略为：根据情况采取少量参股、技术入股、股权置换等灵活多样的商业模式，同时积极探索债权融资、股权融资等多种融资工具组合使用。在拉动工程承包业务的同时，在风险小的地区采用融资推动型等方式获取经营性资产及特许经营权，在风险较大的地区则尽可能快速周转项目，以期尽快获取投资回报。③战略性投资与并购，其业务模式为聚焦主业，补足产业链关键环节，获取新的技术，引领科技前沿发展，做强做精专业类子公司，通过并购进入新市场，抢占市场份额。该投资类型的业务策略包括：以战略性新兴产业和战略性并购为主，专业类平台公司沿其专业相关的上下游企业进行并购；投融资类平台公司以获取新的商业模式为目的开展海外并购；设计企业可选择并购具备领先水平的设计企业、技术研发企业；装备制造企业海外并购聚焦集团主业相关的高端装备制造类并购或收购标的。这种策略依托集团传统优势，开展相关优势多元投资拓展，在熟悉的领域、主营的业务上适度开展更有利于对此类投资风险的精准防控。

（三）多措并举，精细化针对性管控海外风险

“一带一路”沿线国家和周边地区是全球主要政治力量角逐的热点区域，也是地缘政治冲突的焦点地带，再加上海外投资本身具有投资金额大、周期长、不确定因素较多等特点，在“一带一路”倡议下开展海外投资，风险是客观存在的，且伴随着国际市场

竞争加剧，风险将与日俱增。一般而言，“一带一路”倡议下的海外投资风险主要来自外部环境和自身管理两大方面，总体来讲，海外投资风险既有宏观上的战略层面风险，又有具体的项目层面风险。

1. 战略层面风险及管控措施

海外投资战略层面风险主要存在于：①内部因素。其主要体现在我国海外政策的引导力、财政支持力度、我国对海外投资的金融保障程度、国内各项标准的国际化推广度和认可度、国内同类企业海外恶性竞争等方面。②东道国因素。其主要体现在东道国的安全因素、政策变动因素、经济波动因素、投资环境因素、文化因素、自然环境因素等方面。③第三方因素。其主要包括第三方竞争和第三方地缘政治影响。

集团针对海外投资战略层面的风险采取了相应的应对和管控措施：①控制规模。不超能力投资，限制融资规模，控制资产负债率；确保海外投资规模与公司的资产经营规模、资产负债水平、实际融资能力、行业经验、管理水平和抗风险能力相适应。②遴选国别。选择政治稳定、法律健全、社会安定、经济发展、消费能力稳定、国际信用评级良好、与中国外交关系稳定的国家和地区。注重对投资国别的投资行业、投资模式以及投资时机的选择，注重投资收益。加强境外投资风险如国别政治风险、市场风险、外汇风险、信用风险、道德风险、法律风险及其他风险等的定性分析和定量评估，据此制订完整的风险防范和管理方案，规避和有效管控投资风险。例如在蒙古国某坑口电站项目谈判中，我方谈判人员坚守底线，绝不同意删除主权豁免放弃条款，有效地防范了国别风险。③选择行业。聚焦主业，围绕集团能源电力、水资源与环境、基础设施三大核心主业投资，充分发挥中国电建“懂水熟电、擅规划设计、长施工建造、能投资营运”这一宽领域、全产业链独特优势，规避项目选择决策风险。

2013年7月，集团为完善电力装备制造板块的产业链，决定启动对德国TLT公司（西门子旗下的全球第二大电站风机制造商）的股权收购。在前述风险管控一体化模式下，集团法律与风险管理团队自始至终提供了全流程的专业支撑，主导了国内外律师机构的选聘，参与投资银行和会计师事务所的选定，跟进法律尽职调查，采取实地考察、数据库调查、管理层访谈、第三方调查等方式，重点关注表外事项，保证了尽调报告的全面性、完整性和可靠性。集团法律与风险管理团队深度参与股权购买协议的谈判、评审、签署，重点解决了交叉技术授权许可、监管机构审批及“分手费”规定、卖方的担保和保证、税款补偿、环保责任等关键性问题。在集团总部的投资项目评审和最终决策环节，重点关注了估值与定价、交易结构设计、融资安排、行政审批风险等核心事项。在实现了股权交割以后，对后续的整合、融合、运营持续跟踪服务和支持。收购完成至今，TLT公司运营良好，实现了并购预期目标。通过以上具体举措，充分防范了国际并购战略层面风险。

2. 项目层面风险及管控措施

海外投资项目层面的风险主要体现为项目本身在技术标准、安全、质量、完工、成本、进度、环境与生态、征地拆迁、履约、市场政策、财务管理、劳务劳工、合作方、招投标、投融资、运行维护、知识产权、应收账款、汇率、不可抗力等方面的风险。

集团针对海外投资项目层面风险采取了针对性的应对和管控措施：①合理安排合同机制。通过合理的合同机制安排使投资人的风险在产业链各环节之间合理分担、使投资风险在投资人和东道国之间合理分担。积极引入国有资本投资、运营公司以及民间投资机构、当地投资者、国际投资机构入股，发挥各类投资者熟悉项目情况、具有较强投资风险管控能力和公关协调能力等优势，降低境外投资风险。例如在印度尼西亚明古鲁项目中，我们提前设计了股权自动稀释条款和董事会否决权丧失机制，为应对小股东注资违约处理争得了主动权。②合理安排保险方案。通过合理的保险安排，使投资人自留的风险损失降至最低。在境外投资时根据自身风险承受能力，充分利用政策性出口信用保险和商业保险，将保险嵌入企业风险管理机制。首先，完成股权保险和债权保险，并按照国际通行规则实施联合保险和再保险，减少风险发生所带来的损失，其中保险责任范围充分考虑对方违约风险。其次，在实际操作中，积极探索新的商业保险结构，坚持管理创新，在相同保障前提下合理降低保险成本，例如集团在老挝南欧江项目续保上节省了22%的保费支出，在老挝南俄五项目续保上节省了13%的保费支出。

卡西姆港2×660兆瓦燃煤电站属于中巴经济走廊早期收获项目，被巴基斯坦领导人视为一号工程，是集团参与“一带一路”建设的重要成果，以BOO模式实施。自该项目于2014年6月启动前期工作开始，集团法律与风险管理团队即加入了推进实施的全过程，充分利用前述风险管控一体化模式下的业务融合、重点追求实效的特点和优势，在项目前期立项准备、投资评审、总部决策的各个阶段，分别以初评责任部门、评审会专家委员、公司决策参与者的不同角度，嵌入投资项目评审决策的整个链条，充分发挥了合规性审核、风险度把关的重要功能。在初评法律报告中，全面揭示了合作方诚信、政府违约、汇兑损失、电费拖欠、电力送出、征地确权、非传统安全等风险，提出必须采取海外投资保险进行风险分散的建议方案。2015年10月13日，中信保签发了《海外投资（股权及债权）保单》，承保主协议中政府违约、法律变更、延迟支付、外汇兑换、电费支付等多个条款，基本涵盖了项目主要风险点。通过以上举措使海外投资在项目层面上的风险得到了有效管控。

四　中国电建海外风险管控效果、管理创新及未来改进

（一）海外风险精细化管控体系初见成效

集团不断完善符合国际业务管理目标和要求的内部组织结构，形成了科学的决策机制、执行机制和监督机制，落实执行有效的精细化风险管控流程，持续强化风险管理，保证海外经营各项活动的正常有序运行，促使海外经营效率提高及有效保障了海外经营管理目标的实现。在此基础上，集团还持续不断地对现有风险管控制度进行修订与更新，确保符合集团现阶段海外战略发展的需要。

集团自启动和开展海外业务风险管理工作以来，通过风险管理理念、制度、行为、精神四个层面，大力发展风险管理文化建设，把风险管理理念贯穿于集团海外业务的整个过程，并内化为海外业务从业人员的自觉意识和行为习惯，使海外经营风险管理机制的作用得到有效发挥。海外业务风险管理理念已植根于心、固化于制、外化于行。

集团贯彻落实国资委对中央企业加强全面风险管理工作的各项要求，借鉴国内外企业开展全面风险管理工作的成功经验，服务于国家“一带一路”倡议和“走出去”战略的发展需要，立足于公司风险管控现状，通过不断的实践与创新，逐步形成了具有集团特色的海外业务全面风险管理体系和运行机制，各项风险管控措施取得了较好的成效，促进了海外业务管理能力和整体水平的提升，为集团海外经营目标的实现提供了重要保障。

（二）海外风险精细化管控体系创新启示

1. 把握风险管控与业务拓展的平衡

首先，在拓展海外业务过程中一定要有辨识风险的能力，在此基础上对风险进行评估，进而采取合适的风险管控方案，对风险予以化解、规避和转移，而不是简单地因风险客观存在而对业务做“一刀切”式的否决。风险管控和业务推进二者并不矛盾，关键在于寻找实现平衡稳健经营与风险管控的解决方案。

其次，风险管控工作有其固有的内在价值，不仅仅只是服务和保障的作用。如果运用得当，对企业而言，将转化为一种核心竞争力、生产力和战斗力。在海外项目前期的开发、融资，中期建设和后期运营的全流程中，都能够创造出独特的价值，从而有效促进和推动国际业务的发展。风险管控能力是企业开展国际经营的核心能力之一。

2. 强化海外业务风险管控的主动性

必须明确风险管控工作绝不仅仅局限于事后“救火”作用，而更应当提前至事前预防、事中控制关口，进行风险管控的主动管理，将风险防患于未然。当企业发展面临恶劣环境与不利因素时，风险管控体系能如同“预警机”一样起到主动预警风险的作用，促使企业提前做好相应的防范和应对措施，有效避免企业可能遭受的损失。

对风险管控的超前研究能力是海外业务稳健发展不可或缺的能力。加强对世界经济、政治、金融等各方面的现状分析及走势预测，尤其要关注世界主要经济体的经济、货币政策，利率、汇率及货币流动性等金融指标，大宗商品价格走势等重要市场信息；同时，对于重点国别市场和将要涉入的新国别、新地域和新行业，必须进行广泛深入研究，实时跟踪、更新信息，为国际业务发展和决策提供依据。

3. 持续加强海外风险管控团队建设

切实提高依法合规治理能力，必须持续加强履职机构建设，努力提升法务和风控人员的履职水平，坚持“用专业的人做专业的事”。针对海外业务特点，按照复合型、专业化、国际化要求，着力打造一支为实现企业国际化经营目标提供坚实法律服务与风控保障的国际化专业人才队伍。

（三）海外风险精细化管控体系改进方向

1. 推进项目风险管理体系建立及落实

根据国务院国资委《中央企业境外投资监督管理办法》相关规定，集团将进一步强化风险管控预案制定工作，做好项目实施过程中的风险监控、预警和处置。

项目风险管理体系的建设将进一步吸收和总结国内国际先进企业风险管理经验成果，以保障公司整体发展目标为风控体系建设的核心目的，并以此理念指导和加强风控体系建设。风险管控体系建设的各项成果将切实结合试点单位的管理需求、业务特点、管控目标，量身定制有自身特色的实践方法。同时，适当引入前瞻性的风险管理技术方法，在保证实用性的同时，力争风险管控体系具有一定的领先性和超前性。

2. 建立海外经营风险管理常态化机制

根据国务院国资委对中央企业境外投资的监管要求，集团将进一步加强对在建、运营中的境外投资项目的风险跟踪、分析，针对外部环境和项目本身情况变化，及时进行再决策。同时将进一步完善海外经营风险评估、过程管理的常态化机制，更有效地促进海外业务全面风险管理与日常经营管理工作的深度融合，推动海外风险管控与国际业务拓展及经营项目履约同步进行。

3. 提升子企业对海外风险的管控能力

通过集团海外风险巡视制度、项目公司现场调研等方式，进一步深入海外项目，掌握一线业务实际情况，在此基础上指导、帮助海外项目公司完善和改进风险管控制度，建立健全风险管控机制，为法律合规和风险管控团队正确履职提供实际支撑和有利条件，切实保障子企业法律风险内控工作有序开展。落实子企业海外项目风险管控体系纳入国际经营管理监督考核机制，进一步强化海外经营绩效和风险管控的关联度，逐步提高集团各子企业海外风险精细化管控的整体能力和水平，进而实现集团海外经营的持续稳健发展。

参考文献：

[1] 张莉：《建立法律风险防范机制，保障企业稳健发展》，载于《经营管理者》2014 年第 9 期。

[2] 张岚：《企业法律风险管理制度探析》，载于《中外企业家》2011 年第 5 期（下）总第 373 期。

[3] 何力：《中国海外投资战略与法律对策》，对外经济贸易大学出版社，2009 年 10 月第 1 版。

[4] 薛剑：《国际投资法中的母国措施问题研究》，载于《江西青年职业学院学报》2009 年 12 月第 19 卷第 4 期。

[5] 杨毅平：《我国水电企业海外投资政治风险保险的收益模型》，载于《水利经济》2011 年 11 月第 6 期。

[6] 白雪：《加强和完善中央企业境外资产的监管》，载于《国有资产管理》2014 年第 10 期。

[7] 蒋翔宇：《基于神华集团国际化经营及境外资产风险的思考》，载于《国有资产管理》2015 年第 8 期。

[8] Mark S.Bergman: *Bilateral Investment Protection Treaties: An Examination of Evolution of Significance of the U.S.Proto2 type Treaty*, New York University Journal of International Law and Policy, 1999, 18.

中国可持续发展管理体系的演变

Satish Joshi 密歇根州立大学
Hema Krishnan 泽维尔大学
Ranjani Krishnan 密歇根州立大学
译者：陈　磊 北京大学

【摘要】鉴于中国的经济增长、人口规模增大及其带来的巨大生态影响，管理可持续性问题在中国经济中越来越重要。本文对西方国家与中国的企业社会责任运动进行了比较，追溯了西方国家企业环境和社会责任实践的演变，从其历史上对自由放任经济的关注，到现如今的目标——包括满足主要利益相关者群体乃至整个社会的需求。可持续发展管理系统在中国正处于发展阶段，并且很大程度上是为了应对外部监管压力才象征性地采纳了企业社会责任这一做法。可持续发展管理系统在中国的发展大致与西方企业社会责任运动的发展阶段相同，即企业首先是要面对来自外部监管的压力，其后还要应对日益增长的内部业绩压力，包括有效的成本和风险管理、保持竞争优势以及可持续的长期增长。我们描述了可持续发展管理系统的演进路径，并勾勒出一个充分发展的可持续发展管理系统的蓝图，其中对于可持续发展的考量在所有职能领域的战略和运营决策中都扮演了重要角色。本文旨在形象化呈现理想的可持续发展管理系统，从而通过系统执行促使其最终实现。

【关键词】企业社会责任 可持续发展管理

引言

世界各地的公司普遍面临越来越大的压力，公司被要求成为维护环境可持续发展并具有社会责任的组织。近年来，企业社会责任和包括利润、人与自然之间的关系以及可持续发展在内的“三重底线”理论已经日益渗透到公司使命的表述、首席执行官对公司战略的表达和年度报告中。越来越多的公司开始发布单独的年度可持续发展报告。相比于西方企业，中国企业虽然相对落后，但在此趋势下也不能置身事外，同时来自政府和其他利益相关群体对其提高可持续发展表现的压力日益增大。在意识到快速经济增长和人口增长对环境造成的深远的、不可持续的影响后，习近平总书记在2017年10月举行的中国共产党第十九次全国代表大会上发表讲话，呼吁建设人与自然和谐发展、造福子孙后代的生态文明。他提出了有关促进低碳经济、循环发展、植树造林和湿地保护的生态规划。中国政府已经将截至2020年为止的太阳能发电目标提高了一倍多，并终止了150多座燃煤发电厂的建设计划。习近平主席还承诺将制止并惩罚所有破坏环境的行为（2017年《中国日报》）。基于此，中国企业不仅要定期报告其环保和社会责任表现，还要建立可持续发展的会计和绩效管理体系，从而满足预期和目标，向经营管理者提供决策相关的、及时的、可分解的信息。重要的是，通过产品和商业模式创新，战略性地解决政府要求的生态可持续发展优先事项，并将这些优先事项纳入企业战略中去，然后根据企业战略规划建立可持续发展管理体系，这些举措将使中国企业有更强的适应能力，从而更好地实现可持续增长。这种全面的可持续发展管理系统的设计与实现，需要对企业社会责任运动的发展历程及其在中国的发展阶段有一个大致的了解，以下会对此进行简要介绍。

企业社会责任历史简介

西方的一个基本争论在于企业是否需要承担股东或所有者价值最大化之外的社会责任。这一争论的根源可以追溯到20世纪30年代Berle和Dodd之间的意见分歧，Berle认为公司只需对股东负责，而Dodd则认为公司应对社会及其股东负责（Macintosh, 1999）。Friedman（1970）认为，企业唯一的社会责任是最大化股东财富，同时，企业管理者的“受托义务”是在遵守社会基本规则的同时实现利润最大化，这在法律和道德习俗中都有体现。根据Dodd的观点，利益相关者理论对股东的首要地位提出了质疑，同时，由于公司不断利用社会公共资源、基础设施和公共机构，他们需要来自多方利益相关者的“经营许可”。所以，公司需要对这些利益相关者的利益负责。另一种观点认为，除财务表现外，一些投资者可能会从公司对环境和社会的改善中获得额外的效用。这些具有社会意识的投资者会将与其有利益关系的公司视为推动这一社会变革的工具。社会责任和影响力投资的急剧增长［包含环境、社会和治理（ESG）因素的投资基金从2005年的2020亿美元上升至2016年的超过2.6万亿美元，这个数字增长了12倍以上］对这种观点提供了支持（USSIF, 2018）。因此，即

发表于《中国管理会计》2018年第4期，总第6期。

使在边际利润损失的情况下，社会责任也可能与投资者的整体效用函数保持一致。还有一些学者扩展了这一观点，并构建了以实现可持续发展为目标的系统。这一观点认为企业责任和可持续发展之间是不冲突的。由于企业在更广阔的生态环境和社会环境中运营，所以从承担起保护和促进更为广阔的生态系统可持续发展的责任总体来看是有助于推进企业长期可持续发展的（Joshi & Li，2016）。例如，Schaltegger等（2003）将企业可持续发展管理定义为一种商业方法，旨在塑造公司的环境、社会和经济效应，这种商业方法不仅能够促进公司的可持续发展，而且还有助于经济和社会的可持续发展。类似的，社会主义理论家认为企业作为社会组织的一部分，有义务推行符合且有助于社会价值观及社会目标实现的政策和实践。

相比于中国这样的社会主义国家，西方资本主义国家的企业社会责任演变经历的发展路径是不尽相同的。美国和西方世界有重视自由放任经济发展的历史，相信没有障碍的自由市场的效率。几十年来，公司认同Friedman式的观点，即企业唯一的社会责任是在遵守明确监管要求的前提下实现股东财富最大化。环境和社会问题只是偶发性的问题，公司只需在这类问题出现时予以解决即可。然而，随着公众越发关注环境和社会问题，相关法规的数量在增加，社会责任也被视为一种系统的监管方法。企业逐渐意识到，一般而言，提前进行污染预防、问题防范和环境风险管理往往比事后再解决问题带来更好的成本效益。同时，消费者对健康和安全的担忧快速上升，购买绿色环保产品的意愿日益增强，这些变化都通过环境和社会差异化，开拓了产品市场中的盈利机会。这也导致了战略可持续发展管理进入接下来的发展阶段，公司开始认识到可持续发展管理在成本削减和收益创造方面的潜力（Reinhardt，1999）。公司也越来越认识到如果要持续并长期供应生产所需的自然资源和原材料，以及维持和增加客户的需求，特别是数十亿被困在“金字塔底层”的人的需求，需要构建能创造共同价值的商业模式（Porter & Kramer，2011；Prahalad，2006）。公司发现了与农民和其他投入要素的供应商合作以促进可持续性资源管理的价值，也意识到通过创收和人力资本开发，从而在目标消费群体中创造需求的价值。越来越多的大公司受到Drucker“当今的每一个社会问题都是隐藏的商业机会”的启发，它们从战略和创新的角度出发，将新出现的有较大影响力的社会和环境问题作为取得长期商业成功的契机（Drucker，1974）。从本质上讲，西方社会的企业社会责任运动已经自发地从最低限度的法规遵守导向转向了另一种导向，即通过广泛的利益相关者参与实现共同价值创造和解决社会问题与企业的战略是一致的。虽然股东的价值创造仍然是首要驱动因素，但企业社会责任被视为另一种战略工具，用于确保长期持续价值创造以及维持社会合法性和经营许可。总体来说，政府在企业社会责任运动中发挥的作用非常有限，尤其是在美国，企业社会责任是在市场、投资者和公共机构压力的共同作用下自发推进的。

不同于西方国家，类似中国这样的社会主义，历来将包括商业资产在内的所有资产视为集体所有和管理，以服务于党和政府界定的公共利益。尽管过去四十年中，中国实行了经济改革，但国家作为社会供应者、所有者和监管者的首要地位仍然是中国政治经济学的一个显著特征。极度关注经济增长，中国媒体和司法制度的特殊性，以及领导者倡导的致富光荣的思想，都导致了最近私有化的国有公司和寻求低成本生产的外国公司的道德和环境违规行为（Po Keung，2009）。部分研究人员认为，中国的企业社会责任法规本质上是因过度经济自由化而出现的，国家和省级政府开始将企业社会责任视为将其他利益相关者的利益纳入商业决策和重塑企业社会合法性的工具（Moon & Shen，2010）。因此，以合法性为目的的政府政策法规是中国企业社会责任运动的主要驱动力。中国企业也面临着来自跨国公司的外部企业社会责任要求，跨国公司采购中国商品，但也面临着来自跨国公司国内投资者和公众对尽责供应链管理要求的压力。

企业社会责任运动演变的另一个观点借鉴了制度理论，该理论认为，制度通过界定法律、道德和文化边界，以及严格区分合法与非法行为来约束企业行动。这些制度约束可以是监管性质的（通过规则、法律和制裁强制实施）、规范性质的（通过行为准则、认可或认证强制实施）或具有文化认知性质的（模仿共同信仰、习俗和行为逻辑）（Scott，2001；Krishnan et al.，2004）。换言之，企业社会责任代表了企业所面临的各种制度压力。然而，制度理论家也认识到，制度预期并非适用于所有组织。Meyer和Rowan（1977）设想了一系列组织，一方面是拥有强大技术环境的生产组织，其成功主要取决于市场和生产的有效管理和协调，同时其回报是成果驱动型的；另一方面是拥有强大制度环境的组织，其成功则主要取决于是否符合制度规定，以及通过纳入以外部合法化而不是效率为标准的结构要素，并根据象征性评估标准来确定这些要素的价值从而做出反应的组织。合规性组织通过更高的社会合法性、稳定性、确定性，更多的资源以及生存下来而获利（Meyer & Rowan，1977；North，1990；Scott，2001）。西方的企业社会责任运动已经从寻求制度形式化、合规化层面转至市场层面，同时，企业社会责任活动已经被视为企业战略不可或缺的一部分，并根据其对企业长期价值的贡献进行评估和奖励。而在中国，企业社会责任似乎更倾向于在制度层面上运作，其重点是外部合法性，这主要是通过形式上采用企业社会责任实践来实现的，在很大程度上与市场导向的运营环节是脱节的。

可持续发展会计系统

企业社会责任报告的主要目标是及时满足外部报告和内部管理的信息需求，中国企业社会责任运动的不同演变路径对企业可持续发展会计系统的发展具有重要意义。在西方，可持续发展会计报告的主要外部受众仍然是投资者，并且在一定程度上是非政府民间社会组织和消费者。一方面，可持续发展会计的主要目标是帮助不同类型的投资者做出明智的决策；这些投资者包括考虑环境和社会风险曝光的传统投资者，以及从公司提供的社会贡献和从财务回报中获得效用的社会责任投资者。可持续发展会计的次要目标是使公民组织确信公共健康和资源得到了充分保护，使消费者确信他们的健康和安全被考虑在商业决策之中。另一方面，中国企业社会责任报告似乎旨在从形式上证明企业能够实现社会目标，并满足政府、政党官员及与企业有商业往来的跨国公司的监管信息需求。

在西方，内部可持续发展会计系统的主要目的是提供及时和相关的信息，以确保自愿采取的可持续发展举措和增值项目可以通过成本测试并且具有成本效益。在中国，可持续发展管理会计系统的首要目的是从形式上落实企业社会责任相关实践，其次是以符合成本效益的方式完成外部环境施加的可持续发展目标。中国的可持续发展会计制度仍处于初步发展阶段，这一点将在下一部分讨论。

可持续发展信息的披露情况

毕马威关于企业社会责任报告的国际调查表明，2005年中国内地几乎没有企业出具社会责任报告。然而，中国工业的快速发展导致了巨大的环境和社会成本，中国领导人开始将企业社会责任视为一种降低成本、恢复企业社会合法性的机制。2005年中共中央批准的“十一五”规划将企业社会责任作为一个重要主题。原国家环保总局（MOEP）于2007年4月发布《环境信息公开办法（试行）》。美国环保署信息化办公室（OEI）于2007年概述了一些商业企业，特别是重污染企业的具体环境信息披露状况。2006年，深圳证券交易所发布《上市公司社会责任指引》，鼓励上市公司按照指引发布企业社会责任报告。2008年，上海证券交易所发布了《上海证券交易所上市公司环境信息披露指引》，2009年国有资产监督管理委员会发布了《中国企业社会责任报告指引》以统一企业社会责任报告框架（Guan＆Noronha, 2013）。一些中国企业已经开始采用国际标准，如全球报告倡议组织（GRI）标准，社会责任国际组织（SAI）标准体系（SA8000）和国际标准化组织（ISO）环境管理体系（ISO14000）（Sun et al.，2011）。从2009年开始，中国社会科学院企业社会责任研究中心每年出版一本企业社会责任蓝皮书（中文），报告特定行业100强企业的社会责任履行状况和出色的企业案例（Yang et al.，2015）。然而，这两种方法和这些报告的质量都受到了质疑（Guan＆Noronha, 2013）。

2013年的一份研究报告（Schrader, 2013）比较了沪深300指数企业和标准普尔全球1200指数企业中关于可持续发展的披露，得出以下观点：

（1）沪深300指数中的企业关于可持续发展的披露仍然十分匮乏。尽管越来越多的公司开始披露可持续发展信息，但与国际同行对比，公开数据的质量仍然很低。

（2）标准普尔全球1200指数中的企业很大一部分披露了主要排放数据，然而没有任何一个沪深300指数中的中国企业披露了主要排放指标。

(3) 非常注重对某些领域政策实施的上传下达，但严重缺乏对佐证信息或政策实施过程及实施有效性追踪的关注，比如实际绩效或真实合规水平。

(4)“积极报道”而非“全面或实质报道”的概念很普遍。中国企业对披露慈善行为的重视证实了许多企业仍然错误地认为可持续发展主要依靠慈善活动的开展。例如，相较于只有42%的标准普尔1200企业披露了慈善捐款，有68%的沪深300企业披露了慈善捐款。

(5) 中国企业仍缺乏编制和报告全面量化数据的必要管理系统。

缺乏关于企业社会责任履行状况的可靠优质公开数据也反过来影响中国的学术研究。直到2008年，描述性、规范性分析的会计文章在中国核心期刊中占比92%（Yang et al., 2015）。Guan和Noronha（2013）在对中国企业社会责任披露研究的回顾中发现，“大多数关于企业社会责任的文献由描述性分析和论证性表述构成，而且大部分实证研究都缺乏系统的研究方法”。75%的已发表文章完全是描述性分析，即使是定量研究也主要是针对已发布的企业社会责任报告的内容分析。最近的实证研究也采用了相对基本的企业社会责任度量方法（Li & Zhang，2010；Lin et al.，2015；Wang & Qian，2011；Ye & Zhang，2011；Dai et al.，2018）。例如，Chen等（2018）在分析中国企业社会责任披露对企业盈利能力的影响时，使用了一个虚拟变量来衡量企业是否需要强制披露企业社会责任报告。

相比之下，美国对于披露关于污染物排放、许可和环保违规的公司数据有着悠久的历史。例如，在“紧急计划和社区知情权法案”（EPCRA）框架下收集的年度有毒物质排放数据包含了300多种有害物质储存、使用和释放的设施水平数据。同样，USEPA的航空信息检索系统（AIRS）数据库提供了来自1万多个空气监测站的空气质量数据，以及排放和监管合规的估算数据。该数据库对近150000个空气污染点的数据进行持续追踪。温室气体报告计划（GHGRP）提供了有关温室气体排放的设施水平数据。此外，CDP、TruCost、ASSET4和RoboSam等民间组织通过公共和私人渠道，不仅提供了公司特定的污染物排放信息，还提供了有关环境、社会和治理（ESG）绩效的专有指标，这些指标已被社会责任和影响（SRI）共同基金广泛使用。因此，美国的学术研究已经定量评估了企业社会责任在企业管理中的作用和影响。这些分析包括：企业社会责任披露的价值相关性（例如Barth & McNichols,

1994；Li & McConomy，1999，Cormier & Magnan，1997；Hughes，2000；Johnson et al.，2008；Clarkson et al.，2004；Schneider 2011；Clarkson et al.，2013；Matsumura，2014），企业社会责任绩效和资本成本（Dhaliwal et al.，2011），各种资本市场参与者包括卖空者的行为（Jain et al.，2016）、机构投资者以及企业社会责任披露中的企业战略行为（Li et al., 1997；Barth et al., 1997）。一些研究还分析了股票市场对可持续发展信息的反应，如TRI公开数据、环境奖励以及可持续性指数的包含/排除（Hamilton，1995；Khanna et al.，1998；Khanna & Damon，1999；Cheung & Roca，2013；Lackmann et al.，2012；Cheung，2011；Robinson et al.，2011；Joshi et al.，2017；Krueger，2015）。Allouche & Laroche（2005）、Orlitzky（2008,2013）和 Margolis（2009）的大量研究分析了公司财务绩效与社会/环境绩效之间的关系。另一种研究方向主要是通过定性调查和案例研究，为可持续发展管理控制系统的设计提供指导（Schaltegger，2010；Burritt & Schaltegger，2010；Schaltegger & Sturm，1995）。Journault（2016）将一个概念模型可视化，在这个模型下，包含文化、规划、控制论、奖励和行政控制几个方面的生态控制集合将有助于发展企业在生态学习、持续创新、利益相关者整合和共同愿景方面的能力，从而有助于提升环保和经济绩效。Ditillo和Lisi（2016）研究了可持续发展控制系统的整合如何受到管理者主动和被动态度的影响。

虽然丰富的研究以及完善的企业社会责任数据库可能表明美国和西方可持续发展会计系统的先进状况，但不同企业之间系统的质量和复杂程度仍然差异很大。一些先进企业拥有出色的可持续发展管理系统，但很大一部分公司仍然以合规原则和外部报告为导向，这部分公司的可持续发展管理系统仍处于早期发展阶段。

可持续发展管理系统的演变

上述观察表明，大多数中国企业的可持续发展管理系统（SMS）和披露制度相对不发达，只发挥了形式作用而非战略作用。然而，这也是可持续发展管理系统发展过程中常见的第一阶段。可持续发展管理系统的演变过程通常反映了西方企业社会责任运动的发展阶段：系统最初是为了应对外部监管压力而产生，然后渐渐发展为进一步满足企业的内部需求，包括实现有效的成本和风险管理、发挥竞争优势和保持长期增长。

可持续发展管理系统最初以支持对外报告和沟通为目的，涵盖了企业外部主体关注的环境和社会举措、经营过程和特定指标。通常，此类可持续发展信息系统采用自上而下的设计方法：总体报告结构和总体指标由最高管理层或外部利益相关者选定，下级可以据此识别用于生成这类信息的各种数据，相关数据最后会被收集整合然后纳入年度企业社会责任报告。非正式决策流程把企业社会责任成本定义为可自由支配的成本。企业社会责任信息系统仍然处于专门设置且与企业的传统会计系统分开的状态，这表现在企业社会责任报告的主要作用是协调与公众和政府关系的信息文件上，与企业运营决策几乎没有关系。报告通常强调在形式上选用对企业有利的政策信息，并选择性地遵守外部标准，以确保跨行业、跨公司和跨时期的比较和汇总。

在下一阶段，随着社会对企业责任的要求变得更加严格，企业成本限制可能会增加，例如更加严格的减排要求，使用替代能源的目标，产品和工人安全标准，自然资源供应限制等，企业重心也将会转移到这些成本的系统管理上来。企业会追踪和计量以运营成本为导向促进可持续发展会计系统的完善，奖励系统也会被重新设计以提升管理这些成本和风险披露的效率和效益。此阶段的可持续发展管理系统类似于成本中心管理系统，具有相应自上而下的预算和绩效评估目标。但是不同点在于，可持续发展管理系统的重点将放在实现非财务可持续发展绩效目标的成本上，而不是产品成本上。外部报告更注重相关的总体监管目标，并且保证标准同质化，以确保跨行业、跨公司和跨时期的有效比较。

在发展的第三阶段，除了可持续发展成本管理以外，可持续发展管理可以通过产品差异化（例如，有机产品，可生物降解产品，低排放产品）和环境商品贸易（例如碳排放许可，可再生能源信用，天气衍生产品）来挖掘竞争优势和发现创收机会。管理者需要在提供各种可持续性属性差异化产品的利益成本权衡和盈利能力影响方面做出明智的决策，此阶段的可持续发展管理系统类似于利润中心管理系统，具有相应的利润/ROI目标、成本和营销预算以及基于盈利能力的绩效激励，这些可能还可以管理前一阶段概述的非财务可持续性绩效目标。除了满足外部利益相关者的需求之外，会计信息系统还会随着内部压力而发展，以产生更多分类的、及时的、管理决策的相关信息。企业还必须投资优化促销组合，以将CSR绩效传达给CSR差异化产品所针对的相关消费者群体，这需要使用生命周期评估（LCA）等技术生成有关产品特定可持续性绩效的信息，以及消费者通过非市场估值技术支付这些信息的意愿。

在发展的最后阶段，可持续发展管理成为长期可持续发展和价值创造的核心驱动力，换句话说，就是为广泛的社会和生态可持续性问题提供解决方案并投资于共同的价值创造被认为是长期增长和业务可持续性的潜在机会，考虑的决策时间框架和因果关系变得更长，也更复杂。在这个阶段，可持续发展管理系统成为整个公司管理系统的一部分。可持续发展绩效不仅是日常运营绩效的一部分，还可以指导长期战略投资和研发。相应地，绩效评估和奖励系统采用全面的平衡计分卡方法，外部可持续发展报告演变为综合报告，而不是单独的财务和可持续发展报告，以满足现有投资者和潜在投资者的信息需求，同时也满足之前概述的利益相关者和消费者的需求。

综合可持续性管理系统的组成部分

一个有效的、完全发展的可持续发展管

理系统的特点是：①与整体企业使命和业务战略具有一致性；②与传统管理系统有协同作用；③对公司战略和外部利益相关者而言具有重要的可持续性绩效指标；④具有可持续发展绩效的平衡计分卡方法，从财务、客户、内部业务、学习、创新五个维度进行衡量；⑤作为及时生成和传达所有决策相关信息的会计和信息系统；⑥作为可实现系统规划、执行和审查的管理控制系统。

企业的最高管理层应该就企业社会责任和可持续发展与整体企业使命、商业模式和战略的原因以及各方面整合做出高层决策，这些决策可能会因外部机构、监管和竞争压力、资源稀缺、企业内部能力、技术变革以及商业模式创新而有所不同。例如，对气候变化问题的商业战略响应以及随之而来的温室气体（GHG）排放限制，可以包括退出化石燃料行业、投资洁净煤、碳封存和能源效率、多样化到可再生能源、进入碳交易、购买加拿大的农业用地，以及在北极地区投资潜在的航道，不同的公司可以选择不同的选项组合。同样，可持续发展举措可以通过几种途径产生公司价值，例如，通过共享价值创造业务模式实现成本和风险降低，从而降低资本成本，确保持续投入供应，创造绿色消费者接入，进而实现长期增长（Reinhardt，1999；Joshi & Li，2017）。战略地图可以帮助实现这些价值创造，可持续性平衡计分卡可以帮助将选定的可持续发展战略转化为关键绩效指标（Kaplan & Norton，1992；Figge et al.，2002；Moller & Schaltegger，2005）。由全球报告倡议组织（GRI）、国际综合报告委员会（IIRC）、可持续发展会计准则委员会（SASB）和社会责任国际组织（SAI）等组织制定的一系列可持续发展报告标准有助于确定可持续发展绩效指标，这对外部利益相关者来说是十分重要的，这有助于实现跨时间、跨企业生成准确、一致且可比较的数据。Hales 等在 2016 年对这些标准的报告模型进行了总结比较，国际标准化组织（ISO）制定的 ISO14000 和 ISO26000 系列标准可以为建立环境和可持续性管理控制系统提供指导。

表1 跨职能领域的可持续性相关决策示例

功能区域	需要可持续性信息的典型决策	样本可持续性必要信息
研究与开发	设计具有可持续属性的产品	可替代的设计、材料和工艺的能源 / 环境影响以及成本差异
供应链管理	选择对环境和社会敏感的供应商	供应商可持续性计分卡、备用供应和总资源评估
生产	符合污染排放的监管要求	产生的污染物排放、排放控制技术成本、合规隐患 *
营销	具有可持续属性的产品的营销组合（产品、价格、地点、促销）决策	消费者对这些产品的不同可持续属性、生产和分销成本的支付意愿（WTP）
财务	财务风险管理，筹集金融资本	排污许可证市场期货价格，社会责任基金的筛选标准
风险管理	评估各种环境、社会和相关的金融风险缺口和风险管理方案	风险管理选项的成本估算，例如保险费用、降低风险和缓解风险；风险事件发生的可能性及其预期风险
经营策略	通过选择相关的社会 / 生态问题来创造性地识别增长机会	评估替代技术、商业模式、宏观经济预测、政府政策优先事项、总体资源可持续性评估

注：*See Joshi 等 (2001) 和 Ditz 等 (1995) 关于环境法规隐藏成本的例子和估计，以及 Ragasa 等 (2011) 关于食品安全法规隐藏成本的例子。

除了编制外部可持续发展报告外，可持续发展管理系统还需要通过提供适当、及时的信息来支持管理决策，完全开发后，可持续性考虑因素可以影响几乎所有功能领域的决策，表1显示了跨职能领域的此类决策的样本。

总之，如图1所示，一个完全发展的可持续发展管理系统包括战略愿景、战略制图，为外部报告和内部决策提供信息的会计信息系统，以及促进规划、执行和审查的所有功能区域、使用可持续性平衡计分卡方法的管理控制系统。

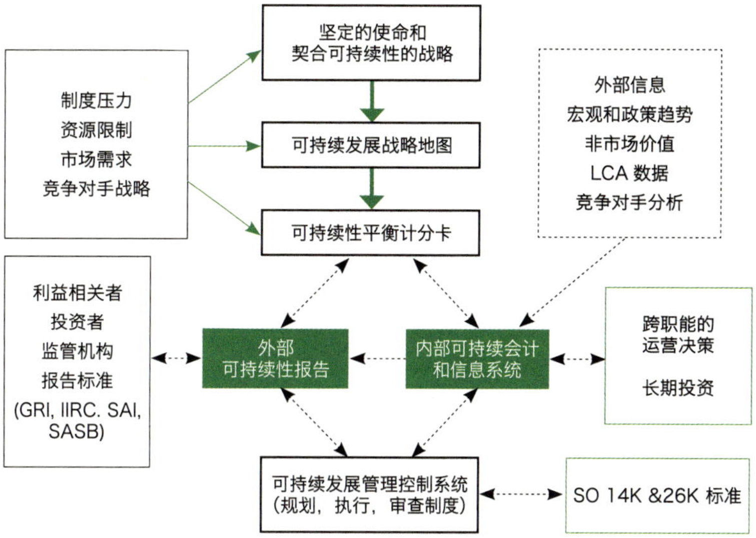

图1 可持续发展管理系统

结论

本文对西方经济体与中国企业社会责任运动的演变进行了比较，对所提供文献的简要回顾表明，与美国和西方相比，中国的企业社会责任披露和可持续发展管理系统相对落后，中国的企业社会责任学术文献也反映了这种不发达状态，这种不发达的状态是由于缺乏质量良好、根据企业社会责任绩效分类的数据。本文描述了可持续发展管理系统的典型演化路径，以及完全开发的可持续发展管理系统的特征，其中，考虑可持续性因素在所有功能区域的战略和运营决策中发挥着重要作用。虽然中国企业的可持续发展管理系统似乎处于发展的初始阶段，但即使在发达国家，企业的可持续发展管理系统也存在很大的异质性，该讨论有望帮助企业实现理想可持续发展管理系统的可视化，从而通过系统执行促使其实现。

管理可持续发展问题对中国经济的重要性日益凸显，特别是考虑到习近平主席明确呼吁确保人与自然和谐相处的生态文明，以及推动清洁能源、绿化等，并更严格地执法保护自然资源。中国企业，是跨国公司的供应链参与者，或积极收购西方公司，或与西方产品和品牌竞争，也将面临越来越大的压力，所以中国的企业需要具有相应的社会反应能力和环境责任感。制定符合这些战略的全面可持续发展管理体系，对于企业的成功至关重要。中国企业需要从以前的可持续发展报告转向全面、定量可比、可审计的可持续发展披露，并且，必须从外部报告转向提供适当、及时、分类恰当、与决策相关的信息。更重要的是，最高管理层需要将可持续发展作为公司长期战略的一个组成部分，并在组织单位层面实施适当的激励机制。

参考文献：

[1] Allouche, J., and P. Laroche. (2005). A meta-analytical investigation of the relationship between corporate social and financial performance. *Revue de Gestion des Ressources Humaines* 57 (1), 18–41.

[2] Barth, M., McNichols, M., and P. Wilson. (1997). Factors influencing firms' disclosures about environmental liabilities. *Review of Accounting Studies* 2, 35-64.

[3] Burritt R L and S. Schaltegger. (2010). Sustainability accounting and reporting: fad or trend? *Accounting, Auditing & Accountability Journal*, 23(7), 829-846.

[4] Chen, Y. C., Hung, M., and Y. Wang, (2018). The effect of mandatory CSR disclosure on firm profitability and social externalities: Evidence from China. *Journal of Accounting and Economics*, 65(1), 169-190.

[5] Cheung, A.W.K. (2011). Do stock investors value corporate

sustainability? Evidence from an event study, *Journal of Business Ethics,* 99(2), 145–165.

[6] Cheung A.W.K. and E. Roca. (2013). The effect on price, liquidity and risk when stocks are added to and deleted from a sustainability index: evidence from the Asia pacific context. *Journal of Asian Economics,* 24,51–65.

[7] China Daily (2017). *Full text of Xi Jinping's report at 19th CPC National Congress*, http://www.chinadaily.com.cn/china /19thcpcnationalcongress/2017-11/04/content_34115212.htm (accessed 9/11/18).

[8] Cho, C., and D. Patten (2007). The Role of Environmental Disclosures as Tools of Legitimacy: A Research Note, *Accounting, Organizations and Society*, 32 (7-8), 639-647.

[9] Clarkson, P., Li, Y., and G. Richardson. (2004). The market valuation of environmental expenditures by pulp and paper companies. *The Accounting Review,* 79, 329–353.

[10] Clarkson, P. M., Fang, X., Li, Y., and G. Richardson. (2013). The relevance of environmental disclosures: Are such disclosures incrementally informative? *Journal of Accounting and Public Policy,* 32(5), 410-431.

[11] Consolandi C., Jaiswal-Dale A., Poggiani, E., and A. Vercelli. (2008). Global standards and ethical stock indexes: The case of the Dow Jones Sustainability Stoxx Index. *Journal of Business Ethics,* 87, 185–197.

[12] Cormier, D., and M. Magnan. (1997). Investors' assessment of implicit environmental liabilities: an empirical investigation. *Journal of Accounting and Public Policy*, 16, 215-241.

[13] Griffin, P., and Y. Sun. (2013). Going green: Market reaction to CSR wire news releases. *Journal of Accounting and Public Policy,* 32(2), 93-113.

[14] Dai, N. T., Du, F., Young, S. M., and G. Tang. (2018). Seeking legitimacy through CSR reporting: Evidence from China. *Journal of Management Accounting Research*. Spring, Vol. 30, No. 1, pp. 1-29.

[15] Ditillo and Lisi. (2016) Exploring sustainability control systems' integration: the relevance of sustainability orientation, *Journal of Management Accounting Research*, 28(2), 125-148.

[16] Dhaliwal, D. S., Li, O. Z., Tsang, A., and Y.G. Yang. (2011). Voluntary nonfinancial disclosure and the cost of equity capital: The initiation of corporate social responsibility reporting. *The Accounting Review*, 86(1), 59–100.

[17] Ditz, D. W., Ranganathan, J., and R.D. Banks. (1995). *Green ledgers: case studies in corporate environmental accounting*. World Resources Institute.

[18] Drucker, P. F. (1974). *Management: tasks, responsibilities, practices*. Harper and Row.

[19] Figge, F., Hahn, T., Schaltegger, S., and M. Wagner. (2002). The sustainability balanced scorecard–linking sustainability management to business strategy. *Business Strategy and the Environment*, 11(5), 269-284.

[20] Friedman, M. (1970). The Social Responsibility of Business is to Increase its Profits, *the New York Times Magazine*, September 13.

[21] Guan, J., and C. Noronha. (2013). Corporate Social Responsibility Reporting Research in the Chinese Academia: A Critical Review. *Social Responsibility Journal*, 9.1, 33-55.

[22] Hales, J., Matsumura, E. M., Moser, D. V., and R. Payne. (2016). Becoming sustainable: A rational decision based on sound information and effective processes? *Journal of Management Accounting Research*, 28(2), 13-28.

[23] Hamilton, J. T. (1995). Pollution as news: media and stock market reactions to the toxics release inventory data. *Journal of Environmental Economics and Management*, 28(1), 98-113.

[24] Hughes, K. (2000). The value relevance of non-financial measure of air pollution in the electric industry. *The Accounting Review*, 75(2), 209-228.

[25] Jain, A., Jain, P. K., and Z. Rezaee. (2016). Value-relevance of corporate social responsibility: Evidence from short selling. *Journal of Management Accounting Research*, 28(2), 29-52.

[26] Joshi S., Krishnan R. and L. Lave (2001), Estimating the Hidden Costs of Environmental Regulations, *The Accounting Review*, v76, n2, (April), 171-198.

[27] Joshi, S., Pandey, V., and R.B. Ross. (2017). Asymmetry in stock market reactions to changes in membership of the Dow Jones Sustainability Index. *The Journal of Business Inquiry*, 16(1 Spec), 12-35.

[28] Joshi S. and Y. Li (2016) What Is Corporate Sustainability and How Do Firms Practice It? A Management Accounting Research Perspective. *Journal of Management Accounting Research*: Summer, 2016, 28(2), 1-11.

[29] Journeault, M. (2016). The influence of the eco-control package on environmental and economic performance: A natural resource-based approach. *Journal of Management Accounting Research*, 28(2), 149-178.

[30] Khanna, M, W. Quimio and D. Bojilova. (1998). Toxics release information: A policy tool for environmental protection. *Journal of Environmental Economics and Management*, 36(3), 243-66.

[31] Khanna, M. and L. Damon (1999). EPA's voluntary 33/50 program: Impact on toxic releases and economic performance of firms. *Journal of Environmental Economics and Management*, 37(1),1-25.

[32] Krishnan, R. A., Joshi, S., and H. Krishnan (2004). The influence of mergers on firms' product mix strategies. *Strategic Management Journal*, 25(6), 587-611.

[33] Krüger, P. (2015). Corporate goodness and shareholder wealth. *Journal of financial economics*, 115(2), 304-329.

[34] Lackmann J., Ernstberger J., and M. Stich. (2012). Market reactions to increased reliability of sustainability information. *Journal of Business Ethics*, 107 (2), 111–128

[35] Li, Y. and B. McConomy. (1999). An Empirical Examination of Factors Affecting the Timing of Environmental Accounting Standard Adoption and the Impact on Corporate Valuation. *Journal of Accounting, Auditing, and Finance*, 14 (3), 279-313.

[36] Li, Y., Richardson, G. D. and D. Thornton (1997). Corporate disclosure of environmental information; theory and evidence. *Contemporary Accounting Research*, 14(3), 435-474.

[37] Li, W., and R. Zhang (2010). Corporate social responsibility,

ownership structure, and political interference: Evidence from China. *Journal of Business Ethics*, 96 (4), 631-645.

[38] Lin, K. J., J. Tan, L. Zhao, and K. Karim. (2015). In the name of charity: Political connections and strategic corporate social responsibility in a transition economy. *Journal of Corporate Finance*.

[39] Macintosh, J. C. (1999). The issues, effects and consequences of the Berle–Dodd debate, 1931–1932. *Accounting, Organizations and Society*, 24(2), 139-153.

[40] Margolis J.D., Elfenbein, H.A., and J.P. Walsh. (2009). *Does it pay to be good...and does it matter? A meta-analysis of the relationship between corporate social and financial performance*. Working paper: SSRN: http://ssrn.com/. abstract=1866371 or http://dx.doi.org/10.2139/ssrn.1866371

[41] Matsumura, E.Prakash, R. and S. Vera-Munoz. (2014). Firm-value effects of carbon emissions and carbon disclosure. *The Accounting Review*, 89(2), 695-724.

[42] Meyer J.W. and B. Rowan. (1977). Institutionalized organizations: formal structure as myth and ceremony. *American Journal of Sociology*, 83, 340–363.

[43] Möller, A., and S. Schaltegger. (2005). The Sustainability Balanced Scorecard as a Framework for Eco-efficiency Analysis. *Journal of Industrial Ecology*, 9(4), 73-83.

[44] Moon, J., and X. Shen. (2010). CSR in China research: Salience, focus and nature. *Journal of Business Ethics*, 94(4), 613-629.

[45] North D.C. (1990). *Institutions, Institutional Change and Economic Performance*. Cambridge University Press: Cambridge, UK.

[46] Porter, M. E., and M.R. Kramer (2011). Creating Shared Value. *Harvard Business Review*, 11, 30.

[47] Prahalad, C. K. (2006). *The Fortune at the Bottom of the Pyramid*. Pearson Education India.

[48] Oberndorfer U., Schmidt P., Wagner M., and A. Ziegler. (2013). Does the stock market value the inclusion in a sustainability stock index? An event study analysis for German firms. *Journal of Environmental Economics and Management*, 66 (3), 497-509.

[49] Orlitzky, M. (2008). Corporate social performance and financial performance: A research synthesis. In *The Oxford handbook of corporate social responsibility* (ed) Crane A., Matten D., McWilliams A., Moon J., and D. S. Siegel, 113–134. Oxford: Oxford University Press.

[50] Orlitzky, M.(2013). Corporate Social Responsibility, Noise, and Stock Market Volatility, *The Academy of Management Perspectives*, 27(3), 238–254.

[51] Po Keung, I.P. (2009). The challenge of developing a business ethics in China. *Journal of Business Ethics*, 88, 211–224.

[52] Ragasa, C., S. Thornsbury, and S. Joshi. (2011). Are food safety system costs misestimated? *Journal of Agricultural Economics*, 62(3), 669-689.

[53] Reinhardt, F. L. (1999). Bringing the environment down to earth. *Harvard business review*, 77(4), 149-157.

[54] Robinson M., Kleffner A., and S. Bertels. (2011). Signaling sustainability leadership: Empirical evidence of the value of DJSI membership. *Journal of Business Ethics*, 101(3), 493–505.

[55] Schaltegger, S. and A. Sturm. 1995. *Eco-efficiency through Eco-control*. Zurich: VDF.

[56] Schaltegger, S., Csutora, M. and S. Schaltegger. (2010). Sustainability as driver of corporate success. *Controlling-Zeitschrift (Controlling Journal)*, 22(4/5), 238-243.

[57] Schneider, T. (2011). Is environmental performance a determinant of bond pricing? Evidence from the U.S. pulp and paper and chemical industries. *Contemporary Accounting Research*, 28 (5), 1537-1561.

[58] Schrader, A . (2013). *Corporate Sustainability Disclosure in China Evidence from constituents of the CSI 300 index,* China Center for Economics and Business, Conference Board August 2013.

[59] Scott W.R. (2001). *Institutions and Organizations (2nd ed.)*. Sage: Thousand Oaks, CA.

[60] Shao, R. Q., Chen, C. H., Yu, J. L., and G.D. Yuan. (2010). Characteristics and implications of China accounting research from 21st century: Review of papers published in Chinese core academic accounting journals, 2001 to 2008. *Accounting Research*, 2, 19–27.

[61] Sun, M., Nagata, K. and H. Onoda (2011), The current status and promotion of Chinese corporate social responsibility, *Proceedings of the International Conference on Biology, Environment and Chemistry*, IPCBEE, 1, 401-5.

[62] USSIF (2017) US Sustainable, *Responsible and Impact Investing Trends 2016: Executive Summary* (https://www.ussif.org/files/SIF_Trends_16_Executive_Summary(1).pdf accessed Sept 2018).

[63] Wang, H., and C. Qian. (2011). Corporate philanthropy and corporate financial performance: The roles of stakeholder response and political access. *Academy of Management Journal*, 54 (6), 1159–1181.

[64] Yang L. Qun Hui H. and D. Zhu. (2015), *Corporate Social Responsibility Blue Book: China Corporate Social Responsibility Report (Chinese Edition)* Social Sciences Academic Press ISBN-10: 7509781752.

[65] Yang, H. H., Craig, R., and A. Farley. (2015). A review of Chinese and English language studies on corporate environmental reporting in China. *Critical Perspectives on Accounting*, 28, 30-48.

[66] Ye, K., and R. Zhang. (2011). Do lenders value corporate social responsibility? Evidence from China. *Journal of Business Ethics*, 104 (2), 197–206.

中国管理会计
China Management Accounting Review

《中国管理会计》五周年文选集

（下卷）

中国总会计师协会 编

中国财经出版传媒集团
经济科学出版社
Economic Science Press

图书在版编目（CIP）数据

《中国管理会计》五周年文选集. 下卷/中国总会计师协会编.
—北京：经济科学出版社，2022.8
ISBN 978-7-5218-3963-0

Ⅰ.①中… Ⅱ.①中… Ⅲ.①管理会计-文集 Ⅳ.①F234.3-53

中国版本图书馆CIP数据核字（2022）第156347号

责任编辑：于 源 李 林
责任校对：陳立娜 杨 海
装帧设计：陈宇琰
责任印制：范 艳

《中国管理会计》五周年文选集（下卷）
ZHONGGUO GUANLI KUAIJI WUZHOUNIAN WENXUANJI (XIAJUAN)
中国总会计师协会 编
经济科学出版社出版、发行 新华书店经销
社址：北京市海淀区阜成路甲28号 邮编：100142
财经分社电话：010-88191415 发行部电话：010-88191522
网址：www.esp.com.cn
电子邮箱：esp@esp.com.cn
天猫网店：经济科学出版社旗舰店
网址：http://jjkxcbs.tmall.com
北京鑫海金澳胶印有限公司印装
889×1194 16开 33.75印张 660 000字
2022年8月第1版 2022年8月第1次印刷
ISBN 978-7-5218-3963-0 定价：198.00元（上下卷）
(图书出现印装问题，本社负责调换。电话：010-88191510)

CONTENTS 目录

上卷 |

优秀文章

入选文章

下卷 |

入选文章

5 入选文章

“大智移云”背景下的经济社会发展新特征新趋势

——在2018年中国管理会计论坛上的演讲

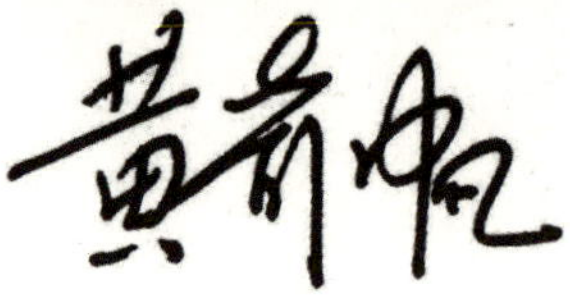

黄奇帆先生是中国国际经济交流中心副理事长。他曾在重庆市工作15年，其中担任常务副市长8年、市长7年，在任市长期间擅长处理经济金融问题，坊间誉称“金融市长”。他也曾担任过全国人大财政经济委员会副主任委员。本文根据作者2018年9月21日在由中国总会计师协会和《中国管理会计》杂志主办的“2018 中国管理会计论坛”上的发言整理成文，经本人阅定。

应中国总会计师协会的邀请，专门就“大智移云”背景下，人类社会和企业、产业有些什么新的趋势特征做一个报告。今天报告分三块：第一块就是把“大智移云”涉及的云计算、大数据、智能化等几个关键词做一个解释，实际上“大智移云”除了涉及云计算、大数据、智能化三个方面外，还包括互联网、移动互联网和物联网。由于时间关系，今天重点讲云计算、大数据、智能化三个关键词。第二块主要是讲大数据云计算、人工智能对于当代社会每一个人，在社会的最基础的细胞环节上对我们的影响，也就是基本面的影响。第三块主要讲“大智移云”对经济、对产业、对企业发展的影响，分析有关新经济、新模式、新趋势。

一、关于云计算、大数据和智能化

（一）云计算

可以把云计算理解成一个系统硬件，理解成一个具有巨大的计算能力、网络通信能力和存储能力的数据处理中心。数据处理中心实际上是一堆服务器，数据处理中心的功能、规模是以服务器的数量来说的，比如2015年北京市有2000多万个手机、2000多万个座机、七八百万台各种各样上网的笔记本电脑、台式电脑，以及七八百万家庭的电视机机顶盒，中国移动、中国电信等电信公司处理所有北京市的上述信息的后台服务系统、数据处理中心拥有的服务器，堆在一起有25万台。上海差不多也是20几万台。像Google处理全世界的互联网上的大数据、数据搜索、智能化处理，它现在的服务器有多少？有150万台服务器分布在全世界七八个地方，现在正在建设的服务器还有一百万台。总之，云计算有三个特点：第一个是数据信息的存储能力，大量的数据存储在服务器里。第二个就是计算能力，每个服务器实质上就是一个计算机，现在的服务器计算能力比20世纪60年代、70年代世界最大的计算机，运算能力还要强。50年前，一个篮球场这么大的巨型计算机，还不如现在一个刀片大小的服务器。第三个是通信能力，服务器连接着各种各样千家万户的手机、笔电等终端，是互联网、移动互联网、物联网的通信枢纽，是网络通信能力的具体体现。所以数据处理中心、云计算的硬件功能，表现为超大规模化的云计算通信能力、计算能力、存储能力，具有虚拟化、灵活性、伸缩性的特点，它以IDC为硬件，以私有云、公共云作为客户服务的接口，就像居民通过水龙头管道向自来水厂买水一样，各类客户以按需购买方式利用IDC的资源，你要用的计算量、存储量、通信量，你要多少给你多少，用多少算多少费用，你不用的时间就给别人用，这样就能有效地、全面地、有弹性地利用云计算架构中的资源，既能同时为千家万户服务，又能使大量服务器不发生闲置。

（二）大数据

大数据之大有静态之大、动态之大和计算量之大三个要点。第一就是数据量多，比如说把一个大英博物馆的藏书全部数字化存储起来，这样一个数据当然是一个大。第二是实时动态变量大。每一秒钟、每一分钟、每一小时、每一天都在变、都在叠加积累。社会上实际存在的手机，70亿人差不多有六七十亿个手机，这样的手机每天都在打电话，每天都在计算，每天都在付款，每天都在搜索微信平台。所有的这些动态的数据，每天不断地叠加，不断地丰富，不断地增长。所以首先是基数大，然后是动态量之大，最后是动态叠加数据量大。量变会引起质变。我们都知道，如果一个人对某些静态的东西拍了几张，那只是几张照片。但是你如果把一个照片每一秒钟拍下来，一分钟60张照片连着看就变成一个实时的电影了。所以大数据首先是把静态的大数据、大量的数据存放着。同时又实时积累每一瞬间的新信息，不断累积。第三是数据处理的变量叠加，不管是动态的、静态的，在人的主观需求下，还会对里边的数据进行不断的处理分析，综合挖掘。这个挖掘计算过程中又会产生复核的计算以后的新数据，这种计算数据也是数据库不断累计的数据。所以所谓大数据之大，一是静态的数据，二是动态的数据，三是经过人的大脑和计算机的处理、计算以后变化了的数据，这些都构成大数据的数据来源。

大数据要变成有用的信息、知识，需要消除各种随机的、不确定的东西，数据在计算机里就是一串英语字母、字符，或者

发表于《中国管理会计》2019年第1期，总第7期。

阿拉伯数字。所有的字母字符数字，可能是混乱的、无序的，数据应用一般有三个步骤，数据—信息—知识—智慧。第一，数据变信息，任何结构化、半结构化或非结构化的数据杂乱无章、本身无用，但经过分析去掉随机性以后的数据就变成有指向的信息。数据变信息的处理过程用的工具有滤波器、关键词，滤波以后提炼出相关的信息。第二，信息中包含的规律，需要归纳总结出来，就成了知识。信息不等于知识，知识改变命运。如果不能从信息中提取知识，每天看再多的手机、电脑信息也没用。第三，有了知识要能够运用，善于把知识应用于实践中解决问题叫智慧，从信息当中综合出规律性的东西那是信息转化为知识的过程。有的人对已发生的事，讲得头头是道，一到实干就"傻眼"，是没智慧的表现。所谓智能实际上就是在信息里抓取有关的决策的意图、决策的背景，最后"临门一脚"能够决策。这个信息和知识就是辅助决策系统，如果它帮助你作出决策，人根据机器作出的决策实施，这个就是智能化的过程。所谓大数据蕴含着人工智能，就在于把杂乱无章的数据提取为信息。把信息归纳出知识，通过知识的综合作出判断，这就是大数据智能化所包含的三个环节。

（三）智能化

第一，人工智能。如何让数据产生智慧？大数据之所以能够智能化，能够决策，能够辅助决策，在人工智能或计算机操作过程中有四个步骤：一是采集、抓取、推送；二是传输；三是存储；四是分析、处理、检索和挖掘。第一条讲的就是不断地在大数据里过滤出有一定目的意义的信息，也就是采集、抓取、推送。第二、第三条讲的是传输和存储，内涵不言自明，大数据之大，不是在抽屉里静态地放着大数据，而是在云里存储、动态传输着大数据。第四条讲的是分析、处理、检索和挖掘，关键技术在于算法，算法是辅助人在非常繁杂、非常巨大的海量的数据空间中，能够迅速地找到目标、找到路径、找到方法的工具。

第二，人工智能依靠大数据在分析、处理、检索和挖掘中产生智能的关键在于大数据、在于算法、在于高速度的计算处理能力。没有数据、大数据的长期积累、重复验证，有智能管理也没有用；有了算法和大数据，没有高速度计算能力也没有用。算法是人工智能的灵魂，它真的变得有灵气是要用大数据不断地"喂养"、重复和训练。在这个意义上，大数据没有算法就没有灵魂，就没有真正的大数据处理的意义。但是如果算法没有大数据来"喂养"，你说你有一个好的算法，数学家想出来了，你怎么知道智能就会变得有效呢？比如我们说去年发生的一件事就是下棋，这个算法其实把人类各种各样的棋谱、高明的棋手下棋的步骤数据全都堆到Google的算法中去转，转了几万次、几十万次。越转越聪明，因为有网络深度学习的模块，转一次就聪明一点。这个过程是一个不断反复、不断学习的过程。

总而言之，人工智能、大数据和这些要素有关，转化为真正人工智能的时候，一靠大数据，二靠算法，三还要靠高速度。

我们人类的发展对工具的使用，就是一个计算能力不断提高的过程。在农业社会，中国人聪明智慧地发明了算盘。算盘一秒钟两三个珠子拨动，算两三下。到了工业社会起步的时候有了电，20世纪20年代有了继电器做的计算机，一秒钟非常快地抖动几十次，这个比算盘要快得多了，快了10倍、20倍。到了40年代，第二次世界大战的时候，发明了电子管，电子管的计算机一秒钟能够计算几万次，比继电器这个几十次要扩大1000倍，非常快了。到了60年代，有了半导体，三极管、两极管做的计算机，这时候出现的计算机一秒钟不是几万次了，而是几十万次到几百万次。到了80年代半导体芯片出来了，由芯片形成的计算机能力就到了一秒钟几千万次甚至几亿次。

中国的超算在10年前达到了亿次，最近2015年前后到了10亿亿次，最新推出一个超算系统已经超过100亿亿次，但是它不是一个芯片，不是一个计算机的速度，是几千个计算机，几千个服务器组合起来的一个矩阵，一个算法。它能够做到一秒钟10亿亿次、100亿亿次，还没有做到一个芯片就10亿亿次。我们为什么非常重视这一个芯片每秒能计算10亿亿次呢？有一本2012年出版的书——《奇点临近》，我建议在座的不管什么行业的人都应把这本书读一下，大概有40万字，都翻一遍，这几年我至少读过三遍以上。这是一本源头级的科普书。这本书里讲到大概人类再过二三十年，人造的机器计算速度将超过人脑。人脑是多少，它提出来人脑是每秒计数10亿亿次，这是科普不是幻想。大脑科学研究人脑的每一个神经触突，一秒钟能两百次抖动，两百次怎么会变成10亿亿次？每个人脑子里有六张脑皮，六个皱褶，之间的神经连接。科学家居然研究出人脑的6张脑皮之间神经的连接方式，是一个几何指数级的连接，相当于200次、200次、200次，有六个200的指数方，这六个200次的几何指数算下来，就是10亿亿次。所以，当计算机到了每秒10亿亿次以上的时候，计算机速度超过人脑，所以叫作《奇点临近》拐点的到来。人工智能超过了人本身智能，大家讨论人工智能最终能不能超过人，人是不是会被计算机圈养，这都是大家经常讨论的，各有各的说法。从科学的角度讲，最近美国人研发出一个量子计算机，它已经跳离了硅材料芯片的概念，而是由量子材料做成的芯片。量子芯片速度是多少？一个量子芯片做成的电脑，它比我们现在一栋大楼安装的超级计算机的体系功能还要大，每秒钟能超过100亿亿次。人工智能的计算能力不断的增强，是人的智慧，是人对工具使用的智慧不断发展的结果。那么这个巨大的计算能力和大数据连在一起，再加一个算法，就把以前要几千小时、几万小时，几十万小时人无法等待的时间，瞬间跳跃了，瞬间穿过了，使得大智慧越来越智慧。

第三，云计算、大数据、人工智能的软件植入在云计算厂商提供的数据处理中心硬件中，对客户形成三种在线服务。云计算的云是一个硬件，是一个具有通信能力、计算能力、存储能力的基础设施（IaaS）。云计算里边放的是什么？除了大数据放到云里外，同时各种各样的算法作为一种服务软件处理也放到云里。所谓大数据公司往往是在搜集、组织管理了大量数据的基础上使用了人工智能算法后为客户提供有效的数据服务，形成一个大数据的服务平台（PaaS）。所谓的人工智能公司，往往是依靠大数据平台支撑提供算法服务，算法软件也是一种服务（SaaS）。他们共同形成了“大智移云”的三大功能：第一个是IaaS，就是基础设施作为使用的服务。第二个是PaaS，是大数据的平台作为使用的服务。第三个就是SaaS，我们说的软件，算法软件也是一种服务。这三个字符、词组代表了“大智移云”三兄弟三种功能不同的软件。

以上是我为大家做的有关大数据、云计算、智能化的科普解读。“大智移云”离不开互联网、移动互联网和物联网。一句话解释就是，互联网的时代是PC（个人电脑）时代，移动互联网的时代是手机加笔电的时代，物联网时代就是万物万联的时代。时间关系，“大智移云”的科普就讲这些。

二、“大智移云”对人类社会的影响

“大智移云”对每个人来说，都会碰上并使我们生活方式发生重要改变的事情是什么？我觉得有五个方面的事。

（一）货币

因为任何人只要活在社会上总要用钱，货币是一个国家和国家、一个地区和地区、一个人和另一个人各方面发生社会关系，市场交换关系少不了的。人类的货币变迁可以从维度、空间和价值三个脉络来了解。第一个就是从原始社会到农业社会到工业社会到现在，货币的形态从多维的、三维的、两维的、一维的维数越来越少的一个发展过程。在原始社会那时候没有货币，那么就物物交换，物物交换有一个原理，我认为我的东西没有你的好，你的东西给我更有用，所以我才会把我的东西给你，要你的东西。反过来他那边也认为我的东西在他那边会发挥更大作用，他把他的东西换给我，他划得来，很愿意跟我换，两个互相愿意就产生交换。各种各样的东西不可比，无法对称。总会想出几个有特征的，原始社会毛皮，或者是海边看到了贝壳觉得很漂亮可以装饰。也就是说把原始人认为有价值的东西拿去换其他的价值低的东西，也会出现类似于货币功能标志性的货品。因为这东西是不统一的，我们可以说它是一个多维的事情。到了农业社会基本上商品越来越多，就开始以黄金、白银或者是铜币等标志性的贵金属作为货币中介，这是三维的贵金属货币。到了工业社会变成纸币，GDP越来越大，商品价值量越来越大，如果还要用黄金来比价，哪怕每一克黄金卖1000美元，现在全世界有的黄金也代表不了全世界70万亿美元的GDP。所以再用这样的贵金属作为货币，是无法推进社会发展的。由于这个原因，人类社会发明了纸币，厚度不算，可以算成一种两维的货币。到了20世纪80年代，货币的电子化越来越发达。随后，电子钱包、信用卡、储记卡、手机支付迅猛发展。实际上，电子化的货币或数字货币本质上就是一串符号，是一维的。总之，可以这么说：现在的数字货币是一维的；近几百年工业社会的货币是二维的；农业社会几千年的货币是三维的；几万年的史前社会是没有货币的物物交换，可以算多维的。这是人类社会货币变迁的一个特点。大家可以从维度上看到人类货币发展的一个历史。

第二个特征是货币辐射的空间越来越大。原始社会的那种物物交换，基本上是一种局限在一个很小的部落范围的交换。到了农业社会基本上是一个诸侯国一种铜币，在本国流通。东周列国或者战国时期，每个国家都有自己的货币。所以说农业社会的货币辐射范围比原始社会要大，但还是小国的范围。工业社会它的纸币辐射面就大了，基本上一个大国一种货币，美国是美元货币，中国是人民币货币。当然小国也有货币，地区也有地区的货币，如香港有港币，全世界有一百多种货币或者地区货币，这又是一个方面。到了数字货币的时候可以这么说，数字货币一旦产生就是全球化的，无论海关也好，政府的边界管制也好，无法从走私的角度、关卡的角度守得住、管得住它的流动，比特币洗钱没有边界，就和这个数字货币特性有关。但是比特币本身大起大落不稳定，不适合真正作为人类的货币。

人类社会货币的第三个特性就是变现交易方便并有比较稳定的价值。这种价值包含着三要素：第一个是有政府主权背书的法定货币，这个是不能少的。第二个大体是稳定的，也就是说一定时间币值基本稳定，除非发生很特殊的危机，一般是稳定的。第三个就是不能伪造或不容易伪造，纸币不能伪造，黄金不能伪造。到了电子货币同样要有不可篡改、不能伪造等这些特性。

讲这段是为了说明，“大智移云”背景下很特殊的一个概念就是会刺激数字货币的发展，一些主要国家的货币研究所，实际上都在研究数字货币。这个数字货币会从银行的账户系统到老百姓和各种企业使用的各种电子钱包，形成双层构架的体系。最重要的就是即使是数字货币也不能随心所欲来印刷，不管是数字货币还是纸币，还是历史上流通的铜钱，都是和GDP的规模有关，跟实体经济的规模有关，跟一个国家的税收能力有关，如果你这个国家滥发货币，你的税收只有十个亿，货币发了一百亿，那么一定是通货膨胀，最后货币贬值没有信用，整个经济系统会崩溃。这就像委内瑞拉最近发生的货币崩盘造成危难那样。在中国历史上，类似的货币滥发引发灾难的例子是宋朝，宋朝武备不行，它的国力从盛世迅速衰退，很重要的原因就是通货膨胀，当时是乱铸铜币，把这个铜币成色越做越小，看中国钱币史的话，会看到宋朝是中国封建社会、农业社会通货膨胀最厉害的一个典型，以至于整个国家最后货币体系崩盘、大乱，造成整个国家国力衰退。

我们说不管什么货币，最终总是和GDP有关的，GDP跟税收有关，发行货币的权力不是中国人民银行赋予的，中国人民银行只是具有发行货币的职责，央行发行主权货币的后盾是一个国家的税收，一个国家GDP多，税收就多，基础货币也可以相应多发一些。税收是国家财政的主体，财政是国家主权货币强不强的后盾。因为央行印出来的货币相当于央行债务、政府的债务，你欠别人的债，老百姓拿了你的钱买东西，最后你这个欠债是怎么平衡的？是跟国家每年的收税能力相平衡的，政府有权力收税，通过收税把自己的负债不断平衡、收支平衡。以前是依据金本位发行货币，你有一千吨黄金，你每一克黄金代表多少货币，要严格按比例来印。大科学家牛顿当年还是伦敦皇家造币局局长，他发明了金本位，每一盎司黄金，印多少英镑，金本位是从牛顿开始的。当然金本位背后还是经济实力，淘金、冶炼消耗大量劳动力，足以跟农业的劳动力、各种商品来对价平衡。我讲这段的意思是，对任何一个国家，不管用什么货币，都不能滥发货币，都要与经济发展、GDP、税收增长相对应。货币增长的平衡规则就是每年GDP的增长率加通货膨胀率，再加上一个变通的系数、平减系数，大体等于M2增长率，这是一个概念。

除了央行有造币功能之外，商业银行也有造币功能，体现在运行中对基础货币、流通中的货币的乘数效应。最近这些年，由于电子技术的变化，我们的商业银行的造币能力有了极大的增强，这是值得关注并予以管控的事情。大家看一下20世纪80年代前后，中国人民银行发行的流通中的现金M0假如有1亿的话，最终形成的M2大体是5个亿，乘数效应是1：5左右。大家注意到最近几年商业银行创造货币能力有了极大的提高。我国目前的基础货币有30多万亿，扣掉外汇储备的20多万亿，所谓的流通中现金M0是8万多亿，但是我们有170万亿、180万亿的M2，扣掉一些其他因素，杠杆率或乘数效应至少也有十七八倍，我们创造了世界之最，怎么会变成1:17、1:18的呢？这些年，我们商业银行发生了两个变化：第一个是商业银行表外的业务大大增强。非银行的各种各样的金融机构，在10年里增加了几万个。在体制外、表外周转的资金量，总量有100万亿，几乎看不到货币现金，都是电子商务汇票、付款结算电子来电子去的。第二个是老百姓的支付宝、微信支付，各种各样的手机变成了钱包、信用卡、储蓄卡，ATM机到处在使用，所以现金在市场上的流通量大量减少，货币数字化使货币的乘数效应、杠杆效应大大增强，这又是一个方面。总之，“大智移云”方式的变化对我们移动支付自动系统、结算方法，表外资金的处理系统，以至于商业银行的造币能力、杠杆能力有着极大的影响，以至于人们生活支付方式、管理部门对货币流通的监管方式都将发生深刻变化。

（二）支付

有了货币当然就有支付，这个支付与每个人相关，与每个企业相关，与社会上任何成员都相关。在支付这方面有四个问题、四个层次的支付方式在改变着社会和每个人的行为方式。

第一层次讲个人层面。每个人手里拿一个手机，这个手机都具备了支付宝功能、微信支付功能，一下使中国的电子支付穿越并覆盖了信用卡时代。2000年，我国加入WTO时，有一个条款就是各国的信用卡公司想进入中国市场，有15年的过渡期，2015年8月就到期了，中国政府按照约定协议开放了信用卡。但就在这15年里，中国自己运营的信用卡的银联管理公司，发展也就一般。但是我们的支付宝系统、微信支付系统、手机支付系统这一块已经有了铺天盖地覆盖14亿人的市场。商店几乎所有的柜台都是扫一扫二维码。拿200元钱付钱，柜台里面没有现金，还要叫经理到里边拿出一个口袋换一下现金。这种形态比比皆是，甚至有的地方出现歧视人民币现象，商店不收人民币，当然中国人民银行知道以后发出通知，说人民币是法定货币，任何企业不可以拒收人民币。事实上，中国的电子支付系统普及世界之最，2016年中国手机支付总量约9万亿美元，美国则是1200亿美元。这个支付系统又留下了14亿人支付系统的场景。每个人一个月付了多少钱，又打进去多少钱，这个用钱的场景都在市场里留下了信息。这就为互联网金融奠定信用的基础，这种数据在一般的银行都掌握不了，但是互联网平台公司能掌握这个数据。

第二层次是讲企业层面。就是我们说的第三方支付系统的出现。互联网上的一切交易体系都是由第三方支付来交易结算，凡是通过一个B2B网站交易，有协议、付款、物流三个环节，网站上只是确认了双方之间的贸易协议，并不能直接的一手交钱，一手交货！网站上的各种公司贸易协议成交以后，一定由另一个手把钱交给专业的支付公司，专业的支付结算公司拿到了你的钱，通知网络上B2B商家，然后卖方通知物流公司把东西送到买方手中。任何一个电子商务都有三条平行线、三个平台，一个是商业合同协议的平台，还有一个就是物流平台、送货的公司，再有一个就是支付结算的平台、第三方支付平台。这三个部分是网络运行的基本模式，是安全运行、良性循环的模式。因为如果一手交钱一手交货，网上的人不见面，我把你的钱挪走了，货不到位怎么办？最后不安全。阿里巴巴是马云公司的总称，具体的电子商务由淘宝、菜鸟、支付宝三个平台构成，当然支付宝不仅可以为淘宝B2B、B2C做商务结算，也可以通过网络为老百姓手机支付做结算。建立在移动物联网基础上的第三方支付一旦产生以后，又与大数据、云计算相结合，可以衍生出许多新的金融业务。比如对用户使用场景做大数据信用分析，可以为互联网小额贷款（以下简称“小贷”）公司提供客户的信用基础。又比如利用第三方支付系统为成百上千家小企业做会计出纳支付结算的专业平台，市场上有上百家小型的面包店、馄饨店、大饼油条店，如果开一个个体户的小商店，我又要前台做事，又要后台算账，又学会计，又做出纳，还要做许多其他事。其实对许多小微企业来说，是很不划算的。对一个小微企业来说，做得了这个，做不了那个，专门去聘会计成本又有点高。现在，把上百个这样的公司的前台与后台分离，把小公司的会计出纳业务打包了，利用第三方公司做专业后台，让上百个小公司人员专业地做前台服务顾客业务。各个小微企业业务本来是个体的互不相关的，但在第三方支付公司看，互联网的后台服务让他们成为一个群体，有一个平台联系着。把一个小的业务，分成前台后台，通过网络统一安排，这是现代支付结算的第二层次，第三方支付的层次。第三方支付作为金融业务，要有金融牌照许可的。这几年，中国人民银行发出了几十个这样的牌照。

第三层次是业态层面。由于每个老百姓手中有了手机随手可以电子支付，而且信用和职责都很牢靠，手机二维码因为绑定了他的信用卡、储蓄卡，这样的信用使得所有权与使用权的分离租用、使用方式也变得方便了，从而产生了一种新的共享业态，一种能促使资源优化配置、所有权不变、使用权租用共享的业态。所谓的共享单车、顺风车能够蓬勃发展的基础性环节，就是手机支付。如果没有支付宝，没有微信支付、手机支付，所有的这些共享业务是无法开展这类业务的。如果使用现金买和卖，像一般出租车付现金的方式，共享单车根本无法正常循环运行，因为共享单车运行时，自行车上的二维码用你手机一刷拿了就走，你用车的时段，通过手机打卡、开锁、闭锁，它将时间计算的一清二楚。所以罚你的款也好，收你费也好，扣你的款也好，你想赖都赖不了。同样，如果没有手机支付，滴滴打车平台公司根本无法控制一个城市几万辆顺风车的运行程序。顺风车收了多少钱，怎么交份子钱，无法控制。所以，由于有了支付方式的变革，使得企业在业态层面有了极大的创新。所有权与使用权分离，买东西不再是买了所有权一辈子使用，转变成只用某一个时段。其他可以分段出租，而分段出租的信用是和你的支付卡联系在一起的。相信以后，共享的办公室，共享的各种家具，或者是各种产品，共享各种工具都可以通过随时打卡收费而蓬勃发展。

第四层次是国际贸易的货币结算支付。企业在做国际贸易、跨境贸易的时候，国内企业和国外企业之间结算清算，会涉及外汇结算，是一个国家货币与另一个国家货币直接支付结算，还是以美元为中间价结算。现在，我国的人民币已经可以与一些国家做跨境人民币结算甚至在某些国家之间已经可以拿人民币做中间价结算，在人民币跨境支付系统（CIPS）上线之前，人民币跨境清算高度依赖国外的SWIFT系统。全世界各国之间做贸易只要涉及结算都有一个公司在结算，是谁呢？这个机构叫环球同业银行金融电讯协会（SWIFT），从第二次世界大战结束到现在70年了，全世界近万个银行都参与了这个协会。前些年一年约结算300万亿美元，现在预计约500万亿美元，每天约1.5万亿美元。这家公司怎么收费呢？一般按结算量的万分之一收取费用。所以它的利润是非常高的，是全世界独一无二的垄断平台。这个平台方便的地方是全世界上万家银行在里面清算，有规模效益，很安全，网络技术也很科学。但是高度依赖SWIFT系统是存在一定风险的。从历史上看，美国就借助SWIFT系统发动了几次金融战争并取得了成果。比如，在十多年前，美国财政部通过对SWIFT的数据库进行分析，发现了欧洲商业银行与伊朗资金往来的渠道，美国随即以资助恐怖主义等为借口，要求欧洲100多家银行冻结伊朗客户的资金，将继续为伊朗提供金融服务的银行列入黑名单。正是因为跨境结算上高度依赖SWIFT存在一定风险，早在2012年初中国人民银行就决定组织建设CIPS。在2015年10月开始的一期建设中主要采用实时全额结算方式，为跨境贸易、跨境投融资和其他跨境人民币业务提供清算、结算服务。未来的二期将采用更为节约流动性的混合结算方式，提高人民币跨境和离岸资金的清算、结算效率。在中国推行“一带一路”倡议的情况下，在不久的将来，人民币跨境支付系统（CIPS）将落户上海，不仅有利于上海成为全球重要的国际金融中心，还有助于更好地实现人民币国际化，为“一带一路”倡议服务。

我讲这一段是要说明，中国的互联网、电子商务、销售支付清算，在第一层做到了世界之最，在第二层也是铺天盖地，到了第三层尽管经验还不多，教训也有一些，但也是不断地在开拓进取，有一定的成就。但是在第四层，总体上还在探索，如果在今后若干年，我们有某个大数据、云计算网络清算平台能够把第四层国际贸易的货币结算业务，首先是在国家的跨境投融资、跨境人民币业务清算方面把CIPS做起来，继而能在“一带一路”上做起来，这将是极具战略意义的事。CIPS的真正发展，一靠网络技术，二靠人民币在国际货币市场地位的提升。当十年、二十年以后，人民币逐渐成为各国都能接受的结算货币、自由兑换货币，CIPS也会在国际贸易上能像SWIFT那样发挥功能性作用。这件事做成了，善莫大焉、功莫大焉。

（三）智慧城市发展

智慧城市概念源于2008年IBM公司提出的“智慧地球”理念，是数字城市与物联网相结合的产物，被认为是信息时代城市发展的大方向、文明发展的大趋势。其实质，就是运用现代信息技术，推动城市运行系统的互联、高效和智能，赋予城市智慧感知、智慧反应、智慧管理的能力，从而为城市人创造更加美好的生活，使城市发展更加和谐、更具活力、更可持续。智慧城市是新型城市化的升级版，是未来城市的高级形态，是以大数据、云计算、互联网、物联网等新一代信息技术为支撑、致力于城市发展的智慧化，使城市具有智慧感知、反应、调控能力，实现城市的可持续发展。从战术层面推进智慧城市建设，还务必要把握其内在逻辑规律，抓住两个关键点。

第一，智慧城市建设的基础是万物互联。世界是普遍联系的，事物的普遍联系和相互作用，推动着事物的运动、变化和发展。随着手机等智能终端和移动互联网的普及，全球70多亿人口已打破地域限制，实现了人与人跨时空的即时互联，这深刻改变了人类社会的形态和生产生活方式。当前，我们正步入物联网时代，5G通信、物联网、云计算、大数据、人工智能等现代技术的迅猛发展，让物理世界数字化、智能化成为可能，推动自然世界与人类社会深度融合，从而将人与人之间的沟通连接逐步扩大到人与物、物与物的沟通连接，一个万物互联的时代即将到来。智慧城市正是以此为支撑的城市形态。推动智慧城市建设，必须全面掌握并熟练运用互联网时代的新技术、新理念、新思维，更加科学主动地推动“城市”与“智慧”融合，否则，很难有大的突破。

第二，智慧城市建设可分为四个阶段循序渐进。从大逻辑来讲，智慧城市建设起码要经历四步，首先让城市的物能说话，其次让物与物之间能对话，再次让物与人能交流，最后让城市会思考。这决定了智慧城市建设分为四个版本：1.0版是数字化，这是智慧城市的初级形态，目的是让我们生活的世界可以通过数字表述出来；2.0版是网络化，就是通过网络将数字化的城市要件连接起来，实现数据交互共享；3.0版是智能化，就是在网络传输的基础上实现局部智能反应与调控，如智能收费、智能交通、智能工厂等；4.0版是智慧化，就是借助万物互联，使城市各部分功能在人类智慧的驱动下优化运行，到了这个版本，智慧城市才算基本建成。这四个版本，前一版是后一版的基础，但又不是截然分开、泾渭分明。推进智慧城市建设，要循序渐进、适度超前，但不要好高骛远、急于求成。

（四）人们生活的变化

“大智移云”给人类的学习、工作、生活娱乐等方面都带来深刻变化。

第一，青少年学习。每个人都有读书阶段，都要上小学、中学、大学，学校教育质量有三六九等，因大城市、小城市或农村的区位不同，因师资能力、学科建设的差异带来小学、中学、大学教育水平的不同，这是客观的现实。但是在“大智移云”时代能够把最好的大学、最好的教授的授课过程通过远程教育网络展示给学生。比如，哈佛大学从教材到老师讲课再到提问回答的整个场景，通过网络传递，全世界各地的学生都能同等接收到。不管小学、高中、大学都可以通过远程教育把整个社会不同水平的学校的差距给拉平，从而缩小鸿沟。

第二，成年人在工作时间的学习、业余时间的学习、终身的学习都可以通过互联网来进行，包括学英语、学金融、学各种各样的专业。你可以网上付200元钱学一门专业课，总体学费成本并不高，因为可以同时教给几千人甚至几万人。教授只要讲得好，收看的人就多。开始可能只有几百人，后来就变成几千人，甚至全国各地几万人。如果都交你200元，那你收入是多少？成本是一样的，你教一万人、教一千人，或者教一百人成本是一样的。所以这个是学习场景大变化。

第三，由于“大智移云”发展，管理人员、技术人员、生产车间工作人员的工作条件、研究条件都发生了变化。举个例子，讲话的时候是即兴演讲，没有稿子，谁帮你做录音整理呢？科大讯飞是好帮手，可以用科大讯飞的翻译机终端把我的每一次课堂授课、论坛发言、讲座报告录音下来，上传到它的云接口，一瞬间就能根据录音将几千字、几万字的讲话从语音翻译成文字稿传送给我了，人工智能的语言变文字虽然会有些误差，除了因为我的脱口演讲、普通话五音不全等因素导致段落不分、同音不同字、标点符号乱注等问题之外，基本上有95%的准确性，打出来后，花半个小时自己修改几遍就行了。可以说一个科大讯飞的翻译机几分钟的工作代替研究室两三个人两三天的工作。

第四，为生活娱乐等方面带来了显著变化。今后，人们在各种娱乐活动或者居家生活的过程中，使用智能房屋、智能家具、大屏幕电脑、3D打印机或者是娱乐机器人、教育机器人等智能系统越来越多，届时小孩、老人可以与机器人做生活、学习、娱乐的伴侣。这些方面，都会生动地影响人类生活娱乐的世界。

（五）医疗保健的根本性变化

人类的智慧使自己长寿。从250万年前非洲猿人迁移到各个地方，这还只是猿人。真正进入跟现代人差不多的智人是在一万年前后形成的。猿人的平均寿命是十几年，史前的智人、原始社会部落人群的平均寿命延长到20多年，翻了一倍。到了农业社会，生活条件改善，人类平均年龄能够到40岁左右，所以，那时的古语是人生七十古来稀。到工业社会又翻一番，现代社会人的平均年龄在70多岁，接近80岁。再接下去到新的时代，人类的平均年龄正在朝100岁、120岁方向延长，《奇点临近》那本书讲了这件事，他讲人类身上每个元器件正常的生物学寿命是150岁，活到六七十岁就死亡是因为某一个部件出了毛病，就带动整个身体死亡。现在，随着人工智能的发展，有生命特征、生物特征的微观智能器件今后能替换人的五脏六腑。什么零件坏了换什么零件，最后人的平均年龄可以上升到120岁，到那时候，遇上150岁的长寿老人也不稀奇。

“大智移云”会给人类的医疗保健带来巨大的促进。我们人类有免疫系统，有三分之一的病其实不看也会好。还有三分之一的病看了也白看，医生没能力看好它。还有三分之一的病不看不会好，看了才会好。所以正常的医疗体系应该在这三分之一看了才会好的方面发挥主体功能。三分之一看不好的其实就应该是精神安慰，愉悦自己。进行各种治疗，治疗半天反而短命。怎么充分利用大数据、云计算、远程诊断，把不看也会好的和看不好的这两类病处置清楚，其实是人类的医疗技术进步。既能节约人的医保费、社会保健费用，又能够使人类最终延长寿命。这也是一个方面，总体来讲是大数据云计算表现在人的保健医疗方面。

人们常说，农业化使人活下来，工业化使人强起来，智能化使人聪明起来。这一说法，大体确切，但不精确，因为人类的每一个进步，都是在不断地聪明起来。由于有了人类智能的不断提高，才有了人类从旧石器时代到新石器时代，从青铜器时代到铁器时代，从农具时代到机器发动机时代，才有了使用工具的不断进步；由于有了人类智能不断提升，才有了人类从史前利用自然雷火到钻木取火，到利用煤炭、石油、天然气、风力、水力、核能的能源利用能力的不断提升。人类自身的发展和进步，本质特征是大脑智慧的发育、发展，由于智能的提升，人类产生了语言、文字。由于有了语言、文字，人类的智慧知识有了交流、传递和积累，产生了不论是迷信图腾还是宗教信仰或是理想信念、价值观的信仰；由于人类有了语言、文字和智慧，产生了人类社会和组织。正是人类智慧的发展，产生了人工智能，产生了“大智移云”时代。总之，人类在创造和驾驭工具中发展自己的能力。在智慧的光芒中发展人工智能，不用担心人工智能的智慧发展超越了人类。人类智慧的发展史证明，人类一定会在工具的智能化发展中变得更智慧。

三、“大智移云”对产业发展的影响

“大智移云”时代使我们进入了一个数据价值时代，数据就像传统资源、能源一样有价值，成为企业竞争力的一种标志。大数据能使我们工作精确，大大提升工作效率；能告知我们一些事物间的因果关系，让我们在不明确因果关系时了解一些事物间的相关性，从而增强预测性；能帮助企业把握全流程、全场景、全产业链、全样本信息的能力，而不仅仅是抽样调查的信息，能使工业制造由客户定制产品，使电子商务更智能，使产业链金融、贸易支付、信用媒介更加安全，付款周期更加缩短，货物周转成本快速下降。数据挖掘形成的智能特性，不仅能帮助人快速找信息（搜索引擎），也能帮助信息找人（推荐引擎），具有机器懂人的智慧，从而主动帮助人们解决问题，做好该做但还没想到的事。就产业发展而言，有五个方面值得重视。

（一）工业 4.0：“大智移云”背景下的工业制造业

在大数据云背景下，产业企业发生了一些重要的变化特征，这方面第一个变化当然是制造业，就是我们所谓的工业 4.0 这一概念。能被称为工业 4.0 的企业，一般具有互联、数据、集成、转型四大特点，就是企业的仪表、生产线、车间、管理部门、供应链、研发、运营、产品客户、消费者互相实时联通的数据、信息互联互通、实时集成、信息反馈，使得整个工厂企业从传统制造转向个性化定制，实现生产过程柔性化、个性化。具有这种功能的工业 4.0 企业，充分利用了云计算、大数据、物联网、人工智能、工业机器人、智能传感器、机器视觉数据采集器、智能物流、网络安全等信息技术。工业 1.0 讲的是蒸汽机时代，工业 2.0 讲的是电器化时代，有了电以后，电动机、发电机各种各样的电气化时代的工业。工业 3.0 讲的是自动化时代，工业 4.0 讲的是智能化时代。最经典的工业 4.0 的案例就是现在的集成电路的制造厂。12 寸的芯片企业，小则 70 亿美元，大则 150 亿美元。占地差不多 1 平方千米。150 亿美元投资一座芯片厂，将 100 万平方米的厂房划分成几个车间，非常大的块面。里边的机器设备堆得满满当当。但是整个厂区里面，你看不到几十个人，里边全是机器人在转。十多年前，我们参观集成电路厂车间还有很多穿着白大褂的人，一个车间至少可以看得到几十个人。整个集成电路厂车间同时上班也会有几百人。现在，150亿美元投资的一个大型集成电路企业，一个盘片从投入制造到流水线生产出来变成芯片，24小时在机器人搬运操作下，不断地在运转，要周转几万道工序，要二十几天，才能变成芯片、变成产品，从流水线上下来。每一个客户要什么样的芯片，只要一下订单，然后芯片样图设计原材料、辅助材料的供应，以及下游封装测试的去向定位，都在电脑里配送好了。信息都是互通的，配送好就送进了工厂。工厂里的机器人流水线全都这么协同运作。关键是什么？每一个芯片的尺寸看上去只是一个点，非常小。但是它包含着非常复杂的图形，一放大开来，这个图纸堆起来是巨大的一叠图纸，像这座房子，堆满了图纸，非常的复杂。每一个芯片的图纸都归档，一个12寸的硅片一般可以做几百、几千个芯片。一个大型芯片厂一个月消耗15万张盘片，一年消耗180万张盘片，做出来的芯片数量是几亿、几十亿个芯片。每个芯片档案都在云计算数据库里放着。任何时候都会将信息终身留存。这样的工厂，数据和信息互联互通、实时集成、自动化运作，生产过程中各种资源配置柔性化。你看了，就知道工业4.0的基本特征是什么了。

所以，工业4.0是当代人类社会机器人运作的最高境界，这种境界有三个特征：一是车间里几乎没人，全是机器人，机器人代替人进行高精尖的运转。二是整个车间，整个工厂可以算成一个人，全是自动的。整个工厂大脑决策思考怎么操作，怎么运算物流，可以把整个工厂当成一个人自动化在运转。三是跟整个市场密切联系。产品的需求、市场的定制、市场个性化要求，都在事先设计之中，在流水线中运行，生产的这个芯片不是一批一批地做，不是按同一批次、同一种芯片做，而是每一个盘片的芯片都是有不同要求的，因为指令进去以后，机器人能够非常高速度地运作，但又是个性化地生产。

（二）产业链集群："大智移云"背景下的加工贸易集群化转型

在"大智移云"的背景下，传统的加工贸易，来料加工的转型升级，也会发生重大的变革。在20世纪80年代末90年代初，中国制造业发展的很重要一块叫加工贸易，即来料加工。它的运作特点是零部件原材料在外，在中国沿海加工，加工后的产品向全世界销售，所以叫"两头在外，大进大出"。它的原理是制造工业进入了水平分工阶段，把一个整机产品中的各种零部件、原材料制造，包括物流，不再由一个企业、一个公司大包大揽。这个成本最高，应该把每个环节分包给最擅长该业务的企业，这个外包的过程就可能把一个电脑一千个零部件分包给七八百个企业。让这些专业化的企业专业做这些部件，产品质量又好成本又低，规模又大。按照这个原理就出现了"大进大出"，零部件原材料在全世界，制造组装基地则在中国大陆，这是一个方面。

传统加工贸易的缺点是什么？一是物流成本偏高，二是产业链黏合度较脆弱。物流过程总有刮风下雨，总有延误。同时，物流当然会有物流成本，不能说10美元一桶的油，便宜到运输不要成本了。时间也是成本，运输能源也是成本，还有各种各样运输事故损耗带来的不测风险也是成本。所以这个世界是平的也是不平的。哪个地方垂直整合一体化，物流半径、原材料半径、服务半径在一两个小时半径内形成集群是最有效率的，这种产业链垂直整合的集群式发展，不仅可以使产业链的上中下游企业之间的资源要素实现有机整合，避免行业内的供需错配，使供给更加精准有效，还能通过产业链条上生产技术和工艺的良性竞争，推动企业不断创新，促进优胜劣汰，延长产业的寿命周期，实现产业能级的快速跃升。更具现实意义的是，能够有效降低物流等成本，补齐创新等短板，形成核心竞争力。产业集群发展模式，能为地方政府调结构、转方式起到核心支撑作用，并具有持久的竞争力和生命力。

具体方式上，要推动三种集群：首先，是上游、中游、下游的产业链集群。比如说汽车产业，一辆汽车有上万个零部件，要形成支柱，就要把上游零部件产业的百分之七八十都实现本地化生产，形成上游、中游、下游产业链集群。其次，促使同类产品、同类企业扎堆形成集群。当一个大产品产业链集群形成之后，那么它的上游原材料、零部件配套产业既可为这家龙头企业服务，也可为那家企业服务，这就有条件把同类产品、同类企业扎堆落户，形成集群。这样，只要形成了这种同类企业集群，即使有个别龙头企业遇到困难，但就产业整体而言，是稳定的，是持续向上的，整个产业集群就能健康发展，从而能避免一个地区的经济大起大落，进出口大起大落。再次，围绕制造业形成生产性服务业和制造业集群。任何一个产业领域都会有研发、生产、物流、销售、结算等生产性服务业多个环节。比如，产品在全球销售、在全国销售，就会使得与结算、物流相关联的各种各样的服务型企业集聚扎堆，要围绕着制造业集群来布局并促进生产性服务业企业集群化。

总之，企业三大集群的发展方式，实现了现代产业水平分工和垂直分工两种理论的完美结合。我们知道，企业不可能“大而全”“小而全”地干，为此，过去龙头企业、品牌企业抓住品牌、研发和销售结算体系，把各种零部件制造和整机组装以水平分工分包给各类最有投资效率的企业，这种分工对一个龙头品牌企业来说，是合理的，能降低成本、提升效率，形成良性的竞争力。但对一个地区来说，如果产业发展没有形成产业链，重点招引的组装等制造环节可能处于“微笑曲线”低端，除了提供了大量的就业岗位外，没有太高的附加值，同时加工基地很不稳定，随时可以“拎包走人”，企业很容易转移到其他地方。所以，一个地方要形成国际化主打产品的核心竞争力，就要在全产业链上下功夫，以垂直整合的方式，把研发、材料与零部件制造、物流、仓储、结算、销售等高端环节与整机组装制造集于一地，既实现了成百上千个企业与龙头企业的水平分工，又实现了上中下游产业链在地区的垂直整合，推动制造企业在行业内、产业链内、地区内互联互通。

这个三大集群的发展模式，既符合水平分工，又符合垂直整合。这样的集群模式，还符合工业制造4.0，这个逻辑就是个性化的配置。任何一个产品一旦有了个性化的配制，很快的留存资源配置就起来了，这个资源配置如果在全球运输各个方面就无法控制。如果基本上百分之七八十的零部件在一个地方，这时它的定制系统、信息通信系统，各种物联网的系统。一个定制要求产生、决策配送，基本上一个小时、两个小时就把这个产品的配制做好了。所以就形成了一个放大了的 4.0 工厂，实际上是一个工业 4.0 的产业链集群。这个集群是很有战斗力的，所以特朗普说美国工业再造，美国制造业要重新发展起来。要让海外的美国企业搬回美国去，这难在哪儿？代工企业、龙头企业要搬回去并不难。但是要把一个上中下游产业链涉及几百上千的企业集群化的体系一起搬到美国去，非常难，没有五年布局做不起来。特别是这个体系都按照物联网、互联网、大数据、云计算，按照工业制造 4.0 的配制体系形成了一个有灵气的、有灵魂的组合，要把这个系统都搬回去很难。企业不会因为增加点关税就搬回去，或者是减一些税收就搬回去，它要么不搬，要搬就要搬一个集群体系。这就意味着传统的加工贸易很容易搬走，但是最近这些年里，中国内陆、沿海按照工业 4.0，物联网的架构形成了一些产业集群，是具有很强竞争力的，是不容易搬动的。中国制造业今后真正的竞争力，就靠三个。第一是科研驱动，创新驱动。在战略性的、基础性的科技开发上，能自主发展。第二个很重要的是全产业链的集群，全产业链集群一旦形成，就会有集群竞争力。第三是按 4.0 要求形成物联网的、智能化的运转，这个很重要。

（三）供应链金融："大智移云"背景下的供应链发展转型

前几年，经济脱实就虚，各种金融机构小而全、大而全，银行的做信托，信托的做证券，金融企业热衷于集团化、全牌照。很多的工业商业企业、非金融企业也热衷于跨界运作，很努力地申请金融牌照，申请金融牌照不是为自己产业链服务的，而是在与本公司业务不相干的金融市场中找业务。因为金融系统利润高，大家跨境经营都去做，以至于金融业虚火上升、脱实就虚、杠杆叠加、风险累积、乱象丛生。目前，金融界正在按中央要求进行去杠杆、防风险、加强新形势下资产管理业务、跨界业务的整顿，非银行金融机构出路在哪里？就在产业链金融。那些不务正业做金融的最近几年很多都赔本，重庆有一个非常有名的民营企业，规模几百亿。前几年，它也热衷于做金融，做小贷。它做小贷不是围绕自身企业的产业链上下游配套企业提供小贷融资，而是在陌生企业群众放贷款，由于没经验，借出去

30亿元，坏账20多亿元，陷于困境之中。那么，产业链金融应该怎么做？产业链金融作为一个龙头企业，其上游、供应链提供原材料等各种各样的东西，做一个小贷公司，看起来是小金融机构。但是就把几千个为你配套的企业串在一起了。其下游就是你的货放出去了，人家要付你款，用你的产品的，买你产品的那些企业。它也有一个金融，也是一个供应链，不管是小贷、保理还是租赁。实际上业务信息是全产业链的，是有背景的，是可靠的。那么一个企业本来人家给你提供货物，你因为是大企业，可能3个月后才付款，会造成上游企业的资金周转困难。如果你是小贷公司或者是保理公司，他给你供货你本来就要付他货款。货款拖了3个月，先用保理。人家拿到货款回去了，当然要付点利息。保理的钱不会坏账，过了3个月你还货款的时候把这个抵扣回来。所以是一个安全的坏账率基地的封闭运行体系。总体来讲互联网金融也好，产业链金融也好，它有全产业链的信息背景，能使得你把这样的金融信用做得很好，杠杆做得合理，风险降到最低，最后可能一个保理公司、一个小贷公司一年能赚的钱，为你整个集团几百亿元的业务流程可以省掉几亿元的利息成本，可以多赚几个亿的利润。

“大智移云”不仅对制造业企业、产业链运行有革命性的提升，在为物流、贸易、金融等生产性服务业的发展方面，也能产生催化剂作用，中国的物流费用差不多是整个GDP的15%，每年的物流费用大约要十几万亿元，包括交通运输、仓储转拨、金融支付等各种费用。这些费用中还包括企业之间互相拖欠的货款的成本，铁路、公路、水路、航空等各种各样物流方式没有做到无缝对接造成的效率损失，还包括因为安保管理不到位造成的货物损失。如果有了万物万联的物联网，有了一个大数据、物联网、云计算、智能化的物流管理平台，就可能提升各种运输方式无缝对接的效率，确保物流运输过程的安保到位，加快货款资金周转效率，降低货物支付结算成本，供货方就不是等到该货物到对方公司的厂区仓库里才拿到货款，而是可以使自己的货一发送，集装箱送到港口、火车站就可以拿到货款。那么，谁给钱？游戏规则不变，最终还是由收货人付，但提前由一个主办银行或保理公司、小贷公司来填付，这类公司付款以后万一出问题怎么办？可以由保险公司为它保险。在整个物流过程中，物联网的平台公司已经算好了上架的集装箱几天以后开到哪，最终这个集装箱货物到哪儿，全过程物流信息一目了然。整个过程供货方因提早收回货款而受益，买方也没有提早付款。有小贷公司、保理公司或者银行提供贷款给发货的公司。保险公司和物流平台公司发挥了信用管理的功能，最终物流速度也加快了，成本下降了。金融、保险和物流下降的成本大头由贸易双方分享，部分分摊给网络平台，大家都受益。

（四）互联网金融：互联网金融不是这几年流行的 P2P

互联网金融是利用互联网技术实现资金支付结算、投资融通和信息中介服务的新型金融业务模式，但并没有改变金融的本质属性，而是按照“互联网+”要求，充分利用大数据、云计算、移动互联网，通过挖掘客户交易、结算、征信、资产、行为等各维度数据，将符合监管要求的互联网金融公司与大型企业、电商平台、数据公司有效对接，贯通目标客户采购、生产、销售等各个环节，形成场景融资服务新模式。

互联网金融可以从方式上分为两种：一是支付结算类企业。包括手机支付、储值卡、信用卡结算支付，以及以第三方支付牌照为企业产业链、供应链上的上中下游企业做各种境内结算、跨境结算业务，在中国人民银行、国家外汇管理局的支持下做产业链进出口零部件、原材料的轧差业务，这样做的好处是可以规避汇率风险、降低结汇成本。二是利用具有全场景信息流的优势，提供客户融资服务。这几年，大家当作互联网金融公司的 P2P 被广为诟病，这种 P2P 最大的问题在于四点：其一，资金来源向网民高息揽储乱集资；其二，贷款去向无场景、无业务链信息地向网民乱放高利贷；其三，平台资金错配，不断借新还旧，陷于“庞氏骗局”境地；其四，一旦出现坏账，因其没有备付金，缺乏监管约束，就会出现“关门走人”、卷款而跑。总之，这几年在国内市场广为流行的 P2P 不是真正的互联网金融，也不是国际市场运行的 P2P。20 世纪 90 年代，英国人发明的 P2P，到今天二十多年、三十年，英国 P2P 没有超过 10 个企业，美国人在 21 世纪初的 2005 年开始允许做 P2P，至今也就十几个企业。在国际金融规范中，P2P 只是一个中介的平台，既不能融资集资，也不能投放贷款。在英美的 P2P 平台中，前边那个 P 和后面 P 是互相认识、互相了解、达成协议的双方，平台公司只是一个中介，帮你见证。就如我是家里管事的人，然后我的姐姐跟我妻子的妹妹互相借钱。他们都认识，然后我就做一个证人，这叫 P2P。我们现在的 P2P 公司既没有金融牌照和资本金，又没有坏账准备金和资金池监管，就敢像银行一样左边筹钱、右边放钱，一定出问题。

不同于上述的P2P公司，互联网金融贷款公司规范运行的关键在于四点：其一，较大的自有资本金，不同于传统的小贷公司，有较强的辐射性，业务范围往往覆盖全国，应当具有较高的资本金门槛；其二，主要在商业银行贷款、银行间市场发中票、证交所发ABS债券三方面市场融资；其三，有互联网的产业链信用、全场景信用；其四，有较低的不良贷款率，从而有条件提供较低的贷款利息。

这四条管理的要点，第一条讲的是，既然是一个互联网金融公司，那么会不同于普通的小贷公司，因为小贷公司业务范围一般只是覆盖一个街道或社区，互联网金融会覆盖一个城市、辐射全国。所以，互联网金融公司注册门槛要高、要严，一要有主管部门的资格认证，二要有较高的资本门槛，而且这个资本的来源要来自股东们自己的母公司，不能向社会、向网民乱集资。第二条讲的是杠杆融资。作为金融机构，对外放贷资金的来源除了资本金之外，总要杠杆融资。从哪里融？只能从商业银行融资、从银行间中票市场融资、从证券市场发 ABS 融资。这是国家规定的三个最规范的市场，你只要向他们借得到钱，就一定是规范的。第三条讲的是贷款出去，因为是互联网平台为全国做小微金融贷款，资金贷款额小，利息相对高，但绝不放高利贷。在中国人民银行、商业银行规定的小贷公司的比例里，比如3～4倍你最好在3倍，别放4倍、5倍，这方面要规范。第四条就是你这个企业放出去的钱，因为一定是给你的客户，你是一个互联网公司，你有场景。比如，马云的花呗、借呗向他的手机客户放小贷，手机客户支付宝的信息都有。这个人信用在5000元，那个人信用在3000元，他基本上看的出这个场景，淘宝中的企业和企业之间做生意，也有它的场景。这样全场景、全产业链、全流程的信息基本都掌握了，在这样一个信息把握下，贷款的坏账可能性就低。这四条就是互联网金融的本质精髓。这并不复杂，不是什么玄学，一定是一说就明白，三分钟就听得懂，你只要这么做互联网金融贷款一定不会出问题。

（五）"大智移云"并没有改变人类社会基本的经济规律和金融原理，各类互联网商务平台以及基于大数据、云计算、人工智能技术的资讯平台、搜索平台或金融平台，都应在运行发展中对人类社会规则、经济规律、金融原理心存敬畏、充分认识、形成共识

第一，对金融、公共服务、安全类的互联网平台公司要提高准入门槛、强化监管。凡是互联网平台或公司，其业务涉及金融领域，以及教育、卫生、交通社会服务等领域和社会安全领域三方面的，必须提高注册门槛，实行严格的"先证后照"，有关监管部门确认相应资质和人员素质条件后发出许可证，工商部门才能发执照，并对这三类网络平台企业实行"负面清单"管理、事中事后管理、全生命周期管理。

第二，落实反垄断法。要及时纠正和制止网络平台公司以融资—亏损—补贴—烧钱扩大规模，然后再融资—亏损—补贴—烧钱扩大规模直至打败对手、实现垄断再提价盈利的发展模式。尤其要防范市场份额的垄断程度达到整个国家80%甚至90%程度的企业。

第三，限制互联网平台业务混杂交叉。要像美国谷歌、脸书那样，严格要求资讯平台、搜索平台和金融平台之间泾渭分明，做资讯的就不应该做金融，做搜索的也不应该做金融，做金融的不应控制资讯、搜索平台。

第四，保障信息数据的产权。要像尊重知识产权那样尊重信息数据产权和版权，不能认为经过你的平台数据都是你的。数据信息是一种资源，产权是客户的，不是平台的，平台公司不能以盈利为目的将客户的信息数据资源对外交易买卖。

第五，确保信息数据安全。互联网平台公司以及各类大数据、云计算运营公司，要研发加密技术、区块链技术，保护网络安全，防止"黑客"攻击，防止泄密事件发生，不侵犯隐私权等基本人权，绝不允许公司管理人员利用公司内部资源管理权力窃取客户数据机密和隐私。

第六，确保各种认证技术、方法的准确性、可靠性、安全性。近几年，网上许多认证包括网上实名制在内由于安全性差而遭到"黑客"轻易攻击，造成隐私泄露、社会混乱的情况，亟须改进。最近一段时间，又有许多创新，如生物识别、虹膜识

别或者指纹识别，这一类技术好像很先进，但是所有这些生物识别都是“黑客”可以仿造的，如果一个“黑客”可以仿制我的虹膜、声音、指纹，那么监管都是很难的。这些识别在线下常规情况下是准确的、唯一的，但是在线上就可以仿制，根本就分不清。所以，现在美国、欧洲根本不允许在线上做生物识别系统。关键是研发网络空间的公民身份证号码、公民数字身份是唯一的，而公民作为用户的数字身份是不同的，具有去身份化、碎片化，防抵赖、可溯源等功能。

第七，凡改变人们生活方式的事，一定充分听证、逐渐展开；要新老并存、双规并存；要逆向思考、充分论证非常规情况下的社会安全，绝不能由着互联网公司率性而为。比如货币数字化、电子钱包、网络支付方面。这几年，我们发展很快，人们把手机变钱包，衣食住行几乎离不开移动支付，一些商店甚至不能使用人民币，但是应当认识到无现金社会面对战争、天灾时毫无可靠性，庞大的社会电子支付体系会瞬间崩溃，总之要三思而后行。

第八，对社会性公共服务的公司一旦出事，要重罚。互联网公司因其穿透性强、覆盖面宽、规模巨大，一旦疏于管理，哪怕只有一个漏洞放到全国也会有严重后果。比如，滴滴打车做出租车、顺风车业务是一种社会性公共服务，但它的规模达到几十万辆，遍布全国，由于管理体系不健全，出现了强奸杀人等刑事案件，现在停业整顿一个月，怎么处罚？常规的出租公司有几百辆车，出了一个事故罚3倍、5倍的款，罚几十万元是一回事。美国的优步出一个事故还没有人员伤亡就赔几千万美元，不是因为公司大赔偿数额也巨大，而是因为社会影响大，这一赔痛到心里，倒逼企业彻底改正，绝对不再让员工犯这个错误，影响了该公司的前程。所以我们在这方面要打破常规，不能用常规的管理办法。常规出租车出了事故赔几倍，导致人员伤亡，正常的工伤赔60万元，事故导致人员伤亡赔3倍即180万元，网约车绝不可以这样，至少加10倍，赔1800万元都应该。

第九，规范和加强互联网平台企业的税务征管。讲到电子商务，为什么最近几年许多百货商店关门了，有一些大城市三分之一的百货商店都关了，很重要的原因就是网上购物分流了商店的业务量，而实体店无法与网店竞争的重要原因除了房租、运营成本之外就是税收，百货商店税收是规范的、应收尽收的，而电子商务系统的税收是看不见的，这就有违不同商业业态的公平竞争原则。

我讲这九条的意思，就是讲“大智移云”是这个社会最先进的、最有穿透力的生产力，近十年正在气势磅礴地发展，我们在宏观上、战略上都是非常支持的，但是要留一份谨慎，留一点余地。对于涉及国家法理，涉及一个行业基本宗旨和原则的，比如数据信息产权的原则、金融的原则、财政税收的原则、跨界经营的约束原则、社会安全的原则、垄断和反垄断的原则、或者企业运行的投入产出的原则、资本市场运行的原则，我们都应当有一定的冷思考、前瞻性思考，以防患于未然。

经济低迷期的成本管理

马克·安德森 加拿大卡尔加里大学哈斯卡耶商学院
于东宁 加拿大卡尔加里大学哈斯卡耶商学院
译者：王 平 阿特拉斯·科普柯（上海）贸易有限公司

【摘要】本文研究了经济低迷时期进行成本管理需要考虑的几个因素：成本粘性、代理成本、调整成本以及对未来的预期。在经济低迷期，企业要警惕代理成本，重构激励机制以激励管理者和员工；保持运营灵活性，根据未来需求预期权衡资源调整成本；业绩强劲时建立现金储备，保持低债务率，低迷时平衡短期现金需求和未来投资。

【关键词】成本管理 成本粘性 代理成本 调整成本

发表于《中国管理会计》2019年第1期，总第7期。

据美国有线电视新闻网（CNN）2018年10月19日报道，中国经济正“以金融危机以来最慢的速度增长”。作为世界第二大经济体，中国在2018年第三季度增长了6.5%，成为全球金融危机最严重的2009年第一季度以来最弱的季度增长，低于经济学家预期的6.6%。四十年来，中国企业第一次为失去强劲增长势头而忧心忡忡。

恰当地管理成本对企业在经济低迷时期生存下来至关重要。管理者必须考虑经济低迷期的可能影响，并据此做出资源调整决策，以最大限度减少不利影响，使企业在经济情况好转时能够迅速崛起。本文旨在重点梳理对企业进行成本行为分析的文献，为处于低迷期的经营管理者提供切实可行的建议。本文或能为中国公司和管理人员应对业务下滑并做好相应准备提供及时有效的参考意见。

我们必须认识到成本是管理者慎重权衡之下资源调配的结果（Cooper & Kaplan, 1992）。“管理者受制于各种约束、激励和偏见选择资源水平……”“成本行为模式来自管理者特定情境制约下的资源调配决策”（Banker et al., 2017）。因此，成本是管理者决策的结果，成本行为本质上是管理者的行为。

固定和可变成本

会计教科书中描述的传统成本行为模型，假设成本分为固定的或可变的。短期内，固定成本是恒定的，可变成本随着成本动因总量或总作业量的变化而相应变化。因此，根据这一模型，企业的总成本是成本动因和这两种成本的线性函数。虽然作业成本法（ABC）改进了传统成本模型，将单个作业作为基本成本对象，但它仍假设了作业量水平与成本之间存在线性关系。重要的是，在固定成本和可变成本模型中，并没有为管理者积极决策的角色留有一席之地。

事实上，某些成本的变化与作业的变化并不严格成正比，因为管理者会做出审慎决策来调整或保留资源。如果需求超过现有资源供给（资源承压），那么管理者将增加资源供应以满足增长的需求。但是，如果需求低于可用资源供给（出现闲置资源），未被使用的资源则不会自动移除，管理者必须做出决策相应地调整资源。例如，随着销售和生产的增长，需要雇用更多的员工来应对增加的作业量;然而，如果所需作业量下降了，这些员工不会立即被解雇。由于管理者可能在资源承压和闲置时做出不同反应，作业量增加带来的成本增加可能会多于作业量减少带来的成本降低。

粘性成本

这种在作业增加和减少时成本行为的不对称性，称为“成本粘性”(Anderson, Banker & Janakiraman，2003)，在管理会计文献中有着广泛研究。粘性成本发生，是由于管理者必须对增加或减少资源做出决定。销售增长时，必须增加资源以适应增长；销售下滑时，必须管理闲置资源——它们不会自行消失。

销售下滑时，管理者需要认识到出现闲置资源，并决定是否处置和何时处理掉闲置资源。从历史上看，经济低迷时期的成本管理主要是通过裁员和削减可自由支配支出（如资本支出和研发成本）去除过量资源。企业努力减少员工总数，降低运营成本，以储备现金。例如，在 2014 年石油价格崩溃之后的石油业低迷期，加拿大石油和天然气行业超过 10 万名油田工人失去了工作，约占总数的 1/3。图 1 显示了 2000 ～ 2017 年加拿大石油和天然气行业以及所有行业的失业率情况。与此类似，2016 年中国计划在煤炭和钢铁行业裁员 180 万人，因为国家要解决增长放缓和产能过剩所带来的问题——中国面临着 25 年来最差的年增长率。约有 130 万煤炭行业员工和 50 万钢铁行业员工可能失去工作，相当于这两个行业劳动力总数的 15%左右。削减人工可以节省资金，或能改善低迷期的运营效率。然而，尽管管理者有成本意识（尤其是在经济低迷期），仍然存在一些因素使得管理者可能决定不削减闲置资源。

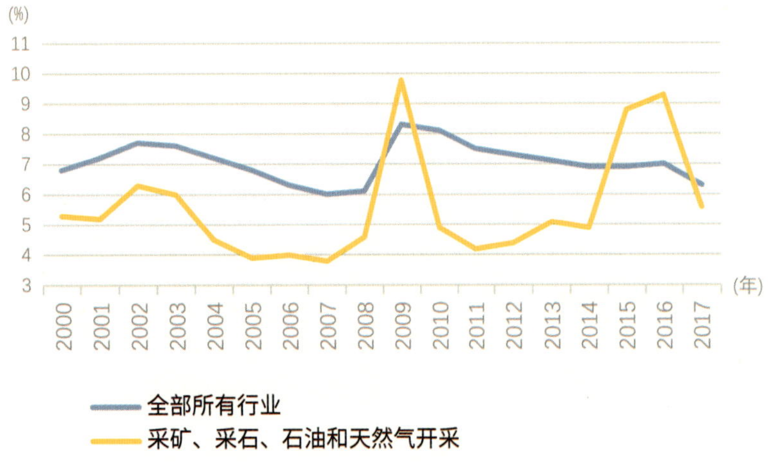

图1 加拿大失业率（2000~2017年）
采矿、采石、石油和天然气开采与所有行业比较

资料来源：加拿大统计局。

代理成本

第一，管理者自身的动机会驱动成本管理决策。管理者可从“帝国建造”中获得个人利益，即管理者习惯于发展自己辖域的规模和范围，或者出于获取个人效用的目的而保留未使用资源。管理者从管理更大、更复杂的组织中得到乐趣，因为这样的职位意味着更高的地位、权力和薪酬。与此同时，大多数管理者都是建设者——他们擅长将组织发展壮大，却不擅长缩减或分拆组织。管理者从增长中获取利益，而缩减规模会使股东而非管理者受益。结果造成管理者在销售上升时迅速增加资源，但在销售下降时保留不必要的资源或缓慢减少多余资源 (Chen, Lu and Sougiannis，2012)。

星巴克就是一个例子。星巴克从1999年到2008年经历了迅速扩张：门店从约2500家扩张到16000家。然而，开设新店和推出新产品只带来了表面的繁荣。管理者只专注于攻城略地，扩充公司规模。这一策略让管理者不再关注同店销售额的同比增长。公司规模发展得太快，因未能保持它的文化和价值观而饱受诟病。持续不断地增加资源，却不在低迷期进行适当的调整，最终并不会使股东受益，也不会增强公司的长期生存能力，而被管理者浪费的过度花费将有可能降低公司价值并损害品牌形象。2007年，星巴克的股票下跌了42%。图2显示了星巴克的品牌价值随时间的变化——2009年创下历史新低。这样做的后果是，星巴克不得不于2009年1月关闭了600家门店以在经济衰退期间减缓扩张、节省成本，这些门店员工占其全球员工总数的7%。

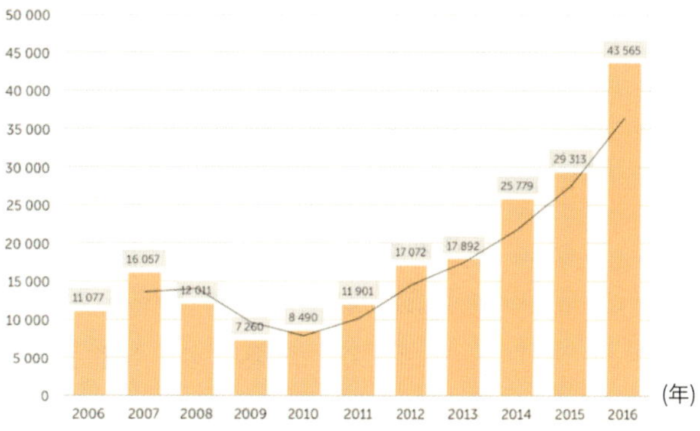

图2 星巴克品牌价值（2006~2016年）

资料来源：星巴克品牌回顾。来自https://www.axiam.co.za/starbucks-brand-review/。

调整成本

第二，由于管理者觉得对他们的员工有所承诺，解雇员工和关闭设施会很艰难。由于部分有效生产力源于员工的士气，因此管理者会创造并发展积极的企业文化环境。这些公司的员工感恩管理者对他们的承诺，工作会更加高产高效，因此降低了公司成本。尽管裁员会快速降低成本，但会使公司元气大伤，特别是当招聘比预期更困难时 (Gulati, Nitin & Wohlgezogen, 2010)。裁员后员工士气通常会下降，核心技能可能会丢失，这些都会损害公司运营或客户关系。

受过良好培训、技能娴熟的员工是公司的资产，会为公司带来未来收益。这样的员工总是很难找到并留住。当低迷期出现，管理者必须权衡留住这样的员工的成本和解雇他们，未来再寻找、雇用和培训替代人员的成本（即劳动力调整成本）。公司可以选择留下拥有特殊知识的熟练员工，让他们利用空闲时间进行培训，以提高专项领域技能。如果低迷期是暂时的，公司可以花钱来留住员工，并且会在将来获利。因此，考虑到与裁员相关的调整成本，管理者有理由不裁减受过专门培训、拥有特定技能的员工。

当销售下降时，裁员成本也将影响企业的闲置劳动力水平。中国的法定解雇成本曾一度为亚洲最低水平，再加上监管和就业保护的执行力度低，催生了非正式合同和将部分工作外包给非正式机构的做法，即使大型正规公司也是如此，造成了中国非正式雇佣的现象。非正式机构的工人更灵活和便宜，大大降低了许多公司的解雇成本。结果，企业以极小代价在短时间内裁减半数以上员工的情况并不罕见。中国于2008年实施了首部《劳动合同法》，制定了劳动合同签订和员工解雇的条款，如要求正式书面劳动合同、服务一段时间后解雇的限制、雇主在合同到期前终止雇用需给员工补偿以及解雇需提前通知的时间要求等。作为对劳动权利的一种保护，法律对雇主施加高昂的解雇成本，从而增加了调整成本。

因此，调整成本不仅包括如遣散费等从口袋掏出去的真金白银，还包括组织层面的成本，如留在企业的员工士气受到打击，员工忠诚度受损而造成更高的员工流动率，以及花在重要员工身上的企业特定投资的损失等(Anderson et al.，2003)。此外，涉及的业务类型和企业战略也会影响调整成本。例如，企业核心业务使用的资源通常由于资源稀缺性而存在更大的调整成本，采用产品差异化战略（或勘探者）的企业由于资源专业性也会需要更大的调整成本。当调整成本较大时，管理者更愿意在经济衰退期间保留闲置资源以避免这些成本。资源调整成本的概念为作业活动与资源之间建立了动态关系。管理者调整资源水平的决定不仅取决于当前的活动或需求，还取决于预期的资源调整成本。

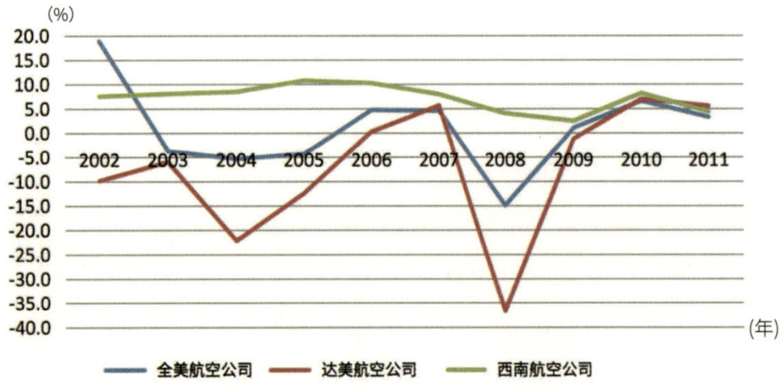

图3 营业利润率比较（2002~2011年）

资料来源：机群构成是全美航空公司的幽灵吗？

https://www.gurufocus.com/news/198929/is-fleet-structure-the-bogeyman-for-us-airways。

西南航空公司是全球最大的低成本航空公司，通过提供有限的服务种类和维护一个标准化机型，降低了资源调整成本，成功地做好了成本管理。一方面，航线网络管理成本更低，因为其每架飞机都可以飞任意一条西南航空的航线。另一方面，劳动力成本如飞行员和机组人员的成本更低，因为每位西南航空的飞行员和乘务员都可以在任何一架飞机上执飞。这带来了更加灵活的运营。因此，在低迷时期，西南航空能够很容易地切掉某些业务，且不会影响其他业务。提供全服务的航空公司采取的战略是依靠多种资源组合以提供高水平的服务，而西南航空则更关注成本和资源的灵活性。图 3 比较了三家位于美国的航空公司的营业利润率——西南航空公司、达美航空公司和全美航空公司。全美航空公司有许多不同类型的飞机，但营业利润最低；西南航空公司只有一个型号的飞机，营业利润最高。更高的灵活性和更低的资源调整成本为西南航空公司提供了重要的竞争优势，尤其是在经济低迷时期。

未来预期

第三，管理者对未来需求的预期也会影响他们的成本管理决策。如果管理者对未来需求持乐观态度，他们会更愿意在经济衰退期间保留闲置资源，因为他们预计未来需求反弹时对资源的要求水平会提高。保留这些资源不仅可以让他们减少当前调整成本，也可以减少未来需求回归时的调整成本。相反，如果管理者对未来需求持悲观态度，他们可能在经济衰退期激进地削减多出的资源，因为他们预计未来资源需求将会更低，并且这些资源到时仍将保持闲置状态。现时削减这些资源可以降低当前的运营成本，避免未来的调整成本(Banker et al., 2014; Banker & Byzalov, 2014; Banker et al., 2017)。

总而言之，成本管理决策有三大决定因素：管理者动机、资源调整成本，以及管理者对未来需求的预期。

低迷期的成本管理策略

在经济低迷期的成本管理主要有两种策略：第一是削减成本，谋求当前生存；第二是进行投资，以期未来增长。管理者必须学会在两者之间找到一个平衡，才能在经济低迷期结束后强势崛起。那些同时注重提高运营效率、开发新的市场并扩大其资产基础的公司，平均来说在经济衰退后表现最为强劲 (Gulati et al., 2010)。为了在衰退时生存下来，削减成本是必需的，而投资也同等重要，是为了使公司未来能立于成功之地并推动增长。

根据《麦肯锡季刊》2009年的一项调查，79%的公司面对全球经济危机时削减了成本，但只有53%的高管认为这样做是有益的 (Heywood, Layton & Penttinen, 2009)。比竞争对手削减成本更快更深入的企业，在形势变好之后不一定能发展得更好 (Gulati et al., 2010)。削减成本是必要的，但是管理者启动任何削减成本计划时，都应该深入思考流程和结果。管理者经常发现成本削减难以持续，这是因为削减计划没有触及真正的成本驱动因素，或者确实太难而无法维持 (Agrawal, Nottebohm & West, 2010)。在经济衰退期间，管理者往往是寻求简单易行的成本降低方法，例如，减少人员数量，延迟关键投资，甚至不惜以直接损害收入的方式削减成本，而不是彻底检查哪些成本应被削减。

管理者往往只关注削减的数量，而不是削减的方式。根据2010年《麦肯锡全球调查》结果，在所有300个参与调查的实体和资深高管中，超过一半认为所在公司自全球经济危机开始时采取的削减成本项目，都将目标瞄准了人工 (Dolan, Murray & Duffin, 2010)。快速减少员工可以立即节省成本，但往往伴随着一定的后果。这样的成本削减措施随着时间的推移会逐渐失效，因为这些成本削减带来的好处可能只是暂时的，有时还会损害长期价值创造 (Agrawal et al., 2010)。成本削减应该主要通过提高经营效率来实现，而不是通过一般的裁员，因为要考虑到技术娴熟的员工的价值以及这些员工将会给公司带来的潜在利益，尤其是那些处于技术变化日新月异的特定领域的员工。

索尼 2009 年宣布削减预算时包括裁员 8 万人，当时索尼决定减少 11 亿美元投资。索尼宣布计划减少电子产品投资，比预计投资水平要降低 30%，并减少产量 10%。这一策略类似于 2000 年经济衰退期间公司的做法，彼时索尼削减了 11%的人员总数，减少了 23%的资本支出和 12%的研发支出。此举帮助索尼将利润率从 1999 年的 8%提高到 2002 年的 12%，但其销售额增长率从衰退前三年的平均11%大幅下降到之后的1% (Gulati et al., 2010)。这个例子进一步说明仅关注成本削减的策略可能会导致严重的问题。

为了提高运营效率，管理者应该深入思考如何重组业务以永久地节约成本，如何抓住当前和预期的市场机遇。管理者可以利用不同的项目或措施来监测、评估和汇报经营业绩，从而找到提高业绩的办法。他们可以重新检视业务模式的各个方面，包括组织结构、运作方式等，以永久降低运营成本。当需求反弹时，这样的公司将能够比竞争对手更快地增长，因为其成本保持在低水平。

在行业低迷时期，企业可以抓住机会开拓新市场并进行投资。可以将低迷期作为契机，贴近可能被竞争对手忽视的客户，挖掘低价资产并进行战略投资，使其能够创造价值，如投资于物业、厂房、设备以及研发等。如果他们预计将来需求会增长的话，这点尤其重要，因为他们可以节省当前和未来购买资源的成本，并使企业能够比竞争对手反应更加迅速。管理者还可以投资增强公司中相对薄弱的环节，以提高其绩效。除了对资本资产的投资外，管理者还可以投资人力资源。人们常常发现，最有价值的员工和专业人员在困难时期会最早离职，因为他们可以很容易地找到新的工作。因此，管理者可以提供更多激励措施，激励这些员工在经济下行期间留下并创造更好业绩。

在2008年经济衰退期间，美国家得宝公司不仅做短期调整，还通过聚焦效率收获颇多。公司创新改进了快速部署系统，不仅推动了销售，还帮助其更高效地管理分销和库存，降低成本。家得宝还采取措施改进评估商品和展示的分析方法，通过更有效地分析进入门店的产品种类和数量，公司得以减少清仓甩卖及相关折扣。除了削减成本的举措外，家得宝对业务做出了根本性的改变和投资，使得情况变好时能够持续提高业绩。家得宝是企业利用衰退期推动效率胜过竞争对手的一个很好的例子。

未雨绸缪

经济低迷期是管理者的艰难时期。因为面临着短期内储备现金和兑现承诺的极大压力，管理者往往疲于应付当前，很难看到长远。了解成本行为的决定因素并提前制定成本管理策略有助于公司和管理者度过低迷期，取得长期成功。

为了避免经济下行时迫于极端现金流压力而进行过度削减，管理者应该在经济景气的时候合理地管理现金流和债务。在经济下行之前保持资产负债表的灵活性，有助于很多行业领导者在衰退期到来时采取行之有效的调整策略。他们在衰退来临之前，在资产负债表上比他们的竞争对手拥有更多的现金。那些在经济衰退后保持领导地位的公司，在经济衰退之前的平均债务与股本比率（D/E），仅为同行对手的一半 (Dobbs, Karakolev & Raj, 2007)。

很多在经济低迷期之后强势复苏的公司也都在衰退之前注重保持运营灵活性，通过保持人均高生产率，在不破坏企业长期健康发展的前提下削减成本。因此，他们能够在经济低迷期间快速重新聚焦并减少支出，且无须大幅度裁员，毕竟裁员对企业将来吸引和留住人才的能力会有所损伤。

减轻代理问题影响的一个方法是改变公司的业绩评价和激励体系。中国家电制造商海尔成功地实施了员工决策和奖励模式来激励员工，将这个拥有60000名员工的巨型企业分成1000多个业务单元，每个单元都如同一个以客户为核心的创业公司。“在过去，不同的部门，比如研发、生产和销售是在线性组织里工作。现在我们已经打破了这种结构，创造了许多小的、灵活的工作单元，以更好地响应消费者的需求。”海尔董事局主席、首席执行官张瑞敏如是说。新的组织模式使海尔可以裁掉一支超过12000人的中层管理团队。海尔公司的激励措施之一是向对新产品和服务提出优秀创意的员工提供经济奖励，奖励金额由产品的市场表现决定。

综上所述，在经济低迷时期控制成本需考虑以下三点：

（1）了解哪些成本是粘性的，以及粘性形成的原因。警惕代理成本，代理成本是管理者出于个人动机而保留企业不再需要的资源所造成的。重新设计奖励模型和激励制度来激励管理者和员工。

（2）花时间考虑削减在未来需要重新获得的资源所需的调整成本。调整成本包括财务和非财务两方面。根据未来使用这些资源的预期，制订保留或削减闲置资源的计划。

（3）销售强劲时，建立现金储备，保持较低的债务率，未雨绸缪为经济低迷期做好准备。平衡好兑现短期承诺的现金需求和抓住低迷期可能的投资机会。

参考文献：

[1] Agrawal, A., Nottebohm, O., West, A., 2010. Five ways CFOs can make cost cuts stick. *McKinsey Quarterly* (May).

[2] Axiam Capital Management. 2017. *Starbucks brand review*. Retrieved from https://www.axiam.co.za/starbucks-brand-review/.

[3] Anderson, M. C., Banker, R. D., Janakiraman, S. N., 2003. Are selling, general, and administrative costs “sticky” ? *Journal of Accounting Research*, 41(1), 47-63.

[4] Banker, R. D., Byzalov, D., 2014. Asymmetric cost behavior. *Journal of Management Accounting Research*, 26(2), 43-79.

[5] Banker, R. D., Byzalov, D., Ciftci, M., Mashruwala, R., 2014. The moderating effect of prior sales changes on asymmetric cost behavior. *Journal of Management Accounting Research*, 26(2), 221-242.

[6] Banker, R. D., Byzalov, D., Fang, S., Liang, Y., 2017. Cost management research. *Journal of Management Accounting Research*.

[7] Chen, C. X., Lu, H., Sougiannis, T., 2012. The agency problem, corporate governance, and the asymmetrical behavior of selling, general, and administrative costs. *Contemporary Accounting Research*, 29(1), 252-282.

[8] Dobbs, R., Karakolev, T., Raj, R., 2007. Preparing for the next downturn. *McKinsey on Finance* (Spring).

[9] Dolan, K., Murray, M., Duffin, K., 2010. *What worked in cost cutting - and what's next: McKinsey Global Survey Results*. Retrieved from https://www.mckinsey.com/business-functions/operations/our-insights/what-worked-in-cost-cutting-and--and-whats-next-mckinsey-global-survey-results.

[10] Gulati, R., Nohria, N., Wohlgezogen, F., 2010. Roaring out of recession. *Harvard Business Review*, 88(3), 62-69.

[11] Heywood, S., Layton, D., Pentinen, R., 2009. A better way to cut costs. *McKinsey Quarterly* (October).

[12] Lin, M., 2012. *Is fleet structure the bogeyman for US airways?* Retrieved from https://www.gurufocus.com/news/198929/is-fleet-structure-the-bogeyman-for-us-airways.

[13] Statistic Canada. 2018. *Labour Force Survey estimates (LFS), by North American Industry Classification System (NAICS), sex and age group*. Retrieved from http://www5.statcan.gc.ca/cansim/a26?lang=eng&retrLang=eng&id=2820008&&pattern=&stByVal=1&p1=1&p2=37&tabMode=dataTable&csid.

管理会计与ICT技术结合：企业价值管理探索与创新实践

袁　磊　宝钢工程技术集团有限公司党委常委、副总经理

【摘要】在技术快速变化的环境下，管理会计如何适应新技术的变化，为企业创造价值，对于企业顺应时代发展要求，合理优化资源配置，具有重要意义。信息通信技术（Information and Communication Technology，ICT）通过对企业价值管理的需求进行挖掘整理，对应用场景开展专业研究和引导，解决企业存在的实际问题，从而为价值管理体系变革提供了新思维和新工具。本文试图通过宝钢的经验，分析企业如何将管理会计与 ICT 技术结合，为企业价值管理提供新思路。

【关键词】管理会计　信息通信技术　企业价值管理　成本管理

[本文得到了复旦大学管理学院吕长江教授的指导。]

一、引言

在《中国制造2025》战略指引下，中国制造业向智能化转型的工业革命正在全国广泛开展，并以信息化和工业化深度融合来引领和带动整个制造业的发展。相对于财务会计来说，管理会计着重于改善企业内部经营管理，降低成本，提高价值发现能力、创造能力和衡量能力。新时代的管理会计如何在信息通信技术（information and communication technology, ICT）的创新应用支撑下，通过云计算、大数据、物联网、移动互联等技术的应用，为企业提供价值管理新的量化管理工具，提高决策支持能力和战略目标管理能力，特别是增强企业成本竞争力，对中国制造业企业管理理论探索与创新有着重要意义。

成本管理是企业价值管理的重要管理手段，也是新时代管理会计与ICT技术相结合的新思路。提高成本竞争力是制造型企业永恒的主题，成本是一种技术、是一种战略、是一种能力、是一种文化，成本竞争力是企业的核心竞争力之一。成本是企业一切活动的价值总投入，企业每一位员工的行为都会影响企业成本水平。同时，成本反映了企业产品生产技术水平和管理技术水平，反映了“供产销财税”价值链的管理敏捷力，既反映了企业发展的长远战略布局，又体现出降本增效、精益求精、追求卓越的企业文化先导，建立成本优势是企业管理的系统工程。新时代企业价值管理、成本管理的任务，就是建立一套管理体系，使成本全面受控；营造一个文化氛围，追求价值最大化；搭建一个数字化管理平台，构建数字化资产，革新管理手段，使成本改善高效透明有方向；营造一个长效机制，使成本竞争力不断提升。

发表于《中国管理会计》2019年第2期，总第8期。

二、构建新时代企业价值管理体系的探索与实践

（一）ICT技术为价值管理体系变革提供了新思维和新工具，不断拓展管理内涵和外延

技术创新的发展有两个驱动力：技术驱动和需求拉动，两者相辅相成。智慧制造所依赖的摩尔定律、通信基础日臻完善，但是关键是应用。运用管理会计的理念和方法，对企业价值管理的需求进行挖掘整理，对应用场景开展专业研究和引导，找到企业生产运营管理与价值管理的内在规律。同时运用ICT技术解决不同行业和企业中存在的实际问题，提高企业价值管理能力，提高效率、降低成本。

开展技术创新，前提是技术驱动是否具备条件，例如，设备状态检测和故障诊断研究已经几十年了，但是由于ICT技术没有发展到可以应用的水平，一直未能付诸实践。近年来，随着传感器、物联网、大数据存储与计算能力的提高，使得设备状况远程检测和故障诊断与预判，具有了技术可行性和经济可行性，为工业App开发与应用时代的到来创造了条件。

高盛首席财务官马丁·查韦斯在推动高盛数字化转型时说，云平台、开源软件、应用程序接口（APIs）的迅猛发展，彻

底地降低了构建财务科技平台所需的时间和成本。以前建设一个企业软件管理系统一般需要5000万美元，2008年金融危机之后，成本迅速递减，现在只要300万美元。高盛技术驱动创新的两个例子，一是开源标准支持的APIs混合云平台；一是广域的元数据存储库产生服务于客户的新洞见，在此基础上高盛可以引导机器学习。

具备技术驱动条件后，关键要看需求拉动，需要关注的是企业到底要用新的ICT技术解决什么问题，如何实现智慧制造的目标，实现AI技术应用成果。智慧制造要解决技术问题，也要解决管理问题。我们需要研究管理会计所能发挥的重要作用。

当前，企业的数字化转型成为未来的发展趋势。数字化时代成本管理，数字既是推动管理的资源，也是改进问题的路径。那么，数字化时代企业管理会计有什么特点呢？如果说财务会计的特点是以会计制度和会计准则为准绳，以满足标准财务报告为目的，其对成本核算的要求是简洁高效；那么管理会计就是以满足企业内部精细化管理为目标，必须与企业业务紧密结合，对成本计算的要求既要贴切入微，又要灵活高效。对于一个典型的单体制造能力在一千万吨以上的长流程钢铁制造企业来说，财务会计成本核算对象设定为百位数就可以了，管理会计成本计算对象则需要设定在万位数以上。兵到一万无边无沿，如果没有一个与生产制造单元紧密结合的数字化管理会计系统，就无法实时计算出明细产品成本，揭示成本管理的潜力，指导成本改善，无法实时计算每一种明细产品的盈利能力，指导市场营销和生产排产，无法实现以产品为中心的流程优化管理和价值化管理。应对这个挑战，就是要在ICT技术的支持下，进行工业设计、生产管理、经营管理的数字化变革，并向智能化迈进，在技术执行和管理控制的各个方面，以最佳决策和最优资源调配，快速响应生产环境、供应链和市场需求的不断变化，满足用户个性化需求，实现最佳的成本和质量控制。成本的优化从产品设计甚至从工艺流程和工厂设计、工程建设就开始了，一直延续到工程交付、生产计划与排程、设备故障诊断与预测、供应链分析与优化、产品及服务过程。数字化双胞胎及集成化设计及仿真，使得设计、施工、研发、生产、采购、销售过程中产生的数据不断被积累、重用和优化，打造管理透明的数字化工厂，在价值管理的导向

下，实现高质量低成本的柔性生产和服务型制造。

（二）成本是设计出来的，通过数字化工程的实施来降低建设成本

中国制造大而不强，其中原因之一是研发设计不强。一般来说，制造型企业产品创新和工艺创新的“三驾马车”是由“工艺研发、工程集成、生产运营”构成，产品生产的固定成本在相当程度上已经在工艺设计和工程施工时就已经决定了，包括工艺的选择、装备的选择、工程施工的选择。从理论上，成本管理可以从结构性成本管理和执行性成本管理两个层面展开，在数字化时代，结构性成本动因，尤其是工程技术引致的产品设计成本将成为成本管理的核心。工程技术企业如何为企业提高工程技术水平、降低未来运营成本，宝钢工程技术集团有限公司（以下简称“宝钢工程”）进行了有益的尝试。

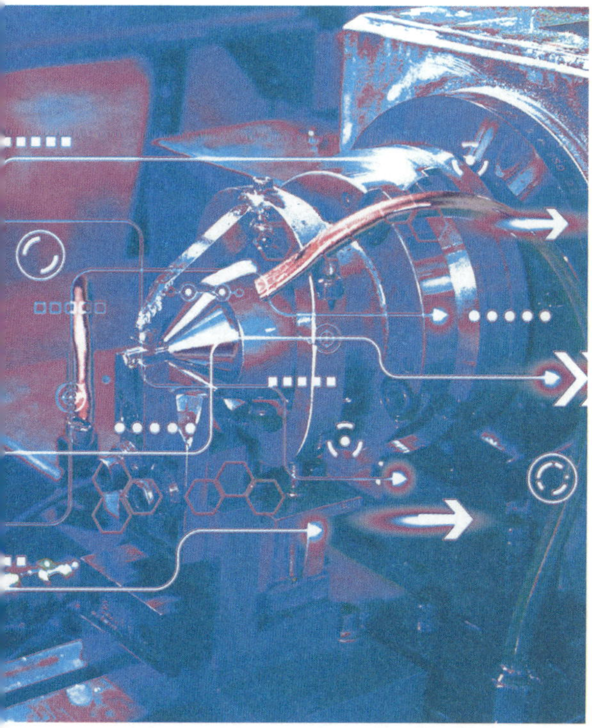

宝钢工程是中国宝武钢铁集团有限公司的全资子公司，聚焦“工程技术服务、工程运营服务、工程装备制造”，业务涵盖规划设计与咨询、工程总承包、工程设计、项目管理、工程招标、工程监理、设备运行维护、检修检测、成套设备制造、新型环保与节能工程。宝钢工程也是宝钢设计研究院，是中国宝武自主研发新工艺、新装备等成果的工程化、产品化和市场化平台。

实际上，我国钢铁行业一直处于完全市场竞争的环境中，经过改革开放40年的发展，企业本身装备的基础自动化水平很高，信息化水平也达到了一定的程度。相比之下，冶金工程技术公司需要进一步提高自身的信息化和数字化水平，与先进制造企业及国家级的工艺和技术研究中心一道携手共进，运用ICT技术，推进数字化工程建设、助力制造企业的数字化转型。数字化工程的内涵，首先是要运用信息通信技术（ICT），建立工程技术公司的企业数字化工程平台，当今时代企业发展只有两条路可以走，不是业务转型成为平台化公司，就是被别的公司平台化。其次是建立工程项目管理的最小基准，通过标准化管理建立技术体系和价值体系的内在联系。最后是建立数字化设计的人才队伍，贯通“供产销研财税”的边界，建立面向流程的开放的工作心态和文化氛围。建立一个数字化工程的平台是至关重要的，建立起工程设计和工程EPC（engineering procurement construction，设计、采购和施工）总承包的信息系统平台和工作流程，使得全体设计研发人员在这个平台上协同设计，20余个专业在平台上相互提供设计资料，每一位设计人员画笔中流淌出来的图形和数据都沉淀在平台上，形成二维和三维的数字化、图形化设计等数字产品和数字资产；设备制造和服务采购不仅只是产品和服务本身，还要将设备制造过程数据和产品数据等沉淀在平台上；将工程施工的过程管理数据和施工交付数据沉淀在平台上。在这个平台上，围绕“项、量、价”建立工程造价管理最小基准值的标准系统，用统一的标准和规范来收集、分析、归档数据，对历史项目数据进行挖掘、建模，建立冶金工程量清单数据库、施工单价数据库、建安综合单价测算模型、工程造价指标库等多个基础标准数据库和历史工程数据库，实现高效智能报价、审价的同时，这个最小的管理基准值，也统一了设计管理最小产品，统一了产品库、图形库及对应的成本价值。宝钢工程已经构建和正在完善的数字化平台应用功能包括“智慧工程”“企业资源管理ERP”“设计执行管理系统”。形成了“宝之云”云端部署和应用，同时与华为一道自主研发出具有国内先进水平的自有云“宝数云”，形成了IaaS、PaaS、SaaS本地部署的云环境协同设计平台。

通过ICT技术的应用，在数据平台上完成对冶金工程项目的合同造价、用户交互、供应商协同、过程资料及最终设计产品、过程费控及工期质量管理、项目成本及营运资金的管理。推进数字化工程实施，包括数字化设计仿真与建模优化、数字化总图优化、数字化物流优化、数字化设计产品交付、数字化设备制造交付，数字化施工交付。在工程技术交付的同时，进行工程成本和价值交付，一方面体现工程设计和建设的高质量、低成本，另一方面为交付生产使用后的精益运营提供数字化的工作环境和管控基础。

（三）成本是精益运营出来的，通过大数据指导供、产、销价值链优化

在执行性成本管理层面，运营管理是核心。若要对企业生产运营过程中的成本进行优化和控制，必须了解企业生产运营业务，运用管理会计业财融合的方法体系降低和优化成本，特别是在ICT技术支持下的计划值管理和标准成本管理可以发挥重要作用。宝山钢铁股份有限公司（以下简称“宝钢股份”）在成本变革价值管理创新方面取得了显著成效。

宝钢股份是中国宝武的核心企业，是全球领先的现代化钢铁联合企业，拥有享誉全球的品牌、世界一流的技术水平和服务能力。计划值管理是宝钢股份的五大基础管理之一，是1985年从日本引进的企业生产管理中具有完整管理体系的定量化管理技术和管理方法。当时从日本引进的计划值管理体系仅限于各类生产实际消耗指标和技术管理指标，没有建立起与成本消耗相关的价值指标关联及管理理念，同时由于没有锚定归集在一个特定的产品上，计划值指标局部最优可能不是全局最优、不是产品成本最优。再加上随着计划值指标数量的增多，手工制表或单机制表就显得

难以对指标进行刷新和管理，计划值管理进入了水土不服、举步维艰的困境。

经过多年的实践与发展，目前计划值在企业内部形成共识的基础上，由企业统一规定生产、技术、预算、成本等方面重要的管理基础数值。计划值在成本管理中的运用是以其为主要依据来制定成本标准，将生产运营过程中的技术标准、作业标准、工艺标准、质量标准、消耗标准、价格标准、生产计划等转换为成本标准，计算出所定义产品对象的标准成本。计划值管理是标准成本管理、成本控制的业务灵魂，成本标准的先进性是生产经营过程控制指标先进性的反映，科学的成本标准是实施标准成本管理制度的关键。

通过管理会计价值管理方法，揭示出业务指标与成本指标的内在联系，借助ICT技术，宝钢股份成功开发了“成本标准和计划值管理系统”，宝山基地建立了几十万条的计划值指标，实时收集和更新数据，为公司各项管理提供了统一的最小基准值，在成本基础数据质量及价值管理信息化手段上实现了质的飞跃，实现了计划值与成本标准信息的自动收集与转换，带来现场管理理念和管理方法的改变，在线支持成本动因分析、成本预算、成本核算及成本还原、成材率差异分析、班组绩效评价、新产品试制跟踪、对标管理、成本标准制定，为持续提升现场改善能力提供有力的技术支持。同时，成功开发了“产品盈利能力管理系统”，实时计算数万个明细产品的成本和盈利能力。这两个内在关联的系统合称为CE系统（Cost & Earnings），CE系统横向贯通了从采购、生产、销售、研发、财务等价值链环节，创新了物流到价值流的管理手段，实现了价值化衡量；纵向方面，贯通了从班组到作业区，最终到公司层面的管理决策支持功能，是公司全面开展产品盈利能力分析和管理的基石。在营销决策、销售资源管理、生产组织优化、工艺路径选择、质量设计优化、反倾销应对、投资决策及新产品、新工艺目标成本管理等方面提供了价值化衡量的手段，为提高公司的经营管理水平和成本竞争力提供决策支持。

在CE系统的数据支持下，针对成本管理中的重点、难点、薄弱环节，建立了专项成本管理体系，促进业务管理与成本管理的有机融合。根据业务的价值化模型和成本管理推进的新视角，分为机会损失类专项成本，如质量成本、事故成本、切换成本和专业管理类专项成本，如环境成本、安全成本、维修成本、人力成本、能源成本、运输成本、技术创新成本、重点战略产品成本（硅钢和汽车用钢）。这些专项成本的挖掘计算和归因分析，为成本改善提供了业务导向和价值导向，取得了显著效果。例如，被誉为企业生命的质量是用多少代价换来的，我们称之为质量成本，是企业在生产经营过程中，为确保满足客户的要求而发生的费用以及未能满足客户要求而造成的损失，包括：内部故障成本、外部故障成本、鉴定成本与预防成本，内部故障成本包括：判废、判次、降级与返修。质量成本是一座“冰山”，更是一座“金山”，但是如果没有ICT技术的支持与应用，长流程制造企业交叉生产过程中数以万计的产品，其成本和质量损失难以实现价值衡量。

在CE系统的数据支持下，开展两个维度的产品盈利能力管理，一种情况是铁矿石等原燃材料价格高企资源有限，如何在有限的钢水资源条件下，在各个产线安排钢材品种生产计划，使得企业价值产出最大。另一种情况是原燃材料充足而设备的生产能力和生产时间成为瓶颈，如何安排生产计划，使得价值产出最大。这里，我们引入“资源占用贡献（Resource Occupy Margin, ROM）”来衡量每吨钢水资源在生产不同产品时为公司创造的价值贡献。

$$\text{ROM} = \text{品种资源量} \times (\text{本品种单位毛利} - \text{公司平均毛利})$$
$$\text{ROM}_i = R_i \times (M_i - \bar{M})$$

R_i: i 产品资源量
M_i: i 产品单位毛利
$\bar{M}$: 公司产品平均毛利

将产品盈利能力作为资源流向安排的重要依据，在可行情况下多安排高ROM产品资源；同时对低盈利产品进行品种优化和生产装备改善。

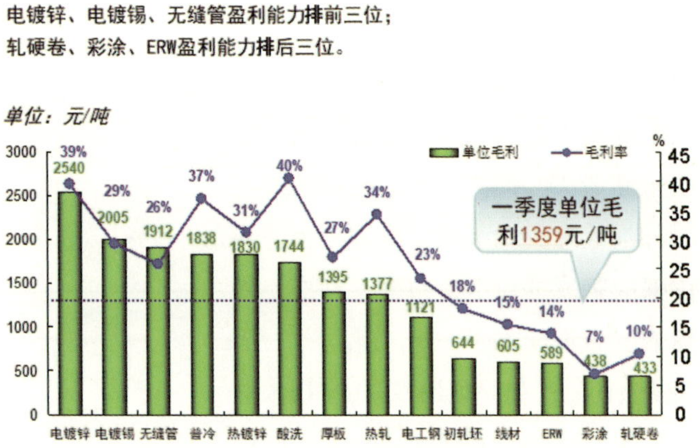

图1 钢铁企业盈利能力分析：大类产品盈利能力排序

ROM与EVA有异曲同工的效用，只不过ROM用以衡量的是钢水资源占用经济价值增加值，而EVA用以衡量的是资本资源占用经济价值增加值。

图 1 是钢铁企业某时段各大类产品的盈利能力排序，生产安排时资源配置的优先顺序导向清晰。其中初轧坯结构钢毛利 644 元 / 吨，盈利能力排在倒数第五位。从图 2 初轧坯结构钢细分类产品来看，一般结构钢 SS400（C）占初轧坯销量的 28%，居第二位，但是其盈利能力较低。从吨钢边际贡献来看，各钢种产品销量与盈利能力曲线耦合程度不高，需要改善，目标是向高边际贡献产品配置更多销量资源，如图 3 所示。

图4是同时关注单位产品盈利能力和生产该产品的设备小时产量的情况，A产品单位盈利能力高但是生产难度高、设备小时产量低，B产品单位盈利能力低但是容易生产，小时产量高。在单位时间里生产A产品和B产品具有相同的盈利能力等高线。如果我们动态掌握数以万计产品的盈利能力等高线情况，再综合考虑其他重要因素，如战略资源和用户导向、战略产品研发布局、设备状态等，就可以通过机器深度学习，自动根据营销情况进行生产计划排程，同时促进市场营销的价值化引导，优化“供产销研财”价值链。（注：图1、图2、图3、图4中的数据均为调整后数据，谨用于举例说明。）

CE系统的探索和开发历时五年，集钢铁生产工艺及技术、价值管理技术、ICT技术于一体，特别是产品动态定义技术、物料追踪技术、建模技术等都体现了“两化”的深度融合。CE系统荣获“宝钢集团有限公司技术创新重大成果奖特等奖”，自1978年宝钢建设及生产四十多年来，特等奖奖杯仅颁发了六座，CE系统是获得该奖项的管理技术成果，至今被誉为宝钢股份最重要的信息化管理工具之一。

随着CE系统、CE-PLUS系统的不断深化应用，利用大数据技术和管理会计的融合，构建面向市场的成本管控体系，不断提升成本精细化管控能力，提升公司产品的经营能力，使得全公司的管理具有了数字化穿透力，面向流程、面向市场、面向用户、面向未来，促进了企业价值最大化。从CE系统的研制过程和执行效果来看，价值管理与管理会计之间存在着相辅相成的关系。

（四）数字化时代企业价值管理，管理会计在工业革命新时代的应用

党的十八大提出了用信息化和工业化两化深度融合来引领和带动整个制造业的发展，云计算、大数据等ICT技术支持下的企业管理会计应用和价值化管理正当其时。数字化时代企业的价值管理，就是ICT技术支持下“融通”多个边界，对业务管理与价值管理的边界、成本投入与效益产出的边界、操作与管理的边界、部门与流程的边界、企业内部与外部的边界进行融通和连接，形成资源共享、价值最优的文化氛围和数据平台支持的工作方式，提高效率，降低成本。

宝钢股份有很多优秀的实践案例。2017年，宝钢股份冷轧厂C008热镀锌汽车钢板生产线作为工信部智能制造试点示范项目，经过两年的努力，将一个传统的车

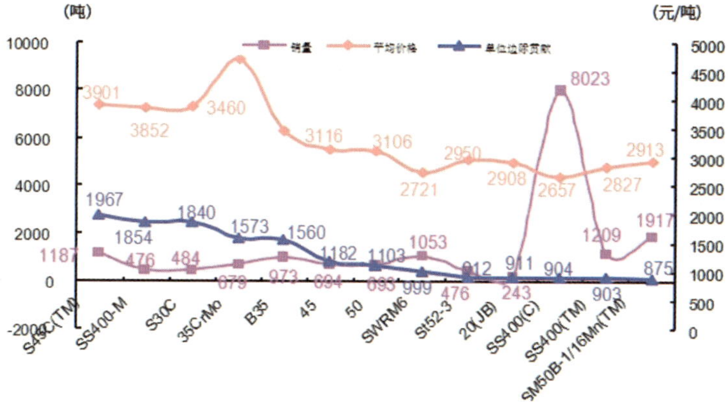

图2 初轧坯结构钢细分类产品单位边际贡献

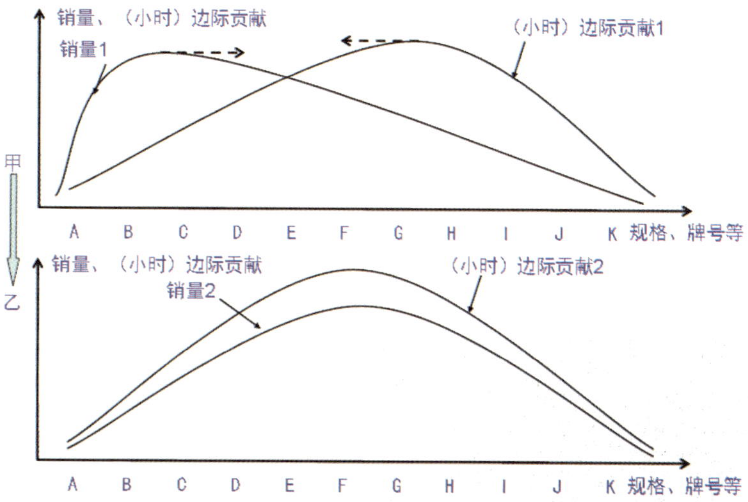

图3 销售资源配置曲线与价值产出曲线的耦合

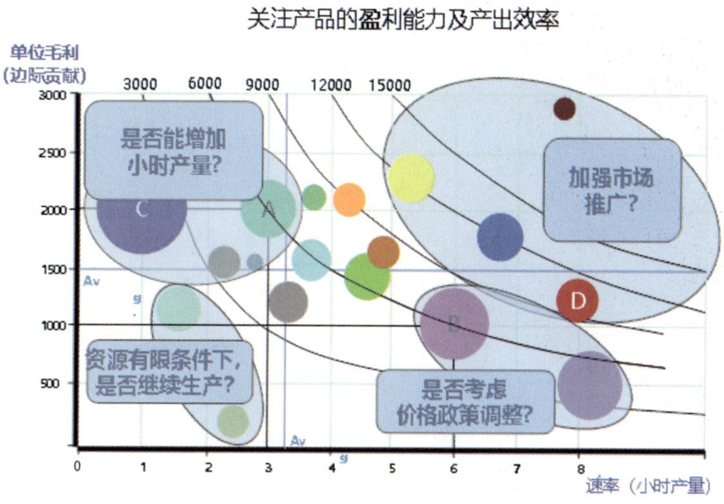

图4 以钢铁产品品种为主线的盈利能力管理

间打造为高效、精益、绿色和智慧为目标的具有代际优势的智能车间。两年中，机器人黑灯生产，劳动效率提升近30%；产能从2016年的73.45万吨，提高到2018年的82.02万吨，提高近20%，精益生产加工成本下降约10%。建绿色工厂，吨钢能耗下降约15%，综合污染物吨钢下降30%。实现了操作监控集中化，岗位作业机器人化，安环管理智能化，设备运维远程化，成本管理实时化。生产管理上，智能生产调度系统可以根据用户的库存情况、生产集批原则、产线物流和价值流、设备状态等因素自动编制生产计划；质量管理上，检测数据可用于在线控制和实时改进，全工序质量信息贯通，所有质量缺陷都被记录下来，评判、分析、持续改进闭环管理；设备管理上，关键设备远程在线精密点检，日常点检及设备健康度预测准确直观。智慧备件管理系统监控备件库存量，结合设备状态和历史数据，对备件进行智能管理，适时提出采购计划。远程支持系统使得机组异常及设备故障处理更加高效。提高了设备综合效率（OEE）,提高了设备的产出能力，降低了设备运维成本。最终反映在成本管理上，成本路径地图推荐最优生产路径，成本实时管理，机组成本控制实现在线闭环，作业成本及时可视、实时跟踪，准确发现问题当班解决，AI技术成功应用于钢铁行业。

在打造宝钢股份冷轧厂C008热镀锌汽车钢板智能化生产线过程中，价值管理始终发挥着文化导向作用和价值衡量作用。

智慧制造要解决企业的技术问题，也要解决企业的管理问题，才能实现质的飞跃。管理会计与ICT技术的结合，促进制造企业实现更快更具成本竞争优势的创新和发展，提高企业价值管理能力。

三、结语

ICT技术为价值管理体系变革提供了新思维和新工具，不断拓展管理内涵和外延。通过对企业价值管理的需求进行挖掘整理，对应用场景开展专业研究和引导，运用ICT技术解决不同行业和企业中存在的问题。成本是设计出来的，通过数字化工程的实施来降低工程建设成本；同时，成本是精益运营出来的，通过大数据指导供、产、销价值链优化。数字化时代企业的价值管理，就是ICT技术支持下“融通”多个边界，对业务管理与价值管理的边界、资源配置与效益产出的边界、操作与管理的边界、部门与流程的边界、企业内部与外部的边界进行融通和连接，形成资源共享、价值最优的文化氛围和数据平台支持的工作方式，提高效率，降低成本。管理会计与ICT技术的结合，将促进制造企业实现更快更具成本竞争优势的创新和发展，提高企业价值管理能力。

管理会计与ICT技术的结合，不仅会推动成本管理和战略成本管理创新，也会带来企业财资管理、税务管理的创新，包括企业司库管理、营运资金管理及供应链金融管理等。本文认为，数字化时代，企业管理需要构建四项核心能力：一是数字资产构建和运营能力，二是前瞻性的数字化经营决策支持能力，三是财务金融资源整合敏捷力，四是会计技术创新及管理创新能力。在工业互联网从概念到应用、从探索到创新向纵深发展的进程中，企业面临的重要任务是如何解决企业的实际问题。推进智慧制造行之有效的方法，往往是问题导向和价值导向，应从提升企业管理水平入手。管理会计与ICT技术结合，为企业提高价值管理能力提供了新思维新工具。全面提升企业价值化管理能力方兴未艾，大有可为。

参考文献：

刘舒良:《浅析计划值管理中宝钢公司案例中的应用》，载于《企业管理》2008年第10期。

开启中国总会计师队伍建设的新征程

——《中国总会计师（CFO）能力框架》研究发布综述

中国总会计师协会

【摘要】2019 年 4 月 25 日，中国总会计师协会发布了《中国总会计师（CFO）能力框架》。本文系统回顾了《中国总会计师（CFO）能力框架》的研究发布过程，从引言、能力框架发布的背景和意义、课题研究开展情况、能力框架主要内容、应用展望和下一步研究任务五个方面进行全面阐述，希望对广大财会领域实务工作者和学者更好地理解和应用能力框架提供参考。

【关键词】中国总会计师（CFO）能力框架

一、引言

当前，中国特色社会主义进入新时代，正向着实现中华民族伟大复兴的宏伟目标奋勇前进。党和国家不断提高领导经济工作的能力和水平，推进治理体系和治理能力现代化，积极参与全球经济治理，全力建设现代化经济体系，实现高质量发展。会计是国家、政府、企业和各行政事业单位提高治理能力与水平、强化管理的重要工具和手段，是现代公共管理和公司治理的有机组成部分。[①]

当今，总会计师（CFO）[②]的职责越来越重要，并且变得越来越具有多样性和充满活力。有人认为，总会计师（CFO）是公司驾驭财务战略管理的领袖，他们利用财务数据，反映公司的过去，分析公司的现在，预测公司的未来，是公司整体系统管理有效运营的可靠保障。而2002年美国“萨班斯·奥克斯利法案”，开始要求首席执行官（CEO）与CFO共同在财务报表上签名以此承担法律责任的行为，也不可避免地对CFO在公司内的决策层地位产生了巨大的推动力。在我国社会主义市场经济条件下，总会计师（CFO）的职责愈加重要，这也使得对总会计师的胜任能力要求发生了改变。可以说，总会计师是各行政事业单位、企业单位（以下简称“单位”）治理体系中的关键因素之一，建设与我国经济实力和综合国力相匹配的、具有全球视野的高素质专业化总会计师队伍刻不容缓。

发表于《中国管理会计》2019年第3期，总第9期。

二、中国总会计师（CFO）能力框架发布的背景和意义

（一）社会变革、经济转型与信息技术革命对总会计师（CFO）履职能力提出了新挑战

目前，社会变革、经济转型和信息技术革命正推动着组织形态、商业模式、管理

①财政部：《会计改革与发展“十三五”规划纲要》解读，2016年12月。

② CFO：源自英文 Chief Financial Officer，意指“首席财务官”。学术研究中，对 CFO、总会计师职责差异有很多探讨争论。鉴于我国管理实践中，总会计师、CFO、财务总监等职位主要职责相同，具体职责范围有所差异，且一般不设置同类重复岗位，因此在本能力框架研究中，将总会计师与 CFO 趋同同义。

方式的重大变革。经济高质量发展对企业提出了新要求。企业组织边界不断拓展，需要通过全价值链管理，重新寻找价值定位。企业内部组织敏捷化、管理精益化、生产自动化、盈利平台化的特征日趋明显。商业模式创新层出不穷。这些影响因素都对总会计师（CFO）履职能力提出了新挑战。研究发布《中国总会计师（CFO）能力框架》旨在准确洞察未来总会计师（CFO）职能定位，先导性地提出对未来总会计师（CFO）各项能力的要求，推动我国总会计师制度与国际接轨，推动总会计师与CFO职能地位等效同义，有其重要的前瞻意义。

（二）各相关方对总会计师（CFO）能力提出了新要求

首先，总会计师需要具备服务单位发展战略、支持单位决策、平衡好单位内外部各利益相关者关系等多方面的综合能力，在社会经济转型背景下，单位领导者、利益相关者对总会计师的能力素质提出新的更高要求。其次，总会计师是单位财会队伍的“领头羊”，处于财会人员职业生涯规划的顶层位置，其具备的能力素质具有巨大的榜样力量和示范效应，研究发布总会计师能力框架为财会人员职业发展路径和职业生涯规划提供参考。最后，目前对高端财务人员，特别是总会计师相关能力的研究、培养与实际需求之间还存在一些差距，能力框架有利于满足教学、科研、培训机构对总会计师的培训培养要求。中国总会计师正面临管理应用场景剧变带来的挑战，应积极顺应新时代要求，提高能力素质，有效满足各方需求。研究发布《中国总会计师（CFO）能力框架》，有其重要的现实意义。

（三）我国总会计师（CFO）相关制度亟须完善

我国总会计师相关制度发布较早（具体内容见表1），已不适应经济社会发展实际。在总结前期部分中央企业成功实践的基础上，国务院国资委于2016年开展中央企业总会计师委派试点工作，目前已经大部分实现了委派，这些委派总会计师在落实国资委专项工作任务、服务所在单位经营管理上取得了实效，获得了广泛的认可和好评。中国总会计师（CFO）制度的设立、沿革、发展，以及近年丰富的实践积累，亟须全面改革完善相关法规制度。中国总会计师协会是以中国总会计师为主要成员的唯一全国性社团组织，研究发布中国总会计师（CFO）能力框架，将为推动总会计师有关法规修订完善、为国务院国资委中央企业委派总会计师履职评价提供参考意见，有其重要的政策建议作用。

三、中国总会计师（CFO）能力框架研究情况

在国资委指导下，中国总会计师协会组织来自实务界、理论界的专家学者组成产学研结合型团队[③]，成立课题组，秉承创新、开放、前瞻的理念，历时一年半的研

③ 研究团队成员：刘红薇、李守武、李林池、许定波、李扣庆、杨雄胜、汤谷良、周厚杰、苏锡嘉、陈磊、冯长军、李憨劼等。

表1 我国总会计师相关制度汇总

序号	文件名称	发布单位	发布时间	总会计师职责、任职条件、履职评价（主要内容节选）
1	《关于国营工业、交通企业设置总会计师的几项规定（草案）》	国务院	1963年10月18日	第二条 总会计师应当挑选高于处（科）长水平的有实际工作能力的专业干部担任。 第四条 总会计师在厂长领导下，履行下列职责： （一）组织、推动企业有关部门实行经济核算，加强财务管理和会计监督。 （二）协助计算和审查向上级提供的产品方案、生产规模方案等，并对这些方案、措施的经济效果实现情况进行检查。 （三）组织有关部门提出企业财务成本计划、产品的定价和调价方案。 （四）监督本企业认真贯彻国家的有关财务、会计工作方面的政策、法令和财务、会计、信贷、结算等制度。 （五）监督企业流动资金、工资基金、大修理基金、企业基金以及各项专用拨款的合理使用，保证各项资金的专款专用。 （六）监督企业合理使用财产、物资，严格执行财产、物资的验收、领退、调拨制度和保管制度。 （七）监督企业严格执行关于成本开支范围和费用划分的规定，正确计算成本、利润。 （八）监督有关部门认真按照会计手续和会计制度的规定，做好记账、算账、报账工作，如实地反映企业的经济活动和财务收支情况。 （九）负责组织、推动群众性的经济核算工作。 （十）具体组织全厂的经济活动分析工作。 第五条 总会计师的权限： （一）企业内部各职能科室、各车间在经济核算和财务会计工作上，必须服从总会计师的统一组织和业务领导。 （二）企业上报的财务成本计划、银行贷款计划、产品定价和调价方案、会计报表，都应当由总会计师签署或者会签。 （三）对于企业各有关部门提出的不符合经济核算原则和国家制度规定的各种计划、方案、措施、合同，总会计师有权向有关部门提出意见。 （四）企业财务会计人员的任免，必须先征求总会计师的意见。 （五）总会计师有权提出意见，报厂长或者厂务会议决定后，分别给予单位和人员应有的奖励或者处分
2	《会计人员职权条例》	国务院	1978年9月12日	第二条 大、中型企业要设置总会计师，主管本单位的经济核算和财务会计工作，小型企业也要指定一名副厂长行使总会计师的职权。 第十一条 企业要建立总会计师的经济责任制。 第十二条 总会计师的基本职责： （一）参与生产、物资供应、产品销售、技术措施、基本建设等计划和主要经济合同的审查，检查计划、经济合同的执行情况，考核生产经营成果。（二）组织有关部门编制财务计划，落实完成计划的措施，对执行中存在的问题提出改进措施。（三）组织群众性的经济核算工作，建立各级经济活动分析制度，挖掘增产节约潜力。（四）监督本单位执行国家财经政策、法令、制度，遵守财经纪律。 第十三条 总会计师的工作权限： （一）参加企业重要的生产、经营管理会议和其他有关会议。（二）企业的财务计划、信贷计划和会计报表，应由总会计师签署；企业的生产、技措、基建等计划和重要经济合同，应由总会计师会签。（三）对不符合国家财经方针、政策，不讲求经济效果，不执行计划、经济合同和违反财经纪律的事项，总会计师有权制止。如果制止无效，应报告厂长或上级机关、财政部门处理
3	《总会计师条例》	国务院	1990年12月31日	第五条 总会计师组织领导本单位的财务管理、成本管理、预算管理、会计核算和会计监督等方面的工作，参与本单位重要经济问题的分析和决策。 第七条 总会计师负责组织本单位的下列工作： （一）编制和执行预算、财务收支计划、信贷计划，拟订资金筹措和使用方案，开辟财源，有效地使用资金；（二）进行成本费用预测、计划、控制、核算、分析和考核，督促本单位有关部门降低消耗、节约费用、提高经济效益；（三）建立、健全经济核算制度，利用财务会计资料进行经济活动分析；（四）承办单位主要行政领导人交办的其他工作。 第九条 总会计师协助单位主要行政领导人对企业的生产经营、行政事业单位的业务发展以及基本建设投资等问题作出决策。总会计师参与新产品开发、技术改造、科技研究、商品（劳务）价格和工资奖金等方案的制定；参与重大经济合同和经济协议的研究、审查。 第十六条 总会计师必须具备下列条件： （一）坚持社会主义方向，积极为社会主义建设和改革开放服务；（二）坚持原则，廉洁奉公；（三）取得会计师任职资格后，主管一个单位或者单位内一个重要方面的财务会计工作时间不少于3年；（四）有较高的理论政策水平，熟悉国家财经法律、法规、方针、政策和制度，掌握现代化管理的有关知识；（五）具备本行业的基本业务知识，熟悉行业情况，有较强的组织领导能力；（六）身体健康，能胜任本职工作

续表

序号	文件名称	发布单位	发布时间	总会计师职责、任职条件、履职评价（主要内容节选）
4	《中央企业总会计师工作职责管理暂行办法》	国务院国资委	2006年5月14日	第十条　担任企业总会计师应当具备以下条件： （一）具有相应政治素养和政策水平；（二）大学本科以上文化程度，一般应当具有注册会计师、注册内部审计师等职业资格，或者具有高级会计师、高级审计师等专业技术职称或者类似职称；（三）从事财务、会计、审计、资产管理等管理工作8年以上，具有良好的职业操守和工作业绩；（四）分管企业财务会计工作或者在企业（单位）财务、会计、审计、资产管理等相关部门任正职3年以上，或者主管子企业或单位财务、会计、审计、资产管理等相关部门工作3年以上；（五）熟悉国家财经法规、财务会计制度，以及现代企业管理知识，熟悉企业所属行业基本业务，具备较强组织领导能力，以及较强的财务管理能力、资本运作能力和风险防范能力。 第十四条　总会计师的主要职责包括：企业会计基础管理、财务管理与监督、财会内控机制建设和重大财务事项监管等。 第三十一条　对总会计师履职情况评估，应当根据总会计师在企业中的职责权限，全面考核总会计师职责的履行情况，具体应当包括以下内容：（一）企业会计核算规范性、会计信息质量，以及企业财务预算、决算和财务动态编制工作质量情况；（二）企业经营成果及财务状况，资金管理和成本费用控制情况；（三）企业财会内部控制制度的完整性和有效性，企业财务风险控制情况；（四）在企业重大经营决策中的监督制衡情况，有无重大经营决策失误；（五）财务信息化建设情况；（六）其他需考核的事项
5	《总会计师条例》（2011年1月8日修正版）	国务院	2011年1月8日	将《总会计师条例》第十条第二款中的“总会计师应当依照《中华人民共和国会计法》第十九条的规定执行”修改为“总会计师应当依照《中华人民共和国会计法》的有关规定执行”。 总会计师职责、任职条件、履职评价等没有变化

究，于2019年4月25日正式面向全社会发布《中国总会计师（CFO）能力框架》（以下简称《能力框架》）。

表2 能力框架课题已完成研究情况

序号	研究阶段	起始时间	已开展或计划开展工作
1	项目策划阶段	2017年12月	研讨必要性和紧迫性论证； 确定研究方式； 策划研究方案
2	项目启动阶段	2018年6月	前期策划及资料收集（2018年6～9月）； 具体工作方案确定（2018年10月）； 研究梳理收集资料（2018年11月）； 一期问卷设计与调查（2018年11月）
3	第一阶段研究	2019年3月	拟订能力框架（初稿）（2018年12月）； 召开能力框架研讨会（2018年12月底）； 拟订能力框架（中期稿）（2019年1月初）； 二期问卷调查及结果梳理（2019年2月）； 拟定能力框架（终稿及发布版）（2019年2月）； 排版及印刷能力框架（发布版）（2019年3月）
4	正式发布	2019年4月	正式发布能力框架（2019年4月）

（一）课题组研究过程

课题组研究目前已开展的工作包括项目策划、项目启动、第一阶段研究和正式发布四个阶段（见表2）。

（二）问卷调查分析

2019年1月15～31日，中国总会计师协会集中对500余位来自中国行政事业、企业（包括国有企业、民营企业、外资企业）等不同单位相关高级管理人员进行问卷调查，其中收回有效样本394份。问卷调查人员身份和所在行业如图1所示。

问卷调查结果分析如下：

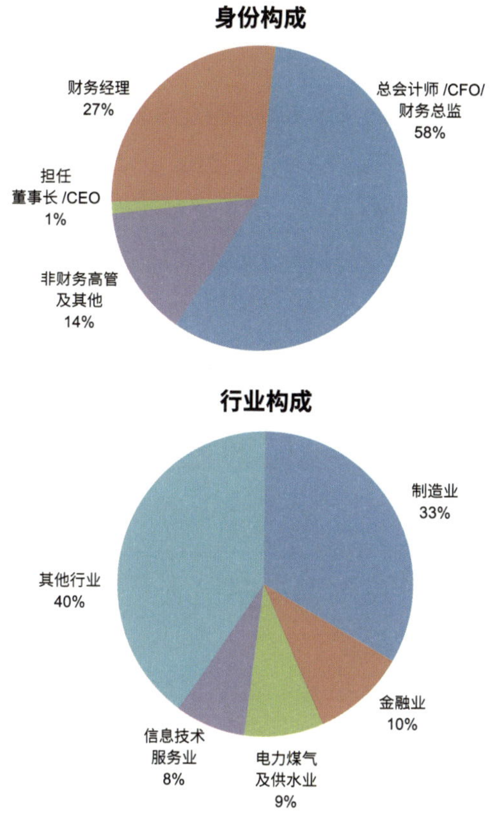

图1 参与调查人员身份构成和行业构成

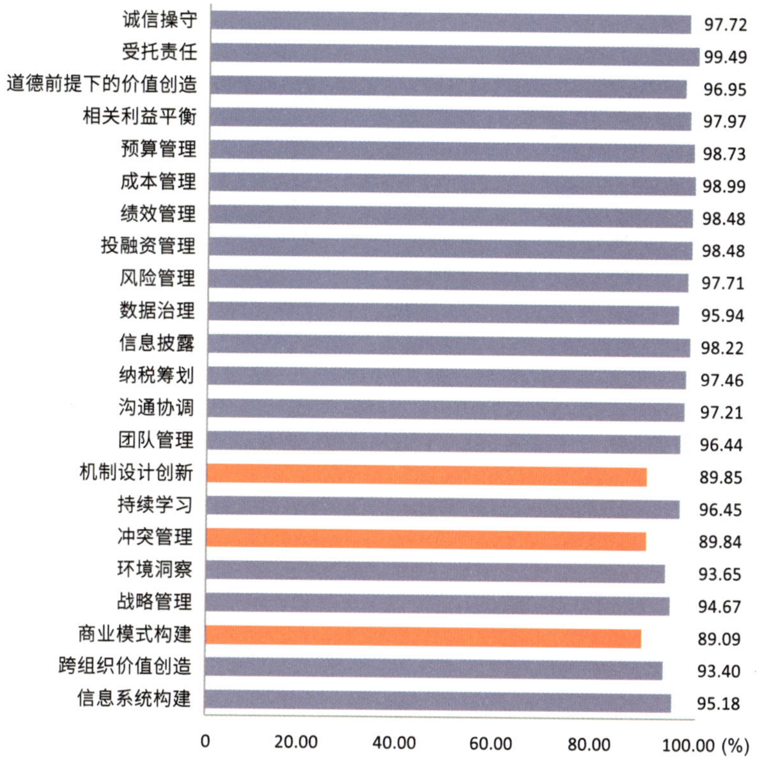

图2 选择能力要素非常重要和比较重要的人数占比合计

一是能力框架所涉及的能力要素获得广泛认同。

选择各项能力要素非常重要和比较重要的人数占比合计都在89%以上（见图2）。

二是不同能力的重视程度存在差异。

专业能力的重要性程度得分均值相比商业能力、组织能力和职业道德更高，职业道德的重要性程度得分均值相比组织能力和商业能力更高，且都有显著差别[④]，说明相对于专业能力和职业道德，被调查者普遍认为商业能力和组织能力的重视程度还需要进一步提升。不同能力要素的重要性程度不完全一致，预算管理（83.5%）、受托责任（77.92%）、投融资管理（72.59%）等能力要素的重要性更强（见表3）。

表3 各能力重要程度描述性统计表

能力	重要程度得分均值	重要程度得分差异	显著性
商业能力	2.41	0.004	
组织能力	2.40		
商业能力	2.41	-0.250	***
专业能力	2.66		
商业能力	2.41	-0.186	***
道德能力	2.59		
组织能力	2.40	-0.253	***
专业能力	2.66		
组织能力	2.40	-0.189	***
道德能力	2.59		
专业能力	2.66	0.064	***
道德能力	2.59		

④ 1% 的统计显著。

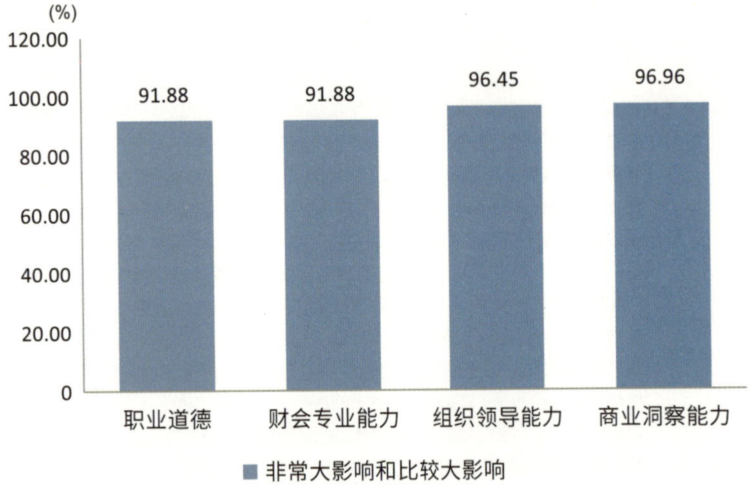

图3 四大能力对总会计师履职效果的影响程度

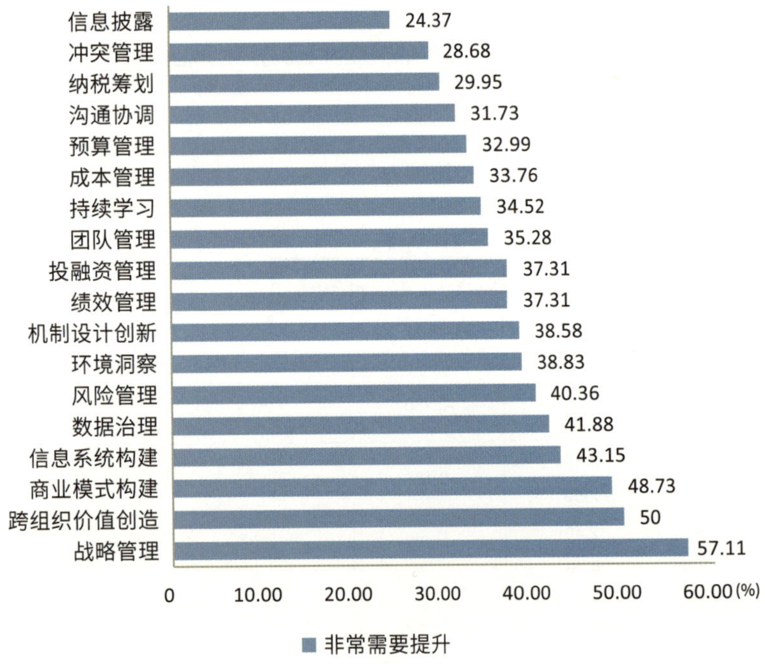

图4 各项能力要素需要提升程度

三是不同能力对总会计师履职效果的影响有所差异（见表4）。

调查对象认为四大能力对总会计师履职效果的影响分别为职业道德（91.88%）、专业能力（91.88%）、组织能力（96.45%）、商业能力（96.96%）（见图3）。

表4 各能力对履职效果影响描述性统计表

能力	对履职效果的影响程度均值	影响程度得分差异	显著性
商业能力	2.57	-0.020	
组织能力	2.59		
商业能力	2.57	0.178	***
专业能力	2.39		
商业能力	2.57	0.096	***
道德能力	2.47		
组织能力	2.59	0.198	***
专业能力	2.39		
组织能力	2.59	0.117	***
道德能力	2.47		
专业能力	2.39	-0.081	***
道德能力	2.47		

四是商业能力更需要提升。

商业能力需要提升程度得分比组织能力和专业能力更高，且都有显著差别⑤，说明被调查者普遍认为相比专业能力和组织能力，商业能力更需要提升（见表5）。

表5 能力提升需求描述性统计

能力	能力提升需要程度均值	需要程度得分均值	显著性
商业能力	2.40	0.171	***
组织能力	2.23		
商业能力	2.40	0.184	***
专业能力	2.21		

⑤ 1% 的统计显著。

从各项能力要素需要提升程度的排序看，最迫切需要提升的能力为战略管理（57.11%）、跨组织价值创造（50%）、商业模式构建（48.73%）、信息系统构建（43.15%），这些能力要素都属于商业能力（见图4）。

专业能力中数据治理能力和风险管理更需要提升（见图5）。

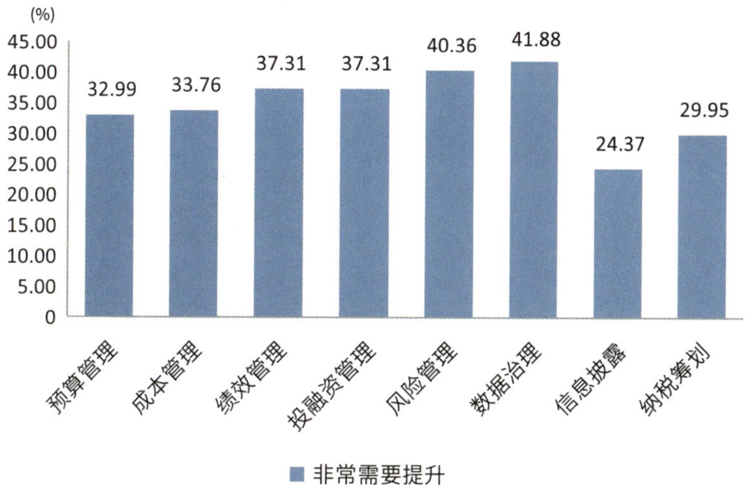

图5 专业能力各能力要素需要提升的程度

组织能力中机制设计创新能力更需要提升（见图6）。

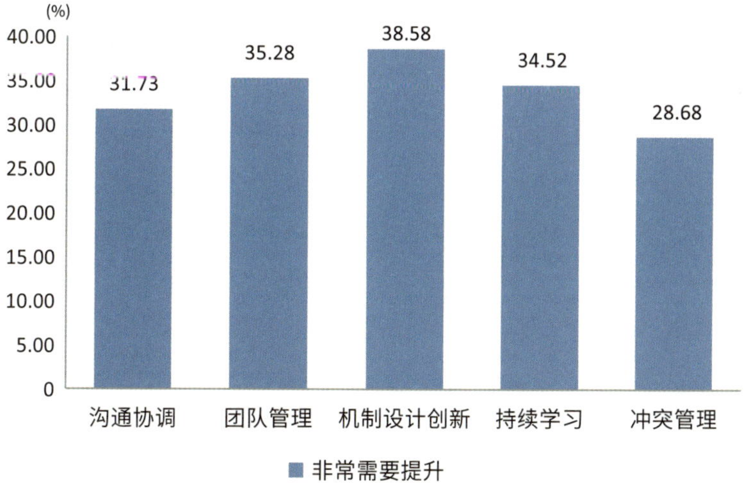

图6 组织能力各能力要素需要提升的程度

商业能力中战略管理和跨组织价值创造能力更需要提升（见图7）。

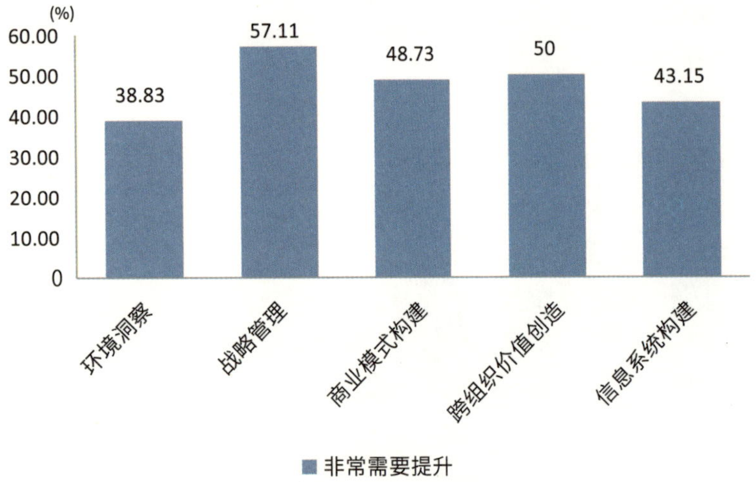

图7 商业能力各能力要素需要提升的程度

五是组织能力和商业能力提升面临的挑战更大。

调查对象认为总会计师在提升商业能力（88.84%的调查对象认为挑战非常大和比较大）和组织能力（75.38%的调查对象认为挑战非常大和比较大）方面面临非常大和比较大的挑战（见图8）。

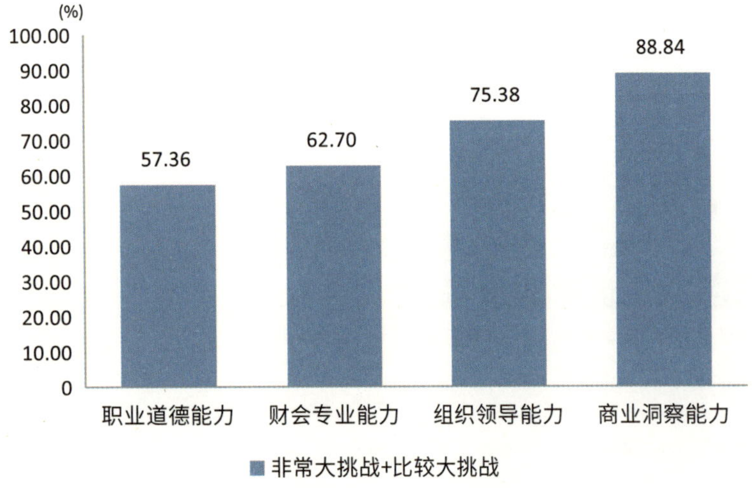

图8 总会计师在提升能力方面面临挑战的程度

商业能力提升面临挑战的得分均值相比专业能力、组织能力和职业道德都大，组织能力提升面临挑战的得分均值相比专业能力和职业道德都大，且都有显著差别⑥。说明被调查者普遍认为商业能力和组织能力是提升难度更大的领域（见表6）。

表6 能力提升难度描述性统计

单位：分

能力	能力提升难度均值	提升难度得分差异	显著性
商业能力	2.32	0.294	***
组织能力	2.03		
商业能力	2.32	0.576	***
专业能力	1.74		
商业能力	2.32	0.581	***
道德能力	1.74		
组织能力	2.03	0.282	***
专业能力	1.74		
组织能力	2.03	0.287	***
道德能力	1.74		
专业能力	1.74	0.005	
道德能力	1.74		

以上是本次问卷调查的基本情况分析，除这些样本以外，中国总会计师协会还组织在各分会和地方协会开展调查，广泛征求实务界和理论界对总会计师（CFO）能力框架的意见和建议，这些宝贵建议将作为进一步完善能力框架的依据。

四、中国总会计师（CFO）能力框架的主要内容

研究团队遵循一定的研究原则，通过梳理研究国内外与总会计师（CFO）能力相关

⑥ 1% 的统计显著。

的各类文献及实务需求，主要采用归纳分类的研究方法，辅之以问卷调查研究（前文已介绍），最终确定能力框架的主要内容。

（一）研究遵循原则

按照全面性、前瞻性和边界清晰原则，确定能力框架的内容。

一是全面性。在文献检索方面，全面梳理国内外学者观点、研究机构报告，并提炼出各种观点；在总会计师（CFO）应具备能力领域方面，兼顾财务领域和非财务领域的能力，兼顾履行高管的职责需具备的能力和总会计师（CFO）的个人胜任能力，兼顾业务能力和道德遵从能力；在时间和空间跨度上，既考虑我国总会计师制度脱胎于“一长三师”苏联模式的现状和局限性，又考虑西方CFO制度的要求；既考虑美国20世纪90年代开始，特别是“安然事件”爆发对CFO能力和职业道德的反思，又考虑当下我国社会变革、经济转型和信息技术革命对总会计师（CFO）能力的新需求。

二是前瞻性。首先，充分考虑财务转型和深刻洞察未来总会计师（CFO）定位。总会计师（CFO）能力框架是财务队伍转型的“风向标”，总会计师应从领导价值计量记录对外报告向价值工程师转型，从传统财务领导向服务战略支持决策转型，从CEO的副职向CEO的商业合作伙伴转型。其次，充分考虑社会经济变革对总会计师（CFO）能力的新要求。最后，能力框架应具备开放性。随着社会经济和企业管理的变革，单位对总会计师（CFO）应具备的能力会产生新的需求，能力框架需要具备开放性，本身也是其科学性的体现。

三是边界清晰。首先，能力框架是总会计师（CFO）的能力框架。处理好突出专业背景和需求与拓展商业能力的关系。财务专业能力是核心和基础，拓展商业能力是总会计师（CFO）实践工作中有抓手、能落地的工作职责和内容，避免能力框架应用边界泛化。其次，能力的分类相对清晰，避免出现混淆和重叠。最后，能力框架整体需要有逻辑性。强逻辑性是保证边界清晰的基础。

因此，本研究首先需要对能力框架的整体结构进行梳理。

（二）能力框架整体结构文献回顾与评述

虽然中西方CFO胜任能力要求存在差异，但随着我国国际地位的提高和经济总量的跃升，对CFO能力要求的差距总体缩小，我国总会计师能力要求也在向西方国家CFO靠近和转型，因此西方国家CFO相关文献对本研究具有重要的借鉴意义。

美国注册会计师协会（AICPA）《进入会计职业的核心胜任能力框架》（1999）提出了CFO的三种胜任能力:功能性胜任能力、广阔的商业视野和个人胜任能力。《再造金融总裁》（2005）提出CFO的五大职责为：金融和财务与企业经营的合作与整合、战略、管理控制、成本管理和过程与体系。IBM《全新的价值整合者——全球CFO调研洞察》（2010）指出，CFO扮演价值整合者的角色，在管理企业风险、衡量和监控企业绩效以及从整个公司整合的信息中得出见解方面具有明显优势。普华永道《未来的财务人员能力调查报告》（2014）提出未来财务人员应具备引导能力、协同能力、抗御能力、整合能力。上海国家会计学院《成为胜任的CFO——中国CFO能力框架》（2006）认为，CFO必须具备职业知识、技能和职业价值观三种核心胜任能力。

另外，近年来管理会计能力框架也对总会计师（CFO）能力框架有很大的借鉴意义。CIMA和AICPA的《全球特许管理会计能力框架》（2014）提出以道德、诚信和专业精神为基础，构建包含技术、商业、人际和领导技能四方面的职业技能框架。美国管理会计师协会（IMA）《IMA管理会计能力素质框架》（2019）聚焦战略、规划和绩效，报告和控制，技术和分析，商业敏锐度和运营，领导力，职业道德和价值观六大领域。

综上，CFO能力的相关文献对本文中国总会计师（CFO）能力框架整体结构的搭建有以下启示：

一是需要对能力归纳分类。

由于能力的分类维度较多，不同分类维度下的能力种类叠加在一起，很可能对整体框架的科学性带来挑战，因此，需要找到较为公认的一个"标准"对能力归纳分类，同时在每类能力中，尽可能列举其中主要的能力要素，以此保障能力框架的全面性和完整性。因此，将能力框架分为能力分类和能力要素两个层级，这是本项目研究中一个重要的能力归纳分类方法。

二是总体分为财务和非财务两大领域的能力。

通过文献回顾和梳理我们发现，总会计师（CFO）能力总体上分为财务和非财务两大领域，且研究热点从侧重财务能力向财务能力与非财务能力并重转变，并且总会计师（CFO）正在被赋予各种非传统财务的、前瞻性的使命责任，对其所具备能力提出了新的要求（《从分析框架看财务职能：掌握财务发展方向主动权》，2013；田茂永，2010）。

三是非财务能力分为商业能力和个人胜任能力。

《进入会计职业的核心胜任能力框架》提出的三种胜任能力的分类方式被后续相关研究广泛认同和采用。能力框架应将非财务能力进一步分为商业能力和个人胜任能力，这在管理会计相关能力框架中也都有体现（上海国家会计学院，2006；2014，2016；2017；CGMA，2014）。

四是将道德遵从能力单独列示为一类能力。

美国"萨班斯·奥克斯利法案"，破天荒地要求CEO与CFO共同在财务报告上签名以此承担法律责任，对CFO的职业道德要求更加严格，这些变化拓展了总会计师（CFO）的能力范围（Regina et al.,2012；任明川，2004）。职业道德在管理会计相关能力框架中也有体现。

因此，本文沿用财务专业能力、商业能力、个人胜任能力和道德遵从能力进行分类，并逐一对其相关文献综述进行梳理。

（三）4类能力和具体能力要素的文献回顾与评述

一是关于遵从职业道德。

AICPA职业道德委员会主席Frederick H.Hurdman（1941）提出："我们的职业道德标准严于其他任何职业。"《财务总监——

作为企业整合者》(2005),《财务总监生存指南——通往财务领导的必由之路》(2005)和《CFO手册:修订版》(2005)均提出CFO应履行受托责任,在对外披露信息中遵从职业道德。CIMA和AICPA的《全球特许管理会计能力框架》(2014)以道德、诚信和专业精神为基础搭建整体能力框架。美国管理会计师协会(IMA)在《IMA管理会计能力素质框架》(2019)职业道德和价值观模块包括三项能力,要求财会专业人士树立正确的职业价值观,遵守道德准则和法律法规。许萍和曲晓辉(2005)指出高级会计人才应遵循法律法规与职业道德。

综上,遵从职业道德是总会计师(CFO)守住底线和发挥价值创造作用的必然要求。总会计师(CFO)往往需要履行受托责任,坚持依法合规,遵从职业道德规范。

二是关于财务专业能力。

美国注册会计师协会(AICPA)在《进入会计职业的核心胜任能力框架》(1999)中提出功能性胜任能力包括:决策模型、风险分析、计量、报告、发展和加强功能性胜任能力的有效技术。《财务总监领导手册》(2005)中指出CFO需要掌握财务决策能力、税务筹划能力、控制与风险管理能力、金融分析能力、资本运作能力等能力。《CFO手册:修订版》(2005)提出CFO应掌握预算管理、审计、税务筹划、财务管理、风险管理等能力。《财务总监生存指南——通往财务领导的必由之路》(2005)提出CFO应具备财务管理、成本管理、业绩评估、内部控制与审计能力等胜任能力的要求。《再造金融总裁》(2005)强调CFO应该具备战略成本管理的能力。《全球特许管理会计能力框架》中技术技能包括财务会计与报告、成本会计与管理、业务规划、管理报告与分析、公司财务与财资管理、风险管理与内部控制、会计信息系统、税务策略筹划与合规。《IMA管理会计能力素质框架》(2019)中报告和控制模块包括七项能力,为财会专业人士提供以合规的方式衡量和报告组织业绩的工具;技术和分析模块包括四项能力,展示如何利用数据提升企业分析能力,以及如何利用技术推动组织前行。在我国的相关文献中,刘玉廷(2004)、陈艺东和何华(2005)、邱昱芳等(2011)认为高级会计人才应具备组织和实施内部控制、专业分析判断、管理控制、专业知识更新等能力。

综上,财务专业能力聚焦了总会计师(CFO)投入精力最多的预算、成本、绩效、风险等融合业务、服务战略的管理领域,专业能力的提升有利于总会计师有的放矢地提升工作中急需的能力。

三是关于个人胜任能力。

美国注册会计师协会(AICPA)在《进入会计职业的核心胜任能力框架》(1999)中提出个人胜任能力包括职业风度、问题解决与决策制定、协作、领导、沟通、发展和加强个人胜任能力的有效技术。《财务总监领导手册》(2005)提出CFO应具备团队合作与相互信任、多样化、认同感、道德管理实践、沟通和授权六种能力。《财务总监生存指南——通往财务领导的必由之路》(2005)将CFO的个人胜任能力要求划分为自我管理能力和关系管理能力。《再造金融总裁》(2005)和

《财务总监生存指南——通往财务领导的必由之路》（2005）均提出CFO需要与CEO建立良好的关系并主动融入业务。CIMA和AICPA《全球特许管理会计能力框架》（2014）指出人际技能包括影响力、谈判与决策、沟通、协作与合作；领导技能包括团队建设、辅导与指导、推动绩效、激励与鼓舞、变革管理。美国管理会计师协会（IMA）在《IMA管理会计能力素质框架》（2019）提出领导力模块包括七项能力，帮助财会专业人士成长为领导者去建设并指导其所负责的团队实现个人和组织目标。许萍和曲晓辉(2005)提出解决问题、开拓创新、领导、沟通协调、团队、获取新知识力、国际竞争、逻辑思维、灵活性等是CFO必备的个人胜任能力。

综上，个人胜任能力也可抽象为总会计师（CFO）的组织能力，组织能力提升有利于总会计师（CFO）提高应对复杂工作的能力，这需要其具备良好的沟通协调能力、优秀的团队管理能力（陈崧，2018），同时要有抗压和情绪控制能力。

四是关于商业能力。

美国注册会计师协会（AICPA）在《进入会计职业的核心胜任能力框架》(1999)中提出商业视野能力包括战略 / 批判性思维、行业 / 部门的视野、全球 / 国际视野、资源管理、法律 / 规章视野、市场和客户关注度及发展和加强广阔的商业视野的有效技术。卡罗尔的《财务主管的角色转变》(2002) 从战略、计划、变革、资源、信息、质量和公关关系管理等方面探讨了财务主管的职能定位。《财务总监生存指南——通往财务领导的必由之路》(2005)、《财务总监——作为企业整合者》(2005)、《财务总监领导手册》(2005) 和《再造金融总裁》

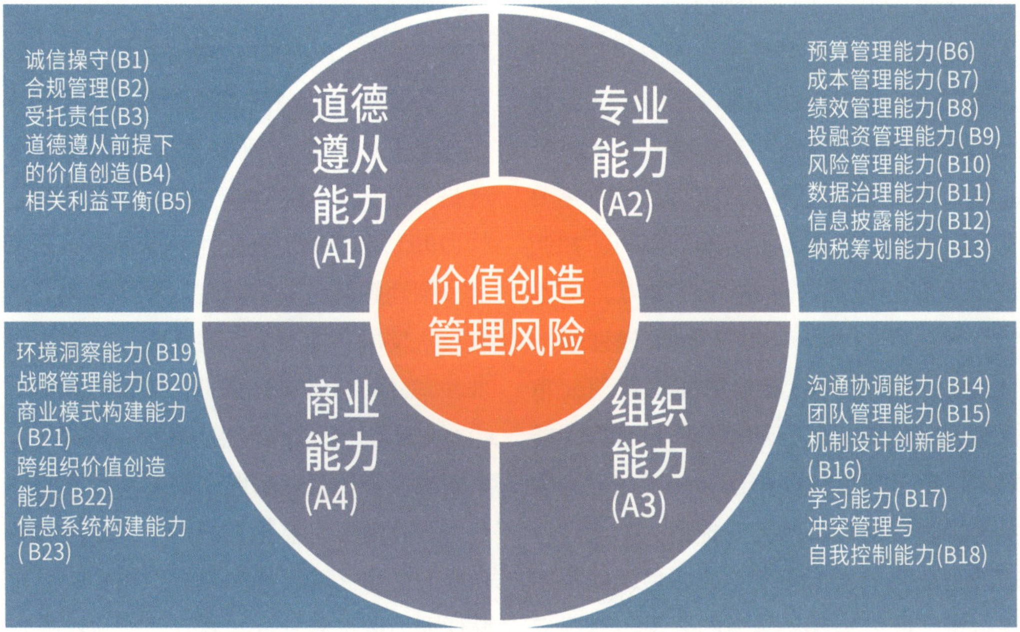

图9 中国总会计师（CFO）能力框架

(2005)均提出CFO应该拥有信息管理能力以提升财务效率。CIMA和AICPA在《全球特许管理会计能力框架》(2014)中提出商业技能包括战略、市场与法规、流程管理、商业关系、项目管理、宏观分析。美国管理会计师协会(IMA)在《IMA管理会计能力素质框架》(2019)中提出战略、规划和绩效模块包括八项能力,为财会专业人士制定领先的战略规划及评估业务发展状况指明方向;商业敏锐度和运营模块包括四项能力,展示财会专业人士如何进行跨职能协作,以推动整个组织实现运营转型。周宏等(2007)认为高级会计人员要具备战略规划能力商业视野。熊焰韧和苏文兵(2016)认为CFO应具备信息集成和整合等新兴能力。

综上,商业能力是中国总会计师(CFO)未来急需提升的能力。总会计师(CFO)需通过洞察企业内外部环境,了解单位资源配置,服务好战略的制定和落地,整合数据资源,提升财务效率,理解单位商业模式,最终服务于价值创造能力的提升。

(四)4类能力和23个能力要素的定位和内容

本文在梳理文献和实务需求的基础上,通过归纳能力要素、合并同类项、准确描述能力要素内涵,最终得到4类能力和23个能力要素。

中国总会计师履职应具备的能力可归纳为4类:道德遵从能力、专业能力、组织能力、商业能力(见图9),其中道德遵从能力包括诚信操守、合规管理、受托责任、道德遵从前提下的价值创造、相关利益平衡5个能力要素,专业能力包括预算管理能力、成本管理能力、绩效管理能力、投融资管理能力、风险管理能力、数据治理能力、信息披露能力、纳税筹划能力8个能力要素,组织能力包括沟通协调能力、团队管理能力、机制设计创新能力、学习能力、冲突管理与自我控制能力5个能力要素,商业能力包括环境洞察能力、战略管理能力、商业模式构建能力、跨组织价值创造能力、信息系统构建能力5个能力要素,共计4类能力23个能力要素。

价值创造、管理风险是总会计师履职的最终目标。

总会计师履职应具备的道德遵从能力、专业能力、组织能力、商业能力,都是为“价值创造、管理风险”目标服务的。总会计师作为单位的价值工程师和价值整合者,最终目标是实现单位可持续的价值创造,通过管理风险,降低价值损失,也是保护价值创造。因此,将价值创造、管理风险置于本能力框架的核心位置。

道德遵从能力是根本能力。

职业道德是指总会计师履职必须遵从的道德规范准则,道德遵从能力是指总会计师切实遵从这些道德规范准则并将其贯穿于单位实践中的能力。道德遵从能力包括坚持诚信操守、推进合规管理、履行受托责任、道德遵从前提下的价值创造和平衡利益相关者利益等内容。

道德遵从能力(moral compliance capability)是中国总会计师履职的根本保

障，诚信操守是中国总会计师立身和单位立足的根本，合规管理是中国总会计师遵从道德规范和法律法规要求的重要手段，履行受托责任是中国总会计师的根本要求，道德遵从前提下的价值创造是中国总会计师的行为准则，协调利益相关方的利益需要中国总会计师遵从道德作为保障，因此道德遵从能力是中国总会计师履职的根基，也是中国总会计师履职的根本能力。

诚信操守（B1）是指坚持“诚信为本，操守为重”原则，按照准则要求提供客观、全面、准确、可靠的财务报告的能力。合规管理（B2）是指坚持遵从道德规范准则和法律法规，有效防控单位合规风险，组织或参与合规性制度建设、合规审查、风险应对、责任追究、考核评价、合规培训等管理活动的能力。受托责任（B3）是指总会计师处于单位治理的重要环节，需公允反映单位绩效，以依法合规的方式有效履行受托责任，协调委托代理关系。道德遵从前提下的价值创造（B4）是指在遵从道德规范准则前提下，兼顾经济、政治和社会责任，统筹单位中长期和短期价值创造的关系。相关利益平衡（B5）是指协调和平衡股东、债权人、员工、客户、政府、社区、监管部门和上下游产业链等各种相关者的利益。

专业能力是基础能力。

专业能力（professional capability）是指总会计师本身应具备的专业背景和素质，可通过知识学习、专业实践和管理活动获得的能力。专业能力要求总会计师本身是财会专业的综合型实践专家，还要求总会计师具备相应的管理协调能力和专业决策能力。

专业能力是基础能力。中国总会计师应具备预算管理、成本管理、绩效管理、投融资管理、风险管理、数据治理、信息披露、纳税筹划等专业能力要素。专业能力要求精通本专业的核心工作任务，有战略性眼光，关注重大的、核心的经营管理问题，提出建设性的方案，为单位发展提供专业性意见。专业能力是中国总会计师履职的基础，是中国总会计师的基础能力。

预算管理能力（B6）是指组织全面预算管理工作，促进战略执行，全局性策划预算编制、执行、监控和评价等管理活动的能力。成本管理能力(B7)是指关注战略性成本动因，运用价值链分析方法，建立单位长期性成本竞争优势的能力。绩效管理能力(B8)是指参与策划单位绩效和员工绩效的目标制定和实施过程，激发和调动工作积极性，助力实现单位目标的能力。投融资管理能力（B9）是指建立健全投融资科学决策机制，降低投融资成本，有效管理投融资风险，维持合理的资本结构和资产结构，优化资本资产配置的能力。风险管理能力（B10）是指组织制定执行风险管理流程，培育良好的风险管理文化，建立健全风险管理体系，为实现风险管理的总体目标提供合理保证的能力。数据治理能力（B11）是指组织分析各项会计数据与业务数据（非会计数据），方便、安全、快捷、可靠、敏锐地利用数据进行决策支持的能力。信息披露能力（B12）是指组织编制财务报告、管理会计报告和各种经营报告，全局性审核和把握内外部报告的内容和结果，履行受托责任、报告单位绩效的能力。纳税筹划能力(B13)是指以税收法律政策为依据，对涉税业务进行全局性策划的能力。

组织能力是必要能力。

组织能力（leadership capability，英译为“领导力”）是指能胜任总会计师岗位的管理能力以及作为领导者的个人性格特征。

组织能力是必要能力。中国总会计师需要协调不同利益相关方的利益，履行价值创造、管理风险的最终目标。需要具备强有力的执行力，领导团队将单位战略通过全面预算等管理手段落地执行。需要具备机制设计创新能力，不断推动管理体制机制和组织创新，促进个人利益和单位利益的有效协同，激发单位活力。需要具备持续学习能力，以应对知识的快速更新和管理需求的迫切变化。需要具备很强的冲突管理和自我控制能力，进行有效的理性管理和决策。组织能力是中国总会计师履职的必要能力。

沟通协调能力(B14)是指与单位主要负责人以及管理团队、业务人员和财务团队进行高效的沟通交流，使其减少摩擦、提高效率、完成任务，调动各方面工作积极性的能力。团队管理能力(B15)是指通过合理授权和有效激励，领导团队成员高效完成工作任务的能力。机制设计创新能力(B16)是指推进管理体制机制和组织创新，促进个人利益和单位利益的有效协同，激发单位活力，达到既定目标的能力。学习能力(B17)是指多专业、跨学科知识的学习、更新和应用能力。冲突管理与自我控制能力(B18)是指有效转化冲突，妥善处理突发事件，合理控制妨碍履职的感性行为

的能力。

商业能力是前瞻能力。

商业能力（business partner capability，英译为“商业合作伙伴能力”）是指总会计师作为单位主要负责人及商业合作伙伴应当具备的更丰富的商业能力，包括对宏观环境、行业趋势、自身业务洞察，以及与单位主要负责人及领导团队、业务团队的协作。

作为单位主要负责人的商业合作伙伴，深入参与业务决策，是当前中国总会计师与西方发达国家CFO的定位和作用的差异所在，也是中国总会计师转型的方向（杜胜利等，2009；安永，2002）。总会计师需要首先洞察单位的内外部环境，全面掌握单位的业务情况，适应性地制定工作策略，通过商业模式构建和跨组织价值创造，寻找新的形成核心能力的模式和机会。在此过程中，对信息系统的构建，整合数据信息资源，提升财务效率是重要的基础保障，最终总会计师通过洞察业务、提升财务效率成为单位的价值整合者（陈海涛，2015）。因此，商业能力是对中国总会计师提出的更高要求，是转型方向，属于前瞻能力。

环境洞察能力（B19）是指深入研判单位面临的宏观形势和行业趋势，深刻观察和认识单位内部环境，注重本质规律的把握，适应性、创造性地开展工作的能力。战略管理能力（B20）是指参与战略分析和规划，监控和评估战略执行情况的能力。商业模式构建能力（B21）是指感知和预测客户行为的商业敏锐度，创造顾客价值，优化资源配置，提高单位可持续性价值创造的能力。跨组织价值创造能力（B22）是指通过跨组织的资源整合，在全产业链上寻找价值创造的空间和机会的能力。信息系统构建能力（B23）是指推进业务流程重组和信息系统互联互通，提升信息整合应用、提高单位工作效率和顾客满意度的能力。

（五）实证检验

以问卷调查中对4类能力各维度的重要性程度为数据，通过验证性因子分析，4类能力的均值均通过信度和效度检验，且每类能力只存在唯一特征值大于1的因子，说明各维度对4类能力的度量有效。

五、中国总会计师（CFO）能力框架的应用展望和下一步研究任务

（一）能力框架的应用展望

《中国总会计师（CFO）能力框架》的发布预计将在以下几方面发挥其价值和作用：

一是辅助总会计师系统性提升能力。

能力框架系统完整总结了中国总会计师（CFO）应具备的各项能力，对于单位总会计师培养、选拔以及能力提升相关工作都有借鉴意义。总会计师可根据实务需求，对照对标，有针对性地完善相应能力。

二是推动我国总会计师相关制度修订。

能力框架中的各项能力要素是总会计师应对单位各项内外部挑战时必须具备的能力，对我国相关部门完善总会计师条例，明确总会计师职责、定位、权限提供有益

借鉴，为相关制度的完善提供支撑。

三是指导财会专业人员职业成长。

总会计师（CFO）能力框架具有风向标作用，是广大财会人员完善自身能力、提升自身价值、更好地设计职业生涯的重要参照，有利于单位财务团队建设，为财务转型提供方向。

四是满足教学科研培训等需求。

高校教学、学术研究和广大的财会培训机构，对总会计师（CFO）应该具备的能力有迫切需求，能力框架有利于高校教学科研更接近单位实务，有利于使培训课程设计更有针对性，将有效满足各方面的需求。

（二）下一步研究任务

后续，中国总会计师协会将在进一步完善能力框架的基础上，开展与中国总会计师（CFO）能力框架相适应的知识大纲研究，以及和中国总会计师能力提升相关的参考书目推荐遴选工作，并及时发布。

参考文献：

[1] Regina E. Grantz, William McEachern, Robert Gruber. Developing Management Accountants. *Strategic Finance*, 2012.

[2] 沃尔瑟等著，赵娟译：《再造金融总裁》，商务印书馆 2005 年版。

[3] 布拉格 (Bragg S.M.) 著，刘威译：《财务总监领导手册》，上海财经大学出版社 2005 年版。

[4] 哈斯金斯、马克拉编著，应惟伟译：《CFO 手册：修订版》，中国人民大学出版社 2005 年版。

[5] 凯瑟琳·斯腾泽 (Catherine Stenzel)、乔·斯腾泽尔 (Joe Stenzel) 著，钱逢胜等译：《财务总监生存指南——通往财务领导的必由之路》，上海财经大学出版社 2005 年版。

[6] 卡罗尔：《财务主管的角色转变》，电子工业出版社 2002 年版。

[7] 里德 (Read C.) 等著，王蔚松译：《财务总监——作为企业整合者》，上海财经大学出版社 2005 年版。

[8] IBM 中国商业价值研究院：《洞察中国——创新、整合与协作：中国企业跨越式发展之路》，东方出版社 2008 年版。

[9] 英格兰及威尔士特许会计师协会财务管理专业技术委员会著，上海国家会计学院全国会计领军（后备）人才培养项目（行政事业类）一期赴英国培训团译：《从分析框架看财务职能：掌握财务发展方向主动权》，中国财政经济出版社 2013 年版。

[10] 邱昱芳、贾宁、吴少凡：《财务负责人的专业能力影响公司的会计信息质量吗——基于中国上市公司财务负责人专项调查的实证研究》，载于《会计研究》2011 年第 4 期。

[11] 周宏、张巍、宗文龙、杨霁：《企业会计人员能力框架与会计人才评价研究》，载于《会计研究》2007 年第 4 期。

[12] 佟成生、许素兰、李扣庆、梁淑屏：《中国企业管理会计人才培养模式研究》，载于《会计研究》2014 年第 9 期。

[13] 熊焰韧、苏文兵：《新常态下中国企业需要什么样的管理会计人才——基于江苏企业负责人的调查》，载于《会计研究》2016 年第 12 期。

[14] 陈崧：《猎头公司 CFO 亲述什么样的 CFO 最受欢迎》，http://www.pinlue.com/article/2019/03/3006/058490764916.html，2008 年 12 月。

[15] 田茂永：《2010 中国 CFO 生存状况调查》，载于《首席财务官》2010 年。

[16] 任明川：《美国注册会计师协会与会计职业化》，载于《中国注册会计师》2004 年。

[17] 杜胜利、周琪：《上市公司 CFO 制度调查研究》，载于《财政研究》2009 年。

[18] 上海国家会计学院：《第二期 CFO 能力框架研究报告》，2014 年。

[19] IBM：《全新的价值整合者——全球 CFO 调研洞察》，2010 年。

[20] 普华永道：《未来的财务人员能力调查报告》，2014 年。

[21] 安永：《CFOs：面向 21 世纪驱动财务转型调查报告》，2002 年。

[22] IMA：《加强版管理会计能力素质框架》，2019 年 3 月。

[23] CGMA：《全球特许管理会计能力框架》，2014 年。

[24] 上海国家会计学院：《中国 CFO 能力框架项目》，一期 2006，二期 2016 年。

[25] 上海国家会计学院：《中国企业管理会计人才能力框架研究课题报告》，财政部委托，2017 年。

[26] 上海国家会计学院：《中国企业管理会计能力框架（总体研究第二阶段）报告》，中总协委托，2016 年。

[27] 陈海涛：《我国总会计师制度的现状、问题及优化路径》，载于《经济研究参考》2015 年。

数字时代的CFO：新角色与新责任

王兴山 浪潮集团执行总裁

【摘要】随着数字经济强势崛起和数字化转型浪潮席卷全球，以及新技术革命、消费 4.0 等多种因素叠加，企业面临的外部风险与不确定性不断增大。在如此复杂的环境中如何有效进行新型集团管控、个性化的实时成本管理、数据治理与商业洞察是未来中国企业 CFO 面临的巨大挑战。伴随着以财务共享为代表的中台战略兴起和基于财务大数据的 AI 应用逐渐深入，总会计师（CFO）应该不仅是数字化转型的参与者，而更需要成为核心推动者和引领者。

【关键词】数字化转型 中台战略 财务共享 数据治理 信息系统构建

发表于《中国管理会计》2019年第3期，总第9期。

党的十九大报告在总结中国经济建设重大成就时充分肯定了数字经济等新兴产业对经济结构优化的深远影响，“数字经济”也首次出现在政府工作报告中。数字经济作为一种新的经济形态在规模和创新模式方面已经实现了飞跃，成为中国经济转型升级的重要驱动力，也是新一轮全球产业竞争的制高点。大规模定制、制造服务化、企业平台化、共享经济等业务模式推陈出新，企业与用户之间的连接越来越紧密和广泛。千人千面的用户体验带来了新的业务复杂性，产业边界越来越模糊。VUCA（易变性volatility、不确定性uncertainty、复杂性complexity、模糊性ambiguity）已经成为对数字经济时代特征的恰当描述。

当前，云计算、大数据、物联网（IoT）、人工智能、5G等新技术融合叠加，产业革命持续深入，其中5G的应用将引爆物联网，开创更多万物互联的场景并产生海量数据，为人工智能的深度发展创造最佳条件。数字经济的基础是数字化转型，有数据显示，目前已有50%以上的中国TOP1000大企业把数字化转型作为战略核心。咨询机构Gartner预测，到2020年大部分企业75%的业务将是数字化的，或正走在数字化转型的路上。显然，企业数字化转型的浪潮已然来到，成为关乎企业生存与发展的必选题。

一、数字化转型中企业面临的挑战

企业数字化转型，不仅是IT技术的应用，同时还涉及思想观念和企业文化的转型，需要业务流程的重构与集团管控模式的转变。数字化转型既是机遇也是挑战，对大型企业CFO来讲，以下三个问题比较突出和普遍。

1. 复杂环境下的风险管理与新型集团管控

大型企业的数字化转型需要新一代集团管控体系支撑。互联网对传统企业最大的冲击是组织扁平化、企业平台化、员工移动化，加之企业所处的环境复杂多变，集团管控愈加重要，企业的管控模式向精准、共享、智能和可视化的方向转变。此外，消费升级到4.0时代，在“互联网+”环境下，客户需求也越来越个性化，企业必须由以往“标准化、长周期、大批量”的经营模式向“个性化、短周期、小批量”模式转变，以便及时发掘客户需求空间，高效组织生产运营，准确进行定价决策（三浦展，2014）。在需求与技术双因素的驱动下，大型企业数字化转型，需要以集中、共享、协同、智能为特征的新型集团管控体系支撑，尤其是基于新管控平台打造四大能力：投资战略导向能力、资源全面共享能力、生态协同能力、智能决策能力。CFO要以风险管控的视角深入参与其中，应对日益复杂的商业环境。

2. 个性化定制下的实时成本管理

从经济结构的供给侧来看，随着互联网的普及，信息变得更加透明和对称，消费者与生产者、供应商与客户之间实现“直连”，中间环节被快速瓦解。同质化产品无法在竞争中胜出，取而代之的是产品服务化转型趋势明显。从需求侧来看，则呈现出消费行为和需求的多样性、个性化和共享等特征。

按需生产和大规模个性化定制将成为未来制造业的常态，由此带来的将是企业成本系统的重塑。这意味着对于标准产品企业可以随时报价，但对于个性化产品能否快速、合理报价则是一个挑战。这一类业务场景已经非常普遍，例如，某客户下了一个很大的订单，但并非标准化产品，要求定制，并且工期非常紧，需要限时供货。在这种情况下，报价的时效性、科学性和准确性至关重要，不合理的报价会失去订单或者带来巨额亏损。人工智能物联网（AIoT）支撑下的智能制造能帮助企业实现更加精细、实时的成本核算并提供报价支撑。在“互联网+”、智能制造的生产环境下，定价决策和成本核算这些管理会计的核心功能，将成为企业必备的核心竞争力。

3. 数据整合、挖掘、洞察分析成为必修课

企业大数据正在加速形成。大数据在企业的应用主要包括两类：一类是基于业务产生的实时数据进行应用，如实时会计、全员决策等；另一类是基于沉淀数据进行深度挖掘，如智能决策、风险内控等。当前，数据的标准化、规范化，业务财务的一体化是构建和运用大数据的挑战，企业 CFO 应重视基础管理，以价值为导向，充分利用管理会计工具，加强数据、算力、算法各方面的能力，实现数据和管理的智能化。

随着多种新技术的融合叠加，产业革命将持续深入，商业环境也会日益复杂，以

图1 中台思想源于美军作战阵型的演变

多样性、个性化、共享化为特征的消费4.0时代蓬勃兴起。在新时代，传统产业边界被打破，企业边界也会变得越来越模糊，企业CFO需要学会快速应对日趋增大的商业风险和不确定性。

二、“中台”兴起，化解风险与不确定性

1. “中台”的概念

中台思想最早源于美军作战阵型的演变，用强大的中台炮火群支持前台极小化的作战单元（见图1）。近年来，一些知名大企业纷纷开始加强中台建设，通过构建更具创新灵活的中台组织机制和业务机制，支撑前台业务更敏捷、更快速地适应快速多变的商业环境。这种方法和策略能够帮助企业化解由市场变化快、预测不准确、系统越来越复杂等带来的不确定性。

通常在企业信息化架构中，业务应用被划分为后台应用和前台应用两类。后台应用面向企业的核心部门业务，管理企业的基础流程、核心数据，如财务会计、管理会计、供应链等。后台更多解决的是企业管理效率问题，要求稳定可靠，变化周期相对较慢。前台应用是企业最终用户直接使用或交互的系统，如电商、电子采购、客户关系管理等。企业的前台是创新驱动的，要求快速变化，更好地响应用户的需求。前台应用需要后台应用作为业务支撑，当前台应用由于用户需求而变化时，推倒重建后台应用的做法越来越不被企业所接受。前台与后台变化速率差异所导致的矛盾逐渐凸显出来。

解决前后台变化速率不匹配的矛盾需要搭建一个中间层作为缓冲和转换适配。这时将中台思想导入企业信息化建设中，就形

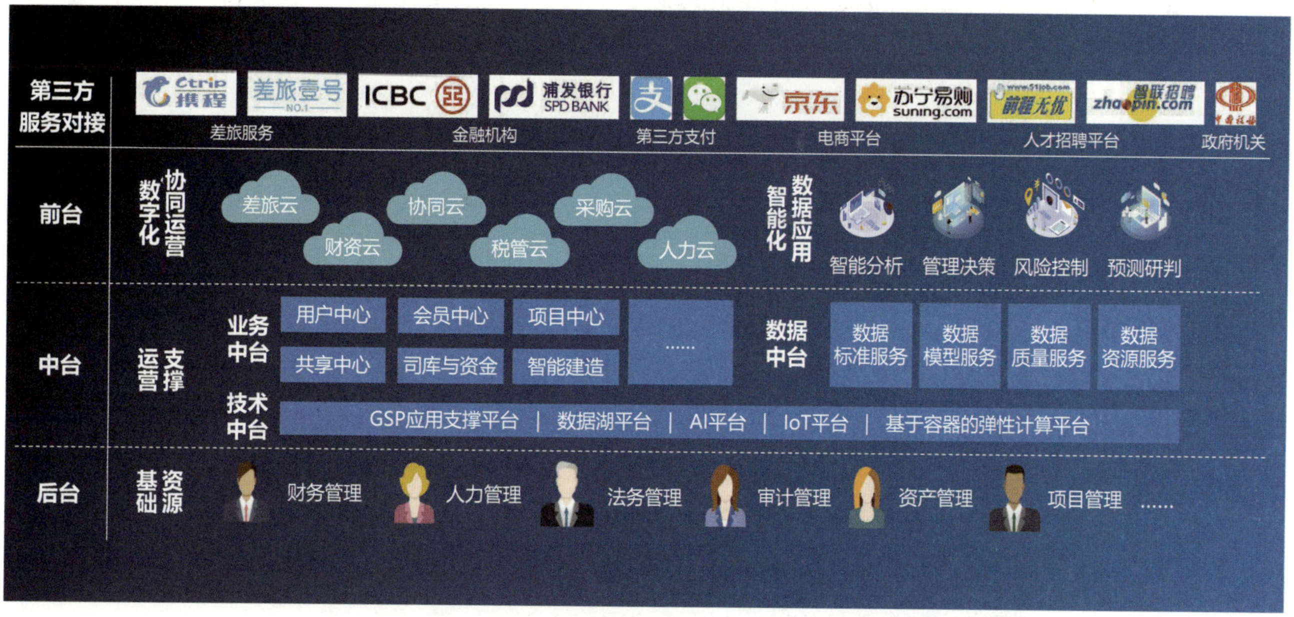

图2 中台架构

成了中台架构。在保障后台应用稳定的前提下，有效整合后台资源，向前台应用提供快速适应市场及用户需求变化的能力，同时又能将多个前台应用中可复用的公共业务资源沉淀下来，用以提高效能、消除冗余和降低成本。中台是为前台而生，其本质是将支撑前台多种业务形态的技术和业务能力沉淀出的综合服务中心，是抽象的可被复用的服务，解决共享和配速问题。随着中台积累越来越厚，前台可以越来越薄，能够针对用户及市场变化快速作出适应性调整，使企业可以精准、及时、低成本地应对这种变化，帮助企业真正做到自身能力与用户需求的持续无缝对接。

2. 中台的组成与架构

中台思想是当前大型企业信息化建设当中一系列建设方法的提炼、梳理和总结。中台的核心目标，就是以用户为中心来进行持续规模化创新，用更好的响应服务引领用户。按照赋能对象的不同，数字化中台可以划分为业务中台、数据中台、技术中台（见图2）。

业务中台的作用是“沉淀、标准、共享”，沉淀基于最佳业务实践的业务模型、业务构件、基于规则的自动化（RPA）组件等资源，封装为面向未来业务流程的、可复用的标准化微服务组件。以业务领域模型为核心，建立微服务化共享服务中心，支持前台应用快速构建。

数据中台的作用是“打通、整合、服务”，以关键业务要素为核心，打通多个系统的数据壁垒，整合建立业务关系的数据链集合，封装为可对外提供的数据服务。与大数据平台不同，数据中台引入业务洞见，统一了数据标准和业务模型规范。

技术中台的作用是“支撑、集成、使能”，作为整个中台的技术支撑，集成各种软硬件的能力接口，为业务中台和数据中台提供技术基础设施的使能工具。技术

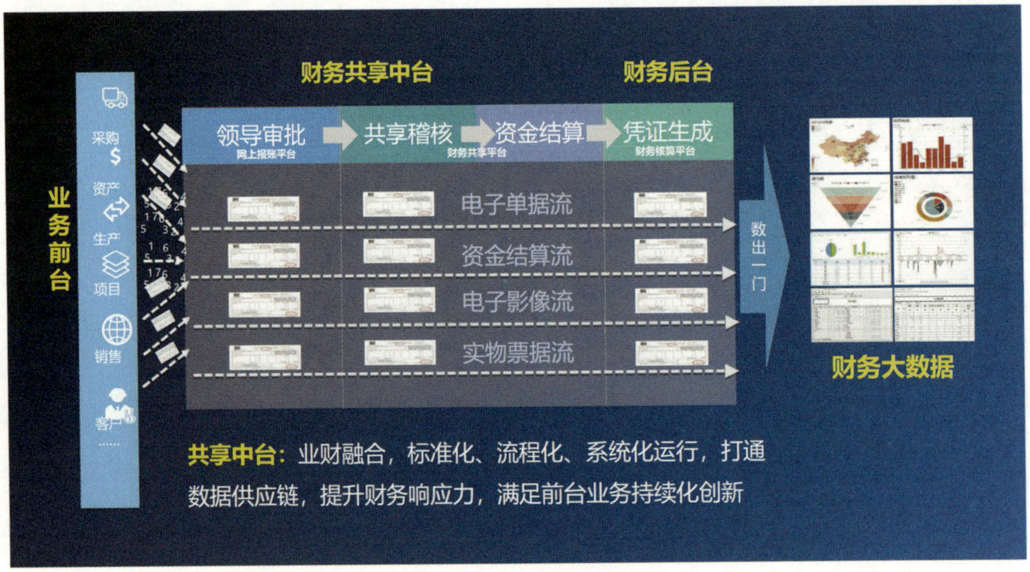

图3 基于中台理念的财务共享

中台和业务中台在一定意义上讲都可以称为平台即服务（PaaS）平台，区别在于是否“带业务属性”。

总体来说，企业前台应用的持续创新迫切需要一个强大的中台来支撑。从零开始的创新是无法跟上时代步伐的，中台作为一个成熟的、连接前后台应用的桥梁，是企业未来信息化建设的重要组成部分。

3．共享服务中心建设加速中台思想落地

中台的核心是共享和服务，企业资源共享服务化与中台思想一脉相承。对于集团企业而言，为应对市场、技术、风险内控等带来的挑战，共享服务是必然趋势。能够集中的原则上都要共享，如财务、采购、人力资源、IT、法务等都应该按照共享的模式进行运营。企业要打造业务中台，就要推进“大共享”建设，实现各类生产要素、数据、服务等方面的充分共享，促进生产经营组织模式由传统的“职能部门分工负责”向“共享服务和专业化运营”转变，强化生产要素及资源的整合能力，规范业务流程和管理流程，从而提升运营管理效率和整体竞争力。目前正在轰轰烈烈地建设的共享服务中心，如财务共享、人力共享、集采中心、营销中心、司库与资金中心等就是在实践中台思想，打造业务中台，其中财务共享是最典型的业务中台。

4．财务共享引领中台建设

财务共享是中台思想的最佳业务实践。为解决大型集团公司财务系统建设中的重复投入、效率低下、信息孤岛、管控不落地等弊端，需要重构财务信息系统，通过共享中台打通数据供应链，提升财务响应力，满足前台业务持续化创新（见图3）。

财务共享中心连接了前台的业务单据，服务流程以及采购申请，全都可以从前端发送到中台集中处理，在财务后台记账，最后统一形成总账凭证、收支结果、对外披露报

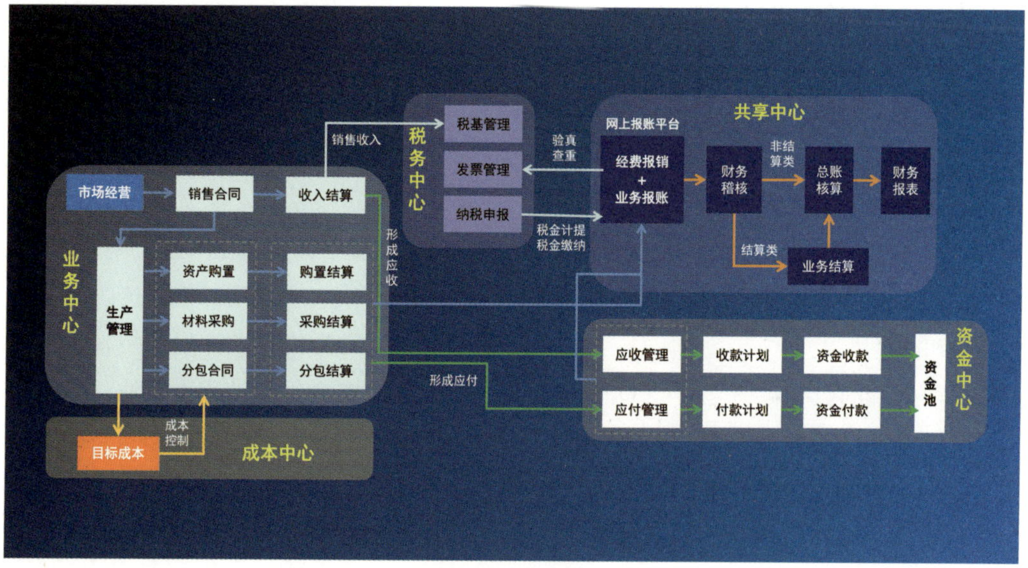

图4 业财资税一体化

表等，实现业财资税一体化（见图4）。

如今，越来越多的集团企业致力于打造集服务与管控为一体的财务共享中心，以促进集团企业财务转型。浪潮通过不同的方式展现生产企业所需的报表，形成财务大数据。中台的核心是共享和服务，可以快速支撑大数据、电子发票、会计电子档案以及人工智能的应用，实现持续规模化创新，更好地服务前台业务。浪潮提出的管控服务型财务共享充分融合中台理念，能够实现财务集中、会计处理自动化、业财资税一体化，既满足管控的要求，又为前台创新提供支撑，强化管理会计落地支撑，加速财务数字化转型（王兴山，2018）。

三、数字时代的CFO，新角色与新责任

在国资委和中国总会计师协会的领导和指导下，由理论界和实务界专家组成产学研结合型团队，研究发布了《中国总会计师（CFO）能力框架》。能力框架以价值创造、管理风险作为总会计师履职的最终目标，包括道德遵从能力、专业能力、组织能力、商业能力4大能力及23项能力要素，为有效提升中国总会计师的履职能力提供了方向和路径。

此前提到的数字化转型中CFO面临的问题和挑战，解决方法可以归结为数据驱动，而中台思想在财务共享中的应用，则是信息系统的重构，这对CFO提出了新的能力要求，也就是“取数”和“用数”的能力，正好契合了本次发布的能力框架中提出的信息系统构建和数据治理能力。CFO既是制定企业战略的主要参与者，也是执行企业战略的重要实践者，在参与战略、资源配置、管控防范风险、价值创造的同时，CFO的职责将不仅限于整理及保护企业数据，还将基于财务大数据，结合AI、RPA、数据洞察等，在提高效率的同时，参与战略决策，发挥战略引领作用，成为“战略决策重要参谋者”。

1. 整合和构建信息系统

新IT技术是企业数字化转型的核心驱动力。IT技术与企业业务的融合需要有新型的企业信息化架构来支撑，同时要有新型的数字化平台帮助落地。CFO既要注重传统模式的IT基础建设和规划，保障核心业务的效率、安全和可靠，还要充分考虑并满足客户及市场不断变化的创新需求，支持企业业务敏捷创新。因此，CFO必须精通企业信息系统的构建原理、方法和过程，除了以上中台架构，双模IT、双层ERP也是大型企业数字化转型普遍采用的策略和支撑。

（1）双模IT：更加敏捷地应对业务变化需求。

随着信息技术的不断发展，企业的业务模式正在发生深刻变化，企业的IT架构面临着新的挑战。一方面，许多传统的企业仍然需要传统的IT模式，以维持其财务等关键业务的安全可靠性和稳定性；另一方面，随着企业数字化程度的加强，越来越多的业务面向互联网，这要求企业的IT模式具有较高的敏捷性。如何在满足稳定性的同时，更加敏捷地应对不断变化的业务需

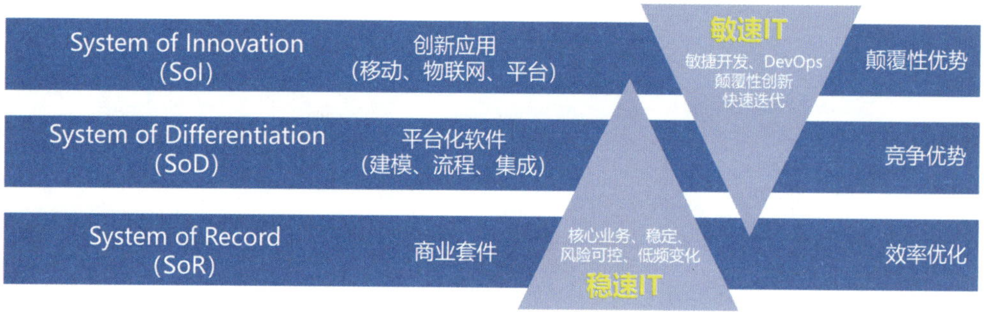

图5 双模IT

求，成为企业必须思考的问题。为了满足这两种业务模式的需求，保证企业业务的正常发展，同时帮助企业成功进行数字化转型，Gartner在2014年提出了双模IT的理念（见图5）。

双模IT具体包括以下两种模式：一是传统IT模式，强调稳定性，也可称为稳态IT，以满足企业业务稳态发展的需求；二是敏态IT模式，强调敏捷性，以达到企业业务快速响应市场需求、敏捷开发的需求。传统IT模式比较传统、线性，侧重于安全可靠和稳定；相比之下，敏态IT模式更具备探索性，是非线性的，强调敏捷和快速响应。企业能否赢得数字化的成功转型，关键在于敏态IT模式。

传统可规划的IT 模式无法满足企业业务模式发展的需求。因此，企业的IT 部门不应只遵循传统的IT 模式，除关注传统的架构、应用外，还应考虑新的收入流、新的产品、服务以及新的商业模式，如营销的数字化、生产流程的数字化等，这有利于帮助企业赢得数字化转型。举例来说，一个原本只进行线下销售的传统企业，在数字化转型的驱动下，采用双模IT，在保持原有线下销售业务的同时，积极开展面向互联网的业务，利用网站、微信等第三方平台进行线上销售，这不但帮助企业开拓了更多的线上客户，同时也给客户提供了更加个性化和便捷化的服务。不仅如此，在大数据、云计算、物联网等技术的支持下，产品的生产流程更加柔性化，支持客户个性化定制（尤尔根•梅菲特 、沙莎，2018）。

（2）双层 ERP：兼顾集中管控与高效灵活的经营。

大型 ERP 系统的功能强大、集成性强，能实现人、财、物的集约化管理，能够满足企业集团层面的管理要求。然而，对于企业的子公司，甚至生态伙伴等规模较小的企业来说，部署一套大型 ERP 系统，从经济和实用方面都是不现实的。大型企业集团与其子公司信息化系统需求不同，对数据的管控、业务的流转存在很大的差异，但又要深度地集成。为此，双层 ERP 战略解决了这一难题，集团层面实现集中管控和数据共享，产业层面针对子公司及其生态伙伴独特的业务提供个性化定制服务，在技术上通过标准服务接口的快速开发实现系统的集成，

图6 双层ERP

实现了管理上的灵活性，集团和产业单位不再沦为管理的孤岛（见图6）。

双层ERP是大型集团企业采用的一种技术策略。上层ERP用于整个集团层面，统一管控财务、资金和绩效管理等核心通用业务流程；对于子公司和生态伙伴，因公司规模不同和业务需求的多样性，故采用单独的下层ERP来实现其个性化业务流程。

在双层ERP方法中，由于下层供应商众多，业务复杂度不同，与上层集团企业的接口更是多种多样，这就使得系统集成实现的复杂度和维护成本很高，所以在双层ERP建设过程中，要特别关注集成的标准，一方面是数据的标准，另一方面是接口的标准，以保证数据的一致性和唯一性，这是需要企业特别注意的。

2. 推进数据共治共享、构建企业大脑

数字经济时代中，挖掘数据价值成为企业数字化转型的核心目标。虽然当前企业内部已经存在着大量的数据，但很多高层依然抱怨“看不到数据”，如何让这些“数”既看得到、看得清，还能发挥作用创造价值？要建立企业大数据，对内部组织数据、外部开放数据进行整合、融合，实现智能决策和预测性分析，才能更好地释放数据价值。在这个过程中数据的标准化、规范化，业务财务的一体化是构建和运用大数据的挑战，企业应重视基础管理，以价值为导向，加强数据、计算、模型、算法各方面的能力。在这方面具有丰富分析模型和算法的管理会计将大有可为。

结合近千家客户成功实施企业大数据的实践，浪潮总结出“数据共治共享，构建企业大脑”的四步法，对企业数据治理和数据利用提供方法论指导。第一步：数据治理。这是激活企业数据的基础，围绕企业发展战略，制定企业数据战略以及明确数据管理相关的组织、政策和制度，并进行数据标准、数据质量、数据安全、数据生命周期等专项工作，解决企业数据标准不统一、指标口径不统一、数据质量无

明确责任人等痛点问题。第二步：数据融合。企业完成数据治理，形成标准规范后，需要按照规范要求，采用数据管理的专业工具，实现对数据中心集群、数据源、数据仓库结构等静态结构和数据ETL、数据整合、数据加工等动态流转的全面管理，实现企业数据的有机融合。第三步：数据揭示。数据融合之后，需要通过可视化工具将数据包含的信息面向业务人员直观地展示出来，发挥业务价值。主要有对外展示企业形象和辅助领导作战的指挥室大屏、对内揭示关键问题的管理看板和随时随身的移动商业智能（BI）三种方式。第四步：价值挖掘。在基础的数据揭示之上，还应组织数据科学家借助包含AI算法、数据挖掘算法、统计分析算法的高级建模工具来处理数据，实现隐藏在数据背后的规律挖掘、关键数据预测、流程优化等高级应用，从而提升企业的认知能力，构建企业大脑。

人工智能作为新一轮产业变革的核心驱动力，正推动各领域从数字化、网络化向智能化加速跃进，智能时代正加速来临。当前数据驱动的AI应用正融入企业的方方面面，根据应用深度有三个发展层次。首先是基于规则的自动化（RPA），具体表现为财务机器人的自动对账、智能报告等；其次是基于对话式用户界面（UI）的数字助理，语言交互、人机协作是重要特征；最后是基于深度学习的企业大脑，以大数据为基础的智能决策和风险内控是典型场景（见图7）。企业大脑类似人的大脑，基于人工智能、大数据等技术，通过实时、持续地处理来自业务系统的海量数据，一方面，提取关键信息辅助管理者更科学地决策；另一方面，根据规则自动地启动工

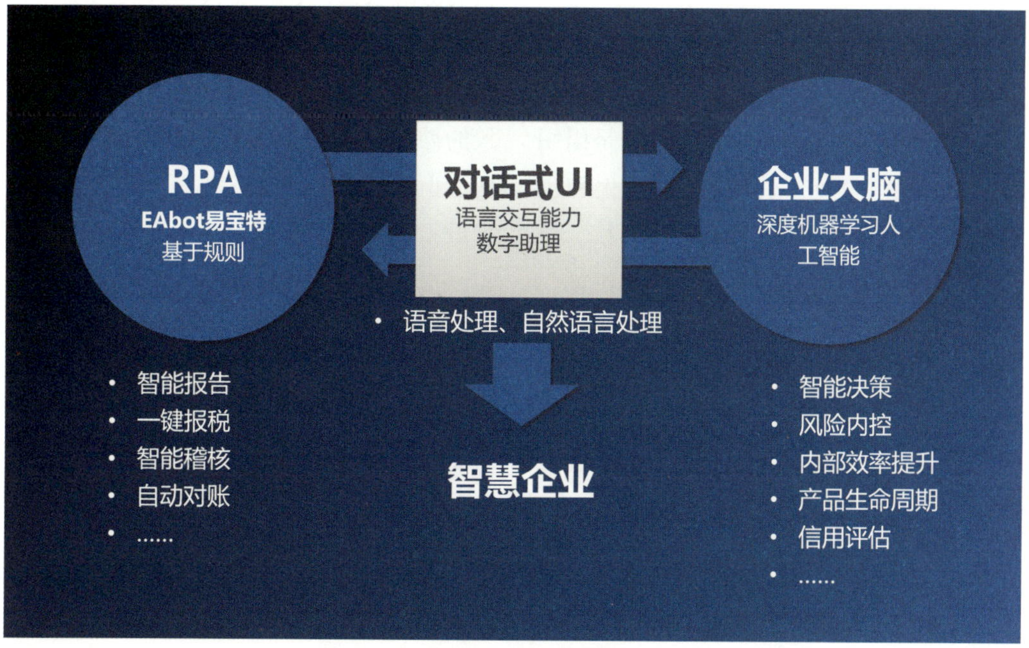

图7 AI应用的三个发展层次

作流程，提升工作效率。

在数字时代，CFO需要对企业数据的采集与整合，基于整合后的数据建模、分析及应用有深入的理解和指导能力，才能满足企业业务的发展需要，进而搭建一套企业大脑。在中国的大多数企业中，财务的数字化转型一直走在前列，其也应当推动业务方面的数字化转型。CFO不仅是数字化转型的跟随者和受益者，更需要成为企业数字化转型的推动者和引领者。

四、数字时代CFO如何转型

在数字化转型的过程中，企业和个人都面临着更多的不确定性，总会计师（CFO）需要顺应时代需求，对照《中国总会计师（CFO）能力框架》，不断提升自己的各项能力素质，应对数字时代的挑战。

1. 把握好充分授权与集中管控的平衡问题

互联网对传统企业最大的冲击是组织扁平化、企业平台化、员工移动化和创客化。组织的扁平化意味着加大授权、分权，激发活力。与此同时，传统组织部门的边界将弱化，取而代之的是跨部门、按项目、按角色建立的快速响应客户需求的“敏捷组织”和与之相适应的绩效评价体系、工具、方法。充分授权并不意味着放任不管，而是需要转变集团运营模式和管控模式，利用新技术、新模式解决好充分授权与集中管控的平衡问题。实践证明，财务管理上云、移动化、建立财务共享服务，是财务人员数字化转型的途径，也是集团管控模式转型的抓手。在大数据时代，CFO需要不断提升自身的信息系统构建能力，建立财务共享中心，实现共享化、服务化、精准化、智能化、可视化，这是新一代集团管控模式的特征，也是财务共享的新趋势。

2. 与CEO共同完成管理模式的转型升级

互联网并没有改变企业管理的本质：人、财、物、产、供、销，但改变着组织、流程、制造模式和商业模式、业务模式。尽管传统的财务部门更多被视作职能部门，但随着时代的发展和企业转型升级的需要，CFO和财务部门的定位和功能都在发生变化。CFO既要从战略高度推动组织变革与创新，又要从执行层面建立科学的财务管理机制。波音公司过度产业链外包的教训警醒我们，在新一代信息技术革命和不确定性的环境下，CFO从战略上应该把握好产业链外包程度、控制成本与创新投入的冲突，以及长期利益与短期利益的平衡，识别出好利润与坏利润。从这个角度来看，CFO要从业务伙伴上升到事业合伙人，提升自身战略管理能力，与CEO共同推动企业数字化转型。诸如推动财务管理上云、建立财务共享服务等工作都需要CFO和CEO共同完成。浪潮近年来建立的财务共享服务中心就取得了很好的管理成效。同时，财务部门要从单一的职能部门转型为跨部门的资源协调者，通过资源配置提升企业价值创造力，让“1+1>2”。

3. 推动企业文化、思想观念和知识技能转型

现在很多管理者面对新技术革命感到焦虑和担忧。例如，各行各业面临的“机器换人”就是一个热门话题。在财务领域，随着财务共享中心的建立，标准化、规范化、重复性的烦琐工作将实现自动化、智能化，机器替代人的部分工作是必然的。例如，临矿集团使用财务机器人后，原本需要2个人用4～5天时间完成银行对账，现在仅需70多秒就能自动完成，完成整个集团总部38个账户的对账工作不到50分钟。另外，CFO在推动财务机器人的过程中必然会遇到来自各方面的阻力，这主要是因为涉及员工的思想观念和知识技能的更新，以及管理变革与流程重构带来对员工切身利益的影响。由此可见，财务数字化转型不仅仅是技术问题，更是观念和管理的变革。企业管理者特别是CFO，也必须积极推动企业文化、员工的思想观念、技能和知识的转型。

五、未来与展望

企业数字化转型离不开对新IT技术的深度应用，并非是对传统员工的抛弃。在数字化转型过程中，一方面需要引入或利用外部专家；另一方面，还要提升内部员工的数字化能力。数字时代，企业所需CFO和其他数字化人才的培养是整个社会共同努力的方向，需要政府、高校、企业协同推进。从政府角度，国家既要出台政策引进海外高端人才，又要推动建立和健全数字化人才培养体系，为我国企业的数字化转型提供人才队伍保障。从高校角度，则需要结合企业的实际需求优化和调整专业课程体系，为社会输送合格的人才。从企业角度，数字化转型不是一蹴而就的，更不能仅仅依赖“外脑”。这就要求企业既要积极利用外部人才队伍，也要考虑现有员工的数字化赋能问题。

企业数字化转型的终极目标是实现智慧企业。从传统企业向智慧企业的转型、传统财务向智能财务的转型，都需要CFO不断提升自身各项能力，成为财务管理创新的引领者、企业改革发展的推动者，进一步发挥好财务队伍的“领头羊”作用，为企业数字化转型作出更大的贡献。

参考文献：

[1] 中国总会计师协会：《中国总会计师（CFO）能力框架》，2019年。
[2] 尤尔根·梅菲特、沙莎：《从1到N：企业数字化生存指南》，上海交通大学出版社2018年版。
[3] 三浦展：《第4消费时代》，东方出版社2014年版。
[4] 王兴山：《数字化转型中的财务共享》，电子工业出版社2018年版。

日本目标成本管理的特点与变迁

清水信匡 早稻田大学（日本）
译者：戴婷婷 中欧国际工商学院
王　平 阿特拉斯·科普柯（上海）贸易有限公司

【摘要】在20世纪60～80年代，日本企业通过为顾客提供符合需求的高质量、经济实惠的产品，在制造业尤其是汽车行业和消费电器行业获得了竞争优势。日本企业这一竞争优势的一个重要支撑是目标成本管理（TCM）。目标成本管理方法侧重于产品的开发和设计阶段。得益于该方法，日本企业可以给产品进行合理定价。到20世纪90年代，日本的消费电器制造商失去了竞争优势，盈利能力下降，这与新兴国家产品低廉价格的冲击有关。然而，与此同时，日本的汽车行业仍保持着强大的竞争优势。为什么日本的消费电器业不能像汽车行业一样继续保持竞争优势呢？本文介绍目标成本管理在日本的发展，并分析产品特性变化与目标成本管理效用的相关性。研究表明，消费电器的商品化降低了目标成本管理的效用，从而影响了日本在该行业的竞争力。

【关键词】日本制造业竞争力　目标成本管理　差异化产品　商品化产品

感谢张锡惠教授为本文提出的重要意见与建议。

目标成本管理提升日本公司的成本竞争力

发表于《中国管理会计》2019年第3期，总第9期。

在20世纪60～80年代，日本制造业公司连续不断地开发出创新产品，“日本第一”是当时人们耳熟能详的说法。在众多产品线中，“日本制造”意味着高质量、高性能，日本企业享有主导世界市场的非凡竞争力。制造业成为日本飞速发展的强劲驱动力，尽管日元不断升值，日本仍能保持国内制造业扩张，出口增长(Meti, Mhlw and Mext, 2013)。

从20世纪60年代开始，日本汽车和消费电器企业在与西方企业的竞争中获得了压倒性的优势。如上所述，日本产品能满足顾客所需，而且质量好、性能佳、价格合理。国外开始关注日本公司的企业管理和产品管理系统，该系统既能高效地满足顾客的需求，又能将产品做得物美价廉。海外企业和学者仔细研究了日本企业的成本管理系统。早期研究主要关注的是全面质量管理、即时生产等工厂层级的生产阶段的成本管理方法（Lee, 1987; Monden and Sakurai eds., 1989）。随着时间推移，研究者们意识到为日本公司创造最大竞争优势的是开发和设计阶段的成本管理，如目标成本管理（Ansari et al.,1997; Cooper and Slagmulder,1997；Kato,1993）。笔者是日本会计学会研究目标成本管理的专门委员会成员，基于问卷调查和访谈进行了目标成本管理研究。20世纪90年代，日本消费电器制造商失去了市场主导地位，同时他们的盈利能力也在下降。一些研究表明新兴市场的成本竞争优势导致了这种局面，日本消费电器的价格无法与新兴市场的低价竞争。但是与此同时，日本汽车以其卓越的性能、良好的品质和低廉的价格继续保持了其竞争优势。

两类产品市场的不同发展向我们提出了一些研究问题。例如，为什么日本消费电器产业曾运用目标成本管理获得过巨大成功，但如今却风光不再？为什么目标成本管理能使得汽车行业继续保持辉煌，却在消费电器行业不再奏效？虽然在20世纪90年代，研究者们公认消费电器产品是目标成本管理成功应用的案例之一，但管理会计学界却很少研究这些新的现象。鉴于这些问题与目标成本管理的差异性相关，本文对目标成本管理在产品开发阶段运用的不同效果进行比较分析，然后从产品特点变化的角度作出进一步分析。

在下一节，将介绍目标成本管理的流程和特点。第三部分解释消费电器行业如何因产品商品化失去价格竞争优势。第四部分分析成本管理的差异性，对运用目标成本管理有效的产品和商品化产品进行了比较。第五部分为总结。

定义目标成本管理：流程和特点

目标成本管理指在产品规划和开发阶段，通过价值工程等方法追踪上游发生的成本，从而确定目标成本。相较于生产阶段的标准成本控制或成本改进方法，目标成本管理确保了在产品规划、开发和设计阶段可以优化多项指标，包括成本、质量、交付和可靠性。日本会计学会专门委员会对目标成本管理的流程和特点进行了总结(Nihon Kaikei Kenkyū Gakkai, 1996)。

上游管理是指对产品生命周期的“上游”进行管理，它将成本管理的重点从生产阶段转向设计阶段，再进一步到产品规划阶段。实现目标成本指通过设计组件、产品来完成目标成本的过程。目标成本常用如下公式定义：

预期销售价格 – 目标利润= 成本开支范围

↑ ↓　　→目标成本

浮动成本

可接受成本等于预期销售价格减去目标利润。尽管可接受成本可能是较为理想的，但实际上企业现有的技术标准可能难以实现。因此，为了实现终极目标成本，可接受成本会通过浮动成本来调整。浮动成本是根据企业现有的技术标准来计算，但实际操作中常常是根据现有产品的成本来估算。

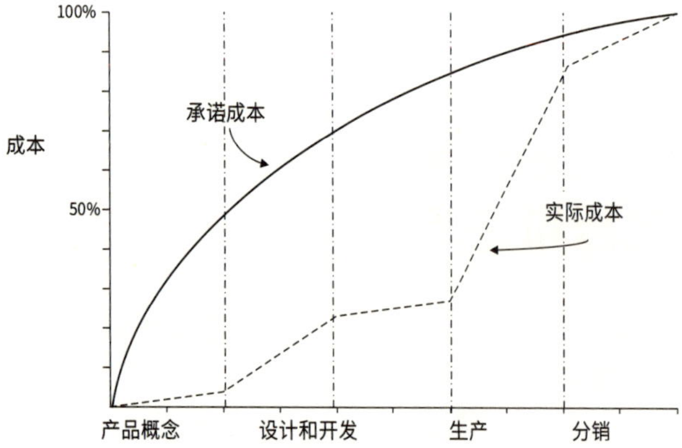

图1 成本发生和决策点

假设一个产品的全部成本是100%，图1 (Tanaka, 1995)展示的是产品生命周期模型中，成本确定的不同阶段。尽管不同产品的成本不同，我们将成本大致分为生产前成本和生产后成本。通常情况下，80%的成本是生产前就确定了的，一旦开始生产，再调整成本会比较困难。因此，企业需运用目标成本管理来尽可能向上游追溯，以控制最终的目标成本。

【目标成本管理过程】

为理解目标成本管理在上游的实施流程，企业必须考虑产品开发设计流程，图2介绍了这一应用(Nihon Kaikei Kenkyū Gakkai, 1996,有部分改动)。

图2基于20世纪90年代的许多实例，分析了产品开发设计和目标成本管理的流程。产品的开发设计，需要将客户的需求和设计师的想法融合到实际产品中。装配行业便是一个典型例子，该行业通常首先是进行产品规划，其次是进行概念设计，包含基础设计、具体设计和工艺设计。

在产品规划阶段，大致确定产品概念（性能、尺寸、重量等）、交付日期和生产系统。接下来，在概念设计阶段，根据产品概念启动基础设计。产品轮廓图也是基于该概念绘制的。与此同时，需按照设计的时间要求来规划产品、分配设计。在应用目标成本管理的过程中，在对市场和营销进行预测后，确定产品价格，然后计算出目标成本。

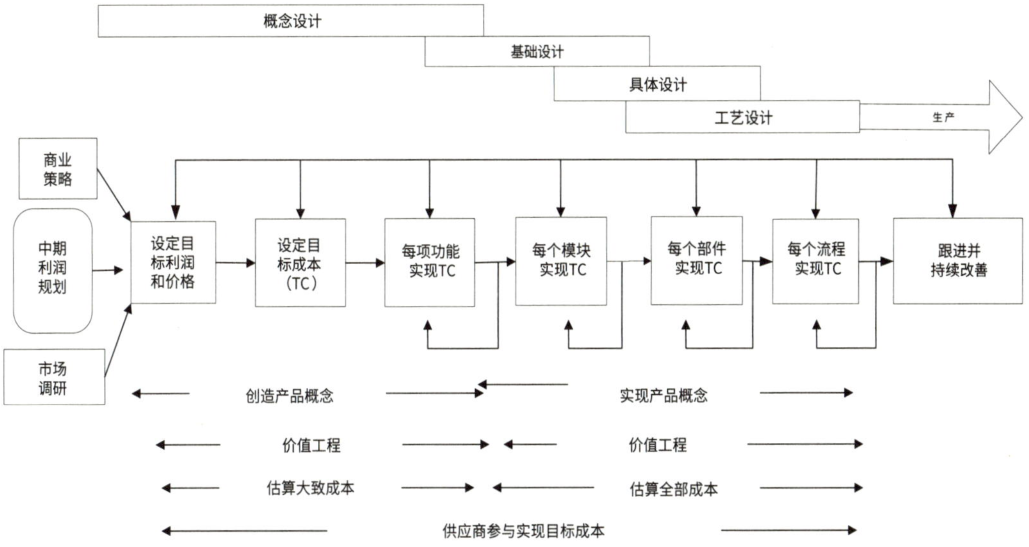

图2 开发设计流程中的目标成本管理

在基础设计接近尾声时，根据产品轮廓图和概念设计的基本构想，形成了产品的最终设计图。在具体设计阶段，根据最终设计来绘制组件设计图。此阶段的重点是撰写产品组件生产说明书，并持续考虑、评估下游流程。最后，在工艺设计阶段，根据组件设计图来组装产品，并绘有组装图片，来具体说明如何进行组装。在进行目标成本管理时，为达成目标成本，会多次运用价值工程和其他管理方法。因为目标成本管理在设计阶段考虑的均为估算，所以只有在开始进行批量生产时，才能明确是否能真正实现目标成本。因此，在批量生产开始后还要对实际成本进行追踪评审，做出改进，以期实现目标成本。

【目标成本管理的特点和效果】

目标成本管理的运用过程具有明显的日本独创特点：（1）橄榄球状；（2）跨职能；（3）复合型人才；（4）信息共享；（5）供应商早期参与（Nihon Kaikei Kenkyū Gakkai, 1996）。

（1）橄榄球状（同时进行及并列进行）开发，如图 2 所示，前序流程完成之前，下游流程业已开始。这种方式与西方发展起来的传统“接力棒”传递式开发相当不同，“接力式”是指只有当一个流程完成后，才会将结果移交给下一阶段。这种西方产品开发模式也称为“翻墙式”（over-the-wall）产品开发（Carter and Baker, 1992）。

（2）跨职能法开发，参与开发的员工职能各异（销售、产品规划、开发设计、生产技术、采购、生产制造、会计以及成本管理等其他部门），但不囿于各自职能，也参与本职范围之外的开发。

（3）发展复合型人才是指通过培训赋能员工，使其能够完成本职工作范围之外的流程或分工任务。

（4）信息共享是指跨部门跨工种解决问

题，分享知识。

（5）供应商早期参与，产品组件生产供应商在新产品（如汽车空调）进行设计的早期阶段就参与其中。这种情况下，产品组件通常是为客户定制的，只能安装在为客户定制的产品上。而直到20世纪90年代，西方许多供应商仍只制造标准组件，或只根据装配商设计图进行生产。

在目标成本管理中，如果流程的可用信息详细描述了对其他流程设计的影响（如问题信息），那么上、下游设计即可高效地进行调整（Shimizu，1995）。通过在上游开发过程中解决技术或成本问题，使得下游设计更改导致回溯到前序流程重新开发的情况大为减少。此外，达到客户需求的产品概念信息如果能在所有开发团队成员之间共享，就有可能确保各个开发流程中的产品概念一致性。这也会使实现销售预期的可能性大为提高。并行开发过程大大缩短了开发周期，并有助于降低成本。如果供应商在产品开发早期阶段即能参与，了解产品概念，那么组件在开发阶段就已针对最终成品进行定制了。

日本消费电器丧失竞争力的原因：消费电器的商品化

如前所述，很多有影响力的日本管理会计学者已经从成本管理的角度对目标成本管理的流程和特点进行了总结。此类研究主要是揭示20世纪90年代日本汽车和消费电器行业取得成功的原因和特点。然而，消费电器目标成本管理是否持续享有成本优势的问题，并未被涵盖于此类研究的范畴。对这一问题的思考，可参考产品开发管理方面的研究成果。该研究表明当消费电器商品化时，日本制造企业的优势就难以为继。在本部分中，笔者将对消费电器的商品化进行分析并支持前述推论。

商品化是指随着越来越多的企业进入某一特定市场，产品变得难以分辨，产品竞争造成价格下降到企业无法获利的境地（Nobeoka, Ito, Morita, 2006）。商品是一种几乎不存在差异点的产品，企业必须依靠价格策略和规模数量来确保盈利能力。商品化一词通常指最初并不属于商品这个类别但往商品这个方向发展的产品（Osanai, Sakakibara，2011）。在过去的20年里，很多消费电器已经经历了商品化。无论是产自日本、中国还是韩国的消费电器，都具有相同的基本功能，也符合特定的质量标准。

在对日本消费电器企业及其主要数字家电产品的研究中，Nobeoka, Ito和Morita（2006）确认了导致商品化的三个因素：（1）模块化；（2）中间产品市场化；（3）达到客户价值天花板。

（1）模块化是指行业内组件接口的简化和标准化。模块化使企业能够通过采购和组装组件来制造特定产品，因此，即便缺乏先进技术的企业也能以较低的门槛进入市场。在这种情况下，目标成本管理策略带来的价值较低。

（2）中间产品的市场化是指组件市场的形成。如前所述，在目标成本管理中，供应商通常为单个客户生产定制组件。然而，商品化产品的组件不仅能被特定企业使用，而且还能被任何企业使用，这样一来，目标成本管理的优势就逐渐消失了。

（3）客户价值天花板是指消费者对产品功能需求达到上限。即使企业开发的产品性能超过需求上限，市场也不会为这种开发提供回报。所以，目标成本管理在产品开发中精简高效的优势就会大打折扣。

在2000～2010年中期，Nobeoka、Ito和Morita（2006）分析了上述三个因素在消费类（数字）电器行业的演变。他们发现，这些因素的实际影响与上述研究一致，当中间产品得以广泛市场化时，产品出现了商品化。他们还发现，随着中间产品模块化和市场化的发展，日本企业的竞争力随之下降。应当指出的是，消费电器在商品化之前，产品尚存在差异化，目标成本管理是有效的。表1比照商品化的三个成因，总结了商品化产品和差异化产品之间的不同。

表1 商品化产品和差异化产品之间的差别

项目	差异化产品	商品化产品
产品规格	增加新功能以提高性能	固定功能 / 性能
	型号不断更新	无型号更新
市场和竞争	特定产品细分市场	整个产品市场
	市场处于成长阶段	市场处于成熟阶段
产品结构	整体化	模块化
组件和供应商	很多客户化定制组件	标准组件
	定制产品	可在市场购买

应予以考虑的一点是，产品规格和产品营销相关的差异，也有助于解释对目标成本管理有效性的影响。对于商品化的产

品，客户对其功能、性能和质量的要求是固定不变的。因此，几乎不需要投入精力去开发新功能、增加性能、提高质量或更新型号。商品化产品的市场中，价格竞争是不可避免的。另外，差异化产品每次型号更新都需要增添新功能，提高质量以及改进产品，以满足客户的需求。

从产品结构或产品架构的角度看，商品化产品和差异化产品具备不同特征，商品化产品是模块化的，而差异化的产品则是整体性产品（Fujimoto，2001）。具有模块化架构的产品，其功能和组件（模块）几乎是一一对应的。电脑和自行车是常见的例子。人们只需把一系列组件安装起来，即可制成成品电脑或自行车。相反，具有整体性架构的产品，其功能和组件相互依赖。汽车和摩托车就是典型的例子。只有当所有组件协同工作时，包括发动机、轮胎、悬挂架、减震器、底盘和变速箱，摩托车才能快速顺利地行驶（Fujimoto，2001）。这两类产品与外部供应商的关系也不同。模块化产品的许多组件可以在市场上购得，相反，整体性产品的组件是为特定产品定制的。

前面讨论了商品化产品和差异化产品之间的差别。下一部分将分析商品化产品和差异化产品在成本管理方法上的差别，以及随之而来对目标成本管理的影响，这些影响可能对这两类产品及其行业带来不同的后果。

产品特征与成本管理的关系

表2 成本管理的差别

项目	差异化产品	商品化产品
价格	与前期型号相比，价格随着功能增加而提高	具有竞争力的价格
销售	特定细分市场	整个市场
目标成本	单位目标成本	总成本
降低成本的措施	利用价值工程来降低可变成本	通过大规模生产降低成本
降低组件成本	削减流程，缩短时间	通过大批量采购来降低成本

表2比较了差异化产品和商品化产品在成本管理方面的特点。首先，应考虑价格制定机制的差异。为了满足消费者的需求，商品化产品的价格往往需要与竞争对手相近或更低。相比之下，差异化产品可以根据消费者认为有价值的新增功能、性能改善和质量提高而相应地确立不同的价格。在目标销售方面，商品化产品需要考虑整个市场，而差异化产品可针对一个细分市场的客户制定独特的价格方案。

这两种产品类型在成本管理技术上也存在显著差异。对于商品化产品，典型的方法是以比竞争对手更低的价格销售更多的数量来击败对手。因此，增加价值的成本管理战略包括规模经济或大规模生产，这些措施可以降低单位成本，提高单位边际收益，可变成本和固定成本都将降低。对于差异化产品，成本管理技术能够灵活地以更高的价格向特定细分市场的客户销售在功能、性能和质量上取得改善的产品。价值工程作为一种目标成本管理技术，可为实现同样的现有功能，提供节省成本的替代方案。总而言之，对差异化这一产品类型，目标成本管理不断尝试，评估和监控产品增值功能的成本。因此，目标成本管理对差异化产品相当重要，而对商品化产品则不尽然。

结论

日本产品的成本竞争力得益于开发和设计阶段的目标成本管理。当差异化产品提供客户认可的增量功能时，这种方法对增加产品价值非常有效。与此相反，商品化产品是以比竞争对手更低的价格生产具有相同功能、性能和质量的产品。目标成本管理认为生产周期的上游成本战略能为消费者提供增量价值，但要使商品化产品低于竞争对手价格，大批量生产和规模经济就变得尤为重要。因此，消费电器商品化及其对目标成本管理增值功能的负面影响，可以解释日本在消费电器竞争中的衰落和汽车工业的持续辉煌。

参考文献：

[1] Ansari, L.A., Jan E. Bell, J.E., and the CAM-I Target Cost Core Group. 1997. *Target Costing: The Next Frontier in Strategic Cost Management,* Irwin.

[2] Carter, D. E., & Baker, B. S. 1992. Concurrent Engineering: The Product Development Environment for the 1990s. *Addison-Wesley Pub*., Co.

[3] Cooper, R. and Slagmulder, R., 1997. *Target Costing and Value Engineering*, Productivity Press.

[4] Fujimoto, T. 2001. Dai-ichibu dai-issho Aakitekucha no sangy ō ron (Part 1 Chapter 1 Architecture business theory), in Japanese, in Fujimoto, T., Takeishi, A., & Aoshima, Y. Bijinesu ā kitekucha (Business Architecture). Y ū hikaku: 3-26.

[5] Kato, Y. 1993. Genka kikaku: senryakuteki kosuto manejimento (Target cost management: strategic cost management), in Japanese, Nihon Keizai Shimbunsha.

[6] Meti, Mhlw, & Mext. 2013. White Paper on Manufacturing Industries (Monodzukuri) 2013., in Japanese, *Research Institute of Economy*, Trade and Industry.

[7] Nihon Kaikei Kenkyu Gakkai. 1996. Genka kikaku kenky ū no kadai (Issues in target cost management), in Japanese, Moriyama Shoten.

[8] Nobeoka, K., Ito, M. & Morita, H. 2006. Komoditika ni yoru genka kakutoku no shippai: Dejitaru kaden no jirei (Failure to capture value through commoditization: The case of digital appliances), in Japanese, in Sakakibara, K. & Koyama, S. Inobeeshon to ky ō s ō (Innovation and competition). NTT Publishing Co. Ltd.: 14-48.

[9] Monden, Y. and Sakurai, M., eds. 1989. Japanese Management Accounting: A World Class Approach to Profit Management, Productivity Press.

[10] Osanai, A. & Sakakibara, K. 2011. Robasuto na gijutsukeiei to komoditika" (Robust Management of Technology Against Commoditization), in Japanese, Journal of The Institute of Image Information and Television Engineers 65(8): 1144-1148.

[11] Shimizu, N. 1995. Konkarento enjiniaringu ni yoru seihin kaihatsu ni okeru genka teigen (Cost reduction in product development by means of concurrent engineering), in Japanese, Kigyo Kaikei (Accounting). 47(6):38-44.

[12] Tanaka, M. 1995. Genka kikaku no riron to jissen (Theory and practice of target cost management), in Japanese, Ch ū ō Keizaisha.

AI+IT：科大讯飞智能财务的探索与思考

段大为　王宏星　钱金平　赵林悦　汤洁泉　科大讯飞股份有限公司

【摘要】当下，智能财务已成为企业会计信息化发展的重要趋势。它不再是只停留在理念阶段，而是越来越多地出现在企业管理实践中，为企业经营在洞察业务痛点、提升运营效率、识别并控制风险等多方面带来重要价值。本文基于对科大讯飞财务管理工作现状的痛点分析，结合理论探索与实操应用，以新技术与精细化管理融合、提升企业价值创造力为目标，赋能企业管理会计注入新活力。因此，科大讯飞提出要在企业财务管理领域，将业界领先的人工智能技术（AI）与财务信息化系统（IT）相结合，通过“AI+IT”，研发报账机器人、会计机器人、财务机器人，实现人机协同，人机耦合，进而实现财务管理的智能化转型与变革，助力企业高质量发展，提高核心竞争力。

【关键词】智能财务　管理会计　AI+IT　报账机器人　会计机器人　财务机器人

一、引言

科大讯飞股份有限公司（以下简称“科大讯飞”）是亚太地区知名的智能语音和人工智能上市企业。自1999年成立以来，公司始终坚持“技术顶天、应用立地”的发展理念，在技术研究方面，长期从事语音及语言、自然语言理解、机器学习推理及自主学习等核心技术研究并保持了国际前沿技术水平；在行业应用方面，科大讯飞积极推动人工智能产品在教育、医疗、司法、汽车、智慧城市、智能服务等行业落地，致力于让机器“能听会说，能理解会思考”，用人工智能建设美好世界。

然而，在对企业内部的管理方面，和大多数企业一样，科大讯飞同样也面临管理效率低、手工作业量大、用户体验差的挑战。2019年初，科大讯飞提出了“AI+IT”的信息化发展战略，将人工智能技术与信息化技术相结合，应用到财务管理、人力资源、供应链、协同办公、审计、法务和战略运营等领域，力争用3年左右的时间，建设成为一流的智能化企业。

对于科大讯飞而言，智能财务也是一个全新的领域。智能财务是一种新型的财务管理模式，它基于先进的财务管理理论、工具和方法，借助于智能机器（包括智能软件和智能硬件）和人类财务专家共同组成的人机一体化混合智能系统，通过人和机器的有机合作，完成企业复杂的财务管理活动，并在管理中不断扩大、延伸和逐步取代部分人类财务专家的活动（刘勤、杨寅，2018；谢志华等，2018）。经过深入调研，科大讯飞选择了元年科技作为合作伙伴，依托科大讯飞在智能语音、图像识别、自然语言处理、机器学习等AI领域领先的技术积累，结合元年科技在财务共享和管理会计领域的IT系统，双方共同研发智能财务产品，通过“AI+IT”的融合，实现财务会计和管理会计的智能化，进而实现智能财务。

发表于《中国管理会计》2020年第1期，总第11期。

二、科大讯飞智能财务总体框架

人工智能的技术分为计算智能、感知智能、认知智能三个阶段。

第一个阶段是计算智能阶段。这个阶段的核心是“能存会算”，最为典型的应用是人机对弈。1997年，IBM的深蓝击败了国际象棋冠军卡斯帕罗夫，从那个时候起，机器的运算智能就已经战胜了人类；2016年和2017年，AlphaGo战胜围棋国际冠军李世石和柯洁，再次掀起了全球人工智能的又一次浪潮。

第二个阶段是感知智能阶段。这个阶段的核心是“能听会说，能看会认，能抓会握，能走会跑”，比较典型的应用是智能音箱、自动驾驶汽车、四足机器狗、人形机器人。在感知智能阶段，机器已经接近或在某些特定领域超过了人类水平。

第三个阶段是认知智能阶段。这个阶段的核心是“能理解会思考”，这是人工智能技术的最高级阶段。在认知智能领域，我们目前尚处于弱人工智能阶段，还需要在AI技术和应用上进行研发突破。

科大讯飞在智能财务领域，通过将人

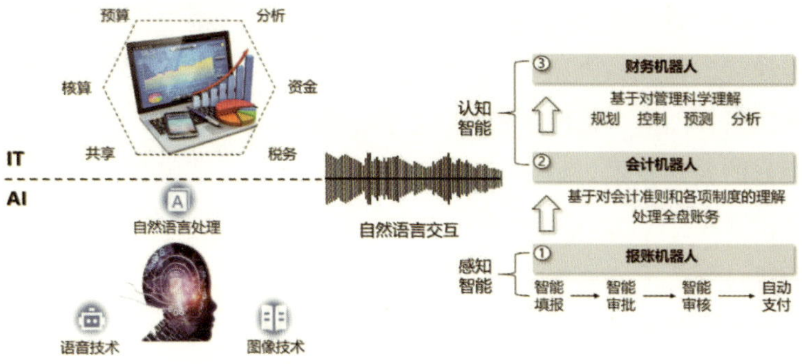

图1 科大讯飞智能财务总体框架

工智能技术与IT系统结合，使用自然语言进行人机交互，打造报账机器人、会计机器人、财务机器人（见图1），实现人机协同，人机耦合。三个机器人中应用的AI技术，主要包括语音技术、图像技术、自然语言理解技术，在IT系统方面，涵盖财务管理的预算、核算、共享、报表、资金、税务等各个方面。

报账机器人，主要用来解决传统对公、对私报账方式下报销过程长、管控力度不够、单据错误率高等共性问题。通过借助感知智能技术并规范业务流程，建立标准制度，强化人机交互模式来落地智能填报、智能审批、智能审核、智能问答、自动支付和机制凭证等整体解决方案，驱动创造，最终实现少人化、无人化的工作价值目标。根据统计，全国约有2000万会计行业从业人员，其中有一半都在从事核对发票、报销、付款等重复性工作，报账机器人如能普及应用，预计可以将500多万基层会计从业人员从这些繁重枯燥的常规工作中解放出来，有了更多的选择机会，可以转移到从事更需社交洞察能力、谈判交涉能力和创造性思维的工作中去（宋磊等，2018；诸波等，2017）。

会计机器人，主要应用于财务会计场景下，使用认知智能技术，让机器人基于核算过程、各种会计领域的专业知识，建立具体场景下的账务处理模型，进行大量的数据学习模拟训练，使之具备中级会计师的专业水平，最终达到能基于对会计准则、公司的各种财务管理制度的理解，处理全盘账务的能力，降低公司中层会计从业人员的劳动强度。

财务机器人，主要应用于管理会计场景下，使用认识智能技术，期望能通过对管理科学的理解，来实现企业管理的规划、控制、分析和预测，辅助企业的 CFO、COO、CEO 进行管理决策。与财务会计相比，管理会计更强调单位内部经营管理、提高经济效益服务，属于对内服务的会计；通过解析过去、控制现在与筹划未来相结合，更侧重于未来价值的创造（李守武，2019）。因此，提前探索谋划布局财务机器人，相信未来能在企业战略管理、经营决策等方面提供强有力的辅助支撑。

三、探索与实践

目前，关于“报账机器人”的研究已经取得了一定的成果，对于“会计机器人”“财务机器人”的研究将在 2020 年及未来两年逐步展开。

（一）报账机器人

与其他企业一样，科大讯飞在财务管理方面也面临众多挑战和短板，诸如：在员工报销上，审批流程冗长、权限设置不清晰，人工判断合规、手工做账，效率低；在异地报销与审批上，处理不及时；在发票核验上，在纸质票据流转中，手工核对发票抵扣联及网上数据，工作量大，效率低，发票入账后认证难，工作量大；在财务共享中心管理上，派工方式单一、规则不灵活，人员工作效率低；信息化系统分散，涉及企业资源计划（ERP）、办公自动化（OA）、自助报销、资金、税务等系统，用户体验差；由于公司业务快速增长，管理变化快，信息化无法有效赋能业务；财务管理规则变化快，系统缺乏前瞻设计等。

为了有效解决这些问题，科大讯飞启动了报账机器人研发工作，首先从管理方面审视并重构组织、流程和报账业务，其次从技术方面将人工智能技术应用到报账业务中。通过参考学习一些行业最佳实践，并结合公司在人工智能方面的优势，科大讯飞构建了一套适应智能财务发展的全新流程（见图2）。

相比以往的报账方式，主要进行了两大变革：

1. **创新报账模式**

引入了智能硬件，并将报销单的传递介质由原纸质改为信封。在单据流方面，首先从员工侧将相关原始票据装入信封，然后投递到智能交单箱，交单箱识别信封二维码，判断信封码是否在报账系统中存在，如不存在则提示交单不成功及其原因，如正常则自动吞入信封，报账系统自动记录交单时间。然后收单员每天按时去刷卡开箱，直接批量收取信封，报账系统自动记录开箱时间。收单员收单完成后，回到共享中心，利用扫码枪逐个签收信封，同时，报账系统会基于设定的规则进行扫单分拣，判断此信封是否需要进行发票扫描，扫描的目的是识别信封内的单据是否与报销人上传附件一致，是否存在漏票、差错票的情况。对于不需要扫描以及经过扫描完成的单据，统一装入智能单据柜，报账系统会记录装入的时间和装入的箱号。信封装入单据柜后，当线上流程审批亦通过时，此信封即可正常从中转的单据柜取出，放入纸质档案箱，待装满后封箱并打印出条目存档。上述实物设计能带来以下价值体现：

（1）引入信封式投递：解决员工粘贴发票的烦劳。

（2）引入智能交单箱：员工投递交单形成线上交单记录，无须再逐单收取，平均可节约 2～3 小时 / 天 (以往是人工拍摄并存储视频，以备争议处理，耗时费力)；对于无效信封无法交单，可避免单据到达共享中心后再发现单据异常；支持通过扫码、刷卡、人脸识别等多种方式开箱取单。

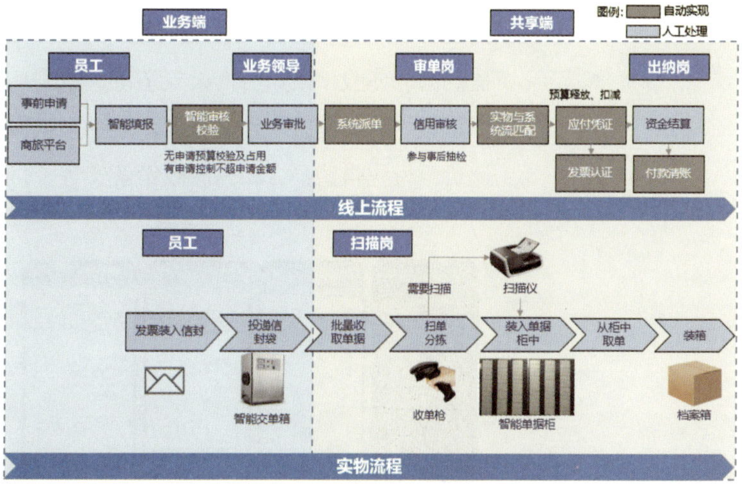

图2 报账机器人流程框架

（3）引入智能单据柜：存放处于流转中的实物单据，依据信封与柜门的索引关系，如遇退单等情况，可根据多维度查询快速定位到单据物理位置，解决日常几千单在途单据找单费时问题。

（4）报销全生命周期：通过智能硬件与报账系统集成，可以更好地实现全流程的节点跟踪管理及效能的统计。

2. 智能技术加持

通过应用人工智能、机器人流程自动化（RPA）等技术，实现流程的自动化；在线上数据流方面，着重于事前管控、商旅共享、智能填报、智能化审批，也包括建立灵活的单据分发派单机制和时效薪酬统计，建立信用管理体系，支持不同员工等级设定不同的信用报销流程等。其整体目的是提升员工侧的报销满意度，并实现财务侧的减压减负和提质增效。具体的做法包括：智能预订、智能填报、智能审核、智能派单、自动付款清账、RPA 应用 6 个方面：

（1）智能预订：通过智能语音、自然语言处理（NLP）、机器学习、大数据等技术，赋能商旅平台，提供更高效、更个性化、更完整、更具有针对性的服务，感受到更为便捷的沟通体验，诸如咨询天气情况、获得旅行资讯、航班酒店个性化推荐、多平台实时比价、行程自助预订和差旅政策解读等。例如，进行商旅资源的查订出退改、对账结算开票、数据报表分析等常规服务，实现一站式差旅管理和跨部门的全流程管理（见图 3）。

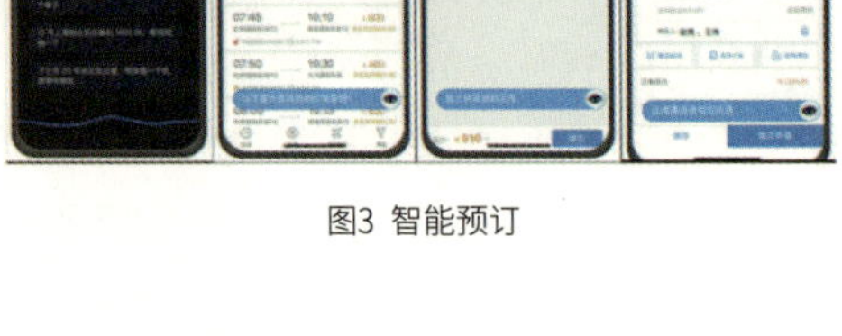

图3 智能预订

（2）智能填报：对于商旅平台的消费记录，可按规则自动推送到报账机器人系统，也可支持选择后自动导入；对于平台之外的其他消费记录，可以提供语音交互填单方式，也可提供通过手机拍照进行光学字符识别（OCR）单张或多张发票混扫方式，识别出各类型票据的全票面信息，自动进行发票查验、费用分类、业务校验，形成发票台账，操作方便快捷、准确高效。票据 OCR 的识别应用可助力员工大大提升填报及财务审核效率，但需要解决一个技术难题，即不同票种在不同排列不同位置下，全票面信息识别准确率不高的问题。

（3）智能审核：主要是提供业务真实性、报销单规范性、票据合规性、单据完整性、金额准确性、预算有效性、借款及预付款审核等要点审核。目前，通过规则引擎、OCR 识别、合同台账等方式推动自动审单率达 60%+，未来，科大讯飞追求的理想目标是在员工端、财务审核端、业务审批端实现全自动化审核。

在员工端，可以依托票据OCR识别技术自动录单（见图4），提高准确性；AI+IT——关联合同台账/事前申请带出关键信息并校验；调用百度接口获取里程数自动计算补贴；根据不同报销场景提示员工需上传的附件类型；配置规则引擎自动计算及校验（如敏感词校验、闭环校验）；存疑事项提示（如是否超标）等。

在财务审核端，财务收到的实物发票

与员工上传的发票影像件自动比对，降低收单风险；针对境外形式发票录入发票号等关键信息校验发票重复性，防范重复报销；审单界面提供审单助手，协助审核人了解审核要点及展示自动审单结果。

在业务审批端，设置特殊事项流程自动转发领导特批，特批界面高亮显示提醒领导关注等。

（4）智能派单：报销单据经过智能审批后，对于部分需要人工审核的单据，系统支持派单和抢单两种模式，但各有优缺点：如果是派单可从审单量以及审单效率了解审核员的作业情况，对于长期未处理单据可由组长指派，系统也可以结合时效性及均衡性自动派单（见图 5）；如果是抢单，可以多劳多得，结合绩效鼓励员工抢单，但以审单量评定较为单一，无法评定审核人审单时效。

（5）自动付清账款：通过审核后的报销单推送到 ERP 系统自动生成应付凭证，资金结算岗根据资金计划及报销人的信用等级等确定是否推送到银企直联，如推送则经过银企系统自动完成付款并回传 ERP 生成付款凭证。同时，对于有借款的报销单，提交时也会提示冲抵，规则是“前款不清，后款不借”，审批通过后自动核销借款凭证。在整个报销过程中，员工从提交报销单开始，即可实时查看到报销流程及实物单据的流转状态，直到最终付款完成。

（6）RPA 应用：除了以上所谈到的一些新技术应用之外，RPA 在财务领域的应用场景也很多，它的优势在于基于明确的流程和规则，以“外挂”的形式，模拟用户手工操作及交互去自动执行重复标准的任务，诸如常见的银企对账，从网银系统自动下载流水并与核算系统的账户余额和交易明细核对，生成余额调节表；诸如付款后有些保证金需要提供回单信息等，这些都可以基于 RPA 的功能实现（见图 6）。

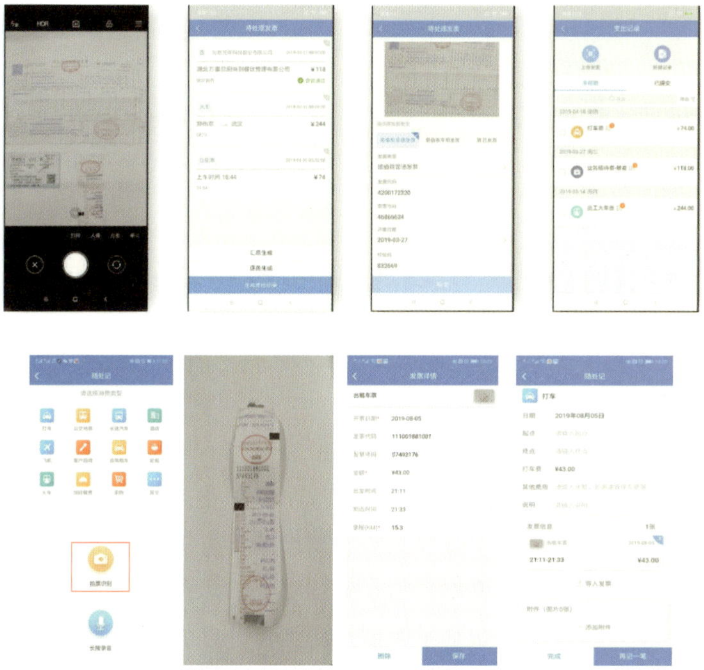

图4 票据识别

（二）会计机器人

在科大讯飞日常的财务工作中，各种账

图5 智能派单

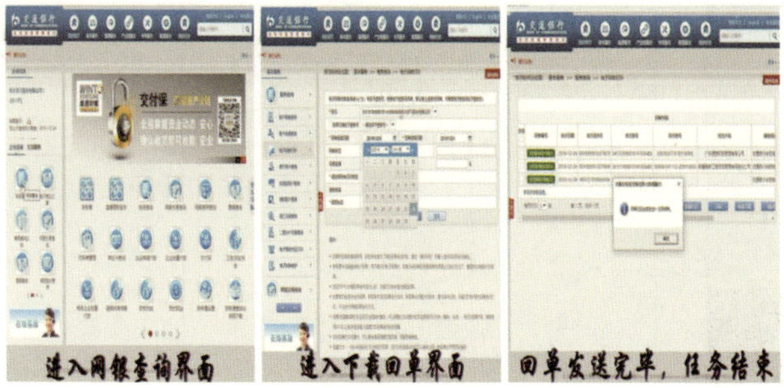

图6 应用RPA进行银企对账部分流程

务处理工作占据了财务人员的大量工作时间，尤其是到月末、季末和年末，业务量增加以及各种数据要求导致账务工作压力剧增；为了处理堆积的账务，财务核算人员通常需要加班加点处理各类账务，不仅耗费大量时间和精力，数据的及时性和准确性也无法保障；不仅是科大讯飞的财务核算人员面对此类问题，全国大部分的会计人员也面临此类问题。

近两年来，科大讯飞陆续建设了各种信息化系统，通过前端业务系统与 ERP 系统进行集成开发，已经实现部分账务工作可以自动化处理，比如通过 OA 办公系统报销的账务，通过把 OA 系统和 ERP 系统进行集成，可实现报销完成账务实时自动记账，目前讯飞账务核算普遍采用此种方式（见图 7）。

虽然一定程度上提升了核算工作效率，但是此类自动化的账务处理主要是针对流程标准化程度高、核算准则简单的账务，需要综合判断的账务无法通过此种方式进行自动化处理，而且一旦业务场景、会计准则等发生变化，原有自动化流程将无法承载，需要重新设计开发；而且此类自动化流程往往需要针对不同企业的实际场景结合会计准则单独设计，个性化程度较高，无法用标准化产品在各个企业进行大规模推广。

为了打破这一局限，让自动化账务处理普遍应用到各个公司，大量减轻会计核算人员工作量，科大讯飞根据“AI+IT”的建设思路，提出了会计机器人这一概念，这种机器人与目前行业较为火热的RPA技术有着本质的不同。会计机器人是把AI技术融入账务自动化的IT建设过程中，让机器人通过大量学习获取账务处理能力，最终通过机器人的判断和思考，进行各种复杂账务的处理。

关于会计机器人的研发，目前科大讯飞也在摸索建设中，但是有着独特的优势：一是科大讯飞具备丰富的财务业务场景，可以获取大量的学习场景；二是科大讯飞作为国内一流的人工智能公司，AI技术在世界范围内也处于领先水平，具备较好的

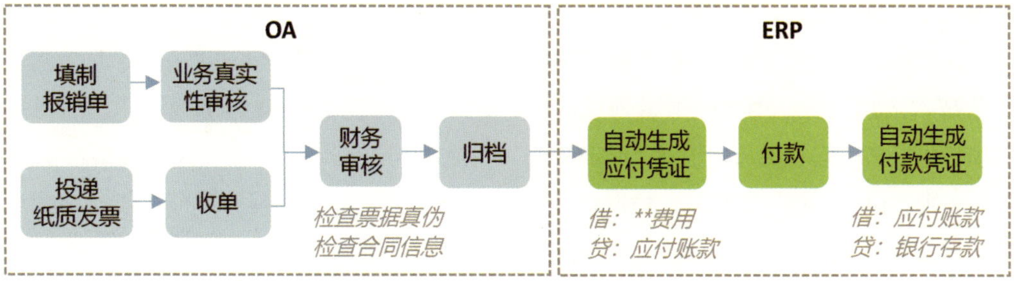

图7 科大讯飞OA凭证自动化记账集成

技术研发能力。丰富的场景加上先进的技术，让科大讯飞的会计机器人的诞生成为可能。

目前对于财务核算自动处理，多数理解为财务核算全流程自动化系统的应用，该应用场景基于智能感知、数据爬虫、OCR、电子发票、移动支付、RPA、自然语言理解、基于知识图谱或处理规则的专家系统、会计信息标准以及神经网络等技术，场景中的部分功能已在一些先进企业中局部实现（刘勤、杨寅，2018）。科大讯飞基于目前工作量较大的核算场景进行梳理和流程再造，通过接口开发和RPA等技术，部分科目账务处理已实现核算流程自动化，但是这种流程自动化系统的应用与笔者所说的会计机器人差异较为明显。

会计机器人应用场景：应交税费科目记账

借：税金及附加

贷：应交税费——应交消费税

——应交资源税

——应交城市维护建设税

——应交教育费附加

——应交土地增值税

在该场景中，会计核算分录较为简单，但是核算数据的取得往往需要总账会计或者税务会计经过抓取各种数据进行大量计算，而且需要及时根据税收法律法规的变化而调整计算方法，此类会计核算工作很难通过一般的流程自动化技术进行自动记账。

而笔者提出的会计机器人概念，即通过AI技术进行大量机器学习，不断学习会计准则及税收法律法规，掌握会计及税务知识，成为“能理解、会思考”的AI会计机器人，其通过提取系统数据并结合税法相关规定，准确、高效、及时计算出税费金额并核算记账，协助总账会计/税务会计从计算、核算的基础工作中解放，辅助会计对于税务风险、税收筹划等方面工作的开展。

一般的核算流程自动化可以处理特定场景的常规核算业务，但是无法真正地替代财务核算会计进行账务处理；可通过引入科大讯飞研究院的认知智能技术，在财务账务自动化流程的设计和运行过程中，让机器人基于核算过程进行大量的学习，同时也会让机器人持续学习各种会计领域的专业知识，通过大量练习具备账务处理能力。为了检验会计机器人的专业能力，公司计划后续让科大讯飞会计机器人参加全国统一的中级会计职称考试，考试一旦通过便可证明这种会计机器人已经具备了中级会计师的专业水平；随着会计机器人的学习能力不断加强，可以持续学习各种专业知识，并且根据专业知识结合具体场景进行账务处理的综合判断。这样的会计机器人，打破了现有RPA技术的局限，是可以大规模推广并且可以真正减轻基层财务人员核算工作量的机器人技术。

（三）财务机器人

近年来政府部门大力推动管理会计的发展，除此之外，还有五个方面的驱动力在推动着我国管理会计的发展，这五个方面的驱动力是：价值量、信息化、智能化、全球化和新常态。价值量是管理会计发展的原动力，信息化和智能化是助动力，全球化和新常态是促动力（郭永清、李扣庆，2017）。企业的发展对财务管理的要求也从单纯的财务核算扩展至解析过去、控制现在、筹划未来的有机结合（蒋占华，2018）。

随着“大智移云物”等信息技术的出现和逐渐成熟，财务管理面临着新的机会和挑战，财务预测决策、财务风险管控以及财务成本管理等有了更先进的算法、模型和工具。数据处理技术可以汇集更全面的数据，商业智能和专家系统能够综合不同专家的意见，移动计算可以帮助财务人员随时随地完成管理工作，财务机器人可以实现财务管理活动的自动化操作，现代系统集成技术可以消除业务、财务和税务等之间长期形成的信息和管理壁垒。以人工智能为代表的新一代信息技术的发展给财务管理带来了新的发展契机，正在使财务从信息化向智能化方向转变（刘勤、杨寅，2018）。

当前科大讯飞的财务管理信息化面临着业务系统之间数据不统一、数据分析展示基本靠手工处理、对公司战略落地和业务决策支撑不足、人员效率低下等一系列问题。为了赶上时代的发展，同时解决实际工作中的问题，公司提出了管理会计机器人的建设目标，系基于对管理科学的理解，结合公司业务发展的情况，进行业务规划、控制、预测和分析、预警，助力智能决策，实现纠偏、资源配置的闭环管理。从建设思路来说，在系统层面主要分为三层结构，分别为业务数据层、数据中台层、经营分析管理层，从数据的采集、数据的转换、数据的存储、数据的展示，到数据深加工及数据价值的充分利用，实现数据对价值链的赋能。

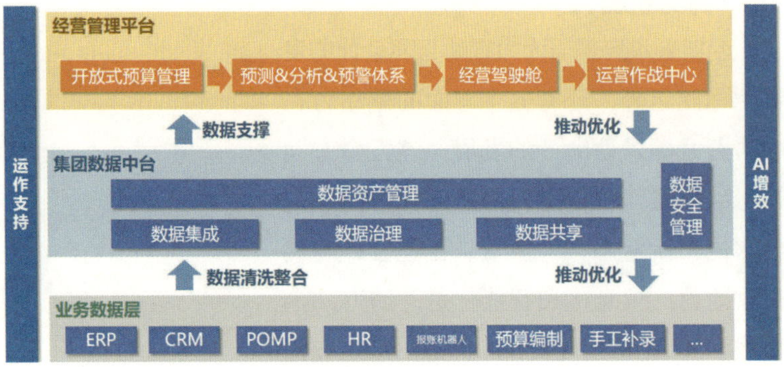

图8 经营管理平台

业务数据层主要系以ERP为主的相关业务系统，包括商机管理系统（CRM）、人力资源系统（HR）、项目管理系统（POMP）等，负责记录和管理实际业务过程中产生的数据，并实现各系统直接的业务流转和互通，同时将预算预测的编制及控制放入业务数据层，也主要为了和业务系统的集成，结合前端业务逻辑的梳理，建立预算预测的模型，实现预算预测的自动化、智能化，并将预算的结果反作用于业务系统，进行日常成本费用投入的控制。

数据中台的主要作用为主数据管理、数据质量的管理、数据的存储和转换。首先，建立主数据的管理体系，统一主数据的标准，明确主数据的管理规范和维护流程，主数据将成为公司经营管理、分析的基础；其次，定义和管理底层业务数据的标准和规则，建立数据管理架构，定义数据管理职能及管理手段，构建数据质量管理、数据安全管理体系；最后，统一管理和存储底层业务不同维度的数据，并向上输送数据用以分析应用，最终形成企业自有的数据资产。

经营管理平台层，以中台数据为基础，

根据日常经营管理需求，定义各经营指标、管理指标的含义和组成，确定不同的分析方法，建立不同的数据分析模型，将经营情况和分析结果通过看板展示给公司管理层，对于异常情况向管理层预警，辅助领导进行决策、下达管理要求（见图8）。

在项目建设过程中，融入科大讯飞的语音交互及人工智能技术，未来能实现管理层一个语音的指令，系统能通过语义的理解，依据系统配置的数据规则及相关指标的定义，快速实现数据的抓取、转换和分析结果的输出展示，快速响应管理层的诉求，帮助管理层进行高效的决策。

通过该项目的建设，促进管理会计在公司的经营活动中进行深度和广度的应用，使管理会计成为公司中高层管理者的日常沟通语言。重点应用方面如下：

（1）基于公司的真实经营数据建立起一套完整的经营数据监控模型，从采销到交付，从成本到效益，便于公司管理层查找问题以及提出改进措施。

（2）每月的经营分析会，经营分析部门快速汇总财务和业务分析数据进行汇报，对数据监控模型获取的数据进行评价，基于数据提出经营管理建议，管理层基于数据做决策。

（3）建立起一套完整的预算管理体系，从战略目标的拆解，到预算的编制、执行、分析、调整和考核进行管理，定期向管理者汇报预算执行报告，体现预算、实际、趋势等情况，进行投入产出的分析，提高资源使用效率。

（4）从绩效管理方面有效地支撑集团整体和核心业务单元年度考核关键绩效指标（KPI）以及产出线上的人员智能绩效管理（IPI）的设定，便于支撑管理部门从战略分解、经营分析、预算管理和考核应用等方面提供关于组织绩效管理的分析、建议，落实决策和日常管理，起到导向和管理风向标作用。

四、思考与展望

传统财务管理主要是以会计核算为主，关注经济活动信息的生产与披露。回望历史，其经历了全手工记账模式的会计农业化时代，使用计算工具进行数据存储和加工处理的会计工业化时代，使用 CRM、EPR 等信息系统进行数据计算、存储和管理的会计信息化时代。现在，进入了“大智移云”等技术发展的智能化时代。这些技术的发展，使会计行业在信息的采集、存储、整合、集成等方面不断发生变革，管理会计也在企业日益深入应用，但在推进过程中，也暴露出管理会计方法过于工具化，注重实用性工具的开发而忽略了管理会计体系的建设和完善，以及内部系统“烟囱式”发展孤岛林立，致使管理会计信息碎片化。那么，要发挥出管理会计的更大作用，就要将管理会计和传统财务进行有效的融合，使之服务于企业的发展战略，服务于企业管理层的决策支撑，持续着力于企业的价值创造。

科大讯飞选择以研发报账机器人、会计机器人和财务机器人作为演进路线，就是一次大胆的探索和尝试。在科大讯飞人工智能技术的支持下，参考经验做法，建立依赖数据、算力和场景的三大核心支撑（董皓，

2018）。在数据方面，通过业、财、税、法、商一体化建设，实现财务数据到业务数据的扩展；通过引入市场分析、舆情检测、竞争方向、新政策、新趋势等外部数据，强化经营预测及风控能力；借助智能技术应用，抽取分析非结构化数据，实现数据结构化到非结构化的扩展。在算力方面，基于科大讯飞研究院的云计算能力，给智能财务提供有力的引擎保障。在场景方面，财务侧梳理挖掘业务痛点涉及场景，研发侧则基于 AI 技术落地解决方案，推动场景下的功能实现和产品打磨。

这些探索实践均离不开当下新兴技术的加持，正如张庆龙教授指出，“人工智能的飞速发展，推动了现代会计信息系统从信息化和网络化向智能化的加速发展。如果将这些技术运用于财务决策系统，会增加财务决策系统的柔性，适应决策问题与环境的变化，产生智能财务决策支持系统，提高决策支持的服务能力”。

目前笔者也看到，基于新技术以及管理会计和业务财务的深度融合，在助力智能财务发展的道路上，不少需求驱动下的应用场景已取得了显著成效。如此次疫情期间，利用影像扫描、OCR、移动审批、记账机器人等系统，可以帮助企业解决无法面对面报账的困扰；利用电子合同、网上支付、银企互联、电子发票、银企对账机器人等系统，可以解决在线销售中资金和票据处理的问题；利用电子发票、发票查验、纳税申报、网上报税、税务风险管理等系统，可以帮助企业税务人员实现远程报税的工作；利用电子档案、企业数据库、电子会议、在线函询、计算机辅助审计等系统，可以帮助审计人员实现远程审计工作（刘勤，2020）。更多机遇也显现出来，诸如以往传统核算岗重复、标准、低效的工作被机器人替代后，释放出来的人员有了更多选择权，可以从事自己喜欢、意义更大、附加值更高的工作；还比如会计分析者将可能更多从以往重视勾稽关系分析转向因果关系分析（叶康涛，2019），因为勾稽关系本质属于经营活动的分类问题，如哪些支出属于投资、哪些属于费用、哪些数据生产成本等，这些基于业务规则逻辑相对清晰，很大程度上可以由机器取代；而企业管理者更希望了解经济活动之前的因果关系，为何发生、是否合理、如何控制；正好大数据的发展提供了海量的财务数据和非财务数据，为会计分析人员开展因果关系分析打通了道路，其数据分析的结果能给企业经营及管理决策带来更大的价值。

尽管应用场景较多，也取得了一定成效，但并不等于智能财务发展就一帆风顺、水到渠成了。根据经验，智能财务在系统建设、组织流程、人才培养三个方面面临很多困难和挑战。系统建设方面，大多数企业没有做好信息化战略规划，致使系统割裂、烟囱林立、孤岛严重，导致数据质量参差不齐，无法支撑管理决策，经营分析或分析的价值较低，如系统重构则面临极大挑战和极高的成本代价；组织流程方面，普遍存在机构职能划分不清晰、岗位职责不明确、流程整合不规范、互相推诿扯皮的现象，致使办事效率低下；人才培养方面，需要的人才不仅要具备相当扎实的理论基础知识、较强的会计核算能力、精通数据处理，同时，还要熟悉企业的业务经营和流程，了解或掌握当下的新兴技术，这样的复合人才少之又少，但又是智能财务发展越来越不可或缺的中坚力量（佟成生等，2014；王斌，2019；孙玉民，2018）。

想要解决这些困难，既要上下同心、勇于担当，更要有破釜沉舟的勇气和决心，同时，也要尝试校企合作，定向培养继续教育。对于高校，由于人才培养的规律性、稳定性、理论性、专业性与就业市场的动态性、灵活性、实用性、综合性之间存在不协调，导致高校人才能力培养与就业市场需求错位（罗家莉、孟庆瑶、李敏，2012），因此需要持续不断地创新开发出能够适应市场需求的高校课程体系，真正为社会提供专业对口、素质全面的高质量人才。

五、结束语

在“大智移云”的时代，无论是实践领域还是研究领域，都在传达出一个共识：传统财务被AI等新兴技术颠覆突破、逐步取代的趋势已经毋庸置疑，财务智能化的时代也已悄然到来。财务智能化正逐渐在企业的发展中，发挥出越来越重要的作用，促进企业提升管理决策能力、经营预测能力、应对风控的预见能力等。上海国家会计学院副院长刘勤也多次表示：“特别期望能找到让人类工作者和计算机都能发挥其长处的、一个理想的人机协同共生的智能财务管理模式，让不同层级的会计人员都能找到自己合适的工作岗位，既满足大幅提升这个行业工作效率的需求，又不至于违反我们一贯坚守的伦理道德。”所以，财务从业人员不仅要有时代的紧迫感和使命感，更要有主动学习、提高站位、拥抱变化的意识，要能以更高的视野、更大的格局来适应智能财务时代下的社会变革、经济转型、技术革命，抢抓机遇、迎接挑战，争取成功实现自身角色的华丽转型和蜕变。

参考文献：

[1] 董皓：《智能智能化的创新框架》，载于《管理会计研究》2018年第3期。
[2] 刘勤、杨寅：《智能财务的体系架构、实现路径和应用趋势探讨》，载于《管理会计研究》2018年第1期。
[3] 谢志华、敖小波：《管理会计价值创造的历史演进与逻辑起点》，载于《管理会计研究》2018年第2期。
[4] 宋磊、汪丹：《价值创造型财务的四步法》，载于《管理会计研究》2018年第3期。
[5] 叶康涛：《会计研究的相关性与可靠性》，载于《管理会计研究》2019年第5期。
[6] 郭永清、李扣庆：《我国管理会计发展的驱动力与未来趋势》，载于《中国管理会计》2017年第1期。
[7] 诸波、李余：《基于价值创造的企业管理会计应用体系构建与实施》，载于《管理会计研究》2017年第6期。
[8] 张庆龙：《企业应以财务共享构建智能财务决策的数据基础》，载于《管理会计研究》2019年第6期。
[9] 刘勤：《抗疫中人工智能技术的应用及其对智能财务发展的启示》，载于《中国会计视野》2020年。
[10] 李守武：《管理会计发展面临的新挑战》，载于《管理会计研究》2019年第5期。
[11] 王斌：《业财融合的困境与出路》，载于《管理会计研究》2019年第1期。
[12] 蒋占华：《管理会计信息化是企业应用管理会计的一道必答题》，载于《管理会计研究》2018年第5期。
[13] 孙玉民：《公司财务共享服务模式存在的问题及对策》，载于《现代商业》2018年第26期。
[14] 罗家莉、孟庆瑶、李敏：《适应就业市场需求的高校课程体系改革探析》，载于《国家教育行政学院学报》2012年第5期。
[15] 佟成生、许素兰、李扣庆等：《中国企业管理会计人才培养模式研究——基于中国企业财务人员的调查问卷分析》，载于《会计研究》2014年第9期。

NEW ECONOMY

新经济对财务管理和管理会计的影响分析

黄世忠 厦门国家会计学院

【摘要】新经济与其说是一种进化，不如说是一种颠覆，因为它突破了我们的认知极限，改变了我们的生活方式，影响了我们的工作方式，重塑了市场的竞争格局，孕育了全新的增长模式。新经济对我们的颠覆性影响是广泛而深远的，留给我们的启示是全面而深刻的。本文基于价值创造的环境变迁，分析新经济对财务管理和管理会计的影响和启示。本文指出，在新经济时代，财务管理的重心将逐步由财务资本转向智慧资本，财务管理的对象将逐步由资本预算转向资金管理和知识员工管理，财务管理的边界将逐步超越资本纽带向业务纽带延伸，融资偏好将逐步由“先内后外，先债后股”转向“先外后内，先股后债”，管理会计的定价职能将进一步凸显，数字化转型后的管理会计，其会计色彩将不断淡化，管理色彩将显著增强。

【关键词】新经济 信息通信技术 财务管理 管理会计

一、新经济对财务管理的影响与启示

发表于《中国管理会计》2020年第2期，总第12期。

价值创造是财务管理孜孜以求的目标。在新经济时代，价值创造的驱动因素发生嬗变，要求财务管理与时俱进，不断变革和创新。以下从财务管理重心的位移、财务管理对象的变化、财务管理边界的拓展和企业融资偏好的改变等四个角度，分析新经济对财务管理的影响，指出财务管理的变革方向。

（一）新经济对财务管理重心的影响

在旧经济时代，大规模的制造模式要求企业在存货和固定资产上投入巨资，重资产、财务资本密集司空见惯，企业的价值创造严重依赖于有形资产和财务资本。在新经济时代，驱动价值创造的关键要素已经不再是有形资产和财务资本，而是无形资产和智慧资本①，企业的资产结构悄然发生变化，轻资产取代重资产，智慧资本密集替代了财务资本密集。在新经济时代，价值创造可视为企业在特定结构资本框架下，将人力资本作用于关系资本而产生的经济增值行为。如《没有资本的资本主义：无形经济的崛起》一书指出的，资本主义正向“智本主义”过渡（Haskel and Westlake，2018）。资本主义强调财务资本在价值创造和价值分配中的至高无上地位和作用，凸显了以重资产和资本密集为特征的产品经济时代企业对“资本家”的依赖，而“智本主义”则认为智慧资本才是价值创造的最重要决定因素，主张价值分配应当向智慧资本倾斜，承认知识经济时代掌握了知识和技能的“知本家”才是价值创造的最大贡献者，而不是手握雄厚资金的“资本家”。

在价值创造环境发生如此重大变化的情况下，财务管理如果继续奉财务资本为圭臬，而无视智慧资本作为最重要生产要素的角色，不仅将导致会计信息相关性的持续恶化，而且可能使管理失焦，误导投资和管理决策，产生“重物轻人”的资源错配。新经济给我们的一个重要启示是财务管理应当根据价值创造环境的变迁，适时调整财务管理的聚焦点，促使财务管理重心逐步从财务资本转向智慧资本，将更多注意力放在智慧资本的确认、计量②和管理上。

在新经济时代，企业有必要将智慧资本有机地嵌入绩效管理之中，使之与财务绩效管理浑然一体。离开智慧资本的绩效管理，如果不是本末倒置，就是有失偏颇。梳理智慧资本相关研究文献可以发现，人力资本、结构资本和关系资本的评价尚处于探索阶段，定量和定性相结合的评价方

① Stewart (1998) 在《智慧资本：组织新财富》一书中，将智慧资本定义为“个人与团队能够为其组织带来竞争优势的一切知识和能力的总和”，并指出智慧资本由人力资本（如专有技术、工作知识、创新能力、反思能力、应变能力等）、结构资本（如专利、版权、秘方、商标权、组织结构、规章制度等）和关系资本（企业形象、客户关系、供应商关系、政商关系、战略联盟等）所组成。

② 与财务会计拘泥于货币计量不同，管理会计在计量上富有弹性，货币计量与非货币计量结合得更好，在智慧资本的计量方面比财务会计更有前景。通过梳理学术文献可以发现，智慧资本的计量方法主要包括基于股票市值的倒轧法、基于超额收益的折现法、基于权变选择的估值法和基于构成要素的评价法。在这四种方法中，后三种方法都是管理会计的优势所在。

法是比较切实可行的选择。

人力资本可以从投入和产出的角度进行评价。投入的角度侧重于人力资本开发、维护和提升的评价指标，如人均招聘/培训/开发费用、员工教育程度、拥有专业职称的员工比例、人均薪酬福利待遇、员工满意度、敬业忠诚度、员工离职率、企业文化宣传支出、团队凝聚力、知识分享等；产出的角度关注的是人力资本创新和创造的评价指标，如来自专利、商标和授权的销售收入比例、新产品销售占销售收入总额的比例、新产品的销售毛利、人均销售收入等。

结构资本的评价指标主要包括四类：一是规章制度建设，如内部控制、激励机制、风险防控、绩效评价等方面的制度建设以及为此投入的人力资源和财务资源；二是信息系统建设，如IT投入及其占销售收入比例、网上审批和远程办公普及程度、信息技术更新频率、数据库建设支出、数据共享程度；三是组织活力氛围，如员工提出的批评意见数和改进建议数、管理层对意见和建议的反馈处理数、部门之间的协作精神、市场应变能力、危机处理能力等；四是开拓创新能力，如新增客户数、拥有的专利、商标和特许经营权数量、研究开发支出总量及其占销售收入比例。

关系资本的评价指标可分为四类：一是客户关系评价指标，如市场占有率、品牌价值、客服满意度、老客户收入比、新客户开拓数、客户订单数、客户退货率、单一客户购买量、广告促销支出总额及其占销售收入比例等；二是供应商关系评价指标，如供货及时性、采购折扣率、因质量和品种问题的退货率、供应商回访率等；三是网络关系评价指标，如研发联盟、营销联盟、采购联盟的运用程度；四是社会关系资本，如金融机构和资本市场提供的融资便利和融资成本、监管部门处罚数、消费者和环保主义者投诉等。

在智慧资本中，人力资本是最为核心的要素，因为结构资本和关系资本的价值最终都是依靠知识员工创造的。对知识员工的管理，其重要性一点不亚于对财务资本的管理。既然知识员工是价值创造的最重要决定因素，建立吸引和留住高素质知识员工的长效机制将成为新经济企业的头等大事。鉴于此，财务管理理应在以下方面发挥更大的作用：（1）完善价值分配机制，让人力资本与财务资本按贡献度参与价值分配，最大限度实现“知本家”与“资本家”之间的利益耦合。在这个方面，华为的做法值得借鉴。2018年度华为的人力资本成本（工资福利费）为1466亿元，占营业收入的比例高达20.33%，而财务资本成本（包括利息费用和按6%推算的股权资本成本）只有203亿元，仅占营业收入的2.81%。人力资本成本超越财务资本成本的现象并非华为独有，在高科技企业中十分普遍，说明新经济时代价值分配向知识员工倾斜是大势所趋。（2）筹划员工持股方案，让知识员工分享企业经营发展的成果，最大限度实现企业利益与员工利益的有机统一。华为在这方面堪称楷模，创始人任正非只持有1.4%的股份，其余98.6%的股份由8万多名知识员工持有，这意味着华为2018年593亿元税后利润的权益几乎全部由知识员工享有。（3）制订税收筹划方案，在延揽高端人才时最大限度降低高薪知识员工的税负，在新经济时代，税收筹划不应仅限于流转税和企业所得税，而应延伸至个人所得税。（4）设计员工福利制度，包括为知识员工及其家人提供良好的宜居、教育和医疗条件，最大限度地减少知识员工的后顾之忧。简言之，财务管理应像过去关注资本预算和运营资本管理那样关心和呵护知识员工，因为他们才是价值创造最弥足珍贵的资产。简言之，新经济是知识和创新驱动型的经济形态，财务管理必须革除“重物轻人”的陋习，只有将工作重心从对资产资金的管理逐步转向对知识员工的管理，才能激发知识员工的创新热情，充分释放其价值创造潜力。

（二）新经济对财务管理对象的影响

在旧经济时代，“渠道为王”是企业做大经营规模的主要途径，但在新经济时代，继续耗费大量资金在物理世界布设营销渠道可能得不偿失，“渠道为王”甚者有可能沦为“渠道为亡”的悲剧。相反地，通过网络世界搭建社交、交易、支付、游戏、广告等数字化平台的方式，不仅是企业做大经营规模的捷径，而且更加符合成本效益原则，还是整合各方资源的有效手段。新经济、新业态的“野蛮增长”，平台战略功不可没。平台经济的成功经验可归纳为“流量为王，平台是金”。“流量为王”是指海量的用户可以聚集人气，提升平台的知名度和关注度，在增加访问量和交易量的同时，还可以巨大的流量作为与内容提供商和服务提供商进行讨价还价的强有力筹码。“平台是金”是指平台可以汇集信息流、资金流、人流和物流，对这些无形资源加以发掘和利用，就可以衍生出无尽的商机。

以BAT（百度、阿里巴巴、腾讯）和AGM（苹果、谷歌、微软）为代表的数字化平台企业，其独特的资产结构（见表1）昭示着新经济企业财务管理的对象将发生重大变化。

表1 BAT与AGM资产结构（截至2019会计年度）

项目	百度（亿元）	阿里巴巴（亿元）	腾讯（亿元）	苹果（亿美元）	谷歌（亿美元）	微软（亿美元）
现金性资产*	2157	4447	6410	2060	1394	1365
存货	—	—	7	41	10	21
固定资产	183	920	477	370	736	365
商誉及无形资产	262	3332	1445	—	226	498
其他资产	411	951	1201	914	393	617
资产总计	3013	9650	9540	3385	2759	2866
现金性资产占比	72%	46%	67%	61%	51%	48%

注：* 包括现金及现金等价物以及高变现能力的金融资产和权益投资。

现金性资产之所以成为BAT和AGM的最大资产项目，是因为它们都是平台型企业，具有无与伦比的资金流吸附能力。如何对这些巨额资金进行有效管理，将成为平台型企业财务管理的中心工作，资金调度、资金增值、资金安全无疑是这类企业财务管理的重要对象。推而广之，如何对数字化平台汇集的信息流、资金流、人流和物流进行挖掘、开发、分析和利用，是新经济时代财务管理大有作为的领域。对于平台型企业而言，财务管理的传统对象如营运资本管理和资本预算等，其重要性将退居其次，因为存货和固定资产的比重微不足道。

除了资产结构与旧经济企业存在重大差异外，新经济企业还存在着大量的表外资产，应当纳入财务管理的范畴。研究开发、创意设计、人才培养、专利申请、系统更新、数据收集、市场开拓、客户维护、品牌建设、流程优化等方面的支出，对于新经济企业提升市场竞争力和价值创造能力至关重要。尽管这些支出具有资本支出的属性，但现行会计准则认为这些支出能够带来的未来经济利益存在重大不确定性，一般都要求企业将其作费用化处理，造成这些资本支出所形成的大量价值连城的无形资产没有在报表上得到确认。虽然财务会计不认可这些表外无形资产，但资本市场在估值时却予以承认，导致新经济企业股票市值与账面净值之间的差异显著高于旧经济企业，如表2所示。

从表2可以看出，尽管旧经济十大市值上市公司在营业收入、税后利润、资产总额和股东权益方面均远超新经济十大市值上市公司，但其股票市值却大为逊色。相对于旧经济十大市值上市公司2.80倍的平均市净率，新经济十大市值上市公司高达7.55倍的平均市净率说明新经济企业的表外资产问题特别突出。这些表外资产如数字资产、智慧资本等才是价值创造的动力

表2 新旧经济十大市值上市公司2019会计年度相关财务指标

项目	公司名称	营业收入（亿美元）	税后利润（亿美元）	资产总额（亿美元）	股东权益（亿美元）	股票市值（亿美元）	市净率
新经济十大市值上市公司	苹果（Apple）	2602	553	3385	905	13271	14.66
	微软（Microsoft）	1259	392	2866	1023	12041	11.77
	谷歌（Google）	1619	343	2759	2014	9238	4.59
	亚马逊（Amazon）	2805	116	2252	621	9162	14.75
	脸书（Facebook）	707	185	1334	1011	5853	5.79
	阿里巴巴（Alibaba）	562	120	1383	882	5670	6.43
	腾讯（Tencent）	547	139	1368	701	4609	6.57
	英特尔（Intel）	720	210	1365	777	2692	3.47
	威瑞森通信（Verizon）	1319	198	2917	628	2513	4.00
	思科（Cisco）	519	116	978	336	2111	6.28
	合　计	**12659**	**2372**	**20607**	**8898**	**67160**	**7.55**
旧经济十大市值上市公司	沙特阿美（Saudi Aramco）	2949	882	3984	2790	18810	6.74
	伯克希尔（Berkshire）	3284	818	8177	4286	5569	1.30
	摩根大通（Morgan Chase）	1156	364	26899	2613	4564	1.75
	维萨卡（Visa）	230	121	726	347	4077	11.75
	强生（Johnson & Johnson）	821	151	1577	585	3912	6.57
	沃尔玛（Walmart）	5199	201	2365	816	3507	4.29
	美国银行（Bank of America）	912	274	24299	2648	3395	1.28
	宝洁（Procter & Gamble）	677	40	1151	459	3141	6.84
	雀巢（Nestle）	932	130	1320	545	3114	5.71
	工商银行（ICBC）	1240	454	43160	3856	3004	0.78
	合　计	**17400**	**3435**	**113680**	**18945**	**53093**	**2.80**

源泉，理应成为新经济时代财务管理的重心，亟须财务人员持续跟踪和有效管理。

（三）新经济对财务管理边界的影响

新经济时代是“资源整合定成败”的年代，外包、众包、联盟、平台等战略广泛应用，生产制造商、材料供应商、技术开发商、品牌代理商、产品经销商之间结成了利益共同体。企业之间相互依存度的显著提高，导致企业之间的边界日益模糊和扩大，企业管理和财务管理已经超越了传统的企业边界。以单个企业或企业集团为边界的传统财务管理模式面临巨大的挑战，亟待变革。以生产制造商为例，即使其预算管理、成本控制、定价策略、资金管控、税务筹划、绩效考核、危机管理等财务管理工作做得再好，但与其合作配合的材料供应商、技术开发商、产品代理商、品牌策划商没有做好相应的财务管理工作，生产制造商的核心竞争力和价值创造力将受到重大影响。

在新经济时代，财务管理的边界由单个企业或企业集团延伸到整个供应链、价值链和生态网，是大势所趋、环境使然。如何以资源整合为契机，在只有业务关系而没有资本纽带的情况下，构建崭新的供应链财务管理、价值链财务管理和生态网财务管理，是新经济时代财务管理必须直面的重大创新问题。近年来，供应链管理、价值链管理、生态网管理风生水起，外包、众包、众筹、联盟等资源整合如火如荼，与此形成鲜明对照的是财务管理依然故我，岿然不动，说明财务管理创新已经落后于企业管理创新。财务人员不能安于现状，而应奋起直追，不断拓展和延伸财务管理边界，使其与不断扩张的管理边界保持同步。

（四）新经济对企业融资偏好的影响

Meyers和Majluf（1984）基于信息不对称的情景，提出了著名的优序融资理论（Pecking Order Theory），指出企业的融资选择通常遵循“先内后外，先债后股”的顺序。企业的融资偏好除了受到所得税抵扣规定（利息可税前抵扣、股利不可税前抵扣）和投资项目不确定性影响外，还与银行的信贷决策因素有关。其他条件保持相同，银行一般更倾向于向现金流量充裕的或有资产作为抵押的企业发放贷款。与旧经济企业不同，很多新经济企业特别是初创型中小高科技企业，现金流量往往入不敷出，可供抵押的有形资产捉襟见肘，而银行又不接受无形资产抵押，融资难、融资贵的窘境成为制约其发展的瓶颈。对于这类企业而言，“先内后外、先债后股”的融资偏好有可能变成“先外后内、先股后债”。

Wind数据显示，技术密集型的创业板上市公司2018年末的平均负债率只有39.88%，远低于上市公司（不含金融机构）60.66%的平均负债率，更低于国有企业64.69%的平均负债率。技术密集型中小企业的低负债率现象，既可能是银行歧视性政策所致，也可能是企业融资偏好使然，或者二者兼而有之。成百上千企业排队等候发行新股的现象，从另一个侧面说明我国企业特别是中小科技企业在融资偏好上更倾向于股权融资，而不是债务融资。

一方面，新经济企业融资偏好的改变，给财务管理带来机遇和挑战。在初创、开发、成长和成熟等不同企业发展阶段，如何优选和匹配种子基金、天使基金、早期风险资本、后期风险资本和新股发行，都是财务管理可以积极作为的领域。另一方面，新经济企业引入风险资本和发行新股时，如何进行合理的估值也充满挑战性。偏重于财务业绩的传统估值方法，如市盈率法、未来现金流量折现法，对于还处于“烧钱”和亏损状况但拥有庞大用户群、市场和技术前景广阔的新经济企业而言可谓风马牛不相及。只有针对新经济企业的经营和财务特点，开发出有创新理论支撑的估值模型和估值方法，才能在新经济时代做出优化的投融资决策。基于梅特卡夫定律[①]（Metcalf's Law），综合考虑了用户数量、商业模式、市场地位、技术先进性等变量的估值模型，为财务管理创新估值模型和方法提供了有益的借鉴和启示，值得财务人员充分关注。

二、新经济对管理会计的影响与启示

与财务管理一样，管理会计也直接参与价值创造。新经济时代的制造模式与旧经济时代相比发生了显著变化，直接影响了价值创造的方式方法，客观上要求新经济企业对管理会计的决策功能重新进行定位。此外，得益于新经济时代信息通信技术的创新动能，管理会计日趋数字化和智能化，管理会计的角色将发生蜕变，其会计色彩逐步弱化，管理色彩显著增强。

（一）智能化制造推动管理会计职能演变

信息通信技术特别是5G商用、工业互联网和工业机器人的迅猛发展，将开启制造业新纪元，大规模、标准化生产的传统制造模式将逐步被小批量、个性化定制的智能制造模式所取代。制造模式的颠覆性变革对管理会计的传统职能产生重大冲击，推动管理会计职能的演变。

智能制造的下列三个特点将对管理会计产生重大影响，客观上要求管理会计求新求变以适应新的制造模式。智能制造模式的第一个显著特点是个性化小批量定制，对成本核算精细化的严苛要求前所未有，直接成本必须及时按最小颗粒度（每笔订单甚至每项作业）采集、计算和分析，间接成本必须按其与每笔订单的因果关系精确分摊，才能为每笔个性化订单的差异化定价决策提供及时、精细、准确、多维的成本核算信息；智能制造模式的第二个特点是脱媒化营销，企业绕过中间商，直接与客户打交道（典型的B2C），定价权不再由渠道而是由厂商掌控，再加上定制化而不是标准化制造，意味着管理会计必须在定价方面扮演核心角色，基于及时性和精细化成本核算的定价决策支持，为每个客户和每笔订单实行差异化定价，将成为管理会计的核心功能（黄世忠，2015）；智能制造的第三个特点是网络化协作，每一件产品甚至每一个零部件的研发、设计、生产都需要生产制造商与技术开发商、材料供应商、品牌策划商通力合作、协同配合，这就要求管理会计更多地关注整个供应链、价值链和生态网的协同效应分析，

① 以太网发明者、3Com公司创始人Robert Metcalf在1993年提出了著名的网络价值随着用户数量平方数的增加而增加的论断，即$v=k\times n^2$，其中的k代表变现系数，n代表用户数量，俗称梅特卡夫定律。

促使企业通过分工协作，优势互补，相互赋能，实现轻资产、去库存、低成本、快周转、高回报的财务目标。

（二）数字化转型加速管理会计角色蜕变

大数据、云计算、区块链、物联网、人工智能等新一代信息通信技术，特别是功能强大的物联网和日臻成熟的财务共享中心，不仅将为作业成本法（ABC）和平衡计分卡（BSC）等管理会计方法的落地、普及和推广奠定坚实的技术和数据基础，大幅降低流程再造的成本，而且将从根本上推动管理会计的数字化转型（digital transformation）。数字化、智能化、实时化、决策型将成为管理会计未来的重要发展趋势，管理会计与数据管理将实现高度融合、无缝对接，财务信息、市场信息、经营信息、技术信息相互交融，相互印证，管理会计的会计色彩将逐步淡化，管理色彩将显著增强，会计与管理的边界将日益模糊。张为国和王文京（2019）指出，提供事后、事中、事前三个时态，展现、分析、控制、决策与创新五个层级，覆盖企业业务与资产经营全过程的更高价值的全面数据服务，将是“事项法”会计革命的产物。笔者认为，在提供全面数据服务的同时，深度参与决策管理将是新经济时代管理会计的核心价值所在。

信息通信技术的迅猛发展促进了信息流、资金流和物流的高效流动，在降低交易成本的同时，也加剧了市场的波动性，旧经济时代相对稳定、可预期的市场环境

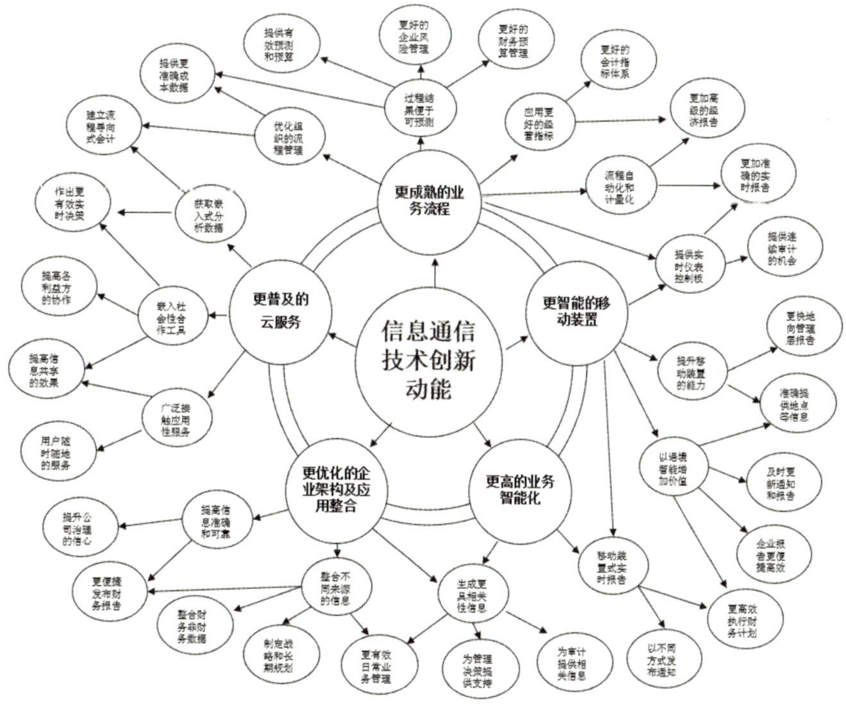

图1 信息通信技术对实时会计和管理变革的影响

资料来源：Belfo 等 2015。

逐渐被新经济时代动态多变、难以预测的市场环境所取代，熊彼特所说的破坏性创新成为新常态，企业随时都可能因为新技术或新商业模式的出现而被无情淘汰。面对新经济时代动态多变的市场环境，实时反应、高效决策变得尤为重要。2002年，麦肯锡咨询公司提出了“现时经济”（now economy）或“实时经济”（real-time economy）的概念，指出企业应当借助信息通信技术建立实时报告（real-time reporting）系统，在决策过程中以零时滞的方式对内外环境变化作出反应。Belfo等（2015）指出，信息通信技术的颠覆性创新使实时报告和实时会计（real-time accounting）成为可能，并由此导致财务会计、财务管理和管理会计的重大变革，如图1所示。

从管理会计的角度看，实时报告和实时会计将促使管理会计在业务流程优化、数据时效提升、内外数据共享、决策智能化、企业架构整合等方面发挥更重要的作用，日趋数字化和智能化的管理会计将以更加高效、更加精细、更加动态的方式参与战略规划、预算编制、决策执行、业务控制和绩效评价等管理决策。

在大数据时代，管理会计与数据分析的融合将日益紧密，首席财务官（CFO）、首席信息官（CIO）和首席架构官（CAO）的角色交叉、互为依赖成为常态化。在管理会计师向大数据分析师转变的趋势下，管理会计队伍的人才结构和知识背景将发生深刻变化，不仅需要精通会计的专业型人才，更需要谙熟信息技术、工程、业务和市场等方面的复合型人才。单一知识背景的低端管理会计岗位将大面积被信息技术所替代，复合知识背景的高端管理会计岗位将备受青睐。唯有不断优化人才结构，合理搭配知识背景，管理会计才能顺利实现数字化转型，以应对VUCA（易变形、不确定性、复杂性、模糊性）时代的挑战。

参考文献：

[1] 黄世忠：《移动互联网时代财务与会计的变革与创新》，载于《财务与会计》2015年第21期。

[2] 张为国、王文京：《从帕乔利到正在发生中的深刻会计革命——纪念乔治·H. 索特的〈会计理论的“事项”法〉发表50周年》，载于《财务与会计》2019年第24期。

[3] Belfo, F., Trigo, A. and Estebanez. Impact of ICT Innovative Momentum on Real-Time Accounting[J]. *Business Systems Research*, Vol. 6 No. 2, 2015, 1-17

[4] Haskel, J. and Westlake, S. *Capitalism Without Capital: the Rise of the Intangible Economy* [M]. Princeton: Princeton University Press, 2018.

[5] Mayers, S.C. and Majluf, N.S. Corporate Financing and Investment Decisions When Firms Have Information That Investors Do Not Have [J]. *Journal of Financial Economics*, 1984: 9-17.

[6] Stewart, T.A. *Intellectual Capital: The New Wealth of Organizations* [M]. New York: Crown Business,1998.

成本粘性的经济后果、作用机理及其启示

刘志远 南开大学商学院
陈　旻 集美大学财经学院

【摘要】成本粘性研究有助于揭开成本管理行为黑箱中的奥秘，但证实成本粘性的存在只是起点，更重要的是理解成本粘性的经济后果。本文对成本粘性经济后果的研究文献进行梳理，并进一步探讨决定成本粘性经济后果的作用机理，意在为企业成本管理决策提供理论依据，帮助企业充分发挥成本粘性的积极效应，努力规避成本粘性的消极影响。

【关键词】成本粘性　经济后果　作用机理

发表于《中国管理会计》2020年第3期，总第13期。

一、引言

成本粘性是一个普遍存在的现象，厘清成本粘性的动因，把握成本粘性的经济后果，制定合理的成本粘性治理对策，对于提高企业管理效率、促进资源优化配置、提升企业经济效益、增强核心竞争能力、降低企业经营风险等具有重要作用。

粘性最早是经济学中的一个概念。Anderson 等（2003）发现企业的销售和管理费用（Selling General and Administrative, SG&A）随着企业业务量上升时的边际增加量大于业务量下降时的边际减少量，并将这种现象称为成本粘性（cost stickiness），开创性地将粘性概念引入了会计领域。成本粘性概念的提出为企业成本性态的描述和治理提供了一条崭新的思路，自提出之后便受到理论界和实务界的广泛关注，进行了大量的研究。研究表明，从销售及管理费用（Selling, General and Administration, SG&A）、销货成本（Cost of Goods Sold, COGS）[①]、综合成本（sales-earnings），到特殊的医院护理成本，再到具体的高管薪酬、劳动力成本、纳税支出等成本费用项目均存在成本粘性。我国学者的研究表明，中国上市公司的成本粘性比美国上市公司更加严重（孙铮和刘浩，2004）。[②]

有关成本粘性的研究目前主要集中于分析成本粘性现象产生的动因和影响因素，成本粘性经济后果的研究比较稀缺。对成本粘性动因和影响因素的研究，虽有助于揭开成本管理行为黑箱中的奥秘——企业管理层成本决策的过程，但理解成本粘性会产生什么样的经济后果，不同细分项目成本费用粘性经济后果有无差异，引致不同经济后果的作用机理又是什么等问题，对于企业管理者区分有利成本粘性与不利成本粘性，有针对性地作出成本决策和提出治理对策，进而提高企业经营效率和效果，无疑更加必要和重要。

本文余下部分将这样安排：首先从资本市场和企业运营两个层面梳理针对成本粘性经济后果的研究，然后探讨决定成本粘性导致负面经济后果和正面经济后果的不同作用机理，最后对如何有效发挥成本粘性的积极效应，努力避免其消极影响提出一些启示与建议，以供管理层进行成本管理决策时参考。

二、成本粘性产生了哪些经济后果

（一）成本粘性的资本市场后果

成本粘性直接影响企业盈余，而盈余信息是资本市场上投资者、分析师等参与者最为关注的信息之一，对其决策具有重要影响。所以，一部分文献从资本市场角度研究了成本粘性的经济后果，主要集中于对盈余预测的影响。

分析师预测准确性、企业的分析师关注度受成本粘性的影响。成本粘性降低了分析

① 销货成本（Cost of Goods Sold, COGS）相当于我国的营业成本。

② 美国上市公司销售额每增加 1%，SG&A 增加 0.55%；销售额每减少 1%，SG&A 减少 0.35%（Anderson et al.，2003）。中国上市公司销售额每增加 1%，SG&A 增加 0.56%；销售额每减少 1%，SG&A 仅减少 0.06 %（孙铮、刘浩，2004）。

师盈余预测的准确性（Weiss，2010；刘红，2016），其影响甚至超过盈余波动性，分析师却难以减少属于公司特质的成本粘性造成的预测误差。盈余预测误差影响了分析师工作业绩与个人利益，风险偏好还将驱使风险规避型的分析师更多关注的是预测误差小的企业，导致成本粘性较强的企业受分析师关注较少（Weiss，2010）。

成本粘性降低了盈余可预测性、分析师关注度，盈余公告对于股票定价、企业估值所提供的有用信息减少，企业信息融入股价的速度放缓，导致市场盈余反应效率降低。Weiss（2010）研究表明，市场对成本粘性较强的企业的未预期盈余的反应较弱，意味着投资者对企业成本粘性现象有所辨识，但投资者能辨识的是综合成本①粘性，而非其他成本（如SG&A、COGS）粘性。刘红（2016）研究发现，市场反应只存在于负向未预期盈余，对正向未预期盈余没有反应。

成本粘性意味着在销量滑坡的冲击下，企业未来成本节约的空间有限，从而导致未来盈余减少，因此对企业未来的盈利能力预测产生负面的影响。Huang 等（2017）研究表明，高成本增长的股票很可能被高估，从而导致股价随后表现不佳。高成本增长率的公司，其未来股票回报率远低于成本增长率低的公司。

（二）成本粘性的企业运营后果

成本粘性对企业运营效率和效果具有直接和间接的重要影响。有一些学者从企业运营的角度研究了成本粘性的经济后果。研究发现，企业综合成本粘性对研发创新投入有积极影响（胡华夏等，2017），非国有企业的成本粘性对研发投入的影响强于对国有企业的影响（叶红雨和张舒瑶，2018）。蒋德权（2014）研究发现，上市公司的成本粘性特质越明显，越易导致公司投资不足。成本粘性增加了盈余波动性，显著增加了企业风险水平（谢获宝和惠丽丽，2016；Yao，2018；Homburg et al., 2018；耿云江和王丽琼，2019），从而推高债务成本（Homburg et al., 2018）。

企业内部不同职能部门的成本费用发生的动因各异，成本粘性必然存在差异。也有文献研究不同成本项目粘性的经济后果，主要涉及人力成本粘性，包括高管薪酬粘性和员工薪酬粘性。计薪周期越长，工资粘性越大（Kahn，1997）。我国企业高管薪酬粘性大于员工薪酬粘性，减弱了薪酬差距对员工的激励效应（雷宇和郭剑花，2017）。高管薪酬粘性越大，越可能提升企业创新投资水平（步丹璐和文彩虹，2013；徐悦等，2018）。卢锐和陈胜蓝（2015）研究认为，企业削减劳动力成本粘性以应对货币政策紧缩有助于提高企业业绩。还有学者研究认为纳税支出粘性会对企业未来的经营产生负面影响，表现为盈利能力下降、市场价值降低（王百强等，2019）。

我们对研发支出粘性做了初步的研究，发现我国开展研发活动的上市公司研发支出普遍存在粘性，且研发支出粘性对研发效率具有促进作用，对企业创新绩效也具有积极作用。非国有企业、市场化水平较高地区的企业拥有更高的创新效率，研发支出粘性更能促进企业的创新绩效水平。

① Weiss（2010）的研究以 Sale-Earnings 计量综合成本。

三、成本粘性经济后果决定机理分析

分析成本粘性的产生动因是探讨决定成本粘性经济后果机理的基础。因此，我们先简要总结成本粘性产生的动因，然后分析成本粘性经济后果的决定机理。

（一）成本粘性的产生动因

孙铮和刘浩（2004）以契约观、效率观和机会主义观构建分析框架，基本契合了Banker等（2010）以调整成本、管理层预期和代理问题解释成本粘性动因的观点。

首先，为了维持日常生产经营活动，企业以契约形式承诺对各种资源的投入，改变契约的调整成本越高，成本粘性越大。业务下滑削减资源的调整成本包括人员解雇成本、设备处置成本或违约赔偿成本。调整成本越高，契约约束越强，管理层选择保留闲置资源的可能性越高，成本粘性越大。因此，劳动密集型、资本密集型的制造业企业（孔玉生等，2007）成本粘性较大。

其次，管理层对于经济业务波动的预期，影响了对产能利用效率的策略，导致成本随业务量变动的不对称性。经济运行是动态的过程，预期经济波动为暂时的，企业无须立刻调整资源配置，只有预期经济业务持续变化时，随之调整成本才是有效率的（孙铮和刘浩，2004）。过度自信的管理层对未来的预期往往过于乐观，可能高估市场接受度、自身竞争优势、未来经济走势，更容易倾向于在业务量下滑时保留产能，其成本粘性更高。于是，管理层对未来的乐观预期会提高成本粘性，而悲观预期会降低成本粘性（梁上坤，2015）。

最后，两权分离导致的代理问题中，管理层机会主义的自利与避险行为会影响成本粘性。一方面，管理层的自利行为会强化成本粘性，尤其当管理层过度投资构建个人帝国时（Chen et al., 2012）。另一方面，为了避免亏损或盈余下滑，或迎合分析师的盈余预测，避险动机驱使下管理层会加速下调销售减少的闲置资源（Kama and Weiss, 2013）。

（二）成本粘性引致负面经济后果的机理分析

1. 成本粘性降低会计信息质量，增大信息使用者的决策风险

盈余预测能传递有关未来现金流量的信息（Watts and Zimmerman，1986）。通过提供未来盈余的合理预期，帮助投资人、债权人以及其他信息使用者评价企业未来现金流量的时间、金额和不确定性，有助于做出合理的经济决策。成本与销售收入的非对称性必然导致盈余与销售收入的非对称性。Weiss（2010）发现，投资者较少使用成本粘性较高公司的预测信息。根本原因是成本粘性降低了会计信息的预测价值，影响了决策相关性。研究表明，在构建盈余预测模型时考虑成本粘性能提高预测准确度（Banker and Chen，2006；苏文兵等，2012）。

盈余稳健性（条件稳健性）能够减少代理成本中不必要的损失，备受债权人、独立董事关注，却与中立性和可比性相冲突。修订的《概念框架》[①] 对于会计信息质量的要求更强调相关性，弱化了稳健性（陈旻，2013）。成本粘性意味着，成本对销售增长

① 2010年，FASB和IASB联合发布了《财务报告概念框架》第一阶段成果。2018年IASB最新修订的《财务报告概念框架》对会计信息质量基本特征延续了2010版的要求。https://www.ifrs.org/issued-standards/list-of-standards/。

的反应大于对销售下降的反应，并导致盈余对销售下降的反应大于对销售增长的反应，其结果与盈余稳健性不高估收益、不低估费用的要求很类似。然而，成本粘性和盈余稳健性是两种完全不同的现象：成本粘性是经济活动中本身真实存在的非对称性，而盈余稳健性是以财务信息反映经济活动时非对称的及时性和可验证性。因此有学者提出，研究盈余稳健性也应控制成本粘性的影响，才能更客观地评估盈余稳健性（Banker et al., 2016；步丹璐等，2016）。

会计信息向外界传递企业经济活动成果，会计信息质量直接关系到信息使用者的经济决策及其后果。成本粘性加剧了盈余波动，降低了预测价值，混淆了稳健性，削弱了会计信息的价值相关性，增大了会计信息风险，从而增大了信息使用者的决策风险。

2. 成本粘性降低信息披露质量，推高企业资本成本

成本粘性降低了会计信息质量，增大了内外部信息使用者的决策风险。内部信息使用者除了会计信息，还能依据内部信息修正经济决策。而外部信息使用者的经济决策则高度依赖对外财务信息的信息披露质量。成本粘性降低了会计信息质量，直接影响信息披露质量，最终可能推高企业资本成本。代理理论和信息不对称理论能较好解释成本粘性对企业资本成本的影响机理。

代理关系主要存在于股东与管理者之间、股东与债权人之间（Jensen，Meckling，1976）。代理人的行为方式或目标可能与委托人所设想的不一致。管理层在职消费、降低工作强度等自利行为会损害股东、债权人的利益。通过充分的信息披露，缓解股东与管理者之间、股东与债权人之间的代理冲突，能有效降低资本成本。成本粘性的动因之一是管理层的自利行为（万寿义，2011；Chen et al., 2012），成本粘性越大，可能意味着代理问题越严重，从而推高资本成本。

信息不对称导致信息匮乏的一方在决策时处于不利的地位，而掌握充分信息的一方可以利用其信息优势地位垄断信息传播，实施追求自身利益最大化的目标。成本粘性则加剧了信息不对称现象，增大资金提供方的决策风险，推高企业融资成本。成本粘性增加盈余波动性，一方面会加大企业现金流和资产的波动性（Goldstein，Ju and Leland，2001），从而提高企业的违约概率和信用风险，推高债务资本成本；另一方面又会降低企业盈余持续性（Dichev and Tang，2009）和盈余可预测性，增加权益投资者的信息风险，导致权益资本成本升高。

3. 成本粘性非对称性加剧分配不公平，弱化激励效应

基于公平理论（fairness theory），一个受到公平对待的员工，会倾向于更积极正面地评价手头的工作任务，欣然接受并努力完成，因此具有内在的激励作用。在中国制度环境中，从计划经济体制下的统一工资标准，到市场经济体制下的自主分配，分配制度的公平性是影响员工分配公平感的最重要因素（周浩和龙立荣，2014）。

方军雄（2009，2011）发现高管的薪酬粘性大于员工的薪酬粘性，认为这可能源于高管利用自身权力优势达到最大限度增加自身薪酬的自利动机。动机的不公平比结果不公平更令人厌恶（Falk et al.，2003；陈叶烽等，2011）。高管薪酬普遍高于员工薪酬，高管薪酬粘性大于员工薪酬粘性进一步加剧了高管和员工的薪酬差距。因此，高管薪酬粘性大于员工薪酬粘性是一种分配规则上的不公平。分配规则不公平会打击人们的工作积极性，降低员工的努力程度和工作效率，减弱薪酬差距对员工的激励效应（雷宇和郭剑花，2017）。

4. 成本粘性固化企业资源配置，降低资源配置效率

资源配置效率，指在一定的技术水平条件下各投入要素分配所产生的效益。约束性固定成本投入短期内不可调控，只有酌量性成本受企业管理层决策影响。Banker 等（2014）研究发现，面临高需求不确定性的企业具有更高的固定成本和更低的可变成本。不可控的约束性固定成本和可变成本的规模不经济导致了成本非对称性。成本粘性固化企业资源配置，长期成本结构的选择影响了管理层短期决策的能力（Balakrishnan et al.，2004）。成本粘性的形成会挤占企业用于扩大再生产或专项投资的现金流，使之无法抓住合适的投资机会，成本粘性特质将导致企业投资不足的非效率投资问题（蒋德权，2014）。

成本粘性固化企业资源配置，也导致市场需求下降不可逆时企业产能削减不力。企业规模扩张之后会形成产能过剩的隐患，市场需求下降时会暴露出效率低下、资源错配等问题。调整成本高企，使得企业难以根据内外部环境的变化及时调整约束性成本，难以重新配置企业的资源结构（Cannon，2014）。经过多年高速扩张，我国钢铁、煤炭、水泥等产业产能严重过剩，成为“去产能、去库存”的目标产业。然而刘斌和张列柯（2018）研究表明，我国产能过剩行业存在着显著的去产能粘性，尤以地方国有企业为甚，究其原因，地方政府干预增加人工成本粘性提高了过剩产能的退出壁垒。

资源配置效率不仅包括微观层面的企业资源配置效率，还包括宏观层面的市场资源配置效率。在控制了股票市场的流动性和规模后，会计信息披露透明度越高的行业，资本市场资源配置效率越好（周中胜和陈汉文，2008）。成本粘性加剧了盈余波动，降低了会计信息质量、分析师盈余可预测性和企业分析师关注度。盈余公告的有用信息减少，企业信息融入股价的速度放缓，资本市场资源配置效率将受影响。

5. 成本粘性降低企业对环境不利变化的适应能力，加大企业经营风险

产能过剩的非衰退行业，企业有可能以相对优势选择坚守。一旦面临经济衰退或萧条，防御收缩是企业理想的应对策略。经济衰退或萧条时期的市场需求下降不是因市场消费偏好的改变，而是由于消费者可支配收入的急剧减少。为了渡过难关，企业以出售闲置资产、削减存货、精简机构、裁撤分部、债务重组等方式严格控制成本，尽可能减少现金流出（魏明海等，2001）。Tansey 等（2014）通过案例研究表明，成本控制是企业 2007 ～ 2012 年应对经济衰退的重要举措。应对危机，小企业多选择“开源”，而大企业则更倾向于“节流”（Latham，2009）。

成本粘性却导致企业成本控制乏力，降低对环境不利变化的应变能力。长期契约使得成本缺乏向下的弹性，短期内无法及时有效地削减约束性成本。专用资产无法改造他用或转让回收，筑高了行业退出壁垒。管理层构建个人帝国的自利动机、国有企业承担保就业维稳等政策性社会职能、劳动保护法提高的工资粘性使得企业应对经济波动的调节能力下降。2008 年全球金融危机，美国三大汽车厂福特、克莱斯勒和通用深陷困境，但工会不愿降低工人工资，让三大汽车厂一度难以为继。

为防止经济衰退导致企业经营失败，Pearce 和 Michael（2006）提出跨市场、跨地区的多元化经营、保持促销活动等策略。然而，成本粘性增大了盈余波动性及现金波动性，难以满足力挽狂澜所需的增量投资需求。固化配置的企业资源难以顺利转移，形成非效率的资源错配，降低了企业经营效率。当行业不景气，过剩产能削减不力，市场竞争越发残酷，企业会因竞争不利而陷入困境。

（三）成本粘性产生正面经济后果的机理分析

1. 成本粘性助力企业规避拥堵成本，把握复苏先机

业务滑坡削减资源时会产生契约约束的调整成本，业务复苏增量资源投入也会发生调整成本，包括人员招聘、培训成本、设备购置调试成本和争夺资源的拥堵成本等。由于存在后发优势，发展中国家的企业很容易对下一个有前景的产业产生共识，投资上出现“潮涌现象”（林毅夫，2007）。因投资过热而争夺资源导致要素价格上涨，拥堵成本相当可观。具有成本粘性的企业在经济下行时期保有一定富余的产能，可以规避复苏时的拥堵成本，在经济回暖时迅速组织生产，把握复苏先机，抢占市场机会。产能紧张、资源稀缺的企业尤其需要重视规避复苏时的拥堵成本。

企业自身面临紧张的产能，业务量下滑可缓解现有资源的压力，管理层极有可能不会按比例减少资源投入水平（Balakrishnan et al.，2004）。更重要的是，当行业产能普遍紧张时，将来经济复苏增量投资的调整成本会大于经济滑坡削减资源的调整成本，企业在经济下行时会倾向于保持闲置产能，以规避复苏时的拥堵成本。

生产要素包括稀缺资源的企业也面临类似的问题。由于实物稀缺性，或需要通过学习培训累积经验，或需要长期配合达成团队默契，一旦削减投入或裁撤人员，企业未来将无法快速地建立或重建这些资源。稀缺资源成为一种天然的行业进入壁垒。稀缺资源对于企业的持续成功至关重要，企业不会轻易放弃（Balakrishnan and Gruca，2008）。甚至因为稀缺资源无法轻易获得，企业即使在不景气时也会不惜代价投入。2018年，中美贸易摩擦升级，中芯国际斥资1.2亿美元从荷兰ASML公司定制了一台7nm工艺的EUV光刻机，比台积电多花了上千万美元。

2. 薪酬粘性强化重奖轻罚、鼓励冒险的组织文化，促进企业创新投入

薪酬粘性即业务量上升时薪酬的边际增加量大于业务量下降时薪酬的边际减少量，意味着公司更加重视业绩上升时进行奖励，业绩下降时的惩罚则相对比较轻。这种机制，对于环境不确定性强、复杂度高，需要冒险和创新的工作具有较强的正面激励作用。公司高管、知识型员工等从事的就是这

样一些工作，因此薪酬粘性使用恰当，也会带来积极的影响。

高管薪酬粘性可以解读为是因信息不对称或管理层自利行为而引发的代理问题的体现。然而，高管薪酬粘性在注重公司治理和投资者保护的国家却仍广泛存在（徐悦等，2018），可能是因为高管薪酬粘性重奖轻罚，鼓励冒险尝试、容忍失败，有利于促进企业创新投入。在熊彼特眼中，企业创新的主动力来自企业家精神（entrepreneurship），企业家（entrepreneur）的核心职能不是单纯的经营或管理，而是组织并执行创新活动。企业家能动的、偶然的创新行为推动了社会经济飞跃式的发展（Schumpeter, 1912）。企业家精神的成功取决于企业家高度积极进取的态度，他们的思维和行为表现出冒险者和创新者的特质（Balkin and Logan，1988）。鼓励冒险尝试、容忍失败的企业氛围有利于孕育、培养和造就创新型企业家。

组织行为学的预期理论（expectancy theory）认为，员工的努力和表现取决于他们的预期（Vroom，1964）。如果预期项目的成功会给管理者和员工个人带来薪酬激励，他们就愿意冒险尝试。通过向高管、员工提供风险薪酬，有助于激发企业家精神（Lerner et al., 2009）。这种风险薪酬一般是以或有薪酬（contingent compensation）的形式存在，当目标达成时才予以兑现。风险薪酬安排可以通过鼓励一定程度的冒险行为，为优化长期绩效提供激励来缓解代理问题（Gray and Cannella，1997）。

薪酬粘性是薪酬制定者容忍短期失败行为的一种制度安排。创新活动并非总是一帆风顺的，需要不断反复试误，尤其在探索初期，高管和技术人员面对失败几乎是一种常态。非对称的薪酬契约在创新项目失败时不会对高管和相关员工进行严苛的薪酬惩罚，将有利于促进企业创新投资。过于严苛的薪酬契约容易引起下属的不满和抵制，很多时候宽容比严苛更能够增强组织的凝聚力和员工的上进心，从而对组织发展有利（雷宇和郭剑花，2017）。研究表明，能容忍失败的风险投资机构所支持的产业具有更高的创新能力（Kortum and Lerner，2000）。企业取得良好业绩时对高管予以重奖，而业绩下降时对高管适度轻罚，能鼓励高管的冒险精神，从而显著提升企业创新投资水平（步丹璐和文彩虹，2013；徐悦等，2018）。

3. 成本粘性助推企业形成持续性投入，加速培育核心竞争力

成本粘性并非意味着企业对各种资源要素均衡的投入。企业应有的放矢，着眼长期利益，对能形成核心竞争能力的成本动因进行持续投入，成本粘性才能产生正面经济后果。Balakrishnan和Gruca（2008）以医院为研究对象，发现作为医院的核心部门，直接患者服务部门的成本粘性超过辅助和支持服务部门的成本粘性，有助于加强医院的核心医疗服务能力。核心竞争力不是特定的产品，但它们有助于提高企业系列产品或服务的竞争力（Kak and Sushil，2002）。企业核心竞争力源于企业各种核心资源的有效整合（陈坤和李平，2001）。通常可将企业资源分为有形资源、无形资源和人力资源。商标品牌、专利技术、企业文化、管理经验等无形资源一般难以模仿或不可替代，是企业价值的关键驱动力。人才是企业最重要、最稀缺的战略资源，是企业竞争优势的源泉。

知识经济时代，企业的研发活动推动着无形资源的价值创造。核心竞争力的提法始于 Prahalad 和 Hamel（1990），认为核心竞争力源于管理层对不同技术流的整合能力（harmonizing streams of technology），凸显研发活动的战略价值。国内外学术界与监管当局一致认为企业研发投入是提高企业自主创新能力的决定性因素之一（Mansfield，1981；Acs，1988；胡义东和仲伟俊，2011；孙早和宋炜，2012）。第四次科技革命促使世界经济大踏步迈入数字经济时代，技术迭代与更新日新月异，企业缺乏创新能力将错失先发优势，势必难以在新兴市场占据一席之地。研发创新能力的形成并非一蹴而就，需经年累月的持续投入，聚沙成塔、积水成渊。因此企业研发需要获得战略资源支持，通过持续不断的研发投入，形成知识、技术积累，提高创新效率，以创新的产品与服务抓住市场先机，以领先的技术带来持久的竞争优势。持续投入研发活动将导致研发支出呈现出随业务量变化“易增难减”的非对称性，表现出研发支出粘性现象的企业某种意义上可以解读为是具有创新传统的企业。企业的创新传统显著影响企业的研发投入绩效（Wakelin, 2001）。

经济的快速发展、频繁的转型，给企业的人才战略带来巨大挑战。21 世纪，竞争优势将不再是获取信息，而在于根据信息进行分析、整合，并制定有效的创新行动计划（Thompson，1995）。企业需要通过外部招聘或内部培训，为经营业务匹配“硬核”技能人才，如具备大数据分析能力。Prahalad 和 Hamel（1990）还强调，组织中的“集体学习”（collective learning）有助于塑造核心竞争力。比技能型人才更稀缺的是，兼具自我激励精神、企业家精神、创造力等软技能和终身学习主观意愿的人才。企业需要建立人才储备机制，人才储备以发展战略为导向，而非以业务规模为导向。经济不景气时反而是企业储备人才的良机，为将来厚积薄发打下坚实基础。

四、结论与启示

基于对成本粘性经济后果现有研究的总结与分析可以发现，成本粘性的确会引发很多负面经济后果，如减弱市场反应、导致投资不足、增加企业风险、弱化激励效果等。但成本粘性也会带来有利于企业把握复苏先机、增加企业创新投入、加速核心竞争力的培育等正面经济后果。因此，对成本粘性的经济后果好坏不能一概而论，而是需要更为精准的分析与把握，这样才能有助于企业科学合理地进行成本决策。

对成本粘性经济后果决定机理的分析，可以进一步了解导致成本粘性不同经济后果背后的根本原因，有助于从根源上理解不同的经济后果的成因，形成合理有效的治理对策。我们发现，成本粘性的负面经济后果主要源于成本粘性降低会计信息质量、恶化信息披露质量、减弱企业环境变化适应能力、固化企业资源配置等机理。而成本粘性的正面经济后果主要来源于帮助企业规避拥堵成本、鼓励高管冒险增加创新投入、强化对核心竞争力的持续投入加速积累等机理。

管理者应区分有利成本粘性与不利成本粘性，有针对性地实施治理对策，以期充分发挥成本粘性的正面效应。首先，在对经济形势、产业环境正确研判的基础上，适度保有闲置产能，以待复苏时抢占市场先机。客观分析目前困难形势，关注、顺应产业政策走势，准确研判未来市场发展趋势是大前提。充分认清未来产业格局，对市场需求下降不可逆的产业应该力主削减投入，对有发展前景、产能紧张、稀缺资源的产业才可在经济下行的周期逆势而为。其次，对能形成核心竞争力的要素持续投入。在我国实施创新驱动发展战略的背景下，企业对研发活动与人力资源的持续投入，有助于提升自身创新能力。趁着经济紧缩期的低机会成本，企业加大研发投入力度，可以形成大规模的创造性破坏，强力驱动下一轮经济增长（Schumpeter，1939）。结合技术和产业发展趋势，分析人才需求梯队与格局，建立人才储备机制，构筑行业竞争壁垒，为将来厚积薄发夯实基础。最后，完善激励机制，培育具有创新意识的企业家。设计短期与长期激励相结合的盈余目标，防止短视化行为。设计高管、技术骨干股权激励制度，严格限制行权条件，激励和约束高管的经营行为，避免内部人控制而侵犯股东利益的行为。完善高管薪酬管理机制,一方面确保变动薪酬在整体薪酬中保持适度的占比，确保在经济增长放缓时，高管薪酬能及时调节，以降低高管薪酬粘性。另一方面，实施重奖轻罚策略，鼓励高管进行创造性破坏（creative destruction）的创新尝试，包括技术创新和管理创新，提升企业创新投入水平。

结合我国制度背景，企业管理者还应从以下几个方面入手努力降低成本粘性的消极影响，提高企业经营效益。首先，盈余预测、评价稳健性时考虑成本粘性。鉴于成本粘性降低会计信息质量，为了提高盈余预测模型的准确性，客观评价盈余稳健性，在盈余预测模型及盈余稳健性研究模型中应考虑成本粘性因素。提升分析师盈余预测精度，提高分析师关注度，减少信息不对称，有利于成本粘性高的企业的信息充分融入市场，提高资本市场效率。其次，加强监督缓解代理问题，弱化成本粘性负面影响。研究表明，加强内部控制和公司治理能够显著缓解成本粘性代理问题的负面影响（耿云江和王丽琼，2019）。加强董事会治理有助于控制SG&A粘性（万寿义和王红军，2011）、高管薪酬粘性（方军雄，2009）。机构投资者有利于促进成本粘性的降低，提升未来市场价值和财务表现（Chung，2019）。因此，加强监督缓解代理问题，应着重从董事长与首席执行官（CEO）两职分离、提高独立董事比例、引进机构投资者等方式入手强化公司治理，弱化成本粘性负面影响。再次，明晰产权，减少政府干预，减轻企业社会负担。研究表明，中国企业所在地要素市场发育水平越高（龚启辉等，2010）、行业竞争越激烈（肖土盛等，2016）、媒体关注度越高（梁上坤，2017），成本粘性越小。因此应加快市场化进程建设，推进国有企业产权制度改革，推进混合所有制改革，把国有企业真正纳入市场竞争。减少行政干预，减轻企业社会负担，让企业自主经营、自主决策，增强企业市场活力。最后，有效组织生产，灵活调整成本，提高企业资源配置效率。经济下行、业务滑坡时，通过降价扩大销售来充分利用现有的产能，比保持资产闲置，更能有效利用现有资源（Cannon，2014）。目前很多企业选择从重资产转向轻资产经营，减少资源配置固化，提高成本调整灵活性，例如快递“三通一达”采用加盟商模式，还将不具有稀缺性的业务外包。企业的成本结构影响了成本粘性，虽然在短期内企业无法改变固定成本，但基于产品生命周期，分析行业技术发展趋势，进行长期成本结构的调整，以提高资源配置效率势在必行。中

参考文献：

[1] 步丹璐、文彩虹：《高管薪酬粘性增加了企业投资吗？》，载于《财经研究》2013年第6期。

[2] 步丹璐、文彩虹、Banker，R.：《成本粘性和盈余稳健性的衡量》，载于《会计研究》2016年第1期。

[3] 陈叶烽、周业安、宋紫峰：《人们关注的是分配动机还是分配结果？——最后通牒实验视角下两种公平观的考察》，载于《经济研究》2011年第6期。

[4] 陈旻：《财务报告目标与会计信息功能研究》，载于《当代会计评论》2013年第1期。

[5] 陈坤、李平：《管理能力：中国企业培育核心竞争力的关键因素》，载于《中国软科学》2001年第5期。

[6] 方军雄：《我国上市公司高管的薪酬存在粘性吗？》，载于《经济研究》2009年第3期。

[7] 方军雄：《高管权力与企业薪酬变动的非对称性》，载于《经济研究》2011年第4期。

[8] 龚启辉、刘慧龙、申慧慧：《地区要素市场发育、国有控股与成本和费用粘性》，载于《中国会计评论》2010年第4期。

[9] 耿云江、王丽琼：《成本粘性、内部控制质量与企业风险——来自中国上市公司的经验证据》，载于《会计研究》2019年第5期。

[10] 胡华夏、洪荭、李真真、肖露璐：《成本粘性刺激了公司研发创新投入吗？》，载于《科学学研究》2017年第4期。

[11] 胡义东、仲伟俊：《高新技术企业技术创新绩效影响因素的实证研究》，载于《中国科技论坛》2011年第4期。

[12] 蒋德权：《投资效率、费用粘性与货币政策——来自中国上市公司的经验证据》，载于《山西财经大学学报》2014年第4期。

[13] 孔玉生、朱乃平、孔庆根：《成本粘性研究：来自中国上市公司的经验证据》，载于《会计研究》2007年第11期。

[14] 雷宇、郭剑花：《规则公平与员工效率——基于高管和员工薪酬粘性差距的研究》，载于《管理世界》2017年第1期。

[15] 林毅夫：《潮涌现象与发展中国家宏观经济理论的重新构建》，载于《经济研究》2007年第1期。

[16] 梁上坤：《管理者过度自信、债务约束与成本粘性》，载于《南开管理评论》2015年第3期。

[17] 梁上坤：《媒体关注、信息环境与公司费用粘性》，载于《中国工业经济》2017年第2期。

[18] 刘斌、张列柯：《去产能粘性粘住了谁：国有企业还是非国有企业》，载于《南开管理评论》2018年第4期。

[19] 刘红：《成本粘性、分析师盈利预测与市场反应相关性分析》，载于《财会通讯》2016年第30期。

[20] 卢锐、陈胜蓝：《货币政策波动与公司劳动力成本黏性》，载于《会计研究》2015年第12期。

[21] 马文聪、侯羽、朱桂龙：《研发投入和人员激励对创新绩效的影响机制——基于新兴产业和传统产业的比较研究》，载于《科学学与科学技术管理》2013年第3期。

[22] 苏文兵、李心合、段治翔：《基本成本粘性的盈利预测及其精度检验》，载于《数理统计与管理》2012年第5期。

[23] 孙铮、刘浩：《中国上市公司费用“粘性”行为研究》，载于《经济研究》2004年第12期。

[24] 肖土盛、靳庆鲁、陈信元：《行业竞争与公司成本黏性：基于实物期权视角》，载于《管理科学学报》2016年第3期。

[25] 徐悦、刘运国、蔡贵龙：《高管薪酬粘性与企业创新》，载于《会计研究》2018年第7期。

[26] 万寿义、王红军：《管理层自利、董事会治理与费用粘性》，载于《经济与管理》2011年第3期。

[27] 王百强、孙昌玲、伍利娜、姜国华：《企业纳税支出粘性研究：基于政府税收征管的视角》，载于《会计研究》2018年第5期。

[28] 魏明海、龚凯颂、施鲲翔：《商业周期背景下的企业成本战略研究》，载于《当代财经》2001年第4期。

[29] 谢获宝、惠丽丽：《投资效率、成本粘性与企业风险——基于宏观经济不确定性的视角》，载于《南京审计学院学报》2016年第2期。

[30] 叶红雨、张舒瑶：《成本粘性对企业研发投入影响的实证研究——基于管理层激励的调节作用》，载于《科技与管理》2018年第4期。

[31] 周浩、龙立荣：《分配制度公平对员工分配公平感的影响：中国组织情境下的实证研究》，载于《心理与行为研究》2014年第4期。

[32] 周中胜、陈汉文：《会计信息透明度与资源配置效率》，载于《会计研究》2008年第12期。

[33] Acs, Z J, Audretsch, D B. Innovation in Large and Small Firms: An Empirical Analysis. *The American Economic Review*, 1988, 78(4): 678-690.

[34] Anderson, M, Banker, R D. Janakiraman, S N, Are Selling, General, and Administrative Costs “Sticky”? . *Journal of Accounting Research*, 2003, 41(1):47-63.

[35] Balkin, D B, Logan, J W. Reward Policies That Support Entrepreneurship. *Compensation and Benefits Review*, 1988, 20(1):18-25.

[36] Banker, R D, Chen, T L. Predicting Earnings Using a Model Based on Cost Variability and Cost Stickiness. *The Accounting*

Review, 2006, 81(2): 285-307.
[37] Banker, R D, Byzalov, D, Plehn-Dujowich, J M. *Sticky Cost Behavior*: Theory and Evidence. Working Paper.
[38] Banker, R D, Byzalov, D, Plehn-Dujowich, J M. Demand Uncertainty and Cost Behavior. *The Accounting Review*, 2014, 89(3): 839–865.
[39] Banker, R D, Basu, S, Byzalov, D, Chen, T L. The Confounding Effect of Cost Stickiness on Conservatism Estimates. *Journal of Accounting and Economics*, 2016, 61(1): 203-220.
[40] Balakrishnan, R, Petersen, M J, Soderstrom, N S. Does Capacity Utilization Affect the "Stickiness" of Cost?. *Journal of Accounting, Auditing & Finance*, 2004, 19(3): 283-300.
[41] Balakrishnan, R, Gruca, T S. Cost Stickiness and Core Competency: A Note. *Contemporary Accounting Research*, 2008, 25(4): 993-1006.
[42] Cannon, J N. Determinants of "Sticky Costs" : An Analysis of Cost Behavior using United States Air Transportation Industry Data. *The Accounting Review*, 2014, 89(5): 1645-1672.
[43] Chen, C X, Lu, H, Sougiannis, T. The Agency Problem, Corporate Governance, and the Asymmetrical Behavior of Selling, General, and Administrative Costs. *Contemporary Accounting Research*, 2012, 29(1): 252-282.
[44] Chung, C Y, Hur, S, Liu, C. Institutional Investors and Cost Stickiness: Theory and Evidence. *North American Journal of Economics and Finance*, 2019, 47: 336–350.
[45] Dichev, I D, Tang, V W. Earnings Volatility and Earnings Predictability. *Journal of Accounting and Economics*, 2009, 47 (1–2): 160–181.
[46] Falk, A, Fehr, E, Fischbacher, U. On the Nature of Fair Behavior. *Economic Inquiry*, 2003, 41(1): 20-26.
[47] Gray, S R, Cannella, A A. The Role of Risk in Executive Compensation. *Journal of Management*, 1997, 23(4): 517-540.
[48] Goldstein, R, Ju, N, Leland, H. An EBIT-Based Model of Dynamic Capital Structure. *The Journal of Business*, 2001, 74 (4): 483–512.
[49] Homburg, C, Hoppe, A, Nasev, J, Reimer, K, Uhrig-Homburg, M. *How Cost Stickiness Affects Credit Risk*. Working Paper. Available at SSRN: https://ssrn.com/abstract=2792085.
[50] Huang, D, Jiang, F, Tu, J, Zhou, G. *Cost Behavior and Stock Returns*. Working Paper. Available at SSRN: https://papers.ssrn.com/sol3/papers.cfm?abstract_id=2460540.
[51] Jensen, M C, Meckling, W H. Theory of the Firm: Managerial Behavior, Agency Costs and Ownership Structure. *Journal of Financial Economics*, 1976, 3(4): 305-360.
[52] Kahn, S. Evidence of Nominal Wage Stickiness from Microdata. *The American Economic Review*, 1997, 87(5): 993-1008.
[53] Kak, A, Sushil. Sustainable Competitive Advantage with Core Competence: A Review. *Global Journal of Flexible Systems Management*, 2002, 3(4): 23-38.
[54] Kama, I, Weiss, D. Do Earnings Targets and Managerial Incentives Affect Sticky Costs?. *Journal of Accounting Research*, 2013, 1(1): 201-224.
[55] Kortum, S, Lerner, J. Assessing the Contribution of Venture Capital to Innovation. *The RAND Journal of Economics*, 2000, 31(4): 674-692.
[56] Latham, S. Contrasting Strategic Response to Economic Recession in Start - Up versus Established Software Firms. *Journal of Small Business Management*, 2009, 47(2): 180-201.
[57] Lerner, M, Azulay, I, Tishler, A. The Role of Compensation Methods in Corporate Entrepreneurship. *International Studies of Management & Organization*, 2009, 39(3): 53-81.
[58] Mansfield, E. Composition of R-and-D Expenditures-Relationship to Size of Firm, Concentration and Innovative Output. *Review of Economics and Statistics,* 1981, 63(4): 610-615.
[59] Prahalad, C K, Hamel, G. The Core Competence of the Corporation. *Harvard Business Review*, 1990, 63(3): 275-292.
[60] Schumpeter, J A. *Theory of Economic Development*. Cambridge: Harvard University Press, 1912.
[61] Schumpeter, J A. *Business Cycles: A Theoretical, Historical and Statistical Analysis of the Capitalist Process*. New York: McGraw-Hill Book Company, 1939.
[62] Tansey, P, Spillane, J P, Meng, X. Linking Response Strategies Adopted by Construction Firms during the 2007 Economic Recession to Porter's Generic Strategies. *Construction Management and Economics*, 2014, 32(7-8): 705-724.
[63] Thompson, J W. The Renaissance of Learning in Business. Chawla, S, Renesch, J. *Learning Organizations: Developing Cultures for Tomorrow's Workplace*, Portland: Productivity Press, 1995: 85-99.
[64] Vroom, V H. *Work and Motivation*. New York: Wiley, 1964.
[65] Watts, R L, Zimmerman, J L. *Positive Accounting Theory*. New Jersey: Prentice-Hall, 1986.
[66] Wakelin, K. Productivity Growth and R&D Expenditure in UK Manufacturing Firms. *Research Policy*, 2001, 30(7): 1079-1090.
[67] Weiss, D. Cost Behavior and Analysts' Earnings Forecasts. *The Accounting Review*, 2010, 85(4):1441-1471.
[68] Yao, K. Cost Stickiness, Ownership Concentration and Enterprise Risk—Empirical Evidence from Chinese Listed Manufacturing Companies. *American Journal of Industrial and Business Management*, 2018, 8(1): 163-173.

国有大型企业怎样有效推进管理会计？

李守武　许定波

2021年2月25日，《中国管理会计》杂志编委会执行主任许定波教授与中国电子科技集团有限公司董事、党组副书记李守武先生通过网络进行了一场对话。李守武先生自2004年6月任中国兵器装备集团有限公司（以下简称“兵器装备集团”）副总经理、总会计师，2018年7月任中国电子科技集团有限公司副总经理、总会计师，2020年11月任现职。以下是访谈内容。

许定波：守武总好！《中国管理会计》杂志去年开始新增的栏目“对话CFO”已经做了两期，第一期是和京东的CFO黄宣德先生，第二期是和科大讯飞的CFO段大为先生，他们两人都是民营企业的CFO。这一期我们认为有必要与一位国有企业的CFO聊一聊。第一，国有企业有其特殊性；第二，许多国有企业在推进管理会计的应用方面做了很多工作，我知道您在大型国有企业里推进管理会计做得非常成功。请您先简单做一个自我介绍。

李守武：谢谢许教授专门安排这次对话访谈。我的岗位最近有所调整，已不再担任总会计师职务了，但仍然愿意分享一些过去的做法和思考，也愿意通过对话向您请教。我的履历其实特别简单，从 1987 年大学毕业参加工作到去年年底，已有 33 年以上的财务工作经验。从现金出纳员做起，我几乎做过财务管理工作的每一个业务岗位；从国家机关科员做起，我经历过每一个职级，一直到中央管理国有企业副总经理、总会计师。当然，在大多数情况下，我还兼管着其他的发表于《中国管理会计》2021年第1期，总第15期。

业务，比如投资、经营、审计、法律、风险管理、内部控制、公司治理等，还兼任过几家子公司的董事长，所以对企业经济运行我是比较熟悉的。我这些工作经历，特别是抓非财务工作的经历，开阔了我的视野，倒逼着我学会熟悉业务情况、把握业务规律、提升管理协调能力，这样再和财务管理紧密的结合，促进了一些先进的财务管理理念的推广实施。

许定波：这是很有意思的经历。2017年咱们杂志创刊号上就刊登过您的文章——《兵器装备集团管理会计探索18年》。我认为中国兵器装备集团的管理会计做得比较早，做得也非常扎实。您的文章里也提到管理会计“未知已用”这个阶段，您从集团创立就负责财务审计工作，但那时不是有意识地在做管理会计，后来就发展成有意识、系统性地推进管理会计。请您介绍一下管理会计在兵器装备集团的实践和推进的历程，也请您介绍一下为什么管理会计可以在集团里推进得这么快、这么深入，背后的推动力是什么？

李守武：那篇文章是2017年发表的，18年实际是从1999年7月兵器装备集团成立开始算起。我们今天来谈的这个话题感觉都是很久远以前的事了，但是当时确实推进起来非常艰难，有很多故事还是历历在目。第一，管理会计本身是极具个性化的，一定是从企业管理的需求出发的。兵器装备集团刚成立的时候特别困难，亏损企业很多，市场竞争压力大。它的管理需求是内生的，对管理会计的需求也是内生的，形成了推广和应用管理会计的基础。第二，在兵器装备集团推广管理会计得到了主要负责人的支持，也就是“一把手”的支持，这至关重要。有“一把手”的重视和亲自推广，形成了整个兵器装备集团从上到下各个层级企业抓管理会计应用的局面，我觉得这是当时管理会计推广应用取得那么好的效果的很重要的因素。第三，虽然现在兵器装备集团在系统地应用管理会计工具方法，但最初并不是这样的，也没有一个集团一上来就全面推广一个体系的，它是从一个点、一个工具方法或是一个子企业应用开始的。兵器装备集团是一个特大型军工集团，各个子企业规模不同，产业也有很大差异，管理会计本身又是个性化的，所以各企业应用的管理会计工具、方法也不一样。我们结合每一个企业不同的需求去试点、应用管理会计，在每一个点上取得成功经验，最后由点到面形成整个集团的系统运用。这种工作方法我觉得也是难能可贵的。

许定波：您讲的三点非常好。由谁来推动企业的管理会计是一个很重要的问题。我做了很多企业调研，发现不少管理会计做得成功的企业并不是由过去负责财务会计的领导来推动的。在很多情况下，由企业原来负责财务会计的人去推管理会计，往往很难推动。一方面可能是因为没有“一把手”的支持，另一方面我觉得更重要的原因是CFO本身的知识结构和理念的问题，就是负责传统财务的领导的激情、精力和知识结构都在财务会计上。所以我给很多董事长、CEO的建议是找一个懂战略、学习能力很强，而且是他们很信任的人去负责管理会计，最好不要用现在做财务会计的人。但是您恰恰证明了我说得不对，因为您在兵器装备集团原来是负责财务会计，后面又成功地推进了管理会计在集团的应用。请您介绍一下一个财务会计出身的人如何有效地推进管理会计的经验。

李守武：我是这么理解的，财务会计和管理会计是学术界研究问题所划分的方向，但两者在企业实际运用时其实是难以分离的，管理会计和财务会计有天然的、内在的、必然的联系，所以做财务会计或者管财务的这些领导推广管理会计，有其天然的优势。我觉得做什么出身的不重要，关键是要有视野、学习能力要强。财务会计是基础，也非常重要。我们讲管理会计的时候，千万不能忽略财务会计的重要性，财务会计就是要客观、准确、全面地反映一个企业的经营成果。现在很多的企业财务会计基础很差，账都记不清楚，后边做什么都没了基础。

管理会计是个性化的、赋能企业管理的最重要的工具方法之一。怎么做好管理会计与CFO的领导力、“一把手”的沟通能力、整个企业推广的力度都有关系。因为管理会计本身是个性化的，与财务会计标准化、法律法规的强制要求不同，所以管理会计推广就取决于这一个单位的高层管理者是否愿意使用这种管理工具来提升管理水平，辅助、赋能决策。

推进得快或慢，不在于负责推广管理会计的人的出身，而在于他对管理会计是否具备深刻的认识，对管理会计工具方法的创新或个性化运用的把握是否到位，能否和企业实际需要结合在一起。也有很多总会计师就是搞财务会计出身的，推广管理会计做得也不错。

许定波：看来我得改变我的一些偏见。虽然管理会计报告的使用者是企业的管理者，财务会计报告的使用者是资本市场，但企业管理的结果最终会在财务会计报表中体现出来，只是阶段不同的问题，两者之间有很紧密的联系。

我们也确实在走访企业的过程中看到，许多财务会计出身的人在推进管理会计应用时总是想着财务会计准则，但是管理会计是没有强制性准则的。我越来越感觉到现在许多企业，尤其是国有企业，在推进管理会计时最大的障碍是理念问题：你是不是将工作重点放在服务未来决策上、你在不在乎机会成本、是不是关注价值创造？我们也希望通过我们的杂志、中国总会计师协会的推广和商学院的教育等工作来帮助他们改变理念。

李守武：我赞同您的意见。

许定波：我在几家央企当过很多年的独立董事，大型国有企业下面的业务非常多元，产品种类纷繁复杂，各公司管理体系、管理水平、管理会计成熟度也有很大的差别。您刚才说管理会计的个性化、从点到面的推广很重要，作为集团的CFO，要把先进的经验尽快推广出去，并且改进各子公司不成熟的管理会计。这方面您是怎么做的？

李守武：从全球范围来看，大型企业集团越来越走向专业化，或者说在相应的产业领域做相关产业的多元化，像国内大企业这样多元化经营的情况有，却不多见。这些年中央对国有企业的改革要求强调主责主业，不断调整经济结构。现在企业主营业务越来越突出了，多业经营、多元化经营的情况在不断好转。

管理这样的企业，确实面临着非常突出的矛盾。多元化以后，不同产业的规律是完全不一样的。以汽车为例，汽车是制造业最典型的产品，且车企管理面对很多挑战，比如技术创新和成本控制。整车企业本身其实难以解决这些问题，解决这些问题需要拓展到整个产业链上去，不仅要控制整车的成本，还要控制供应商供应链的成本，这就突破了传统的企业边界的概念。同一集团的另外一个企业，可能属于化工产业，那就完全不一样了，其成本管理、战略管理也都不一样。

那么怎么解决这些问题？我不断强调管理会计是个性化应用的管理工具，但其实它有共性的东西，比如全面预算管理。在不同企业之间不仅预算有共性的规律，绩效管理、经营运行的监控等也有。共性的东西在不同行业、不同规模的企业，都是可以推广应用的。反过来，个性化指因为不同企业应用管理会计的基础不同，即管理基础水平、经营理念不同，所以在具体实际的生产经营过程的侧重点是不一样的，需要结合每个企业的差异，实施个性化的处理。

一个大型企业集团在推广管理会计的时候，可能会推广应用通用的、共性的工具，但也应允许甚至支持不同行业的单位结合本企业的实际做个性化的管理会计应用修订和制度设计。

许定波： 集团业务到底应该走向专业化还是多元化，在西方也经历了一个过程。杰克·韦尔奇(Jack Welch)当了20年通用电气公司（GE）的董事长兼CEO，他建立了一个包括金融业和制造业产品的多样化的商业帝国。后来杰夫·伊梅尔特(Jeffrey R. Immelt)接任之后又花了十几年时间一块一块分拆。随着企业与外部边际交易成本的大幅度下降，企业产品结构不应该那么复杂，企业内部跟外部的边界也不应该那么明确。现在国资委和银保监会也提出，国有企业，包括金融企业和工业企业，都要关注主业，我想其中的逻辑是一致的。

我觉得您讲的集团内部的个性和共性概念非常重要。在允许不同单位实行个性化管理的前提下，我们可以推广共性的工具和理念，让集团各个部分都能意识到管理会计可以帮助企业创造价值，提高效率，可以逼着企业关注机会成本、关注未来。所以我觉得您在兵器装备集团十几年，这一点做得非常好，您把这个理念灌输到所有的业务里面去了。

李守武： 当年在兵器装备集团，我们也是这么做的。初期我们推广管理会计工具应用，在一些试点已经成功的基础上，首批推广了10种管理会计工具，其中有7种我们要求所有的企业必须应用，但是另外3种允许企业选择性的应用。即使是7种工具在所有企业全面推广的时候，每个企业应用的侧重点也是不同的。所以推广共性、支持个性化的应用，是大型企业集团针对管理基础不同、具有差异化的成员企业推进管理会计的好的方式。

许定波：现在许多大的集团企业有很多业务都放在同一个框架下，有其内含的逻辑，其中有一个很重要的逻辑就是战略协同效应。您作为一个集团的财务负责人，如何用管理会计帮助整个集团发挥不同业务之间的战略协同效应？

李守武：这个问题特别好，也是我们现在很多企业面临的突出矛盾。一个集团内部，我理解应该是高度的集权化、行政化的管控，就是在一个集团内不应该存在两个不同的业务板块或组织做同样业务的情况，否则在集团内就会形成竞争。国内有些中央企业和大型国有企业现在还存在这些问题，子公司之间由于利益主体不同，协同起来比较困难，内部竞争的问题非常突出，造成集团内资源重复配置。那么应该如何去解决？从全球跨国公司实践来看，要打破同类业务的边界，做业务整合，基于业务整合做资产重组，资产重组就伴随着资产、人员、财务、业务的重组，这样就消除了内部竞争。在中国大企业实现这一点难度还是很大的。但是如果从集团的角度做战略协同，我个人认为其实没有其他方法，还是要做基于业务整合的资产重组。如果达不到这个目标，应该用行政的手段来协调，以减少竞争、减少损失。目前，不同板块间的战略协同问题在央企和大型企业里也受到越来越多的重视。

从管理会计的角度来讲，板块内和板块间的资源协同实际上是战略管理的作用，战略部门实际上也应用了这些管理会计的工具，比如战略地图。此外为了加强战略协同，除了战略管理的工具方法之外，也可以运用绩效管理、预算管理这些成熟的工具方法。

许定波：一个企业内部的管理到底应该是集权还是分权，其实在过去几十年也是经历了一个变化过程。比如转移价格的确定，有一种模式是完全基于市场的转移价格，强调市场机制的作用，对战略协同效应不是特别关注，而现在在国内，不仅有企业采用分权制决定转移价格，也有采用集权制决定的。从您刚才的介绍中可以看出，至少对大型国有企业来说，同类业务的整合、集权应该是非常重要的。

李守武：要做到我刚才讲的基于业务整合的资产重组确实很难，但是我认为这一定是未来的方向。

许定波：推进整合需要时间，不是立竿见影的事情，也涉及关于国有企业高管的考核和激励的问题。

关于预算，兵器装备集团从1999年开始，管理会计的切入点就是预算，但是最开始做预算时，您的工作重点其实不是在资源分配，更多的是关注控制。

我们在大学学习财务的时候，预算最重要的功能不是控制，而是资源分配。在2000年以后，西方学术界出了很多文章批评预算过于强调控制。哈佛大学的迈克尔•詹森（Michael Jenson）教授在2001年写了一篇文章，说公司预算已经破产，让我

们把它修理好。预算现在变成了考核和控制的工具，变成人力资源（HR）经理最重视的工具。因为过多地强调控制，使得预算资源分配的功能被淡化。

尤其糟糕的是，过度强调控制会导致管理会计大规模做假账，企业内部不同部门、不同层级的管理人员之间互相欺骗。根据您过去在几家企业的经验，您觉得这个问题是否存在？在您工作过的企业尤其是央企里面，如何解决预算的资源分配功能和控制功能之间潜在的冲突？

李守武：这个问题比较深入。预算管理是在中国应用最广泛和深入的管理会计工具之一。国外遇到的预算的这些问题，在国内同样存在。但我个人的观点是，在不同的企业不同的阶段中应用全面预算管理工具，要找准主要矛盾点在什么地方，对于是赋予它更多的资源分配功能还是控制功能，不能一概而论，应根据实际管理的需求来决定，没有对错之分。

预算目前在实务工作中面临着比较大的挑战，第一个挑战是预算能不能敏捷响应市场。市场的变化越来越快，组织越来越扁平化，预算作为资源配置或管理控制的工具，有一套比较繁杂的程序，在面对市场的快速变化时，敏捷反应能力确实比较弱。在这种情况下还要预算吗？第二个挑战是预算不准确。预算不准确，不是因为企业做预算的人员能力水平不够，而是整个社会环境导致很多可靠的数据拿不到。在企业实践中，预算的执行通常看最后总体的数据，比如我们企业明年的预算营业收入规模是5000亿元，那么到年底肯定要求达到5000亿元或更多来完成预算。但是我们把5000亿元的构成打开来看，是哪一块业务？卖的什么产品？产品单价、数量是多少？我相信每个企业最终的结果和年初编制的预算都是差异非常大的。在国内很少看到哪一个企业预算能做得那么准。我们和一些跨国公司沟通交流，他们的预算做的大致是准确的，差异不像我们这么大，可能因为跨国公司大量运用滚动预算这种工具，比如24个月的滚动编制。如果国内企业要做滚动预算，也面临着对外部市场预测不准确或者环境因素估计不足的问题。

然而大家又说预算对管理很重要，年底时要看是否完成了预算。预算不是一两个

指标，而是由千千万万的数据构成的，每个数据和预算比都有差异。我认为，就是在差异的分析中，恰恰能够知道我们经营的短板、问题在哪里，针对差异去改进管理，这也是预算管理的一个重要功能。

我认为预算兼具资源配置和管理控制两种功能，但是对不同的企业，这两种功能的权重是不一样的。我在兵器装备集团初期推进预算的时候，更多的是控制功能。因为这个集团是从一个行政性的总公司演变过来的，集团成立之初，实际上对企业缺乏管控力，预算恰恰能够起到这样的作用。通过相对准确的预算对成员单位企业的约束相对更加刚性一些。“相对准确”是比较以前用的承包经营谈判制，即集团和成员单位谈判。集团总部和成员单位如果通过谈判来讨论经营指标的问题，那么总部永远谈判不过成员单位，因为成员单位对市场把握是最清晰、最准确、最敏感的。这种情况下就需要通过预算来管理。集团会对宏观经济、对行业有一个科学判断，然后要求成员单位在其所处的行业必须达至什么样的目标，针对这个目标，再去讨论成员单位需要什么资源。所以我觉得预算最初起到了控制的功能，体现在牵引成员单位必须要达到什么样的预算目标。现在预算资源配置的功能越来越强了，因为每个企业都明白，必须要达到一个具有挑战性的目标，且这个目标是符合公司的战略需求的。比如汽车要做到国内的第一梯队，或者自主品牌第一名，必须要有一定的销量，根据销量目标制定战略规划，如5年规划、3年滚动计划，这些规划或计划都必须契合战略。在战略目标的驱动下，配置资源只能通过预算。所以我觉得预算的资源配置作用在增强，同时其管理控制的功能也依然存在，但这种控制体现在集团总部和企业的同一个预算目标下，如果发生偏差，集团总部和企业一起分析和想办法，而不是像最初的时候由总部给成员单位制定一个比较有挑战性的预算目标，去牵引其发展。

归纳起来，我认为，预算特别是全面预算管理，以及预算管理的各种工具，包括滚动预算、零基预算、弹性预算等，对目前中国的企业来说，用途非常大。此外，预算的资源分配功能越来越凸显，管理控制的功能也没有削弱，这两种功能在实践

中不是矛盾的，而是越来越协同的。

许定波：您说得非常好，预算还是很重要的，在不同的阶段，控制和资源分配的功能会有不同的偏重。

一个企业有经营预算、财务预算和资本预算。在面对未来高度的不确定性时，这三种预算强调的重点应该不一样，预算的方式和种类也不一样。所以我觉得预算还是应该去做，尤其是从资源分配的角度来考虑，如果你想找出企业未来发展的“瓶颈”在哪里，并从产能分配、资本预算方面去解决“瓶颈”，没有预算是没办法实现的。

有的企业认为不能有差异，我认为这是一个很糟糕的理念。我听到过一位CEO介绍经验，说他当了这家公司十多年的CEO，每年都完成了预算指标。我当时就想，要么是你在做假账，要么就是你丧失了很多非常好的企业发展机会。我一直认为，不要怕预算与实际结果之间有差异，最重要的是你能做科学的综合差异分析，第一是能解释这些差异，第二是通过差异分析发现问题、解决问题，发现新的增长机会。

我在一家西方企业当了几年董事和审计委员会的主任委员，我发现这家企业对管理层完成预算指标方面的要求与国内企业就很不一样。预算编制过程中首先要考虑的是下一年最有可能发生的经营环境和相应的资源要求，而不是强调一定要实现和超过预算指标。2020年新冠肺炎疫情爆发后，这家企业面临的不确定性大大增强了，对预算的编制带来了巨大的挑战。董事会就要求管理层同时编制三组预算：一个最乐观的，一个最悲观的，还做一个最有可能出现的预算，然后我们每个季度进行差异分析，无论哪种情况发生都有一个标杆去比较。这当然会增加财务人员的工作量，但是现在信息技术发展得这么好，其实这种灵敏度分析对技术的要求也不是那么高，工作量也不会增加太多。

从资源分配和控制来说，不同的指标也有差异。从资源分配来讲，我们更多的是看财务指标，但是从考核、控制、激励方面来讲，我们可以更多地依赖非财务指标，类似平衡计分卡的很多指标可以帮助我们缓解控制与资源分配之间的冲突。

李守武：是的。我再补充两点。第一点是刚讲的差异分析，企业年终没有预算不利差异的情况在国内的企业是普遍存在的，特别是国有企业，年底一定要对着年初的预算看有没有完成。一个原因是我们国内很多企业，尤其是上市公司，要给资本市场报告，其中就包括预算执行情况。其实从管理的角度上讲，完成了主要的财务指标总额预算和打开看其结构构成与预算相比的差异是不是一个概念。比如在营业收入、利润等这些指标差异分析的过程中，能够发现企业经营管理的短板、弱项和问题所在。这一点其实聪明的企业都在做，但是也有一些企业满足于完成预算指标，不去分析改进，这种企业的管理提升就要慢一些，错失改进管理的机会。

第二点是我刚才讲到大家对预算有所诟病，因为它对市场的预测是不准确的。随着信息技术的提升，“大智移云物”使我们的预测工具和方法越来越多，效率和准确度也越来越高，预算管理的环境也在改善。

许定波： 对您讲的第一点我深有体会。十多年前我加入一家大型央企董事会，发现当年企业编制的预算指标非常保守，我领头带领几位外部董事要求管理层提高了预算指标。最后企业还是完成了这些指标，但是也没有超出多少。与上年相比，当年管理层拿到的奖金也大幅度下降。有了这次经验，后来我们对预算编制的保守性也就睁一只眼，闭一只眼了。这种将管理人员的奖金与超过预算指标直接挂钩的做法不可避免会导致管理层与股东的博弈，大大弱化预算的资源分配功能。企业家和学者应该去推动这种观念的转变，并且反映给国家相关监管部门，不要把企业完成预算指标作为最重要的成就和考核指标，更重要的是关注决策的科学性，能不能创造最大价值。

另外，企业也可以把财务会计的预算指标和管理会计的预算指标分开来做，对资本市场披露的指标可以相对保守一些；在内部经营决策和投资战略决策时，不要过多地强调一定要超额完成指标，要更多地强调资源分配的效率。

李守武： 这个短期内有一定难度。事实上监管部门也面临整个社会公众的关注，必须回应老百姓的期望，因而会把这些压力传递到国有企业身上，对它们提出一些要求，包括达成预算、每年要保持适度的经济增长，等等。这是可以理解的。

许定波： 我完全明白。但是正如您之前也提到的，企业面临的经济环境不确定性很大，在这种前提下还要求它们必须完成预算指标，这必然会导致管理者的行为扭曲，代价是非常大的。所以我还是觉得监管方面有改进的必要。

下一个问题是，这么多年您长期担任大型央企财务负责人，也兼任过下属企业的董事长。请您谈谈 CFO 最重要的能力是什么？CFO 与企业“一把手”之间如何有效配合？如何发挥 CFO 在企业战略决策中的作用？

李守武： 这些其实是一类问题。我个人的看法是，在不同的企业、不同的发展阶段，对CFO能力的要求是完全不一样的。比如说在一个初创的小企业中，CFO的专业能力特别重要，财务会计的工作，比如制度、记账、算账、核算报表和管理会计的工作，不但要懂，还要能动手做。对一个大型企业集团，CFO的专业能力固然重要，但是领导力和与“一把手”及其他领导班子成员的沟通协调能力会更加重要，即组织能力比专业能力重要。再比如在新经济的企业，可能对CFO的商业能力的要求更高，比如环境洞察力、战略管理能力、跨组织价值创造能力等。

关于CFO如何与CEO、团队等加强协同，我有如下几点体会。

第一，要善于站在“一把手”的位置或是高度来思考企业发展的问题，其实就是要求CFO应该具备战略管理的能力。要和“一把手”加强协同、处理好关系，CFO首先要提高自己的站位，要站在一定的高度和“一把手”同样地去思考战略的问题。

第二，有效的沟通。CFO需要用专业知识、专业能力来解决企业发展中方方面面的问题。发生利益冲突、观点冲突，经常是由于信息不对称，所以沟通互动特别关键。你要让不懂财务的人了解你如何管财务，了解你思考问题的方式方法。同时你要对他赋能，给他创造价值，我们称为管理赋能，这种情况下的沟通就会有效得多。所有的有效决策实际上都建立在有效沟通的基础之上。

第三，守住底线，有底线思维。一方面要守住合规的底线、道德的底线，另一方面要关注风险管控。CFO要比别人更早地预见风险点在哪里，风险会怎么产生，风险产生之后怎么进行有效的管理，所以要守住风险的底线。

有了这三点，我觉得和“一把手”、团队的其他同事的沟通协调都会比较顺利，在管理会计等一系列工作推进上会便捷得多，领导也会支持。

许定波：就是说，最重要的一点还是要有战略思维，有战略管理的能力和战略高度，这一点是我们现在大多数中国企业的CFO不具备的。非常有意思的是，在我们过去做的访谈中，每一位CFO都强调风险管理。CFO对风险要比其他人更敏感，而且还要想办法度量风险对企业经营的影响。这一点可能在企业初创阶段比较困难，但是随着企业业务越来越成熟，度量的准确性也应该越来越高。

关于沟通问题，我觉得您讲的两个字非常重要——赋能。如果CFO能帮助“一把手”解决问题，能帮助团队解决问题，也就不需要费力证明自己的重要性，因为他们会很乐意用你提供的信息、工具和决策体系，会重视你的意见和作用。

再问一个与此相关的问题。2017年初，我们刚开始决定要办《中国管理会计》杂志时，就有一些学者和CFO提出管理会计要有明确的边界。您刚才讲到，不同企业之间有很大的差异性，从这个角度上讲，我觉得在推动管理会计的时候，不要把边界划得太细，有一点模糊性不是坏事，您是否同意？

李守武：是的。管理会计推广和研究应该是无边界的，这几年我们实际也是这样做的，现在边界推得很广了。从企业、从实务的角度上讲，只要对企业的发展经营、管理提升有用，不管是财务会计还是管理会计，都会拿来应用。

至于说要有边界，应该是指管理会计在企业的具体应用过程中，要避免和其他的管理部门、管理职责产生冲突，这个时候要把边界划清楚。这样也便于推广管理会计，因为职权本身也意味着责任。

许定波：我赞成您的意见，在企业内部，如果管理会计把其他部门如HR、市场营销的工作都做了，肯定会有问题。但是从决策信息方面讲，管理会计可以帮助HR部门更好地考核员工，更好地设计激励机制，也可以帮助市场营销部门更好地做客户利润分析和市场潜力分析。管理会计实际上是帮助他们更好地做决策，而不是代替他们做决策。

李守武：对。另外我们讨论的赋能问题，其实赋能的理念我觉得不仅仅在于CFO，所有财务人员都应该有这种意识，你做的每一项工作应该是对企业有价值的，对企业的决策是有价值的，这个特别重要，不能关起门来孤芳自赏，自拉自唱。特别要注意，不能把财务会计的控制功能过多地发挥，比如要求各种复杂的审批程序，这会使你在企业中既不能发挥应有的作用，还会破坏自己的形象和工作环境，所以赋能这个理念我觉得是很重要的。

许定波：对，我们在应用管理会计时尤其不要受那些财务会计准则的限制，因为管理会计一个很重要的特点就是创新。只要我们能不断地创新、不断地赋能，能够帮助企业管理层做更好的决策，创造更多的价值，管理会计的作用就会像在兵器装备集团一样，真正渗透到各个层级的管理层和不同的业务上。

最后一个问题：您从大学毕业后一直在国有企业工作，在国有企业尤其是大型国有企业怎么推进管理会计，请您做一个分析。

李守武：我有这么几点思考。第一，在大型的国有企业、企业集团，管理会计应用的前景越来越广阔。因为目前这些企业的发展都进入了新的阶段，已经超越了前几年一味追求规模的情况，现在这个阶段追求的是高质量发展，提高企业的核心竞争力、提高企业的创新能力。在这种情况下，利用好管理会计，为企业的高质量发展提供更多的决策支撑显得特别迫切、特别重要。

第二，管理会计的应用是个性化的。管理会计理论的不断创新，为我们提供了越来越多的方法和工具，但是如何应用需要企业结合自己的实际来进行个性化的选择，只有契合企业需要的管理会计工具与方法才能真正为企业管理赋能，帮助决策者解决问题。

第三，推广管理会计，主要领导的支持非常关键。我们一定要把企业的内生需求、实际推广的方法以及可能的收益效果与主要负责人汇报沟通好，取得他的支持，让管理会计应用落到实处。

许定波：您总结得非常好！我也觉得中国现在对管理会计的需求越来越迫切，管理会计的作用越来越重要，现在是发展管理会计、推进管理会计的好时候。让我们一起努力，把这个事情做好。谢谢您今天的分享。

我国企业预算调整方式研究

——基于新冠肺炎疫情影响的视角

谢志华 北京工商大学商学院
程恺之 中央财经大学会计学院
王建军 北京国际工程咨询有限公司

【摘要】2020 年发生的新冠肺炎疫情对经济社会的各个方面带来了巨大的冲击，企业的生产经营和预算管理活动也受到很大的影响。本文回顾了预算调整的历史，在不同的历史时期，无论是政府预算还是企业预算都采用过零基预算、滚动预算和绩效预算，这些预算方法本身就具有预算调整的功能，可以认为它们分别是事前、事中和事后的三种预算调整方法。许多企业的生产经营活动在疫情早期陷入了停滞的状态，伴随政府抗疫政策和经济政策的不断调整，企业的生产经营活动也处于不确定状态，随着国内新冠肺炎疫情态势逐步稳定，企业必然要恢复正常的生产经营。与此相对应，企业也必须对年初确定的预算进行调整，从年初采用零基预算的事前调整，到疫情期间根据抗疫和政府经济政策的调整采用滚动预算的事中调整，到年终通过业绩评价采用的事后调整，企业要有机地将三种调整方式连接起来，才能使预算真正发挥管控企业生产经营活动和进行业绩考核评价的作用。

【关键词】新冠肺炎疫情 预算调整 业绩评价

发表于《中国管理会计》2021年第1期，总第15期。

预算管理是实现企业治理和国家治理最重要的手段。现代公司制企业和现代国家要求把一切活动纳入预算管理之中，由此而形成的预算称为全面预算。企业的全面预算是指以企业的发展战略为基础，通过对未来经营环境的预期，确定一定时期企业的经营管理目标，逐层分解落实到企业内部各个责任单元，并以价值形式反映企业生产经营和财务活动的计划安排（何瑛，2005）。企业全面预算包括生产经营、投融资等一切经营活动的预算，人、财、物等各个要素的预算以及购、产、存、销等各个环节的预算。预算的重要特征之一是预期性，一方面，人们主观能否准确地预测客观，使得这种预期性拥有了不确定性；另一方面，客观环境的不断变化也会带来不确定性。但预算在企业管理中有至关重要的作用，必须由其来衡量企业及其内部的部门和员工业绩的好坏，涉及对企业及其内部的部门和员工的评价，更是直接关乎员工的切身利益。预算如果不能很好地对这种预期的不准确性进行合理有效的调整，其作用就会大打折扣，甚至影响预算存在的必要性。因此，为了使预算能够更好地反映客观实际以及变化情况，必须对预算进行调整。

预算调整是指当组织的内外部环境发生变化，或者预算与实际相比出现较大的差异时，原来确定的预算目标已不再合理，组织需要对相关的预算目标、考核方式进行必要的修正。

预算调整可以是事前调整，也可以是事中动态调整，还可以在事后进行调整，也可以几种方式同时采用，最终的目的是使预算目标贴近实际、科学合理，预算考核能够比较客观地反映员工发挥作用的大小，实现预算机制的作用。2020年初发生的新冠肺炎疫情席卷全球多数国家，全球经济受到冲击，不少企业收入下降，已经确定的预算目标显然不得不进行调整。事实上，无论在宏观的国家层面还是在微观的组织特别是企业层面，都要对预算进行调整，如何调整预算是一个重要的现实议题。

一、预算调整方式的历史回顾与理论基础

预算最早形成于英国政府，后来在美国得到了进一步的发展，企业开始借鉴政府预算，将预算用于企业管理之中，形成了企业预算管理。预算调整是伴随预算而形成的，在早期的政府和企业的预算中，当预算收支与实际执行之间存在一定偏差的时候，就必然要对预算进行调整。预算调整存在于预算管理的全过程，包括事前、事中和事后调整，事前调整的主要形式是零基预算，事中调整的主要形式是滚动预算，而事后调整主要存在于预算考核之中，特别是在绩效预算的条件下，考核调整就显得更为重要。

1970年，美国得克萨斯仪器公司首先在部门预算中采用零基预算的编制方法，要求在编制预算时对于所有的预算支出项目，均以零为基底，不考虑过去预算收支的执行情况，而是考虑新的预算期的每项预算是否必要，以及支出数额的大小。后来零基预算引入政府预算，佐治亚州成为

美国第一个采用零基预算编制法的州政府（郑德琳，2016）。1979 年，美国总统卡特在联邦政府全面推行零基预算来编制公共部门预算。卡特时期美国政府之所以采取零基预算，是因为美国的经济正处于萧条阶段，经济停滞和通货膨胀同时存在，政府预算收入大幅降低，预算面临很大的不确定性。传统预算主要是在存量预算的基础上通过增量进行预算调整，预算调整的空间相对较小，当预算收入大幅下跌时，必须对预算支出进行很大程度的调整，必须对每一项预算支出是否必要、支出的数额是多少进行重新审查和评价，政府的零基预算由此产生。零基预算是不考虑过去的预算项目和收支水平，以零为基点而编制的预算。这种预算不受过去预算收支安排的影响，一切从客观实际出发，逐项分析和审查预算期内各预算收支项目是否必要，以及预算收支的标准是否合理，在综合平衡的基础上形成新预算的一种科学的现代预算编制方法。

零基预算具有以下特点：一是零基预算形成的背景是不确定性，无论从政府还是企业的视角看，由于环境存在极大的不确定性，过去的预算与未来的预算之间难以存在有机的联系，这意味着过去的预算信息对未来的预算决策不能提供有效的支撑。二是零基预算不考虑过去预算对未来预算编制的影响，也就是新的预算不以历史为基础作修修补补，一切从零开始。在预算期初必须重新分析环境的变化，并以此确定预算目标及相应的预算收支内容和收支水平。零基预算强调的不是过去预算的影响，而是未来客观实际的变化。三是零基预算调整的空间大，传统的预算编制方法强调以历史为基础，其调整的空间主要是预算增量的部分，而零基预算是将一切预算收支项目以零为起底，实行全额调整，预算调整的空间为百分之百，这就适应了环境不确定性大的特点。四是零基预算对于预算期所有的预算收支项目都必须进行必要性、可行性、合理性分析，对预算数额的大小进行逐项审查评价，最终确定整个预算收支平衡体系，这必然使得预算编制的难度和复杂性增加。

零基预算既是一种预算编制的方法，也是一种预算调整的方法。之所以说它是一种事前调整的方法，原因在于预算制定之前就已经充分考虑了新的预算期各种可能变化的情况，而不受过去预算执行结果的影响，没有将过去预算执行的差异及其形成的原因作为新的一期预算的形成基础。零基预算是从零开始的，即从起点开始，而且是面向未来的，所以具有事前特征。传统预算以过去预算执行的结果及其差异的原因分析为基础，具有事后特征。零基预算既然是以零为基础，新的预算就是在零的基础上调整而成，这种调整在内容（预算收支项目）上是全面的，在数量（预算收支数额）上是总量的。传统预算是在过去预算的基础上根据变化的情况进行调整，这种调整在内容（预算收支项目）上是部分的，在数量（预算收支数额）上是差量（或增量）的。

与预算调整有关的方法也包括滚动预算，滚动预算具有事中预算调整的特性。最早的滚动预算始于1963年的英国，而后滚动预算不仅用于英国的政府部门，也用于英国的国有企业。1966年，德国在经济多年高增长后出现第一次衰退，失业率上升2.1个百分点，GDP增速相比20世纪50年代中期平均水平下降4.4%。基于这一背景，德国联邦议会要求各个州都应制定5年期滚动预算，通过这一预算方式对财政收支的动态和经济发展趋势进行预测分析，并提供可供选择的政策组合（张东明，2011；赵玉华，2011）。美国和加拿大实行中期滚动预算的原因与英德的原因不同。美国和加拿大采取滚动预算并不是产生于经济衰退的背景，恰恰相反，是产生于经济增长的背景（赵玉华，2011）。尽管背景不同，美加采用滚动预算与英德采用滚动预算有一点是共同的，就是财政收支不平衡、入不敷出，必须在较长的时间内保持财政收支的基本均衡，而不仅仅局限于某一特定的预算年度，尤其是要使得财政收支的安排着眼于较长期的宏观经济发展目标（经济复苏或经济可持续增长，或重大长期投资项目的长期资金供给）。

企业采用滚动预算的原因在于，要通过预算来控制生产经营活动，当生产经营活动赖以存在的环境发生变化时，企业对生产经营活动的计划安排要相应变化，预算也要随之进行调整。企业的生产经营环境复杂多变，生产经营活动的规模不断扩大，结构日趋多样，企业在制定预算时对环境变化可能引起的生产经营活动变化的认识也有一个从抽象到具体、从模糊到细化、从表象到本质的过程。由于生产经营活动及人们认知的特点，从而形成了对滚动预算的需要。滚动预算的最大特点就是做到了长计划、短安排，使得预算能实时反映实际经营情况，增强了预算的指导作用。

滚动预算又称连续预算，它是指按照“近细远粗”的原则，根据上一期的预算完成情况，调整和确定下一期的预算，并将编制预算的时期逐期连续滚动向前推移，使预算一直保持在事先规定的时间长度。一句话，滚动预算就是根据上一期的预算指标完成情况，调整和确定下一期预算，并将预算期连续滚动向前推移的一种预算编制方法。其特点包括以下几点：一是滚动预算是以经济的周期性变化作为背景的，无论经济景气还是经济衰退，都会经历较长时期，这就导致预算不能只是以现实的环境为基础，必须做到长计划、短安排。二是滚动预算不是针对某一特定预算期单独进行预算编制，而是要在一个较长的时间内保持预算的完整性、持续性，并实现预算的动态调整和编制。预算必须做到既有细致的短安排，也有大致的长规划。三是滚动预算能使管理人员始终保持对未来一定时期业务活动的周详考虑和全盘规划，保证组织的各项业务有条不紊地进行。四是从预算调整的视角看，滚动预算能随时间的延展和环境的变化不断地对预算加以修正，可以使预算能够更加客观地反映实际变化了的环境，从而充分发挥预算的管控作用。五是滚动预算强调预算执行过程中预算与客观实际的一致性，根据变化了的情况相应调整预算，从而使得预算考核更加科学、合理和简单。如果过程控制本身就能实现预算目标，结果考核也就变得不再重要。六是滚动预算通常都有一个固定的滚动期，三年至五年不等，在每一个这样的固定期内，以上一年度预算为基础来调整、确定下一年度预算，每一次预算调整都是在这一固定期间内的，所以这种预算调整就具有了事中调整的特点。更重要的是，滚动预算具有持续不断的新的固定期，伴随着固定期的不断延续，滚动预算每年一次的预算调整和确定也相应持续不断地延续，正是这种延续性使得滚动预算的预算调整的事中性被进一步强化。必须说明的是，滚动预算的预算调整与传统预算的调整方法基本一致，但与零基预算并不相同。原因很简单，滚动预算的每一次调整都是以上一期预算执行结果为基础进行的，它根据预算期变化了的情况进行修正并细化。滚动预算的预算期可以是年度的，也可以是季度和月度的。预算编制工作比较繁重，为了适当简化预算的编制工作，也可采用按季度滚动编制预算。

预算调整除了事前、事中进行调整外，也可以在事后进行调整，事后调整并不是直接与某种预算的方法相联系，而是通过预算管理的业绩评价环节来进行的。在这个环节，如果由于环境的变化而导致预算目标的完成变得艰难或者十分容易，都必须对预算标准进行调整，目的是要使预算业绩的评价能够反映组织和员工的努力程度，也为下一期预算的编制提供基础。可以看出，在预算管理的业绩评价环节，对预算进行调整具有事后特征，所以也称之为事后预算调整。既然事后预算调整与业绩评价密切相关，那么在预算绩效管理形成并得到强化的条件下，这种业绩评价的事后预算调整就变得十分必要。因为预算调整的结果会影响预算执行主体的绩效，也就是业绩好坏，进而影响其自身的利益。正是这种利益的诉求推动了业绩评价的事后预算调整。业绩评价与绩效预算之间有着更为直接的关系，早期的预算主要解决收支平衡问题，进一步扩展到收支的合规合法性，后来由于预算规模不断扩大，预算所担负的使命也不断增多，预算的绩效评价就变得越来越重要。

在预算中必须强调绩效，导致了绩效预算这一概念的出现。绩效预算最早萌芽于1907年美国纽约市政研究局提供的《改进管理控制计划》报告中，这一报告提出“通过对已批准项目的管理，提高资源使用效率”。绩效预算的概念最早于20世纪30年代用于指导实践，美国田纳西流域管理局和美国农业部采纳了预算绩效的概念并开始实施绩效预算，在一定程度上提高了政府部门的运作效率。40年代，美国“重组政府”运动蓬勃发展，以此为契机，第一届胡佛委员会在1949年的报告中完整地定义了绩效预算，并以这一定义为基础确定了预算改革的基调。此后，政府预算强调的“经济性、效率性、效果性”绩效理念开始贯穿在预算管理之中。绩效预算推行的直接原因是希望提高资源的运用效果。在早期，绩效预算侧重于提高资金使用效率，后来金融危机爆发导致财政压力增大，绩效预算的侧重点向项目优先次序转变，世界各国开始关注用哪种方法区分不同项目的优先级别，从而将资金运用到重要领域，在这方面美国和英国具有代表性。

预算管理从政府引入到企业，一开始是为了实现企业的绩效目标，企业进行预算管理是为了实现利润最大化或者企业价值最大化。在企业绩效预算管理的执行过程中，要把企业预算绩效目标层层分解落实到各个预算执行主体，并作为考核评价各个预算执行主体业绩的依据和标准，通过实际业绩与预算标准的比较，要对各预算执行主体进行业绩考核和评价，将各预算执行主体业绩考核和评价的结果与其奖金、利润分享及股票期权计划等挂钩。因为绩效预算将业绩考核和评价与各预算责任主体的利益直接挂钩，所以预算指标本身是否科学合理成了预算管理主体与预算执行主体进行博弈的重要内容之一。预算管理主体和预算执行主体都希望通过博弈来调整预算指标，获得对自己有利的结果；管理者也需要根据预算执行结果不断修正、优化绩效考核体系，确保考核结果更加符合实际，从而发挥预算考核评价的机制作用。

不难看出，无论是政府还是企业，采用绩效预算都是要强化预算收支的绩效理念，不能只是局限于收支平衡、收支合规合法，而是要提高收支效率。绩效预算是以目标为导向、以项目成本为衡量、以业绩评估为核心的一种预算方式（马骏，2004）。绩效预算的特点包括以下几点：一是经济社会环境要求政府和企业必须提高资源使用的效益，而不只是通过预算实现收支平衡。二是在这样的背景下，绩效预算强调把资源的配置和利益的分配与绩效的高低有效地连接起来，为了实现这一要求，就必须对预算进行绩效考核和评价，作为预算管理的必要环节的业绩评价与考核需要得到充分重视。三是在业绩评价与考核的过程中，由于涉及预算当事人包括预算管理主体和预算执行主体的利益，为了获得对自己有利的考核评价结果，各方必然要对预算考核评价的指标进行讨价还价，从而构成预算调整的必要，但这种调整是预算执行结果已经形成后的调整，所以称之为事后调整，在预算调整的过程中，预算管理主体与执行主体之间必然要对预算本身的合理性和有效性进行博弈，从而形成在预算绩效考核评价中调整预算的必要。四是绩效预算强化了预算的机制作用，预算不仅仅是一种管理的方法，更是一种制度和机制。要使这一制度和机制发挥作用，关键就是要对预算执行主体的绩效目标的完成情况进行考核和评价。由于有了绩效预算，所以要考核评价预算执行主体预算绩效目标的完成情况，考核、评价预算执行主体的绩效目标的完成程度，自然要与预算执行主体的利益挂钩，从而形成对预算执行主体的利益机制和惩罚机制。

通过上面的分析可以看出，预算调整是

与预算方法密切联系在一起的，零基预算将预算置于零的起点，根据新的环境对各项预算指标重新安排，这是一种全口径的事前调整；滚动预算以前期的预算执行结果为基础进行调整，并在固定的滚动期间逐期调整，在这期间调整具有事中调整的特征；进行预算绩效考核评价是以绩效预算为基础的，而在预算绩效考核评价中，为了让考核评价更加符合实际及有利于提高预算管理主体和预算执行主体的积极性，必然涉及预算调整，这种显然是事后调整。在实践中，预算调整可以是以某一种调整方式为主、配以其他调整方式，也可以是三种调节方式同时采用。但无论采取哪种方式，进行预算调整都是由于预算的制定环境发生了较大的变化，并且这种变化具有不确定性。

二、疫情影响下企业预算调整方式的综合运用

2020年初新冠肺炎疫情暴发，对经济、社会、政治各个方面都造成了较大的影响，也带来了巨大的考验。

面对新冠肺炎疫情所带来的突然变化，企业之前所编制的预算都需要调整。只有调整了的预算，才能真正发挥其管控的作用。一般来说，企业都是在去年年底和今年年初期间制定新一年度的预算，但由于疫情的出现，使得企业预算编制的环境发生了翻天覆地的改变，如果仍然以原有的预算作为企业在新的年度即疫情年度的目标，显然是不符合客观环境变化的，更无法根据疫情灵活地调整企业的生产经营活动，必须按照疫情环境和相应的政府政策确定新的预算目标。每个企业都面临预算调整的内在需求和外在逼迫，也只有对预算进行调整，才能让预算目标真正发挥对企业及其员工的管控和激励作用。在这样的特殊条件下，我国企业应该采取怎样的预算调整方式，为什么要采取这样的调整方式就成了各个企业所关注的现实问题。实际上，综合研究各个企业的做法可以发现，有的企业历史上采取的是在以前年度预算的基础上进行增量调整的方式编制新的年度预算，但由于突如其来的新冠肺炎疫情的影响，而不得不改用零基预算的方式调整疫情年度的预算。有的企业历史上采取的是滚动预算的方式进行预算调整，分为两种形式：一种是以年度作为滚动预算的调整期；另一种是以季、月甚至周作为滚动预算的调整期。前者显然是考虑经济波动的影响，后者更多的是考虑短期市场的变化。在疫情发生后采用年度作为滚动预算调整期的企业也开始根据疫情变化情况缩短调整周期，以应对不确定的环境。由于疫情下的滚动预算的初始预算与之前编制的预算的确定环境有了根本的变化，初始预算的预算调整形式上看是在原有预算的基础上进行的，但由于环境的巨大差异使得这种预算更具有零基预算的特征。还有的企业无论疫情怎么变化和存在不确定性都没有进行预算调整，而是按照原有预算继续执行，到预算期结束后再根据实际情况，通过预算考核分析造成预算执行结果与预算目标差异的主观、客观原因，以调低和调高考核指标的方式进行事

后的预算调整。最后，还有企业将零基预算、滚动预算和绩效预算（业绩评价）的预算调整有机地结合在一起，实现了事前调整、事中调整和事后调整的全程调整相结合。

零基预算的事前调整。不少企业在疫情下主要采取了零基预算的调整方式，而不是采用按照变化了的环境对年初预算进行调整的方式。从前面分析所知，前者的调整是零起点，具有调整内容的全面性和调整数量的完整性；后者的调整是以上一期预算为基础，具有调整内容上的部分性和调整数量上的差量性。一方面，作为事前调整是因为疫情发生于2020年初，预算期通常是以年度为基础的，所以当年初发生疫情以后进行预算调整具有事前的特征。另一方面，采取零基预算进行事前调整是因为疫情发生以后，企业所面临的经营环境和政策环境发生了根本性的变化，与上一预算年度的经营环境和政策环境几乎完全不同，从而使得上一年度预算确定的基础不复存在。这种不复存在不仅仅是上一年度，而是存在于上一年度以前的很长时间里，而上一年度的预算又是以再上一年度的预算为基础进行编制的，由此往前追溯，意味着今年的预算具有完全的拐点性，这个拐点是以过去一个较长时间的预算确定的基础被完全改变而呈现出来的。疫情发生后，以前预算确定的基础不复存在，那么预算调整就必须建立在新的基础上，否则必然导致预算调整受上一年度预算的影响，不能完全地反映客观实际的变化。那么，在新冠肺炎疫情年度作为预算确定基础的经营环境和政策环境到底有何种突变？疫情导致的经营环境的变化，从整体上说，是由于封城使得经济活动几乎处于停滞的状态，这种停滞状态首先表现为外部的经济活动被限制，企业内部的生产经营活动失去了赖以存在的基础，这意味着新冠肺炎疫情年度的预算收入与年初所确定的预算收入发生实质性的变化，有不少企业在封城期间根本就没有任何收入，也意味着与这些预算收入相关的预算支出可能不再发生，或者发生的数额减少，如人工成本的减少、原材料成本不再发生。当然有些预算支出并不随生产经营活动的发生而发生，或者不随生产经营数量的变动而变化，这都意味着预算收支内容和收支数量的改变。面对疫情暴发对企业生产经营活动带来的影响，政府也采取了各种相应的政策支撑企业不要陷入谷底而破产，而是能够维持到疫情过后持续发展。这些政策只是在疫情期间采用，形成特定的企业预算收入的增加和预算支出的减少。正因为这样，企业预算的基础由于疫情而完全改变，企业预算收支的内容和数量也出现了重大变化，企业不得不以新的经营环境和政策环境确定预算，这正是零基预算事前调整的存在基础。从企业预算执行和预算考核的视角看，在没有疫情的条件下所确定的年初预算，在疫情年度继续执行的话，其执行的内容和数量都已经失去了存在的基础，也不可能用来管控企业的生产经营活动，即找不到预算可以指导的生产经营基础；而在没有疫情条件下所确定的预算目标完全不可以用来在年末作为预算考核的标准，这些标准都是在正常的经营环境、政策环境下制定的，而在疫情暴发并持续存在的条件下，企业不可能实现非疫情条件下的预算目标。所以对于出现重大变化的预算，采取零基预算的调整方式能够更好地使预算符合现实的、变化了的经营环境和政策环境。著名的餐饮公司海底捞由于受到新冠肺炎疫情的影响，2020年上半年实现营收97.61亿元，较去年同期下滑16.5%；净亏损9.65亿元，较去年同期的盈利9.12亿元下滑205.7%。这是海底捞上市以来首次亏损。不仅如此，海底捞还关闭和暂停了一些分公司和门店的经营业务，在这样的背景下，海底捞必须对上一年度的预算进行调整。由于环境的巨大变化，这种调整不是以上年的预算执行情况作为基础，而是要根据新冠肺炎疫情的现实状况和未来变化重新编制预算，年前所编制的本年度的预算也不再作为重新编制的基础。在营业收入下降的条件下，要使公司减少亏损，就必须尽可能地降低成本费用支出，充分利用政府的各种疫情补贴和支持政策。由于企业面临疫情的重大变数，不仅预算的起点是以这种变化为基础，更重要的是预算的重点和内容也发生了变化。中国铁路总公司成立后，铁路企业市场竞争越来越激烈，运输成本不断增长，甚至超过运输收入的增长速度，公司利润不断下降。从根本上说，由过去计划管理的铁路局到成立公司面向市场经营，公司的经营环境发生了巨大变化。因此，中国铁路总公司采取了零基预算的办法，根据每年变化的情况重新以零起底编制预算。新冠肺炎疫情暴发以后，由于政府采取封城措施，铁路运输处于停滞状况，收入急剧下降，成本也居高不下，所以必须对已经编制的零基预算进行再编制，要以新冠肺炎疫情的现状和变化趋势为新起点重新编制零基预算，这一零基预算显然是环境变化所带来的对新预算的变化的全面调整，预算的重点不仅要重新预期收入，而且要尽可能压缩成本费用、利用政府的政策支持，预算的重点和内容都发生了较大的变化。

滚动预算的事中调整。有的企业在年初面临新冠肺炎疫情时，以零基预算的调整或编制方式对上一年度所确定的本年度预算进行了根本性的调整，以此作为管控企业和员工行为的预算目标。有的企业以前就采取滚动预算的方式，并且滚动周期主要是季、月甚至周，在疫情暴发后，自然就顺应疫情不确定性的情况，依照原有周期对预算进行滚动调整。在疫情暴发的初始阶段，由于人们对疫情本身的属性、变化规律及其可能造成的破坏性影响认识尚不清楚，对于抗击疫情的政策大多是根据疫情的认知程度逐渐推出，以稳为主，企业在这个时期还不能完全感受疫情对生产经营活动所带来的实质性影响，对年初制定的预算或重新调整后的零基预算还抱有希望；在疫情造成的影响变严重的阶段，抗击疫情的政策以非常全面、系统、严格、严肃的方式推出，在这个时候，企业才深深地感到疫情的重大影响；在疫情得到初步控制并趋于恢复基本正常的阶段，经济活动开始趋于活跃，企业的生产经营活动开始恢复正常。但是，受全球疫情的影响，企业的生产经营活动仍然不能恢复到以前的正常状态。有的企业认识到仅仅依靠年初对预算进行的大规模全面事前调整还是不够的，需要根据疫情未来变化的状况及政府政策的变化，来对零基预算进行持续的调整。这正是通过滚动预算进行事中调整的根本原因。不同的企业通常会根据生产经营的周期，结合疫情变化的规律、政府政策的调整，确定滚动的周期和间隔时间，大多数企业是以年为滚动周期，在周期内有的按季，有的按月，有的甚至按周逐期调整预算。北京京城机电控股有限责任公司（以下简称“京城机电”）实施全面预算后就开始采用滚动分析全年预算完成情况的方式进行预算调整，确保预算目标既符合客观实际，又能够真正发挥预算的管控作用，最终还必须以滚动分析后所调整的目标对企业及其员工进行绩效考核和评价。面对新冠肺炎疫情带来的不利影响，京城机电继续采用滚动分析全年预算的完成情况的方法，在每一个滚动周期到来之时都要事先分析全年预算在未来可能面临的有利因素和不利因素，提前做好各种预案。滚动分析预算完成可能面临有利因素和不利因素，并提出解决方案的出发点不是为了寻找降低预算目标的借口，恰恰相反，是为了寻找有利机会避免不利因素，尽最大努力实现年初所制定的各项预算目标。有的企业采用多种前景预测的假设条件下设定的相应的预算目标；一方面，在疫情发生初期，对年初确定的预算目标按照前景预测的假设条件，选择确定相对应的预算目标，另一方面，在疫情发生后持续跟踪疫情发展变化和相应的政府可能出台的政策情况，继续按照前景预测的假设条件，选择确定相对应的被调整的预算目标。这种选择性调整预算的方式，实质上看也是一种滚动预算的方式，这种调整不是完全改变已经设定好的预算目标，而是采用多版本预算的方式，按照不同的预算假设条件编制出不同的预算目标，从中选择合适的预算目标。交通运输行业的一些企业就采用了这种滚动预算的调整方式，这些企业在 2003 年“非典”疫情发生时，就已经采取了这样的预算调整方式。由于不同预算目标的实现所需要的条件不同，企业在不同的条件下设定不同的预算目标，在预算执行过程中，进行短周期（月度甚至是以旬、周为周期）的滚动预算编制和调整，就能够根据现实条件调整预算目标，从而保障预算目标最终实现。滚动预算的调整方式具有相机性和权变性的特征，其调整灵活，使预算能够更好地符合客观环境的变化，更好地发挥预算管控的作用，但也带来了调整频繁甚至预算目标执行的严肃性被弱化的不利影响。

绩效预算（业绩评价）的事后调整。疫情发生后，有的企业即使进行了零基预算的事前调整和滚动预算的事中调整，也仍然不能保证调整后的预算能够最终符合疫情发展变化的状况，因此在预算期满要进行考核评价时，还需要进行事后调整。

有的企业自疫情暴发后，就没有根据变化了的环境进行预算调整，而是继续年初所确定的预算目标，要求企业及其员工即使在遇到环境重大变故的条件下，也要尽可能实现年初所制定的预算目标，只是到了年末进行预算绩效考核评价时，才以调整考核评价指标的方式调整预算目标。这种预算调整是一种单纯的事后调整，这种调整方式强调了预算的严肃性，但也弱化了预算的适用性，容易造成的结果是由于预算目标客观上需要调整而没有调整，导致人们实现目标的意愿也会降低，有欲速则不达之情形。疫情本身的不确定性和政策调整的持续性使得通过滚动预算进行调整后的预算仍然与实际不符，对于这种差异，必须通过年终预算的绩效考核与评价调整预算差异，也就是所谓绩效预算的事后调整。这种事后调整是在零基预算的事后调整和滚动预算的事中调整的基础上进行的，同时也是在预算期已经结束的时候进行调整的，所以具有事后性的特征。绩效预算强调业绩评价，而企业的所有预算都是绩效预算，离开了绩效，企业的预算就没有了意义，正因为企业预算必须强调绩效，自然就必须考核和评价绩效，此即所谓的业绩考核与评价。业绩考核评价过程中最为关键的因素之一是评价的标准，而评价标准就是以年初确定的预算或者通过滚动预算调整后所形成的最后预算为依据的，这一标准是否符合考核评价时的环境状况尤为重要。只有按照考核评价时企业所面临的经营和政策环境的变化调整预算，才能使得业绩考核和评价既符合客观实际，又能够更好地调动企业和员工的积极性。正是基于这样的理念，新兴际华集团有限公司（以下简称“新兴际华”）采取的预算调整方式就是绩效预算的事后调整，一方面国资委要求国有企业要尽可能实现年初制定的预算，也就是强化预算的驱动和激励功能；另一方面新兴际华也认为预算反复调整手续繁杂，还会带来不严肃之嫌，与其反复调整不如在绩效考核评价之时，对变化了的环境作出总的评价，并最终调整预算考核指标，这样更为简洁、有效。

总之，面对疫情的不确定性和政府政策的调整变化，任何固定不变的预算都难以作为管控企业生产经营活动、考核评价企业和员工业绩的依据，必须要相应调整；这种调整不仅表现在零基预算的事前调整和滚动预算的事中调整以及绩效预算的事后调整，而且也可以采用零基预算的事前调整、滚动预算的事中调整与绩效预算的事后调整相结合的调整方式，最终实现预算与客观现实的呼应，以及在考核评价中的有效性。

参考文献：

[1] 郑德琳：《从零基预算到新零基预算的演进——美国佐治亚州经验与启示》，载于《地方财政研究》2016 年第 1 期，第 108 ~ 112 页。

[2] 张东明：《进入后经济危机时期联邦德国政府财政收支滚动预算趋势分析》，载于《财政研究》2011 年第 11 期，第 72 ~ 76 页。

[3] 赵玉华：《引进中期滚动预算原因的国际比较》，载于《对外经贸》2011 年第 4 期，第 145 ~ 146 页。

[4] 马骏：《新绩效预算》，载于《中央财经大学学报》2004 年第 8 期，第 1 ~ 6 页。

[5] 何瑛：《全面预算管理的体系框架和主要功能》，载于《经济与管理研究》2005 年第 2 期，第 57 ~ 60 页。

整合式创新：
国家电投基于战略的管理创新实践

汪雅萍　何召滨 国家电力投资集团有限公司

【摘要】国家电投以“整合式创新”理论框架为指导，按照国有资本投资公司的改革方向，以战略目标为导向，以计划、预算、考核、激励四大管理子体系为抓手，以一体化管理为核心，构建了“计划—预算—考核—激励（JYKJ）”管理体系。通过整合式创新，将“战略视角驱动”“全面创新”“协同创新”“开放式创新”四大要素贯穿于体系建设中，实现战略、组织、资源、文化的深度融合，探寻了一条从“战略”到“日常工作”的落地路径。本文将为大中型集团战略落地体系的构建工作提供理论基础与经验借鉴。

【关键词】整合式创新 战略 计划 预算 考核 激励

发表于《中国管理会计》2021年第3期，总第17期。

一、引言

国家电力投资集团有限公司（以下简称“国家电投”）是同时拥有水、火、核、风、光、气、生物质等全部发电类型的综合能源集团，是实施大型先进压水堆核电站、重型燃气轮机两个国家科技重大专项的中央企业。按照国有资本投资公司的改革方向，2018年企业正式提出“2035一流战略”，即“2020年成为国内领先的清洁能源企业、2025年成为有一定国际影响力的清洁能源企业、2035年基本建成具有全球竞争力的世界一流清洁能源企业”。战略目标明确后，国家电投着力推动解决制约战略落地的体制、机制性问题。国家电投党组提出要建立一套符合企业实际的管理体系，形成对战略落地的强有力支撑。2018年10月，在国家电投董事长钱智民的总体设计和指导推动下，国家电投正式启动“计划—预算—考核—激励”（以下简称“JYKJ”）一体化闭环管理体系的构建工作。JYKJ体系从无到有、从有到实，在企业战略管理中发挥了越来越积极的作用。“十三五”期间，基本实现了再造一个国家电投，资产规模增加了70%，装机规模增长了64%，营业收入提高了50%，利润总额增加了45%，资产负债率下降了9个百分点，连续5年央企考核为A级。世界500强排名提升了87名，是提升最快的国内电力企业。至2020年底，国家电投资产规模达1.32万亿元，员工总数12万人。年末电力装机1.76亿千瓦，56.09%为清洁能源。新能源装机规模世界第一，光伏发电装机规模世界第一，风电装机规模世界第二。2020年利润、净利润增长双双超过30%，名列央企前茅。

二、整合式创新的理论与应用

（一）整合式创新的理论框架：理论与贡献

习近平总书记指出，“创新是引领企业发展的第一动力。抓创新就是抓发展，谋创新就是谋未来”[①]。创新包括技术创新、营运创新、战略与商业模式创新和管理创新（加里·哈默，2008）。创新解决的是竞争力问题、效率和成本问题、效益和规模问题以及活力和动力的问题（宋志平，2020）。国内外学者先后提出了用户创新（Von Hippel, 1986）、颠覆式创新（Christensen, 1997）、开放式创新（Chesbrough, 2003）、模仿创新（Kim and Nelson, 2000）、自主创新（陈劲，1994; 胡琳娜、陈劲，2020）、全面创新（许庆瑞，2007）等创新范式。上述研究中，中国作为新兴经济体中最重要的发展中大国，中国学者也提出了本土的原创性创新范式。1994年陈劲提出的“自主创新”广为国内企业所熟悉，它主要包含引进消化吸收再创新、集成创新以及原始创新三个方面。2017年陈劲针对已有创新范式中存在的不足并结合中国发展的具体情境，提出了一种全新的创新范式——“整合式创新”（holistic innovation，HI）。

整合式创新理论强调战略视野驱动下的全面创新、开放式创新与协同创新，其四大核心要素分别是“战略视角驱动”“全面创

① 中共中央文献研究室：《习近平关于科技创新论述摘编》，中央文献出版社2016年版。

新”“协同创新”“开放式创新”。其中，“战略视角驱动”包含统领性、全局性和整体化的思想，内嵌于企业发展的总体目标和企业管理全过程；“全面创新”具有全要素调动、全员参与和全时空贯彻三方面特征；“协同创新”强调创新的整体性和动态性；“开放式创新”强调要实现内向开放（从内部输出知识）和外向开放（从外部获取知识）相结合，弥补企业内部创新资源的不足。四大核心要素相互联系，有机统一。“整合式创新作为战略视野驱动下的全面创新和协同创新的新范式，强调战略引领和全面协同的高效有机统一、纵向整合、动态发展，是对局部的、横向的和静态的创新范式的质的超越”（陈劲等，2017），如图 1 所示。

笔者认为，“整合式创新”理论的核心贡献在于在“从0到1（从无到有）的垂直性创新”“从1到N的规模化创新”的传统路径之外，开拓了“从N到1的整合式创新”新路径，通过创新设计实现各单一要素的有机集成，达成“1+1＞2”的成效。

（二）整合式创新要素在 JYKJ 体系中的体现

国家电投JYKJ体系以战略目标为导向，通过运用适当的管理方法和管理工具，以价值管理和项目管理为主线，以计划、预算、考核、激励四大管理子体系为抓手，以一体化管理为核心，通过整合式创新，将“战略视角驱动”“全面创新”“协同创新”“开放式创新”四大要素贯穿于体系建设中，实现战略、组织、资源、文化等的深度融合。通过整合式创新，国家电投探寻了一条从“战略”到“日常工作”的落地路径，并将协作、共享的理念形成习惯，凝结成企业最宝贵的文化财富。“整合式创新”四大核心要素在JYKJ 体系中具体体现在以下几点。

1. 战略视角驱动

在总结企业管理基本客观规律的基础上，国家电投以战略目标为牵引，立足“实

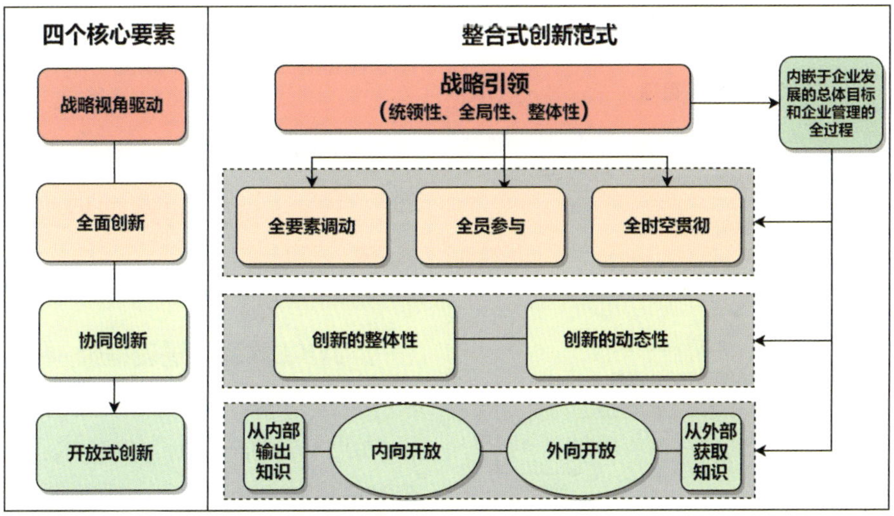

图1 “整合式创新”的创新范式

注：笔者根据陈劲、尹西明、梅亮《整合式创新：基于东方智慧的新兴创新范式》（2017）一文自行绘制。

事求是”、鼓励“共建共享”、突出“和谐统一”、强调“过程管控”、追求“价值创造”，通过“实践—认识—再实践—再认识”的循环往复，以逐级承接分解法，强化战略管控、落实战略举措、提升战略执行力，引导集团各级组织和岗位个人聚焦战略，专注执行，通过考核和多种激励工具组合，在精准性和及时性方面下功夫，极大地激发了广大员工的动力，有效推动了组织业绩和个人绩效的同频共振。

2. 全面创新

JYKJ体系较好地实现了组织全覆盖（企业总部、二级单位及其所属企业、各层级岗位人员等均为体系建设协作主体）、要素全覆盖（充分整合链条各环节，以战略为导向，将计划、预算、考核、激励原本各自独立的领域，用系统性思维进行了高效整合）、过程全覆盖（涵盖生产、经营的全方位和全过程，责任体系横向到边、纵向到底）。

3. 协同创新

JYKJ体系的核心在于“四位一体”的协同性，通过价值管理和项目管理两条主线串联各管理模块，形成全方位管理平台。在这个平台，各专业模块既独立发挥自身的专业管理作用，又通过价值管理和项目管理的规则和流程相互协同，形成合力。协作作为企业的一项重要资源，通过明确各级组织和岗位人员在集团全局中的位置和关联，明晰协助事项，促进沟通和协作的顺畅与高效。

4. 开放式创新

开放的企业文化正是国家电投构建新管理体系的关键。管理创新没有固定的模式和现成的做法，经验可以借鉴，但不可能照搬。国家电投在学习、吸收、借鉴国内外先进的管理理念和管理方法，以及同行业优秀企业良好实践的基础上，赋予全新的实践要求进行了一体化整合。同时按照 PDCA 闭环管理要求，经过计划（P）、实施（D）、检查（C）和改进（A），通过管理螺旋式上升，管理体系不断改进和完善（见图 2）。

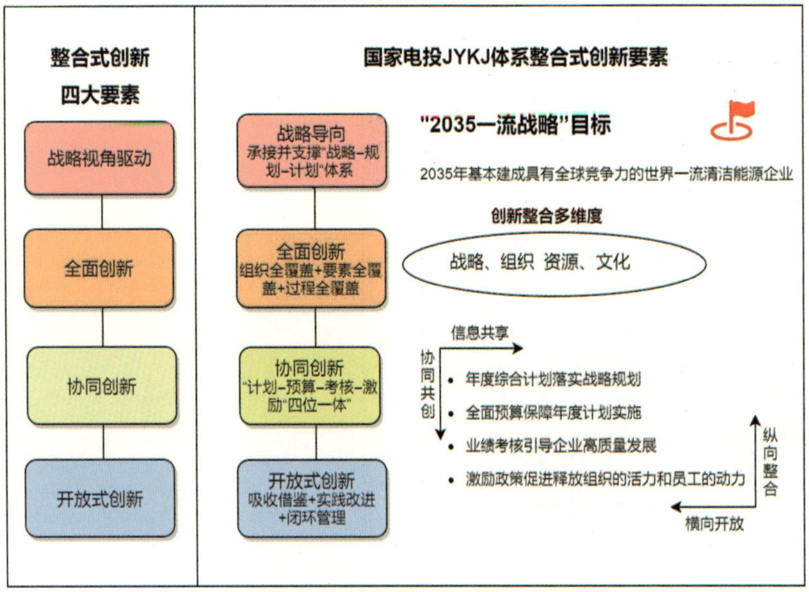

图2 国家电投JYKJ体系“整合式创新”要素

三、JYKJ 体系的逻辑框架与具体内容

（一）JYKJ 体系的逻辑框架

为推动战略落地，国家电投系统地建设了“战略—规划—计划”（SPI）体系、“计划—预算—考核—激励”（JYKJ）体系、“双对标、双激励”（SDSJ）体系三大体系，分别从宏观、中观、微观层面形成了嵌套式、环环相扣的

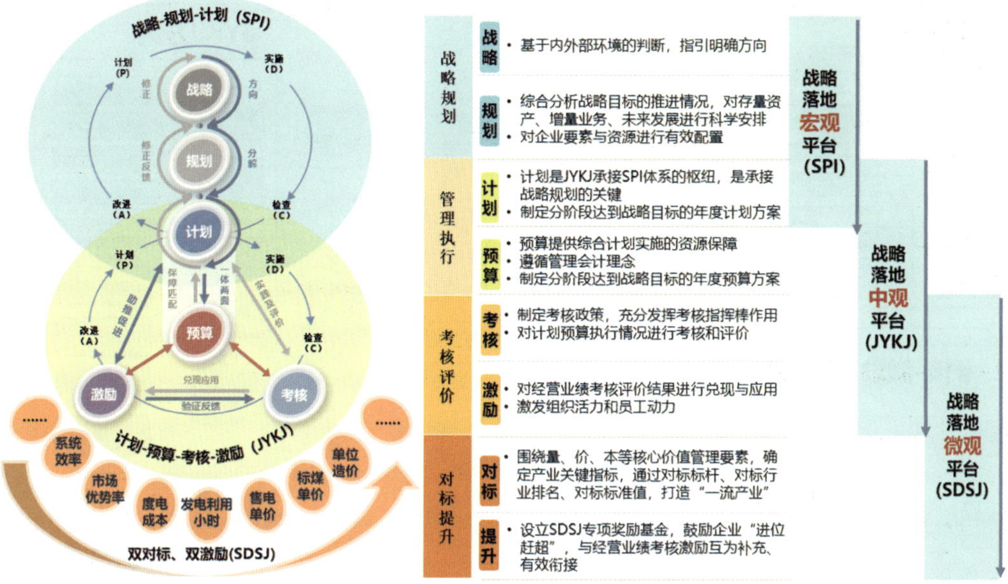

图3 国家电投战略落地“宏观—中观—微观”三大体系

逻辑框架。三大体系共同发力推动战略目标由远至近、由虚化实、由精至细。三大体系如图3所示。

“战略—规划—计划”（SPI）体系是国家电投战略落地的宏观平台，将企业确定的战略目标任务，分解至中长期规划，将重要的规划指标落实至二级单位三年任期考核指标中，再通过计划传导至中观的JYKJ体系平台，通过“计划、预算、考核、激励”一体化运作推动目标落地。同时，为进一步激发微观主体（厂站一线企业）的主动性和积极性，打造“一流产业”的竞争优势，国家电投在微观层面建立了“双对标、双激励”（SDSJ）体系，通过引入对标工具，围绕量、价、本等核心价值管理要素，根据各产业功能定位及经营特点，确定具有行业代表性的产业关键指标。按照“双对标”原则，对标自己，设置关键指标登高目标；对标同行，与发电集团以及国内、国际一流企业进行比较。为鼓励企业“进位赶超”，国家电投在JYKJ经营业绩考核激励之外，专设SDSJ专项奖励，根据产业指标排名提升程度兑现奖励，实现“双激励”。

基于战略视角，JYKJ体系是战略落地中观平台。在逻辑结构上，该体系上承“战略—规划—计划”（SPI）体系，通过体系内在“四位一体”，将企业战略管理活动传导至具体厂站企业，落实到基层企业日常工作安排中，让看似“虚无缥缈”的战略目标，实实在在地通过日常工作落地落实。在JYKJ体系内部，形成了清晰的逻辑脉络。从企业要“干什么（what）、为什么干（why）、何时（when）、何地（where）、谁来干（who）”入手，进一步细化任期目标和JYKJ年度目标。从“怎么干”（how）入手，细化JYKJ行动计划，并通过逐级承接分解法（DOAM工具）逐级、逐项落实，任务承接不跑偏、

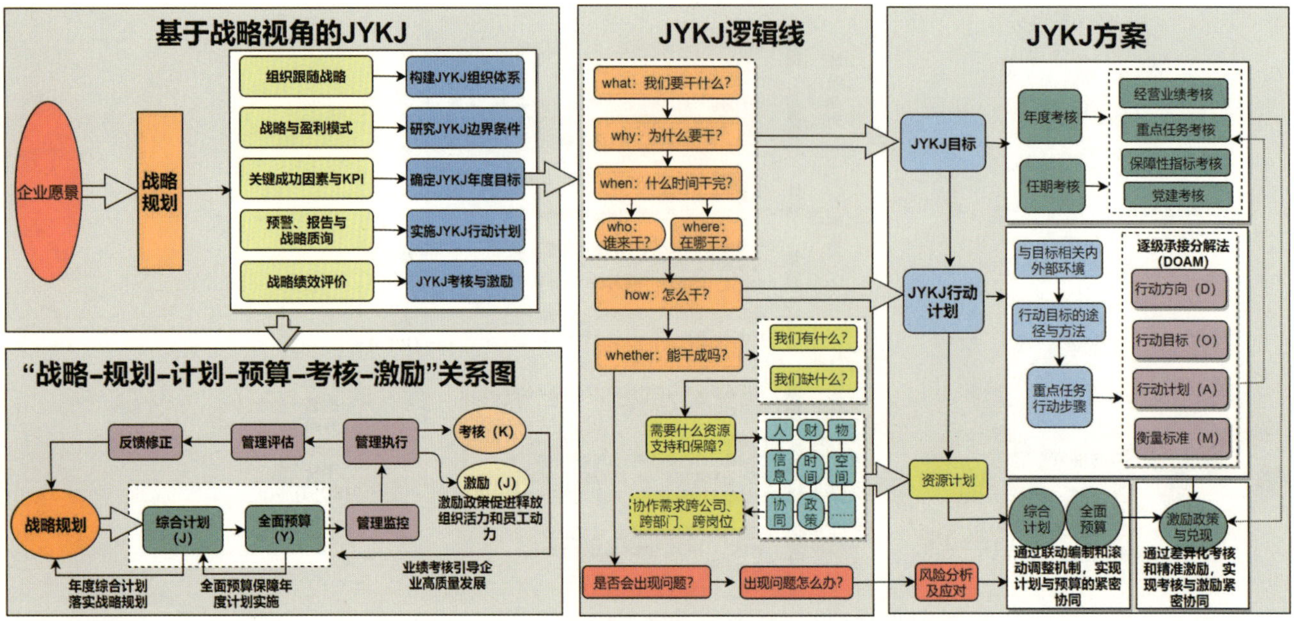

图4 国家电投JYKJ体系逻辑框架

不走样。从分析“是否能干成”（whether）入手，系统梳理企业的人、财、物、信息、时间、空间、政策、协同等各项资源，相应制订资源配置计划，运用计划和预算“一体两面”做好资源配置安排。通过合理设置考核指标、制定考核规则，充分发挥好考核指挥棒作用。通过精准激励、即时激励，极大地促进释放各级组织的活力及全体员工的动力。同时，风险管理在JYKJ体系中是不可忽视的重要环节，要问一问“是否会出现问题”“出现问题怎么办”，相应做好风险分析和应对。JYKJ体系逻辑框架如图4所示。

（二）JYKJ体系的“四位一体”

按照整合式思维，JYKJ体系设计呈现出“顶天立地”的特色。“顶天”，体现在综合计划向上承接战略规划，中间层实现计划与预算的紧密协同；“立地”，体现在考核与激励紧密协同，接通地气，打通企业战略落地的“最后一公里”。JYKJ内部“四位一体”，以年度综合计划落实战略规划，以全面预算保障年度计划实施，以业绩考核引导企业高质量发展，以激励促进释放组织的活力和员工的动力。

1. 计划

在JYKJ一体化管理体系下，综合计划统筹协调经营发展目标和各项业务的全面计划管理活动，包括综合计划编制、审批、执行、调整和考核监督等闭环管理过程。内容涵盖企业年度目标、重点任务、指标计划以及业务计划四个层次，概括为“一体、两翼、一支撑”，即年度目标为“一体”，承接企业规划；重点任务和指标计划为“两翼”，分解落实年度目标，并为年度目标实现提供强有力保障；以业务计划为“支撑”，通过具体工作安排和规范，支撑并推进重点任务和指标计划落地。

年度目标是企业年度业务、财务及风险

控制的总体目标要求，包括业务目标（期末装机规模、发电量等）、财务目标（归母净利润、净资产收益率等）和风险控制目标（资产负债率、安全事故控制等）。年度目标依据企业规划年度分解目标、企业战略管理要求及年度匡算目标等因素综合确定。

重点任务是国家电投的管理特色，是为促进战略规划落地，对企业重要领域和关键环节所作出的重点行动安排，包括组织编制、分解下达、执行督办、考核激励等管理环节。重点任务管理采取项目管理方式，重点聚焦集团公司经营、改革、发展、创新等重要领域的发力点、突破点、创新点和风险点。重点任务需重点配置好战略性资源，确保资源优先保障。

指标计划是企业月度和年度生产、经营及发展环节的具体行动目标及控制指标，包括前期发展与产能计划、投融资计划、产品产量计划、节能减排计划、人力资源计划率等。指标计划依据市场对标原则、定额管理规定以及企业指标控制标准编制。

业务计划是突出管理的关键环节和补短板、拉长板的专项任务，所形成的“提升管理绩效、发挥管理职能”的重点工作计划。其按“分类、分级”两个维度进行管理。分类管理体现在将业务计划分为上级专项任务类、集团专项任务类、日常管理任务类、对外联系与拓展类和监督与风控类五类进行跟踪分析管理；分级管理体现在根据任务关注度及重要性将业务计划分为公司级和部门级进行管理。

2. 预算

全面预算管理是在JYKJ一体化管理思路下，对经营活动实施全过程、全方位、全员参与，是对各类经济资源和经营行为进行合理预计、财务控制和监督，包括预算编制、审批、执行、调整和考核评价监督等管理过程。年度预算采取“上下结合、分月预测、分级编制、逐级汇总”的方式，采用固定、弹性、滚动、零基、概率等方法编制。根据预算内容，预算分为经营预算、资本预算、筹融资预算、财务预算、专项预算等。全面预算管理工具在企业管理中的应用相对比较成熟，在此不再赘述。

3. 考核

考核是“指挥棒”，“考核什么”即“得到什么”，是通过运用系统的工具方法，对照工作目标或绩效标准，对一定时期内企业运营效率与效果进行综合评价的管理活动。JYKJ考核分为任期考核和年度考核，分别以三年和一年为考核期，以签订经营业绩责任书的方式确定。考核结果作为所在企业效益工资分配的重要依据，也是所在企业负责人薪酬分配和调配任用的主要依据。JYKJ考核体系呈现以下“四突出”的特点：

一是突出质量效益。以高质量发展为考核导向，资产经营考核指标以净利润、经济增加值为核心，同时设置现金流量系数对考核结果进行修正，鼓励企业增强现金营运能力。重点任务考核指标围绕战略目标，选取具有挑战性和前瞻性，能对企业有重大的、全局性、前瞻性影响的任务。

二是突出分类考核。根据二级单位功能定位、行业特点和发展阶段，差异化设置考核指标及考核权重。对初创期企业，主要考核重点任务；对发展期企业，经营效益与重点任务考核并重；对成熟期企业，主要考核经营效益。同时，结合企业资产规模、盈利能力以及目标值高低，对主要指标实施分级分档。如根据企业资产规模设七级，对于不同级别的企业，净利润、经济增加值（EVA）、归属于母公司净利润、资产负债率等指标的计分有所差异。

三是突出横纵评价。考核指标与考核系数相结合，以“横纵”双轴评价企业高质量发展程度及经营成果。考核指标纵向评价企业“与自己比”的进步情况；考核系数为衡量企业高质量发展的指标体系，在集团系统内横向评价企业高质量发展程度与经营绩效，围绕盈利能力、资本回报水平、劳动产出效率、重点任务贡献度等方面设置，促进所属单位业绩与集团公司整体业绩有效挂钩。

四是突出创新驱动。鼓励企业科技投入及科技成果产出，在经营效益计算、考核系数设置、科技奖励加分三个方面予以正向引导，激励企业持续培育科技创新能力，不断提高行业引领能力和核心竞争能力。如在考核中设置重大科技创新成果加分项，对推动完成国家重大专项任务、核心技术攻关取得突出成绩，荣获国家科技进步奖等，根据科研成果给予不同程度的加分。

4. 激励

激励是调动员工的积极性、主动性和创造性，激发员工动力、促进企业绩效提升的重要手段。JYKJ体系中，各级组织和员工最关注且往往发挥决定性作用的是最后一个J(激励）。为真正做实激励，充分发挥好激励的效果，国家电投创新激励政策研究组织形式，不断丰富激励工具、完善激励手段、提升激励效果。

一是创新组织形式。国家电投聚焦战略重点，围绕创新、发展、国际化、资本运作、金融、综合智慧能源、提质增效等领域，相应组建了七个激励政策研究小组，负责“提建议、出方案、推落实”，聚焦突出问题，提出薪酬激励方案，并指导薪酬激励政策落地实施。激励政策研究小组由集团公司分管领导担任小组组长，组员成员由总部相关部门和二级单位构成。以发展领域薪酬激励政策研究小组为例，该小组研究提出发展工作即时激励方案，在对重大项目和区域发展工作中勇挑重担、攻坚克难，对工作过程中取得重要突破、成绩卓越的个人或团队进行即时奖励，通过激励加快推进重大项目和区域发展实现重大突破，为推动重大项目发展发挥了积极的作用。

二是丰富激励工具。国家电投结合企业实际情况，从薪酬激励、能力开发、职业发展等角度出发不断研究和丰富激励工具。在激励中兼顾内在激励与外在激励、短期激励与中长期激励、货币激励与非货币激励、个人激励与团队激励、荣誉激励与职位晋升、正向激励与反向激励，通过组合式激励，发挥多种激励工具的综合作用。上述激励工具中，中长期激励的实施难度大、关注程度高、影响面广，国家电投的中长期激励工具主要有国有科技型企业股权和分红激励、国有控股混合所有制企业员工持股、国有控股上市公司股权激励、跟投等多种激励方式。

三是完善激励手段。国家电投先后推

出了专项激励、即时激励、定制化激励等政策，极大地提升了激励的效果。专项激励解决的是激励的精准性问题，是为充分调动广大员工在企业经营发展中勇挑重担、攻坚克难的积极性和创造性，对在改革发展、生产运营、创新驱动等方面做出突出贡献的团队或个人的一次性奖励，激励额度根据对战略发展的贡献和影响确定，按单列工资管理。即时激励解决的是激励的及时性问题，是对关键节点对取得关键成果的关键团队及个人的奖励，体现为“一事一奖、特事特奖、即申即奖”。如对于发展领域，即时激励事项共分五大类23项，明确对于在重大项目推进、区域发展、电力营销、产业创新工作中，取得重要突破或卓越业绩的项目责任人或团队给予即时奖励。与专项激励最大的不同在于，即时激励是达到节点目标即激励，激励及时但激励额相对较小；专项激励是以年度为周期，激励额相对较大。定制化激励解决的是激励的灵活性问题，是针对特定产业、特定组织、特定区域所实施的灵活多样的组合激励方式。以综合智慧能源为例，作为国家电投未来发展的重要增长极，对其采用定制化激励工具，实施多元化激励政策。如对高管和核心骨干实施项目跟投或虚拟股权、对科研人员实施科技成果转化奖励或追溯奖励、对工程项目人员实施项目模拟法人制或项目薪酬制、鼓励项目跟投等。

（三）JYKJ 体系的管理活动

要实现 JYKJ“四位一体”，关键是实现各子体系的组织架构、管理流程、管理工具和管理成果等方面的深度融合。国家电投摸索形成了 JYKJ 管理活动“五线”管理。“五线”即方案编制线、执行分析线、考核激励线、优化改进线和调整审批线。其中方案编制、执行分析、考核激励是“主线”，优化改进、调整审批是“辅线”。通过编制 JYKJ 管理活动实施计划（事项清单），详细排出管理活动事项、日期、牵头主体与协作方、标识关键节点和“三重一大”审批节点等内容，以“挂图作战”方式，按计划、按目标、按进度、按要求实施，极大地提升了 JYKJ 管理活动的有效性（见图 5）。

1. 方案编制线

方案编制的主要流程为“两下一上”。9月底前，确定次年JYKJ方案边界条件和目标，下达JYKJ方案编制通知（“一

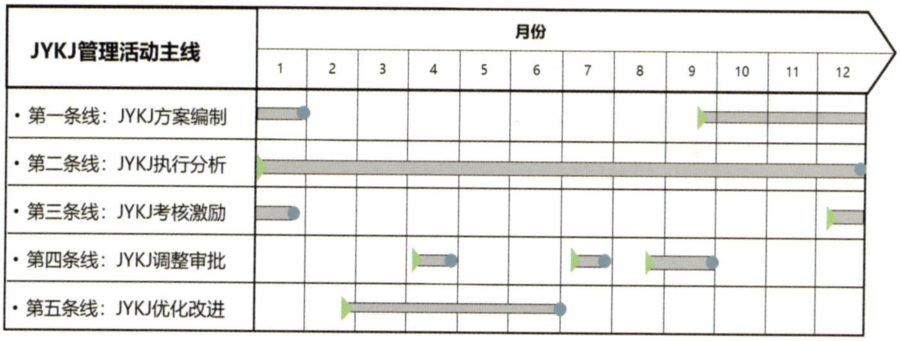

图5 国家电投JYKJ“五条主线”管理活动

下”）。经多轮沟通，11月底前，二级单位经内部决策审议，集团上报JYKJ方案（“一上”）；次年年初，经集团董事会批准形成集团年度JYKJ方案。集团与二级单位据此签订经营业绩考核责任书，并同步下达年度综合计划、重点任务和主要预算指标（“二下”）。

2. 执行分析线

JYKJ 执行分析涵盖月度、季度和年度。集团总部每月召开两次领导班子碰头会，月初通报 JYKJ 重点任务以及主要经营指标执行情况，分析偏差项，制定相应措施，经督办分解至总部相关部门及二级单位。月中通报 JYKJ 执行最新进展情况。每月、每季、每年分别召开集团月度生产经营例会、党组（专题）会、党组（扩大）会，全面分析月、季和年度 JYKJ 执行情况。

3. 考核激励线

12月下旬开展专项奖励申报、评审工作；12月底前，完成二级单位年度工资总额结算；次年1月初，完成年度考核评价工作。考核结果履行企业“三重一大”决策审批。同时，JYKJ体系中建立了考核申诉机制，被考核单位对考核过程或考核结果存在异议，可依照制度进行申诉。

4. 调整审批线

JYKJ 方案具有严肃性，方案调整的条件是发生国家重大政策变化、存在重大不可抗力因素、企业战略目标出现重大调整等影响 JYKJ 方案编制基础，且导致 JYKJ 方案执行结果产生重大偏差时，方可对指标和任务进行调整。计划和预算调整工作原则上在年中安排一次。重点任务调整兼顾原则性与及时性，年度安排 2～3 次调整。

5. 优化改进线

按照PDCA闭环管理要求，做好JYKJ管理体系持续优化和总结提炼工作，以问题为导向，学习、吸收、借鉴国内外先进的管理理念和管理方法，不断改进和完善。一般每年2月下旬起启动优化管理工作，通过总结上年度JYKJ管理体系运转情况，开展调研分析，制订和发布优化JYKJ工作思路和具体方案，如升版制度，6月底前完成制度修订工作。

（四）JYKJ 体系的核心工具——DOAM

JYKJ体系广泛运用“逐级承接分解法”工具（DOAM），将战略重点任务进行逐级分解，层层压实到组织与个人，并设立量化考核标准，将评价结果与绩效挂钩。“DOAM”四个字母分别指代以下四项内容：行动方向（direction）、行动目标（objective）、行动计划（action）、衡量标准（measure）。其中衡量标准遵循SMART原则（具体化、可度量、可实现、相关性、有时限），具体如图6所示。

应用DOAM工具实现战略目标任务逐级向下分解至最底层责任单位，并实现向上承诺。通过考核责任书，集团总部各部门、二级单位完整承接集团公司的战略目标任务。二级单位向其部门和所属单位分解。通过聚焦重点任务，统筹各方资源，推动实现稳增长、保安全、谋发展、促改革。2021年，国家电投安排集团级重点任务 6 个 D（行动方向）、18 个O（行动目标）、42 个 A（行动计划）和 80个 M（衡量标准）。上述80项任务通过分解，形成279项重点任务，通过考核责任书由总部相

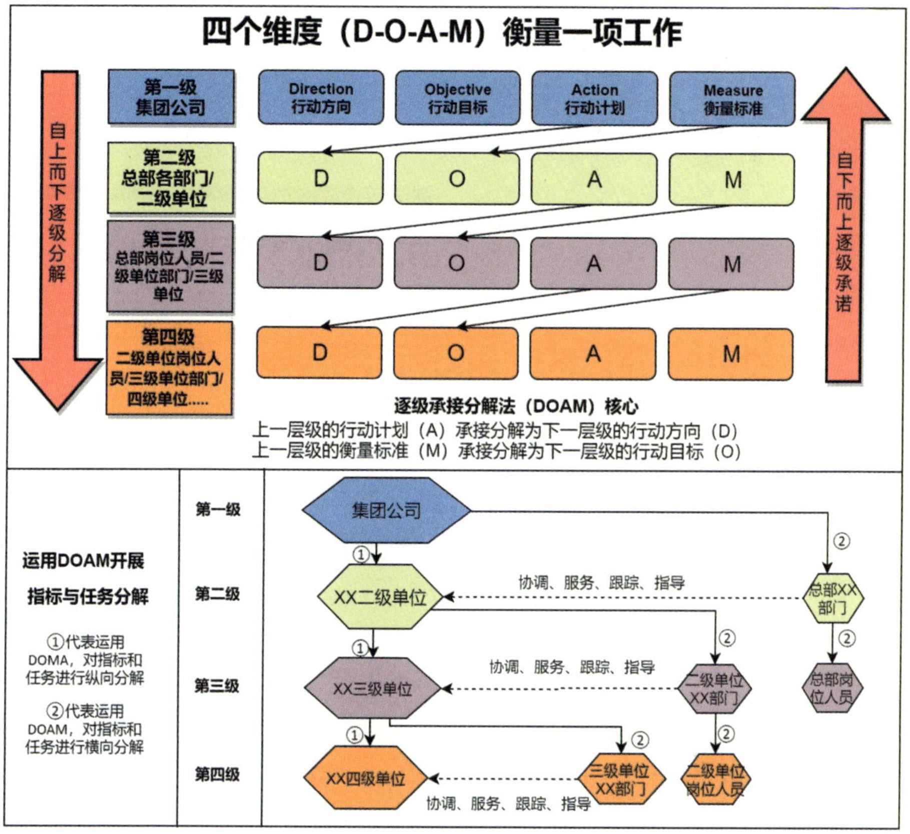

图6 逐级承接分解法（DOAM）模型

关部门和二级单位共同承接。二级单位运用DOAM工具向其本部部门和三级单位传导。以此类推，实现战略目标的纵向分解落地。

（五）JYKJ 体系的四大基础

组织保障、制度保障、数字化平台、宣传培训是 JYKJ 管理体系建设的基础，是决定 JYKJ 管理体系运转效率和效果的重要因素。

1. 组织保障

整合原有计划、预算、薪酬分配等组织体系，成立JYKJ工作机构，统筹协调JYKJ管理体系建设与运转相关事项。JYKJ工作机构包括JYKJ工作领导小组及下设的办公室。JYKJ工作领导小组组长由集团公司总经理担任。副组长2人，分别由集团分管经营和人力资源的领导担任。成员由总部各部门主要负责人组成。办公室是JYKJ管理工作的日常运作机构，设在计划财务管理部门。

2. 制度保障

制度是管理体系顶层设计的重要载体，通过制度建设，实现顶层设计与实践探索相结合、与问题导向相结合。将实践探索作为顶层设计的有益补充，解决一些具体和特殊的问题，避免体系僵化和失误。国家电投 JYKJ 制度采取“1 + N”模式。“1”为总办法，“N” 为子办法，横向衔接、纵向匹配，即计划、预算、考核、激励四位一体制度横向衔接，成员公司与集团公司制度纵向动态匹配。JYKJ一体化管理办法是JYKJ制度体系“1+N”中的“1”（母办法），统领下层级若干“N”子办法。“N”子办法包括综合计划、重点任务、全面预算、综合业绩考核、工资总额、专项激励等。

3. 数字化平台

以数字化系统为载体，将JYKJ管理理念、方法、流程嵌入数字平台。将数字化转型作为支撑企业战略落地的重要载体，衔接做好与会计、计划、预算、考核、对标系统（或数据）之间的接口关系，消除“烟囱”和“孤岛”，打通企业管理和运营，实现互联互通、集约便捷。同时对于随着企业发展所出现的不配套、不适应、不协调、不衔接的管理流程进行优化、再造和固化。

4. 培训宣贯

在体系建设初期，出现过二级单位对于JYKJ体系建设“局部热、局部冷”的不平衡问题，一定程度上削弱了JYKJ管理体系本应发挥的管理功能和地位。解决的重点是要处理好整体推进与重点突破的关系，突破点是要解决人的思想上的问题。只有让不同层级的管理者对于“为什么要建JYKJ”有清晰的认知，明白了JYKJ与组织、个人的联系，才能真正发挥出管理者的积极性和主动性，创新性思考“怎么干好”的问题，也才能真正拿出破解难题的实招和硬招。对此，国家电投充分利用企业培训平台和多种形式的媒体宣传资源，通过灵活多样的方式，使各单位在弄懂吃透JYKJ管理体系建设的背景目的、体系逻辑、运行机理等方面有了很大的提升，进而转化为解决问题的方法、工具、手段，落实到解决企业的实际问题中。

四、JYKJ体系的特点和良好实践

（一）JYKJ体系的特点

在一体化整合思路下，JYKJ有着鲜明的特点，突出表现在通过JYKJ管理体系，用好用足激发企业内生动力的机制，坚持鼓励先进和价值导向，激发各级组织的活力和员工的动力，凝聚起企业总部、各层级组织、最广大员工的力量，兼顾长期目标与短期目标的平衡、整体利益与局部利益的平衡、刚性目标与柔性管理的平衡，构建起“价值管理与项目管理”双通道、夯实“综合计划与全面预算”双基础、实现“组织活力与员工动力”双驱动，在企业战略落地过程中充分发挥着“发动机”“润滑剂”“调频器”的重要作用。作为“发动机”，JYKJ体系赋能企业管理，通过“价值管理”和“项目管理”形成企业全方位管理平台，驱动现行管理体系持续升级，促生释放管理红利，让管理提升有效融入企业安全生产、经营管理、市场开发等工作中。作为“润滑剂”，JYKJ体系进一步促进了各管理体系融会贯通，消除管理界限和管理孤岛，确保实现计划、预算、考核、激励子体系的顺畅联动。如通过综合计划确定全面预算的主要业务量边界条件。在综合计划的基础上，通过全面预算对资源进行有效配置，达成计划和预算充分衔接，财务深入业务，推动实现业财融合。作为“调频器”，JYKJ体系将计划、预算、考核、激励子体系在同一维度、同一频率、同一效率上实现有效运作，有效提升和激发了组织与员工的执行力、协同力和创新力，通过考核激励让员工在经济回报之外获得更为重要的企业认同感和归属感。

（二）JYKJ 体系运作良好实践

JYKJ体系是一项系统性的整合式创新，是充分整合链条各环节，以战略为导向，将计划、预算、考核、激励原本各自独立的领域，用系统性思维进行高效整合，以获得“1+1＞2”的成效。在这个体系中，既要从微观角度上看到系统内部的结构、结构之间的关系，也要从宏观角度上看到系统的整体、系统与外部环境之间的关系。国家电投JYKJ体系运作良好实践主要包括以下几个方面。

1. 创新挂档、分类、精准考核机制，激发各级组织内生动力，发挥好考核“指挥棒”作用

一是通过考核规则引导企业“说真话”、减少博弈。考核的关键点和难点在于考核评价标准的确定方法，常见做法是将预算值作为考核值。这种方式费时费力，集团认为二级单位申报过于保守，二级单位认为集团在“鞭打快牛”，双方相互博弈。以2019年为例，国家电投通过优化考核挂档机制，以核定基准值为基础，根据企业资产规模和目标的先进性，实施企业分级、目标分档。一档目标为“挑战目标”，二档目标为“稳增长目标”，效益目标下滑的列为三档，三个档位对应不同的考核政策和薪酬分配系数，对目标制定积极的单位进行考核奖励和薪酬激励。实行新的考核规则后，二级单位预算利润由初始投报的 20 亿元一跃上升为 113 亿元，增长近 5 倍。在企业内外部环境未发生任何变化的情况下，考核导向的优化激发了企业内生动力。2019 年企业最终利润实现超 160 亿元的历史最高水平。在 JYKJ 体系强有力的推动下，2020 年利润总额又一举超过 200 亿元，实现了公司“十三五”规划圆满收官。2021 年，国家电投进一步优化工资总额预算管理方式，建立起“工资总额增长与业绩考核目标先进程度紧密挂钩”机制，接受一档“挑战目标”的企业数量比例高达 90%，实现了公司“十四五”规划良好开局。

二是在“分类考核、精准考核”上下功夫。国家电投实施了“经纬双轴、横纵双维”的综合绩效评价体系。考核指标以实现战略落地为导向，聚焦企业发展重点，根据企业类型及生命周期进行分类，以企业类型为“纬度”线，以企业发展周期为“经度”线，差异化设置考核指标及考核权重。同时，鼓励企业科技投入及科技成果产出，在经营效益计算、考核系数设置、科技奖励加分等方面予以正向引导。考核指标得分与考核系数相结合，考核指标为目标导向，纵向评价企业“与自己比”的进步情况；考核系数为排名比较，在集团系统内横向评价企业“与他人比”的高质量发展程度。

2. 建立投资计划“四挂钩”机制，有效破解投资需求旺盛与投资能力不足之间的矛盾

国家电投近些年快速发展，保持了较高的投资强度，控杠杆的难度加大。国家电投坚持效益优先，按照战略重要性、阶段性、经济性对项目进行综合优选。新开工项目按照经济性参与全集团优选排序。同时集团创新建立投资计划安排与资产负债率挂钩、与权益融资挂钩、与执行监控挂钩、与业绩考核挂钩的“四挂钩”机制。根据资产负债率约束，统筹安排所属企业投资计划，推行投资计划与投资能力强匹配方式。将投资项目分为“必保盘”“优选盘”“可争盘”，实行分类管控。将集团公司战略发展重大项目、区域战略重点项目、创新项目、重点智慧能源项目以及战略安排必须按期实施的项目投资纳入“必保盘”；将符合集团战略发展方向、实施条件已落实、效益排序靠前，并通过集团专业审核认可的项目投资纳入“优选盘”；将必保项目和优选项目以外，符合集团战略规划、经济性好、二级单位可争取在年度内实施的项目投资纳入“可争盘”。根据各单位财务状况优化计划安排，融资能力和发展能力强的企业承担更多的发展使命。同时鼓励所属企业通过创新融资、引入战略投资者、资产“做减法”等措施优化资本结构、提升投资能力。鼓励以轻资产方式发展新业态、新模式、新技术等“三新”产业。集团分批次下达年度投资计划，具备条件的必保项目于年初下达。优选项目和可争项目具备条件、落实相应融资后，在不超过集团核定总盘子的情况下审查列入计划，分批次下达。通过机制安排，集团鲜明地树立起“有保有压，能力约束”的原则，变“争”投资为“挣”投资，切实缓解了企业投资需求与投资能力之间的矛盾。

3. 实现组织业绩与个人绩效的有效贯通，高效提升战略执行力

通过DOAM工具，将绩效目标自上而下逐级分解，并自下而上逐级承诺，国家电投上至集团班子成员、下至各级组织岗位人员，人人有绩效计划。集团总部职能部门考核指标分设公共指标、承接集团和部门重点任务指标、督办指标、协同服务指标以及保障性指标。公共指标的设置是总部考核的一大特点。国家电投将完成国资委年度考核目标、重大专项目标，以及“零死亡”“零亏损”“零拖期”目标、重大改革目标等列作各职能部门的共同承接的指标，约束和激励各部门履行好各自职责，培养协同作战能力，共同努力推动目标实现。与此同时，从集团总部率先开展季度绩效面谈，并逐步向全集团推广。通过绩效辅导，聚焦绩效目标，共同研究提升绩效计划执行力，推动实现个人意愿与组织需求的契合。建立多种激励工具，在工资薪酬之外，专项激励、即时激励、股权激励、定制化激励等多种方式极大地激发了组织和员工的积极性和创造性，从“要我干”到“我要干”，个人绩效与组织绩效关联，形成“心往一处想、劲往一处使”的绩效导向，正向引导价值创造。

4. 建立重点任务与重要会议协同机制，促进将党的领导与企业中心工作更加紧密地结合起来

为强化重点任务与重要会议的协同，国家电投总部采取跨部门、矩阵式管理方式，创新成立重点任务协同小组，作为衔接重点任务推进体系与重要会议组织体系的平台。协同小组实行党建部门负责人和计财部门负责人双组长制，定位于“聚焦战略、协同核心、服务党组”，为重要会议“出点子、出建议”，促进将党的领导与企业中心工作更加紧密地结合起来。集团总部13类会议以“议事—定事—落事—成事”为主线，按照“研究—决策—部署—落实”的逻辑推进实现重点任务目标。党组务虚会、沙龙活动是“议事”的重要会议，定位于研究事项；党组会、董事会、董事会执委会、总经理办公会是“定事”的重要会议，定位于决策事项；年度工作会、党组（扩大）会、领导班子碰头会、生产经营月度例会是“落事”的重要会议，定位于“部署”任务；专题会、专业工作会、专项工作委员会是推动“成事”的重要会议，定位于“落实”任务。由此，通过将重要会议的主题聚焦战略目标，极大地推动了重点任务和目标的实现。

五、总结

基于战略发展要求，国家电投“从实践到感性认识、再从感性认识到理性认识”，JYKJ管理体系孕育而生。这套管理体系的构建实施不是另起炉灶、推倒重来，不是单个要素的简单叠加，是对企业已有的管理工具、管理平台和管理方法的“整合式创新”，充分体现了企业保持战略定力、抢占重要战略机遇期的创新性思想变革。可以预见的是，这套以“整合式创新”理论所构建的JYKJ体系，经过持续优化及与企业文化的深度融合，会越来越显示出其特有的“灵气”和“神韵”，将为企业战略目标的实现发挥越来越重要、越来越积极的作用。

参考文献：

[1] 陈劲、尹西明、梅亮：《整合式创新：基于东方智慧的新兴创新范式》，载于《技术经济》2017 年第 36 期。
[2] 陈劲、吕文晶：《中国企业的创新之路》，载于《科学与管理》2017 年第 37 期。
[3] 胡琳娜、陈劲：《整合式创新的框架及机理分析》，载于《科学管理研究》2020 年第 8 期。
[4] 加里·哈默：《管理大未来》，陈劲译，中信出版社 2008 年版。
[5] 宋志平：《经营心得》，中信出版集团 2018 年版。
[6] Von Hippel, E. Lead users: a source of novel product concepts. *Management Science*, 1986, 32(7): 791-805.
[7] Christensen, C.M.*The Innovator's Dilemma: When New Technologies Cause Great Firms to Fail*. Boston, Massachusetts: Harvard Business School Press, 1997.
[8] Chesbrough, H.W.*Open Innovation: The New Imperative for Creating and Profiting from Technology*. Harvard Business Review Press, 2003.
[9] Kim, L. Nelson, R.R.Technology, *Learning,and Innovation: Experiences of Newly Industrializing Economies*. Cambridge University Press, 2000.
[10] 陈劲：《从技术引进到自主创新的学习模式》，载于《科研管理》1994 年第 2 期。
[11] 许庆瑞：《全面创新管理：理论与实践》，科学出版社 2007 年版。
[12] 何召滨：《国有企业财务治理》，人民出版社 2012 年版。
[13] 何召滨：《高质量发展导向下的国有企业经营业绩考核体系思考》，载于《中国管理会计研究》2020 年第 1 期。

“三变一化”

助力大型企业重构战略到执行的绩效管理体系

吴昌秀 用友网络科技股份有限公司

【摘要】战略到执行的企业绩效管理体系于大型企业至关重要，国际大型企业将其置于一级核心流程之一的位置。本文首先总结了我国大型企业绩效管理运行中出现的“五大”痛点，然后分析其原因，提出解决这一难题的思路在于“三变一化”。三变是指变革理念、变革组织、变革流程，本质是对标世界一流。一化是指数智化，即数字化和智能化，利用数字化、智能化的技术提升数据收集、加工处理能力，提升企业绩效管理效率。本文旨在使我国大型企业在管理水平上缩小与国际企业的差距，从而在新一轮全球竞争中取得优势。

【关键词】绩效管理 对标世界一流 数字化 智能化

2020年7月29日，国务院国资委召开“对标世界一流管理提升行动”启动会议。2020年8月国务院国资委发布《关于加快推进国有企业数字化转型工作的通知》。这两大举措密集出台，意味着国家已经意识到我国大型企业在新一轮管理转型升级过程中必须两手抓：一手抓对标管理，另一手抓数字化，将二者有机结合，以弥补我国大型企业在管理能力方面与国际企业存在的差距。笔者从事大型企业管理会计咨询及系统实施工作超过20年，在此过程中，接触了大量国内外各类型企业，深感我国企业与国际企业在管理理念、组织、流程、系统等层面存在较大差距，国家层面推进“对标世界一流”非常紧迫和必要，本文将以大型企业运行最重要的使能流程——战略到执行的绩效管理流程为例，剖析相关问题及成因，并尝试提出“三变一化”的改进建议。

一、战略到执行的企业绩效管理体系的定义

战略到执行的企业绩效管理（enterprise performance management，EPM）体系是指围绕企业战略目标所实施的一整套闭环的管理体系，包括战略规划、年度计划和预算、绩效目标制定、管理执行和监控以及绩效评价。因此，本文所讨论的绩效管理体系是指广义上的绩效管理，而非组织绩效、员工绩效等狭义上的绩效管理，当然，本文所讨论的企业绩效管理包含狭义上的绩效管理。

二、我国大型企业绩效管理体系痛点

（一）战略实现路径不清晰

大型企业战略规划通常由战略规划部门自身或者请咨询公司协助制定，公司高管层参与度不够，这与国际企业“战略不应该被授权”的理念存在很大差距，国际公司的高管和业务线高管都是战略制定的第一责任人。另外，国内大型企业的战略规划过程重战略制定、轻落地执行。战略目标较清晰，如成为行业第一、成为行业有影响力的企业等，但在如何达成目标的路径规划方面偏弱，战略制定完可能就束之高阁，无法落地。还有一些大型企业的战略在老板的脑子里，中高层之间未形成共识，对战略及战略执行的理解一知半解，造成后续年度业务计划制定、年度预算编制、年度绩效目标设定和管理执行监控环节连锁问题的产生。

（二）业务计划形不成合力

大型企业通常由战略部门或者独立的运营部门（或企管部门，或综合计划部门）主管经营计划的制订，较多企业计划制订的流程是自下而上，即先布置销售、生产、采购、研发、人力、财务等各部门提交部门级计划，再汇总形成公司级经营计划（初稿），组织相关会议讨论修订后定稿。这种模式会造成公司级经营计划从各部门利益出发制订，与公司战略脱节，尤其在公司战略制定沟通不充分的企业中尤为严重。当然，这种自下而上制订经营计

发表于《中国管理会计》2021年第3期，总第17期。

划的企业通常战略也是不清晰的。部门级计划各自为政或缺乏协作是非常致命的，因为各部门形不成“向一个城墙口冲锋的合力”，何以在商战中取胜？

（三）预算资源配置效果不佳

企业预算通常由财务部门组织制定，少数企业由独立的企管、计划等部门主管。部分大型企业经营计划和预算平行开展，甚至少数企业计划滞后于预算的进度开展，在预算已经批准下发的情况下，评定部门制订的计划时发现没有做预算。试问这样的预算如何实现资源有效配置？这样的预算如何支撑战略的落地？当然，多数企业是先制订计划再制定预算或同时开展的，但由于各部门计划间形不成合力，导致预算对准计划配置资源时，资源配置效果大打折扣。

（四）绩效目标分解不成体系

大多数企业由战略部门（运营部门、综合计划部门或企管部门等）负责组织绩效指标设计和目标制定，且能利用平衡计分卡等先进工具制定。但是由于上述战略、计划环节不理想，导致在指标分解上往往存在一些致命的问题：指标缺乏战略导向，战略执行没有动力；在一些核心业绩指标的分解上往往过于追求部门责任可控性，造成一些指标无人可负责，这就会出现一些不正常的现象，如各部门“能负责的业绩指标”完成得较好，但公司整体业绩却不佳。

（五）管理执行和监控结果不佳

战略到执行的企业绩效管理是一个闭环的管理体系。由于年度业务计划、年度预算和绩效目标分解均缺乏战略导向，导致执行阶段缺乏有力的抓手，滚动计划和预测、管理报告和经营分析、绩效评价等各项工作都在开展，可是难以实现公司经营管理目标和战略目标。

三、我国大型企业绩效管理体系痛点产生原因分析

以上五个痛点产生的原因表面上是流程方法问题，但究其本质，还有很多深层次的原因，包括管理理念、组织、流程、系统技术等。

首先，在管理理念上，管理层对战略到执行的绩效管理闭环体系的重视度不够，没有将其上升为公司一级核心管理流程，而是散落在各部门的二级、三级流程中。同时，也没有将其作为公司高层、各业务线领导、各职能部门领导提升领导力的必备技能。

其次，在管理组织上，国内大型企业绝大多数还是处于传统“职能型”组织模式，部门墙非常坚固，各部门分别牵头开展战略规划、年度业务计划、年度预算、年度绩效指标分解工作时各成体系。另外，大型企业基于管理架构的“责、权、利”划分不到位，导致战略到执行的管理体系缺乏有力的组织支撑。

最后，在管理流程上，我们还没有形成“流程型组织”模式，大型企业或许也梳理了成套的管理流程，但这些流程并不都是为执行所设计，很多企业是为质量管理评审所

设计，因此执行中会走样，变成“两张皮”。另外，流程是由活动组成的，完成活动需要好的方法和系统技术支撑，而在这两个方面我们和国际企业相比差距还是明显的，这也会造成流程执行的效果差异。如缺乏有效的数字化手段支撑，多业态、多层级、管理架构复杂的大型企业预算编制周期长，无法实行灵活、动态的预算管理；在滚动预测、管理报告和分析等环节缺乏数智化手段支撑，信息反馈滞后，也导致难以及时进行监控和纠偏。

四、“三变一化”重构我国大型企业绩效管理体系

针对以上问题，结合国际领先企业领先实践分析，要彻底根除以上问题，不能依靠单点解决，而是要从顶层出发，通过“对标世界一流”，进行系统性的企业级变革，包括变革理念、变革组织和变革流程，并借助数字化、智能化手段，才能提升流程的效率和管理效果。

（一）变革理念

大型企业需要对标世界一流，变革管理理念，提升企业绩效管理的地位和执行力。

管理变革，理念先行。对标国际先进企业，国内大型企业应从以下两个方面进行理念变革。

1. 提升战略到执行的企业绩效管理体系的地位

战略到执行的企业绩效管理流程是大型企业最核心、最重要的管理流程。它关乎大型企业战略执行能否顺畅，关乎战略能否实现，也是大型企业管理能力的体现。为提升这个流程的地位，对标国际领先企业，建议大型企业应将其上升到企业流程框架的一级流程进行管理，而不是散落在各个部门的二级流程甚至三级流程中。如专门组织相关部门，重新梳理战略到执行的绩效管理流程及其子流程，并发文严格贯彻落实，使之成为管理习惯。

2. 通过培训，强化并提升中高层对战略到执行的企业绩效管理体系的理解力和执行力

对标国际领先企业，战略到执行的企业绩效管理必须成为公司高层、各业务线领导、各职能部门领导的必备技能，中高层对这个体系的理解深度和掌握程度直接关系到企业的战斗力。因为任何一个组织，无论是业务部门，还是管理部门，都会涉及战略到执行的管理体系的建立。如财务部，它必须基于公司战略转型制定自己的职能战略，并分解制订年度重点工作计划、预算和KPI。虽然部门性质不同，但应该统一流程、方法和沟通语言。大型企业达成了此共识并有效执行，相关流程运作的顺畅程度一定会有质的飞跃。

（二）变革组织

大型企业需要对标世界一流，变革管理组织，建立清晰的管理责任体系。

管理变革，组织是主体，企业战略规划、年度业务计划、年度预算、绩效目标分解、管理执行与监控的基础都要落实到大型企业的管理组织体系的最小责任单位。对标国际领先企业，国内大型企业应

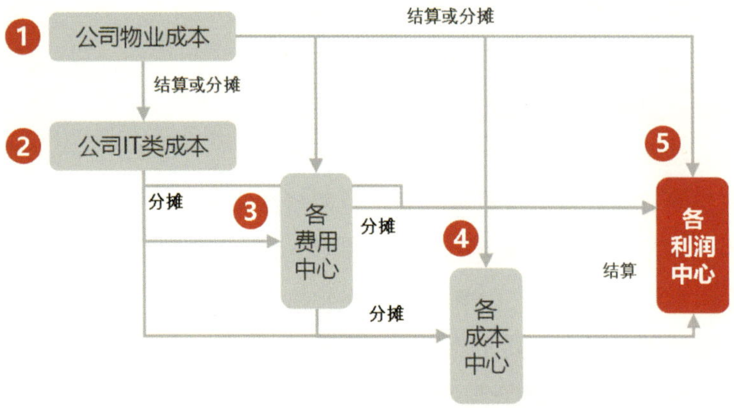

图1 某国际大型企业内部结算分摊流程

建立清晰的以内部市场化为基础的责任体系。该责任体系改变了传统依靠预算进行被动资源配置的模式，被动资源配置模式下，除少数收入中心外，企业大部分部门都是以成本中心或者费用中心模式进行管理，各部门都是花钱部门，纷纷争抢资源，资源配置效率较低。

而内部市场化为基础的责任体系可以调动和激活各级组织的活力，变抢免费资源为"谁使用，谁付费"模式。通过内部结算和分摊，清晰核算各责任单位的价值，提升资源配置效率，提升战略执行能力。近年来，基于划小核算、阿米巴等模式建立内部市场化核算体系在很多企业日渐盛行，如国内大型通信企业的省公司很多年前就纷纷建立内部结算体系，新钢联、南方航空等企业也纷纷建立阿米巴核算体系。

当然，对于大型企业来说，也不一定把所有部门都做成利润中心，形成大家相互结算的过于复杂的模式。建议参照大型国际企业，清晰定位各部门的责任，如图1所示：其中的数字表示某国际大型企业成本费用结算分摊的顺序，通过结算分摊顺序的设定，可以避免结算的死循环。该国际公司是一个全球运营的高科技公司。其结算分摊顺序如下：

第一步：先将公司各责任中心均占用的高端写字楼的物业成本（房租、水、电等成本）结算或分摊至各责任中心和机房等IT设施占用对象。

第二步：将公司IT类成本（该企业IT成本很高，含第一步分摊来的费用）分摊至各责任中心。

第三步：将财务、人力、行政、市场、法务等费用中心的费用（含第一步和第二步分摊来的费用）分摊至所有成本中心和利润中心。

第四步：将供应链（包括采购和制造等部门）等成本中心的费用结算至各利润中心（产品线部门）。

至此，公司所有成本费用通过结算或分摊全部进入各利润中心，实现利润中心收入和成本的完全匹配，以评价各利润中心是否具有真实市场竞争力；各成本中心通过结算和分摊，也实现了全成本核算，可以评价其真实的成本竞争力；各费用中心通过结算和分摊，也实现了全成本核算，可以评价其真实的效率（吴昌秀，2017）。

当然，这种通过结算和分摊建立的内部清晰的责任体系离不开数字化手段的支撑。图1中国际企业的数字化程度非常高，因此其IT类成本也较高，在内部结算分摊流程上单列也就不足为奇了。

（三）变革流程

大型企业需要对标世界一流，变革管理流程，按照"流程型组织"的理念，重构战略到执行的企业绩效管理体系。

管理变革，流程是载体。大型企业必须靠流程和制度进行运作，而不是建立在个人经验运作上，这是管理者基本能达成的共识。然而，传统的职能型组织过于强调职能，部门墙坚固，部门间协作效率较低，其强调部门在前，流程隐在部门之后，造成流程执行人眼睛盯着领导，而不是内部客户，流程设计时首先考虑部门利益，无法从端到端的角度去思考流程应该如何设计，如图2所示。而流程型组织的理念恰恰相反。其强调一切流程都是以客户为核心，包括内部客户和外部客户。在设计流程时，出发点是对标领先实践，一个流程经过几个步骤（对应流程角色），用什么技术手段，保证流程的投入最低、产出最高、效率最高、效益最好，然后再思考流程角色应该由哪个部门的什么岗位去完成，因此基于这个理念设计出的流程是端到端贯通的。上个子流程的输出，就是下个子流程的输入，其强调流程在前，部门在后。流程型组织是国际企业在管理上领先国内企业的一个重要方面，也是当前国内很多大型企业再次进行流程再造、学习国际企业的一个重要热点。

变革战略到执行的绩效管理流程应从三个方面着手：一是学习国际企业“流程型组织”的理念，使各子流程之间有效集成，即在战略规划、年度业务计划、年度预算、年度绩效目标制定、滚动计划和预测、管理报告和分析、绩效评价等二级流程上必须有效集成，上个子流程的输出就是下个子流程的输入。如图3所示。二是学习流程中所使用的先进方法论，如在战略规划阶段，使用BLM作为工具等。三是借助数字化、智能化手段，提升协同、数据加工处理、预测、分析等可视化能力，助力年度预算、滚动预测、报告分析、业绩评价等流程的效率。下面对企业绩效管理流程中每个环节的子流程对标世界一流关键点及数字化、智能化应用进行概述。

1. 战略规划

战略规划是企业绩效管理的第一个环节。如前所述，这个子流程输出质量的高低直接决定了后续子流程及整个企业绩效管理流程的输出质量。在这个环节，建议大型企业采用业务领先模型（business

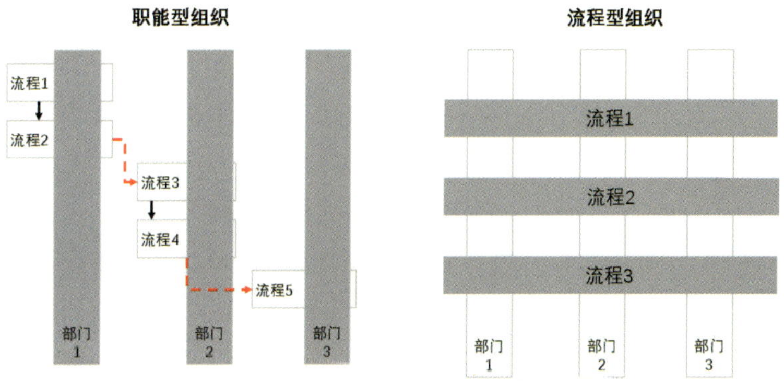

图2 职能型组织 vs 流程型组织

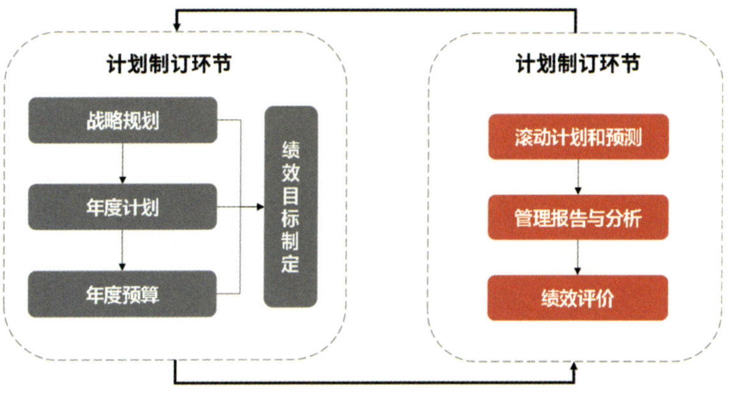

图3 企业绩效管理PDCA闭环体系

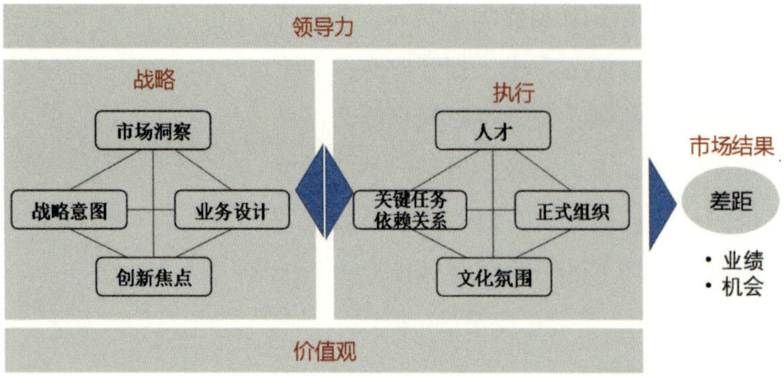

图4 BLM模型

leadership model，BLM）进行业务战略制定和沟通，如图4所示。BLM是IBM与哈佛大学共同研究出来的一套有效的战略制定和沟通方法论，它有效解决了传统战略制定仅注重战略制定，不注重执行的问题。它认为企业制定业务战略的出发点是差距分析，包括业绩差距和机会差距，前者是业务战略（商业模式）没有问题，是执行出了问题。后者是指企业没有抓住新的细分市场机会（商业模式问题）。基于差距分析，通过审视自身的战略定位、市场洞察和市场创新，从而审视并设计企业新的业务设计（商业模式）。基于新的业务设计关键任务依赖关系（关键举措），并制定出与此相适应的组织、人才、文化、领导力、价值观等方面的关键举措，以适应新的业务设计。国际领先企业每年1～9月都要运用BLM进行滚动业务战略制定，日常不断进行市场洞察，7～9月组织中高层进行战略研讨，确定滚动的业务战略，并制定战略衡量的KPI，这些KPI将是后续绩效目标制定的重要输入。因此，BLM能够帮助企业统一业务战略（职能战略也可以适用）制定和沟通的语言。

另外，基于业务设计及战略衡量KPI以及战略转型的关键动因，国际企业会设计一套财务模型，以测算未来3～5年的财务目标，包括业务量、收入、利润等。而这些财务目标的第一年目标就是年度经营目标的输入。国内很多企业在开展年度预算时非常头疼目标如何制定，这类企业忽视了一个重要问题，年度目标是通过严密的年度滚动战略流程输出的，而不是财务自己“拍脑袋”或通过简单模型测算出来的。

2. 年度业务计划

战略规划阶段输出的年度经营目标和关键任务依赖关系（关键举措）、人才需求、组织调整需求和文化氛围需求都是年度业务计划流程的输入，这些关键举措已经在公司战略研讨会上得到了中高层的认可。在年度业务计划制订流程中，重点需要对这些关键举措进行分解，需要明确每项关键举措子任务的责任部门、责任人、协作部门、协作人、任务目标、里程碑计划、资源需求等。这些分解后的子任务需要在公司年度业务计划会上达成共识。因此，基于这种流程制订出的年度重点任务工作计划充分体现了“战略导向”“各部门有效协作”和“力出一孔”。这些体系化的重点任务可以简单理解为体系化的作战计划，它决定了年度销量、产量、库存、收入、利润等业务和财务目标能否实现及企业的竞争优势、核心能力能否建立。销量、产量、库存等量化的业务计划也是年度计划的一部分，但这些也可以归属于全面预算的一部分，将在后面叙述。

3. 年度预算

同年度计划一样，年度预算流程的输入也是年度经营目标。但除此之外，年度业务计划之重点任务也是重要输入。年度重点任务关系到企业核心能力的建立，因此它是预算资源需要重点保障的。在资源有约束的情况下，需要对重点任务进行排序，优先保证企业最重要的任务。因此，基于这样的预算流程是能够确保预算资源配置效果的，也是确保预算能够有效承接战略。

预算除了要保证上述重点任务的资源投入外，还要保证年度经营性计划（销量、产量、库存等）和财务目标的达成。因此，反映人、财、物、产、供、销等资源配置的预算模型至关重要。在外部环境快速变化的今天，企业的资源必须能敏捷地进行动态配置。要做到敏捷，预算模型就不应过于复杂，而是要体现资源配置的动因和策略，如企业通过战略分析可以把自己的目标市场分为三类：快速增长型、平稳型和下降型。那么预算资源配置就要体现战略性，资源重点支持快速增长型市场，稳定支持平稳型市场，减少支持下降型市场。当然，核心是要找到资源配置的关键动因（如业务量），而不是一些非关键动因（如出差次数等）。

以上是从流程和方法上对年度预算应该变革的重点进行阐释。由于大型企业产业多、组织层级多，预算模型要能适应管理精细化和战略的变化，因此预算编制周期较长，对数字化和智能化的技术依赖较高。传统国内预算高端市场长期被Oracle Hyperion（海波龙）、SAP BPC等国际厂商的产品所占据。近年来，国内一些厂商（如用友公司）已经在基于OLAP的内存式多维数据库上取得了长足的进步。该技术有以下重要特性，将极大提升大型企业在全面预算等领域的数据处理能力。

（1）**多维引擎**。采用自主可控多维引擎技术，支持多维度预算编制、报表展现和多维灵活分析。

（2）**内存计算**。利用内存快速访问的特性，把数据完整保留于内存，并通过优化的存储结构和算法处理数据及复杂逻辑，将用户的数据读写请求转换为内存读写和内存计算，极大提升系统性能。高性能内存计算，支持对海量数据进行聚合和运算，可以满足企业对数据进行快速查询和分析需求。

（3）**灵活建模**。改变“公式”定义规则模式，以 Python 及系统函数的方式设定规则脚本，如通过 Python 语言定义预算模型，让数据处理更加便捷、灵活和高效。

4. 绩效目标制定

绩效管理的核心在于用于绩效考核的关键指标（KPI）及重点工作任务一定要有战略导向性。如前所述，在战略规划阶段，需要输出未来 3 ～ 5 年的战略衡量指标，如光伏行业的“光电转换率”，一般行业的“新产品销售占比”等。在年度计划阶段，需要基于战略举措分解出各部门的关键任务。在年度预算环节，年度预算的关键动因（如损耗率、采购降本率等）或者关键输出指标（如收入、利润等）也是绩效目标的一部分。因此，可以基于平衡计分卡的方法，把上述三个层面的指标纳入绩效目标，可以确保绩效目标具有战略导向性，也可以确保所有部门都是朝着公司的战略目标奋进。

5. 滚动计划和预测

滚动计划和预测是绩效管理执行阶段的流程。国外领先企业每个月需要根据滚动计划和预测动态掌握市场情况并预测季度或者年度目标完成情况，同时根据各部门业务完成趋势，动态配置资源。例如，如果A部门预测业绩难以完成，但B部门可以超额完成业绩，那么公司资源可以动态地从A部门调节至B部门，以确保公司总目标的完成。从这个角度看，滚动预测是最有效的预算控制手段。遗憾的是，国内大型企业开展预测的不少，但鲜有能做到根据预测进行资源动态调整的。很多企业只能通过下半年的一次预算调整完成资源再配置。相反，国内很多大型企业财务把主要精力放到了资源占比很小的费用控制上，而不是放在如何帮助业务部门准确预测上，这是尤其需要反思的。

在滚动计划和预测阶段，由于很多业务预测需要以业务系统数据为基础，如CRM中处于不同状态的客户情况，根据历史订单转化率等信息，可以更准确地进行预测。因此，预测阶段可以应用基于“数据+模型算法”的一些智能预测技术，帮助业务更准确、及时地进行预测。对于大型企业来说，很多企业的业务系统不统一、主数据不统一，如何利用好这些数据资源成为一道难题。而数据中台技术的出现可以有效解决这一难题。大型企业可以基于数据中台，建立企业级的数据中心，通过数据移动将企业所有历史投资系统上的数据及外部收集的数据进行汇聚、清洗和转换，形成有价值的数据资产。结合人工智能技术，利用“模型+算法”以及机器学习等技术，实现基于数据驱动的智能预测。

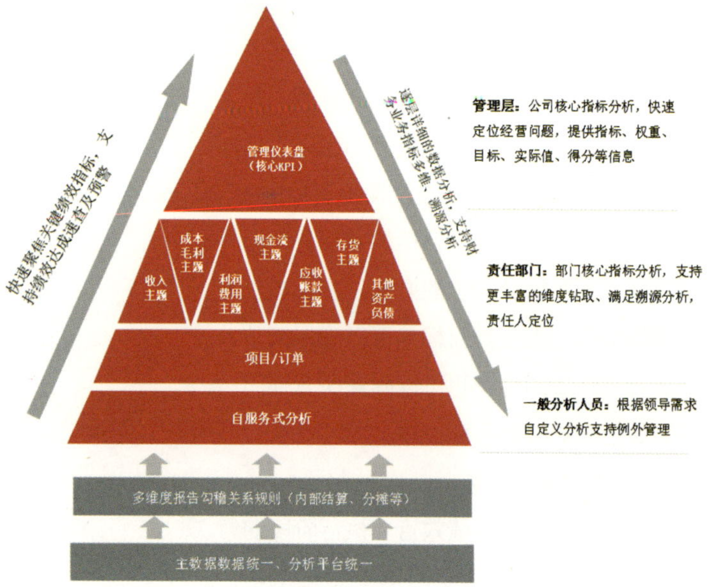

图5 国际领先企业报告分析体系

6. 管理报告和分析

管理报告和分析是企业绩效管理体系中管理执行与监控环节的重要流程。管理报告的核心是支撑对各责任单位绩效的速查和预警，分析的核心是根据报告出的关键绩效情况，能够快速定位问题产生的原因。因此，报告和分析是不分家的。

国际领先企业的报告分析体系通常分为三个层面的应用，如图5所示。

第一层是面向管理层的管理仪表盘服务，聚焦KPI，帮助管理层快速定位经营问题。第二层是面向各责任部门的核心指标分析，支持更多的维度钻取，满足由财务指标到业务根因的溯源分析以及问题产生具体责任单位的定位。通常会从KPI穿透至各分析主题进行详细分析。第三层是面向一般分析人员的自助服务分析，随时根据领导需求，从数据库中通过简单的“托拉拽”快速生成分析报表。

要实现以上三个层面的应用效果，国内大型企业必须关注以下四个方面的提升。

（1）全公司一套数据：统一分析数据定义，实现全公司“唯一”事实版本的报告数据，包括定义一套内部报告出具规则，如前面提到的内部结算和分摊规则等。

（2）**多维溯源钻取**：支持沿责任单位逐层溯源，找到问题责任人。

（3）**信息整合**：支持从财务指标向业务源头的追根溯源，直观展示业绩不理想的关键业务原因，实现数据找人，即相关部门看到数据后就知道应该怎么做了。

（4）**面向未来**：报告和分析的数据不仅应关注历史，更应关注未来，才能提前进行绩效预警，通过不断进行市场洞察，动态调整战略和业务计划，动态配置资源。从这个意义上讲，滚动计划和预测是报告分析的重要数据源。

以上是从方法论的角度介绍国际领先企业的报告分析能力构建的关键点。但报告分析的数据源过去都是基于财务口径的核算信息进行加工处理，核算维度和颗粒度、时效性和准确性都无法满足管理口径的要求。在云计算、大数据、人工智能等新技术的加持下，新一代基于事项（event）的智能核算系统的出现将彻底改变过去的核算状态，美国教授索特在1969年提出的事项会计法开始焕发新的生机，未来的会计核算将为投资人、内部管理者、税务部门、员工以及其他对象分别提供数据服务。其实现的基本逻辑包括：首先，通过数据移动、数据湖等技术将前端各业务系统发生的“原汁原味”的各类经济业务事项实时采集到事项库中，数据湖技术有效解决了大数据量存储问题。其次，在事项库中基于核算规则和事项转换规则，将标准业务事项转换为业务和财务事项。如将采购入库业务事项转换为采购应付业务和财务事项。最后，在智能会计平台中，定义入账规则、科目对照、凭证模板等规则，即可实时产生基于业务的会计凭证。

新一代智能核算系统将可根据不同核算目的，基于会计引擎实现不同颗粒度的自动化核算服务。如基于会计准则的“粗财会”核算和基于内部管理会计规则的“细管会”核算，并实现二者数据的“同源分流”，即二者都是基于前端相同的业务事项进行核算的，这将有效解决很多大型企

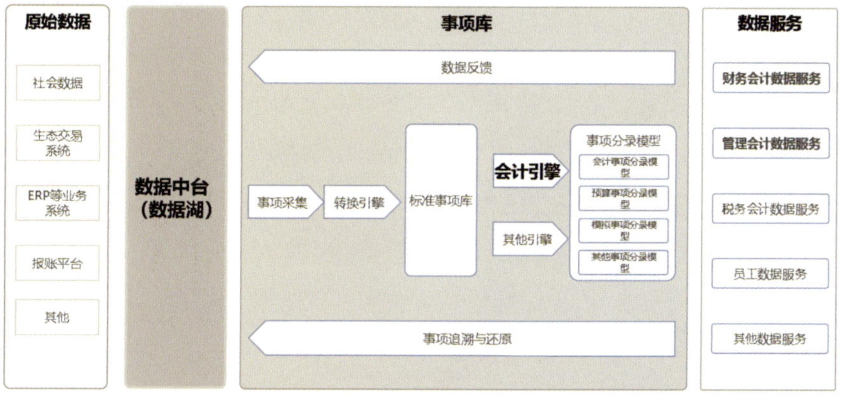

图6 基于事项的智能会计核算

业管理会计和财务会计差异分析追踪的难题。基于事项的智能核算技术将有力促进大型企业基于划小核算、阿米巴等内部市场化的精细核算需求，助力大型企业出具实时、多维、精准的内部管理报告，如图6所示。

7. 绩效评价

绩效评价是基于绩效目标分解至各责任单位后，根据执行结果定期对责任单位负责人进行定期评价（月度或季度或年度），并将评价结果和责任单位负责人的晋升、奖金、培训等挂钩。因此，绩效评价数据最好能得到审计监察部门的确认，奖金体系必须和企业的薪酬体系相结合。

小结

战略规划、年度业务计划、年度预算、绩效目标制定、滚动计划和预测、报告和分析、绩效评价这些管理手段几乎在每个大型企业都在实行，但都存在或多或少的体系性不足的问题。我们相信，通过对标世界一流，变革管理理念、管理组织和管理流程，并借助数字化、智能化技术手段，战略到执行的企业绩效管理体系一定能够形成更加集成化的、高效的管理体系，对于我国大型企业加强战略管理能力和提升集团管控能力一定有重要意义。

参考文献：

[1] 吴昌秀：《管理报告设计案例精解》，机械工业出版社 2017 年版。

[2] IBM BLM 咨询方法论相关文档。

[3] 用友网络科技股份有限公司基于事项的智能核算相关文档。

海康威视股权激励案例分析

徐宗宇　方　宗 上海大学
周赛楠 华东师范大学

【摘要】作为“舶来品”的股权激励，是一种吸引保留关键人才、捆绑企业员工利益和股东利益、降低代理成本、提升企业绩效的长效激励机制，自20世纪末引入我国后，众多企业都跃跃欲试，但其激励计划的实施效果却良莠不齐。许多学者认为，力度的限制和监管的缺失是国有企业实施股权激励的特有困境。本文以国有企业海康威视为研究对象，采用文献分析和案例研究相结合的方法，介绍了海康威视自2012年4月至2018年8月连续四次公告限制性股票激励计划，尽管由于产权性质受到严格约束，但海康威视不断根据行业发展要求和公司自身发展需要调整股权激励计划的内容，提升公司的业绩。本文研究股权激励在保留员工、研发创新、企业绩效等方面发挥的作用，以期为国有企业设计合理规范的股权激励计划、有效发挥股权激励的最优效用提供建议。

【关键词】股权激励　海康威视　产权性质　企业绩效

发表于《中国管理会计》2021年第3期，总第17期。

在西方发达和完善的资本市场中，对股权激励已经有了相对深入的研究和实践。我国股权激励的推行和使用起步较晚，但发展迅速。2005年《上市公司股权激励管理办法（试行）》出台，2006年我国上市公司只推出38份股权激励计划，但2018年A股公告股权激励计划的企业已经达到了409家（荣正咨询，2019）。尽管我国实施股权激励计划的公司有了十几倍的增长，但股权激励在企业中的实施并不全是一帆风顺的，尤其是在国有企业。由于所有者缺位容易形成内部人控制，股权激励也可能变成管理层谋取私利的工具。

杭州海康威视数字技术股份有限公司（以下简称“海康威视”）是安防行业的国有龙头企业，根据行业发展要求，结合公司自身发展需要，通过高频推出股权激励，不断调整股权激励发展对象和股权激励考核指标要求，激励对公司未来发展最为重要的员工，以此促进公司的进一步发展。截至2019年，均实现成功解锁，是成功实施股权激励的国有企业之一，对我国国有企业实施股权激励有着重要的借鉴作用。

一、案例介绍

（一）公司简介

1. 海康威视公司概况

海康威视于2010年5月28日在深圳证券交易所挂牌上市。上市时主营业务是安防行业，包括前端音视频产品和后端音视频产品。之后公司不断扩展业务领域，至今已经涉猎视频监控、安防、云计算、大数据、人工智能等多产业，从算法的设计和实施到产品的开发和维护，形成了完整的产业链，在2019年末拥有全球视频监控市场份额的24.1%。公司控股股东为中电海康集团有限公司（以下简称“中电海康”）。

2. 可比公司

本文选取的可比公司都是同属于安防行业的上市公司。浙江大华技术股份有限公司（以下简称“大华股份”）与海康威视两家公司排名相近，海康威视排名行业第一，大华股份排名第二。两家公司竞争激烈、旗鼓相当。大华股份于2009年、2013年和2018年公告三次实施限制性股票激励计划。另外，本文还选取了隶属于行业第二梯队、未曾公告实施过股权激励计划的几家企业作为另一组可比公司。

（二）股权激励计划推出背景

不管是在国内还是在国外，安防市场前景广阔。中国独特的政治制度决定着安防维稳的重要意义。目前，我国视频监控设备渗透率依然较低，每千人拥有摄像机数量远低于英美等发达国家，潜在发展空间巨大。除此之外，我国民用安防市场也在培育当中，未来市场前景一片广阔。世界上其他国家也对安防产品有强烈的需求，比如，中东地区在2015年前后成为全球视频监控增长最快的市场之一，欧美国家则对高端安防产品有较大需求。

尽管安防行业市场前景广阔，但我国安防领域存在产品同质化严重和缺乏具有较高技术含量产品的问题。一方面，视频监控对技术的要求非常高，我国尤其是一线城市的人口、车流密度位于世界前列，对视频监控的要求高，这对安防公司的技术研发能力提出了更高的要求。另一方面，随着新技术新应用在安防领域层出不穷，综合安防、大数据服务和智慧服务都要求安防产品企业不断提高自身的研发能力，推陈出新，才可能在激烈的市场竞争中生存下来，乃至发展壮大。

我国安防行业发展迅速，在2015年以前，安防行业处于群雄逐鹿的年代，2015年之后开始进入霸主强力整合的年代。海康威视作为行业的领头企业，要做行业的引领者，更需要在研发方面进行更大的投入。研发人员成为决定公司竞争能力最为关键的因素。正是在这样的背景下，海康威视推出了股权激励计划。

（三）股权激励计划的内容

海康威视自2012年4月24日至2018年8月16日每隔两年、已连续四次公告实施限制性股票激励计划，以定向发行新股的方式授予股票，股权激励计划的有效期均是10年。在股票授予日后的24个月是股票锁定期，在授予日后的24~60个月，共36个月分三次解锁，激励对象个人表现评级不同，每期可解锁的股票比例不同。四期激励计划激励对象人数几乎是以翻倍趋势增加，授予人数分别是590人、1128人、2936人和6095人。第一期激励计划的激励对象没有高管，第二期至第四期激励对象中含有高管，人数分别是10人、18人和6人（见表1）。

表1 海康威视各期股权激励计划主要内容

<table>
<tr><th colspan="2"></th><th colspan="2">第一期股权激励</th><th colspan="2">第二期股权激励</th><th colspan="2">第三期股权激励</th><th colspan="2">第四期股权激励</th></tr>
<tr><td colspan="2">草案公告日</td><td colspan="2">2012.4.24</td><td colspan="2">2014.4.22</td><td colspan="2">2016.10.21</td><td colspan="2">2018.8.16</td></tr>
<tr><td colspan="2">授予日</td><td colspan="2">2012.8.23</td><td colspan="2">2014.10.24</td><td colspan="2">2016.12.23</td><td colspan="2">2018.12.20</td></tr>
<tr><td colspan="2">激励模式</td><td colspan="8">限制性股票</td></tr>
<tr><td colspan="2">股票来源</td><td colspan="8">定向发行新股</td></tr>
<tr><td colspan="2">有效期</td><td colspan="8">10年</td></tr>
<tr><td colspan="2">锁定期</td><td colspan="8">24个月</td></tr>
<tr><td colspan="2">解锁期</td><td colspan="8">授予后的24个月至60个月</td></tr>
<tr><td colspan="2">激励对象层面评级对应解锁比例</td><td>优秀 / 良好
合格
待改进</td><td>100
95
0</td><td>优秀 / 良好
合格
待改进</td><td>100
95
0</td><td>合格以上
需改进
不合格</td><td>100
50
0</td><td>合格以上
需改进
不合格</td><td>100
50
0</td></tr>
<tr><td rowspan="4">激励对象（人）</td><td>高管</td><td colspan="2">0</td><td colspan="2">10</td><td colspan="2">18</td><td colspan="2">6</td></tr>
<tr><td>中层管理</td><td colspan="2">32</td><td colspan="2">22</td><td colspan="2">92</td><td colspan="2">141</td></tr>
<tr><td>基层管理</td><td colspan="2">179</td><td colspan="2">755</td><td colspan="2">144</td><td colspan="2">432</td></tr>
<tr><td>核心骨干</td><td colspan="2">422</td><td colspan="2">394</td><td colspan="2">2738</td><td colspan="2">5935</td></tr>
<tr><td colspan="2">激励人数 / 总数（%）</td><td colspan="2">9.86</td><td colspan="2">11.86</td><td colspan="2">19.64</td><td colspan="2">24.74</td></tr>
<tr><td colspan="2">授予人数（人）</td><td colspan="2">590</td><td colspan="2">1128</td><td colspan="2">2936</td><td colspan="2">6095</td></tr>
<tr><td colspan="2">重复激励人数（人）</td><td colspan="2">516</td><td colspan="2">1068</td><td colspan="2">2757</td><td colspan="2">2743</td></tr>
<tr><td colspan="2">重复激励比例（%）</td><td colspan="2">87.46</td><td colspan="2">94.68</td><td colspan="2">93.90</td><td colspan="2">45.00</td></tr>
<tr><td colspan="2">激励股票数量（股）</td><td colspan="2">8,611,611</td><td colspan="2">52,910,082</td><td colspan="2">52,326,858</td><td colspan="2">121,195,458</td></tr>
<tr><td colspan="2">占比总股本（%）</td><td colspan="2">0.43</td><td colspan="2">1.32</td><td colspan="2">0.86</td><td colspan="2">1.31</td></tr>
<tr><td colspan="2">授予价格（元 / 股）</td><td colspan="2">10.65</td><td colspan="2">9.50</td><td colspan="2">12.63</td><td colspan="2">16.98</td></tr>
<tr><td colspan="2">授予价值（万元 / 人）</td><td colspan="2">16.14</td><td colspan="2">21.97</td><td colspan="2">22.75</td><td colspan="2">27.17</td></tr>
</table>

资料来源：根据海康威视2012～2018年股权激励计划相关公告整理。

表2 海康威视各期股权激励计划解锁期考核条件达成情况

第一期股票激励				
2014 年解锁	指标 1	设定值 15%	2013 年度扣非加权平均 ROE 30.02%	标杆公司前一年度 75 分位水平 10%
2014 年解锁	指标 2	设定值 30%	2013 年复合营业收入增长率 43%	标杆公司同期 75 分位水平 13%
2015 年解锁	指标 1	设定值 16%	2014 年度扣非加权平均 ROE 34.79%	标杆公司前一年度 75 分位水平 7.16%
2015 年解锁	指标 2	设定值 30%	2014 年复合营业收入增长率 49%	标杆公司同期 75 分位水平 18%
2016 年解锁	指标 1	设定值 17%	2015 年度扣非加权平均 ROE 33.69%	标杆公司前一年度 75 分位水平 8.63%
2016 年解锁	指标 2	设定值 30%	2015 年复合营业收入增长率 48.25%	标杆公司同期 75 分位水平 21.96%
第二期股票激励				
2016 年解锁	指标 1	设定值 20%	2015 年度扣非加权平均 ROE 33.69%	标杆公司前一年度 75 分位水平 12.22%
2016 年解锁	指标 2	设定值 35%	2015 年复合营业收入增长率 53.35%	标杆公司同期 75 分位水平 20.72%
2016 年解锁	指标 3		2015 年净利润 58.69 亿元	2011 ～ 2013 年平均净利润 22.28 亿元
2016 年解锁	指标 4		2015 年扣非净利润 56.05 亿元	2011 ～ 2013 年平均扣非净利润 21.75 亿元
2017 年解锁	指标 1	设定值 20%	2016 年度扣非加权平均 ROE 33.86%	标杆公司前一年度 75 分位水平 15.22%
2017 年解锁	指标 2	设定值 30%	2016 年复合营业收入增长率 43.76%	标杆公司同期 75 分位水平 21.41%
2017 年解锁	指标 3		2016 年净利润 74.22 亿元	2011 ～ 2013 年平均净利润 22.28 亿元
2017 年解锁	指标 4		2016 年扣非净利润 72.71 亿元	2011 ～ 2013 年平均扣非净利润 21.75 亿元
2018 年解锁	指标 1	设定值 20%	2017 年度扣非加权平均 ROE 34.09%	标杆公司前一年度 75 分位水平 11.54%
2018 年解锁	指标 2	设定值 26%	2017 年复合营业收入增长率 40.53%	标杆公司同期 75 分位水平 22.90%
2018 年解锁	指标 3		2017 年净利润 94.11 亿元	2011 ～ 2013 年平均净利润 22.28 亿元
2018 年解锁	指标 4		2017 年扣非净利润 91.77 亿元	2011 ～ 2013 年平均扣非净利润 21.75 亿元
第三期股权激励				
2018 年解锁	指标 1	设定值 20%	2017 年度扣非加权平均 ROE 34.09%	标杆公司前一年度 75 分位水平 11.28%
2018 年解锁	指标 2	设定值 25%	2017 年复合营业收入增长率 28.77%	标杆公司同期 75 分位水平 25.58%
2018 年解锁		2016 年 EVA 83.89 亿元	2017 年 EVA 107.18 亿元	授予前一年 EVA 65.14 亿元
2019 年解锁	指标 1	设定值 20%	2018 年度扣非加权平均 ROE 32.88%	标杆公司前一年度 75 分位水平 13.87%
2019 年解锁	指标 2	设定值 23%	2018 年复合营业收入增长率 25.40%	标杆公司同期 75 分位水平 19.37%
2019 年解锁		2017 年 EVA 107.18 亿元	2018 年 EVA 135.02 亿元	授予前一年 EVA 65.14 亿元
2020 年未知				

注：公司 2014 年度的净利润和扣非净利润分别为 46.65 亿元、44.75 亿元。

资料来源：根据海康威视 2014 ～ 2019 年股权激励计划相关公告整理。

（四）股权激励计划行权条件及达成情况

截至 2019 年，已解锁的财务年度考核业绩均远高于指标标准。

第一期股权激励计划于 2014 ～ 2016 年成功解锁，考核指标有两个，分别是解锁前一年公司净资产收益率（扣除非经常性损益后扣除股权激励成本的加权平均净资产收益率）和解锁前一年公司营业收入增长率，考核指标需要同时不低于两个标准：设定值和标杆公司 75 分位水平。

第二期股权激励计划于 2016~2018 年成功解锁，考核指标相比第一期股权激励计划增加了 2 个指标：净利润和扣除非经常性损益的净利润，要求锁定期内各年度均不得低于授予日前最近三个会计年度的平均水平，且不得为负。

第三期股权激励计划在 2018 年和 2019 年两个解锁期成功解锁，考核指标相比第一期股权激励计划另增加经济增加值（EVA），这一考核指标需要较上一年度有所增长，且高于授予前一年的 EVA（见表 2）。

二、案例分析

（一）股权激励计划设计动机

1. 激励模式的选择

海康威视四期股权激励计划均选择限制性股票激励模式。限制性股票激励模式需要员工用真金白银购买企业股票，若未来业绩不达标，员工便损失了自己的初始投资可获得的价值回报。采用限制性股票模式更能够保留员工，激发员工努力工作，使两者成为利益共同体。

2. 激励对象的分配

在激励对象中，高层管理人员和中层管理人员占总激励对象人数的比例较低且较为稳定；而基层管理人员比例在第三期和第四期大幅下降，核心骨干大幅提升。这体现了海康威视对核心骨干员工的极度重视。股权激励再公告对核心员工的覆盖面越来越大，所占比例越来越重，以激励稀缺的核心骨干人才。正是由于海康威视选择了高频推出股权激励计划的方式，因此公司可以根据公司的发展需要不断调整股权激励对象，激励最可能给公司带来未来价值的人。

3. 激励计划要素的设计

吕长江等（2009）依据股权激励计划中要素设计对激励效果的影响程度，将激励条件和有效期限作为划分福利型和激励型公司的重要标准。激励条件是在股权激励授予和行使环节设置业绩目标，当条件比较容易达到时，股权激励方案偏福利型；当条件设置得比较高时，激励方案偏激励型。激励有效期是激励计划的时间长度，有效期越长，激励条件的约束性越强，业绩的可操作性越低，激励对象行权的门槛也就会越高。

由海康威视四期股权激励的考核条件和股权激励计划公告前三年的平均值对比可见，扣非加权平均净资产收益率和复合营业收入增长率是四期股权激励计划的共有指标，也是第一期股权激励计划的全部指标。在第一期股权激励方案中，对这两个考核指标的设定值低于公告前三年的均值，这是福利型的表现。

而后续三期激励计划中，对扣非加权平均 ROE 相较第一期提高并稳定在 20% 的考核水平，虽并未大于授予前三年该指标的平均值，但如果对比大华股份股权激励计划，可以发现大华股份在相同期间内对加权平均 ROE 设定的解锁值均未达到 20%。同时，2014 年第二期股权激励计划中复合营业收入增长率在企业 2013 年营业收入突破百亿元大关后，仍然将该指标提升至 35%。相比第一期，实现难度加大。

另外，相比第一期，第二期股权激励新增的指标“净利润”和“扣非净利润”及第三期、第四期新增的指标“经济增加值”均要求解锁值不得低于授予前三年的平均值和授予前一年的值，这是激励型的表现。

可见，公告的激励计划中无论是新增的三类指标，还是激励计划共有指标，后续的激励计划存在更强的激励动机。综上所述，在激励条件方面，我们可以看出海康威视除第一期是偏向福利型外，后续三期均是激励型。

另外，海康威视可以结合对市场的最新判断和公司的新要求来设定各期激励计划中业绩指标考核值，这在安防行业这个近年来快速变化的市场中显得尤为重要。

海康威视四期股权激励计划的有效期均是10年，是证监会规定的最高期限，对比同行业其他公司的有效期，有效期为10年的股权激励方案是极少的，这是明显的激励型。

海康威视对高管股权激励的金额占其年度薪酬比重在第三期和第四期时迅速提升到 50% 以上，分别为 54.90% 和 58.26%。股权激励使高管的报酬更加丰厚，但可能引发高管的短期行为。延长有效期，约束高管在更长的期限维持企业良好的业绩，是避免高管短期行为的一种有效措施，有效期增强了股权激励计划的约束力，能更大程度地发挥激励作用。

4. 推行时机

股权激励计划再公告的推行需要立足于公司内外环境，随着外部环境不断变化，内部资源、经营和战略等的调整和变革，海康威视每隔两年推出新一期激励计划的方向和目的也会随之改变。

海康威视作为一家高科技企业，人力资本是企业最核心的资产。上市初期，海康威视公司员工只有短期薪酬，且海康威视薪酬与当时行业第一梯队各家公司（包括大华股份、英飞拓、千方科技、东方通信）的人均薪酬相比缺乏竞争力，丰富公司的激励机制来保留员工、稳定军心是公司推出首期股权激励的初心。受限于国家政策对国有企业首期股权激励计划授予股份份额不得超过股本1%的约束，能够用来授予股权激励的股票数量较少，容易导致激励不足。综上所述，为稳固员工结构，捆绑员工和企业利益，但又受限于国家政策约束，不能设定过高解锁指标，使员工望而却步，反而“退避三舍”，因此第一期股权激励更像是企业给激励对象发了一个人均16.14万元的分期解锁“大红包”，更具福利色彩。而在2014年，众多互联网企业开始跨界融合，小米推出仅售149元的智能摄像头，阿里云上线致力于网络信息安全，安防行业的赛道逐渐拥挤，竞争愈加激烈，海康威视此时推出了第二期股权激励计划。与第一期股权激励计划相比，第二期股权激励计划的授予股票总数量增加了6倍，激励对象人数翻了一番，在考核条件上增设一层关卡，增加了行权难度，使股权激励成为真正的激励因素。

2016年海康威视面临整个行业的AI落地。2018年，又面临智能物联网的挑战和机遇。因此必须抢先站在重大变革的风口上，激发人才的创造力，积极应对外部环境变化。第三期股权激励计划激励范围再度扩大，到2018年第四期股权激励计划已是第一期激励计划激励对象人数的10倍。再公告时机的巧合使得大多数员工既拥有已解锁的股票，又拥有尚待解锁的股票。这样就发挥了股权激励留住企业过去需要、现在需要和未来需要的人才的作用，克服了高管风险规避行为。海康威视的股权激励再公告同时发挥了保留员工和使员工以长期导向为企业长远持续发展努力的重要作用。

（二）股权激励与非财务绩效

1. 员工保留

通过计算股权激励的激励对象各年离职率与行业整体离职率（股权激励对象各年离职率 = 当年离职人数 / 当期激励人数），我们可以观察到有两年比较特殊，分别是2015年和2017年（见表3）。2015年既有第一期股权激励第三次解锁前的离职人数，又有第二期股权激励第一次解锁前的离职人数。考虑到第一期股权激励与第二期股权激励有重复激励人数，由于公司未公告具体离职名单，所以第一期股权激励第三次解锁和第二期股权激励第一次解锁离职人员中也有可能有重复激励的员工。根据第一期和第二期股权激励授予名单，筛选得到第一期与第二期共有314人重复激励，计算得出

表3 海康威视激励计划解锁期离职人数统计

项目	第一期股权激励	第二期股权激励	第三期股权激励	第四期股权激励
第一次解锁前离职人数	2013 年：28 人	2015 年：34 人	2017 年：113 人	—
第二次解锁前离职人数	2014 年：9 人	2016 年：22 人	2018 年：97 人	—
第三次解锁前离职人数	2015 年：14 人	2017 年：11 人	—	—

资料来源：根据海康威视各期股权激励计划相关公告整理。

表4 海康威视2015年激励对象离职区间的计算

项目	第一期股权激励	第二期股权激励
授予人数（人）	590	1128
重复激励（人）	314	314
未受重复激励（人）	276	814
重复激励中离职（人）	X	X
未受重复激励离职（人）	14 − X	34 − X
同年两期离职人数共计（人）	X + 14 − X + 34 − X	
同年两期激励人数共计（人）	314 + 276 + 814	
离职率（%）	=（X + 14 − X + 34 − X）/（314 + 276 + 814）=（48 − X）/1404　0 ≤ X ≤ 14	
离职率区间	2.42%~3.42%	

2015 年激励对象的离职区间是 2.42%~3.42%（见表 4）。同理，计算 2017 年的激励对象离职区间是 3.67%-4.03%。出于保守估计，我们选择区间右端即离职率的最大值作为当年激励对象的离职率。

由图 1 可以看出，海康威视的离职率一直低于高科技行业的整体离职率，一方面是因为国有企业的招牌；另一方面是因为海康威视实施股权激励后，激励对象成为“双薪职工”，不仅拥有普通的短期薪酬，还享有公司股票在资本市场的收益，企业业绩攀升，发展前景良好，股权激励发挥了员工和企业利益的捆绑作用，达到了保留员工的效果。实施股权激励后，公司的离职率显著下降，虽有波动，但一直低于实施股权激励前

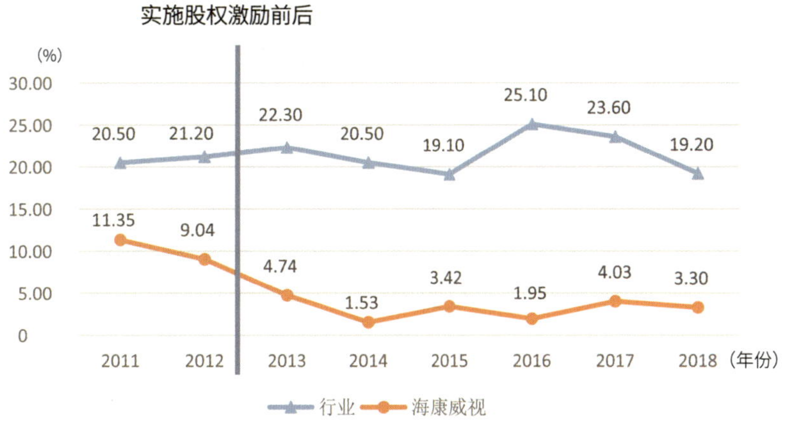

图1 海康威视离职率与行业离职率的对比

资料来源：根据前程无忧网《离职与调薪调研报告》整理。

的离职率。

第一期股权激励的激励对象中没有高管，第二期至第四期股权激励计划激励对象中含有高管，人数分别是10人、18人、6人，且第二期和第三期当年任职高管全部被激励，通过对高管名单进行分析，我们发现有1人被激励三次，13人被激励两次，5人仅受一次激励，所以实际三期股权激励高管的人数是19人。截至2019年，被激励的高管无一人离职。同时，在各期股权激励计划草案中，有一项针对高管的特色解锁规定：担任董事、高级管理人员的激励对象应将获授限制性股票总量的20%延长锁定期至其任期满后解锁（任期系最后一个解锁日所任职务的任期），并根据其担任董事、高级管理人员职务的任期考核或经济责任审计结果确定是否解锁。这一条件是对高管工作尽职的激励型约束条件，使任期表现与股权激励紧密相关。

由于第一期股权激励计划未授予高管，第二、第三期股权激励计划的高管中无人离职，在计算核心员工的离职率时仅需要在计算激励对象的离职率的分母用激励对象总人数减去激励高管人数，由于数据很小，对最终结果的影响微乎其微，因此我们在分析时用激励对象的离职率代替核心员工的离职率。高管的保留效果可以达到如此完美，而保留核心员工方面仍有提升空间。核心员工与高管离职率差异的主要原因可能是：海康威视的高管在本公司任职时间较长，现有高管几乎全部任职十年以上，对本行业、本公司的发展情况较为熟悉，掌握着适合海康威视的运营管理方法，且激励计划授予高管的股票价值几乎相当于其年度薪酬的一半，更大程度地加强了高管的归属感；核心员工的知识技能等专用性资产，应用性强，且由于核心员工覆盖面大，激励人数多，进而人均授予的股票数量较少，其离职的成本比高管更低。当然，核心员工的离职率远低于实施股权激励前海康威视的整体离职率，股权激励仍然带来了保留员工的效果。

前三期股权激励计划的激励对象重复率分别是87.46%、94.68%和93.90%，这说明上一期的股权激励对象有极大可能出现在下一期的激励对象名单中。海康威视每隔两年公布新一期股权激励计划，且每次股权激励计划的锁定期为2年。以第一次股权激励计划为例，锁定期是2012年8月23日至2014年8月23日，2014年8月24日即可进行第一次解锁，但有28人离职，其获授的全部限制性股票由公司回购，2014年10月24日公司便开始了第二次股权激励的授予，这时，第一次股权激励计划第二个解锁期的离职人数便开始减少。纵观每一次股权激励计划在解锁期内的离职人数，可以发现股权激励公告后，离职人数便处于下降趋势，我们可以猜测或许是重复激励对保留员工有正向强化的作用。

2. 研发创新

研发投入既需要人力，也需要资金。研发投资风险高、周期长、见效慢，股权激励作为长效激励机制之一，能使高管的眼光更加长远，进而改变高管的风险偏好，提升高管的风险承受能力，鼓励其加大研发投入。尽管第一期股权激励没有授予高管，但观察具体激励对象的职位，可以发现，第一期股权激励授予的32位管理人员均是总监级别员工，在项目决策中也拥有一定的话语权。海康威视上市初期，研发投入占营业收入的比例在6.8%以下，实施股权激励后该比例始终在6.8%以上，最高达到8.99%。从研发投入绝对数来看，2010年研发投入2.44亿元，2018年增长至44.83亿元，增长了18倍。而大华股份2013年时研发投入为5亿元，到2018年时增长到22.84亿元，增长仅4倍。

股权激励提高了员工工作积极性，激励其为企业贡献智慧思想和技术才能，推动了企业的研发产出。2010年末公司在《招股说明书》中统计得到共29项专利和63项软件著作权。在第一期股权激励实施后，企业的专利并没有显著增加，但从2014年开始企业申请专利已成常态，到2016年便出现了一个巨大飞跃，当年年度获授专利907件。实施股权激励后，海康威视的软件著作权一直呈现稳步上升趋势，由2012年末的205件增长至2018年末的881件。

（三）股权激励的市场反应

我们选择海康威视各期股权激励计划草案公告日的[-5，5]日作为事件期来考察资本市场对股权激励计划推出的反应。从图2可以看出，除第三期股权激励计划之外，其他三期股权激励计划都得到了市场的积极反应，这也是市场对海康威视所推出的股权激励计划的认可。而第三期股权激励计划之所以得到市场的消极反应，很可能是因为与

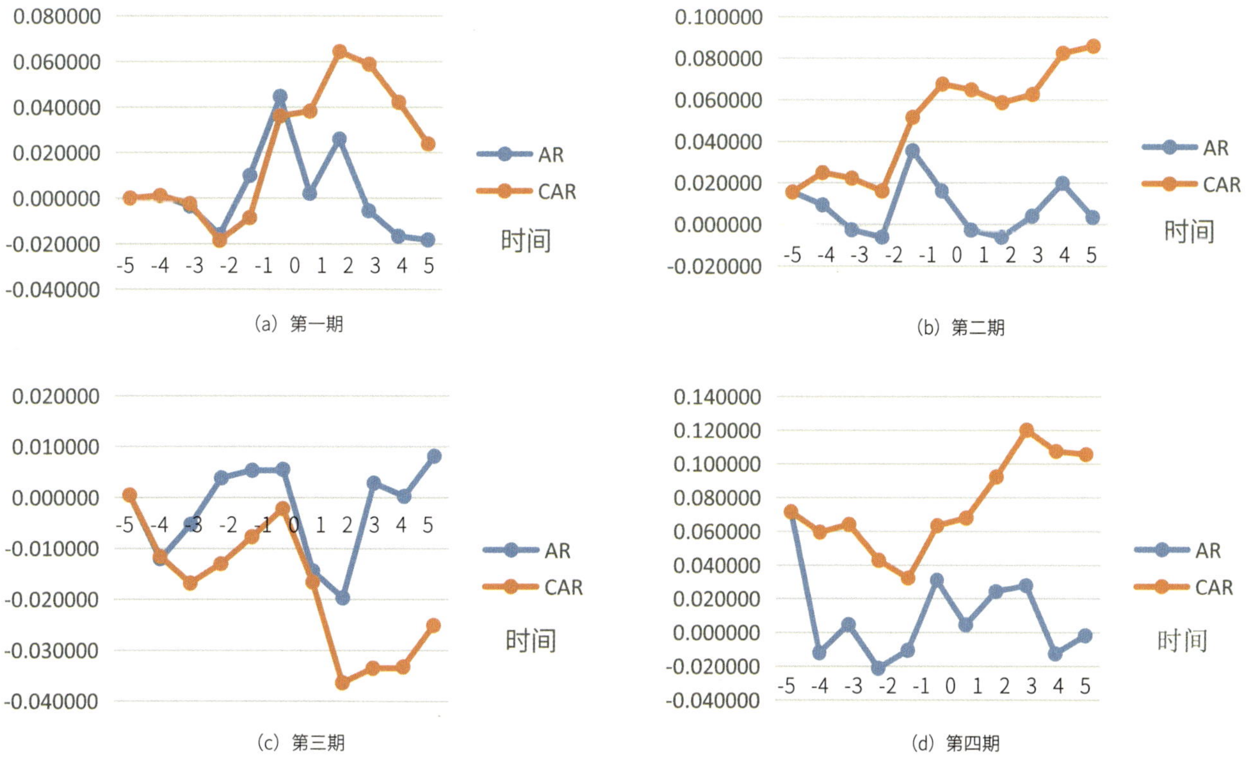

图2 股权激励的市场反应

第二期股权激励计划相比，对于相同年度2018年的考核指标，在第三期股权激励计划中所要求的考核指标却比第二期的要求低，这可能向市场传递了不看好公司未来业绩的信号，引发了投资者的担心。

（四）股权激励与财务绩效

股权激励通过设定财务业绩考核指标向激励对象传递的信息是：考核指标是对预期财务绩效的评估，若能通过努力工作达到或超额完成财务业绩，企业的市场竞争力增强，股价上升，便可行权获益。从另一个角度来看，股权激励吸引、保留优秀人才，留住人才的目的是使激励对象共同追求实现企业的目标；股权激励刺激企业维持高位研发投资，创新产出的成果也要为企业带来实际的收益，因此，财务绩效是反映股权激励计划效果的途径之一。股权激励重新连接了企业内部经营者和外部股东的信任机制，降低了代理成本，从实质上看，其非财务绩效服务于财务绩效，为达成激励性解锁指标，企业增加付出人力资本和产品制造成本、持续的研发创新产出、带动更有活力的销售、扩大市场占有率等，这些方面的财务活动关系着企业的财务状况和经营成果，影响净资产收益率、资产负债率、存货周转率等财务指标。本文选取量化各类财务能力的各项典型指标，纵向分析海康威视实施股权激励前后的财务业绩，横向对比海康威视与大华股份、未实施股权激励的行业第二梯队企业的财务能力，来研究股权激励与各业绩指标之间的逻辑关系，评价股权激励是否提升了企业的财务绩效。

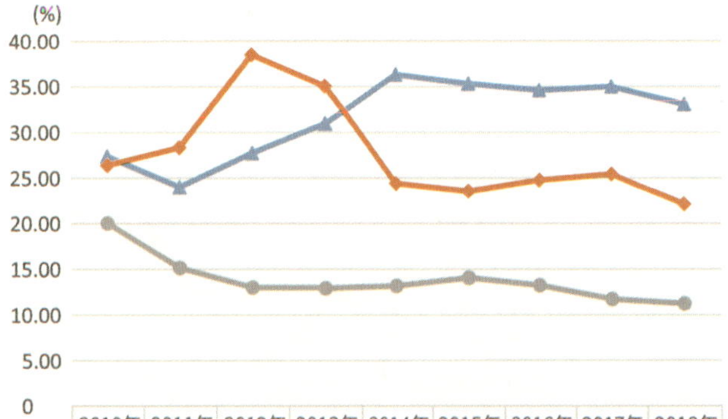

	2010年	2011年	2012年	2013年	2014年	2015年	2016年	2017年	2018年
海康威视	27.35	23.98	27.70	30.92	36.27	35.28	34.56	34.96	33.03
大华股份	26.40	28.36	38.51	35.09	24.44	23.59	24.80	25.47	22.16
第二梯队平均值	20.02	15.14	12.98	12.91	13.16	14.05	13.22	11.72	11.23

图3 2010~2018年海康威视与可比公司的净资产收益率对比变动趋势

资料来源：根据各公司2010~2018年年报整理计算。

1. 盈利能力分析

自海康威视公布第一期股权激励计划，企业的净资产收益率从2012年的27.70%上升到2018年的33.03%，较高的净资产收益率也传递出公司长期发展持续向好的信息。

从图3可以看出，2010～2012年，海康威视的净资产收益率低于大华股份，但2012年成为大华股份净资产收益率的拐点，2012年后，大华股份的净资产收益率日渐降低，而海康威视开始稳步上升，并于2014年反超大华股份，之后一直保持着一定的差距。所以，相对于大华股份，海康威视实施股权激励对企业盈利能力的改善效果更优。再对比海康威视与未实施股权激励的第二梯队的净资产收益率，两者净资产收益率走势的反向变动也意味着实施股权激励后，海康威视的盈利能力有所提高并稳居高位，股权激励对企业的盈利能力有正向作用。

2. 偿债能力分析

净资产收益率（ROE）是各期股权激励计划都包含的考核指标。一直以来，海康威视的总资产收益率（ROA）都在 20% 以上，远高于负债利息率，如果能够充分利用财务杠杆，提高资产负债率，将提升税盾效应，增加股东价值。在实施股权激励之前，海康威视的资产负债率显著低于大华股份和行业第二梯队的可比公司，而速动比率又明显高于可比公司。在实施股权激励计划之后，海康威视的速动比率大幅下降，大大超过了可比公司在相同期间内的上升幅度（见图 4），但海康威视的流动比率和速动比率分别大于 2 和 1 两个阈值，保持了一定的偿债能力，与此同时海康威视的资产负债率显著上升（见图 5）。可以看出，海康威视在进行股权激励之后明显更为合理地利用了财务杠杆，优化了资本结构，降低了代理成本。

综上所述，海康威视和大华股份都实施了连续的股权激励，但从整体财务绩效来看，海康威视的实施效果优于大华股份。对比未实施股权激励的行业第二梯队，海康威视实施股权激励后显著提升了企业的盈利能力，更为合理地利用了财务杠杆，降低了代理成本。

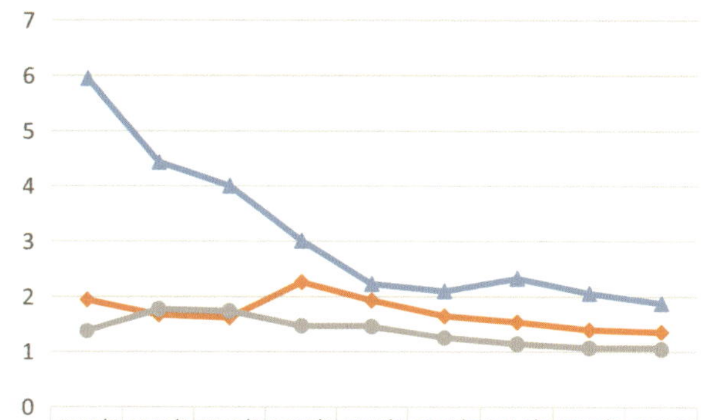

	2010年	2011年	2012年	2013年	2014年	2015年	2016年	2017年	2018年
海康威视	5.95	4.43	4	3.01	2.23	2.1	2.33	2.06	1.88
大华股份	1.94	1.67	1.62	2.26	1.93	1.65	1.54	1.4	1.36
第二梯队平均值	1.376	1.776	1.74	1.47	1.456	1.254	1.14	1.068	1.044

图4 2010~2018年海康威视与可比公司的速动比率对比变动趋势

资料来源：根据各公司 2010~2018 年年报整理计算。

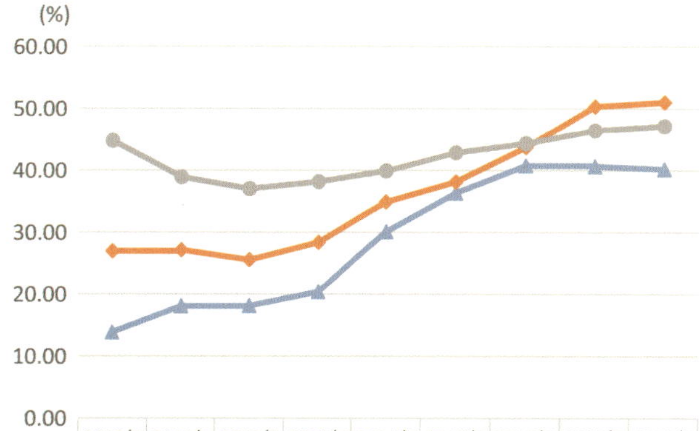

	2010年	2011年	2012年	2013年	2014年	2015年	2016年	2017年	2018年
海康威视	13.85	18.07	18.11	20.38	30.11	36.35	40.77	40.66	40.20
大华股份	26.96	27.14	25.54	28.38	34.88	38.14	43.71	50.34	51.03
第二梯队平均值	44.76	38.90	37.02	38.16	39.90	42.86	44.35	46.46	47.19

图5 2010~2018年海康威视与可比公司的资产负债率对比变动趋势

资料来源：根据各公司 2010~2018 年年报整理计算。

（五）产权性质

产权性质与政策约束给海康威视的股权激励带来了一定的限制，激励计划容易成为管理层谋取私利的工具，海康威视通过抑制管理层自利动机和能力来“对症下药”。

首先，最重要的是完善公司治理结构，通过避免董事长和总经理由同一人担任，再配合独立董事独立的判断和监督职能，降低高管利用权力寻租的可能。海康威视董事会聘用四位在财务管理、战略规划等方面具有丰富实战经验的专业的独立董事，来保障高管权力有限和决策站在有利于公司的出发点。董事长和部分董事不在海康威视领薪，而是在控股股东中电海康处领取报酬，这种模式有利于保障董事的决策客观、独立和有效，避免董事受制于经理人。对于国有企业来说，利用这种有效的治理结构来避免任人唯亲的董事会文化尤为重要。此外，若外部监管不力，那么企业必须“刀刃”向内，海康威视董事会下设战略、提名、审计和薪酬与考核四个专门委员会，其中薪酬与考核委员会全部由外部董事组成，再配合股东大会和监事会，建立内部制衡与监督机制。通过健全董事会治理机制和内部控制来完善公司治理，制衡后的管理层权力为海康威视实施股权激励奠定了基础，在制订激励计划时，管理层的自利能力被抑制。

其次，对比海康威视激励计划条件设置和国家规定的标准可以发现，海康威视各期激励计划大体符合国家的政策，制定的考核指标基本上高于国家的设置标准。海康威视以政策为导向的规范的股权激励计划与国家出台政策限制的用意是一致的，股权激励计划是为了保护国有股和其他股东的利益，抑制了管理层的自利动机。

综上所述，产权性质和国家政策固然是刚性基础，但海康威视仍发挥了股权激励的预期效用。因此，本文认为产权性质这一特殊光环并不是国有企业实施股权激励的绊脚石，完善的公司治理结构可以为实施股权激励提供助力平台，通过员工持股等多层次的激励模式可以沉淀公司的激励文化，政策限制更像是一面旗帜，指引公司出于保护国有资产的本心来设计股权激励计划，端正国有企业股权激励的设计动机，进而构建国有资本、社会资本、员工持股的“金三角”股权结构。

三、结论

海康威视上市后快速步入高速成长阶段，为使业绩再上一个台阶，吸引并保留关键人才，公司每隔两年连续四次实施限制性股票激励计划。虽然是国有企业，在实施股权激励过程中产权性质和政策限制是刚性基础，但公司治理结构和激励计划的设计却具有灵活性，海康威视高频推出股权激励计划，每期激励计划都能立足于企业内外环境，结合企业实施股权激励的初衷，设计合适的股权激励条款，将激励对象与激励模式进行匹配，并借助持续性的股权激励进一步起到正向强化激励作用，同时激励配合监管，缓解委托代理问题，完善公司治理，有效发挥了股权激励的效用。

参考文献：

[1] 荣正咨询：《2018 年度 A 股上市公司股权激励统计与分析报告》，https://mp.weixin.qq.com/s/jrit7at0s4sNzs1mUco4Uw。

[2] 吕长江、郑慧莲、严明珠、许静静：《上市公司股权激励制度设计：是激励还是福利？》，载于《管理世界》2009 年第 9 期。

信息技术、数智化与商业创新

——对话用友网络科技股份有限公司董事长王文京

王文京 用友网络科技股份有限公司 董事长
王立彦 北京大学光华管理学院
陈　磊 北京大学光华管理学院

2021 年 8 月盛夏的一天下午，《中国管理会计》期刊走进北京用友产业园，专程与用友网络科技股份有限公司（以下简称“用友”）董事长王文京进行了一场深度对话。规划和设定的对话主题：围绕企业应用新一代信息技术进行数智化转型和升级，以及用友的业务变革和商业创新实践。

王立彦、陈磊：文京董事长下午好！中国总会计师协会2021年春季在用友产业园成功举办了“第17期中国管理会计沙龙：基于业财融合的管理会计数据治理”，首先转达刘红薇会长对用友和文京董事长给予大力支持的诚挚谢意。

当前企业在信息化时代不断提升数智化与商业创新能力，为管理会计提供了新的机会，也提出了新的挑战。您在大学本科阶段学习会计专业，后来工作多年至今，兼具董事长和CEO的视角。今天的访谈，希望听到您的专业见解。按惯例，首先请您做简要的自我介绍。

王文京：我在1979年进入江西财经大学，所学专业就是会计学。完成本科四年学业发表于《中国管理会计》2021年第4期，总第18期。

后，1983年毕业分配到国家机关的财务管理部门。工作5年后，1988年离职，来到中关村创业，创办了用友（当时称“服务社”），到今年年底已经33年。用友从创建到现在，经历了三个主要的阶段，三代主要产品用友1.0~3.0，从会计电算化到企业信息化，直到今天的产业数智化。当年“用友”这个名字是我取的，是用户之友的意思。当时创办这个企业，我在几个月的时间里面一直在想名字，想了几十个都不满意。记忆中后来是在《经济参考报》上看到一个小栏目，介绍美国的一个软件，说这个软件客户易学易用，因此号称这个软件是用户之友。看到这个报道后，我就决定将公司叫作用友。这个名字包含两个意思：一是希望我们的产品能受到客户的喜欢，客户容易学、容易用。虽然当年并没有用户体验这个词，但实际上就是希望我们的产品有一个很好的用户体验。二是希望能够通过我们的产品和服务，让客户能够信赖我们，建立长期合作伙伴关系。

王立彦、陈磊：20世纪80年代，“用户”这个概念还不普及，甚至“客户”说得也相对较少。以“用户之友”之意为公司起名，很具有前瞻性。

王文京：我们公司的三大核心价值观，分别是“用户之友、持续创新、专业奋斗”。我们的出发点，是希望能够获得客户的信赖，与客户建立长期合作关系。要实现这一点，就需要不断的创新。因为技术在不断的发展，整个产业环境和用户的需求也在不断的变化。需要成为用户之友，并不只是口号或者说和客户建立紧密的个人关系就可以的，而是需要掌握最新的技术，了解客户产业的发展要求，继而在产品和业务组织管理上进行变革和创新，最终给客户提供高价值和带来良好用户体验的产品和服务，这样才能够成为用户之友。

用友的产品就是这样不断发展的。成立至今，经历了三个重要阶段。第一个阶段用友1.0，是服务于企业会计和财务部门的软件。1991年我们的财务软件在中国市场中做到了第一，迄今仍然占据第一的位置。第二个阶段从仅限于会计财务的软件，走向服务于企业整体管理的软件，也就是大家所熟知的ERP系统。这个阶段，从会计电算化走向了企业信息化，2002年在中国市场排到第一位，后来也成为亚太本土最大的ERP软件服务供应商。2015年之后，公司发展进入第三个阶段，开发用友3.0。我们开始创建企业云服务平台，促进企业和产业的数智化，成为商业创新平台，也就是BIP（business innovation platform）。这一阶段，我们产品的服务范围从企业拓展到了产业和社会级别。

在这个演进过程中，我们深刻感受到了客户需求的变化就如同大海波涛，一次创新的成功会让公司获得一段时间内的成功，但不能保证能在所处行业中永远领先。当新的波涛来临后，如果公司没有足够的洞察力，或者没有基于新的波涛去构建新的核心能力，并变革创造自己的新产品和服务，无论之前取得了怎样的成功，在之后新的阶段也会被淘汰，这也契合管理思想大师查尔斯·汉迪所提出的第二增长曲线理论。这也就是为什么我们有了1.0之后，还要推出2.0和3.0。当初在做1.0财务软件时期，国内可能有2000多个厂商，市场上主要供应商大约有七八家。而后从第一阶段到ERP阶段，真正剩下的只有3家。如今我们迎来新的波涛，必然会进行新的洗牌，因此我们必须持续创新保持竞争力。

创新不是凭空产生，需要公司掌握新的专业技术，需要员工有专业精神，也需要有专利储备，当然更需要有奋斗精神。将这几项结合，就是我们公司第三个核心价值观，其实也就是以前常说的“又红又专”。

王立彦、陈磊：用友这种将用户作为朋友，伴随用户一起跟着时代往前走的精神非常重要。

理解之前的1.0变为2.0，从信息技术应用于会计财务工作，拓展到企业运营管理的局部乃至全方位。今天的用友3.0，也就是您所说的BIP商业创新平台，与1.0和2.0相比有革命性的变化，应该如何理解？

王文京：这是一个非常有趣的话题。1.0阶段是会计电算化，实现了会计核算工作从手工劳动走向电脑操作，从人工到电子化。2.0阶段则是ERP，在中国一般称为企业管理软件，实现的是企业内部业务运营和管理的信息化，包括人财物产供销等企业内部业务信息化。ERP的核心价值其实就是对企业的流程进行优化，并基于这个优化后的流程来支撑企业的业务运营，从而提高企业的效率。

但来到数字化和智能化的时代，市场的需求在快速变化。对于企业而言，必须快速了解客户的变化，对其产品和业务进行创新，从而及时响应客户新的需求。而为实现这一点，就需要对企业的组织和管理做相应的变革，这也就是我们所讲的商业创新。新一代的数字化和智能化的技术，尤其是以移动互联网、大数据、云计算、人工智能、物联网以及区块链这六大技术为代表的新一代技术，可以支撑企业来进行商业创新。

其实上一代的技术已经支撑了企业进行局部创新，但现在新一代的技术能够更加全方位地支撑企业进行商业创新。比如在以前，企业很难连接到其最终消费者。企业生产很多产品，但是产品发放的渠道、最终的用户是谁，以及对于用户的反馈，只能通过调研这种比较低效率的方式获取。但是借助移动互联网，企业可以直接联系到每一个消费者，而且用户也可以及时将其需求反馈到企业，用户甚至可以参与企业产品的设计过程，这就可以让企业直接连接到最终的消费者。

王立彦、陈磊：平台（platform）理念出现？

王文京：是的。有了数字化平台，企业内部组织的架构会日益趋于扁平，企业内部的协同沟通会变得更加便捷、高效、透明。一线的员工可以直接连接到董事长、CEO以及其他高管。而原本这种沟通需要通过一级一级传达，是一个漫长的过程。比如用友公司现在运行的协同工作平台，任何一个员工都可以直接联系到我。

另外，从企业的内部组织来说，因为有了今天这样一套数字化的技术体系，企业就可以变成一个面向客户、以客户为中心的流程和组织体系。从整个企业的运营和管理来说，借助数字化的商业创新平台的支撑，企业的管理能够更加精细化、实时化和智能化。

我们可以看到今天的企业管理发生了变化，这个和管理会计也是密切相关的。其实会计也是在这样一个背景下产生发展的。我自己是学会计的，记得学会计学原理时，第一段话就是说会计是对于经济活动的记录、反映和监督。但我那个时候学会计，还是在学增减记账法和收付记账法，那个时候借贷记账法还没有开始推行。

我在国管局工作的时候，所在财务司主管各部委机关的行政财务，当时所用的记账方法就是收付式，企业商用的应该是增减式，工业企业用借贷式。从会计发展的整个过程来说，确实是对经济商业活动的记录，并在记录的基础上进行反映和监督。但是发展到今天，会计已经不限于记录和监督的职能，还有对于整个经济活动的度量。会计历史上的复式记账，就是一个重要的里程碑式的突破。复式记账法使得会计对经济活动的反映和度量更加全面和成体系，使之不再是一个简单的流水账。更加重要的是管理会计的出现。管理会计让会计的功能不再只是服务于投资者和股东，而很大程度上是服务于企业内部各个级别的管理人员，面向企业内部的管理。

会计的电算化是很大的变化，应该是从1950年开始，最早似乎是从福特或通用开始，使用电脑计算员工的工资。中国的会计电算化也是从工资开始的，我原先在机关里面做的第一个系统，就是工资薪酬系统。发展到今天，进入了新阶段，也就是数字化阶段。今天大家所讲的智能财务和实时会计，我认为这是整个会计发展的一个新阶段。未来会计的功能其实就是为企业提供商业数据服务。

王立彦、陈磊：会计的本质就是将企业从静态视角、动态视角予以数字化反映。但是实现数字化的技术手段一直在变化演进。比如中国人用算盘很多年，就是相对心算笔算的进步，甚至珠算成为会计人员的专项训练、专业课程。后来有了手摇计算机，尽管没有完全替代算盘，但是在计算速度、准确性和计算复杂性等方面带来了革命性进步，能够完成算盘做不到的更大量或更复杂的计算。再到电子计算机，是更高级别的天翻地覆。

王文京：今天的商业数据服务有三个比较重要的特征。

第一个特征是精细化。精细化分为两个方面：一是对经济活动的反映记录的颗粒度更小。企业的任何一个交易、任何一个作业、任何一个动作都可以变成会计核算的对象。二是多维度。原先的财务会计维度比较单一，后面管理会计的出现对原有维度进行了一次扩张。但今天我认为会计到了一个新的阶段，它的维度应该在管理会计的基础上继续增加。比如说原先财务会计是面向投资者，之后的管理会计面向了管理者。而未来会计数据需要服务的对象就更加多元，比如可以面向员工，因为员工也可以使用企业会计部门提供的数据服务，还可以面向企业所处生态链中所有的成员，以及面向社会的监管部门。而这些不同的对象对数据的要求是不一样的，从而产生了不同的维度。因此，颗粒度和维度的增加使得会计数据更加精细。

第二个特征是实时性。管理实践中早有对实时会计数据的追求，但是以前的技术做不到，所以原先的财务报表一般是月末甚至月末结束后几天才能整理完成。但是现在数字经济的新时代，整个商业的运行和企业的运行都趋于数字化，企业的会计数据服务也不能像原先那样滞后，而需要快速反映企业的活动。因此，会计和数据服务必须是实时的。一旦企业发生交易或者作业，会计数据就能马上提供并对此进行反应。在今天的互联网、云计算以及大数据的技术体系下，对于实时会计的追求成为可能。20多年前台塑公司就已经实现了经营数据结果隔日呈现，成为全球的学习标杆。今天我们几乎可以做到实时动态结果反映。

第三个特征是智能化。我们需要实时动态提供基于企业业务活动的精细数据，因此数据是海量的。借助人工智能机器学习，包括类似知识图谱这类技术，我们可以对企业提供全方位的数据服务，而不再局限于以前相对简单的账簿和报表数据。会计的功能也从反映和监督，向预测预警扩展，从而支撑企业的管理决策，甚至可以在部分业务上进行自动决策。这实际上就是智能化的发展。智能化发展扩展了会计数据服务的功能和价值。原本会计就是一个反映企业的报告，因此形成了会计报告、会计报表。但是今天就已经不限于此。会计的数据服务分为好几个层次，既有最基本的报表、报告，也有控制服务，有预警、预测服务，还有决策支持的服务，以及一定的智能化决策。总之就是会计数据服务的功能和价值更加多元和丰富了。

王立彦、陈磊：请您再仔细解读一下“多个层级的不同价值的数据服务”的含义。

王文京：我个人的看法，会计系统是企业中的商业数据服务部门，它最基本的功能就是提供商业数据的服务，而这个服务包括从最基本的报表到分析、控制以及预警、预测这样多个层级的不同价值的数据服务。

对于多层级的数据服务也是今天企业所需要的。比如管理会计也代表了会计发展的一个重要的历史阶段。这包括大家一致强调的业财融合。业财融合其实反映了会计财务的服务怎样去快速响应业务。对于经济业务的反映不光需要及时，而且还要提供智能服务去规范、监控、支持业务活动的展开。我觉得业财融合就是这样的一个闭环，它实际上扩大了会计在整个企业里面的作用和价值。这首先需要技术支撑，而今天的技术就能够实现，其次也需要理论上的支撑。如果想要实现今天客户对于会计数据服务的精细、实时、智能的

需求，也需要有新的理论模型去支撑业务的开发。

我们认为，美国20世纪60年代的会计学家乔治·索特（George H.Sorter）提出的事项会计这个理论，就可以成为今天数字化时代所需要的会计理论体系。他提出的会计理论体系，突破了传统的财务会计，不再是有限维度、有限视角的会计数据服务，而是面向更多元的会计数据使用者的需求，这正是新的时代所需要的。将每一个事项作为核算的依据，然后多维度提供相应的会计数据服务。这突破了原来传统的基于财务会计基本准则的体系，在涵盖了原来财务会计使用者和管理会计使用者的需求后，还涵盖了其他会计数据使用主体，比如企业里面的员工、生态链中相关的成员以及政府监管部门。虽然这个理论20世纪60年代就提出了，但是当时实现不了，而现在的技术就可以将其实现，比如管理会计在中国的实践。之前很多年用友也做过包含管理会计在内的服务，也在一些客户里面进行过推广。

我们发现，虽然财政部也在大力推动管理会计，而且很多企业推行了管理会计，但是成效都比较有限。其中最重要的因素，就是很多企业是在财务会计数据基础上进行管理会计的构建，这就导致了结构上的局限，进而导致管理会计服务价值有限。如果想要管理会计发挥应有的价值，那就一定要从数据的源头上进行改变，这个源头就是经济活动本身。管理会计需要将数据的获取回溯到最前沿的场景事件中去，包括交易和其他各种作业。交易是事件的一个重要形态，甚至可以说是主要的形态。但是事件并不只有交易，比如出库这个行为虽然没有交易发生，但也是一个事件，我们要将这个事件发生的现场作为会计数据的源头，这在早年是很难实现的。用友1.0时，数据入口是记账凭证，基于记账凭证做报表，进而进行分析。当获取记账凭证的时候，这笔业务其实已经结束了，完全是一种事后反映。到用友2.0时，将数据的入口往前移一步，到达业务单据。今天数据的入口会更加往前推移，以交易或者作业本身作为数据入口，当事件一发生，会计数据采集就完成了，这样才能做到实时。这也是我们从1.0到3.0各个阶段中能感受到会计系统数据入口的三次大的改变。

王立彦、陈磊：在发展这方面，您刚才提到的企业数字化转型的潮流是大势所趋，也给用户提供了很多发展的机会。但正如您刚才提到的，每一波技术波涛都会带来竞争格局的变化，在从电算化到ERP这个过程中就淘汰了很多企业。您如何看待这种竞争格局？您如何考虑未来发展？

王文京：在数字化这个阶段，我们感觉企业的应用服务已经走向了新的形态，走向了新型的微服务群——场景化的服务群。上一个阶段的ERP是一体化套件，也就是将人财物供产销装入一个套件中。今天新一代的云计算架构是微服务体系，把原来的一体化套件解构了，变成了分层的、基于不同场景的服务，变成了场景化的服务群，而不再是一体化的套件。在一体化的套件中包含的是一个个不同的功能模块，现在这个服务群则是面向一个个场景的服务。在这样的结构下，就会出现许多服务于某一细分领域的专业供应商。而用友在这样的环境下的定位就是要打造一个开放的商业创新平台，也就是所谓的BIP。

在这个平台中，我们提供平台底座和其中重要领域的基础应用，目前包括财务、人力、采购、供应链制造、营销，还有企业金融这样一些领域的应用。但我们不可能包揽所有细分领域的应用，因此会在搭建好的平台和基础应用的基础上，发展生态伙伴的产品。这些产品可以是在这个平台上进行开发，也可以开发完成后连接到我们的平台上，然后针对不同的细分领域、细分行业，共同去服务客户企业。

用友现在已经有了一个目标，就是希望在用友这个创新平台上，能够汇聚超过10万家生态合作伙伴。目前我们已经汇聚了9000家，这个数量正在快速增长中。

在未来发展的战略选择上，在搭建平台和开发基础应用方面，我们是以自己的研发为主，一部分会通过并购的方式实现。而大量的基于基础应用的扩展，各个细分的领域，则需要生态伙伴在这个平台上共同服务企业客户。

平台所提供的专业服务，比如咨询服务、培训服务还有各种定制化的服务，都是企业客户需要的。我们这个平台希望能够把为企业提供数字化服务的产品提供商、解决方法的提供商、服务提供商以及社群个人都汇聚起来，共同服务客户企业。这个商业创新平台即用友BIP，定位是数字商业的应用及基础设施以及企业服务产业的共创平台。这里包含两个定位：一个是数字商业的应用基础设施，但我们的产品并不是计算机基础设施，而是更上一层的应用级基础设施。为此，我们和华为、阿里都是合作关系。另一个定位是面向企业。用友也在一个产业中，这个产业也会走向平台化生态化的发展，这就需要一个产业共享共创的平台。用友BIP也就是这个产业的共创平台。

王立彦、陈磊： 谢谢您深入浅出的解释。这让我们对于BIP的概念和整个商业模式有了更加深入的理解。那么用友是希望每个企业都能做商业创新吗？

王文京： 之所以我们最开始讲商业创新平台，是因为今天客户对数字和智能信息技术的应用，已经不再停留在对既有业务系统提供支撑并提高效率上，而是更加着重在产品业务创新和组织管理变革上，也就是更加关注商业创新。

其实绝大部分企业是没有能力自己去开发构建和运营帮助企业进行商业创新的平台体系的，所以需要用友这样专业的提供商。我们去构建和运营专业平台，交给企业客户使用，让他们借助这个平台来做商业创新。今天是一个开放的商业社会，是一个社会化的商业模式，我们不能是一个封闭的平台，必须是一个开放的平台。因此我们这个平台也是一个生态化的平台，不再只是用友一家在这里建平台，为客户提供服务，而是汇聚大量的生态伙伴来一起为企业客户服务。

王立彦、陈磊： 从这个意义上来说，您刚才所提及的重构这样一种理论，已经超越了传统的事项会计的层级。事项会计所涉及的理论是我们整个商业创新平台中会计服务部分的理论基础。

王文京：今天我们说到用友商业创新平台，提供的不只是会计服务，还有财务服务、采购服务，以后还有营销服务、制造服务、人力资源服务、企业金融服务以及协同工作服务。会计服务是服务的一部分，用友从这里起家，但是到了ERP的时候就已经不再只是提供财务软件，而是扩展到其他领域。到了商业创新平台这个阶段，扩展向更多的服务领域。但是，会计和财务服务仍然是整个商业创新平台中极其重要、最基础的组成部分，也是我们非常有优势的服务领域。

刚才说到业财融合，很多非本专业的人往往不区分财务和会计，事实上财务和会计是有区别的两件事。在企业的组织体系中，很可能由同一个主管来管理，也可能对不同的两位主管负责。会计的核心功能是提供企业中的商业数据服务，财务的核心功能则是基于企业的战略合理进行企业的资源配置。因此，财务管理中最重要的核心是预算体系和资源管理，而会计是对于经济活动的客观反映，提供越来越精细实时的数据服务。所以在业财融合中，其实有三个组成部分在发挥作用，分别是业务、财务和会计。任何业务都会涉及资金，因此自然包含了财务的运营，因此业务就是一个重要的部分。由于所有的交易都会涉及资金，因此无法离开财务运营，而会计就是对于上述整个过程的反映。在会计反映度量之后，会再规范、监控、支持进一步的业务过程。所以我认为业财一体就是三个系统在共同发挥作用。资金的运营是业务的一个重要组成部分，会计就是进行反映评估。这就是一个新的三位一体的解读，而不仅是业和财。当然原来讲的财包含了我们现在说的狭义的财和广义的财，也就是将会计放在里面。

王立彦、陈磊：业财融合或业财一体，对企业的总会计师具有挑战性。现实中，大多数企业的总会计师是学会计、干会计出身，熟悉和精通于“财”，可是不熟悉本企业从产品到设备、技术以及生产流程等“业务”。这不行，总会计师、财务总监、CFO也必须与时俱进，跟上数字化时代企业前进的步伐。

王文京：仅仅跟进还不够。在很多企业，包括我们公司，现在是把CFO和总会计师分开的。我们的CFO是公司战略的参与者，其工作重点是落实公司战略中有关资产资本运营的工作。现在资本资金已经市场化了，所以CFO的重要工作是面向资本市场进行资金的筹措、运营和资源的配置，包括投资理财等。而会计核算和数据服务这套体系中的工作则应该落在总会计师身上。CEO的工作重点则是制定公司的业务战略以及构建落实这个战略所需要的运营和管理体系。至于董事长的职责，在我看来主要有三个：一是公司文化价值观的打造和维护；二是公司治理体系的建立和发展；三是公司重大发展战略和方向的把握。CEO是在董事长制定的大的战略方向下，制定公司的业务战略以及构建执行业务战略所需的管理体系。

我们就是想要未来能够构建一个理论的逻辑思路去进行解析。在新的时代中，会计的重要性是在增强的。我们现在做信息处理的时候就体会到了这一点。用友 1.0 做电子化的时候，就是取代手工，将手工处理流程电子化而已。用友 2.0——ERP 时，是更全面的业务和企业运营的一整套业务流程的信息化。到现在的 3.0，数据和数据服务变得越来越重要，数据已经成为生产要素，数据服务的价值也越来越大。会计就是企业中商业数据服务的主要提供者，所以它的作用也越来越大。因此我认为在这个新的阶段中，会计的作用是在增强的。

王立彦、陈磊：听您介绍 BIP，我们觉得这个相比于前面两个阶段是质的飞跃。前面两个都是一个封闭的作用范围较窄的产品，但 BIP 是开放的。那 BIP 在搭建过程中是否也会存在低级、中级、高级版本问题呢？

王文京：BIP 以及之前的 ERP，都有不断演进、不断进化的过程。

BIP是一个微服务群，会有新的服务加入进来，所以它是会不断增强、不断壮大的。但是BIP与之前的ERP比较，无论是从理念、构架体系还是整个驱动的技术角度来说，都大不一样。BIP是完全基于一个新的架构，去构建一个企业应用和服务的综合服务体。

用友创建BIP，是构造这个平台的底座。作为这个平台中关键领域的服务提供者，用友是平台集成者，会有大量的生态伙伴，它们的产品和服务在我们这个平台上运行，共同服务企业客户。同时，用友也会有部分的应用和服务，加入其他平台的生态体系中，被其他平台集成，成为它们生态中的一部分。可以说，这是一个更加开放的过程。

国家在推进企业尤其是国有企业的核心应用系统，需要更多采用本土的系统。这里的背景有两个：第一个背景是这些大型企业需要进行数字化转型，因此其本身就需要新一代的数字化平台和系统，因此本土的厂商，包括用友研发的新一代的数字系统就恰恰能符合它们的要求。第二个背景就是国家推进企业使用本土系统的现状。这两个背景的结合给BIP的推进创造了一个很好的社会产业环境。

王立彦、陈磊：《中国管理会计》想要打造不仅包含学术形态，也不只是面向实务界的多维度的期刊。想要成为一个既有理论学术文章，也有案例和政策解读的期刊。产权目标是推动中国企业高质量发展，这是一个会长期持续的议题。想请问您有什么看法和建议？

王文京：其实这里面就有学、研和产。你们代表了学和研，我们属于产。

进一步细说，我认为产业界有两类。一类是各行各业的企业，它们是管理会计、数字化的前沿实践者。我们有很多优秀的企业，特别是生产管理很领先的企业，它们是可以提供管理会计在中国发展应用的优秀实践的。在我们服务的客户中就有很多最佳实践的创立者，比如厦门航空、海螺水泥等。还有一类就是像我们这样为各行业应用管理会计提供技术和服务，最主要的责任就是基于新一代的数字技术为管理会计提供产品和服务平台创新，所以我们实际上是一个管理会计数字化的使用者。

现在很多大学都是研究型大学，所以学、研已经结合在一起。如果要将这两个概念分开的话，“学”当然侧重教育教学，为管理会计数字化提供教育者和培养人才。“研”则一方面是理论的创新发展，另一方面还需要考虑到模型的构建和算法的开发。因为未来整个财务和会计都会进入智能化阶段，会涉及很多模型算法问题。在我们这样的公司，会有专门的团队来开发算法，但我认为研究机构也可以从事研究开发，并提供一些模型和算法。

王立彦、陈磊：高校的管理学院、软件学院，有必要进行这些“落地性研究”。

王文京：产学研应怎样结合呢?首先就是产里面的两类企业需要结合。客户要参与到平台产品服务的创新过程中，而这些共同创新的东西又会服务于现在的企业客户。企业也和教学部门进行合作，通过提供数字化商业创新平台的环境来促进数字化人才的培养。而在研究方面，在现在的算法模型的开发改进方面，企业和研究部门也是可以很好地结合的。当然这个产学研结合还要包括你们和各行各业的企业去结合。我们把平台的服务提供给客户，它们基于这些创新平台取得了优秀的成果，可以通过案例的开发来总结这些企业的优秀实践。

中国经济发展到今天，也到了应该且可以总结本土企业自身管理的优秀实践的阶段。在这个基础上，研究并总结出一些新的理论。以往西方更加领先，我们都是学习模仿西方。如今我们在继续学习西方的同时，也应当结合中国自身的实践，总结自己的创新。不光是实践上的创新，还有理论上、方法上以及模型上的创新。

用友的BIP理念，是我们自己首先提出来的。之前的ERP，是美国公司提出的，后来全世界都在应用。当前新时代新阶段，中国本土的厂商已经可以在自己擅长的领域里创立新概念、新理念。而在管理学、会计学领域，对理论方法和模型，中国学界也已经可以结合中国企业的创新和实践，进行自己的创新总结。

王立彦、陈磊：今天非常感谢文京董事长与我们一起分享关于信息技术、数智化和商业创新的深入思考和洞见。

我们相信，这些观点对企业管理者和管理会计学者具有显著的启发性，也希望未来能有更多机会，推动产学研各界共同努力，推动管理会计和数智财务的实践与理论发展。

平台型组织与企业薪酬契约

——以雷神科技为例

张永刚 深圳国际控股有限公司
王少飞 上海财经大学
李晓敏 青岛雷克石电力科技有限公司

【摘要】本文以雷神科技为典型案例，分析了平台型组织与管理层薪酬契约之间的关系。本文研究发现，尽管平台型组织往往存在着较好的集约化优势，但是平台型组织与创客之间的信息不对称，往往引发较高的信息传递成本，这会使得平台组织在资源配置效率方面受到损失，因此选择合适的管理层薪酬契约往往会成为解决问题的重要手段，创客对平台型组织资源消耗的会计测度，以及以市场价值为基础的股权激励，往往可以成为平台型组织管理层的契约选择方式。

【关键词】平台型组织 信息不对称 薪酬契约

发表于《中国管理会计》2021年第4期，总第18期。

一、前言

企业信息化技术的使用，提高了企业内外部信息的传递效率，使企业配置资源的方式和能力都产生了巨大的改变，并由此在企业内部产生了平台型的组织模式。例如海尔集团的创客平台，这种平台型组织通过对外开放化的平台聚集更多的优质资源，从而能够保障海尔平台的创客更好地利用平台资源开展创业创新活动，最终实现以用户为中心的市场需求（李真，2017；闫秀梅，2018）。

然而，平台型组织在增加企业内部创新、提升企业收入的同时，也引发了公司内部管理体系的冲突。一方面，平台型组织会有利于解决创客开展创新创业活动时所引发的高服务成本问题。创客在开展创新创业活动时，由于不同创新创业活动的个性化服务特征明显，客户群体受限，容易引起高昂的定制化服务成本问题，而平台型组织的资源整合功能，将有利于集约化地解决创客的高服务成本问题。另一方面，平台型组织容易产生较高的代理成本，从而降低组织的资源配置效率。平台型组织在测度创客的业绩时，往往存在着较大的困难，由于创客在开展创新创业活动时往往需要及时、准确地收集客户的个性化需求信息，这导致平台型组织在测度创客的信息收集上存在着较高的代理成本。根据信息经济学的理论，人力资本的本质是储存于个体中的具有经济价值的信息、技能和知识。由于距离客户更近，参与企业实际经营的高管往往比企业主或股东更了解客户对产品的评价和需求，这些能够提升企业竞争力的信息以高管人力资本的形式参与企业竞争战略的实现。但是，对于以创新创业为主要特征的平台型组织在实施差异化战略的过程中，对市场信息的获取和使用将存在着较大的成本，并且因为信息传递成本的不同继而会引起信息持有者的机会主义行为，并产生代理问题，因此需要企业采用不同的薪酬结构来进行规制。

基于此，本文以海尔集团控股的青岛雷神科技股份有限公司（以下简称“雷神科技”）为案例对平台型组织与企业高管薪酬契约进行研究，分析平台型组织企业的薪酬契约。首先，具有资源整合能力的平台型组织，往往更容易存在于大型企业的发展中，因此较难从大样本的研究中采集数据得到实证检验；其次，针对平台型组织与企业管理薪酬契约的讨论，往往更要求从微观的视角观察企业的组织运营方式，而这些观测往往难以标准化，更适合以案例的方式进行分析讨论；最后，雷神科技作为海尔集团创客平台孵化出的创客公司，最初以游戏用笔记本电脑（以下简称“游戏本”）的设计和销售为创客主业，在公司成立不到五年的时候，即实现了全国中小企业股份转让系统“新三板”的上市交易，雷神科技的案例充分反映了平台型组织的组织与管理模式，并且由于雷神科技在资本市场上市，因此有较为充分的信息披露，有利于进行解剖麻雀式的案例分析。

首先，本文的研究对于理解企业组织的边界与关系具有重要的意义，企业信息技术的改变，给公司带来经营方式转变的同时，往往也带来资源配置的重新平衡和企业组织关系的转变；其次，本文的研究有利于丰富管理层薪酬契约的相关文献，也有利于理解信息技术背景下企业契约关系调整的背后机理和运行框架。

二、文献回顾

平台是促成双边或多边达成交易过程中获利的第三方链入系统。平台化经营是基于互联网思维提供服务和聚合用户的经营方式，在信息化环境下，平台组织通过网络效应，灵活安排和变换组织结构，以实现资源整合满足需求（Luo et al.，2018），并且平台组织的用户数量会受到网络效应的影响（Gawer et al.，2014）。部分学者从微观的组织设计视角出发，研究了平台组织和平台治理，Eisenmann等（2014）基于以往研究指出，平台组织的建设需要从平台设计与平台治理两个角度来开展，而平台治理可以从制度层面来实施。Song等（2018）、Evans（2012）和李更鑫（2017）讨论了制度建设对平台治理的积极意义。Song等（2018）认为平台治理应该通过指定准确的战略决策，以实现平台内部的创新激励。Evans（2012）认为，平台治理是基于平台组织制定规则、提供服务以及其他相关策略，实现用户吸引与维护，进而管理用户，实现平台效用最大化。李更鑫（2017）也认为，平台治理主要通过平台管理者的顶层机制来规范公平竞争环境，激活平台参与主体的积极性，实现平台组织的网络效应。此外，平台治理也可以从实施主体层面来实施，Ceccagnoli等（2011）认为，平台治理主要以平台拥有者为核心，为平台用户提供政策及有关服务支持，激励平台参与用户有动力实现双方的价值创造。而部分学者也讨论了平台治理的实施模式，梁晗和费少卿（2017）讨论了阿里巴巴商务平台的治理模式，认为平台组织“吸引－维持－管理－发展”的治理形式，为平台组织治理模式创新提供了重要的基础。而刘汉民和张晓庆（2017）则通过对网络零售平台的研究，总结了平台治理的三种模式，即声誉机制、监督机制和沟通机制，并实证研究检验了不同治理模式对机会主义行为的不同影响。

网络结构会对组织的行为产生影响（Burt，2000），因此平台型组织的形成也伴随着组织内部要素的重新缔约过程。王凤彬等（2019）指出，平台组织在转型过程中形成了“超模块化”的组织结构，并通过平台客制化反应和子平台模块颗粒化设计，支持内部的创新活动。许庆瑞等（2019）也认为，平台型组织的动力机制来自创新引起的组织内部雇佣关系、组织内部联系和物理约束等方面的优化。宋延政（2021）则强调了柔性人力资源对平台型组织形成的重要意义，认为去中心化、内部市场化等会对人力资源管理系统设计发挥重要作用。而另有部分学者从网络关系视角观察其对平台组织形成的作用，认为结构性社会资本的互动和信息传递渠道（Tsai et al.，1998），会有利于平台组织的网络协作关系（郑红岗，2018）。

上述文献对理解平台型组织提供了重要的框架性基础，但这些文献主要集中于组织层面，对平台型组织的运作机理和契约治理方式，尤其是薪酬制度的形成机理，并未深入分解，而这恰恰是形成企业内在激励的重要基础性问题，并会对企业的经营效率产生影响，本文就此进行讨论。

三、案例介绍

雷神科技的创业雏形出现于2013年，四位创始人路凯林、李艳兵、王强、李宁都是海尔笔记本电脑部门的中层干部，岗位职责分别为部门整体运营管理（之前为销售总监）、产品经理、IT渠道经理和电商渠道经理。

2013年12月，雷神科技在京东商城进行了第一批产品预售，500台游戏本3天售完，单价5999元，实现了299万元的第一笔销售收入。2014年，路凯林等四人在海尔创客平台成立小微企业雷神科技，上述四人分别担任子公司的核心高管职位：路凯林任总经理兼技术核心、李艳兵任副总经理（历任监事、产品总监）兼技术核心、王强任副总经理、李宁任监事（历任副总经理）。2014年，雷神科技的产品完成了三次迭代，全年累计销售额接近5亿元，平均产品销售周期在一天以内。除了产品的销售数据提升之外，由于雷神科技团队追求完美的产品设计流程以及非常克制的产品发售方式，雷神科技的品牌开始在游戏玩家中获得青睐。这一现象很快被资本市场捕捉到，雷神科技于2014年12月完成 Pre-A轮融资500万元，2015年4月A轮融资2250万元，投资方是紫辉创投和麟玺创投。2016年3月，雷神科技B轮再获国科投资、麟玺创投3500万元投资。2017年3月，雷神科技完成C轮6500万元融资，包括麟玺创投、紫辉创投、京东金融、国科投资、同创伟业、赛富资本、海立方舟、优格资本等14家投资方。

2017年5月，雷神科技正式挂牌时，创业团队共持有雷神科技近21%的未受限制股权，第一股东海尔集团持股38%。2020年的年报显示，公司主要业务为游戏本、游戏台式机和游戏外设等电竞全场景硬件产品设计、研发和销售，同时为电竞硬件产品配套相关服务。作为专业电竞硬件及服务的提供商，公司通过与用户的交互，发掘用户需求，为用户提供性能卓越、品质一流的电竞硬件产品和服务。从电竞全场景硬件切入，打造电竞生态品牌，让每一位用户拥有极致的使用体验。

四、案例分析

（一）平台型组织的集约化优势

1. 雷神科技的差异化运营成本

与传统笔记本市场不同的是，游戏本生产往往存在着较高的生产成本。

首先，游戏本产品的性能要求高。不同于一般的笔记本生产，顾客往往对游戏本的性能和配置有更高的要求。游戏对电脑硬件配置和组合的要求很高，整体的高性能需要更高价格及更高性能的CPU、显卡、内存、硬盘、散热系统零部件的支撑。但在同样预算下，上述模块之间的性能取舍也至关重要，笔记本的性能也同样适用木桶原理。为满足这种特定需求，DIY台式机等成为多数游戏爱好者的选择，而能够玩游戏的性能笔记本则更多是“不差钱”消费者的选择。并且，游戏本性能与成本之间呈指数式的正向关联，即游戏性能越高，相应配件的采购价格会指数式上涨。因此，笔记本性能指标与产品性能的竞争力之间往往呈倒“U”形关系。

并且，由于游戏对电脑性能的刚性需求，当笔记本性能过低时，即使售价低廉其市场竞争力也会极低；同时，随着游戏的更新，其对性能的要求会随着时间而增长，因此当游戏本性能只略高于市场最低要求时，其市场竞争力同样不高；但当笔记本性能在预期使用寿命结束的临界点，其性能恰好达到届时游戏对性能的最低需求时，游戏本市场竞争力将达到最高点；当电脑性能继续提升时，预计产品报废，其性能仍然有溢出，这会影响产品的总体性价比，因而其市场竞争力又会缓慢下降。

其次，游戏本的迭代周期更短。一方面，游戏是一种相对竞争的过程，受到产品价格等因素的制约，虽然更好的配置意味着游戏的胜率更高，但是也会引发更高的购置成本，因此游戏玩家对游戏本产品的高品质需求会受到一定限制。另一方面，游戏本应满足游戏玩家的操控需求、相互之间的制约和竞技过程。游戏玩家只需要能够操控游戏本有效地制约对手赢得比赛，因此其对设备的要求是一种相对的需求，只要优于对手的游戏本品质，赢得比赛就可实现其采购目的，相反，输掉比赛的游戏玩家会在下次比赛中通过改进自己的设备、策略等方式来进行反击，如此反复，就使得玩家对游戏本的性能要求螺旋上升，呈现出典型的相对性特征；而且，游戏公司通常会定期推出游戏产品，随着这些游戏产品的更新换代，游戏场景的拟真性、体验感的大幅提升，游戏产品对游戏玩家的笔记本电脑性能也会提出不同的要求，游戏玩家需要定期进行游戏本的硬件更新才能更好地适应新产品的游戏比赛要求。

最后，游戏本的生产量往往较低。游戏本市场相对于其他笔记本电脑市场来讲，是一个相对小众的市场，产品需求量相对受到限制，并且由于产品的使用周期性等问题的存在也使得其生产过程中采取规模生产的可能性较低，采用少量化、定制化生产经营方式的可能性较大。

2. 平台型组织的集约化优势

按照上述的分析，海尔增加游戏本生产的可行性，就最终体现在定制化生产过程中的矛盾解决，即减量化生产与成本有效控制之间冲突的有效解决。

首先，借助于传统笔记本规模化生产方式解决游戏本定制化生产的制造成本。根据前面所述，游戏本存在较短的生产周期和较小的市场需求规模，这都极大地限制了游戏本的生产数量，单一生产游戏本会使其生产规模往往达不到最优的生产点，会导致产品的价格大大提升，限制产品的市场需求，不利于产品的市场推广和盈利，而借助于传统笔记本规模化生产的优势，完成相同零部件的统一采购，会使游戏本的产品零部件更好地享受到规模化生产所带来的成本优势，提升产品的盈利空间，维持市场价格竞争优势。

雷神科技的采购环节主要由采购部负责。产品需求交互后，产品部联合公司各部门进行产品的立项及评审，采购部根据产品方案参与产品技术评估及核心零部件成本评估，结合成本价格走势确认产品进销节奏，制订采购计划。结合采购计划、生产物料清单（BOM）进行核心部件询价，确认采购需求后下达采购订单，根据整机需求将核心零部件发料至外协厂商进行整机生产安排。

其次，借助于传统笔记本的渠道解决游戏本的渠道建设和维护成本。游戏本的零部件和销售渠道往往与传统笔记本存在着一定的交叉，这时对游戏本而言，零部件提供商和销售渠道的选择以及维护，尤其是供应链的渠道建设和维护，都存在着较大的节约空间，而这些亦会对游戏本产品的盈利带来较大的改善。例如，雷神科技的采购渠道海尔并未额外追加投资，背靠母公司，雷神科技获得了高质量的供应链资源，与蓝天、广达、英特尔、微软和腾讯等游戏本生产领域的佼佼者进行合作，既提高了游戏本产品的质量，又增强了品牌影响力。雷神科技的计算机整机及外部设备产品的生产全部由上述委托外协厂商完成。产品部对新产品形成初步方案后，外协生产厂商根据生产条件可行性和生产技术成熟度等因素参与产品二次开发，协助公司进行产品方案修改并最终定型。采购部一方面向外协厂商下达整机采购订单，另一方面根据整机订单数量将核心零部件发料至外协厂商进行整机生产。公司的驻场供应商质量工程师（SQE）完成现场质量检验后，采购部向子公司雷神国贸进行进口报关采购，成品入库至公司仓库。

最后，借助于集团资金和管理运维的支持解决游戏本的资金和运维成本。早在2013年底，雷神科技成立之初，公司主要通过自有资金及母公司的资金支持进行运营。而在雷神科技初创的第一年里，行政、法务、财务管理等运维环节仍然延续之前的海尔笔记本部门享受的支持平台，并维持同样的内部转移定价结算服务费用。

然而，将游戏本定制化生产与传统笔记本规模化生产进行有效结合的前提是，必须有赖于游戏本市场信息的有效采集、加工和转化。

（二）平台型组织的代理成本

1. 游戏本市场的专有信息

雷神科技的产品研发主要由产品部负责，相关研发人员对市场动向、客户需求具有精准的认知。产品部通过行业报告对市场产品机会进行捕捉和洞察，通过收集数据对市场进行理性分析，进而立项，其游戏本生产过程中需要很大程度依赖市场信息。

与传统的笔记本生产存在较大的差异是，游戏本的产品迭代周期较短，并且更大程度上依赖产品客户，即游戏玩家的使用体验，这使得产品从设计到研发都存在着较大的属性差异，因此对客户市场信息的理解、获取和转换，对游戏本生产而言就起着至关重要的作用，并且这种市场信息往往存在着以下几个特征。

首先，市场信息具有很强的时效性。游

戏本产品的市场需求具有很强的时效性，按照前面的分析，由于游戏本产品的相对性特征，对其品质要求往往呈现出螺旋式上升的模式，因此在不同时间阶段，游戏玩家对游戏本的市场产品需求存在一定的差异，因此市场信息的收集必须要随着时间的变化来进行调整和完善。

其次，市场信息具有很强的使用群体特征。游戏本的品质改进来源于游戏参与者的使用习惯和游戏体验，而不同的游戏参与者对产品的使用习惯和游戏体验，既存在着个体的差异，也存在着普遍的共性体验，并且根据游戏玩家的能力不同，游戏本产品的使用效果也存在着较大的差别，因此市场信息的收集必须要根据不同的使用者进行分类，并有效区分产品的差异，对产品进行设计改进。

最后，市场信息具有很强的游戏产品特征。不同款式的游戏本在处理不同游戏时性能体现并不一致，针对不同类型的游戏产品，游戏开发方式不同，游戏产品对游戏本的硬件要求不同，这会使游戏本的产品品质存在一定的差异，因此市场信息的收集需要根据不同类型的游戏产品进行分类，对产品进行改进。

2. 专有信息的传递成本

游戏本产品的生产特征最终会使得以定制化方式生产游戏本时，要较强依赖产品的特定市场信息。

首先，此类市场信息标准化程度较低。游戏本的使用性能和习惯需要通过使用者的使用习惯来进行描述，并且有很强的个人特征，而这些使用感受通常会受到主观因素的较大影响，也很难量化，并且新的游戏本产品在推出时所引发的问题也难以事前进行界定，依赖于信息收集者的主观能动进行深入的调研和分析。例如，在第一次小批量游戏本试水前，为了探索玩家需求，路凯林带领着团队将京东2万条差评汇集起来，逐条分析归类，最终确定了18个用户抱怨点，包括卡顿、散热、蓝屏、速度慢、音乐效果差等。根据这些痛点，

雷神科技联系了台湾蓝天工厂试做了500台游戏本，通过营销手段告知用户目前笔记本存在的问题，而雷神解决了这些问题，产品一上市立即获得了用户的认可。

雷神科技为第一代产品的500位消费者建立了一个QQ交流群，马上就收到了用户的反馈。有一位用户抱怨屏幕亮点问题，起初并未引起公司足够的重视。因为按照国家标准，屏幕至多可有3个亮点，而雷神符合标准。但用户给出的结论是“符合国家标准跟我买不买没有关系”。通过此事，路凯林和雷神团队意识到尊重用户需求、尊重市场的重要性。互联网时代的游戏本市场，用户的个体需求必须得到强烈的满足。于是雷神解决了该用户抱怨的屏幕亮点问题，在20天内迅速迭代第二代产品。

雷神团队针对“90”后用户群体仔细地进行了一番研究，分析发现，“90后”群体最为重视的体验就是“现在就要”。他们希望更快得到自己想要的产品，希望立即上手获得满足，不愿付出过多的耐心去等候。“90后”并不拒绝有缺陷的产品，允许产品存在一些问题，但是要求产品不断更新、迭代升级，只有越来越快地推出更好的产品才能更加满足他们的需求。这种快速迭代的要求不仅仅是年轻消费者的特点，也成为雷神抢占市场的先机，产品迭代的速度是体现公司竞争力的重要维度。

其次，此类市场信息存在较强的专用性特征，存在事后的机会主义行为。由于游戏本通常带有强烈的个人特征，因此信息采集者往往需要针对特定的玩家，尤其是高级游戏玩家，进行深度调研，并且需要定期进行信息采集，针对不同游戏产品和笔记本款式进行测试和调研。例如，雷神科技销售业务由渠道部负责，销售人员一方面与产品部、采购部协同分析市场需求，确定产品进销节奏，另一方面根据上期销售情况及市场行情与下游客户共同制订下一期阶段性销售计划。随后渠道部根据公司内部产品进销规划及客户订单需求开展销售业务。以销定产的销售模式，进一步强化了市场信息的专用性特征。

最后，游戏本的销售也往往需要圈子式的销售模式，即在特定的游戏玩家中进行销售，照顾此类消费者的消费习惯和使用感受，形成意见领袖，这对公司的经营将发挥重要的作用。例如，在用户为尊、聚集粉丝的理念下，雷神科技的工作人员不断在QQ群、微博、微信、百度贴吧、社区、浏览器、神游网等核心平台上与867万雷神粉丝交流和解决问题。曾有一位用户由于产品本身缺陷导致无法下载游戏，而在交流群里表达了不满情绪，但令该用户没想到的是，雷神科技不仅没有找托词，而且当晚公司副总就将一台新电脑送到他家楼下。这种诚恳的服务态度让用户完全不敢想象，从此以后成为雷神的忠实粉丝，还在各种交互平台上对雷神科技的产品进行测评。

这些市场信息特征的存在，往往会使得游戏本生产所需要的特定市场信息存在着较高的信息传递成本，依赖于游戏本生产者的大量投入，才能更好达成定制化生产的基本需求。而且，信息的时效性特征又进一步放大了专有性市场信息的传递成本，并且由于信息的非标准化影响，信息完备性随着传递层级拉长而衰减。

3. 专有信息与平台型组织的代理成本

传统上，企业和经理人之间的信息差异被分为两类：第一类差异是双方知识、能力层面上的信息失衡，企业在决定是否雇用经理人之前只能通过第三方评价、经理人市场、过往业绩等判断经理人的知识、能力水平；第二类差异是经理人“尽力”程度的信息失衡，企业与经理人在达成代理协议后，经理人在多大程度上做到了按照合同约定，以代理人利益优先的原则来决定行动。Akerlof（1970）曾经指出，当市场制度不完善、以次充好的欺骗性交易可能存在时，产品质量信息的识别对企业而言就是不可或缺的。然而，随着现代企业中两权分离的深入，企业家的职能被分割为监督者和决策者，而为了保障监督者和决策者之间的信息不对称成本不至于阻碍企业战胜市场，监督者通常会被赋予企业所创造价值的索取权（Alchian et al., 1972）。这时，外部经理人可以提供的企业决策所需要的知识、技能，对监督者个体禀赋的需求被降低。

基于上述理论，对于雷神科技而言，由于特定市场信息传递成本的存在，从母公司海尔集团的出资角度来看，其使用细分市场的专有知识成本变得异常高昂，无论是事前的界定成本还是事后的机会主义，都存在着较高的成本，产品的可获取程度、质量、数量等信息都难以得到充分获取和传递。因此从海尔集团来看，采取分权式的经营方式是一种合理的选择，然而这样会产生较高的代理成本，即代理人损害股东利益的现象。

（三）平台型组织与管理层薪酬契约

因此，对海尔集团来讲，实施监督控制或有效的激励，以维持代理人和股东之间的利益一致，就变得非常重要，此时会计信息作为信息传递的重要手段就成为一项重要的工具。Stigler（1946）从信息不对称的角度提出了在信息传递成本较高的时候，用价格信息代替追求掌握所有信息的必要性。

但是，一个重要的问题是，对于雷神科技的游戏本市场而言，其新产品的设计和销售往往具有较大的预测难度，主要是游戏本产品的推广很大程度上依赖于顾客的满意度，前期的测试是否能够满足更多游戏玩家的需求，这存在较大的不确定性，并且游戏本对游戏产品的适应性差异较大，新游戏产品的推出以及游戏对游戏玩家的操作习惯，都会有较大的外生冲击，使得对游戏本销售预期存在较大的困难。而这一问题的存在，也使海尔集团单纯依赖会计信息对雷神科技进行控制变得相对艰难，此时基于会计信息的控制成为次优选择，而选择合适的激励政策就变成海尔集团可以赖以选择的重要工具。

1. 团队业绩的评价标准

雷神科技于2014年12月完成 Pre-A轮融资500万元，截至2014年底，除去营业成本、支付给海尔的800万元平台费用、支付其他管理费用并完税之后，雷神实现了近400万元的盈利利润，远超预期利润指标，创业团队分红200万元。事实上，数据显示，虽然雷神科技于2013年底开始运营，但其创业团队于2014年3月正式注册，注册资金为50万元，然而这50万元半年后还未实缴，公司业绩已经达标。2014年团队与海尔达成协议，以0元转让雷神科技全部股权，到2014年2月合同正式生效后，团队不久就领到了200万元分红。因此，这一分红可以看作创业团队向海尔购买了50万元的雷神科技看涨期权。

追溯雷神科技第一年的业绩爆发可以发现，这些并非源自海尔额外追加的投资。因为，根据前面总结的情况，海尔仅仅付出了不到200万元的初始流动资金，并且在不到半年时间就以预收的方式收回了，而雷神科技最终为海尔实现了共1200万元的利润，其中400万元是雷神科技直接实现的，而800万元则为海尔此前已经建立的财务、采购、物流、销售等渠道实现，但在这些环节中海尔根本无须追加任何投资，

表1 海尔人员绩效考核的基础更新为“共赢增值表”

项目		
1. 用户资源		
- 体验迭代	→	用户零距离参与设计，预约预售，创客分享
- 预约预售	→	
- 用户创客	→	
2. 增值分享		
- 利润	→	共创共赢生态收益
- 硬件利润		
- 生态利润		
- 增值分享	→	攸关方参与下用户价值分享
- 资本分享		
- 生态分享		
- 创客分享		
3. 收入		
- 硬件收入	→	人机交互网器收入
- 生态收入	→	场景商务模式增值收入
4. 成本		
- 硬件成本	→	资源开放下的网器成本
- 生态成本	→	内容运营成本
- 边际成本	→	用户资源越多，边际成本越小
5. 边际收益		生态资源越多，边际收益越大

或者做任何组织结构、规章制度的调整。这一业绩变化，仅仅来自路凯林领导的四人创业团队所付出的人力资源投入。

2. 资源消耗的会计测度

（1）平台型组织与以人单为基础的核算体系。自创客机制实施以来，海尔集团即开展了人单合一的管理模式，这实际上就是在建立以人单为基础的平台型组织的会计核算体系，即以“人单酬”为基础来计量创客使用平台型组织时的资源耗费状况，并以此为基础核算个人绩效，将员工的个人价值与每一笔客户创造的企业价值增值联系起来，建立海尔的激励体系。根据员工参与完成的订单中增值服务的价值提供分成，对于能够创造订单、增加其他环节收益增长的“生态性”创建工作，进行绩效激励。

（2）平台型组织与共赢增值表。为了更好地反映创客在开展创业创新活动时的未来业绩，海尔也将所有雇员的绩效考核体系由以传统的损益表为基础，转为以海尔独创的“共赢增值表”（见表1）为基础。

首先，该表的编制以天为单位，即会计分期以天为单位进行编制，这使得会计分期变短，从而在一定程度上有利于解决业务监督难的问题。

其次，该表的经营业绩测度指标中引入了非会计指标与会计指标相结合的方式，并且增加了生态收入和成本的计量方法，对收入成本进行区分，从而期望更好地对公司未来的收入做出预测，并能更好地反映网络特征下的业务收入。

最后，该表在反映自身经营业绩的同时，也引入了创客分享等指标，这在一定

程度上可以对公司使用集团的资源进行有效反映，从而可以为公司的业务资源使用提供更好的数据支持，为业绩考核和集团之间的利益分配提供间接的依据。

3. 平台型组织与以市场价值为基础的薪酬契约

当企业对代理人监督成本较高的时候，采取以市场价值为基础的股权激励方式往往就成为一种合理的选择。2014年12月，创业团队成立的投资公司蓝创达与海尔达成协议，创业团队第一次以货币实缴资金的方式，获得了雷神科技的股权份额。此后，海尔及后续加入的其他股权投资人又多次与创业团队签订对赌协议，以雷神科技在游戏产业的发展为指标，向团队增资提升股权比例。并且，团队的股权还有一定的限制期，只有在规定时间内业绩满足对赌协议的条件下才能解除。最终，当2017年5月雷神科技正式挂牌时，创业团队共持有雷神科技近21%的未受限制股权，第一股东海尔集团持股38%。

与第一阶段的薪资结构相比，创业团队的收入水平进一步提升，但固定工资、分红收益比例下降，股权价值增值占主要收益。与雇员身份相比，创业团队更多地具有股东身份，海尔需要用薪酬体系和绩效考核体系来引导管理层关注长期战略的制定和执行，从而追求长期收益。当然，对于雷神科技而言，企业的长期价值，除了短期营业额、利润额等会计数据外，还体现在客户数量、口碑、粉丝数量、战略布局等影响企业估值的非会计数据上，具有一定的不确定性。这一阶段，管理层的工作绩效不仅难以监督，而且很难度量。因此，海尔需要用长期激励条款和分步对赌协议来引导，从雷神科技自2015年开始吸引的投资和投资标的及其短期财务回报率可以看出，雷神科技的价值早已可以只由短期的产品净利率来衡量。

此外，从股权的行权条件来看，对于股权或期权的激励方式而言，高管获得所有权之后立即销售，则利益绑定就会解除，这可能导致团队短期内使企业业绩过度扩张以达到行权标准，牺牲海尔等股东的长期利益；对于现金分红的激励方式，则同样存在利益短期绑定的问题，同时因为成长期的公司价值难以确定，所以还要额外面临现金分红金额的确定问题。而在股权认购权方面，首先，在历次分红之后，创业团队已经获得了现金资本，团队行权需要支付现金，这会形成一种抵押，使得股东有动力保持公司的价值不至于下跌；其次，行权后团队没有短期内出售股票的动力，反而更需要在长期内提升公司价值，与海尔等股东的利益绑定周期更长。

五、结论

本文的研究发现，平台型组织往往有利于资源的集约化，但随之也会诱发较高的信息传递成本，这种信息传递成本往往会受到信息标准化、时间等因素的影响，并且信息成本的上升也会引起信息持有者的机会主义行为，引起代理问题，而在这种情况下，平台型组织对创客的监督成本较高，因此选择合适的平台型组织资源消耗测度方法和建立以市场价值测度为基础的股权激励的管理层薪酬模式，往往会有利于这种问题的缓解。本文的研究对平台型组织的治理问题具有应用价值，对平台型组织与薪酬契约的关系提供了理论解释。

参考文献：

[1] 李更鑫：《基于互联网的开放式创新平台治理机制研究》，河北大学硕士学位论文，2017 年。

[2] 李真：《海尔集团的平台化战略转型研究》，山东大学硕士学位论文，2017 年。

[3] 梁晗、费少卿：《基于非价格策略的平台组织治理模式探究——以阿里巴巴电子商务平台为例》，载于《中国人力资源开发》2017 年第 8 期。

[4] 刘汉民、张晓庆：《网络零售平台治理机制对卖家机会主义行为的影响——以感知不确定性为调节变量》，载于《商业经济与管理》2017 年第 4 期。

[5] 宋延政：《平台型组织形成过程中柔性人力资源管理系统构建研究》，山东大学硕士学位论文，2021 年。

[6] 王凤彬、王晓鹏、张驰：《超模块平台组织结构与客制化创业支持——基于海尔向平台组织转型的嵌入式案例研究》，载于《管理世界》2018 年第 35 期。

[7] 许庆瑞、李杨、吴画斌：《全面创新如何驱动平台型组织形成——基于海尔集团三大平台的案例分析》，载于《浙江大学学报（人文社会科学版）》2019 年第 6 期。

[8] 闫秀梅：《平台治理对小微创业的影响机理》，东北财经大学硕士学位论文，2018 年。

[9] 郑红岗：《组织生态视角平台组织协同网络生态冲突生成机理研究》，浙江工商大学博士学位论文，2018 年。

[10] Akerlof, G. A. The Market for Lemons: Quality Uncertainty and the Market Mechanism. *The Quarterly Journal of Economics*, 1970, 84(3):488-500.

[11] Armen, A. Alchian, Harold Demsetz. Production, Information Costs, and Economic Organization. *The American Economic Review*, 1972, 62(5):777-795.

[12] Burt, R. S. The Network Structure of Social Capital. *Research in Organizational Behavior*, 2000(22):345-423.

[13] Ceccagnoli, M., Forman, C., Huang P. Cocreation of Value in a Platform Ecosystem: The Case of Enterprise Software. *MIS Quarterly*, 2011, 36(1):263-290.

[14] Eisenmann, T. R., Parker, G., Van Alstyne M. W. Strategies for Two Sided Markets. *Social Science Electronic Publishing*, 2014, 84(10):92-101.

[15] Evans, D. S. Governing Bad Behavior by Users of Multi-Sided Platforms. *Social Science Electronic Publishing*, 2012,41(11):2119-2137.

[16] Gawer, A, Cusumano, M. A. Industry platforms and ecosystem innovation. *Journal of Product Innovation Management*, 2014, 31(3): 417-433.

[17] Luo, J., Van de Ven A., Jing, R. Transition from a hierarchical product organization to an open platform organization: A Chinese case study. *Journal of Organization Design*, 2018,7(1):1.

[18] Song, P., Xue, L., Rai, A. The Ecosystem of Software Platform: A Study of Asymmetric Cross-Side Network Effects and Platform Governance. *MIS Quarterly*, 2018,42(1):121-142.

[19] Stigler, G. *The Theory of Price*. New York: Macmillan, 1946.

[20] Tsai, W, Ghoshal, S. Social Capital and Value Creation: The Role of Intrafirm Networks. *Academy of Management Journal*, 1998, 41(4):464-476.

财务数字化赋能管理会计实践

马　中 海通证券股份有限公司计划财务部总经理

潘　飞 上海财经大学

2022年2月的一个午后，《中国管理会计》期刊走进海通证券大厦，专程与海通证券股份有限公司（以下简称“海通证券”）计划财务部总经理马中进行了一场深度对话，规划和设计的对话主题为：财务数字化赋能管理会计实践。

潘飞： 马总下午好！随着政府主导管理会计体系化建设的发展，2017年7月《中国管理会计》杂志正式创刊，在此首先转达中国总会计师协会刘红薇会长的问候，并对海通证券和马总对我们期刊给予的大力支持表示由衷的感谢。

目前，海通证券在信息化管理方面取得了丰硕的成果，同时正在大力推进智能财务赋能管理会计、促进财务转型的实践。您在本科和硕士研究生阶段学习的都是会计专业，后来在工作中也始终致力于分享财务信息化建设的成功经验，希望能听取您的专业见解。按惯例，首先请您做简要的自我介绍。

马中： 我在安徽财经大学会计学专业毕业后，第一份工作是在财政部驻安徽专员办（现为安徽财政监管局）从事了十多年的中央企业财务管理和财政监督工作，其间接受组织委派曾经到工厂、农村挂职锻炼，帮助企业建立财务管理机制，负责村级财务建

发表于《中国管理会计》2022年第1期，总第19期。

设等工作。随后前往北京利安达会计师事务所参与中国联通上市等项目审计工作。2000年，通过上海市人才引进政策，来到上海石化系统，负责上海石化研究院及其院属企业的境内外三地上市财务工作。中石化成功上市后，正值海通证券清产核资、谋划上市之际，于是我又加盟海通证券一直从事财务工作，拥有注册会计师、注册资产评估师、国际注册内部审计师、全国计算机二级证书等专业资质，2019年被评为正高级会计师。目前是海通证券计划财务部总经理，同时我也兼任证券业协会财务会计专业委员会副主任委员，负责牵头行业税收政策和金融资产估值等工作，在会计准则实施、税务政策争取、财务信息化建设、行业培训等方面做了一些工作，多次获得证券业协会全行业通报表扬。我在海通证券工作20多年了，亲历海通证券从小到大、从大到强，目前海通证券已成为国内领先的大型综合类证券公司，在“集团化、国际化、信息化”战略发展道路上行稳致远、高质量发展，正向着国内一流、国际有影响力的投资银行目标迈进。

潘飞：您能否介绍一下海通证券“三化”战略中信息化的演化历史。

马中：海通证券自“十三五”规划之初开始，积极开展智能财务实践，逐步搭建起覆盖全面的财务信息系统架构。“十四五”期间的目标是从数字海通1.0时代向以“敏捷化、平台化、智能化、生态化”为特点的数字海通2.0迈进。通过科技引领，海通证券以集团化、国际化和信息化为驱动力，加强合规风控、人才、IT和研究四个支柱建设，全面提升业务发展、管理水平和集团管控能力（海通证券财务信息系统建设历程如图1所示）。

从2016年2月起，海通证券启动财务核算系统的整体升级和增值税管理系统的建设，拉开了财务信息化建设的大幕。随后，通过对华为、中国移动、中国平安、宝钢集团的调研，学习了“财务共享”先进理念，并结合自身体量大、网点分散、点多面广的情况，制订了区域财务共享的方案。借助财务共享，有效支持了公司机构转型，我们的分支机构财务人员从396人精减到131人，并且工作时长也大大缩减，效率得到了显著提升。

在进一步推广财务共享的过程中，我和我的团队继续开足马力，2018年与上海国家会计学院合作研究财务机器人，并利用BI财务大屏进行管理会计场景展示；2019年1月建立集团财务合并报表系统，每天自动合并、实时监控，自动预警环比异常数字，便于追踪溯源；3月建立管理会计系统，解决“业财融合”的考核和全成本分摊问题；2020年10月，我们对原有的网报系统进行了全新科技赋能，增加了语音识别、图像识别、自动费用管控、智能商旅等各种智能因素。在拥有了这些先进系统的基础上，我们在2021年又对核算系统进行了再升级，将智能采购、智能网报与智能商旅有机结合，实现了“人人会计、交易型会计”（见图1）。

实际上，我们的财务团队尽可能地将所有能运用的高科技手段都融入海通证券财务信息化建设之中，例如将区块链运用在发票中，将机器人运用在辅助核算、对外报表填报中等。在如今这么多系统联通和内外部数据积累的基础上，我们开始尝试如何挖掘数据场景为公司提供决策服务，使“以数字财务驱动战略财务”不只是一句口号。

潘飞：您提到海通证券正在积极推动财务会计向管理会计的转型，做到业财税融合，可否谈谈你们的转型过程呢？

马中：确实，在大数据、人工智能、移动互联网等信息技术日益发展的浪潮推动下，如何转变财务职能，从财务会计向管理会计发展，为公司乃至整个行业发展直接创造价值，是企业财务人员需要解决的问题。

第一，做到业财税融合，要理念先行。海通证券创新了业财税一体化的内涵：一是跳出财务看财务。财务人员贴近业务、熟悉业务、与业务部门人员沟通交流，成为懂业务的财务人员。二是回到财务做财务。运用财税专业知识、财税管理工作经验，运用管理会计工具以及通过深化财税

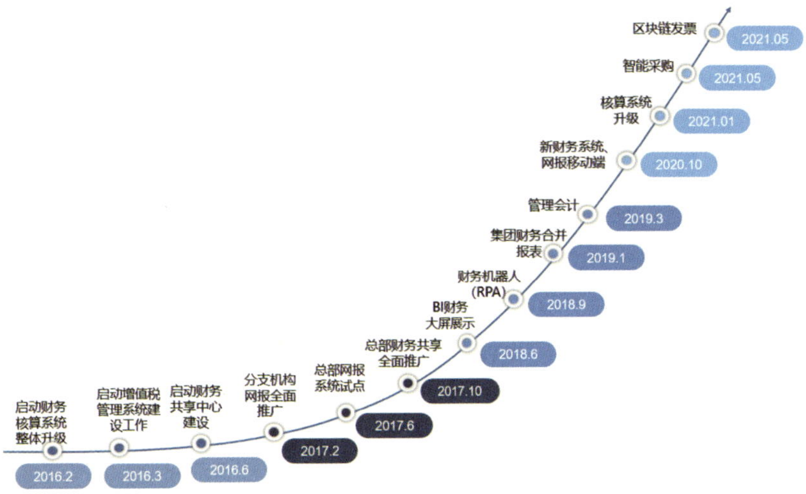

图1 海通财务信息系统建设历程

管理，为本单位的增收、节支、防风险做出贡献。三是延伸财务促业务。在履行好价值守护职能的同时，围绕服务、支持的工作理念，服务好员工和客户，进一步做好价值创造工作，为本单位的业务发展和效益提升添砖加瓦。

第二，财务工作的转型离不开先进的系统和数据支撑。近年来，海通证券大力开展财务信息化建设，伴随公司战略的实施和业务规模的扩大，财务共享中心逐步建立，财务工作模式走向集中化和标准化。

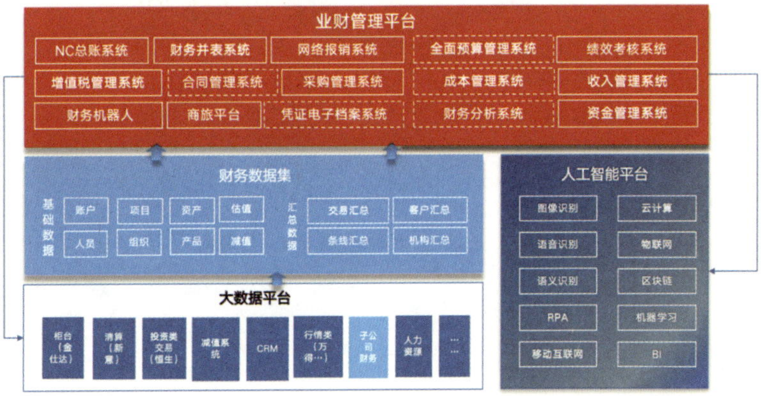

图2 海通证券的业财管理平台

在此基础上，逐步消除数据孤岛，实现全公司系统互通、信息共享和实时监控。运用流程机器人（RPA）、图像识别（OCR）等前沿科技，进一步提升财务工作质量和效率。当科技赋能财务管理后，减少了大量冗余流程，大大提升了效率，财务人员从手工劳动中解放出来，可以投入到财务转型上来。同时，系统“外联内通、内联内通和互联互通”之后，多系统的数据交互积累了大量数据资产，为财务转型奠定了数据基础。海通证券业财管理平台如图2所示。

第三，积极推动在岗财务人员转型。随着效率的提升、手工劳动的节约和大数据的形成，公司转型成为可能。财务人员可以有更多的时间思考管理会计工作，同时，通过共享财务实现分支机构财务集中，释放财务人员并充实到中前台岗位，转岗财务人员在新的工作岗位上将财务的专业思维融入业务，可以充分运用财务工作积累的人脉关系、专业知识和工作经验，有效支持业务发展。

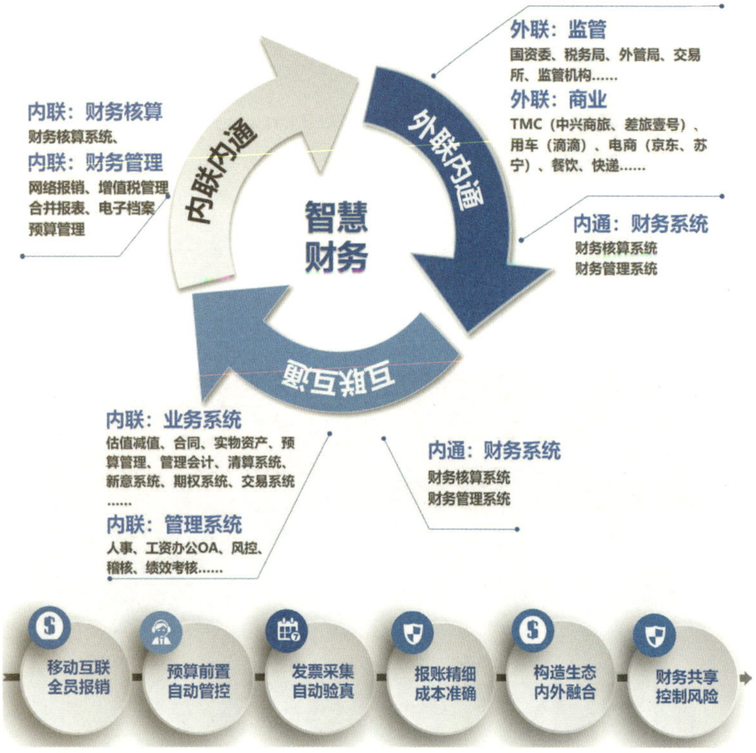

图3 海通证券的智慧财务

潘飞：您反复提到“人人会计、交易型会计”的概念，现在业界普遍认为管理会计的工具方法在企业的应用是一种独特的创新，我们想知道海通证券是如何践行“人人会计、交易型会计”的创新思维的。

马中：财务数字化只有做到外联内通、互联互通、内联内通，才能消除信息孤岛，实现“交易型会计”和“人人会计”，确保数据信息的全面、真实、可靠。基于这个理念，海通证券在财务数字化建设的过程中始终坚持“外联内通、互联互通、内联内通”的理念，实现了与外联商业平台，如TMC、用车及电商平台的融合，实现成本费用财务核算管理和付款交易业务的融合；内联业务系统，如清算系统、新意系统、交易系统等证券投资业务系统，实现财务核算与业务协同相融合；互联总账、财务并表、网络报销、增值税、电子档案等财务信息系统，实现了多系统的数据交互。以外联内通、内联内通和互联互通实现真正的业财融合，例如前面提到的智能费控系统，通过整合多方资源、运用各类科技手段，实现了预算管控、费用报销、财务共享、发票管理、信用评价等全流程精细化管理的费用一体化。通过实现PC、移动端线上整合，员工随时随地报销、领导随时随地审批，一键瞬时支付，无缝对接网银系统和总账系统，方便领导和员工报销，提升了效率。同时，员工报账直接将费用分摊到条线、单位、产品等，为管理会计提供费用归集、成本分摊的多维度信息，促进费用精细化管理，体现了“人人会计”和“交易型会计”的理念（见图 3）。

潘飞：对于证券企业来说，风险合规管理是生命线，海通证券的数字化转型从过去的核算型向现在的管理型转变，其中必然会有大数据时代的风险管控问题，那么海通证券是如何将提升风险管控能力与盈利平衡进行有效衔接的呢？

马中：证券行业面临诸多风险，在财务领域主要有资金流动性风险、财务合规风险以及税务风险。近年来，海通证券积极借助信息化手段，搭建联通集团资金、财务、税务的系统，满足集中管理需求，不断加强财务信息监控，防范财务风险。

资产负债及流动性风险管理系统通过连接财务、风控等周边信息系统，能够对市场、业务、自有资金现金流、流动性风险、资产负债相关数据进行计量、汇总、预警和监控，实现跨业务、跨机构自有资金相关信息的集中管理，助力强化集团层面的资产负债管理，精细化债务融资、自有资金、流动性风险管理（见图4）。

智能费控系统通过拍照自动采集发票信息，实现云端发票检验，支持在线稽核。同时，通过内嵌规则引擎，识别违规报销事项，防范风险。

集团自动化并表系统通过大数据和云计算技术，实现每日集团合并报表自动生成，范围覆盖境内外14个国家和地区，通过150多项财务指标的日间合并，实现了全集团财务数据互联互通，有助于加强集团对子公司财务工作的管控，提高集团合并

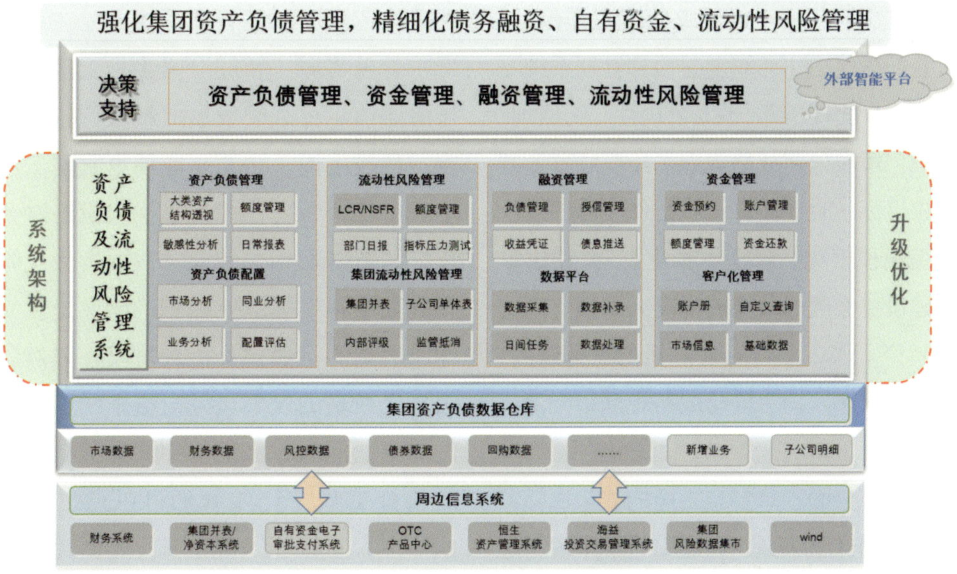

图4 海通证券资产负债及流动性风险管理

财务数据的准确性和及时性，更有利于展开财务预测分析及财务动态监测工作，切实防范财务风险。

全税平台运用OCR技术及区块链技术，通过系统全自动开票，自动校验增值税发票的真实性，自动完成纳税申报表计算等，在提升工作效率的同时，也有效防范了虚开、错开增值税发票和违规取得进项发票的违法风险，提升了集团化税务管理的能力。

潘飞：马总刚才提到了海通证券正在构建创新性的全面预算管理系统，那也请马总和大家分享一下海通证券在全面预算管理工作方面的优秀经验以及系统建设方面的创新理念。

马中：多年之前，海通证券就已经充分认识到预算管理对经营管理活动的重要性，逐步形成了全面预算管理的工作体系；上海市国资委提出的“五位一体”财务管理提升工作目标，其中也包括全面预算管理工作建设。此次我们搭建的“智能全面预算管理系统”，将会以“全面性、统一性、合规性”为原则，通过细化落实公司战略规划、年度经营计划和考核目标，实现预算管理工作“流程线上化、编报模板化、管理可量化”，并通过系统的建设扩大数据分析的维度、积累丰富的数据资产，深化业财融合，强化财务管控，提升工作效率，助力公司战略规划和经营目标的实现。

第一，全面预算要与公司的战略目标紧密结合。先有战略后有预算，预算编制过程中要紧紧围绕公司的战略目标和年度的经营计划指标，在充分考虑宏观经济、资本市场发展等因素影响的基础上，从业务视角和业务指标出发，通过搭建预算预测的模型，实现业务预算和财务预算、投资预算、资金预算的有机结合，进一步提升预算编报的科学性、合理性和及时性。

第二，全面预算要提升内部管控能力，防范经营风险。全面预算管理作为一项全员参与、涵盖公司各业务、贯穿公司经营全过程的系统工程，要通过事前规划、事中控制、事后考核的全流程管控，充分发挥经营的“指挥棒”作用，促进经营管理能力不断提升；要通过系统建设，进一步强化预算目标的刚性和权威性，并通过与各系统间数据的互联互通，让全面预算管理工作达到线上化、流程化、规范化的工作目标，有效防范风险，提升工作效率。

第三，全面预算要充分利用科技赋能，助力公司的价值创造。早在五年前的用友系统升级时，海通证券就已经搭建起了全面预算管理的功能模块；而此次之所以要升级改造全面预算管理系统，并在系统建设中着重强调“智能”两字，正是想要依托海通信息化战略发展所带来的各项“智能”科技手段，全面赋能预算管理工作。过去多年，我们已经积累了大量的财务以及与财务密切相关的业务数据指标，如何充分利用并发挥这些数据的能量是我们工作所遇到的“瓶颈”。现阶段，随着公司信息化战略的发展以及财务条线信息化工作的不断深入，我们手中逐步拥有了许多高科技工具，比如我们可以通过“大数据”“人工智能”等工具，不断完善预算预测模型，进一步提升预算预测工作的科学性和准确性；通过“数据挖掘”“智能分析”等工具，了解各个业务条线的预算完成情况，并通过大屏、移动端等方式实现实时展现，直观地为管理层提供预算决策有用信息，助力公司价值创造。

潘飞：在管理会计背景下，我们一直在强调财务人员转型，那么海通证券在财务人员转型方面进行了哪些工作，取得了哪些成果?

马中：近年来，伴随经济金融环境的变化，证券公司纷纷谋求战略转型，加快结构调整，探索新的业务发展路径和中后台管理模式。财务工作承担着公司配置资源、支持经营决策、配合战略落地等职能，也必须因势而变，加快转型，主动深入一线，延展工作内涵，由基础的核算、监督走向预测、分析、控制和评价，为公司管理决策提供支持。为推动财务工作转型，我们一直鼓励财务人员在工作中实践“业财融合”和“战略财务”的工作理念。

所谓业财融合和战略财务，就是要求财务人员从支持战略、服务战略出发，扩展传统财务工作的边界，更多聚焦财务工作的服务属性和价值创造能力，做到提升财务管理主动性、提高预测分析能力以及将财务工作深入业务底层。

提升财务管理主动性，就是要将财务工作从被动转为主动。传统的财务工作通过对经济活动进行核算，客观反映公司经营成果和财务情况，更多起到的是监督和价值守护的作用。新形势下的财务工作，则应主动地靠近业务，把握财务工作的业务内涵，把为业务服务的思维贯穿在日常工作中。例如，我们的税务管理工作，在确保公司依法纳税的前提下，还能不断深入了解新的业务场景，研究对接税收法条，并有针对性地做好税务筹划，开展政策创新，为公司增收、节支和行业创新业务发展做出了积极贡献。

提高预测分析能力，就是要改变财务人员看问题的视角，将财务工作的重点从传统的事后反映转变为具有决策和风险提示功能的预测、分析和规划。例如，我们建立的月度损益预测工作机制，要求财务人员将盈余管理做扎实，不能仅停留在表面的预测结果，更要对数字背后的重点业务、重点风险探清究竟，一方面提高盈利预测的准确性；另一方面更是以未来的视角，理清这些业务对将来公司的经营情况可能产生的影响和带来的风险。

将财务工作深入业务底层，就是要把财务工作做深做细，穿透财务数据，钻研前端业务领域，从服务业务、促进协同的角度，提升财务工作的管理能级。例如，为促进采购业务与财务管理的协同，我们计财部主动作为，搭建了集团一站式的采购管理系统，提升了采购过程的透明度，优化了采购管理质效，提高了公司采购管理的集约化、规范化、信息化、协同化水平。

潘飞：在智能化建设方面，海通证券一直走在行业前列，这里也请马总分享一下海通证券针对业财融合智能化建设的经验。

马中：海通证券对于科技投入相当重视，着力打造数字海通 2.0。在具体实践中，我们

图5 经营活动杜邦（海通）分析矩阵

将OCR、RPA、ASR、NLP和区块链等技术运用在和财务工作相关的费用报销、商旅平台、发票集采、会计核算、资产管理、财务分析、财务稽核等系统中，将业务系统和其他管理系统打通，一方面提高财务工作效率，加强管控，防范风险；另一方面积累了大量的数据资产，以数据为基础挖掘、整合有效信息，为公司业务发展和经营管理提供支持，起到业财融合的效果。

以区块链为例，中央领导高度重视，海通也先干先行，挖掘了三个场景：增值税发票、“三重一大”（单位重大决策、重要人事任免、重大项目安排和大额度资金使用事项）、年报重要财务资料都需要上区块链，现在我们已经实现了增值税发票上区块链，进一步防范了增值税发票风险。再如，公司在RPA应用方面，目前已研究开发了61个财务工作场景，涵盖税务管理、会计核算辅助支持、数据采集及加工、财务统计分析等多个财务流程。如将RPA用于增值税发票验证、月结报表自动批量计算、国资委月报填报等。通过使用RPA，减少了手工录入工作和人工出错的概率，响应更及时，处理时长大大缩短。

智能化系统的搭建和联通，为公司积累了大量的数据资产，使得我们能从中挖掘出大量关于市场、业务、客户的有用信息，通过整合和加工，为公司创造价值。以差旅信息为例，我们开发了智慧差旅数据可视化大屏，通过归集智能商旅系统中的差旅大数据，为公司经营管理提供有价值的建议，如通过展示业务人员经常出差的区域和客群，可以判断公司的网点布局是否合理；通过员工出差费用与相应项目收入的配比挂钩，进行投入产出分析，有助于提高资源配置的效率等。此外，我们还建设了财务“驾驶舱”，通过连接市场、经营情况等实时数据，将量本利分析、杜邦分析等财务管理工具创新性地运用在证券公司的ROE等经营指标分析中，我们形象地称之为“海通分析法”，提升了财务预测能力和风险防范能力，为公司经营目标达成和战略目标实现保驾护航（见图5）。

潘飞：的确，海通分析法开创了金融行业轻资产领域之先河，是非常宝贵的一次创新实践。感谢马总的分享，“星星之火可以燎原”，海通数字智能化与管理会计实践的经验如果能够在全行业进行推广，必然有利于促进实体经济的快速发展。

成本管理如何支持模块化设计

——来自马自达的案例研究

Takehisa KAJIWARA 神户大学
Yuichi KUBOTA 南山大学
Okihiro MARUTA 九州大学
Hiroshi OZAWA 名古屋大学
Nobumasa SHIMIZU 早稻田大学

翻译：宿文迪 王玮坤 中欧国际工商学院

【摘要】如何在产品多样性和控制成本目标之间取得平衡是现在许多公司都会遇到的难题。模块化设计通过拆分出可以被一系列产品使用的通用部件组合，被认为有望解决这一难题。但模块化设计同样需要成本管理支持，尤其涉及多个产品开发项目，模块化设计需要更为精巧的成本管理来协调多个相互紧密关联的开发项目。本文通过对马自达公司模块化设计实践的创新型成本管理方法进行的实地研究，补充了针对模块化设计的成本管理方法研究的空白，为应用模块化设计的企业提供了重要参考和启示。

【关键词】模块化设计 成本管理 目标成本

发表于《中国管理会计》2022年第1期，总第19期。

一、引言

目前，各行各业越来越多的公司正在面临一个两难的挑战，那就是如何在保持低成本的同时向市场提供多样化的产品。为此，很多汽车制造企业正深耕于模块化设计以期在提供更为丰富的产品品类的同时实现更低的成本，从而让企业获益。模块是指在产品架构中拆分出的可以用于生产一系列产品的通用部件组合(Simpson et al. ,2006)。Wouters和Morales (2014)将模块化设计定义为一种设计理念。在这种理念中，最终产品由一定数量的模块构成，这些模块和组成部分之间可以互相协调和组合。模块化设计有望克服低成本和产品多样性之间的矛盾(Baldwin and Clark,2000; Simpson et al.,2006)。

工程学文献中有很多管理模块化设计的技术论述(Simpson et al.,2006)，但是关于模块化设计中成本管理的作用却鲜有讨论。基于以下两点理由，我们认为成功实施模块化设计需要审慎的成本管理。

第一，实施模块化设计需要企业改变其成本结构。产品多样化往往会提高生产成本，因此企业往往需要大幅改变其成本结构来解决产品多样化和成本间的权衡问题。而成本管理对改变企业成本结构至关重要(Anderson,2007)。

第二，因为采用了标准化接口，模块化设计的倡导者往往会强调各个组件之间的独立性，然而模块化设计实际上增加了多个产品开发项目之间产品成本的相互依赖性。例如，因为会有多种产品使用标准化部件，所以如何设计这些标准化部件就会影响到多个产品的成本。为了使一个产品系列实现利润最大化，企业必须清楚并预估模块化设计对包含了诸多产品的产品系列在总成本上的影响。但与此同时，由于产品间的高度依赖性，模块化设计决策与产品系列总成本的关系其实非常复杂(Fixson，2006; Labro，2004; Rungtusanatham and Salvador，2008)。成本管理有望帮助产品开发团队理解设计决策与总成本的复杂关系并推动解决产品多样性需求和降低模块化设计成本需求间的矛盾。

本文基于对日本的一家汽车制造型企业——马自达株式会社的实地研究，讨论了成本管理在实施模块化设计中的作用。我们研究了马自达在2017~2019年间如何利用成本管理支持产品开发的模块化设计，并收集了以下三类信息：一是访谈内容；二是有关目标成本管理历史、目标成本管理活动及模块化设计等内容的公司文档；三是对马自达和其供应商现场调研的观察资料。本文叙述的是马自达在2010~2014年首发的一个新产品品类的一系列模块化设计和成本管理活动。

二、马自达的模块化设计

马自达的总部设在日本广岛。马自达相对其竞争对手来说规模较小，每年的总产量约为100万辆，基本上和丰田最受欢迎的车型之一——凯美瑞（CAMRY）持平。在20世纪90年代初的金融危机之后，马自达得到了福特汽车的投资，他们保持了多年的合作关系。然而，福特在2009年9月的金融危机中也面临财政困难，于是出售了持有的全部马自达股票。从那时起，因为规模小，马自达对环保技术的研发和对全球化的投资成为公司的沉重负担，马自达也因此陷入了连续四年的财务赤字，并在2010年再次面临管理危机。福特退出后，马自达引入了一种基于模块的产品开发流程——MI计划，旨在确保产品多样性的同时降低总成本，从而增强产品吸引力，提升市场竞争地位。

MI计划有以下三个重要组成部分：

综合规划；

通用架构；

柔性生产。

（一）综合规划

综合规划是产品系列规划的一种形式，是在单个产品开发项目开始之前为一定时期内所有要开发的车型准备的一个总体规划。在采用MI计划之前，每个车型都是单独开发的，概念、产品结构、生产过程和设备都是针对每个车型进行优化。这导致了不同车型之间的产品概念缺乏一致性，并增加了与单个产品相关的特定组件数量，增加了额外的投入，这也意味着开发和生产成本的提高。由于马自达单个车型的产量很小，产品成本在全球市场上没有竞争力，利润率也很低。

在综合规划中，每个产品开发项目的产品和架构、功能、性能、硬件结构、上市时间、产地、产量、生产工艺、设备等都会事先进行严密的整合。

（二）通用架构

通用架构是一种模块化设计，通过将各种标准化的功能部件（如车灯、刹车和空调系统）组合成不同的整车，马自达将这些标准化的功能部件称为“模块产品”。马自达共有100多种模块产品。

通用架构强调共享通用的技术架构，但不是简单地在不同车型中使用相同硬件规格的标准化组件。虽然在不同车型中使用相同硬件规格的标准化组件可以降低组件成本，但也会削弱每个车型的卖点，所以每个模块产品都有若干个不同规格的变体，以满足解决每个车型对低成本和卖点间矛盾的要求。每个模块产品变体都有固定的和可变的要素，固定要素指在所有车型中通用的，而可变要素指可以针对每个车型特点进行调整的部分。例如，车载镜头就是一个固定要素，每个车型都是相同的，但其底座是一个可变要素，底座的设计要符合每个车型的特点。

通用架构也强调单个模块产品变体之间功能的相似性。例如，不同排量的汽油发动机变体都有标准化的燃烧性能，这让马自达能够简化发动机设计的验证环节和测试环节，并大大降低发动机的开发成本和备货时长。

确定每种模块产品的变体数量以及固定要素和可变要素至关重要，因为这既影响每个车型的客户吸引力，也影响不同车型的总成本。一般由开发、设计、生产技术、采购和质量保证等部门的成员组成跨部门的模块产品开发团队，并共同开展模块产品开发活动。

（三）柔性生产

柔性生产是一种能够对生产模式和需求变化做出灵活快速反应的混合流生产系统，旨在不断优化不同车型的制造工艺。在MI计划以前，马自达各车型使用的是专属部件，这些部件需要专用的模具和生产设备，生产成本也水涨船高。此外，专属部件的产量也受到各车型需求不确定性的影响。

柔性生产注重不同模块产品之间的统一性，能让企业实现规模经济效益并能按时交货。在柔性生产下，模块产品的生产过程在工艺性、成本和交付上都被标准化了。例如，马自达要准备许多类型的发动机，在实施MI计划以前，每种发动机基准孔的螺距各不相同，因此每类发动机使用的都是专用生产线，用到了45台机床，但在柔性生产下，标准化的基准孔螺距只需4台机床就能完成加工过程。

模块产品的开发决策决定了模块产品变体的数量和每个变体所包含的固定要素和可变要素。固定要素和可变要素的决策对每个车型的卖点和总成本尤其重要。因为通用架构的技术要求往往与实现柔性生产的要求相冲突，所以企业必须在跨企业边界的各职能部门之间做好密切协调。

三、传统的目标成本法在模块化设计中的局限性

目标成本法是产品开发过程中一种有效的成本管理方法，其倡导者认为许多成本是企业在对产品和流程设计做决策时“设计进去的”(Cooper, 1995; Cooper and Slagmulder, 1997; Cooper and Chew, 1996; Kato, 1993)。而目标成本法使企业可以开发出能够在品质和功能上满足客户要求的产品，同时实现预期利润。尽管人们对目标成本法用以支持模块化设计的期望很高，但先前有文献表明目标成本法不足以管理多个产品开发项目的相互依赖关系(Davila and Wouters, 2004; Stadther and Wouters, 2021)。

与之前的文献一致，我们在实地考察中也发现目标成本法在模块化设计的情境下有一定局限性。自20世纪80年代初以来，马自达一直在对单个产品开发项目进行目标成本核算。与日本制造型企业传统的目标成本计算方法类似，马自达的目标成本法从预期的销售价格和目标利润出发，为每款车型设定一个成本目标。这个成本目标再被分配给不同功能、组件和工程师，开发工程师会不断预估他们的设计决策对成本的影响，并努力填补预估成本和成本目标之间的差距，以确保他们能够实现成本目标。马自达与当地一级供应商建立了长期合作关系，这些供应商会参与到产品开发项目、联合产品和工艺设计中，以降低零部件成本。

为了成功实施MI计划，企业需要缩减和车型密切相关的成本，并增加在同一产品系列成本投入中可以共享的资源。我们发现单个开发项目的目标成本计算阻碍了企业管理多个开发项目之间互相依赖的关系，增加了特定产品的成本。在MI计划下，产品开发项目之间的相互依赖性大幅提升，单个产品开发项目层面的设计决策

不仅影响到项目本身的成本，而且还影响到其他产品的成本。多个产品之间的相互依存关系增加了共享资源在多个车型总成本中的比例，因此对这些成本进行建模和估算也变得复杂。

我们还发现了传统目标成本法的另一大局限，即强调计算单个产品开发项目的目标成本会增加未来产品成本的波动性。传统的目标成本法很可能会迫使产品开发团队专注于单个产品的成本并增加特定产品组件的数量，而由于每个产品需求存在不确定性，使用特定产品组件会使实际产品成本更容易波动。我们的实地考察表明，计算单个产品开发项目的目标成本会增加未来产品成本的波动性。

四、马自达支持模块化设计的成本管理实践

在MI计划下，马自达发现要想在保证产品多样性并控制总成本情况下设计出吸引客户的车型，那么改变其成本结构势在必行。一般来说，成本结构是指企业总成本中可变成本与固定成本的比例。每种产品使用的特定产品组件都需要企业对制造工艺和设备进行额外投资，因而增加了固定成本在总成本中的比率。如果马自达不改变其现有的成本结构，那么提升产品吸引力、保证产品多样性、降低成本这三个目标都将无法实现。

如前所述，马自达也意识到传统的目标成本法不足以满足这些需求，因此马自达特意采用了新的成本管理方法来支持MI计划。具体来说，马自达使用了三种互为补充的成本管理实践。

（一）目标成本核算在 MI 计划中的作用有所变化

尽管有这些局限，单个产品开发项目的目标成本核算在MI计划中仍然非常重要，但它起到的作用与传统目标成本核算有所不同。

在MI计划中，单个产品开发项目的目标成本核算主要是为了帮助开发团队做出最佳的设计决策，实现每种车型的利润最大化。目标成本核算由首席产品经理牵头，并由他负责每种车型在其产品生命周期里实现利润最大化。目标成本核算部门的几名副产品经理也会协助支持。

目标成本核算在MI计划实施前和实施后存在着一定差异。

首先，在实施MI计划之后，单个产品开发项目是根据产品的综合规划和由模块开发团队开发的模块产品来实施的，因此单个产品开发团队不需要改变每个产品的固定要素，只需专注于满足各种市场需求的车辆规格和功能、每个模块产品的可变要素、商品组合和实现利润最大化的全球供应链设计即可。

其次，在MI计划下，单个产品的成本目标和实际发生成本之间的偏差似乎并不太重要，这与传统的目标成本核算不同。在福特的管理时代，高级管理人员非常重视单个产品开发项目的目标成本核算，并会查看成本目标与车辆预估生产成本间的差异；在实施MI计划后，每个车型的产品成本会受到各个车型共用模块产品的成本的影响。单个产品开发项目的成本目标和预估实际成本之间的偏差是传统目标成本核算中需要考虑的，而对MI计划下的目标成本核算不再重要。

（二）共享模块产品开发的创新型成本核算

在MI计划中，为了优化不同车型的共享资源，马自达为模块产品开发引入了创新型的成本核算方法，其目的是为了降低模块产品的全生命周期成本。单个模块产品设计的特点会对多种车型的共享资源及其总成本产生重大影响。在创新成本核算中，每个模块产品都会设定一个极具挑战性的理想成本。理想成本只有当通用架构和柔性生产都得到完美执行时才可达成，为此，模块产品开发团队必须要实现技术上的突破和创新。由于理想成本很难实现，成本创新活动的持续时间也会远超车辆产品的生命周期，因此模块产品全生命周期的成本会在前期较高、后期较低。

成本工程专家在成本创新中发挥着关键作用，他们帮助模块产品开发团队了解其设计决策对成本的影响，同时把握技术要求与控制成本之间的平衡。如图1所示，单个车型开发项目与共享模块产品开发项目之间存在矩阵关系，但由于模块开发项目之间相互依赖，每个模块产品开发团队若想了解其设计决策对成本的影响并不容易。为了帮助模块产品开发团队，成本工程专家会先做好各种成本动因如何影响成本的研究，如重量、产量、材料、库存以及零件数量等。

成本工程专家会定期监测模块产品开发。由于模块产品开发团队倾向于追求技术完美，他们有时会增加从客户价值的角度来说的不必要的性能。因此，成本工程专家要常常检查设计活动，避免将资源投入在产品的非增值功能上。

此外，成本工程专家们对成本动因和成本特性的深入理解可以为模块产品设计团队提供有益的见解，以解决不同需求的冲突，例如如何在不增加成本的情况下保持技术性能。大多数成本工程专家有工程师的经验，对技术也有深入的了解，他们对成本动因和对技术的认识可以帮助模块产品开发团队创造性地解决相互矛盾的问题。

（三）跨组织的成本管理

在MI计划中，马自达还通过J-ABC活动（属地实现最优成本活动，Local Achieve Best Cost）加强与当地供应商的跨组织的成本管理。马自达有一些一级供应商在产品开发和降低零部件成本方面发挥了重要作用，它们在产品开发项目的前期就参与了关联产品及工艺的决策。这些供应商多数位于马自达装配厂附近，为马自达提供车身、底盘、发动机及变速箱零部件、座椅和仪表板等，与马自达建立了长期合作关系。

与供应商的关联产品及工艺设计在模块产品开发中发挥了关键作用。因为很多车型会长期使用模块产品，这些供应商对马自达的长期盈利能力有着重大影响。MI计划在以下两个方面改变了马自达与当地供应商之间的采购—供应关系。

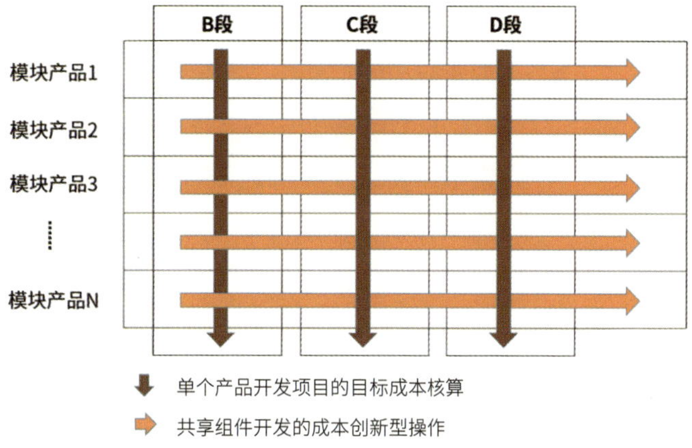

图1 目标成本核算和成本创新活动

资料来源：作者根据马自达内部文件予以修改绘制而来。

因为很多车型会长期使用各模块产品，采购的零部件数量和交易持续时间都会增加，这样也就增强了马自达与当地供应商之间的相互依赖关系，而MI计划会影响与当地供应商合作的模块产品开发任务的不确定性和各开发任务间的相关性。因为模块产品的理想成本和技术要求都很有挑战性，模块产品开发团队，包括当地供应商，都需要进行技术突破和创新，这使得模块产品开发任务变得非常不确定。此外，马自达要求这些供应商要按照马自达的生产计划交付产品，并要求供应商的生产活动与马自达同步，这就进一步加强了马自达与供应商之间在任务层面上的相互依赖。

面对变化后的采购—供应关系，如合作双方高度相互依赖性、任务不确定性和任务相互依赖性，马自达在当地供应商的J-ABC活动中投入了很多精力。J-ABC活动是马自达与当地供应商之间的合作项目，旨在提升供应商的能力、完善其管理结构、增强成本竞争力和促进人力资源管理，以及建设供应商未来5~10年的精进、创新的文化。

J-ABC活动由成本工程专家推动，通常以半年为一个周期进行。马自达和供应商会在项目初期设定一个共同目标，马自达的成本工程专家会定期且频繁地（通常每周一次）访问当地供应商以监测项目进展，并就如何实现共同目标提出建议。项目结束时，马自达的代表将和J-ABC的成员公司召开会议，分享J-ABC的活动结果，以便在供应商间进行横向比较。

J-ABC活动完善了模块产品开发的关联产品及工艺设计。第一，J-ABC活动提升了供应商的能力；第二，J-ABC活动促使马自达与其供应商密切协同，优化了不同车型的模块产品设计；第三，J-ABC活动还促进了供应商与马自达成本工程专家间的非正式交流，分享有关马自达未来产品开发及技术战略信息，以便供应商能够为未来产品的开发做好准备并开始在设备和工艺上投资；第四，J-ABC活动也大大促进了马自达与当地供应商之间的相互信任。

（四）MI 计划的成果

2010~2014 年推出的系列产品应用了 MI 计划并取得了显著成果。第一，一系列举措改变了马自达的成本结构，优化了产品系列中不同车型的总成本，大大提升了马自达的盈利能力。在此期间，马自达摆脱了经营亏损，实现了一定程度的盈利，还因为解决了产品多样性需求和降低产品成本需求之间的矛盾，强化了马自达的战略定位。第二，在 MI 计划下开发的许多马自达车型获得了“世界年度风云车型”提名，其中马自达 Roadster 在 2016 年获此殊荣。在 MI 计划下，单个产品开发项目不需要开发固定模块产品要素，减少了单个产品开发项目的工作量，汽车开发团队便可投入更多的时间来提升车辆的市场吸引力。第三，MI 计划缓解了因每种车型的需求波动而导致的产品成本波动。总而言之，MI 计划和精细的成本管理加强了马自达在市场上的竞争地位，提升了盈利能力。

五、从马自达经验中获得的启示

马自达的经验为我们提供了关于如何在模块化设计中发挥成本管理作用的重要启示，具体如下：

首先，模块化设计的成功落地需要企业在产品开发期间就进行成本管理。传统的目标成本核算侧重于单个产品开发项目，不足以管理多个产品开发项目之间的相互依赖关系，因而抬高了未来产品的成本水平，加剧了未来产品的成本波动，而精细的成本管理有助于实现向模块化设计的顺利过渡。

其次，模块化设计的成功落地取决于成本工程师的作用。因为成本工程专家对成本和技术都有深入了解，他们能够帮助做出更好的设计决策，释放工程师在模块化设计中的创造性思维。因此，想要向模块化设计转型的企业必须重视对成本工程师的培训。

最后，模块化设计的成功落地将改变采购—供应关系，交易风险会随之增加。这时候就需要有效的跨组织成本管理实践，如J-ABC活动，帮助企业对交易进行管理，并使企业在模块化设计中有效参与关联产品及工艺决策。

马自达关于成本管理在模块化设计中发挥作用的经验在实际推广应用时必须慎重。不同行业和不同产品特点的模块化设计也是不同的。在汽车制造业，一个产品系列中的产品数量是有限的，大部分标准部件只会在公司内部的各产品上使用，而不会用于外部其他产品。模块化设计的结果就是产品间的相互依赖性增强，而管理相互依赖性是汽车制造业成本管理的关键问题。计算机行业的模块化设计就完全不同了，与汽车制造业相比，计算机行业的技术革新速度更快，不确定性更大，产品生命周期也更短。在计算机行业，如CPU和硬盘等很多标准部件不仅被用于公司的内部产品，而且还会被用于公司外部的产品，许多计算机产品都是通过公平交易从独立供应商处采购标准部件并加以组合而成的。此外，公司内部产品之间的相互依赖性并不高，对相互依赖性的管理也不是其成本管理的关键所在。这种情况下的模块化设计就需要不同的成本管理方法来支持。

参考文献：

[1] Anderson S W. Managing Costs and Cost Structure throughout the Value Chain: Research on Strategic Cost Management[M]//Chapman C S, Hopwood A G, Shields M D (Eds.). Handbooks of Management Accounting Research. Volume 1, Oxford, U.K.: Elsevier, 2007:481-505.

[2] Ansari S, Bell J, Okano H. Target Costing: Uncharted Research Territory[M]//Chapman C S, Hopwood A G, Shields M D (Eds.). Handbooks of Management Accounting Research. Volume 1, Oxford, U.K. Elsevier, 2007:507–530.

[3] Baldwin C Y, Clark K B. Design Rules: The Power of Modularity[M]. Cambridge, MA. MIT Press, 2000.

[4] Cooper R, Chew W B. Control Tomorrow’s Costs through Today’s Designs[J]. Harvard Business Review, 1996, 74 (1): 88–98.

[5] Cooper R, Slagmulder R. Target Costing and Value Engineering[M]. Portland, OR.: Productivity Press, 1997.

[6] Cooper R. When Lean Enterprises Collide: Competing through Confrontation[M]. Boston, MA.: Harvard Business School Press, 1995.

[7] Davila A, Wouters M. Designing Cost-competitive Technology Products through Cost Management[J]. Accounting Horizons, 2004, 18(1): 13–26.

[8] Fixson S K. A Roadmap for Product Architecture Costing[M]//Simpson T W, Siddique Z, Jiao J (Eds). Product Platform and Product Family Design: Methods and Applications, New York: Springer, 2006: 305–333.

[9] Kato Y. Target Costing Support Systems: Lessons from Leading Japanese Companies[J]. Management Accounting Research, 1993(4): 33-47.

[10] Labro E. The Cost Effects of Component Commonality: A Literature Review through a Management-accounting Lens[J]. Manufacturing and Service Operations Management, 2004, 6(4): 358–367.

[11] Rungtusanatham M J, Salvador F. From Mass Production to Mass Customization: Hindrance Factors, Structural Inertia, and Transition Hazard[J]. Production and Operations Management, 2008, 17(3): 385–396.

[12] Simpson T W, Siddique Z, Jiao J X. Product Platform and Product Family Design: Methods and Applications[M]. New York: Springer, 2005.

[13] Stadtherr F, Wouters M. 2021. Extending Target Costing to Include Targets for R&D Costs and Production Investments for a Modular Product Portfolio—A Case Study[J]. International Journal of Production and Economics,2021(231).

[14] Wouters M, Morales S, Grollmuss S, Scheer M. 2016. Methods for Cost Management during Product Development: A Review and Comparison of Different Literature[M]//Epstein M J, Malina M A (Eds). Advances in Management Accounting. Vol. 26. Bradford: Emerald Publishing, 2016: 139–274.

[15] Wouters M, Morales S. The Contemporary Art of Cost Management Methods during Product Development[M]//Epstein M J, Malina M A (Eds). Advances in Management Accounting. Vol. 24. Bradford: Emerald Publishing, 2014: 259-346.

如何用管理控制系统来寻找员工中的“潜力股”？

姜　楠 庞培法布拉大学，巴塞罗那经济学院
译：宿文迪　王玮坤 中欧国际工商学院

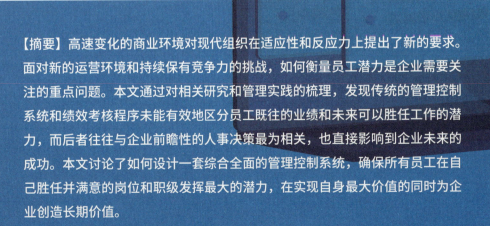

【摘要】高速变化的商业环境对现代组织在适应性和反应力上提出了新的要求。面对新的运营环境和持续保有竞争力的挑战，如何衡量员工潜力是企业需要关注的重点问题。本文通过对相关研究和管理实践的梳理，发现传统的管理控制系统和绩效考核程序未能有效地区分员工既往的业绩和未来可以胜任工作的潜力，而后者往往与企业前瞻性的人事决策最为相关，也直接影响到企业未来的成功。本文讨论了如何设计一套综合全面的管理控制系统，确保所有员工在自己胜任并满意的岗位和职级发挥最大的潜力，在实现自身最大价值的同时为企业创造长期价值。

【关键词】员工潜力　管理控制系统　绩效考核　人事决策　人才培养

发表于《中国管理会计》2022年第2期，总第20期。

员工潜力是人事管理经济学与管理（会计）研究中一个重要而前沿的话题，如何寻找高潜力员工并开发现有员工的潜力对于现代组织保持其竞争力来说至关重要。本文回顾并讨论了相关学术研究及其在管理实践中的应用，其脉络大致如下：(1) 什么是员工潜力，它对组织意味着什么？(2) 传统的管理信息系统在衡量员工潜力上存在哪些挑战？(3) 如何设计出可以更好衡量员工潜力的管理控制系统，以期优化组织的人事决策，从而帮助组织吸引、留住和发展人才。

一、什么是员工潜力？

“员工潜力”一词具有广泛而多样的含义，其中一个主要含义是指员工得到晋升后在新工作中表现良好的倾向。在这方面，De Pater, Van Vianen, Bechtoldt和Klehe (2009) 与Deller (2018)在实证研究中将员工潜力定义为员工的“可晋升性”，即如果企业管理者认为某员工能够胜任更高级别的岗位，则认为该员工具有很大的潜力。对于组织来说，每次关于员工晋升的决定只会影响一小部分员工，而衡量员工的潜力则具有更广泛的实际影响，几乎可作用到组织中所有与人事/人才相关的决策，并影响着每位员工职业生涯中的各个阶段。例如，当决定是否委派一位资深销售人员去向新消费者群体推销新产品时，了解该销售人员的潜力水平就很有必要。在这个例子中，销售人员的潜力即为在具有不确定性的早期市场环境中成功完成销售任务的能力。对于那些希望在职业发展中继续进阶的员工来说，他们可能会主动寻求关于个人优势及劣势的反馈，通过反思决定是否需要有针对性地接受额外培训或攻读学位。本文采用Bouwens和Jiang(2022)的工作论文中对员工潜力的定义，即员工个人未来表现的预期，换句话说，本文将员工未来可胜任什么工作同其过去已有的工作成就区分开来，以此作为对员工潜力进行论述的基础。

为什么要强调员工过去表现与未来潜在表现之间的区别呢？回到晋升的情景，在一个成熟的等级制组织中，员工主要依靠晋升来获得薪酬回报的提升。Lazear 和 Gibbs (2014) 在《实践中的人事经济学》一书中以一家美国大型企业中不同级别管理职位的平均薪酬，以此作为代表性示例，从图 1 中可以看出，员工薪酬随晋升的职级上升而显著提升（如第 6 级员工平均年薪约为 160000 美元，而第 7 级员工的平均年薪则近乎第 6 级员工的 2 倍，约为 330000 美元）。

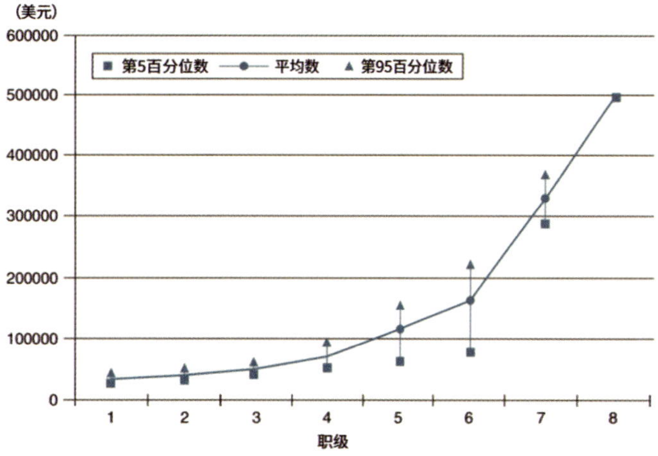

图 1 Acme公司不同职级的年薪分布情况

资料来源：Lazear E P, Gibbs M. Personnel economics in practice[M]. Hoboken, NJ: John Wiley & Sons, 2014.

职位晋升的设置一方面会作为天然的激励机制促使员工提高绩效、争取晋升；另一方面，随着晋升带来的薪酬及其他福利的增加，晋升不仅仅只是对最佳表现者的奖励，通常还会要求晋升者承担起更大范围的管控职责、掌握不同类型的技能，甚至要展现出不同的个性。这就需要晋升机制发挥其另一个作用：筛选出最符合特定职位要求的人(Gibbs，1995)。晋升的这两大功能有时会相互冲突，例如在研发部门，不难想象，最聪明、最有创造力的研究人员并不一定是最好的部门主管。因为部门主管的工作需要更多地与人进行协调与沟通，而不是进行日常的研究活动，因此将最优秀的研究人员提拔到管理岗位可能会给组织带来严重问题。Peter和Hull (1969)将这种广泛观察到的企业困境归纳为“员工常常被提拔到其不能胜任的职级”，这也被称为“彼得原理”（Peter Principle）。“彼得原理”指出了基于员工过往业绩做出晋升决策的一个问题：在过往工作中表现出色的员工将在组织中步步高升，直到他们的能力或个性与新晋职位不再匹配，随之引发的不佳表现最终会让其止步于此，再无晋升。

这一困境长期来看可能会给组织及其员工带来严重的后果 (Lazear and Gibbs, 2014)。对于组织而言，如果员工不能在其岗位上发挥作用，这将导致组织决策效率低下，无法适应当今瞬息万变的商业环境并失去竞争力，尤以组织内可影响多人甚至多部门的管理岗位为甚；对于员工而言，留守在一个无法像以前那样发光发热、可继续晋升的岗位会让员工非常沮丧，他们最终会失去工作的动力和热情，甚至离开公司。如此，公司就失去了一名本可以在技术岗位上大显身手的重要人才。

“彼得原理”所阐述的问题不只会发生在晋升的场景，随着企业逐步适应新的运营环境并鼓励员工终身学习，组织对员工的过往表现和未来潜力进行区分就显得愈发重要。对企业来说，考察员工潜力影响到企业各个方面的决策，包括员工任务的分配、培训及辅导机会的分配，以及提醒员工未来可在哪些方面提升工作能力等。高速发展的商业环境要求企业具有高度的灵活性和敏捷的反应力，因为今天可行的方法可能明天就不再奏效。所有现代组织都会随时面临前面提到的这些场景，这些与人事相关的决策或人力资源的发展都需要组织拥有一个能帮助他们预测未来的“水晶球”，而非记录以往功绩的纪念碑。由于管理控制系统的主要功能是为组织决策提供有效信息，因此这将归结为一个问题，即企业如何能设计并运用管理控制系统这一“水晶球”来衡量员工未来的潜力，以此做出对企业未来成功至关重要的人事决策。

二、衡量员工潜力的挑战

通过前文的介绍我们可以看出，在供组织进行决策的信息中，对员工未来表现或潜力的预期十分重要，而这类信息是无法通过员工过往绩效记录而充分掌握的。尽管如此，很多企业仍会（过度）重视员工过去的表现而非员工未来的潜力，其中部分原因是由于传统会计/管理信息系统对员工既往业绩的客观记录更易获取也更为可靠，比如通过观察销售额指标就可了解并比较销售人员的绩效，或者通过广告宣传活动的市场接受率就可评估内容创作团队的绩效。

联系前文关于“彼得原理”的讨论，客观业绩指标对员工目前所取得的工作成就进行了记录，但并不一定能提供充足的信息以预测员工未来的绩效水平。为了避免将员工提拔到其不能胜任的职位，Grabner和Moers(2013)在一家零售银行观察到，只有当新岗位与上一岗位的工作任务和工作职责相类似时，员工晋升的决策才会与其过往绩效记录相关。换句话说，当新职位需要员工承担不同的角色或掌握不同的技能时，员工过去的表现则无法充分说明他在新岗位是否可以胜任。由此，企业在做出晋升决策时，除了员工过往绩效记录外还会需要一些其他信息。

员工过往的绩效水平往往可以通过客观业绩指标来追踪观察，与此不同，对员工潜力的评估（即员工在短期可以达成什么目标，以及能否胜任新职位）则需要对其“软实力”进行评估，如沟通力、领导力、团队合作能力等。此类指标最常见的是以绩效考核的形式而存在，如部门主管会在1~10分的区间内为员工打分以表明其在多大程度上认可员工是一个团队合作者，或者评价其公众演讲能力如何。高管发展协会 (EDA)在美国和全球范围内就高管发展趋势进行了调查，其中有51%的被访企业依靠绩效考核来判断其员工潜力，这一数据来自高管发展协会2011/2012年高管发展趋势研究报告。可以看出，绩效考核反映了主管对员工在某些能力和品质上的认可程度，也因此在评估员工潜力时可以提供或许最为相关的信息，那么我们在做人事决策时可以仰赖绩效考核的结果吗？需要特别注意的是，绩效考核本质上是主管们的主观评价，相比我们之前讨论过的客观指标，主观评价会在一定程度上受到主管们自身局限或偏见的影响（Prendergast and Topel, 1993; Bol, 2008）。例如，有研究发现主管们可能普遍太过宽容，他们通常会给大多数下属高于平均水平的分数，这是因为人们的自我评价往往高于其实际水平，下属一旦收到了低于自己预期的评价就会感到十分不公，所以为了避免与下属发生冲突，主管们往往会给予每个人更高的评价（Bol，2011）。许多大学（尤其是顶尖大学）中“平均学分绩点（GPA）虚高”的现象就是一个例子，大多数学生的GPA都高于他们在考试中的实际得分。此外，主管们还倾向于给大多数下属以相同的评级，这是因为如果要用更为准确的评级来区分下属的话，那么会耗费主管们更多的精力去收集下属们的工作表现，并且需要花更多的时间去了解每一个下属等。相比之下，给每个下属相同的评级就会省很多事（Bol, Kramer and Maas，2016）。

这里引用Cappelli和Conyon(2018)观察到的一个真实案例来详细论述上述绩效考核中的偏差，他们收集了在标准普尔500指数里一家美国大型上市零售公司对其所有管理人员的绩效考核数据，其绩效考核按照1~4分进行了划分，其样本期内所有考核结果分布如图 2 所示。可以看出，在这家公司的评估体系中很少出现最高分（4分）

和最低分（1分），大多数员工的绩效考核得分为3分，高于遵循正态分布下的平均分2.5分。当满分是4分，而大多数员工获得3分的时候，公司怎么能判断出哪些员工是可晋升的最佳人选，以及哪些员工能从培训机会中受益呢？宽松的评价和集中的绩效考核结果致使组织无法区别员工当前的绩效水平，更不用说他们未来的潜力了。

三、变革管理控制系统以更好地衡量员工潜力

至此，本文已经讨论了除反映员工过去表现的客观绩效指标之外，组织还有可能会通过绩效考核来更好地衡量员工未来的绩效潜力。然而，要想生成有效的绩效考核报告以充分支持组织内的人事决策是极具挑战的，部分原因是绩效考核在某种程度上涉及主管的主观评价，因此信息量或可信度相对较低。本部分将继续阐述在绩效考核中存在的另一重要挑战，并将讨论如何设计出一个可有效、精准地评估员工未来潜力的管理控制系统，以更好地帮助组织做出重要的人事决策。

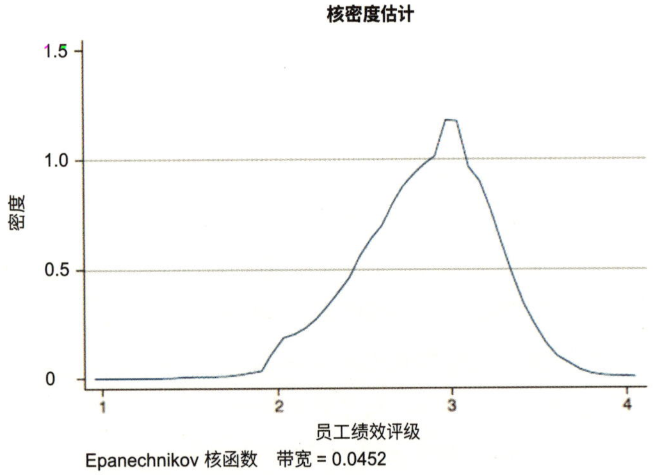

图 2　员工绩效评级结果分布情况

资料来源：Cappelli P, Conyon M J. What do performance appraisals do? [J]. ILR Review, 2018, 71(1): 88-116.

除了受到主管主观偏好或局限的影响外，关于绩效考核需要考虑的另一问题是绩效考核在人事管理中究竟提供了什么样的信息，或者说扮演了什么角色。企业在实践中经常进行年度绩效考核，企业会为每位员工形成绩效评估结果，再依此进行相应的奖惩(Bake, Gibbs and Holmstrom, 1994a, 1994b)。当员工的人力资本价值需要被转化为一个分数时，进行绩效考核的主管自然会先以员工当前（客观）绩效作为评估基础，再结合对员工后续可为公司贡献价值的期望形成最终的绩效考核结果。换言之，在使用单一维度对员工进行绩效考核的人事制度中，绩效考核中既需要体现员工过去的表现，又需要表明对其未来绩效的预期。Cappelli和Tavis (2016)在对绩效管理的学术和实践知识进行全面回顾时总结了以上观察，即绩效考核同时具有（面向过去的）问责和（面向未来的）发展两个功能。

与同时体现过去绩效表现和未来预期绩效的绩效指标相比，仅反映员工未来预期绩效的绩效指标理所当然在反映员工未来潜力上会更为精确。那么如何才能改善这种情况，使绩效考核可以衡量员工的潜力而不是过去的绩效呢？一个自然的解决方式是将问责功能从绩效考核的作用里区分出来，确保绩效考核能够单独发挥其衡量发展的功能。对问责和发展两个功能加以区分，可以有效提高绩效考核在衡量员

工未来潜力方面的表现。Cappelli和Tavis (2016) 在实践中发现，绩效考核的问责功能比发展功能具有更高的优先级。这是因为绩效考核的结果通常与员工的薪酬和职业发展直接相关，如果员工达成了良好的绩效但却没有得到适当的奖励，会使员工感到不公和不满，因此企业在进行绩效考核时会更加重视员工过去的表现，以证明企业在发放奖金或决定晋升上的合理性，也因此使绩效考核在衡量员工潜力和培养人才上的作用相对有限。

在最近的一项研究中，Bouwens和Jiang (2022) 沿着上述推理思路提出，如果能够通过单独的机制来认可并奖励员工的过往表现（即引入相对独立的问责机制），那么绩效考核就可以更好、更准确地反映出员工未来的潜力。笔者在欧洲一家为企业客户提供与会计和金融相关的专业服务公司进行了这项研究，该公司提供了一个理想环境来检验他们的假设。这家公司最初给员工加薪主要是根据由绩效考核结果所构成的公式来进行的。从2006年起，公司决定在每位员工的基础工资之上引入年度奖金，奖金数额同样是由客观绩效指标构成的公式所决定，如员工的销售额等。公司薪酬政策如图 3 所示。Bouwens和Jiang (2022) 提出，在2006年之前，公司的绩效考核必须同时考虑员工过去的绩效和未来的预期绩效，但在公司引入专门用于认可并奖励员工过往表现（以客观绩效指标表示）的年度奖金后，绩效考核则不必再对员工的过往表现给予认可，从而可以为员工未来的潜力提供更多的有效信息。他们的实证结果也验证了这一假设。在引入奖金政策后，绩效考核能更好地预测员工未来的表现，并且与引入奖金前相比，公司在做晋升决策时也更加重视绩效考核中反映的信息。他们的研究提供了实证支持，即当绩效考核不再需要反映过去的绩效而只需反映未来的预期绩效时，它就成为衡量员工潜力更精确、更强大的工具。

	2006 年前	2006年后
过往表现	加薪（绩效考核）	奖金（净收入和客户评分）
未来潜力		加薪（绩效考核）

图 3 薪酬政策和绩效指标

资料来源：Bouwens J. Jiang N. Performance Appraisal and Employee's Future Potential[R]. Working Paper, 2002.

Bouwens和Jiang (2022) 还强调了一个重要概念，即管理控制系统是一个全面而综合的系统，如果不能充分衡量并认可个体员工在过去对组织的贡献，就无法有效衡量员工未来的潜力。再次回到前面关于“彼得原理”的讨论，针对企业中“员工常常被提拔到其不能胜任的职级”的困境，对管理控制系统进行更周密的设计可能会提供新的解决路径。比如说，如果在管理控制系统中引入单独的激励机制（如奖金）来认可员工过往的优秀表现，那么员工晋升就可以更好地发挥出“选择最适合新职位的正确人选”这一功能。

与区别问责功能和发展功能的理念相一致，一些组织逐渐采用新的绩效评价体系来取代单一维度的绩效考核。Deller (2018) 及 Grabner，Kiinneke 和 Moers (2021) 的最新研究记录并检验了用于区别员工过去绩效和员工晋升适合程度的新兴管理实践，而不再将这两个维度混淆在同一个绩效考核分数中。这里举一个简单的示例（见图4），在该示例企业中，主管要在四个级别（L——明显低于、M——中等、S——优于、T——优异）上评价员工相对于目前工作要求的表现。最重要的是，主管还需要对员工的潜力进行评估，以表示主管对员工未来可晋升程度的看法。4表明职级合适，意味着员工没有表现出适合晋升的迹象；3表明横向潜力，即员工有可能适合被安置在同级别的其他职位；2表示该员工有晋升一级的潜力；1表示该员工有晋升两级的潜力。如图4的4×4网格所示，除非员工被认为在当前工作中表现非常糟糕（“明显低于”），否则对员工未来潜力的评估可以独立于现有的绩效评价。例如，某位员工在其工作岗位上的表现得到了最高评价（在x轴上获得T——优异），也有可能会被认为并不适合进一步晋升（在y轴上获得4——职级合适）。通过对绩效和潜力的区别考察，示例企业可以在分配奖金、决定晋升或安排培训时相应地采取适当的行动，而不需要在做出上述多个

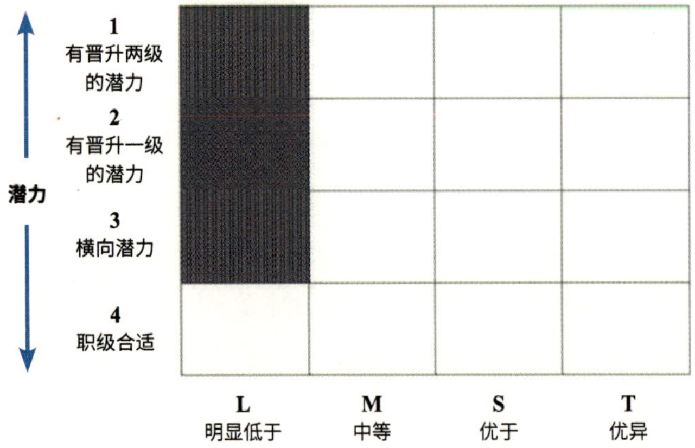

图4 绩效—潜力网格

资料来源：Deller C. Identifying, Measuring, and Communicating Employee Fit Through Formal Control Mechanisms: Evidence from the Field[D]. Doctoral dissertation, Harvard Business School, 2018.

决策时都只有一个维度的绩效分数来作为依据。

同样与本文讨论的主旨相关，一个很有代表性的现实示例就是德勤对其绩效管理系统的变革。德勤十分清楚如果分配过多的资源来评估和讨论员工过去的绩效，势必会妨碍公司利用这些资源来促进员工未来的绩效。因此，他们拟议的绩效管理系统变革旨在将薪酬决策与日常绩效管理加以区分。在完成一个项目后，每个项目负责人都被要求从四个主要方面评价员工，即项目负责人愿意在多大程度上：（1）奖励该员工最高级别的加薪或奖金；（2）将该员工保留在所带团队中；（3）指出该员工表现欠佳；（4）指出该员工是否准备好升职。这些评价会被集中录入并保存在新的绩效管理系统中，以备在各种与人事相关的决策中调用（见图5）。每个点代表的是个体员工在特定时点的“绩效快照”（可能来自多个项目负责人的评价），左上角的网格显示的是所有员工的绩效快照（本例中共涉及1014位员工），x轴代表“奖励该员工最高级别的加薪或奖金”的绩效维度，y轴代表“将该员工保留在所带团队中”的维度。系统也支持根据不同人事决策的需要对不同绩效维度进行放大查看，如人力资源经理可以从左上角的网格中放大查看所有的4级员工（共计343人），如右上角网格所示，就可以直观地对该级别的所有员工进行比较从而做出薪酬决策。此外，当决定谁应该升职时，绩效管理系统也可以进一步放大关于“可以升职”的评价细节，利用左下角网格所示（在343名员工中，有153名员工被评价为

“可以升职”）做出晋升相关的决策。同样，也可以放大查看被认为表现不佳的员工（右下角网格中显示343名员工中有35名被视为表现欠佳），并可以根据他们被认为表现不佳的评价理由有针对性地采取适当行动以解决问题。

该系统允许对同一职级员工的不同绩效维度进行直接比较。对于与人事有关的各

绩效智能

在新系统的早期概念验证过程中，德勤负责某大区域的高管向项目经理索要数据，用于骨干员工的相关激励。表中每个小点代表一个人，决策者可以点击任何小点，查阅该人姓名及其“绩效快照”的细节信息。

组长告诉我们什么？

首先团队总览全局，这张图显示了所有参与者，Y 轴的标准是组长所谓的“我总是希望此人作为我的组员”，X 轴的标准是“我会尽可能多给该组员奖励”。另外 3 图的两轴均和此图标准一致。

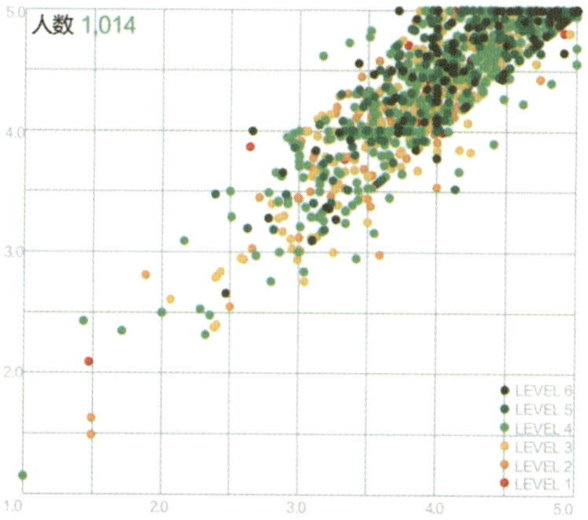

该数据如何决定薪酬？

第二步，数据被过滤，只留下某一工作层级的员工。绩效管理系统的关键问题之一是，系统能否捕捉到员工间足够多的差异，保证公平分配。图中的分配为之后的讨论提供了基础。

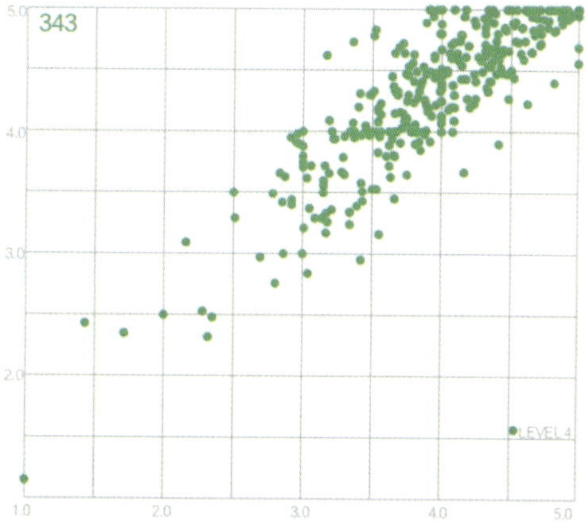

对升职有何帮助？

被过滤后的该图显示了那些组长认为“此人已做好晋升准备”的组员。这些数据为每年高管晋升员工的讨论提供了可靠支持。

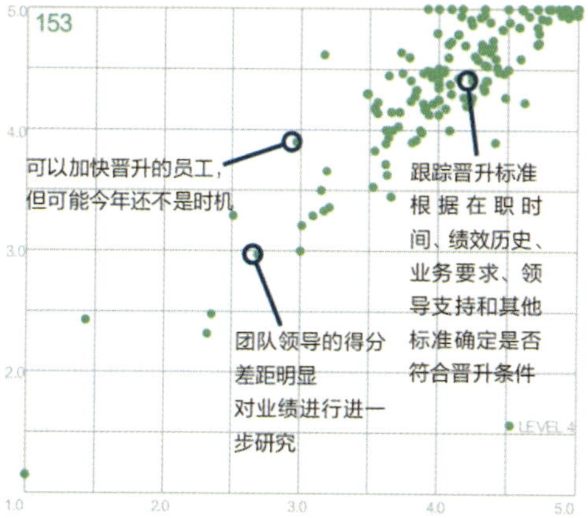

如何解决绩效不佳的问题？

本过滤图显示了那些组长认为“此人濒临绩效不佳境遇”的组员。如屏幕右上所示，即使表现不错的员工也有可能退步，组织有责任帮他们恢复业绩。

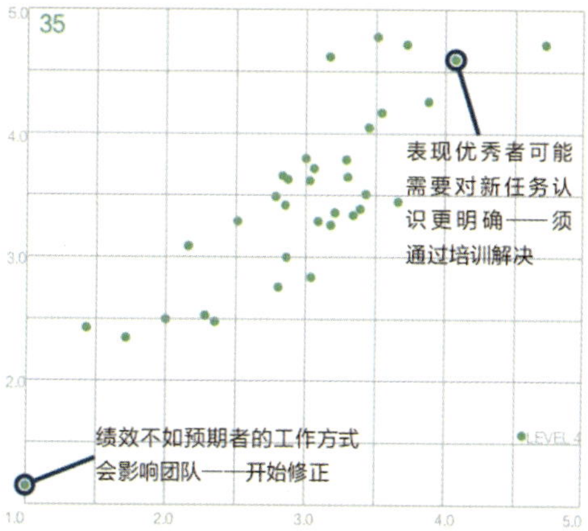

图 5 德勤绩效管理系统的拟议变革

资料来源：白金汉、古译：《重构绩效管理》，刘铮筝译，载于《哈佛商业评论》2015 年第 4 期。

种决策（确定薪酬、指导晋升和解决低绩效），该系统也总能提供足够的与核心决策内容最相关的数据。德勤的这一尝试呼应了Bouwens和Jiang(2022) 的核心观点以及本文的核心思想，即建立一个区别记录和奖励员工过去绩效的管理控制系统，这将有助于生成可用于识别人才、衡量潜力和促进学习的有效信息，对组织未来的发展至关重要。

四、结论

具有挑战性和不确定性的商业环境要求组织具备适应性战略和敏捷响应的能力，吸引、留住和培养有才能的员工是保持竞争力的核心。为了实现这一目标，除记录员工过往绩效外，建立一个可以有效衡量员工潜力的管理控制系统非常关键。本文希望通过对相关学术研究的回顾以及对管理实践中新兴尝试的介绍，阐明如何设计一套综合全面的管理控制系统，以确保所有员工都能处在他们胜任并满意的工作岗位与职级，同时可以在日常工作中得到企业赋能，并能自我激励发挥出最大的光和热。

参考文献：

[1] Baker G, Gibbs M, Holmstrom B. The wage policy of a firm[J]. The Quarterly Journal of Economics, 1994b, 109(4): 921-955.

[2] Baker G, Gibbs M, Holmstrom B. The internal economics of the firm: Evidence from personnel data[J]. The Quarterly Journal of Economics, 1994a, 109(4): 881-919.

[3] Bol J C, Kramer S, Maas V S. How control system design affects performance evaluation compression: The role of information accuracy and outcome transparency[J]. Accounting, Organizations and Society, 2016, 51: 64-73.

[4] Bol J C. Subjectivity in compensation contracting[J]. Journal of Accounting Literature, 2008, 27: 1-24.

[5] Bol J C. The determinants and performance effects of managers' performance evaluation biases[J]. The Accounting Review, 2011, 86(5): 1549-1575.

[6] Bouwens J. Jiang N. Performance Appraisal and Employee's Future Potential[R]. Working Paper, 2002.

[7] Buckingham M, Goodall A. Reinventing performance management[J]. Harvard Business Review, 2015, 93(4): 40-50.

[8] Cappelli P, Conyon M J. What do performance appraisals do?[J]. ILR Review, 2018, 71(1): 88-116.

[9] Cappelli P, Tavis A. The performance management revolution[J]. Harvard Business Review, 2016, 94(10): 58-67.

[10] De Pater I E, Van Vianen A E, Bechtoldt M N, Klehe U C. Employee's challenging job experiences and supervisors' evaluations of promotability[J]. Personnel Psychology, 2009, 62(2): 297-325.

[11] Deller C. Identifying, Measuring, and Communicating Employee Fit Through Formal Control Mechanisms: Evidence from the Field[D]. Doctoral dissertation, Harvard Business School, 2018.

[12] Gibbs M. Incentive compensation in a corporate hierarchy[J]. Journal of Accounting and Economics, 1995, 19(2-3): 247-277.

[13] Grabner I, Künneke J, Moers F. Promotion Decisions and the Adoption of Explicit Potential Assessment[R]. Working Paper, 2002.

[14] Grabner I, Moers F. Managers' choices of performance measures in promotion decisions: An analysis of alternative job assignments[J]. Journal of Accounting Research, 2013, 51(5): 1187-1220.

[15] Hagemann B, Mattone J. 2011/2012 trends in executive development: A benchmark report[R]. Executive Development Associates, Inc., 2011.

[16] Lazear E P, Gibbs M. Personnel economics in practice[M]. Hoboken, NJ: John Wiley & Sons, 2014.

[17] Peter L J, Hull R. The peter principle (Vol. 4)[M]. London: Souvenir Press, 1969.

[18] Prendergast C, Topel R. Discretion and bias in performance evaluation[J]. European Economic Review, 1993, 37(2-3): 355-365.